TYPEN & STEREOTYPE

parthas verlag

Stuart und Elizabeth Ewen

TYPEN & STEREOTYPE

Die Geschichte des Vorurteils

Aus dem Amerikanischen von Dominik Fehrmann (Prolog und Teil 1–3)
und Ulrike Seith (Teil 4–6 und Schlussbemerkung)

© 2009 Parthas Verlag GmbH | Alle Rechte vorbehalten
Parthas Verlag Berlin, G. Wachter, Planufer 92d, 10967 Berlin
www.parthasverlag.de | e-mail: info@parthasverlag.de

© 2006 Ewen & Ewen | Die Originalausgabe erschien bei Seven Stories Press, 140 Watts Street, New York, NY 10013.

Lektorat: Katharina Raub/Axel Meier | Gestaltung/Satz: Pina Lewandowsky | Umschlagabbildung: © Tony Latham/zefa/Corbis | Gesamtherstellung: Friedrich Pustet KG | Jede Form der Wiedergabe oder Vervielfältigung, auch auszugsweise, erfordert die schriftliche Zustimmung des Verlags.

ISBN 978-3-86601-205-9

Inhalt

Danksagung 7

Prolog 11

Teil 1 – Die erste Teilung 19
  1. Und schuf sie als Mann und Weib 20
  2. Das Comeback der Zurückgedrängten 41

Teil 2 – Erst definieren wir, dann schauen wir 71
  3. Didots Erfindung 72
  4. Gleich geschaffen 81
  5. Visuelle Wahrheit 86
  6. Kuriositätenkabinette 94

Teil 3 – Taxonomien menschlicher Unterschiedlichkeit 108
  7. Physiognomik: Die Wissenschaft des ersten Eindrucks 109
  8. Hierarchien des Menschengeschlechts 125
  9. Campers Blickwinkel 137
  10. Tablier Rasa 153
  11. Spurzheims Begräbnis 174
  12. Crania Americana 183
  13. Eine amerikanische Geschichte 199
  14. Der Zeichenstift der Natur 231
  15. Gesichtspolitik 252
  16. Die Sprache der Viktualienhändler und *Roget's Thesaurus* 268

Teil 4 – Zeichen der Degeneration 285
  17. Die Identifikation der Gruppe im Individuum 286
  18. Die Identifikation des Individuums in der Gruppe 299
  19. Verbrechertypen 313

Teil 5 – Nordische Albträume 336
  20. Die geniale Rasse 337
  21. „Debile" in unserer Mitte 363
  22. Eugenik als Freizeitveranstaltung 405

Teil 6 – Moderne Schauplätze der Stereotypisierung 420
  23. Vom unwiderstehlichen Drang, Hühner zu stehlen 421
  24. Geschichtsschreibung mit Blitz und Donner 460
  25. Typen in Bewegung 475
  26. Hartnäckige Typen 501
  27. Vorher – Nachher 518

Schlussbemerkung 540

Anhang
  Anmerkungen 546
  Personenverzeichnis 574
  Über die Autoren 582

Danksagung

Wenngleich diesem Werk ein erhebliches Maß an eigener Forschung zugrunde liegt, hätte es doch nicht geschrieben werden können ohne die Schneisen, die einige wegweisende Wissenschaftler und Künstler mit ihren Ideen, Untersuchungen und Entwürfen geschlagen haben. Darunter ist auch die Person, der dieses Buch – zu einem Teil – gewidmet ist: Stephen Jay Gould. Sein *Der falsch vermessene Mensch* sowie seine mehrbändigen Betrachtungen zur Naturgeschichte waren von Beginn an und bis zum Schluss reiche Quellen der Inspiration. Obwohl wir nicht alle seine Ansichten teilen, ist sein Scharfblick doch außergewöhnlich gewesen. Von großem Wert für die Konzeption dieses Buches waren auch die Schriften unseres Lehrers und Freunds George L. Mosse, sowie die Gespräche, die wir bis zu seinem Tod mit ihm geführt haben. Obwohl ganz anders angelegt, hat auch Eduardo Galeanos *Erinnerung an das Feuer* unseren Ansatz beim Schreiben dieses Buches stark geprägt.

Zu denen, von deren Stimmen wir uns leiten ließen, gehören Richard D. Altick, Walter Benjamin, Edwin Black, Robert Bogdan, Donald Bogle, Sterling A. Brown, W. E. B. DuBois, George M. Frederickson, Henry Louis Gates Jr., Mary Gibson, Sander Gilman, David Hockney, Matthew Frye Jacobson, David Levering Lewis, Walter Lippman, Tommy Lee Lott, Stanley Nelson, Elaine Pagels, Kathy Peiss, Sandra S. Philips, Nicole Hahn Rafter, Ruth Richardson, Naomi Rosenblum, Londa Schiebinger, Allan Sekula, Philip Steadman, Madeleine Stern, Robert C. Toll, Immanuel Wallerstein, Carla Williams und Deborah Willis. Einem Buch von Daniel Pick, *Faces of Degeneration*, verdanken wir die griffigen Formulierungen der Überschriften in Teil 3. Natürlich stehen die genannten Personen nicht allein. In unseren Anmerkungen und unserem Literaturverzeichnis finden sich weitere Namen und Quellen. Ohne Bedenken danken wir auch Google dafür, uns eine Unmenge unerlässlicher Informationen an die Hand gegeben zu haben.

2004 kam Justin Kazmark auf uns zu und bot uns seine Dienste als wissenschaftlicher Mitarbeiter an. Wir kannten ihn gar nicht, doch erwies er sich gleich in den ersten Gesprächen als ernsthafter und kluger Mensch mit einem ausgeprägten Interesse für Geschichte. Ihn an diesem Projekt zu beteiligen, war eine ausgezeichnete Entscheidung. Er ist ein unschätzbarer Helfer bei der Arbeit an diesem Buch gewesen. Sehr dankbar für viele gute Ratschläge sind wir außerdem Paul Breines, Enid Schildkraut, Andrew Mattson, Rosalyn Baxandall, Gretel Smith Ewen, Steven Heller, Larry Sullivan, Yuri K. Chistov, Wladimir Ilyan, Richard Lan, Margaret Schotte, Eno Mezini und Seyla Martayan. Beim Zusammenstellen der Abbildungen für dieses Buch wurden wir maßgeblich beraten und unterstützt von Barbara Mathe und Emily Lanzara, Archivarinnen am American Museum of Natural History; von Deborah Willis, Professorin für Fotografie an der Tisch School of the Arts der NYU; von Frank Luca, Jacqueline Crucet, Cathy Leff und Kate Rawlinson vom Wolfsonian Museum in Miami Beach; sowie von James Andrew Wagstaff und Jeremy McGraw von der New York Public Library.

Mira Felner, Kristin Muncheimer, Seanna Brown, Kathe Sandler, Joseph Orefice sowie Kathryn und Mick Hurbis-Cherrier halfen uns beim Aufspüren und/oder Sichern wichtiger Quellen. Archie Bishop hat das Erscheinungsbild des Buches entscheidend geprägt. Schon in früheren Büchern (*All Consuming Images* und *PR! A Social History of Spin*) waren Bishops erläuternde Schaukästen eine geistreiche Ergänzung zu den Textkörpern der Werke. Auch in *Typecasting* tauchen einige seiner graphischen Erläuterungen wieder auf. Andy Ewen hat ebenfalls einige Kunstwerke für *Typecasting* geschaffen; unschätzbar war außerdem Alice Arnolds Hilfe und Beratung in gestalterischen Fragen.

Das Schreiben hängt für uns untrennbar mit dem Lehren zusammen. Eine der besten Prüfungen für die Verständlichkeit unserer Darstellung von Ideen und Informationen bestand darin, den Stoff dieses Buches vorzutragen und mit Studierenden zu besprechen. Die Rückmeldungen aus diesen Lehrveranstaltungen waren ein wesentliches Element unserer kreativen Arbeit. Insofern schätzen wir uns glücklich, unseren Studierenden am Hunter College, dem CUNY Graduate Center sowie dem SUNY College in Old Westbury für ihre Hilfe danken zu können.

All die Jahre, in denen wir an diesem Buch geschrieben haben, gab es viele aufschlussreiche Gespräche mit Freunden und Kollegen. Linda Gordon, Serafina Bathrick, Allen Hunter, Sheila Rowbotham, Julie Kaye Reich, Chuck Reich, Gail Pellett, Stephan Van Dam, Steve Resnick und Stephen Duncombe waren uns jahrelang geschätzte kritische Ratgeber. Jeanne Saltsman, David Pavlosky, Christopher Hobson, Ann Cohen, Robert Marino, Aubrey Bonnett, Amanda Frisken, Lois Stergiopoulos und Mary Jeys haben bei der Arbeit an diesem Werk ebenfalls eine bedeutende Rolle gespielt.

Wir haben lange Zeit an diesem Buch geschrieben, ohne nach einem Verlag Ausschau zu halten. Obwohl einige Verlage von dem Projekt erfuhren und

Interesse signalisierten, genossen wir doch die Arbeit in selbst bestimmtem Tempo, ohne externe Terminfristen. Dann aber begegneten wir dem Enthusiasmus und Engagement der Mitarbeiter von Seven Stories Press, zunächst in Person von Greg Ruggiero. Von den ersten Gesprächen an waren wir überzeugt, hier an der richtigen Adresse zu sein. Die Zusammenarbeit mit dem Verleger Dan Simon und unserer ausgezeichneten Lektorin Ria Julien war uns eine große Freude. Gleich beim ersten Lesen des zu drei Vierteln fertigen Manuskripts haben sie das Buch verstanden. Und ab da geduldig an seiner Vollendung mitgearbeitet. Dan, Ria und andere bei Seven Stories verkörpern ein verantwortungsvolles Verlegertum in Zeiten, da dieses äußerst selten geworden ist.

Die Familie spielt im Verlauf einer kreativen Tätigkeit eine unschätzbare Rolle. Ihre Ideen, ihre Liebe und Unterstützung bilden eine äußerst tragfähige Grundlage, auf die sich bauen lässt. In dieser Hinsicht sind wir vom Glück verwöhnt und schließen in unseren Dank unsere Mütter ein, Frances Wunderlich und Scotty Ewen. Scotty starb unerwartet im März 2006, sechs Monate vor Veröffentlichung dieses Buches, doch in den Wochen vor ihrem Tod, hat ihr Sohn, der „Autor", ihr jedes Wochenende das Manuskript vorgelesen. Sie war fasziniert und ergriffen von dem, was sie da hörte, und wartete gespannt auf weitere Teile der Geschichte, als ein schlimmer Gehirnschlag sie von uns nahm. Als dann im Juli 2006 die gebundene Ausgabe von *Typecasting* im Druck war, verloren wir auch Francis und blieben als mutterlose Kinder zurück.

Unsere Väter, Sol Ewen und Roger Wunderlich, zeigten sich beide interessiert an unserem Thema und Denkansatz, als wir seinerzeit mit der Arbeit an diesem Buch begannen. Ihre Fragen und Ideen haben unsere Untersuchung immer bereichert. Leider starben beide in den Jahren vor der Veröffentlichung, sodass sie die Früchte ihres Einflusses nicht mehr genießen konnten.

Unsere Kinder Paul Ewen und Sam Travis Ewen waren – wieder einmal – unsere wichtigsten Mitverschwörer bei der Verwirklichung dieses Projekts. Ihre Liebe und Ermutigung stärken unsere wissenschaftliche und kreative Arbeit nun schon seit Jahrzehnten.

Unsere Enkel Henry Cleveland Ewen und Stella Wunder Ewen-Tanaka sowie ihre Mütter Gretel Smith Ewen und Jaime Tanaka haben Freude in unser Leben und unsere Arbeit gebracht. Wir danken außerdem Phyllis Ewen, Andy Ewen, Catherine Onsrud, Jim Campen sowie Gale und Mike Flament für ihre unentwegte Anteilnahme und Ermutigung.

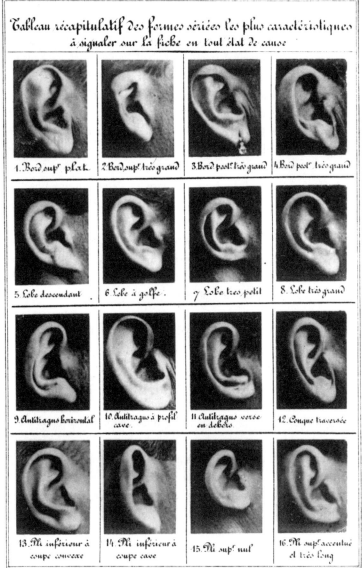

Bertillons Schaubild krimineller Ohren. [Mit freundlicher Genehmigung der Prefecture de Police, Paris]

Prolog

In einer Reihe historischer Skizzen untersucht dieses Buch die Sozialgeschichte des Stereotypisierens. Das Phänomen „Typecasting", wie wir es nennen, spielt eine Schlüsselrolle in der westlichen Kultur, die sich im 17. Jahrhundert immer schneller zu verändern und weltweit auszubreiten begann. Heute wirkt dieses Phänomen wie eine ständig getragene Brille, durch die Menschen ihre Umwelt sehen und erleben. In diesem Buch versuchen wir, die Geschichte jener sozialen und kulturellen Kräfte zu erzählen, welche die unbewussten Denkmechanismen in unseren Köpfen geformt und geprägt haben – Mechanismen, die uns dazu verleiten, Personen in unserer Wahrnehmung entweder als „wie wir" oder als „anders als wir" zu klassifizieren, ohne sie überhaupt zu kennen. Es handelt sich um eine Betrachtungsweise, die rein auf Äußerlichkeiten beruht.

Als wir vor über einem Jahrzehnt mit der Arbeit an diesem Buch begannen, lebten wir in einer Zeit, in der die Verwendung von Stereotypen noch allgemein als gesellschaftliches Problem erachtet und für ein zentrales Element eines uralten Systems der Diskriminierung gehalten wurde. Nicht alle sahen das so, aber eine kritische Haltung gegenüber Vorurteilen war – zumindest nach außen hin – konsensfähig.

Dieser Konsens war historisch gesehen allerdings ein junges Phänomen. Noch 1956, als wir beide Jugendliche waren, fanden sich in *Roget's International Thesaurus* keinerlei Synonyme für das Substantiv „Stereotyp", die dem heutigen Begriffsverständnis entsprachen. In diesem einschlägigen Wörterbuch bezogen sich alle mit „Stereotyp" verwandten Wörter auf das Druckgewerbe: „Druck", „Gravur", „Radierung", „Stahlstich", „Lithografie", „Letter", „Schriftsatz" und so weiter. Das Verb „stereotypisieren" war semantisch verwandt mit „stabilisieren", „aufrechterhalten", „festlegen", „festschreiben" – entbehrte aber jeglicher sozialer Konnotation. Nur beim Adjektiv „stereotypisch" kamen die Synonyme der modernen Bedeutung etwas näher: „abgedroschen", „abgenutzt", „geeicht", „geregelt", „banal", „gewöhnlich", „alltäglich". Die heutige Verwendungsweise aber – mit ihrem Bezug auf tief verwurzelte Urteile über Rasse, Geschlecht oder andere Kategorisierungssysteme für Menschen – fand sich nirgends.

All dies änderte sich Anfang der 1960er-Jahre. Mit Beginn der US-Bürgerrechtsbewegung schärfte sich das Bewusstsein dafür, dass Rassendiskriminierung nicht nur eine Frage ungleicher sozialer, ökonomischer und politischer

Chancen war. Sondern dass der institutionelle Rassismus von einem herrschenden kulturellen Milieu aufrechterhalten wurde, das farbige Menschen darstellte, als seien sie qua Geburt den staatsbürgerlichen Pflichten nicht gewachsen und überdies unfähig, Ärger aus dem Weg zu gehen, überhaupt unwissend und unkultiviert, unterwürfig, durchtrieben und viehisch.

Andere soziale Bewegungen trugen ebenfalls dazu bei, das Bewusstsein der Leute für Vorurteile als Form gesellschaftlicher Repression zu schärfen. So bemerkten viele Frauen im Zuge der neueren Frauenbewegung, wie die Massenmedien Frauenbilder vermittelten, die auf eine sexuelle und mütterliche Funktion reduziert waren. Der Ausdruck „Sexobjekt" hielt Einzug in den allgemeinen Sprachgebrauch als Reaktion auf Stereotype, die das volle Spektrum der geistigen und körperlichen Fähigkeiten von Frauen ignorierten. Auch der Vietnam-Krieg trug zu diesem neuen Bewusstsein bei, da er vielen Leuten die Zusammenhänge zwischen Eroberungsgeschäft und Entmenschlichung vor Augen führte. Zugleich gerieten verbreitete Stereotype über Homosexualität zunehmend in den Blick, als Teil eines komplexen kulturellen Bollwerks, das auch dazu diente, „anständige" und „unanständige" Gelüste auseinanderzuhalten.

In den folgenden Jahrzehnten thematisierten immer mehr Menschen die Art und Weise, in der fest verwurzelte Stereotype ein breites Spektrum an Bevölkerungsgruppen und Communities in ein schlechtes Licht rückten. Dabei galt das Augenmerk zumeist speziellen Personengruppen. Viele Wissenschaftler, Schriftsteller, Journalisten, Künstler und kulturelle Einrichtungen beschäftigten sich mit Stereotypen über Afrikaner und Afroamerikaner, Frauen, Juden, Asiaten, Araber, Indianer, Schwule, Einwanderer, Behinderte, Kriminelle und Arme – allesamt Stereotype, die oft auch in Kombinationen vorkommen.

Dieses Rütteln an tradierten vorurteilsbasierten Konventionen hat in bestürzender Weise offengelegt, wie bestehende soziale Ungerechtigkeit oft unter dem Deckmantel von „Erkenntnis" und „Kultur" fortgeschrieben wird. Als diese neue Sicht der Dinge jedoch in den 1980er-Jahren an Bedeutung gewann, stieß sie schon bald auf den wachsenden Widerstand eines sozialen, politischen und religiösen Konservatismus'. Diese Gegenreaktion speiste sich aus dem Verdruss über den Verlust von Traditionen, die vielen Leuten zuvor ein Gefühl von Behaglichkeit und Zugehörigkeit beschert hatten.

Zwar prägte die Rhetorik der Gleichberechtigung die soziale und politische Landschaft noch bis weit in die 1990er-Jahre hinein. Doch verschiedene Kräfte waren längst dabei, Ideen von der angeborenen Ungleichheit der Menschen aus dem Mülleimer der Geschichte hervorzuholen und – auf die ein oder andere Art – zu recyceln. Was die amerikanische Bevölkerung betrifft, so rückte eine zunehmend aggressive Christliche Rechte jenen Dualismus von „wir" und „die anderen" in den Vordergrund, besonders nach der Wahl Ronald Reagans, und noch verschärfter nach den zweifelhaften „Wahlerfolgen" von George W. Bush und Dick Cheney. In den letzten Jahren sind persönliche Beschimpfungen und öffentliche Verhöhnungen „sündiger" und „sittenloser" Personengruppen in den USA wieder üblich geworden. Ein neuer Sozialdarwinismus – der das Überleben der selbsternannten Stärksten betont – ist an die Stelle sozialer Verbesserungen zum Wohle aller getreten. Und damit an die Stelle jenes, wie es Edward Bellamy nannte, „einen großen Ziels, das wie kein anderes Anstrengungen und Opfer wert ist". Gefährliche soziale Klüfte, die sich zu schließen schienen, haben sich wieder weit aufgetan.

In gewisser Weise haben im Gewand der Objektivität auch wissenschaftliche Entwicklungen – wenn auch oft unabsichtlich – die Idee angeborener Ungleichheit genährt. Obwohl es sich in Wirklichkeit um höchst umstrittene Fragen handelt, sehen sich viele engstirnige Gläubige durch die Neurowissenschaft (die sich hochtechnologischer Gehirnkartierungen bedient) und die Genetik (angespornt vom *Human Genome Project*) in der Ansicht bestätigt, dass die Genetik eine voraussagende Wissenschaft sei, die alle anderen Faktoren in der Entwicklung des Menschen marginalisiere, und dass die Entwicklung des menschlichen Gehirns bestimmbare Hirnstrukturen hervorgebracht habe, in denen alles Denken und Handeln verschaltet sei und seiner Entschlüsselung harre.

Niemand würde bestreiten, dass Geschlecht und Geschlechtstrieb – der erste Untersuchungsbereich dieses Buches – stark von der biologischen Konstitution des Menschen geprägt sind. Aber der Wirbel, der um die genetische Forschung mitunter gemacht wird, droht jene Beziehung zwischen Kultur und Sexualverhalten zu überdecken, die in Literatur, Kunst, Populärkultur und nicht zuletzt auch in den Sozialwissenschaften gründlich beleuchtet wird. Das Simple hat seinen Reiz, es kann süchtig machen und auch intelligente Menschen gelegentlich dazu verleiten, „das Kind mit dem Bade auszuschütten", vor allem wenn es um Fragen des Geschlechts geht. Nicholas Wade, ein Wissenschaftsjournalist der *New York Times*, steht beispielhaft für den heftigen Flirt dieses Blattes mit dem biologischen Determinismus:

Geschlechtliches Verlangen ist keine Frage der freien Entscheidung. Heterosexuelle Männer haben offenbar neuronale Schaltkreise, die sie veranlassen, Frauen zu wählen; schwule Männer haben solche, die Männer veranlassen, andere Männer zu wählen. Die Gehirne von Frauen dürften so organisiert sein, dass sie Männer wählen, die allem Anschein nach für sie und ihren Nachwuchs sorgen werden. Das Ganze wird durch andere neuronale Programme besiegelt, die einen Sturm an romantischer Liebe entfachen, was zu langfristigen Bindungen führt ... Verlangen scheint der Kern des menschlichen Sexualverhaltens zu sein, es ist aber lediglich der zentrale Akt eines langen Dramas, dessen Drehbuch im Wesentlichen in den Genen festgeschrieben ist.[1]

Was aber ist dann mit all den Phänomenen, die sich in Buchtiteln spiegeln wie „Warum Männer ihre Frauen hassen und Frauen gerade diese Männer lieben" oder „Der falsche Prinz. Erfolgsfrauen und ihre Partner"? Und was ist mit den vielen Männern, die nach unerreichbaren Idealen streben? Man ist geneigt, Mr. Wade zu empfehlen, öfter mal auszugehen. Damit er erkennt, wie sehr Attraktivität auch eine Frage des Geschmacks ist oder von den Medien beeinflusst wird. Damit er die Unbeständigkeit und Unvorhersehbarkeit gemischt- und gleichgeschlechtlicher Paarbeziehungen beobachten kann. Unbestreitbar hat die menschliche Spezies – zumindest bis jetzt – überlebt. Wer allerdings bestreitet, dass die Fortpflanzung von Spielarten des Erotischen oder historischen Bedingungen beeinflusst ist, macht „männlich" und „weiblich", „homosexuell" und „heterosexuell" zu eindimensionalen Stereotypen, die zwar zunehmend akzeptiert werden, aber durch unmittelbare Erfahrung leicht zu widerlegen sind.

Der Neurowissenschaft bedient man sich auf ähnliche Weise. In Gerichtssälen nutzen Sachverständige Hirnschnittbilder (die neuerdings mittels der praktischen Technologie der Magnetresonanztomografie gewonnen werden), um bei Angeklagten strukturelle Defekte zu identifizieren, die nach ihrer Ansicht unabdingbare Ursache des kriminellen Verhaltens sind. Für Robert Sapolsky, Neurobiologe an der Stanford University, sind solche Missetäter „eine kaputte Maschine ... ein Auto mit schadhaften Bremsen, dem die Anwesenheit in der Nähe von Personen verboten sein sollte, denen es Schaden zufügen könnte".[2]

Obwohl sie ihrem beruflichen Selbstverständnis nach überprüfbares Wissen generieren wollen, bestreiten viele Wissenschaftler, dass Genetik und Neurowissenschaft als Grundlage für Aussagen über Zukünftiges infrage kommen. In einer Erwiderung auf Jeffrey Rosens Artikel im *New York Times Magazine* vom März 2007[3] über die gerichtliche Verwendung von Gehirnkartierungen fasst Dr. Emilio Bizzi vom McGovern Institute For Brain Research in Harvard die Ergebnisse einer von ihm organisierten Konferenz über „Neuro-Recht" wie folgt zusammen: Es sei „einhellige Meinung unter den vortragenden Experten aus den Bereichen Neurowissenschaft, Recht und Ethik gewesen, dass man Acht geben müsse, das Potenzial von Hirnaufnahmen für die Erkenntnis der wahren Motive und Motivationen von Personen nicht zu überschätzen. Dieses Bildgebungsverfahren ist alles andere als jene Wunderwaffe für Strafverfolger, Staatsanwälte oder Verteidiger, als die ihre Anhänger es darstellen. Kurzum: Die Technologie ist – trotz aller Zuversicht hinsichtlich ihres kommerziellen Potenzials – nicht einsatzfähig".[4]

In einem Aufsatz in *Scientific American Mind* (April 2005) ergänzen Michael S. Gazzaniga und Megan S. Steven: „Die Neurowissenschaft wird das Gehirnkorrelat für Verantwortung niemals finden, weil wir diese Eigenschaft Personen zuschreiben, nicht Gehirnen. Es handelt sich um eine Tugend, die wir von unseren Regeln befolgenden Mitmenschen einfordern. Hirnforscher mögen uns vielleicht sagen können, in welchem mentalen oder zerebralen Zustand sich eine Person befindet, aber nicht, wann jemand zu wenig Selbstkontrolle hat, um verantwortlich gemacht werden zu können. Die Frage der Verantwortung ist eine Frage sozialer Festlegung ... Sie existiert nicht in den neuronalen Strukturen des Gehirns."

Gleichwohl erhalten reduktionistische Anwendungen wissenschaftlicher Forschung weiterhin breite Rückendeckung. Nirgends ist dies deutlicher zu sehen als im Bereich der Wirtschaft, wo man sich geradezu besessen mit der Vorhersage und Manipulation von Denken und Handeln der Kunden beschäftigt, und das schon seit den 1920er-Jahren, als die angewandte Psychologie noch in ihren Kinderschuhen steckte.

Im Bereich des Marketing weisen Psychologen darauf hin, dass Kaufentscheidungen „vom ‚Reptiliengehirn' getroffen werden, dem vorbewussten Teil des Gehirns, in dem Archetypen und primitive Assoziationen verankert werden, überwiegend schon vor dem 7. Lebensjahr". Die Kunst des Verkaufens – so ihr Befund – beruhe auf der wohl kalkulierten Stimulation dieser Region.[5] Darüber hinaus ist das psychologische Stereotypisieren der Kunden in angeblich erkennbare Gruppen ein unverzichtbarer Bestandteil des „zielgruppenorientierten Marketings", das heutzutage in Politik und Wirtschaft gleichermaßen verbreitet ist.

Viele Forscher weisen den biologischen Determinismus als naiv und borniert zurück, insofern er alle anderen Faktoren bei der Suche nach letzter wissenschaftlicher Gewissheit ignoriere. Derzeit gibt es eine kontroverse wissenschaftliche Debatte über die Genauigkeit, Zuverlässigkeit und Eignung von Magnetresonanztomografie und Gentechnologie im Hinblick auf die Bestimmung menschlicher Vorlieben. Dennoch sind es fundamentalistische Vorstellungen einer Kausalität, die den gegenwärtigen Diskussionen zwischen Wissenschaftlern und auch Laien ihren Stempel aufgedrückt haben, nicht zuletzt in der öffentlichen Darstellung.

Ironischerweise sind die herrschenden politischen, religiösen und wissenschaftlichen Ansichten alles andere als neu. Strenge Beurteilungen von Menschen und Werten als entweder „gut" oder „böse", sowie angeblich unwiderlegbare, auf wissenschaftlichen Erkenntnissen beruhende Beweise dafür, dass die biologischen Strukturen des Menschen dessen Denken und Verhalten unausweichlich bestimmen, ziehen sich durch die ganze, in diesem Buch rekapitulierte Geschichte. Deshalb ist unser Buch zugleich relevant und irrelevant. Wer den Trost eines wissenschaftlichen Absolutismus' sucht, wird dieses Buch nur lästig finden, denn es stellt diese Sichtweise infrage und argumentiert dafür, wissenschaftliches Denken in jenen komplexen historischen Kontext einzuordnen, aus dem es sich speist. Wer dagegen die sozialen Wurzeln des Vorurteils Stereotypisierung in Wissenschaft, Kunst und Populärkultur freilegen will, wird in diesem Buch eine historische Grundlage finden, die aktuelle gesellschaftliche Trends hoffentlich verständlicher macht.

Dieses Buch offenbart eine kritische Geschichte dominanter Ideen. Es untersucht die Beziehung zwischen der Stereotypisierung als einer beharrlichen sozialen, kulturellen sowie geistigen Praktik und dem Aufstieg der modernen europäischen und amerikanischen Gesellschaft. Wir wollen ein anschauliches Bild des modernen Stereotypisierens zeichnen, wie es geprägt wurde von einer zunehmend globalen Wirtschaft, dem Kolonialismus, dem städtischen Leben sowie dem Auftauchen demokratischer und egalitärer Bewegungen und Ideen. Durchgängig gilt unsere Aufmerksamkeit dabei auch der Art und Weise, in der die modernen visuellen Medien – mit ihren sich ändernden Standards visueller Evidenz und ihren weit verzweigten Informationsflüssen – neue Sprachen und Schmierstoffe liefern, mit denen sich die Ideen von menschlicher Ungleichheit propagieren lassen. In aufeinander aufbauenden Abschnitten untersucht dieses Buch zudem, wie moderne wissenschaftliche, ästhetische und religiöse Kosmologien die Kategorisierung menschlicher Typen von einer alten kirchlichen Praktik in einen weltweit angewandten Ausdruck westlicher Populärkultur verwandelt haben.

Vor allem aber handelt dieses Buch von Menschen, Ideen und Taten. Viele von ihnen haben zu einer Sicht auf die Welt beigetragen, die soziale Hierarchien naturalisierte, indem sie herrschende Machtstrukturen durch den Filter der „menschlichen Natur" auf subtile Weise fortschrieb. Manchmal jedoch überwinden jene, die in untergeordnete Positionen „naturalisiert" wurden, die dominanten visuellen und sprachlichen Codes. Sie durchlöchern den optischen Schleier und durchbrechen den Sprachgebrauch, um eine kritische und gegensätzliche Auffassung vorzutragen.

Angesichts der Breite unseres Gegenstands und der Reichweite unseres Ansatzes, waren wir schon früh der Ansicht, dass eine umfassende historische Darstellung ein unmögliches Unterfangen sei. Statt für eine konventionelle historische Abhandlung, haben wir uns daher für eine andere Form entschieden: eine Reihe ausgewählter Abrisse, in denen die entscheidenden Momente und Fragen beleuchtet werden.

Obwohl die folgenden Skizzen weitgehend chronologisch angeordnet sind, behandelt jede einzelne doch spezielle historische Entwicklungen und einige ihrer zentralen Figuren. Jeder Abschnitt beschäftigt sich mit einem Gegenstand, durch den ein bestimmter Aspekt des übergeordneten Themas beleuchtet wird. Viele der Abrisse überschreiten räumliche und zeitliche Grenzen, wandern von Ort zu Ort, von Epoche zu Epoche, und bringen dabei Ereignisse und Ideen zusammen, die einander ergänzend die Taxonomie menschlicher Unterschiedlichkeit formten. Obwohl es keine allumfassende Darstellung gibt, noch geben kann, haben wir doch versucht, ein Lehrbuch mit einer Folge von Geschichten zu schreiben, die schrittweise das Verständnis einer bedeutenden, wenn auch oft schwer zu fassenden, Thematik vertiefen sollen.

Als wir an diesem Buch schrieben, wurden wir immer wieder gefragt, wie zwei Menschen, die seit so vielen Jahren zusammenleben, gemeinsam ein Buch schreiben können. Die meisten Leute nahmen an, wir hätten das Schreiben aufgeteilt, sodass jeder von uns für unterschiedliche Abschnitte verantwortlich sei. Nichts wäre falscher als diese Vorstellung. Dieses Buch ist das Ergebnis einer ausgeweiteten Unterhaltung, die in Bibliotheken begann und sich dann an einem Tisch fortsetzte, in dessen Mitte ein Laptop stand. Jeder Satz und Paragraf ist Ergebnis dieser Unterhaltung, bei der nicht ein Wort unhinterfragt blieb.

Elizabeth Ewen und Stuart Ewen
Truro, Massachusetts, August 2007

Teil 1

Die erste Teilung

1. Und schuf sie als Mann und Weib

Es war ein winterlicher Freitag im Januar 2005, als der Präsident der Harvard University auf einer nicht öffentlichen Veranstaltung im Rahmen einer Konferenz des National Bureau of Economic Research in Cambridge, Massachusetts, einen Vortrag hielt. Thema dieser Konferenz war die Unterrepräsentation von Frauen und Minderheiten in natur- und ingenieurwissenschaftlichen Berufen.

Präsident Lawrence H. Summers war zwar selbst weder Naturwissenschaftler noch Ingenieur, genoss aber einen ausgezeichneten akademischen Ruf. Als er 1982 in Harvard seinen Doktortitel in Wirtschaftswissenschaften erwarb, war er zuvor schon drei Jahre lang Mitarbeiter und außerordentlicher Professor am Massachusetts Institute of Technology gewesen. Ein Jahr nach seiner Promotion ging er – im Alter von 29 Jahren – zurück nach Harvard, als „einer der jüngsten Lehrstuhlinhaber in der neueren Geschichte dieser Universität".[1] Über diese akademische Karriere hinaus hatte Summers auch Ämter bei der US-Regierung bekleidet, ab 1999 sogar das des US-Finanzministers. Danach arbeitete er noch eine Weile als Distinguished Fellow für Wirtschaft, Globalisierung und Staatsführung an der angesehenen Brookings Institution in Washington D.C., bevor er 2001 schließlich triumphal an die Harvard University zurückkehrte und ihr 27. Präsident wurde.

Als er nun das Wort an die fünfzig erlesenen Wissenschaftler richtete, die bei jener Veranstaltung zugegen waren, repräsentierte Summers das Prestige der ehrwürdigsten Universität der USA. Bei der Erörterung der Frage allerdings, warum Frauen in den Lehrkörpern der großen US-Forschungsuniversitäten so wenige Spitzenpositionen innehätten, schockierte er dann viele seiner Zuhörer mit der Bemerkung, diese Geschlechterungerechtigkeit stehe womöglich in Zusammenhang mit „Fragen der inneren Befähigung, speziell einer Variabilität der Befähigung; und dass dieser Aspekt durch letztlich weniger relevante Faktoren wie Sozialisation und anhaltende Diskriminierung verstärkt wird". Obwohl Summers also anerkannte, dass Vorurteile etwas mit der Unterrepräsentation von Frauen in Naturwissenschaften und Mathematik zu tun haben, deutete er doch zugleich an, dass angeborene Geschlechterunterschiede weit bedeutendere Faktoren sein könnten. Summers' Auffassung zeugte auch vom wachsenden Einfluss der Neurowissenschaft und der Genetik. Diese hatten bei einigen, naiv nach allzu bequemer Gewissheit strebenden Leuten die alte

Vorstellung wiederbelebt, dass der soziale Einfluss potenziell kaum eine Rolle spielte, sondern vielmehr gelte: „Biologie ist Schicksal".

Die Entrüstung über Summers' Bemerkungen war groß und füllte eine ganze Weile die Titelseiten der Zeitungen. Anders als frühere Hochschulleiter hatte Summers zu einer nicht mehr durchweg männlichen Professorenschaft

(oben) „Die Frau hat mich dazu angestiftet." [Domenico Zampieris „Adam und Eva", 1626, Fotografie der Autoren.]
(links) Dieser Holzschnitt aus dem 14. Jahrhundert bringt ein egalitäreres Verständnis von Mann und Frau zum Ausdruck. Wer hier Adam ist, und wer Eva, ist – wie formlose Umfragen zeigen – durchaus unklar.

gesprochen. Das Männermonopol auf die Lehrstühle der Hochschulen war – obwohl es weiterhin Auswirkungen hatte – im Zuge des Feminismus und der Bürgerrechtsbewegung gebrochen worden. Mit seinen anachronistischen Bemerkungen hatte Summers, so befand Denice D. Denton, Dekanin der Fakultät für Ingenieurwissenschaften an der University of Washington, „einen intellektuellen Tsunami ausgelöst". Verärgert stellte sie ihn hinter verschlossenen Türen zur Rede und bedeutete ihm eindringlich, dass es an der Zeit sei, „der Wahrheit zu ihrem Recht zu verhelfen". Die Wahrheit, auf die sie sich dabei berief, lautete: Die Vorstellung einer angeborenen intellektuellen Minderwertigkeit von Frauen ist ein Relikt aus Zeiten, als Frauen keinen Zugang zu höherer Bildung hatten. Denton und auch andere waren verblüfft ob der „haltlosen Bemerkungen" von Summers, die unter denkenden Menschen keinerlei Anerkennung finden konnten.

Obwohl sich eine derart exponierte intellektuelle Führungspersönlichkeit im Jahr 2005 solche Äußerungen kaum mehr leisten konnte, war Lawrence Summers – den die ihm nachgesagte Arroganz schließlich den Job kosten sollte – beileibe nicht der erste Mann von Bildung, der einer angeborenen Unterlegenheit von Frauen gegenüber Männern das Wort redete. Im Gegenteil: Seine unüberlegte Bemerkung war Ausdruck jahrhundertealter Weisheiten.

Die Unterteilung in Mann und Frau ist vielleicht das beständigste und am tiefsten verwurzelte Denkschema zum Erhalt der Vorstellung, die Ungleichheit der Menschen sei ein natürliches und unabänderliches Phänomen. Die Stereotype und Vermutungen, die ihr seit Jahrtausenden zugrunde liegen, sind – obwohl in der Moderne kritisch hinterfragt – unauslöschliche Elemente der „Zivilisation". Also wollen wir genau hier beginnen.

Die vorherrschenden religiösen Glaubenslehren haben die untergeordnete Rolle der Frau lange Zeit zu rechtfertigen versucht. Dem unantastbaren Kern der jüdisch-christlichen Tradition zufolge gründet die Herrschaft der Männer über die Frauen im Sündenfall, der Gott veranlasste, Adam und Eva aus dem Paradies zu vertreiben. Durch ihr Verhalten und ihre Schwäche, heißt es, habe Eva ein Schicksal heraufbeschworen, das ihre Geschlechtsgenossinnen bis in alle Ewigkeit teilen müssten.

Doch nach Ansicht einiger Bibelinterpreten war Eva gar nicht Adams erste Ehefrau und die untergeordnete Rolle der Frauen keine ausgemachte Sache. Vielmehr habe Adams erste Ehefrau Lilith geheißen und sei als Adams Gegenstück geschaffen worden. Bibel und Thora sind in dieser Frage alles andere als eindeutig. Obwohl Lilith in der Genesis nicht ausdrücklich erwähnt ist, enthält doch das erste Kapitel – selbst nach vielen Redigierungen – eine rätselhafte Passage, in der die Schöpfung von Mann und Frau offenbar gleichzeitig geschieht:

> Und Gott schuf also den Menschen als sein Abbild; als Abbild Gottes schuf er ihn. Als Mann und Frau schuf er sie. Gott segnete sie, und Gott sprach zu ihnen: Seid fruchtbar, und vermehrt euch, bevölkert die Erde, unterwerft sie euch, und herrscht über die Fische des Meeres, über die Vögel des Himmels und über alle Tiere, die sich auf dem Land regen.[3]

Unter Berufung auf Teile des Talmud und der Schriftrollen vom Toten Meer haben die Bibelwissenschaftler Robert Graves und Raphael Patai die Auffassung vertreten, Adam habe Liliths gleichberechtigte Stellung nicht ertragen können. Somit lebten er und Lilith „niemals in Frieden miteinander":

> Wenn er mit ihr schlafen wollte, nahm sie Anstoß an der liegenden Position, die er von ihr verlangte. „Warum muss ich unter dir liegen?", fragte sie. „Ich bin ebenfalls aus Erde gemacht und deshalb deinesgleichen." Da Adam sie mit Gewalt zum Gehorsam zwingen wollte, sprach Lilith im Zorn den magischen Namen Gottes aus, stieg empor und verließ ihn.[4]

Solche alternativen Darstellungen der Schöpfung und anderer biblischer Ereignisse sind zwar aus dem Kanon der großen Religionen gestrichen worden, waren aber nach Jesu Tod für Jahrhunderte unter Christen und Juden weit verbreitet. Einige dieser unterschlagenen Geschichten kamen 1945 ans Licht, als ein arabischer Bauer, Muhammed Ali al-Sammán, in einer Höhle nahe Nag Hammadi in Ägypten einen großen antiken Tonkrug entdeckte. In dem Gefäß befanden sich Papyrus-Manuskripte mit Evangelien und anderen Schriften. Diese datieren aus einem Zeitraum, der kurz nach der Kreuzigung beginnt. Sie waren für ketzerisch erklärt worden, als sich das Christentum zu einer Kirche formte und als organisierte sowie zunehmend mächtige Religion durchsetzte. Nachdem der römische Kaiser Konstantin zum Christentum übergetreten war und 313 die Kirche legalisiert hatte, wurden all diese noch verbliebenen Schriften geächtet und, soweit entdeckt, verbrannt.

Die Nag Hammadi-Bibliothek – koptische Übersetzungen jener verbotenen „Gnostischen Evangelien" – gab der modernen Welt eine erste Vorstellung von einer uralten Gegenposition zu dem, was später die offizielle Geschichte wurde. Nach Ansicht von Elaine Pagels, einer der führenden Expertinnen für diese frühen Texte, ist in einigen von der Schöpfung von „Mann und Weib" zum „Abbild" Gottes die Rede, zum Zeichen dafür, dass Gott eine Dualität ist, „sowohl männlich als auch weiblich – sowohl Vater als auch Mutter".

Diese Version der Schöpfung, schreibt Pagels, habe einen Widerhall in der Lehre Jesu gefunden, wie sie in den verbannten Texten zum Ausdruck kommt. „Eine Gruppe der gnostischen Quellen behauptet, durch Jakobus und Maria Magdalena eine geheime Überlieferung Jesu erhalten zu haben. Angehörige dieser Gruppe beten sowohl zum göttlichen Vater als auch zur göttlichen Mutter: ‚Von Dir, Vater, und durch Dich, Mutter, die zwei unsterblichen Namen, Eltern des Göttlichen, und Du, Himmelsbewohner, Menschheit, von höchstem Namen'."[5]

In vielen dieser frühen Gemeinschaften, so behaupten einige Wissenschaftler, seien Männer und Frauen gleichberechtigt gewesen. Die Einheit von Mann und Frau sei als heiliges Band geehrt worden. Nach dieser Auffassung waren Maria Magdalena und Jesus die innigsten Gefährten vor Gott. Sie stand ihm am nächsten, und er vertraute ihr bei Weitem mehr als seinen männlichen Jüngern. Laut Philippus-Evangelium, einem der Nag-Hammadi-Manuskripte, liebte Jesus sie mehr als irgendeinen anderen seiner Anhänger, was viele der Jünger eifersüchtig machte:

> Die Gefährtin [des Erlösers] ist Maria Magdalena. [Doch Christus liebte] sie mehr als [alle] anderen Jünger und küsste sie [oft] auf den [Mund]. Die anderen [Jünger störten sich daran] ... Sie sagten zu ihm: „Warum liebst du sie mehr als uns?" Der Erlöser aber antwortete ihnen: „Warum liebe ich euch nicht wie [ich] sie [liebe]?"[6]

Laut Evangelium der Maria Magdalena sieht Maria Jesus von den Toten auferstehen, und in ihrem Traum spricht er zu ihr. Sie wiederum verkündet seine Botschaft den anderen Jüngern. Unter diesen ist es Petrus, der sich von Marias besonderer Nähe zu Jesus am stärksten bedroht fühlt:

Petrus sprach zu Maria: „Hat er etwa mit einer Frau heimlich vor uns gesprochen und nicht öffentlich? Sollten auch wir umkehren und alle auf sie hören? Hat er sie mehr als uns erwählt?" Da weinte Maria und sprach zu Petrus: „Mein Bruder Petrus, was denkst du? Glaubst du, dass ich mir dies allein in meinem Herzen ausgedacht habe und dass ich über den Erlöser lüge?"

An dieser Stelle greift ein anderer Jünger ein und erinnert Petrus daran, dass die Geringschätzung der Frauen nicht Teil der Lehre Jesu war.

Levi antwortete und sprach zu Petrus: „Petrus, schon immer bist du jähzornig. Jetzt sehe ich dich, wie du gegen die Frau streitest wie die Feinde. Wenn der Erlöser sie aber würdig gemacht hat, wer bist dann du, sie zu verwerfen? Sicherlich kennt der Erlöser sie ganz genau, deshalb hat er sie mehr als uns geliebt. Wir sollten uns schämen und den vollkommenen Menschen anziehen ..."[7]

Pagels erinnert uns daran, dass keine dieser Ideen oder Manuskripte in jener privilegierten Sammlung von Schriften verbleibt, die als Neues Testament bekannt sind. Sie wurden entfernt, schreibt Pagels, als das Christentum seine offizielle Lehre entwickelte.

Jeder einzelne jener geheimen Texte, die in gnostischen Gemeinschaften verehrt wurden, blieb in der kanonischen Sammlung ausgespart und wurde von denen, die sich selbst orthodoxe Christen nannten, als häretisch gebrandmarkt. Als schließlich – wahrscheinlich erst um 200 n. Chr. – die Sortierung der verschiedenen Texte abgeschlossen war, war praktisch die ganze weibliche Symbolik aus der orthodoxen christlichen Tradition verschwunden.[8]

Mit dem Sieg über die gnostischen Schriften wurde das Neue Testament zum Wort Gottes, Jesus zu „Christus, Sohn des lebendigen Gottes" und Petrus zu seinem getreusten Apostel. Laut Matthäus-Evangelium (16,18-19) überträgt Jesus diesem Petrus die Aufgabe, seine Kirche zu gründen. „Ich aber sage dir: Du bist Petrus, und auf diesen Felsen werde ich meine Kirche bauen, und die Mächte der Unterwelt werden sie nicht überwältigen. Ich will dir die Schlüssel des Himmelreichs geben."

Der Triumph des Katholizismus und die Gründung der Kirche mit Petrus als ihrem ersten Papst setzen die erfolgreiche und oft brutale Unterdrückung einer Verehrung des Weiblichen voraus, wie sie im Glauben der frühen Christen fortlebte. Frauen waren von nun an als das befleckte Geschlecht gebrandmarkt. Eine ausschließlich männliche Priesterschaft hatte sich dem Zölibat zu unterwerfen; Maria Magdalena aber wurde als Hure geschmäht.

Trotz eines in den letzten Jahrzehnten wachsenden Interesses an gnostischen Vorstellungen halten die herrschenden Religionen doch am gereinigten kanonischen Text fest. In offiziellen Darstellungen der Schöpfung etwa taucht der Name Liliths nicht auf, trotz der im ersten Kapitel der Genesis erzählten Geschichte. Erstaunlicherweise ist es im zweiten Kapitel allein der Mann, der von Gott „aus Erde vom Acker" geschaffen wurde. Die Frau existiert noch nicht.

Nachdem er ihm „den Odem des Lebens in seine Nase" gehaucht hat, überträgt Gott Adam die Herrschaft über die Erde sowie das Recht, „jedem Lebewesen" einen Namen zu geben. Doch Adam fehlt es an menschlicher Gesellschaft, und so wird eine Frau geschaffen, um seine Einsamkeit zu lindern.

> Da ließ Gott, der Herr, einen tiefen Schlaf fallen auf den Menschen, sodass er einschlief, nahm eine seiner Rippen und verschloss ihre Stelle mit Fleisch. Gott, der Herr, baute aus der Rippe, die er vom Menschen genommen hatte, eine Frau und führte sie dem Menschen zu. Und der Mensch sprach: Das endlich ist Bein von meinem Bein und Fleisch von meinem Fleisch. Frau soll sie heißen, denn vom Mann ist sie genommen.[9]

Selbst hier, ganz am Anfang, wird die Frau im Hinblick auf die Wünsche des Mannes geschaffen. Dem Mann steht es zu, ihr einen Namen zu geben, und seine Herrschaft über sie wird durch die Schande des Sündenfalls nur noch weiter gefestigt.

Interessanterweise stellt die Peschitta, die in der orthodoxen Ostkirche als Grundlage der Bibel betrachtet wird, die Schöpfung der Frau etwas anders dar. Noch bevor sie die Schöpfung aus Adams Rippe erwähnt, legt diese Version nahe, dass die Frau als dem Manne ebenbürtig geschaffen wurde.

> Dann sprach Gott, der Herr: Es ist nicht gut, dass der Mensch allein bleibt. Ich will ihm eine Hilfe machen, die ihm entspricht … Der Mensch gab Na-

men allem Vieh, den Vögeln des Himmels und allen Tieren des Feldes. Aber eine Hilfe, die dem Menschen entsprach, fand er nicht.[10]

Ob sie nun gleichberechtigt geschaffen war oder nicht, in jedem Fall entwickelten sich die Dinge für die Frau bald ungünstig. Denn nachdem Gott Adam geschaffen hatte, bot er ihm das ewige Leben im Paradies an. Unter einem Vorbehalt:

> Dann gebot Gott, der Herr, dem Menschen: Von allen Bäumen des Gartens darfst du essen, doch vom Baum der Erkenntnis von Gut und Böse darfst du nicht essen; denn sobald du davon isst, wirst du sterben.

Dieses erste Gebot Gottes aber verletzte die Frau, indem sie sich von der Schlange verführen ließ, von jenem Baum zu essen. Und nicht nur aß sie selbst davon, sie überredete auch noch Adam zu einem Bissen von der Frucht: „Als sie Gott, dem Herrn, im Garten gegen den Tagwind einherschreiten hörten", entdeckte Gott ihre Verfehlung. Da wandte er sich zornig an Adam und fragte: „Hast du von dem Baum gegessen, von dem zu essen ich dir verboten habe?" Zitternd vor Angst zeigte Adam mit dem Finger auf seine Gehilfin. „Die Frau, die du mir beigesellt hast, sie hat mir von dem Baum gegeben, und so habe ich gegessen." Mit einem Ausdruck kosmischen elterlichen Grolls wendete sich Gott daraufhin an die Frau und fragte: „Was hast du da getan?"

Für ihren Ungehorsam wurden die beiden aus dem Paradies vertrieben und waren fortan bestimmt, ihre Sünde hart zu büßen. Für Adam, dem zunächst das ewige Leben in Aussicht gestellt worden war, war der Tod nun unausweichlich. Außerdem hatte er leidvoll zu leben: „Weil du auf deine Frau gehört und von dem Baum gegessen hast ... So ist verflucht der Ackerboden deinetwegen! Unter Mühsal wirst du von ihm essen alle Tage deines Lebens."

Für die Frau – der Adam kurz darauf den Namen „Eva" gab – fiel die Strafe noch härter aus. Über das auch Adam zugewiesene Schicksal hinaus musste sie zusätzlich büßen. Wie der Mann sich Gott zu fügen hat, musste sich die Frau nun dem Mann fügen. So sprach Gott zu Eva: „Viel Mühsal bereite ich dir, sooft du schwanger wirst. Unter Schmerzen gebierst du Kinder. Du hast Verlangen nach deinem Mann; er aber wird über dich herrschen."[11]

Bis in die Moderne dient diese biblische Darstellung dazu, die Legitimität der herrschenden patriarchalen Kultur zu begründen und zu stützen. Allerdings trat mit dem Erwachen des säkularen Denkens allmählich die Naturwissenschaft an die Stelle der Religion und wurde zur bestimmenden Autorität hinsichtlich aller natürlichen wie dinglichen Phänomene.

In einer Welt, die zunehmend von der Vorstellung geprägt war, wissenschaftliche Forschung könne überprüfbare Wahrheiten liefern, wurden die Unterschiede zwischen Mann und Frau nunmehr als objektiv und naturgesetzlich erachtet. Das zeigte sich Mitte des 18. Jahrhunderts, als der schwedische Naturwissenschaftler Carl von Linné (auch bekannt unter seinem latinisierten Namen Carolus Linnaeus) seine endgültige *Systema Naturae* zu entwickeln begann, die bis heute die grundlegende Organisationsstruktur für die Einteilung der Tier- und Pflanzenwelt darstellt.

In Linnés System entsprachen alle Lebewesen, von den Blumen über die Käfer bis zu den Menschenrassen, klar definierten Idealtypen. Jeder einzelne Typus definierte eine spezielle Gruppe oder Art und schloss damit zugleich alle anderen aus. Exemplare oder Organismen, die keinem Idealtypus entsprachen, wurden als Anomalien oder Launen der Natur ausgemustert.

So schuf sein System ein hierarchisch gegliedertes, aus spezifischen Pflanzen- und Tierarten bestehendes Universum, das noch eine weitere ausschließende Unterstellung enthielt. Mann und Frau bildeten ebenfalls Idealtypen: gesondert, verschieden und ungleich, durch ihre jeweilige physische und mentale Charakteristik Welten voneinander entfernt. Diese Vorstellung durchzog Linnés Kategorisierung von Pflanzen wie von Tieren, wobei er oftmals menschliche Konventionen zum Maßstab der Abgrenzung machte.

Diese Grundannahme einer wesentlichen, naturgegebenen Ungleichheit von Männern und Frauen blieb unangetastet bis weit in die Epoche demokratischer Revolutionen. Im selbst erklärten Zeitalter der Vernunft mag zwar die Figur der Libertas als Frau dargestellt worden sein, doch betrachteten die meisten Männer der Aufklärung die Frau als unbedeutende Unterart und der Ausübung von Bürgerrechten nicht gewachsen.

Ein Beispiel in dieser Hinsicht ist Jean Jacques Rousseau, der in seinem *Diskurs über die Ungleichheit* von 1754 erklärt, alle Formen von Ungerechtigkeit resultierten aus mangelhaften politischen Institutionen, die zu allen Zeiten die natürlichen Rechte des Menschen beschnitten hätten. 1762 eröffnete er sein Werk *Vom Gesellschaftsvertrag* mit dem berühmten demokratischen Mantra: „Der MENSCH ist frei geboren; und liegt doch überall in Ketten." Während dieser Mahnruf frühe Feministinnen, darunter vor allem Mary Wollstonecraft, durchaus inspirierte, behandelte Rousseau selbst die Ungleichheiten zwischen Männern und Frauen keineswegs als Ungerechtigkeiten.

Im ebenfalls 1762 erschienenen *Emile* widmete er sich ausführlich gewissen „natürlichen" Unterschieden. Diese machten Männer zu „Vernunft"-Wesen, die den Anforderungen der bürgerlichen Gesellschaft gewachsen seien, Frauen dagegen zu Wesen, deren mächtigste Eigenschaften – „Reize" und „Listigkeit" – am passendsten im Haushalt zur Geltung kämen. Bei aller Beredtheit in der Behandlung menschlicher Gleichheit war Rousseau doch zugleich der Ansicht, dass Männer und Frauen zutiefst unterschiedlich veranlagt seien.

> Das eine muss aktiv und stark, das andere passiv und schwach sein; notwendigerweise muss das eine wollen und können, und es genügt, wenn das andere nur schwachen Widerstand zeigt. Aus diesem festgesetzten Prinzip folgt, dass die Frau eigens dazu geschaffen ist, dem Mann zu gefallen. Ob der Mann ihr umgekehrt gefallen soll, ist von keiner so unmittelbaren Notwendigkeit. Sein Vorzug besteht in seiner Kraft; er gefällt einzig darum, weil er stark ist ... Da die Frau dazu geschaffen ist, zu gefallen und sich zu unterwerfen, muss sie sich dem Mann liebenswert zeigen und ihn nicht herausfordern.[12]

Zu diesen leidenschaftlichen Unterscheidungen veranlasst sah sich Rousseau durch das eigentliche Thema von *Emile* – einem Werk, das seine Vorstellungen von einer anständigen und natürlichen Erziehung enthält. Darunter war die Ansicht, dass die beiden Geschlechter unterschiedlich, nämlich jeweils gemäß ihrer Natur erzogen werden sollten. „Ist es einmal bewiesen, dass Männer und Frauen nicht gleichartig sind noch sein dürfen", so schrieb er, „folgt daraus, dass sie nicht die gleiche Erziehung genießen dürfen."

Von einem erwachenden Feminismus herausgefordert, der die Demokratie auch als Aufruf zur Gleichberechtigung von Frauen begrüßte, erklärte Rousseau die gleiche Erziehung beider Geschlechter für eine Torheit, da sie die ungleichen Wesensarten durcheinander brächte.

> Als Frau gilt die Frau mehr denn als Mann. Überall da, wo sie ihre Rechte geltend macht, ist sie im Vorteil, wo sie die unsrigen usurpieren will, bleibt sie uns unterlegen ... In der Frau männliche Eigenschaften zu kultivieren und ihre eigene Art verkümmern zu lassen, heißt offensichtlich, zu ihrem

Schaden zu wirken ... Bei dem Versuch, sich unsere Vorrechte anzumaßen, geben sie die ihren nicht auf; aber da sie nicht beide gleich gut nützen können, bleiben sie unterhalb ihrer eigenen Möglichkeiten, ohne die unseren erreichen zu können ... Höre auf mich, weitblickende Mutter, mache keinen honnête homme aus deiner Tochter, als wolltest du die Natur verleugnen, mache eine honnête femme aus ihr, und du kannst sicher sein, dass es so für sie und für uns besser sein wird.[13]

Müttern, die seinen erzieherischen Ratschlägen zu folgen bereit waren, machte Rousseau einige Vorschläge:

Mädchen sollen immer fügsam sein, aber Mütter nicht immer unerbittlich. Um ein junges Mädchen gefügig zu machen, darf man es nicht unglücklich machen; um es anspruchslos zu machen, darf man es nicht einschüchtern ... Auf keinen Fall darf ihre Abhängigkeit zur Qual werden, es genügt, es sie fühlen zu lassen ... Jede Tochter sollte die Religion der Mutter haben und jede Frau die ihres Gatten. Sollte diese Religion die falsche sein, tilgt die Fügsamkeit, mit der die Mutter und die Familie sich der Ordnung der Natur beugen, vor Gott die Sünde des Irrtums. Außerstande, selbst entscheiden zu können, müssen sie die Entscheidung der Väter und der Gatten annehmen wie die der Kirche.[14]

Ideen wie diese gründeten in Rousseaus Überzeugung, dass Frauen von Natur aus passiv und zu systematischem Denken nicht fähig seien. Die Lektüre des Transkripts der Rede von Lawrence Summers vor dem National Bureau of Economic Research wirft die Frage auf, ob nicht etwa Rousseau sein geistiger Ahnherr gewesen ist. „Frauen beobachten", schrieb Rousseau, „Männer überlegen."

Die Erforschung der abstrakten und spekulativen Wahrheit, der Prinzipien, der Axiome in der Wissenschaft, alles, was darauf hinaus will, die Vorstellung zu verallgemeinern, gehört nicht zu den Aufgaben der Frauen; ihre Studien müssen sich alle auf die Praxis beziehen ... Denn was die Werke der Genies anbetrifft, übersteigen sie ihr Fassungsvermögen, auch besitzen die Frauen zu wenig Geistesschärfe und Ausdauer, um es in den exakten Wissenschaften zu etwas zu bringen, und die naturkundlichen Kenntnisse sind

Sache dessen, der von beiden am tätigsten ist, am beweglichsten, der die meisten Dinge sieht; dessen, der mehr Stärke besitzt und sie mehr nützt.[15]

Mit diesen Worten konstruierte Rousseau – der Vorkämpfer der Freiheit – einen eisernen Käfig. In einer Welt, in der „große Männer" immer ausgeklügeltere Systeme wissenschaftlicher Kategorisierung anwendeten, um die nachweisbare „Wahrheit" menschlicher Ungleichheit zu beglaubigen, wurde der Frau unterstellt, von Natur aus zu einer diesbezüglichen Beurteilung nicht imstande zu sein. Ihr, der „Werke von Genies ... über das Fassungsvermögen" gehen, wurde damit genau jene Gelehrsamkeit verwehrt, auf deren Grundlage man ihr immerfort jegliche bürgerliche oder intellektuelle Geltung außerhalb des Haushalts absprach. So konnte sie zwar die Benannte sein, niemals aber die Benennende.

Dieser Beharrlichkeit Rousseaus, seiner detaillierten Festschreibung von Differenz, lässt sich eine andere Sichtweise auf Frauen und ihre Erziehung gegenüberstellen, die in den letzten Jahrzehnten des 17. Jahrhunderts an Bedeutung gewann. Im Zuge der Frühaufklärung mehrten sich die Stimmen, die eine Verbindung zwischen dem Prinzip der Freiheit und den Rechten der Frauen herstellten. Die umfassende und ebenbürtige Erziehung von Frauen – speziell aus der Ober- und Mittelschicht – wurde als notwendige Voraussetzung ihrer Befreiung betrachtet.

Schon 1673 hatte Bathsua Makin, Hauslehrerin der Töchter der englischen Königsfamilie, die Gründung einer Akademie für junge Frauen angeregt. In *An Essay to Revive the Ancient Education of Gentlewomen* stellte Makin einen Lehrplan vor, nach dem in einer solchen Schule unterrichtet werden sollte. Neben Fächern, die gemeinhin als für Frauen geeignet galten – wie Tanzen und Singen –, umfasste Makins Bildungsprogramm für Mädchen auch Unterricht in Astronomie, Geografie, Arithmetik, Geschichte und Philosophie, zudem Griechisch, Latein, Hebräisch und Französisch.[16]

1694 veröffentlichte dann Mary Astell, eine der ersten feministischen Schriftstellerinnen in England, *A Serious Proposal to the Ladies for the Advancement of Their True and Great Interest*. In diesem anonym publizierten Werk sprach sich Astell für die Gründung säkularer Konvente aus, in denen Frauen sich gründliches Wissen aneignen könnten. „Welche Zufriedenheit kann ein Dasein bringen, das dem der Tulpen im Garten ähnelt, die zwar eine gute Figur machen, aber zu nichts nütze sind?", so fragte sie ihre Leser.[17]

Doch nicht nur Frauen setzten sich für die Bildung von Mädchen ein. So veröffentlichte Daniel Defoe, bekannt vor allem als Autor von *Robinson Crusoe*, 1719 *The Education of Women*, eine Streitschrift gegen die den Frauen auferlegte Unwissenheit: „Ich habe es oft als eine der barbarischsten Sitten auf der ganzen Welt empfunden, wo wir uns doch als zivilisiertes und christliches Land begreifen, dass wir Frauen die Vorteile der Bildung verweigern." Obgleich Defoe kein Befürworter der von ihm selbst so bezeichneten „Weiberherrschaft" war, meinte er doch, dass gebildete Frauen den Männern weitaus bessere Gefährtinnen wären als „törichte und impertinente" Frauen, die allein im „Sticken, Nähen und Anfertigen von Tand" ausgebildet seien.[18]

Rousseaus Unnachgiebigkeit in Fragen der Geschlechterunterschiede war insofern eine Reaktion auf unbequeme revolutionäre Ideen, die in vielerlei Hinsicht eine unbeabsichtigte Konsequenz seiner eigenen Ideen waren. Deutlich zu erkennen ist diese Verkettung in den Schriften von Mary Wollstonecraft. Ihr *Ein Plädoyer für die Rechte der Frau* (1791) war von Rousseaus Ideen inspiriert und wies diese zugleich zurück. Zwar war Wollstonecrafts Denken stark von Rousseaus Konzept einer natürlichen Erziehung geprägt, doch verurteilte sie empört seine Zweiteilung im Bereich der Bildung, die auf eine Ungleichbehandlung von Jungen und Mädchen hinauslief. Verfasst als Kritik an *Emile* argumentierte *Ein Plädoyer* dafür, dass jede Unterwürfigkeit fördernde Erziehung in direktem Widerspruch zu Rousseaus allgemeinen Prinzipien der Freiheit stehe:

> Die beste Erziehung ist folglich eine, die mit Hilfe der Vernunft den Körper stärkt und das Herz bildet, anders ausgedrückt: die dem Individuum die Tugenden zur Gewohnheit macht, durch die es unabhängig wird. Einen Menschen tugendhaft zu nennen, dessen Tugenden nicht dem Gebrauch der eigenen Vernunft entspringen, ist bloße Wortspielerei. So jedenfalls hat es Rousseau für das männliche Geschlecht konstatiert, und ich behaupte dasselbe für das weibliche.[19]

Wollstonecraft wies die Vorstellung zurück, die Natur mache eine ungleiche Erziehung nötig, und behauptete, die Einübung von Unterwürfigkeit sei allein durch der Männer „Liebe zur Macht" motiviert. Frauen, so betonte sie, sollten „nicht nur als moralische, sondern auch als rationale Wesen betrachtet" werden. Im Unterricht müssten sie „menschliche Tugenden (und Vollkommenheiten) durch *dieselben* Mittel erwerben und dürfen nicht wie launische *Halbwesen* – Rousseaus wilde Chimären – erzogen werden".[20]

Keine fünfzig Jahre später sollten Wollstonecrafts Ideen zur Inspiration einer aktivistischen Emanzipationsbewegung werden. Die Forderung einer gleichen Bildung für Jungen und Mädchen weitete sich aus zu einer breit angelegten Kritik an männlicher Dominanz im Allgemeinen, als einem Affront gegen das Freiheitsprinzip. Frauen begannen, gegen die Scheinheiligkeit der sich selbst als Demokraten aufspielenden Männer aufzubegehren.

1843 wurde in Seneca Falls, im Bundesstaat New York, die erste Frauenrechtsversammlung abgehalten und ein beißendes Manifest verabschiedet. Die Frauen eröffneten ihre *Declaration of Sentiment and Resolutions* mit Worten, die sie Amerikas berühmtestem Manifest zur Demokratie, der Unabhängigkeitserklärung, entlehnten:

> Wenn im Laufe menschlicher Begebenheiten ein Volk genötigt wird, die politischen Bande aufzulösen, die es bisher mit einem anderen vereinten, und unter den Mächten der Erde die gesonderte und gleiche Stellung einzunehmen, zu welcher es durch die Gesetze der Natur und des Schöpfers derselben berechtigt ist, so erheischt die geziemende Achtung vor den Meinungen des Menschengeschlechts, dass es die Ursachen öffentlich verkünde, welche jene Trennung veranlassen.
>
> Wir halten die nachfolgenden Wahrheiten für klar an sich und keines Beweises bedürfend, nämlich: dass alle Menschen gleich geboren sind; dass sie von ihrem Schöpfer mit gewissen unveräußerlichen Rechten begabt sind; dass zu diesem Leben Freiheit und das Streben nach Glückseligkeit gehöre ...

Wo ursprünglich vom Unrecht des Königs die Rede war, sprach die Erklärung von Seneca Falls vom Unrecht der Männer:

> Die Geschichte der Menschheit ist eine Geschichte von wiederholten Ungerechtigkeiten und eigenmächtigen Anmaßungen von Männern gegenüber Frauen, die alle die direkte Absicht haben, eine unumschränkte Tyrannei über diese zu errichten. Um dieses zu beweisen, seien hiermit Tatsachen der unparteiischen Welt vorgelegt.[21]

Dieses radikale Hinterfragen von Konventionen, die lange das Verhältnis der Geschlechter geprägt hatten, nahm in der zweiten Hälfte des 19. Jahrhundert zu. Doch vorherrschende Meinung blieb weiterhin, dass Männer und Frauen von Grund auf verschieden seien und die Zivilisation die Herrschaft der Männer verlange. Die Bewegung zur Abschaffung der Sklaverei hatte einen wütenden, oft gewalttätigen Rassismus hervorgerufen, der sich nach Ende des amerikanischen Bürgerkriegs nur noch verstärkte. In gleicher Weise führte die Forderung nach Frauenrechten zu einer Männlichkeitskrise und schürte zunehmend abfällige und harsche Urteile über die angeborenen Eigenschaften von Frauen. Hinsichtlich der Bildung von Frauen sprach der namhafte französische Soziologe Gustave Le Bon – der im Folgenden noch eine bedeutende Rolle spielen wird – für viele männliche Intellektuelle seiner Generation:

> Der Wunsch, ihnen dieselbe Bildung zu bieten und ihnen, infolgedessen, dieselben Ziele vorzugeben, ist eine gefährliche Chimäre … Am Tag, an dem die Frauen – die ihnen von der Natur zugewiesene mindere Tätigkeit missverstehend – das Haus verlassen und an unseren Kämpfen teilnehmen, an diesem Tag wird eine soziale Revolution beginnen und alles, was die geheiligten Bande der Familie erhält, wird verschwinden.[22]

In der Naturkunde wie auch auf den Gebieten der Physiologie und Soziologie wurden derartige Ansichten immer häufiger vertreten. Angesichts eines zunehmend einflussreichen feministischen Denkens und Handelns bedienten sich gebildete Männer aller zur Verfügung stehenden Mittel, um die Minderwertigkeit des weiblichen Geschlechts sachlich nachzuweisen. Während sie routinemäßig Lippenbekenntnisse zur instinktiven Neigung der Frauen zu Hege und Pflege ablegten, wurde die Idee, dass eine normale Frau sich jenseits ihres Haushalts in die Gesellschaft wagen könnte, als unvorstellbar und gefährlich diskreditiert. Frauen, die sich in die Öffentlichkeit trauten, wurde entweder extreme Maskulinität oder einen Hang zu kriminellem, unanständigem Verhalten unterstellt.

Gemäß der im 19. Jahrhundert populären Wissenschaft namens „Phrenologie" – die später noch eingehend betrachtet werden wird – lagen die entwickeltsten „Organe" einer guten Frau im hinteren Teil des Schädels, oberhalb des primitiven Stammhirns, in dem „Neigungen zum Häuslichen" ihren Sitz hatten. Hier befanden sich die Organe der „Haushaltsliebe", der „Kinderliebe", bedenklich nahe an den gefährlichen Regionen der „reproduktiven Liebe" und der „Liebe zum Sex", weshalb sich die Frau zu ihrem eigenen Wohl und dem der Gesellschaft unbedingt auf Heim und Herd zu beschränken hatte.

Streng binäre Geschlechtergegenüberstellungen waren in den etablierten Wissenschaften und in der Gesellschaft an der Tagesordnung. Bei ihren Schädelmessungen kamen Phrenologen, Anthropologen und Kriminologen übereinstimmend zu dem Ergebnis, dass weibliche Gehirne im Durchschnitt kleiner und leichter seien als männliche, und daher mangelhaft. Wie noch zu sehen sein wird, ist auch Cesare Lombrosos einflussreiche Studie der Verbrechertypen von dieser Auffassung geprägt. Sein enger Freund Le Bon, der Begründer der Sozialpsychologie, verglich die Frau mit einer ungestümen, von irrationalen Leidenschaften getriebenen Meute. Die Mediziner sahen das genauso und machten aus der Behandlung „nervöser Störungen" von Frauen gleich ein eigenständiges Fachgebiet – eine Sicht der Dinge, die von der Unterhaltungsbranche oft noch verstärkt wurde.

Doch zugleich waren auch entgegengesetzte Kräfte am Werk. Infrage gestellt wurde die Vorstellung einer angeborenen Überlegenheit der Männer von einer noch jungen Wissenschaft, der Kulturanthropologie, die nicht dem Schädelmessungswahn verfallen war, der bis dato anthropologische Studien geprägt hatte. Die vielleicht umfassendste Synthese dieser neuen kulturwissenschaftlichen Ansätze stammt von Friedrich Engels. Stark beeinflusst von Lewis Henry Morgan (*Die Urgesellschaft*, 1877) und Johann Jakob Bachofen (*Das Mutterrecht*, 1861) behauptete Engels in *Der Ursprung der Familie, des Privateigentums und des Staats* (1884), dass die ungleiche Machtverteilung zwischen Männern und Frauen nicht in deren jeweiligem Wesen gründete, sondern Folge ältester sozialer und historischer Gegebenheiten sei.

Engels vertrat die Ansicht, dass die frühesten menschlichen Gemeinschaften in Form eines gütigen Matriarchats organisiert waren. Diese klassenlosen und kommunalen Gemeinschaften, so erklärte er, besaßen weder Land noch Viehherden. Sie versorgten sich allein aus der relativ unkultivierten Natur ihrer Umgebung.

Engels zufolge gab es zwar eine Arbeitsteilung der Geschlechter, doch war diese kooperativ und egalitär. Die Männer waren als Jäger für die Nahrungsbeschaffung zuständig, während sich die Frauen um den sozialen Raum kümmerten, in dem die erweiterte Familie lebte: um den Anbau, die Konservierung und Zubereitung von Nahrung sowie die Instandhaltung des gemeinsamen Wohnraums. Innerhalb solcher Gemeinschaften, so Engels, lebten Frauen in Ehre und Freiheit. Da sie es waren, die Kinder zur Welt brachten, wurde Familienidentität natürlicherweise in mütterlicher Linie tradiert. Wurden neue eheliche Bande zwischen solchen Gemeinschaften geknüpft, war es der Mann, der aus seiner Herkunftsfamilie in die Familie seiner Gefährtin zog. In derartigen Verhältnissen hatte die physische Herrschaft eines Geschlechts über ein anderes keinen praktischen Nutzen.

All dies änderte sich mit dem Phänomen des Privateigentums, das zunächst in Form von Viehbestand auftauchte. Als man Tiere domestizierte und Herden durch gezielte Züchtung vergrößerte, verwandelte sich der Lebensbereich des Menschen in etwas zuvor nie Dagewesenes: in Eigentum. Diese Entwicklung hatte Auswirkungen auf die Sitte, Abstammung über die Frauen zu definieren. Solange „Abstammung nach Mutterrecht galt" und die mütterliche Linie die Zugehörigkeit einer Person zu einer Familie oder Sippe bestimmte, gab es für Männer keine Möglichkeit, ihr Eigentum an die eigenen Söhne zu vererben.

Als Reaktion auf dieses Dilemma, so vermutete Engels, erfanden die Männer das Patriarchat – ein Vererbungssystem, das über die väterliche Linie lief und sicherstellte, dass diese und ihre männlichen Nachkommen das Eigentumsrecht an der Herde behielten. Da aber Frauen die Nachkommen gebären, und Vaterschaften grundsätzlich ungewiss sind, ergriff man drastische Maßnahmen. Um sicherzustellen, dass ihre Kinder tatsächlich von ihnen abstammten, engten Männer das soziale und sexuelle Leben ihrer Frauen gewaltsam ein. Damit das patrilineare System funktionierte, durfte eine Frau, deren Aufgabe das Gebären von Nachkommen war, nicht frei leben. Jeder eigenmächtige soziale Kontakt wurde ihr verwehrt. Während männliche Sexualität ungeregelt blieb, wurde Frauen die Monogamie auferlegt, mit Ausnahme jener Frauen, deren Aufgabe gerade die Erfüllung außerehelicher Wünsche von Männern war. Frauen wurden von ihren Ehemännern beherrscht und „geknechtet". Diese Entwicklung, erklärte Engels, habe die „weltgeschichtliche Niederlage des weiblichen Geschlechts" bedeutet.[23]

Im Unterschied zur biblischen Geschichte, in der Gott die Minderwertigkeit der Frau verfügte, oder der wissenschaftlichen Legende von den angeborenen Unterschieden, betrachtete Engels das Geschlecht als gesellschaftliches Konstrukt. Für ihn war die männliche Überlegenheit nicht Teil eines göttlichen oder natürlichen Plans, sondern Folge des Wirtschaftslebens, ein Artefakt männlicher Eigentümerschaft und Gewinnsucht. Der Triumph des Patriarchats, so befand er, hatte die wesentlichen Einrichtungen der westlichen Zivilisation entscheidend geprägt: die Familie, die Religion und den Staat.

Engels' Studie war nicht nur eine Untersuchung archaischer Verhältnisse, sondern hatte auch Bezug zu der Welt, in der er lebte. Stellte das Patriarchat einen uralten Mechanismus zur Bewahrung bäuerlichen und kaufmännischen Wohlstands dar, so war das 19. Jahrhundert größtenteils von Menschen bevölkert, die solchen Eigentums beraubt waren. Eine Schar reicher Kapitalisten hatte die Produktionsmittel, selbst die der landwirtschaftlichen Produktion, an sich gerissen. Im Hinblick auf die meisten anderen Männer wurden die patriarchalen Einschränkungen von Frauenrechten, wenn auch weiterhin in den Köpfen wirksam, zunehmend obsolet.

Der Industriekapitalismus zerstörte die ländlichen ökonomischen Strukturen, auf denen das Patriarchat lange Zeit beruht hatte. Als eine wachsende Zahl von Frauen als Fabrikarbeiterinnen beschäftigt wurde, und Frauen der Mittelschicht offen ihre traditionelle Rolle im Haushalt infrage stellten, beschlich die Vertreter der Mittelschichtsdogmen von der „natürlichen" Rolle von Männern und Frauen ein zunehmendes Unbehagen. Dieses Unbehagen war nur allzu berechtigt. „Instabilität kennzeichnet das moderne Denken", heißt es, und der Aufstieg der industriellen Produktion und der kapitalistischen Großlandwirtschaft destabilisierten die Beziehung von Familie und Gesellschaft im Ganzen.[24] Das Fundament, auf dem die traditionellen Familien – als Grundeinheit der Produktion – einst standen, begann zu bröckeln. Besonders Mittelschichtfamilien mussten viele „Frauenarbeiten" angesichts der Produkte einer neuen Konsumwirtschaft als überholt ansehen. Während diese Entwicklungen viele Männer in eine Krise stürzten, eröffneten sie Frauen ungeahnte Möglichkeiten. Neue Ideen brachen sich Bahn.

Engels hatte behauptet, die Einschränkung weiblicher Sexualität und Bewegungsfreiheit sei das Ergebnis traditioneller Wirtschaftsformen gewesen. Für einen Mann, der seinem Sohn ein Stück Land oder gar ein kleines Geschäft vererben wollte, war das patriarchalische System von Nutzen. Im späten 19. Jahrhundert jedoch war die Kontrolle über die Landwirtschaft und das Geschäftsleben im Allgemeinen in die Hände eines immer kleineren Zirkels von Männern gelangt. Wer von Land- und Geschäftsbesitz ausgeschlossen war, der sah im patriarchalen System immer weniger einen Sinn. Obgleich sich der Viktorianismus diesen Entwicklungen mit aller Macht entgegenstellte, nahm doch die Zahl jener Häretiker zu, die sich eine Welt vorstellten, in der das soziale und sexuelle Verhalten von Frauen nicht mehr zwangsweise beschränkt wurde.

Eine der radikalsten Kritikerinnen patriarchalischer Sexualität in den USA war Victoria Woodhull, eine unternehmerische Feministin, die zwar nach Königin Victoria benannt worden war, aber im Denken und Handeln den Grundsätzen des Viktorianismus' trotzte. In einer Gesellschaft, in der Frauen sich auf Heim und Herd beschränken sollten, machte Woodhull Karriere in der Finanzwelt und gründete 1871 die erste von einer Frau geleitete Maklerfirma der USA. Das allein verletzte bereits traditionelle Eigentumsgrundsätze, weshalb sie von vielen jener Männer verspottet wurde, die das Börsengeschäft monopolisiert hatten, bevor Woodhull in deren Gewässern zu fischen begann.[25] Ihre Radikalität aber ging weit über ihre geschäftlichen Unternehmungen hinaus. Obwohl sie Geschäftsfrau war, begrüßte sie den Sozialismus und veröffentlichte in den USA als erste das *Kommunistische Manifest* von Marx und Engels. Anders jedoch als viele Sozialisten, die weiterhin herkömmlichen Vorstellungen von Sex anhingen, hielt Woodhall die Monogamie für eine Einrichtung zur systematischen Unterdrückung der Frauen – jener Menschen also, die am strengsten nach entsprechenden Gesetzen zu leben hatten. So verurteilte sie „die Scheinanständigkeit" der Ehe, die ihr nichts anderes als „legalisierte Prostitution" zu sein schien. Zudem setzte sie sich vehement für das Prinzip der freien Liebe ein, für Beziehungen bar aller Beschränkungen, gegründet allein auf dem sexuellen Verlangen. „Ja, ich bin eine frei Liebende. Ich habe ein unveräußerliches, verfassungsmäßiges und natürliches Recht zu lieben, wen ich will, zu lieben so lang oder kurz ich es vermag, diese Liebe auch täglich zu ändern, wenn es mir gefällt."[26]

Woodhull verkörperte eine neue, emanzipierte Form von Weiblichkeit, die ihren Ursprung in den veränderten gesellschaftlichen Bedingungen und dem Pandämonium der Moderne hatte. Diese Bedingungen, so erklärte sie, bedeuteten ungeahnte Möglichkeiten für „Reformen aller Art":

> Wer kann schon die gewaltige Revolution ermessen, die solche Zustände in jeder Sphäre und jedem Bereich menschlicher Angelegenheiten bewirken werden ... Die Geschwindigkeit des menschlichen Fortschritts und die Entwicklung der Gesellschaft lassen sich nicht ermessen ... Wir befinden uns genau am Wendepunkt einer antiquierten, konservativen Ordnung, die

bislang in allen Epochen der Geschichte geherrscht hat ... Tatsächlich hat dieser Fortschritt längst begonnen; wir haben den abschüssigen Teil erreicht und den Wendepunkt damit schon hinter uns; wir betrachten dies als wunderbares und außergewöhnliches Zeitalter der Weltgeschichte.

Doch im Stadium zwischen diesen „wunderbaren" Möglichkeiten und ihrer Realisierung machte Woodhull auch „einige große Hindernisse" aus, die es zu überwinden galt:

> Despotismus, Sklaverei und repressive Einschränkungen von Frauen sind oder waren die Hauptbarrieren. Der Despotismus hält sich noch in Europa, zittert allerdings schon ob der Ahnung seiner nahen Vernichtung oder Zersetzung. Der Sklaverei ist soeben der Todesstoß versetzt worden. Einschränkungen der Freiheit von Frauen beginnen zu bröckeln und werden sich noch schneller im Nichts auflösen als die anderen genannten Hindernisse, da es Tausende von Gründen für diese Revolution gibt.

Rückblickend muss man sagen, dass diese „Einschränkungen der Freiheit von Frauen" nicht ganz so einfach verschwanden, wie Woodhull angenommen hatte. Doch schon in den 1870er-Jahren etablierte sich eine neue Sichtweise, die bald schon die Landschaft sexueller Archetypen verändern sollte.

Ihren Ausdruck fand diese Anschauung in den visionären Schriften der Charlotte Perkins Gilman, einer führenden feministischen Denkerin, die in ihrem Buch *Frauen und Arbeit* (1898) das Ende der Frau als Objekt einläutete. Gilman hielt den modernen Industrialismus für eine Kraft, die Frauen aus jener Überlebensabhängigkeit von Männern befreien könnte, die Woodhull als „legalisierte Prostitution" beschrieben hatte.

Gilman glaubte, dass die Emanzipation der Frauen gelingen könne, wenn diese die Gesellschaft insgesamt durchdringen und dort Seite an Seite mit den Männern arbeiten würden:

> Unsere ärmeren Mädchen gehen in die Mühlen und Werkstätten, unsere reicheren in die Künste und akademischen Berufe oder gehen irgendwelchen erzieherischen oder philanthropischen Tätigkeiten nach. Warum? Um zu arbeiten. Zu arbeiten ist nicht nur ein Recht, sondern auch eine Pflicht. Mit ganzer Kraft zu arbeiten, ist notwendig für die Entwicklung des Menschen;

der vollständige Gebrauch der jeweils besten individuellen Fähigkeiten – dies bedeutet Gesundheit und Glück für Männer wie für Frauen.[27]

„Wir sind die einzigen Lebewesen", schrieb Gilman, „bei denen die Weibchen in Bezug auf die Nahrung von den Männchen abhängen; die einzigen Lebewesen, bei denen die Beziehung zwischen den Geschlechtern auch eine ökonomische Beziehung ist." Wenn nun die moderne Industrie die Frauen von vielen ihrer häuslichen Pflichten entband, so glaubte Gilman, könnten Frauen die häusliche Sphäre verlassen und sich von ihren „geschlechtsspezifisch-ökonomischen" Bürden befreien.[28]

Obgleich die führenden Denker nicht müde wurden, auf uralte Anschauungen von Mann und Frau zu pochen, in denen das häusliche Leben eine zentrale Rolle spielt, waren Woodhull und Gilman doch überzeugt, dass die Moderne eine umwälzende Neukonfiguration der Geschlechter ermöglichen würde. In Gilmans Worten:

> So lange die geschlechtsspezifisch-ökonomische Beziehung die Familie zum Mittelpunkt gewerblicher Aktivitäten macht, ist keine höhere Kollektivität als die heutige möglich. Doch in dem Maße, in dem Frauen zu freien, ökonomischen, sozialen Faktoren werden, wird auch ein vollständiger sozialer Zusammenschluss von Individuen in kollektiver Anstrengung möglich. Eine solche Freiheit, eine solche Unabhängigkeit, ein derart breiter Verbund wird auch einen Bund zwischen Mann und Frau ermöglichen, den die Welt lange vergeblich erträumt hat.[29]

Als Gilman dies schrieb, war eine umfassendere Neukonfiguration der Geschlechter bereits im Gange – mit Auswirkungen auf das Denken über den Körper, den Geist und das Wesen der Sexualität selbst. Dem auf der Kategorie des Geschlechts gründenden Bereich menschlicher Ungleichheit stand ein Erdbeben bevor.

2. Das Comeback der Zurückgedrängten

Gegen Ende des 19. Jahrhunderts zeigten sich Feministinnen in Europa und den USA zuversichtlich, dass sich die Beziehungen zwischen den Geschlechtern schon bald grundlegend wandeln würden. Herkömmliche Definitionen von „männlich" und „weiblich", so glaubten sie, würden zusehends verschwimmen und binnen kurzem durch einen neuen Egalitarismus ersetzt sein. Auf der anderen Seite allerdings gab es viele, die den Feminismus als Bedrohung für die Grundlagen von Familie und Kultur ansahen und die Ungleichheit der Geschlechter zu einem ehernen Gesetz Gottes, der Natur und des sozialen Gleichgewichts erklärten.

Otto Weininger

Doch selbst da, wo Mann und Frau beharrlich als unterschiedliche Typen aufgefasst wurden, keimten Ideen einer Ambivalenz des Geschlechts. Ein auf den ersten Blick kaum naheliegendes und daher umso aufschlussreicheres Beispiel in dieser Hinsicht ist *Geschlecht und Charakter*. Das 1903 erschienene, enorm wirkmächtige und alsbald in unzählige Sprachen übersetzte Buch enthält die weitschweifigen Gedanken eines 23-jährigen Wiener Wunderknaben namens Otto Weininger.

Weininger war schon als Jüngling am Gymnasium durch seine enorme Wissbegier aufgefallen und hatte sich später an der Wiener Universität einen Namen als scharfsinniger Denker gemacht. Voller Begeisterung beschrieb Weiningers Freund Hermann Swoboda diesen Forschergeist:

> Unermüdlich brachte er bei unseren häufigen Zusammenkünften bis in die späte Nacht, manchmal auch bis zum Morgen, ein Problem nach dem andern zur Diskussion. Abstrakte Regionen, aus denen sich andere gar bald frierend zurückziehen, waren seine eigentliche Heimat. Er war, kurz gesagt, ein passionierter Denker, der Typus des Denkers.[1]

Geschlecht und Charakter – sein erstes und letztes Buch – bündelte diese Geisteskräfte zur Klärung des, wie der schwedische Dramatiker und Weininger-Verehrer August Strindberg meinte, „vertracktesten aller Probleme ... des Frauenproblems"[2]. Auf den ersten Blick teilte Weininger in diesem Buch viele maskulinistische Einstellungen seiner Zeit. Es war eine zutiefst misogyne, unverhohlen feindselige Antwort auf den Kampf für Frauenrechte, und verteidigte die Vorstellung, Mann und Frau seien zwei klar abgegrenzte und unterschiedliche Typen. „Der tiefststehende Mann", schrieb Weininger, „steht noch unendlich hoch über dem höchststehenden Weibe, so hoch, dass Vergleich und Rangordnung hier kaum mehr statthaft scheinen."[3] Diese Unmöglichkeit, beide nach herkömmlichem Maßstab zu vergleichen, gründete für Weininger in den ungleichen Beziehungen eines jeden Geschlechts zu der ihnen jeweils eigenen Sexualität:

Der Zustand der sexuellen Erregtheit bedeutet für die Frau nur die höchste Steigerung ihres Gesamtdaseins. Dieses ist immer und durchaus sexuell. W geht im Geschlechtsleben, in der Sphäre der Begattung und Fortpflanzung, d. i. im Verhältnisse zum Manne und zum Kinde, vollständig auf, sie wird von diesen Dingen in ihrer Existenz vollkommen ausgefüllt, während M nicht nur sexuell ist ... Die größere Ausdehnung der Sexualsphäre über den ganzen Menschen bei W bildet einen spezifischen Unterschied von der schwersten Bedeutung zwischen den geschlechtlichen Extremen. Während also W von der Geschlechtlichkeit gänzlich ausgefüllt und eingenommen ist, kennt M noch ein Dutzend anderer Dinge: Kampf und Spiel, Geselligkeit und Gelage, Diskussion und Wissenschaft, Geschäft und Politik, Religion und Kunst ... W ist nichts als Sexualität. M ist sexuell und noch etwas darüber.[4]

Viele dieser Erklärungen klingen vertraut. Doch Weininger betrat auch gedankliches Neuland. Obgleich er das ganze Buch hindurch die Ausdrücke „Mann" und „Frau" verwendete, glaubte er nicht, dass irgendein Individuum der jeweiligen Definition tatsächlich in reiner Form entspreche. Vielmehr, befand er, seien alle leibhaftigen Menschen irgendwo in einem Spektrum zwischen vollkommenem Mann und vollkommener Frau angesiedelt:

Vom Menschen aber gilt ohne jeden Zweifel folgendes: Es gibt unzählige Abstufungen zwischen Mann und Weib, „sexuelle Zwischenformen" ...

> [Wir können] einen idealen Mann M und ein ideales Weib W, die es in der Wirklichkeit nicht gibt, aufstellen als sexuelle Typen. Diese Typen können nicht nur, sie müssen konstruiert werden. Nicht allein das „Objekt der Kunst", auch das der Wissenschaft ist der Typus, die platonische Idee ... [D]ie empirisch gegebenen Vermittlungen zwischen beiden dienen ... nur als Ausgangspunkt für diese Aufsuchung der typischen Verhaltensweisen ... Und ebenso gibt es nur alle möglichen vermittelnden Stufen zwischen dem vollkommenen Manne und dem vollkommenen Weibe, Annäherungen an beide, die selbst nie von der Anschauung erreicht werden.[5]

Mit diesen Worten, und auf den folgenden Seiten seines Werkes, führte Weininger die Idee ein, die sexuelle Identität sei fließend und unbestimmt. Obwohl er viele der in jüdisch-christlicher Tradition stehenden Auffassungen teilte, nahm er zugleich an, dass alle Menschen – in unterschiedlichem Maß – von einer „dauernden Bisexualität" geprägt seien. Waren seine Gefühle gegenüber Frauen von der Idee des vollkommenen Mannes geleitet, so dachte er doch im Hinblick auf die Menschen im Allgemeinen, dass jedes Individuum in geschlechtlicher Ambivalenz lebe. Der vollkommene Mann, existierte er, wäre mit jeder Faser seines Körpers ein Mann. Dasselbe würde für die vollkommene Frau gelten. Doch in der Wirklichkeit herrschte, wenngleich sich Individuen diesem reinen Zustand annähern konnten, eine mehr oder weniger große psychologische und biologische Unbestimmtheit.

Gerade so, wie Kunstgeschichte, physische Anthropologie, Phrenologie und Physiognomie (auf die wir später noch eingehen werden) eine typologische Hierarchie körperlicher und geistiger Ideale gemäß rassischer und ethnischer Merkmale aufstellten, schuf Weininger eine bisexuelle Hackordnung im Spektrum zwischen dem femininen Typus, dem es an Moral und Geist fehlte, und dem maskulinen, der zu höchster Sittlichkeit und transzendentem Denken fähig war. „[D]ie Dualität von Mann und Weib [hat sich allmählich] zum Dualismus überhaupt entwickelt, zum Dualismus des höheren und des niederen Lebens, des Subjekts und des Objekts, der Form und der Materie, des Etwas und des Nichts."[6]

Hier verband sich eine dualistische Auffassung vom Menschen mit der Idee einer – wie Weininger meinte – diffusen Bandbreite an Variationen, in denen sich menschliche Sexualität aktualisierte. Manchmal kam ein Mensch dem Ideal nahe, ein andermal kam seine bisexuelle Natur stärker zum Tragen; stets aber war die Identität eines Menschen zum Teil auch von jener des jeweils anderen Geschlechts geprägt.[7]

Obwohl Weininger die Bisexualität als seine ureigene Entdeckung ausgab, war dieses Konzept alles andere als neu. Vielmehr war man sich schon Ende des 19. Jahrhunderts „im wissenschaftlichen Diskurs über Sexualität"[8] weithin einig, dass alle Embryos zu Beginn ihres Lebens bisexuell seien. Im Periodikum *Psychopathia sexualis* schrieb der Wiener Psychiater Richard von Krafft-Ebing im Jahr 1896, eine sexuelle Ausdifferenzierung finde bei Embryos erst ab der zwölften Woche statt. Vor diesem Zeitpunkt, erklärte er, seien alle Embryos physiologisch „bisexuell". Homosexualität, so Krafft-Ebing weiter, sei ein psychopathologisches Phänomen, das auf einer unzureichenden Fortentwicklung aus diesem embryonalen Stadium beruhe. Auch andere Gelehrte hatten sich zuvor schon mit „Bisexualität" und „Zwischengeschlechtlichkeit" beschäftigt, darunter die wegweisenden Sexualforscher Karl Heinrich Ulrichs, Havelock Ellis sowie Magnus Hirschfeld – ein Arzt, der Bisexualität wie Homosexualität nicht für „Perversionen", sondern für den natürlichen Ausdruck sexueller Vorlieben hielt.

1897 erzählte Wilhelm Fliess, damals Siegmund Freuds engster Mitarbeiter, diesem von seiner „Überzeugung, dass alle Menschen bisexuell veranlagt seien". Als Freud einem seiner Patienten von Fliess' noch vertraulich gehaltener Theorie berichtete, führte dies nicht nur zu einem tiefen Zerwürfnis zwischen Freud und Fliess, sondern begünstigte auch Weiningers angebliche Entdeckung. Denn jener Patient Freuds, ein sich einer Lehr-Analyse unterziehender Student, war Weiningers enger Freund Hermann Swoboda. Fliess verzieh Freud sein Lebtag nicht dessen Komplizenschaft bei – wie er meinte – Weiningers Diebstahl seiner eigenen, bis dato unveröffentlichten Theorie der Bisexualität.[9]

Doch während in früheren Theorien der Bisexualität diese entweder als pathologisch oder als natürlich gedeutet worden war, war sie für Weininger eine moralische Messlatte, mit der sich jeder Mensch beurteilen ließ. Zwar konnte ein Mann starke feminine Anlagen haben und doch männlich sein; wie eine Frau womöglich maskuline Anlagen hatte und doch weiblich war. Aber eine zu große Abweichung vom idealen Zustand galt ihm als Symptom einer Störung. Als Beispiel mussten hier die Juden herhalten. Obwohl selbst jüdischer

Abstammung, teilte Weininger den blindwütigen Antisemitismus seines Milieus. Er, der zum Christentum Konvertierte, betrachtete die Juden als ein Volk, dessen weibliche Eigenschaften es heillos verdorben machten:

> Von dem Göttlichen im Menschen, dem ‚Gott, der mir im Busen wohnt', weiß der echte Jude nichts ... Denn was im Menschen von Gott ist, das ist des Menschen Seele; der absolute Jude aber ist seelenlos. So kann es denn gar nicht anders sein, als dass dem Alten Testamente der Unsterblichkeitsglaube fehlt. Wer keine Seele hat, wie sollte der nach ihrer Unsterblichkeit ein Bedürfnis haben? Ebenso wie den Frauen fehlt den Juden, und zwar ganz allgemein, das Unsterblichkeitsbedürfnis.

Immer weiter sezierte Weininger, der sich selbst als „arischen Mann" betrachtete, die geistigen und moralischen Defekte von Juden und Frauen, die für ihn in Seelenlosigkeit und unersättlicher Lust an materiellen Dingen gründeten:

> Wie das „Radikal-Gute" und das „Radikal-Böse", so fehlt aber dem Juden (und dem Weibe) mit dem Genie auch das Radikal-Dumme in der menschlichen, männlichen Natur. Die spezifische Art der Intelligenz, die dem Juden wie dem Weibe nachgerühmt wird, ist freilich einerseits nur größere Wachsamkeit ihres größeren Egoismus'; andererseits beruht sie auf der unendlichen Anpassungsfähigkeit beider an alle beliebigen äußeren Zwecke ohne Unterschied: weil sie keinen urwüchsigen Maßstab des Wertes, kein Reich der Zwecke in der eigenen Brust tragen.

Noch bedrohlicher erschien Weininger eine andere diagnostizierte Störung: die im Europa des Fin-de-siècle selbst unter Männern zunehmende Wirkung feministischer Ideen. Diese Entwicklung lastete er zum Teil dem Einfluss des „modernen Judentums" an. Vor allem aber schrieb er ihn dem hinterlistigen Einfluss übermäßig maskuliner Frauen zu:[11]

> Emanzipationsbedürfnis und Emanzipationsfähigkeit einer Frau [liegt] nur in dem Anteile an M begründet, den sie hat ... Die Emanzipation, die ich im Sinne habe, ist auch nicht der Wunsch nach der äußerlichen Gleichstellung mit dem Manne, sondern ... der Wille eines Weibes, dem Manne innerlich gleich zu werden, zu seiner geistigen und moralischen Freiheit, zu seinen

Interessen und seiner Schaffenskraft zu gelangen. Und was nun behauptet wird, ist dies, dass W gar kein Bedürfnis und dementsprechend auch keine Fähigkeit zu dieser Emanzipation hat ... Nur den vorgerückteren sexuellen Zwischenformen, man könnte beinahe schon sagen jenen sexuellen Mittelstufen, die gerade noch den „Weibern" beigezählt werden, entstammen jene Frauen der Vergangenheit wie der Gegenwart, die von männlichen und weiblichen Vorkämpfern der Emanzipationsbestrebungen zum Beweise für die großen Leistungen von Frauen immer mit Namen angeführt werden ... Es ist die Rede von George Eliots breiter, mächtiger Stirn: „ihre Bewegungen wie ihr Mienenspiel waren scharf und bestimmt, es fehlte ihnen aber die anmutige weibliche Weichheit" ... Sehr männlich von Ansehen ist auch die berühmte Helene Petrowna Blavatsky.[12]

Wegen der grundsätzlichen Ausschließlichkeit von Männlichem und Weiblichem konnten diese maskulinen Zwischenwesen – mit der schicksalhaften Bürde ihrer Weiblichkeit – das Ziel der Gleichstellung niemals erreichen. „Der Mann hat alles in sich ... Aber die Frau kann nie zum Manne werden."[13]

[W]eg mit der Parteibildung, weg mit der unwahren Revolutionierung, weg mit der ganzen Frauenbewegung, die in so vielen widernatürliches und künstliches, im Grunde verlogenes Streben schafft. Und weg auch mit der abgeschmackten Phrase von der „völligen Gleichheit"! Selbst das männlichste Femininum hat wohl kaum je mehr als 50 Prozent an M und diesem Feingehalte dankt sie ja doch ihre ganze Bedeutung oder besser all das, was sie eventuell bedeuten könnte.[14]

Weiningers Theorien beruhten nicht auf wissenschaftlichen Untersuchungen. Vielmehr ähnelten sie einer Wissenschaft der ersten Eindrücke, wie sie auch Johann Caspar Lavaters Werk *Von der Physiognomik* prägt, das mehr als zwei Jahrhunderte früher erschienen war und hier später noch behandelt werden wird. Weininger bekannte sich freimütig zu seinen geistigen Ahnen: „Man hätte sich ... freilich die Frage vorlegen müssen, ob nicht die Setzung einer wie immer gearteten Korrespondenz zwischen Physischem und Psychischem eine bisher übersehene, apriorische, synthetische Funktion unseres Denkens ist – was mir wenigstens dadurch sicher verbürgt scheint, dass eben jeder Mensch die Physiognomik anerkennt, insofern jeder, unabhängig von der Erfahrung,

Physiognomik treibt." Der junge Otto jedenfalls tat es. Auf seinen Spaziergängen durch die Straßen Wiens untermauerte er seine Theorien durch spontane Urteile über die Passanten. Zur Stützung seiner Thesen bediente er sich außerdem der Fotografie:

> Übrigens habe ich auch selbst eine Anzahl von Versuchen in folgender Weise angestellt, dass ich mit einer Kollektion von Fotografien rein-ästhetisch untadeliger Frauen, deren jede einem bestimmten Gehalte an W entsprach, eine Enquete veranstaltete, indem ich sie einer Reihe von Bekannten, „zur Auswahl der Schönsten", wie ich hinterlistig sagte, vorlegte. Die Antwort, die ich bekam, war regelmäßig dieselbe, die ich im voraus erwartete.[15]

So waren also Voyeurismus und Spekulation, allem Anschein nach, Weiningers vorrangige Methoden. Als der junge Weininger 1901 bei Siegmund Freud mit einem Entwurf seines Buches vorstellig wurde, äußerte dieser angesichts des impressionistischen Ansatzes große Bedenken. Freud mahnte Weininger, seine Analyse der Sexualität durch umfassende empirische Untersuchungen zu untermauern. „Die Welt", so erklärte ihm Freud, „will Beweise, keine Gedanken".[16] Für derlei Ratschläge aber hatte der ungeduldige Weininger nichts übrig, und so trieb er sein Projekt fieberhaft voran.

Als *Geschlecht und Charakter* schließlich 1903 erschien, glaubte er, ein wahrhaft geniales Werk von weltgeschichtlicher Bedeutung geschaffen zu haben. Allerdings war ihm – so sehr er auf bewundernde Anerkennung hoffte – auch klar, dass seine Ideen einigen Anstoß erregen würden. Kurz nach der Veröffentlichung schrieb er einem Freund: „Mir bleiben drei Möglichkeiten – der Galgen, Selbstmord, oder eine derart glänzende Zukunft, wie ich sie mir nicht auszumalen wage."[17]

Am Ende kam es zur mittleren der drei Varianten. Weininger erschoss sich am 4. Oktober 1903, noch bevor er erfahren konnte, wie enthusiastisch seine Ideen in Europa und darüber hinaus von vielen Leuten aufgenommen wurden. Seinem Größenwahn entsprechend wählte er als Ort für seinen spektakulären Selbstmord das Sterbehaus Beethovens in Wien.

Was Weininger schon nicht mehr erlebte, war ein zunehmendes Interesse an Bisexualität und den Variationen menschlicher Sexualität im Allgemeinen, wie es sich Anfang des 20. Jahrhunderts im Denken und Leben von immer mehr

Sigmund Freud, 1906. [Ewen-Archiv]

Menschen niederschlug. Dieses Interesse beruhte zum Teil auf Weiningers Buch, wenn auch nicht immer so, wie es ihm lieb gewesen wäre. Bahnbrechend bei der Erforschung sexueller Neigungen aber waren andere, allen voran Sigmund Freud, der das Thema der Bisexualität ganz offen in seinem Buch *Drei Abhandlungen zur Sexualtheorie* behandelte. 1905 erstmals erschienen, erlebte es in der Folge viele Neuauflagen und hatte beachtlichen Einfluss auf das psychoanalytische Denken. Anders als Krafft-Ebing, der Bisexualität als kurze Entwicklungsstufe im physiologischen Wachstum des normalen Embryos betrachtete, oder als Weininger, der Bisexualität als moralisches Problem behandelte, hielt Freud Bisexualität für eine beständige und mächtige Kraft in Körper und Geist eines jeden Menschen. Selbst bei „normalen" Männern und Frauen, so erklärte er, fänden sich physiologische Überbleibsel der frühen embryonalen Gestalt: „[B]ei keinem normal gebildeten männlichen oder weiblichen Individuum werden die Spuren vom Apparat des anderen Geschlechtes vermisst, die entweder funktionslos als rudimentäre Organe fortbestehen oder selbst zur Übernahme anderer Funktionen umgebildet worden sind."[18]

Diese „altbekannten anatomischen Tatsachen" wurden für Freud im weiteren Verlauf seines Denkens allerdings nebensächlich. Stattdessen konzentrierte er sich immer mehr auf Bisexualität als psychologischen Faktor der libidinösen Empfindungen im Leben der Menschen.

Bei der Geburt, so erläuterte er, sei die geschlechtliche Identität noch nicht ausgeprägt. Aufgrund der – wie er es nannte – „polymorph perversen Anlage" des Kleinkinds seien alle Gelüste zunächst undifferenziert. In diesem Zustand werde jede Person, jedes Körperteil oder jede Körperfunktion, die Lust bereitet, als begehrenswert erfahren. Entscheidenden Einfluss auf die Entwicklung des Kindes – fort von den polymorphen Anfängen hin zu einer ausgeprägten geschlechtlichen Identität welcher Art auch immer – hat die repressive Sublimierung jener Neigungen, die für inakzeptabel erachtet werden: „[U]nter den die Richtung des Sexualtriebes einschränkenden Mächten [sind] Scham, Ekel, Mitleid und die sozialen Konstruktionen der Moral und Autorität [hervorzuheben]."[19]

Später äußerte sich Freud in *Das Unbehagen in der Kultur* ausführlich zu den Ursachen dieser Repression. In Bezug auf die Sexualität betrachtete Freud den Zivilisationsprozess als festen Bestandteil anderer Formen der Unterjochung und politischen Strategie, die mit dem Triumph europäischer Reiche einhergingen:

> Dabei benimmt sich die Kultur gegen die Sexualität wie ein Volksstamm oder eine Schicht der Bevölkerung, die eine andere ihrer Ausbeutung unterworfen hat. Die Angst vor dem Aufstand der Unterdrückten treibt zu strengen Vorsichtsmaßregeln. Einen Höhepunkt solcher Entwicklung zeigt unsere westeuropäische Kultur ... Die Objektwahl des geschlechtsreifen Individuums wird auf das gegenteilige Geschlecht eingeengt, die meisten außergenitalen Befriedigungen als Perversionen untersagt. Die in diesen Verboten kundgegebene Forderung eines für alle gleichartigen Sexuallebens setzt sich über die Ungleichheiten in der angeborenen und erworbenen Sexualkonstitution der Menschen hinaus, schneidet eine ziemliche Anzahl von ihnen vom Sexualgenuss ab und wird so die Quelle schwerer Ungerechtigkeit.[20]

Trotz dieser einschneidenden „Eindämmung der Gelüste" glaubte Freud allerdings an beständige „unbewusste Kräfte" – bisexuelle Sehnsüchte, die nicht vollständig unterdrückt werden konnten, selbst bei denen nicht, die als „gesunde" Männer und Frauen galten. Als *Drei Abhandlungen zur Sexualtheorie* erstmals erschien, hielten Mediziner das, was sie sexuelle „Perversionen" nannten – nämlich außergenitale Befriedigungen – für ein Zeichen von „Entartung oder Krankheit". Das war auch ihre Diagnose für Homosexualität. Freud urteilte in dieser Hinsicht völlig anders:

> Die alltägliche Erfahrung hat gezeigt, dass die meisten dieser Überschreitungen [jenseits des statthaften Geschlechtsverkehrs] ... einen selten fehlenden Bestandteil des Sexuallebens der Gesunden bilden und von ihnen wie andere Intimitäten auch beurteilt werden. Wo die Verhältnisse es begünstigen, kann auch der Normale eine solche Perversion eine ganze Zeit

lang an die Stelle des normalen Sexualziels setzen oder ihr einen Platz neben diesem einräumen.[21]

Tatsächlich stellte Freud den Begriff der „Perversion" in seiner üblichen Verwendung überhaupt infrage:

> Bei keinem Gesunden dürfte irgendein pervers zu nennender Zusatz zum normalen Sexualziel fehlen, und diese Allgemeinheit genügt für sich allein, um die Unzweckmäßigkeit einer vorwurfsvollen Verwendung des Namens Perversion darzutun.[22]

Zu diesen Surrogaten des „normalen Sexualziels" zählte Freud auch homosexuelle Handlungen oder Gelüste:

> Die psychoanalytische Forschung widersetzt sich mit aller Entschiedenheit dem Versuche, die Homosexuellen als eine besonders geartete Gruppe von den anderen Menschen abzutrennen. Indem sie auch andere als die manifest kundgegebenen Sexualerregungen studiert, erfährt sie, dass alle Menschen der gleichgeschlechtlichen Objektwahl fähig sind und dieselbe auch im Unbewussten vollzogen haben.[23]

Letztlich, so erklärte Freud, waren Menschen, die sich entweder auf heterosexuelle oder auf gleichgeschlechtliche Beziehungen beschränkten, gleichermaßen repressiven Kräften ausgesetzt:

> Der Psychoanalyse erscheint ... die Unabhängigkeit der Objektwahl vom Geschlecht des Objektes, die gleich freie Verfügung über männliche und weibliche Objekte, wie sie im Kindesalter, in primitiven Zuständen und frühhistorischen Zeiten zu beobachten ist, als das Ursprüngliche, aus dem sich durch Einschränkungen nach der einen oder anderen Seite der normale wie der Inversionstypus [d. h. der des Homosexuellen] entwickeln.[24]

In einem autobiografischen Aufsatz aus dem Jahr 1925 erklärte Freud, das „Primat des Genitals" – eine das herkömmliche Verständnis von Sex prägende geistige Tyrannei – habe zur Verschleierung des Kerns menschlicher Sexualität geführt, wie er „in den Urzeiten der Libidoentwicklung" geformt worden sei:

> Die Loslösung der Sexualität von den Genitalien hat den Vorteil, dass sie uns gestattet, die Sexualbetätigung der Kinder und der Perversen unter dieselben Gesichtspunkte zu bringen wie die der normalen Erwachsenen, während die erste bisher völlig vernachlässigt, die andere zwar mit moralischer Entrüstung, aber ohne Verständnis aufgenommen wurde … Die wichtigste dieser Perversionen, die Homosexualität, verdient kaum diesen Namen. Sie führt sich auf die konstitutionelle Bisexualität … zurück; durch Psychoanalyse kann man bei jedermann ein Stück homosexueller Objektwahl nachweisen. Wenn man die Kinder „polymorph pervers" genannt hat, so war das nur eine Beschreibung in allgemein gebräuchlichen Ausdrücken; eine moralische Wertung sollte damit nicht ausgesprochen werden.[25]

Am bedrohlichsten aber erschien den Hütern der Sexualmoral Freuds Auffassung der Kindheit als stark sexuell geprägte Lebensphase:

> Die überraschenden Ermittlungen über die Sexualität des Kindes wurden zunächst durch die Analyse Erwachsener gewonnen, konnten aber später, etwa von 1908 an, durch direkte Beobachtungen an Kindern bis in alle Einzelheiten und in beliebigem Ausmaße bestätigt werden. Es ist wirklich so leicht, sich von den regulären sexuellen Betätigungen der Kinder zu überzeugen, dass man sich verwundert fragen muss, wie es die Menschen zustande gebracht haben, diese Tatsachen zu übersehen und die Wunschlegende von der asexuellen Kindheit so lange aufrecht zu halten. Dies muss mit der Amnesie der meisten Erwachsenen für ihre eigene Kindheit zusammenhängen.[26]

Mit Freud begannen fest verankerte Dogmen über Männlichkeit und Weiblichkeit zu bröckeln. Seine Theorien verweigerten sich starren Definitionen von Mann und Frau, hatten eine geradezu schockartige Wirkung auf die westliche Kultur und werden auch heute noch von der Mainstream-Psychologie abgelehnt. Die Vorstellung, es gebe eine einfache Unterteilung in Männliches und Weibliches, war über Jahrhunderte die herrschende Vorstellung gewesen und von religiösem sowie natur- und sozialwissenschaftlichem Denken gestützt worden. Als schließlich im späten 19. Jahrhundert der Begriff der geschlechtlichen Ambivalenz auftauchte, hielten die meisten dies für ein Zeichen der Verwirrung, für eine Abweichung von der Norm, nach der sich die Geschlechter anhand erkennbarer Merkmale bestimmen ließen.

Schon vor Freud hatte Weininger die Idee von der bisexuellen Natur aller Menschen in Umlauf gebracht, doch betrachtete er diese Natur als Schwäche – als Unfähigkeit, klar unterschiedenen Geschlechteridealen gerecht zu werden. Mit Freud nun rückten Bisexualität, Homosexualität sowie bestimmte nicht auf die Genitalien beschränkte Reize, ja selbst die polymorphe infantile Sexualität, in den Bereich der Normalität – wenn auch einer Normalität, die von sozialen und elterlichen Verboten deformiert war. Mit der Veröffentlichung dieser Ideen hatte Freud die Büchse der Pandora geöffnet. Unterschiedlichste sexuelle Praktiken und Identitäten waren im psychischen und biologischen Leben aller Männer und Frauen untrennbar miteinander verknüpft. Allmählich begannen sich in der philosophischen wie der medizinischen Literatur die Grundlagen der geschlechtlichen Stereotypen zu wandeln.

Vom späten 19. Jahrhundert an, als Biologie, Psychologie und theoretisches Denken sich des Themas der universellen Bisexualität und ihrer Bedeutung annahmen, führten auch bestimmte gesellschaftliche Entwicklungen dazu, dass die Spielarten menschlicher Sexualität zu einem unübersehbaren Teil des öffentlichen Lebens wurden. Bestimmte Neigungen, die zuvor verschwiegen oder geächtet worden waren, kamen nun ans Tageslicht. Zwar wurden diese Erscheinungen in der ehrenwerten Gesellschaft weiterhin nicht geduldet, aber sie beschränkten sich auch nicht mehr auf den Dunstkreis sexueller Subkulturen.

Ein bemerkenswertes Beispiel für diesen Wandel ist der Aufsehen erregende Prozess gegen den irischen Schriftsteller Oscar Wilde. Seinerzeit schon eine der berühmtesten und extravagantesten Gestalten der europäischen Literatur, hatte Wilde 1884 Constance Lloyd geheiratet, mit der er zwei Kinder bekam. Zugleich aber hatte er auch zahlreiche sexuelle Affären mit jungen Männern. Daraus waren Wilde keine großen Probleme entstanden, bis er sich 1891, im Alter von 38 Jahren, mit dem 22-jährigen Dichter Lord Alfred Douglas einließ. Douglas war der Sohn des Marquess of Queensberry, eines schottischen Adligen, der vor allem als Schöpfer der modernen Boxkampfregeln bekannt ist.

Aus Zorn über die unerschütterliche Liebe seines Sohnes zu Wilde denunzierte der Marquess diesen als „Sodomiten". Daraufhin verklagte Wilde den wütenden Vater seines Geliebten wegen übler Nachrede. Es kam zum Prozess. Die Verhandlung schien zunächst ganz im Sinne des berühmten Schriftstellers zu verlaufen, wendete sich aber zugunsten des Marquess, als dessen Anwalt,

Edward Carson, Wilde ins Kreuzverhör nahm. Carson konfrontierte ihn und das Gericht mit Beweisen für eine ganze Reihe von Liebesbeziehungen zu jungen Männern. Was zuvor eine Privatangelegenheit gewesen war, kam nun ans grelle Licht der Öffentlichkeit, zumal auch die Zeitungen in reißerischer Ausführlichkeit berichteten.

1895, kurz vor Beginn des Prozesses, war in England eine Ergänzung des Strafgesetzes in Kraft getreten, wonach „‚grobe Sittlichkeitsvergehen' unter Strafe gestellt" waren. „Diese Gesetzesergänzung wurde dahingehend ausgelegt", so der Rechtswissenschaftler Douglas Lindner, „dass jede Form von sexueller Handlung zwischen gleichgeschlechtlichen Personen als kriminell galt." Als Carson schließlich ankündigte, eine Reihe von Wildes Sexualpartnern als Zeugen zu laden, ließ sich Wilde – auch aus Angst vor dieser Gesetzesergänzung – von seinem Anwalt überreden, die Klage zurückzuziehen. Doch nun war es zu spät. Innerhalb weniger Wochen stand Wilde selbst vor Gericht, angeklagt „der groben Sittlichkeitsvergehen und der Verabredung zu groben Sittlichkeitsvergehen in insgesamt 25 Fällen".[27]

Zum Ende des Prozesses fragte der Staatsanwalt, Charles Gill, Wilde nach der Bedeutung von „I am the love that dare not speak its name", der Schlusszeile von „Two Loves", einem Gedicht des jungen Lord Douglas aus dem Jahr 1894. Wilde antwortete:

> „Die Liebe, die ihren Namen nicht zu nennen wagt", ist ... jene Zuneigung zu einem jüngeren Mann ... wie Platon sie zur Grundlage seiner Philosophie machte, und wie Sie sie in den Sonetten von Michelangelo und Shakespeare finden. Es ist jene tiefe, geistige Zuneigung, die genauso rein ist, wie sie vollkommen ist. Diese Zuneigung wird in diesem Jahrhundert missverstanden, und zwar so gründlich, dass sie als die „Liebe, die ihren Namen nicht zu nennen wagt" bezeichnet werden kann, und aufgrund dessen stehe ich jetzt hier. Sie ist schön, sie ist makellos, sie ist die vornehmste Art der Zuneigung. Daran ist überhaupt nichts Unnatürliches.[28]

Hier war Grenzen sprengende Sexualität nicht mehr länger kalter Gegenstand einer klinischen Diskussion; Wilde hatte sie zumindest für einen Moment den Händen der Experten entrissen und ihr eine eigene Stimme verliehen. Die Geschworenen waren bewegt und sahen sich außerstande, „in den meisten Fällen zu einem Urteil zu kommen".[29]

Eines aus einer Serie von Fotos des 27-jährigen Oscar Wilde, aufgenommen während seiner Amerika-Reise 1882 von Napoleon Sarony, einem bedeutenden Fotografen von Prominenten. [Mit freundlicher Genehmigung der RMP Archives]

Nach nur drei Wochen jedoch wurde erneut Anklage erhoben, und Wilde stand abermals vor Gericht. Und diesmal lief es für ihn weit weniger günstig. Er wurde in fast allen Punkten schuldig gesprochen und zu einer Haftstrafe verurteilt. In Reading Gaol, wo er einsaß, schrieb er *De Profundis*, ein Lamento über sein Schicksal, das repressive Wesen der viktorianischen Gesellschaft und die tröstlichen Gesetze der Natur:

> Die Gesellschaft, so wie wir sie gestalteten, wird keinen Platz mehr für mich haben, hat mir keinen anzubieten; die Natur jedoch, deren linder Regen auf Gerechte wie Ungerechte fällt, hat Schluchten im Fels, wo ich mich verbergen, versteckte Täler, in deren Stille ich ungestört weinen kann. Sie wird die Nacht mit Sternen behängen, sodass ich, ohne zu straucheln, im Dunkeln außer Landes gehen kann, und sie wird den Wind über meine Fußstapfen wehen lassen, sodass kein Feind mir folgen kann: In großen Wassern wird sie mich reinwaschen und mit bitteren Kräutern gesund pflegen.[30]

Oscar Wilde starb drei Jahre nach seiner Haftentlassung. Doch seine Rede vor Gericht wie auch die obigen Worte verschafften einer Stimme Gehör, die nachhaltig die öffentliche Selbstdarstellung menschlicher Sexualität prägen sollte. Mit Beginn des 20. Jahrhunderts wurde die Idee „einer einzigen Art von sexuellem Leben für alle" in sexualtheoretischen Schriften einiger Freigeister ebenso offen hinterfragt wie durch neue Formen des öffentlichen Auftretens.

Einer der Protagonisten dieser Bewegung war Edward Carpenter. 1844 als Spross einer wohlhabenden englischen Bürgersfamilie geboren, genoss er eine Bildung wie viele andere junge Männer ähnlicher Herkunft. Er studierte Mathematik an der Trinity Hall in Cambridge und wurde dann zum anglikanischen Priester geweiht.

Diesen herkömmlichen Lebensweg verließ er 1868, nach der Lektüre von Walt Whitmans demokratisch gesinntem Gedichtzyklus „Leaves of Grass". Das Werk hatte ihn tief beeindruckt und sollte sein künftiges Leben und Denken prägen. Obwohl Whitman kein Sozialist war, führte sein radikal egalitärer Geist Carpenter doch auf den Pfad eines utopischen Sozialismus'. Carpenter verschrieb sich der Sache der Arbeiterklasse und wurde rasch zu einer Leitfigur der sozialistischen Bewegung in England. Nach dem Tod seiner Eltern nutzte er sein Erbteil 1883 zur Gründung von Millthorpe, einer freien Kommune nahe der Industriestadt Sheffield. Hier verwirklichte er in kleinem Maßstab seine sozialistischen Ideen. In dieser visionären Gemeinschaft verschmolzen ökonomische Ideen des Sozialismus' mit leidenschaftlichem Eintreten für sexuelle Emanzipation, was einen entschiedenen Angriff auf den strengen viktorianischen Sittenkodex bedeutete, der die britische Gesellschaft knebelte.

Diese Leidenschaft hatte eng mit Carpenters eigener Sexualität zu tun. Schon im frühen Erwachsenenalter gab es Anzeichen für Carpenters sexuelles Interesse an Männern. Im geschützten Umfeld von Millthorpe aber stand er nun offen zu seiner Homosexualität und entwickelte politische Ideen, mit denen er für soziale, ökonomische und sexuelle Veränderungen eintrat.

In den 1890er-Jahren begann Carpenter eine vierzig Jahre währende Liebesbeziehung mit George Merrill, einem Mann aus der Arbeiterklasse. Außerdem fing er an, Pamphlete zu veröffentlichen, in denen er skizzierte, wie Sexualität in einer wahrhaft „Freien Gesellschaft" aussehen würde. In diesen Pamphleten sprach er sich für die Unabhängigkeit der Frauen aus, für die Loslösung der Ehe vom Patriarchat und das vielfältige Ausleben sexueller Gefühle. Die letzte dieser Schriften, *Homogenic Love: and its Place in a Free Society*, behandelte Homosexualität als natürliche Form der Liebe, wie sie in vormoderner Zeit – so behauptete Carpenter – integraler Bestandteil der intimen Riten des Menschengeschlechts gewesen sei.

Während die Labour Press in Manchester Carpenters frühere Pamphlete gedruckt hatte, erschien *Homogenic Love* wegen des heiklen Themas nur in privater Auflage. 1895 gedachte Carpenter den Aufsatz in einen Band mit

Anti-feministische Stereografie, 1897. [Aus dem Ewen-Archiv]

seinen „Schriften über die Beziehung der Geschlechter" aufzunehmen, das den Titel *Love's Coming-of-Age* tragen sollte, doch als das Buch schließlich 1896 erschien, war *Homogenic Love* darin nirgendwo zu finden. Angesichts der traurigen Berühmtheit des Prozesses gegen Oscar Wilde sowie der seither grassierenden Homophobie erschien Carpenter eine Veröffentlichung dieser Ideen vorerst nicht ratsam. Es wäre vielmehr äußerst riskant gewesen.

Carpenter wartete, bis seine Zeit gekommen war, und so erschien schließlich 1906 eine erweiterte fünfte Auflage von *Love's Coming-of-Age*. Das Thema „Homosexualität" war damit wieder aufs Tapet gebracht. Carpenter widmete sich in diesem Buch erneut den diversen Arten von Sexualität und ihrem Gedeihen in einer freien und egalitären Gesellschaft:

> Es besteht kein Zweifel, dass die Freiheit der Gesellschaft in diesem [sexuellen] Sinn sowie die Möglichkeit eines menschlichen Lebens, das die geschmeidige und wandlungsfähige Verkörperung der wahren Liebe in all der Vielfalt ihrer Manifestationen sein wird, mit der Freiheit der Gesellschaft im ökonomischen Sinn einhergeht. Wenn die Menschheit die industriellen Probleme so weit gelöst hat, dass alle in den Genuss der Erzeugnisse unserer gewaltigen Maschinenkräfte kommen, und kein Mann und keine Frau mehr Leibeigener eines anderen ist, dann werden einige der Ursachen für Prostitution, ökonomisch motivierte Heirat und andere Perversionen der

Zuneigung verschwunden sein. In einer solchen wirtschaftlich freien Gesellschaft schließen sich Menschen gemäß ihrer inneren und wahren Gesetze zusammen.[31]

Auf dieses Buch folgte *Intermediate Sex* (1908), von dem Teile bereits in der neuen Auflage von *Love's Coming-of-Age* erschienen waren. In diesem Werk erweiterte Carpenter seine Argumentation zugunsten der Ansicht, Homosexualität gehöre zur natürlichen Vielfalt menschlicher Erfahrung. Paradoxerweise brachte er auf der Titelseite ausgerechnet ein Zitat aus Weiningers *Geschlecht und Charakter*:

> Wir werden es ... auch hier von vornherein für unwahrscheinlich halten dürfen, dass in der Natur ein Schnitt geführt sei zwischen allen Masculinis einerseits und allen Femininis andererseits, und ein lebendes Wesen in dieser Hinsicht einfach so beschreibbar, dass es diesseits oder jenseits einer solchen Kluft sich aufhalte.

In diametraler Verkehrung der Auffassung Weiningers pries Carpenter die „ungeheure Vielfalt menschlicher Veranlagungen und Eigenarten betreffs Sexualität und Liebe". Während Weininger an den äußeren Rändern dieses Spektrums nach seinen Idealen suchte, lehnte Carpenter solche Ideale völlig ab. Für ihn war der Zwischenraum der wahre Ort normaler Sexualität in ihren diversen Spielarten.

In weiten Teilen beschäftigte sich *Intermediate Sex* mit männlichen und weiblichen Homosexuellen oder „Uraniern", wie Carpenter sie im Anschluss an Ulrichs nannte, der diesen Begriff in den 1860er-Jahren geprägt hatte.

Während die meisten maßgeblichen Mediziner und Rechtsgelehrten alle Homosexuellen weiterhin als entartet oder krank abtaten, waren sie für Carpenter eine widerstands- und leistungsfähige Bevölkerungsgruppe, wenn auch eine, die gezwungen gewesen war, „unter der Oberfläche der Gesellschaft zu leben". Über homosexuelle Männer schrieb er:

> Viele sind feine, gesunde Vertreter ihres Geschlechts, muskulös und körperlich gut entwickelt, mit scharfem Verstand, ausgezeichnetem Benehmen und einer äußeren Gestalt, an der nichts erkennbar Abnormales oder Morbides ist.[32]

SUFFRAGETTES LEAVING CITY HALL, NEW YORK 10/28/08 499-3

[Aus dem Ewen-Archiv]

Er wies jedoch auch auf eine diesen Männern eigene Neigung hin, sich vielen gängigen Männlichkeitskonventionen zu entziehen. Eine häufige Erscheinung unter männlichen Uraniern, bemerkte er, sei „ein Mann, der zwar ausgesprochen männliche Kräfte des Körpers und Geistes besitzt, diese aber mit dem zarten und emotionaleren Seelen-Wesen der Frau verbindet – mitunter gar in hohem Maße".[33]

Unter weiblichen Uraniern fielen Carpenter viele Personen auf, die körperlich den gängigen Schönheitsidealen entsprachen, aber in ihrem Temperament dem Stereotyp des schwachen Geschlechts trotzten. Unter „normalen Vertreterinnen homogenischer Frauen", erklärte Carpenter,

> findet sich ein Typus mit äußerst weiblichem und anmutigem Körper ... doch weitgehend maskulinem inneren Wesen, dem Temperament nach aktiv, mutig, erfinderisch und sehr entschlossen, nicht zu emotional; sie schätzen das Leben im Freien, auch Sport und Spiele, Wissenschaft, Politik und selbst das

Geschäft; sie sind gut im Organisieren, übernehmen gerne Verantwortung, sind mitunter wahrlich hervorragende, großherzige Führungspersonen.[34]

Carpenter glaubte, dass diese viel geschmähten Menschen – darunter er selbst – an der Schwelle zu einer veränderten Gesellschaft stünden, die sie nicht länger an den Rand drängen, sondern in der Menschengemeinschaft willkommen heißen würde. „Modernes Denken und Forschen" über Bisexualität, so seine Vorstellung, habe eine Tür geöffnet – wenn auch nur einen Spalt weit. Sollten die Menschen sich mit ihren eigenen bisexuellen Anlagen versöhnen und die Uranier als Geistesverwandte betrachten können, würde diese Toleranz den Grundstein für eine utopische Zukunft legen, in der die Kultur auf eine ganz neue Grundlage gestellt wäre. Eros und Zuneigung träten an die Stelle rechtlicher und ökonomischer Zwänge:

> Es ist gut möglich, dass der uranische Geist zu so etwas wie einem allgemeinen Enthusiasmus der Menschheit führt, und dass die Uranier dazu bestimmt sind, die Avantgarde dieser großartigen Bewegung zu bilden, die eines Tages das gewöhnliche Leben verändern wird, indem sie die finanziellen, rechtlichen und anderweitig äußerlichen Beziehungen, die heutzutage die Gesellschaft beherrschen und beschränken, durch die Bande persönlicher Zuneigung und Anteilnahme ersetzt.[35]

Das war Carpenters Traum: eine sozialistische Welt, in der sexuelle Unterschiede keine Bedeutung mehr haben würden. Und während er noch von der Ankunft einer uranischen Avantgarde träumte, vollzogen sich in der wirklichen Welt Entwicklungen, die seine Hoffnung weiter nähren sollten.

Entscheidende Kraft dieser gesellschaftlichen Veränderungen war, nach Carpenters Ansicht, die Frauenrechtsbewegung, die den aufgezwungenen Gegensatz der Geschlechter allmählich auflöste und die Auffassung infrage stellte, Ungleichheit sei eine gott- oder naturgegebene Erscheinung. Anders als Weininger betrachtete Carpenter die Forderung nach Gleichberechtigung der Frauen als Element einer allgemeinen und begrüßenswerten Entwicklung. Zudem glaubte er, dass „die Ankunft der Neuen Frau" nicht nur auf eine mögliche „Annäherung der Geschlechter" hindeutete, sondern der Gesellschaft auch die Chance bot, diejenigen Aspekte von Sexualität anzuerkennen, die sie bislang so erfolgreich unterdrückt hatte:

Wenn die moderne Frau in gewisser Hinsicht etwas maskuliner ist als ihre Vorgängerinnen, so ist der moderne Mann (hoffentlich) zwar nicht verweiblicht, aber doch ein wenig feinsinniger in seiner Art und empfindsamer in seinen Gefühlen als der ursprüngliche John Bull. Allmählich setzt sich die Erkenntnis durch, dass die Geschlechter keine zwei durch ihre Gewohnheiten und Gefühle hoffnungslos getrennte Gruppen bilden oder bilden sollten, sondern dass sie vielmehr zwei Pole einer einzigen Gruppe darstellen, nämlich des Menschengeschlechts; derart, dass es trotz der enormen Unterschiedlichkeit der Extreme an je einem der Pole eine große Anzahl in der Mitte gibt, die (obwohl körperlich in Mann und Frau geschieden) von ihren Gefühlen und Temperamenten einander sehr nahe stehen.[36]

Carpenter lebte bis 1929, und so konnte er einen der bedeutsamsten Momente in der Reformation der Geschlechter noch miterleben: die Einführung des Frauenwahlrechts. Von allergrößter Bedeutung war hier der Sieg in den USA im Jahr 1920, der das Ergebnis eines über siebzig Jahre währenden Kampfes war. 1928 wurden dann die Frauen in Großbritannien ihren amerikanischen Schwestern gleichgestellt. [In Deutschland erhielten Frauen 1919 das allgemeine Wahlrecht.] In beiden Gesellschaften war damit die politische Gleichberechtigung der Frauen gesetzmäßig festgeschrieben.

Die „Neue Frau", schon um 1900 eine Kraft, war in den 1920er-Jahren endgültig erwachsen geworden. In vielerlei Hinsicht, im Denken und Handeln, demontierte sie altmodische Stereotypen der Frau. Ihr Schritt in die Zukunft reichte nicht nur bis an die Wahlurnen. Frauen der Mittelschicht, die Fußtruppen der Wahlrechtsbewegung, eroberten die Arbeitswelt, trieben Sport, blieben längere Zeit unverheiratet, praktizierten Geburtenkontrolle und strebten, mehr als je zuvor, nach höherer Bildung.

Über das Auftauchen der *Neuen Frau* schrieb die Psychologin Beatrice M. Hinkle 1924 in *The Nation*, dass sich Frauen nun, da sie ihre engen Fesseln abgeschüttelt hatten, erstmals in der Geschichte mit ihren Vorlieben frei entfalten könnten. Was Gilman einst die „geschlechtsspezifisch-ökonomische" Beziehung genannt habe, so Hinkle, mache einer neuen Form der Liebe Platz, die ohne repressive Vorschriften empfunden und ausgelebt werden könne:

Solange Frauen für ihren Lebensunterhalt und den ihrer Kinder auf Männer angewiesen waren, konnte sich keine wahre Moral entwickeln, da die Liebe

Zwei Bilder der „Neuen Frau". Jene von 1927, (links), verkörpert das Flapper-Ideal: mager, flachbrüstig und spärlich bekleidet; doch ist sie immer noch eine fotografische Trophäe, ein dekorativer Blickfang. Jene aus der Kodak-Werbung von 1926 dagegen (rechts) hat die Kontrolle über die Kamera, wenn nicht gar über das Schiff, übernommen. [Aus dem Ewen-Archiv]

und die Gefühle der Frau so sehr mit ihren ökonomischen Zwängen verwoben waren, dass sich ihr Drang nach echter Liebe kaum vom Selbsterhaltungstrieb unterscheiden ließ. Wahre Moral kann sich nur entwickeln, wo das Objekt oder die Situation für sich betrachtet wird, nicht wo es mit anderen, irrelevanten Faktoren verbunden ist, die alles verderben. Die alte Moral hat versagt und ist in Auflösung begriffen, weil sie von außen übergestülpt wurde, statt von innen heraus zu wachsen ... Eine Sache jedoch ist offenkundig: Frauen fordern eine Wirklichkeit in ihren Beziehungen zu Männern, die bislang gefehlt hat, und sie weigern sich, noch länger den traditionellen, von Männern geschaffenen Frauenbildern zu entsprechen, durch die ihre wahren Gefühle und Persönlichkeiten missachtet und verleugnet wurden.[37]

Manch prominente Frau unterstützte solche Ideen in Wort und Tat. So gab Fanny Hurst, eine renommierte Schriftstellerin, 1923 bekannt, dass sie und ihr Ehemann fortan nicht mehr nach archaischen Familienkonventionen leben würden. Vielmehr würden beide jeweils ihren eigenen Wohnbereich haben, um so die Freiheit in ihrer Ehe zu vergrößern. In einem Interview mit der *New York Times* plädierte Hurst für eine liberale Definition der Ehe im Sinne der Gleichberechtigung der Geschlechter:

> Betrachten wir das Gebäude der Ehe, wie es sich zurzeit darstellt. Es ist altmodisch, zugig, undicht, das Dach ist eingesackt, die Balken wackeln, es gibt keine modernen Rohrleitungen, keinen Massivholzboden, keine Dampfheizung. Wir fühlen uns in diesem Gebäude nicht wohl. Wir sind ihm entwachsen, wagen aber nicht, es zu verlassen ... Diejenigen unter uns, die vor Kälte in diesem alten Gebäude zu zittern wagen, haben eine andere Konstruktion vor Augen. Wir studieren die Pläne vieler Architekten und bauen unser Haus gemäß unserer besonderen und jeweils eigenen Bedürfnisse. Wir verlegen Massivholzböden, installieren ein Sanitärsystem, eine Dampfheizung, viele Fenster ... Ein nicht unbedeutender Vorzug dieses neuen Ehe-Gebäudes ist die damit gewonnene Privatsphäre, sind jene kleinen, für die Selbstachtung unabdinglichen Bereiche der Privatheit, die von der Ehe in ihrer alten Form scheinbar mit Genuss zerstört wurden ... Der Platz einer intelligenten Frau ist weder zwangsläufig am Herd, wo sie über Fragen des Kochgeschirrs brütet, noch an der Haustür, wo sie allabendlich zitternd der Heimkehr ihres Gatten harrt – voller Sorge, der Braten könnte zu lange schmoren. Ihr Platz ist vielmehr dort, wo sie das meiste leisten und das meiste vom Leben haben kann.[38]

Wenn auch die Populärkultur die Uranier noch nicht zum Tanze bat, machten die modernen Frauen doch ganz offen ihre Unabhängigkeit geltend und durchbrachen die Grenzen sexueller Konventionen in Familie und Öffentlichkeit wie auch in verschiedenen Bereichen der Selbstverwirklichung.

So entledigten sich viele junge Frauen der Mittelschicht in Europa und den USA ihrer langen Zöpfe zugunsten kurzer „Bubikopf"-Frisuren. In der Mode verabschiedeten sich Frauen von Kleidung, die sie in ihrer Bewegungsfreiheit einengte, vor allem vom Korsett, das Merkmale weiblicher Gebärfähigkeit (Brüste und Hüften) auf Kosten einer gesunden Atmung betont hatte. Junge Frauen gaben sich ein jungenhaftes oder androgynes Aussehen: agil, aufrecht und schlank. Mit ihren nur noch knielangen Röcken oder den Hosen, die sie privat oder am Strand trugen, konnten sich die zuvor eingezwängten Frauen nun freier bewegen. Flapper drückten ihre Brüste flach an den Körper und erzeugten so eine Silhouette, die nach herkömmlichen Vorstellungen weder Mann noch Frau gehörte. Einige Frauen trugen in aller Öffentlichkeit die Abendgarderobe von Männern, kleideten sich bewusst rollenverkehrt zum Ausdruck einer neu gewonnenen Freiheit.

Massengefertigte Mode, Kinofilme, Illustrierte sowie eine trendbewusste Reklame unterstützten und begünstigten diese Entwicklungen; konservative Stereotype von Mann und Frau kamen immer mehr Menschen überholt vor. Die kühne Modeschöpferin Coco Chanel warb mit vielen ihrer Kollektionen für einen Männer-Look, der auf dem wachsenden Massenmarkt nachgeahmt wurde. Paul Poiret – der erste französische Modeschöpfer, der in den USA Massenmode für Frauen förderte – erklärte dem Korsett im Namen der „Freiheit" ausdrücklich „den Krieg".[39]

1924 schließlich erklärte Jacques Boulenger, der Herausgeber des Pariser Wochenblatts *L'Opinion*, die moderne Frau zur Verkörperung eines neuen Zeitalters:

> Sie ist ohne Frage freier in ihrem Verhalten als die Frauen vor dem Krieg ... In den Armen ihres Partners tanzt sie ohne Korsett; sie schwimmt im Badeanzug ... vor allem aber schätzt sie und wünscht sie Unabhängigkeit, oder vielmehr ... ist sie zur Unabhängigkeit fest entschlossen.[40]

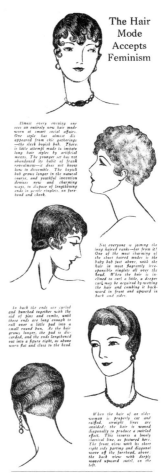

From *Today's Woman and Home*, March, 1928. Courtesy GA-GA Pictures

[Aus dem Ewen-Archiv]

In den USA wurde das Für und Wider neuer „unabhängiger" Ausdrucksformen für Frauen in den Illustrierten diskutiert. So beschäftigten sich 1927 in der *Pictorial Review* zwei Beiträge prominenter Frauen mit dem „Bubikopf". Die Opernsängerin Mary Garden erklärte in ihrem Artikel mit dem Titel „Why I Bobbed My Hair", dass „der Bubikopf eine Geisteshaltung und nicht nur eine neue Frisur" darstelle:

> Dass wir Frauen uns unserer langen Haare entledigt haben, bedeutet für mich, eine der vielen kleinen Fesseln auf dem Weg zu unserer Freiheit abgeschüttelt zu haben ... In meiner Vorstellung gehört langes Haar in eine Epoche allgemeiner Hilflosigkeit von Frauen. Der Bubikopf dagegen gehört in die Epoche der Freiheit, Aufrichtigkeit und Fortschrittlichkeit.[41]

Die berühmte Filmschauspielerin Mary Pickford, bekannt als „America's Sweetheart", hatte sich dagegen nicht von ihren Locken getrennt. Zur Begründung führte sie an, dass sie sich im Innersten zwar eine Kurzhaarfrisur wünsche, ihr langes gelocktes Haar aber „inzwischen so sehr mit mir identifiziert wird, dass es beinahe zu einem Markenzeichen geworden ist". Ihre Fans wollten von kurzen Haaren nichts wissen, und außerdem – so gestand sie – „bin ich von Haus aus konservativ und sogar etwas altmodisch".

Dennoch war sie keineswegs der Ansicht, langes Haar mache „eine Frau weiblicher". Vielmehr äußerte sie „Zweifel, ob dem so ist oder nicht ... Eines aber scheint mir sicher: Sie sieht mit einem Bubikopf klüger aus, und Klugheit scheint mehr als Schönheit heutzutage das Ziel aller Frauen zu sein."

Pickford schrieb auch über den von vielen Seiten auf sie ausgeübten Druck, ihr langes Haar zu behalten, und verhehlte nicht, wie zwiespältig sie ihr mit einem Markenzeichen versehenes Selbst betrachtete:

> Nachdem ich nun all diese Argumente gegen den Bubikopf aufgezählt habe, fühle ich den alten unwiderstehlichen Drang, und höchstwahrscheinlich werde ich eines Tages überstürzt – alle Bedenken ignorierend und ohne Rücksicht auf Fans und Familie – zum Friseur rennen und mich dann als geschorenes Lamm der großen Armee der Bubiköpfe anschließen.[42]

Man mag dieses Popsymposium über Bubiköpfe belanglos finden, doch spalteten die zugrunde liegenden Ideen tatsächlich die Gesellschaft. Für manche schlugen diese Ideen die lang erträumte Schneise zur Emanzipation, bedeuteten sie doch eine Absage an soziale und sexuelle Tabus, die geschichtlich gesehen die weibliche Identität eingezwängt hatten. Für viele andere, die weiterhin den herkömmlichen Geschlechtervorstellungen anhingen – besonders für Männer, die um ihre Vormachtstellung bangten –, waren diese turbulenten Veränderungen unerträglich.

Gehässige Kritik an der *Neuen Frau* war in den 1920er-Jahren an der Tagesordnung. So verunglimpfte in Frankreich – wie die Historikerin Mary Louise Roberts berichtet – ein reaktionärer Schriftsteller namens Pierre Drieu la Rochelle die *Neue Frau* als Sinnbild einer Welt, in der es „keine Geschlechter mehr gibt". Ein Pariser Jura-Student klagte, das weibliche Geschlecht habe sich seiner Weiblichkeit entledigt und das Wesen der französischen Frau zerstört:

Mitte der 1920er-Jahre war die Kommodifizierung des Stils der Neuen Frau *längst in vollem Gange.*

> Diese Wesen – ohne Brüste, ohne Hüften, ohne „Unterwäsche", die wie Jungs rauchen, arbeiten, diskutieren und kämpfen, und nachts im Bois de Boulogne, berauscht von zahlreichen Cocktails, sich auf den Plüschsitzen von 5-PS-Citroens in pikanten und akrobatischen Vergnügungen üben – diese Wesen sind keine jungen Mädchen! Es gibt keine jungen Mädchen mehr! Und auch keine Frauen![43]

In den USA mischte sich in den Zorn über die Neuordnung der Geschlechterrollen oftmals eine Nervosität hinsichtlich anderer vermeintlicher Bedrohungen der sozialen Stabilität. Einige Kritiker brachten den aufkommenden Feminismus in Zusammenhang mit der schleichenden Gefahr des ‚Bolschewismus'. So veröffentlichte das Kriegsministerium 1923 den sogenannten „Spider Web Chart", ein Diagramm, in dem die Aktivitäten von Frauen gegen den Krieg und für soziale Reformen mit Antiamerikanismus verknüpft wurden.

Überschrieben war dieses Diagramm, auf dem die Namen prominenter Feministinnen und Frauenorganisationen standen, mit dem Satz „Die sozialistisch-pazifistische Bewegung in Amerika ist ein absolut fundamentaler und integraler Bestandteil des internationalen Sozialismus'". Unterhalb des Diagramms bekräftigte ein Gedicht diese Behauptung.

> Miss Bolsheviki has come to town,
> With a Russian cap and a German gown,
> In women's clubs she's sure to be found,
> For she's come to disarm AMERICA ...
>
> She uses the movie and lyceeum too,
> And later text-books to suit her view,
> She prates propaganda from pulpit and pew
> For she's bound to disarm AMERICA.[44]
>
> (Frau Bolschewik ist hier im Land,
> Trägt Russenmütze und deutsches Gewand,
> In Frauenklubs sie eine Heimat fand,
> Sie kommt zur Entwaffnung AMERIKAS ...
>
> Sie nutzt das Kino und die Lyzeen,
> In deren Büchern ihre Ansichten stehen,
> Von Pult und Kanzel ihre Phrasen wehen,
> Sie kommt zur Entwaffnung AMERIKAS)

Ins selbe Horn stieß Henry Ford, der unter dem Pseudonym „Ein amerikanischer Bürger" im *Dearborn Independent* den Artikel „Are Women's Clubs ‚Used' bei Bolshevists?" veröffentlichte. „Eine große Gefahr", so schrieb er, „bedroht gegenwärtig den Fortschritt der organisierten Frauen in der Welt".

> Die Führung der Frauenorganisation ist in alarmierendem Maß in die Hände von Radikalen gefallen ... Frauen werden mit allerlei Ködern gelockt – ihrer Abneigung gegen den Krieg, ihrem Mitgefühl für Strafgefangene, vor allem aber durch blumige Worte, mit denen der Feldzug der Frauen gegen alles Übel geschildert wird, während ihre Führerinnen zugleich mit den här-

testen politischen Knüppeln gegen Politiker in den Hauptstädten vorgehen, und in diesem Land wie auch anderswo häufig mit den Quellen „roter Propaganda" in Verbindung stehen. Von all dem dürfen die guten Frauen an der Basis natürlich nichts erfahren.[45]

Ähnliche Verbindungen konstruierte auch ein Zeitschriftenartikel aus dem Jahr 1925, in diesem Fall mit Bezug auf die Frauenmode. Über die Abschaffung der Korsetts durch die neue Mode der 1920er-Jahre schrieb ein Autor: „Sind denn Korsetts nur eine weitere hinfällige Tradition, die der unermesslichen Freiheit der bolschewistischen Frauenfigur zum Opfer fällt?"[46]

Gina Lombroso Ferrero, die Tochter Cesare Lombrosos, war der Ansicht, die Mode der 1920er-Jahre sei „künstlich und entartet" und der Versuch, die Sittlichkeit der Frauen zu untergraben – vor allem in den USA, wo ihrer Meinung nach „der Feminismus geboren wurde".

Beunruhigt waren manche Antifeministen auch über Verbindungen zur aufkommenden Kultur der Schwarzen in den Städten des Nordens. Vor allem die Jazz-Musik galt ihnen als verführerische Urkraft, die alle Sittlichkeit untergrub und die weiße Mittelschichtjugend, Mädchen wie Jungen, gefährdete. John R. McMahon läutete 1921 mit einem Artikel im *Ladies Home Journal* die Alarmglocken:

> Wer auch immer behauptet, „die Jugend beiderlei Geschlechts kann in enger Umarmung miteinander verkehren" – die Gliedmaßen ineinander verschränkt und die Leiber auf Tuchfühlung – ohne Schaden zu nehmen, der lügt. Nimmt man noch die zappligen Bewegungen und das aufreizende Gebaren des fürchterlichen Jazz-Orchesters hinzu, samt ihren mit dem Voodoo aufgewachsenen Minderjährigen und dem unverhohlenen Verlocken des Sinneszentrums – wenn Sie da noch glauben können, all das hätte keinen Einfluss auf die Jugend, dann helfe Ihren Kindern Gott.[47]

In ihrer Empörung über die sexuelle Promiskuität und den wilden „Atavismus" der jüngsten Zeit erklärte Ferrero, der Feminismus der *Neuen Frau* sei nichts anderes als eine vorübergehende Mode und könne keine dauerhafte Zufriedenheit bieten. 1927 prophezeite sie, die Emanzipation der Frau werde im Sande verlaufen, und die Mehrzahl der Frauen schon bald wieder an ihrem angestammten Platz Trost suchen:

Die Frau von heute ist all jener künstlichen Errungenschaften überdrüssig, auf die sie in den letzten Jahren ihre Zeit verschwendet hat. Sie sehnt sich gewissermaßen nach einer einfachen Scheibe Brot, die ihren Hunger stillt. Wenn sie erst einmal erkannt hat, dass nur der Weg zurück zur alten Sittlichkeit auch zur Liebe und zum Geliebtwerden führt, wird sie sich damit sehr viel schneller abfinden, als alle Welt meint, und je ausschweifender ihre Tändeleien, desto bereitwilliger und eher wird sie ins alte Nest zurückkehren, denn solche Exzesse entfremden sie stets und in zunehmendem Maße jenen dauerhaften Zuneigungen, die sie mehr als alles andere in ihrem Leben begehrt. Lasst die Frau dies zu ihrem Ziel machen, und es wird ihre Sehnsüchte besser stillen als Freiheit, Unabhängigkeit, das Wahlrecht, Wohlstand, Macht und Ruhm.[48]

Diese Haltung sollte Bestand haben und hat sich unter Kultur- und Religionskonservativen hartnäckig bis heute gehalten. Doch bestehen blieb auch die im Feminismus liegende Herausforderung sowie das Phänomen der *Neuen Frau*. Mehr noch: Die sexuelle Revolution nahm im letzten Drittel des 20. Jahrhunderts Ausmaße an, die sich Ferrero nicht hätte vorstellen können.

Auf theoretischer Ebene hatten Freud, Carpenter und andere der Idee zum Durchbruch verholfen, dass Sexualität im Kern uneindeutig sei und bisexuelle wie polymorphe Neigungen – wenn auch oft unterdrückt – tief in der menschlichen Psyche wurzelten. In den 40er- und 50er-Jahren des 20. Jahrhunderts holte Alfred Kinsey mit seinen bahnbrechenden Studien über *Das sexuelle Verhalten des Mannes* (1948) und *Das sexuelle Verhalten der Frau* (1953) das Thema „Sexualität" aus dem stillen Kämmerlein heraus und gab den genannten Theorien eine empirische Unterfütterung. Kinsey und seine Mitarbeiter präsentierten eine verblüffend detaillierte – für einige skandalöse – Taxonomie des Sexualverhaltens in den USA, die eine Vielfalt von sogenannten Perversionen ans Licht brachte, die für gewöhnlich vom zunehmend realitätsfremden Radar offizieller Sittlichkeit nicht erfasst wurden.

Statt auf einem unentwickelten Dualismus beruhte die menschliche Sexualität auf einer enormen Mannigfaltigkeit. Kinsey erläuterte dies in *Das sexuelle Verhalten des Mannes* wie folgt:

Männer setzen sich nicht aus zwei bestimmten Gruppen zusammen, der heterosexuellen und der homosexuellen. Die Welt lässt sich nicht in schwarze und weiße Schafe aufteilen; denn nicht alle Dinge sind schwarz oder weiß. Es ist ein Grundsatz der Taxonomie, dass die Natur selten getrennte Kategorien aufweist. Nur der menschliche Geist führt Kategorien ein und versucht, die Tatsachen in bestimmte Fächer einzuordnen. Die lebende Welt ist in allen ihren Aspekten eine Kontinuität. Je eher wir uns diesen Tatsachen in Bezug auf die menschliche sexuelle Verhaltensweise bewusst werden, desto eher werden wir zu einem gesunden Verständnis der Realitäten gelangen."[49]

In gesellschaftlicher Hinsicht bedeuteten der Feminismus und das Auftauchen der *Neuen Frau* weitere Argumente gegen die Vorstellung, Sexualität sei festgelegt und geschlechtliche Identität in Stein gemeißelt. Mit Worten, Taten und ihrer Erscheinung brachte eine neue Generation von Frauen – und die mit ihnen verbündeten Männer – die Fundamente der männlichen Vorherrschaft wie auch des sexuellen Absolutismus' an sich ins Wanken.

Der Konflikt zwischen neuen Freiheiten und alten Ängsten barg viel Zündstoff. Im Namen der Zivilisation erklärten die Verfechter traditioneller Familienwerte den ungläubigen Anhängern der geschlechtlichen Ambivalenz den Krieg. Von den ersten Scharmützeln um 1900 an währt die Schlacht nun schon über ein Jahrhundert, und noch nie wurde sie so erbittert geführt, wie in den letzten Jahren.

Clara Bow – wegen ihres Sexappeals bekannt als „It-Girl", als das Mädchen mit dem gewissen Etwas – war Hollywoods erstes großes „Sexsymbol", die Personifizierung der Neuen Frau.

Mit dem Hinterfragen uralter Stereotypen der Sexualität wurde zugleich die Macht des Tabus – der psychologische Kern des Vorurteils – infrage gestellt. Dienten alte Systeme geschlechtlicher Hierarchie dazu, die zwingenden

Ungerechtigkeiten des Patriarchats zu erhalten, so stürzte das Auftauchen der „Neuen Frau" und anderer moderner Vorstellungen von Geschlecht und Sexualität diese Systeme in die Krise.

Doch sexuelle Ungleichheit hat seit jeher viele Verwandte. Das Stereotyp ist ein Mittel der Macht, und wenn sich die Machtverhältnisse ändern, sind die Schablonen des Vorurteils – sexuelle und andere – heiß umkämpft. Zwar bleibt der Begriff des Geschlechts weiterhin ein zentraler Bestandteil dieser Erzählung, doch dreht sich die folgende Geschichte vor allem um den Gegensatz von bevorzugten, auf ungerechten Vergleichen beruhenden Klassifikationssystemen und ketzerischen Prinzipien menschlicher Gleichheit.

Teil 2

Erst definieren wir, dann schauen wir

3. Didots Erfindung

Stereotype machen die große, komplexe, oftmals wechselhafte Welt begreifbar, mit der wir es zu tun haben. Zugleich verändern sie dabei die Welt. Bezeichnet „Stereotypisierung" heute für gewöhnlich die gedankenlose Neigung, Personen und Kulturen auf eindimensionale, oftmals beleidigende visuelle Klischees zu reduzieren, so hat diese Praktik doch tiefe historische Wurzeln und ist mit der Entstehung der modernen Welt verknüpft.

Natürlich sind Menschen schon seit Urzeiten mittels grob vereinfachender Kategorien definiert worden. In Mythen, Riten und Dramen, aber auch in Geschichtsdarstellungen tauchten Figuren häufig in Form leicht identifizierbarer Typen auf, als Verkörperungen von Gut und Böse, Tugend und Niedertracht, Unschuld und Arglist.

In der heutigen Welt jedoch, in der kulturelle Sinnzusammenhänge herkömmliche Grenzen überschreiten und die Standardisierung von Bildern und Informationen gang und gäbe ist, hat die Stereotypisierung besonders problematische Formen angenommen.

Ein Schlüsselfaktor für die Verbreitung von Stereotypen ist in jüngerer Zeit die Möglichkeit der Medien, innerhalb kürzester Zeit Masseneindrücke zu erzeugen. Tatsächlich findet sich die Verbindung zwischen Medien und Stereotypen schon im Ursprung dieses Wortes selbst. Geprägt 1794 durch den französischen Drucker Firmin Didot, bezeichnete der Ausdruck „Stereotypie" damals ein neues Druckverfahren, bei dem Pappmaschee-Formen aus kompletten Seiten handgesetzter Typen hergestellt wurden. Wie Backförmchen wurden diese Formen dann zur Anfertigung aus Metall gegossener Duplikatplatten verwendet, sodass man nun Zeitungen und Bücher gleichzeitig auf mehreren Pressen drucken konnte, ohne bei jedem Druckvorgang eigene Typen in die Formen einsetzen zu müssen.[1]

Doch auch im Sprachgebrauch der Drucker waren die modernen Implikationen des Stereotyp-Begriffs bereits angelegt. Schon seit den Zeiten der Gutenberg'schen Entwicklung des Mobilletterndrucks Mitte des 15. Jahrhunderts nannte man die harten metallenen, handgeformten Stempel, oder „Punzen", aus denen verschiedene Typen erzeugt werden konnten, „Patrizen" – vom lateinischen *pater*, also „Vater". Dem Urahn der Type wurde also eine männliche Rolle zugeschrieben – von einem Druckgewerbe, das seinerseits ausschließlich aus Männern bestand. Die Gussformen wiederum, die – von der

Patrize geprägt – zur Herstellung jener Typen diente, die das Bild ihres „Vaters" trugen, wurden „Matrizen" genannt, von *mater* oder „Mutter". Mit Didots Erfindung wurden die handgesetzten Typen zur Patrize und die Gussform, die sie prägten, zur Matrize. Schon hier, im frühen Druckerjargon, vermittelte sich über das Geschlecht eine Hierarchie der Bedeutsamkeit bei der Entwicklung vom Original zur Kopie.

Von Beginn an verbanden sich somit im Ausdruck „Stereotyp" Machtfragen und Unterstellungen sozialer Ungleichheit.[2] Die Erfindung der Stereotypie-Technik erhöhte die Vielfalt der Druckerzeugnisse, beschleunigte deren Massenproduktion und die Entstehung einer Massenleserschaft. Eine bislang beispiellose Zahl von Menschen konnte nun gleichzeitig dieselben Ideen und Informationen aufnehmen. Der Ausdruck „Stereotyp" – dessen Vorsilbe von *stereos* stammt, dem griechischen Wort für „fest", „hart", „starr" – begann sich um 1820 in eine Metapher zu verwandeln, in eine übliche Kurzform für „die Idee einer Unveränderlichkeit, einer monotonen Gleichmäßigkeit und Formalisierung".[3]

Es war schließlich der renommierte amerikanische Journalist Walter Lippmann, der den Begriff des Stereotyps in das moderne soziale, kulturelle und psychologische Vokabular einführte. Der Ausdruck war zwar schon vorher verwendet worden, noch nie aber in eben jener Weise.

In *Public Opinion*, seiner klassischen Studie aus dem Jahr 1922 über den „öffentlichen Geist" und die das öffentliche Bewusstsein prägenden Kräfte, stellte Lippmann „Stereotypen" als axiomatische Elemente menschlicher Wahrnehmung dar. In der modernen Welt, behauptete er, seien sie unverzichtbar. Die Komplexität des modernen Daseins und die globalen Verflechtungen der Gesellschaft jener Zeit machten es den Menschen unmöglich, die Welt allein auf der Grundlage ihrer unmittelbaren Erfahrung zu begreifen.

[D]ie reale Umgebung ist insgesamt zu groß, zu komplex und auch zu fließend, um direkt erfasst zu werden. Wir sind nicht so ausgerüstet, dass wir es mit so viel Subtilität, mit so großer Vielfalt, mit so vielen Verwandlungen und Kombinationen aufnehmen könnten. Obgleich wir in dieser Umwelt handeln müssen, müssen wir sie erst in einfacherem Modell rekonstruieren, ehe wir damit umgehen können. Um die Welt zu durchwandern, müssen die Menschen Karten von dieser Welt haben.[4]

Verbreitete kulturelle Annahmen legen dem Betrachter dieser Werbeanzeige (oben) nahe, die beiden Frauen als wesentlich verschieden anzusehen. Wird das Gesicht des farbigen Models jedoch horizontal gespiegelt und über das Gesicht des weißen Models gelegt (unten), zeigt sich, dass hier gesellschaftlich verwurzelte rassische Unterscheidungen den gesunden Menschenverstand außer Kraft setzen. Von Unterschieden in der Hautfarbe einmal abgesehen könnten diese zwei Models, die beide einem nordischen Schönheitsideal entsprechen, eineiige Zwillinge sein. Vorstellungen von Verschiedenheit und Ungleichheit werden hier durch die Art und Weise vermittelt, in der die Models in Szene gesetzt sind. Während das weiße Model dem potenziellen Käufer selbstbewusst in die begehrenden Augen blickt, kommt die untergeordnete Stellung des schwarzen Models in der unverkennbaren Bewunderung zum Ausdruck, die sie in der obigen Originalanzeige für ihre weiße Kollegin zeigt. [Archie Bishop]

Stereotypen, so meinte er, seien eben solche Karten. Zusammen bildeten sie ein „Repertoire fester Eindrücke", das „wir in unseren Köpfen herumtragen", starre mentale Schablonen, die in einer zunehmend anonymen Welt die individuelle Erfahrung formten.

Für Lippmann entsprangen Stereotypen nicht dem Geist einzelner Personen. Vielmehr waren sie ein unvermeidliches Nebenprodukt der kulturellen Umwelt, ein Wahrnehmungsreflex an der Nahtstelle zwischen dem Auge der Menschen und der Welt, die sie zu sehen glaubten.

Meistens schauen wir nicht zuerst und definieren dann, wir definieren erst und schauen dann. In dem großen blühenden, summenden Durcheinander der äußeren Welt wählen wir aus, was unsere Kultur bereits für uns definiert hat, und wir neigen dazu, nur das wahrzunehmen, was wir in der Gestalt ausgewählt haben, die unsere Kultur für uns stereotypisiert hat.[5]

Durch diesen schicksalhaften „Mechanismus", meinte er, würden „Helden hervorgebracht und Teufel geschaffen".

Lippmanns Befund war ohne Zweifel ein Spiegel seiner Zeit. In der Vormoderne bildeten sich die meisten Menschen ihre Ansichten über die Welt aufgrund persönlicher Erfahrungen im familiären und weiteren sozialen Umfeld. Doch schon Mitte des 19. Jahrhunderts gab es ein weit verbreitetes Lamento über die verstörende Anonymität des urbanen industriellen Lebens. In der Kakophonie dieser schönen neuen Welt hatten auch die modernen Medien mit ihrem grellen und schrillen Auftreten nachhaltigen Einfluss auf das Denken der Menschen. Massenblätter, Fotografien und bunte Reklameschilder waren allgegenwärtig, buhlten um öffentliche Aufmerksamkeit. Ein zunehmend voyeuristischer, physisch unverbundener Dialog zwischen dem einzelnen und der Allgemeinheit wurde zur Norm. Das Zeitalter der Zuschauerschaft brach an.

An der Wende zum 20. Jahrhundert entwickelte sich dann der Kinofilm zum modernen Medium schlechthin. Mit seinem flackernden Licht und dabei völlig stumm vermochte er, auf nie dagewesene Weise zur menschlichen Psyche zu sprechen. Das bewegte Bild, schrieb der Harvard-Psychologe Hugo Münsterberg 1916, „hat die Kunst mit einem Mittel ausgestattet, das die Kraft jeder Theaterbühne bei Weitem übertrifft". Kinofilme, so stellt er fest, „funktionieren, wie auch unsere Fantasie funktioniert … Das Filmdrama gehorcht den Gesetzten des Geistes, und nicht denen der Außenwelt".[6] Ähnlich dachte

„Wir werden über die Welt bereits unterrichtet, bevor wir sie sehen. Wir stellen uns die meisten Dinge vor, bevor wir unsere Erfahrungen damit machen. Und diese vorgefassten Meinungen beherrschen aufs Stärkste den ganzen Vorgang der Wahrnehmung, es sei denn, die Erziehung habe sie uns in aller Deutlichkeit bewusst gemacht. Sie heben gewisse Gegenstände als vertraut oder fremdartig heraus, betonen den Unterschied, sodass das oberflächlich Vertraute als besonders vertraut, das leicht Fremde als völlig fremdartig erscheint." – Walter Lippmann über die Macht von Stereotypen.

Selbst stumm können Bilder eine enorme Fülle von Bedeutungen vermitteln. In diesen beiden hier, die amerikanischen Zeitschriftenanzeigen entnommen sind, tritt die Anschauung der westlichen Kultur offen zutage, wird sie in einem ebenso beredten wie verschlüsselten Beispiel nüchtern aufgezeigt.

Der Mann im Spiegel (oben) repräsentiert die Anständigkeit des feinen Herren, mit dem er sich das Bild teilt. Vermittels der visuellen Assoziation zwischen einem Mann mit Krawatte und einem in Öl gemalten werden die beiden hier zu Ikonen der Vernunft, zu Inbildern von Kultur und Kultiviertheit.

Die Frau (unten) repräsentiert das doppelte Schreckgespenst animalischer Neigungen. Sowohl Frau als auch dunkelhäutig ist sie hier als Inbegriff wilder Primitivität dargestellt, als schuldige hypersexuelle Bedrohung, während die Männer potentielle Opfer ihrer primitiven Verlockungen sind. Wie die düstere Welt jenseits der Grenzen der Zivilisation muss auch sie gezähmt werden, damit ihre tückische Leidenschaft uns nicht zerstört. [Archie Bishop]

Cecil B. DeMille, treibende Kraft im Filmgeschäft von Hollywood, der von „der Fähigkeit des Kinofilms, das Denken zu fotografieren" sprach.[7] Durch die Spiegelung unbewusster Mechanismen des Geistes konnte die eloquente Filmsprache am Filter des kritischen Verstands vorbei äußerst emotionale Reaktionen hervorrufen.

Dieser Idee konnte auch Walter Lippmann viel abgewinnen. Seine überschwänglichen Ausführungen zu Stereotypen beruhten nicht zuletzt auf dem tiefen Glauben an die Wirkmacht der Hollywoodfilme.

Im ganzen Erfahrungsbereich der Menschheit hat bisher kein dem Kino vergleichbares Mittel zur Verbildlichung existiert ... [Kinofilme] scheinen absolut wahr zu sein. Wir glauben nämlich, dass sie ohne menschliches Dazwischentreten geradewegs zu uns gelangen, und sie sind die geistige Nahrung, die uns am wenigsten anstrengt. Jede Wortschilderung oder sogar jedes leblose Bild erfordert eine Gedächtnisleistung, ehe das Bild in unserer Erinnerung haftet. Im Film dagegen ist der ganze Vorgang des Beobachtens, Beschreibens, Berichtens und dann des Sichvorstellens für den Zuschauer bereits geleistet. Ohne weitere Anstrengung, außer der des Wachbleibens, rollt im Film das Ergebnis ab, nach dem die Fantasie strebt.[8]

Wie nie zuvor verfeinerte und vereinheitlichte man in diesem Medium den Prozess der Stereotypisierung und die Entwicklung von Strickmustern, nach denen sich das Publikum mit bestimmten Figuren identifizierte und seine tiefsten Ängste auf andere übertrug. Anders als Theaterregisseure, die auf die Fähigkeiten ausgebildeter Schauspieler setzten, entschieden sich frühe Filmemacher oft für „Charakterdarsteller", die sie allein nach der äußeren Erscheinung auswählten, indem sie auf den Straßen nach leicht identifizierbaren sozialen Typen Ausschau hielten. Münsterberg war einer der ersten, der dieses Verfahren beschrieb.

Wenn das Filmdrama einen brutalen Boxer in einem Bergarbeiterlager braucht, wird der Produzent nicht ... versuchen, einen sauberen, adretten Berufsschauspieler in einen gemeinen Grobian zu verwandeln, vielmehr wird er die Bowery durchkämmen, bis er eine Kreatur gefunden hat, die aussieht, als käme sie aus einem solchen Bergarbeiterlager, und die zumindest das Blumenkohlohr eines Preisboxers aufweist ... Braucht er den fetten Barkeeper mit süffisantem Lächeln, den einfältigen jüdischen Hausierer oder den italienischen Leierkastenmann, verlässt er sich nicht auf Perücken und Schminke; er findet sie alle fix und fertig in der East Side.[9]

1922 war das Typecasting à la Hollywood in der amerikanischen Populärkultur längst an der Tagesordnung. Lippmann betrachtete Hollywood insofern als lebendes Laboratorium, in dem beispielhaft der Einfluss schlichter Bilder auf die öffentliche Meinung untersucht und verstanden werden konnte. „Bei Darbietungen volkstümlicher Art", erklärte er, „sind die Ansatzpunkte für eine Identifikation fast immer klar gegeben. Man weiß sofort, wer der Held ist. Kein Werk verspricht leicht verständlich zu sein, wo diese Vorzeichnung nicht eindeutig und die Wahl nicht völlig klar ist."[10]

Für Lippmann ließ das Beispiel der Filmindustrie Rückschlüsse auf allgemeinere Wahrnehmungsprozesse zu. In der „Großen Gesellschaft", wie er die Welt seiner Zeit nannte, waren Stereotypen das entscheidende Mittel, mit dem eine durch die Medien geprägte Kultur sich die komplizierte und verwirrende gesellschaftliche Wirklichkeit erklärte und verdaulich machte. Im Chaos der Moderne bedeuteten Nuancen einen unerschwinglichen Luxus.

Psychoanalytisch geschult verstand Lippmann Stereotype als etwas, das vornehmlich im Unbewussten und damit fern des rationalen Denkens verortet war. Eben darin, so befand er, bestehe das Geheimnis ihrer Kraft.

> Es ist ihr Merkmal, dass sie dem Gebrauch der Vernunft vorausgeht; sie ist eine Form der Wahrnehmung und drängt den Gegebenheiten, die unsere Sinne aufnehmen, gewisse Merkmale auf, bevor diese Gegebenheiten den Verstand erreichen ... Nichts verhält sich der Erziehung oder Kritik gegenüber so unnachgiebig wie das Stereotyp. Es prägt sich dem Augenschein bereits nach der Feststellung des Augenscheins auf.[11]

Diese Stereotype versorgten Menschen mit Erzählungen und Geschichten, die sie ermutigten, bestimmte Dinge und Personen bedenkenlos in vorgegebener Weise zu betrachten, und zwar ohne Rücksicht auf widersprechende Tatsachen.

> Wir werden über die Welt bereits unterrichtet, bevor wir sie sehen. Wir stellen uns die meisten Dinge vor, bevor wir unsere Erfahrungen damit machen.

Und diese vorgefassten Meinungen beherrschen aufs Stärkste den ganzen Vorgang der Wahrnehmung, es sei denn, die Erziehung habe sie uns in aller Deutlichkeit bewusst gemacht. Sie heben gewisse Gegenstände als vertraut oder fremdartig heraus, betonen den Unterschied, sodass das oberflächlich Vertraute als besonders vertraut, das leicht Fremde als völlig fremdartig erscheint.[12]

Für Lippmann waren diese unauslöschlich eingebrannten „Bilder in unseren Köpfen" fester Teil der menschlichen Identität; sie bildeten „den Kern unserer persönlichen Tradition". Stereotype lieferten ein vertrautes Bild der Wirklichkeit, bildeten einen Schutzwall gegen tatsächliche oder vermeintliche Bedrohungen, und sicherten so „unsere Stellung in der Gesellschaft".

Sie sind ein geordnetes, mehr oder minder beständiges Weltbild ... Sie bieten vielleicht kein vollständiges Weltbild, aber sie sind das Bild einer möglichen Welt, auf das wir uns eingestellt haben. In dieser Welt haben Menschen und Dinge ihren wohlbekannten Platz und verhalten sich so, wie man es erwartet. Dort fühlen wir uns zu Hause. Dort passen wir hin. Wir gehören dazu. Dort wissen wir Bescheid. Dort finden wir den Zauber des Vertrauten, Normalen, Verlässlichen; seine Züge und Umrisse sind genau dort, wo wir sie zu finden gewohnt sind ... [D]iese Gussform ... sitzt ... so eng wie ein alter Schuh.[13]

Wenn der „Zauber des Vertrauten" in Gefahr sei, befand Lippmann, griffen die Menschen zum Äußersten, um ihre Sicht der Dinge aufrechtzuerhalten und zu verteidigen. „Es ist kein Wunder", schrieb er, „dass jede Störung der Stereotype uns wie ein Angriff auf die Grundfesten des Universums vorkommt. Es ist ein Angriff auf die Grundfesten *unseres* Universums, und wo große Dinge auf dem Spiel stehen, geben wir nicht gerne zu, dass es einen Unterschied zwischen *unserem* und *dem* Universum gibt."[14]

Zugleich rückblickend wie vorausschauend hatte Lippmann eines der bedeutendsten Merkmale der Moderne identifiziert und benannt. Zwar ist die Neigung zur Unterscheidung von Vertrautem und Fremdem eine uralte menschliche Eigenart. Die Moderne aber hatte diese Neigung erheblich verstärkt. In einer sich rasch verändernden Welt, in der die unmittelbare Erfahrung als Quelle nützlicher Information zunehmend an Bedeutung verlor, traten die Medien an die Stelle herkömmlicher Netzwerke und machten Stereotype zu einem leicht konsumierbaren, industriell erzeugten Ersatz für Wissen aus erster Hand. Immer öfter wurden nun allein auf der Grundlage solch fragiler – wenn auch vermarktbarer – vorgefasster Meinungen Helden gefeiert, Schönheiten bewundert, Feinde zur Strecke gebracht und Kriege geführt.

Lippmann, der in der Zeit nach dem Ersten Weltkrieg schrieb, hielt das Aufkommen von Stereotypen für eine Erscheinung der „Großen Gesellschaft" – einer Welt, in der globale Verbindungen immer deutlicher wurden und lokale Beschränktheit ein Überbleibsel längst überholter Zeiten zu sein schien. Doch das Stereotyp, wie Lippmann es verstand, war zentrales Element eines Wandels, dem die Lebensrhythmen in vielen Teilen der Welt schon seit Jahrhunderten unterworfen waren. Die „Große Gesellschaft" entstand nicht über Nacht. Sie war das Ergebnis einer – sich zunächst in Europa und dann weltweit vollziehenden – Entwicklung, die ihren Ursprung im aufkommenden Handelskapitalismus des späten Mittelalters hatte.

4. Gleich geschaffen

Über weite Strecken der dokumentierten Geschichte haben Menschen in Strukturen gelebt, die tiefgehend von sozialer Ungleichheit geprägt waren. Die Menschheitsgeschichte ist durchzogen von Einteilungen in Herrscher und Beherrschte, Wohlhabende und Habenichtse, in jene, die ihren Vorrang als gottgegebenes Recht ausgeben, und jene, deren unausweichliches Schicksal das Leid ist.

In Europa wurden die Grenzen gesellschaftlicher und politischer Macht auch im Zeitalter anwachsender Städte und aufblühender Handelsgeschäfte weiterhin durch jene strenge Adels- und Kirchenhierarchie markiert, die den Feudalismus schon seit Jahrhunderten gekennzeichnet hatte. Das Recht war immer noch göttlicher Natur und wurde ausschließlich von Land besitzenden Aristokraten und Fürsten der römisch-katholischen Kirche ausgeübt. Vom gemeinen Volk wurde erwartet, dass es seinen niederen Rang in der Großen Kette der Wesen klaglos akzeptierte.

Die Bibel war das Wort Gottes, das universale Gesetz. Ihre Interpretation aber oblag den wenigen Privilegierten, denen die Lektüre gestattet war. Und die Auslegung der Bibel zielte tendenziell darauf ab, die gesellschaftliche und politische, auf Landbesitz basierende Macht von Adel und Kirche zu erhalten. Deren materieller Überfluss stand in krassem Gegensatz zur Mittellosigkeit der Bauern – ein Zustand, der als unabänderliche Ordnung der Dinge dargestellt wurde. Laut vorherrschender klerikaler Lesart der Bibel war die soziale Ungleichheit Gottes Weg und Wille. Zwar wurde die feudale Macht oft durch das Schwert erhalten und verteidigt, gerechtfertigt jedoch wurde sie durch das Wort. Das Monopol über das Wort, über die Fähigkeit, zu lesen und das Gelesene zu interpretieren, war ein zentraler Aspekt von Herrschaft.

In der Feudalgesellschaft erklärte die herrschende Elite die Gesellschaftsordnung zum Willen Gottes. In Fügsamkeit und Unterordnung, so lehrten sie, liege das Heil. Ungehorsamkeit und Sünde dagegen würden den Weg zur Hölle pflastern. Diese Lehre wurde durch eine Vorschrift gestützt, wonach jede Übersetzung der lateinischen Bibel in irgendeine vom gemeinen Volk gesprochene oder verstandene Sprache untersagt war. Dieses Verbot „umgangssprachlicher" Literatur war durch harte Strafen sanktioniert. Nicht selten wurden Häretiker, die das Wort Gottes dem gemeinen Volk zugänglich zu machen versuchten, mit dem Tode bestraft.

Das städtische Leben allerdings war diesen Beschränkungen nicht gerade dienlich. Das Aufblühen des Handels stärkte Teile der Gesellschaft, die im Rahmen der alten Ordnung wenig zu sagen gehabt hatten. Die verknöcherte Glaubenslehre des feudalen Systems wurde zu einer immer größeren Behinderung für die aufstrebende Schicht der Kaufleute, deren Wohlstand und wirtschaftlicher Einfluss wuchs. Zugleich verhielt sich die besitzlose Landbevölkerung immer feindlicher gegenüber den Grundbesitzern und dem Klerus, und liebäugelte immer mehr mit neuen Glaubensbekenntnissen, neuen Lebensweisen jenseits des Einflusses sogenannter Höherstehender. Diese enormen Veränderungen des gesellschaftlichen Gemütszustands, die sich ab dem 15. Jahrhundert beschleunigten, markierten den Beginn demokratischen Denkens.

Mehr als jede andere Entwicklung gab die Entwicklung des Mobilletterndrucks Mitte des 15. Jahrhunderts dieser neuen, aufsässigen Geisteshaltung Auftrieb. Die Anfänge der Buchdruckkunst reichen bis ins 10. Jahrhundert nach China zurück, doch wurde der Mechanismus zur Vervielfältigung gedruckter Texte schließlich in Deutschland entwickelt, wo eine ganze Reihe von Handwerkern an einem solchen Verfahren arbeitete. In den 1440er-Jahren gelang Johannes Gutenberg, Spross einer bedeutenden Goldmünzer-Familie, die Erfindung einer Technik, aus der sich dann der moderne Buchdruck entwickelte. In den 1450er-Jahren hatte er die ersten lateinischen Bibeln gedruckt, einige auf Pergament, andere auf Papier. Während Gutenberg eigentlich darauf aus war, den katholischen Klerus mit Bibeln zu beliefern, brachte doch nicht zuletzt seine Erfindung einen Stein ins Rollen, der alsbald schon die traditionelle Vorherrschaft des Papstes und des katholischen Klerus' ins Wanken bringen sollte.[1]

Dank der Druckpresse, einer archetypischen Massenproduktionsmaschine, konnten Worte, Ideen und Informationen in bislang ungeahntem Ausmaß verbreitet werden. Für die Akteure in der neuen Welt des Handels war die Druckpresse ein unverzichtbares Werkzeug, sorgte sie doch für das Bindegewebe eines sich zunehmend erweiternden Marktes. In Zeiten, da Handelsbeziehungen über Kontinente und Ozeane hinweg reichten, lieferte der Buchdruck standardisierte Schriftstücke, die für die Geschäftstätigkeit von entscheidender Bedeutung waren: Verträge, Patente, Gesetze, Maßangaben und, nicht zuletzt, Wechselpapiere. Zugleich ermöglichte der Buchdruck weltlichen Gelehrten sowie einer zunehmend gebildeten Mittelschicht den Austausch wissenschaftlicher, philosophischer und gesellschaftlicher Ideen, und verbreitete den Glauben an die Kraft solcher Ideen zur Entlarvung traditioneller Mysterien der kirchlichen Lehre. Für die geschäftstüchtigen Nutznießer der ökonomischen Entwicklung war die Druckpresse ein bedeutendes Symbol ihrer Identität.

Mit dem Aufkommen des Buchdrucks wurden immer mehr Menschen zu Lesern und auch zu Schreibern. Druckerzeugnisse in gemeinverständlichen Sprachen florierten. Schon um 1500 waren in Europa rund 20 Millionen Bücher im Umlauf, gab es 1100 Druckereien in 200 Städten. Innerhalb der nächsten zwei Jahrhunderte sollte die Verfügbarkeit von Druckerzeugnissen exponentiell wachsen.[2] Jenseits des praktischen Nutzens gedruckter Wissenschaftstexte und Geschäftsinformationen, jenseits der Säkularisierung des Wissens, erwies sich der Buchdruck auch als mächtige Waffe im gesellschaftlichen Kampf gegen die Feudalherrschaft, als revolutionäres Instrument zur Verbreitung demokratischer Ideale im Namen des Volkes. So entwickelten sich in Westeuropa und den Kolonien der Begriff der Menschenrechte und der Begriff der sozialen Gleichstellung zu Schlagworten einer anbrechenden modernen Zeit.

Der englische Bürgerkrieg von 1642 bis 1649, die 1776 beginnende Amerikanische Revolution, die Französische Revolution von 1789 sowie die Haitianische Revolution von 1791 bis 1804 waren allesamt durch die Eruption demokratischer Ideen ausgelöst worden. Diese Revolutionen, in denen sich antimonarchistische Einstellungen von Kaufleuten, Handwerkern, freien Bauern, ungelernten Arbeitern und – im Falle Haitis – Sklaven bündelten, wurden von einer politischen Rhetorik befeuert, die herkömmliche Vorstellungen von menschlicher Ungleichheit infrage stellte und betonte, dass der Zweck einer Regierung im Schutz der Rechte des Volkes bestehe.

Wir halten diese Wahrheiten für ausgemacht, dass alle Menschen gleich erschaffen wurden, dass sie von ihrem Schöpfer mit gewissen unveräußerlichen Rechten begabt wurden, worunter Leben, Freiheit und das Streben nach Glückseligkeit sind. Dass zur Versicherung dieser Rechte Regierungen unter den Menschen eingeführt worden sind, welche ihre gerechte Gewalt von der Einwilligung der Regierten herleiten; dass sobald eine Regierungsform diesen Endzwecken verderblich wird, es das Recht des Volkes ist, sie zu verändern oder abzuschaffen.

Zwar wurden diese aufrührerischen Worte – die aus der Feder des Südstaatlers und Plantagenbesitzers Thomas Jefferson stammen – vornehmlich im Sinne der Interessen freier weißer Männer interpretiert. Dennoch rüttelten sie an den Pfeilern der Ungleichheit, auf denen die traditionellen Machtsysteme errichtet worden waren. Zum Zeitpunkt der Niederschrift verband sich mit den in der Erklärung gebrauchten Begriffen „Freiheit" und „Gleichheit" noch keine Allgemeingültigkeit. Wo man sich auf das „Volk" berief, ließ man große Teile der Menschheit außer Acht. In den demokratischen Revolutionsbewegungen des 17. und 18. Jahrhunderts waren Personengruppen vereint, deren Interessen einander oftmals widersprachen. Obwohl das gemeine Volk aktiv am Sturz der Monarchen beteiligt war, handelte es sich bei jenen, die im Namen der „Menschenrechte" sprachen, doch häufig um Oligarchen der neuen Weltordnung, um Kaufleute, Sklavenbesitzer und Leute, die vom Menschenhandel profitierten. Freiheit war in ihren Augen ein Vorrecht vermögender Männer, und betraf weder Frauen noch gewöhnliche Arbeiter oder gar Sklaven.

Diese parteiische Interpretation der Gleichheit kommt schmerzhaft deutlich in Jeffersons berühmt-berüchtigten *Betrachtungen über den Staat Virgina* (1782) zum Ausdruck, in denen der große Vorkämpfer der Demokratie über angeborene Defizite der „Schwarzen" sinniert.

Ich trage es deshalb nur als einen Verdacht vor, dass die Schwarzen, ob sie nun ursprünglich eine ausgeprägte Rasse waren oder durch Zeit und Umstände dazu gemacht wurden, gegenüber den Weißen sowohl in körperlicher als auch geistiger Hinsicht minderwertig sind.[3]

Dieser „natürliche" Unterschied bedeutete in seinen Augen, dass Menschen afrikanischer Herkunft den Anforderungen einer Demokratie sehr wahrscheinlich nicht gewachsen waren. „Dieser bedauerliche Unterschied der Farbe und vielleicht der Fähigkeit bildet für die Emanzipation dieser Menschen ein mächtiges Hindernis."[4]

Obwohl er mit der Halbschwester seiner letzten Frau, einer Sklavin namens Sally Hemings, selbst fünf Mischlingskinder hatte, argumentierte Jefferson doch vehement gegen die Emanzipation der Schwarzen, und zwar unter Hinweis darauf, dass freie Schwarze die Abstammungslinie ihrer vormaligen Herren verunreinigen könnten. Zwar ließ Jefferson einige seiner Kinder mit Sally Hemings noch vor seinem Tod oder aber per testamentarischer Verfügung frei – wie nur wenige seiner Sklaven überhaupt. Doch seine Angst vor einer allgemeinen Emanzipation war so schamlos wie sexuell aufgeladen.

Bei den Römern erforderte die Emanzipation nur eine Anstrengung. Der befreite Sklave durfte sich vermischen, ohne dass er das Blut seines Herrn befleckt hätte. Doch bei uns ist eine zweite, in der Geschichte unbekannte Anstrengung erforderlich. Wird er befreit, muss er so weit entfernt werden, dass keine Vermischung möglich ist.[5]

Jeffersons Ansichten zum Trotz entpuppte sich die Unabhängigkeitserklärung als tickende Zeitbombe. In den Jahrzehnten und Jahrhunderten nach 1776 sollte dieses demokratische Glaubensbekenntnis ein ums andere Mal im Namen derer angeführt werden, die gesellschaftlich, politisch und ökonomisch weiterhin entrechtet waren. Sowohl die Gegner der Sklaverei als auch die Kämpfer für Frauenrechte schrieben sich „Freiheit" und „Gleichheit" auf ihre Fahnen. Auch im Kampf um bessere Arbeitsbedingungen wurden diese Begriffe zu Parolen. Später bündelten sie die Forderungen der Bürgerrechtsbewegung und befeuerten die Bestrebungen vieler antikolonialer Revolten im 20. Jahrhundert. Waren diese Prinzipien anfangs einem sehr eng definierten Kreis von Bürgern zugedacht, weckten sie doch bald utopische Sehnsüchte, die über diesen Kreis weit hinausreichten.

Im späten 18. Jahrhundert allerdings waren demokratische Prinzipien wesentliche Merkmale einer Welt, in der neue, global wirksame Systeme der Ungleichheit zunehmend an Bedeutung gewannen. Das Aufkommen moderner Stereotype, die ausgefeilte Konstruktion vorgeblich wissenschaftlicher Taxonomien menschlicher Unterschiedlichkeit, war weitgehend eine unmittelbare Folge der inhärenten Widersprüche dieses demokratischen Zeitalters.

5. Visuelle Wahrheit

Vielleicht ist es gar nicht verwunderlich, dass die Kategorisierung menschlicher Typen in diesem modernen kulturellen Umfeld immer mehr zur Gepflogenheit wurde. Durch Forschungsreisen waren die Europäer mit unterschiedlichsten Völkern aus aller Welt in Kontakt gekommen. In den Städten mischten sich Zuwanderer aus unterschiedlichen Regionen, mit unterschiedlichen Erfahrungen und von unterschiedlichem sozialen Rang. Die aufkeimenden taxonomischen Bestrebungen waren Versuche der Menschen im Westen, sich diese neue Situation von ihrer Warte aus verständlich zu machen. Vorstellungen von menschlicher Unterschiedlichkeit, tatsächlicher wie eingebildeter, wurden so allmählich Teil des wissenschaftlichen Gedankenguts. Begünstigt wurde diese Entwicklung durch die Faktizität der Bilder, durch den unerschütterlichen Glauben an die Wahrhaftigkeit des Augenscheins.

In der heutigen Welt pflegen wir Kunst und Wissenschaft als zwei grundsätzlich verschiedene Bereiche aufzufassen. Die Wissenschaft wird für gewöhnlich als leidenschaftslose Form von Untersuchung dargestellt, die auf die Entdeckung objektiver Gesetze der natürlichen Welt abzielt. Was ihre Methode angeht, so beginnt sie mit plausiblen Vermutungen und überprüft diese dann durch Experimente oder Beobachtungen, bis sie schließlich zu einem Ergebnis gelangt. Wissenschaftler, so die landläufige Vorstellung, können überprüfbare Wahrheiten ermitteln.

Das Klischee des Künstlers, auf der anderen Seite, ist das des leidenschaftlichen Vertreters einer persönlichen Vision. In seinen kreativen Werken, so die Vorstellung, äußert der Künstler einzigartige und oft sublime Empfindungen, eine subjektive Anschauung, die auf einer bestimmten – manchmal erfreulichen, manchmal verspielten, manchmal schockierenden – Sichtweise beruht. Als Arrangeur von Materialien und ästhetischen Elementen wird der Künstler dafür gerühmt, eine Welt darzustellen, die alle Grenzen und Gesetze sachlicher Beobachtung transzendiert.

Doch diese Trennung von Kunst und Wissenschaft, die Abgrenzung ästhetischer von objektiven Wahrheiten, ist eine relativ junge Entwicklung. Vom 13. bis weit ins 19. Jahrhundert hinein hatten Kunst und Wissenschaft in Europa – vor allem in ihren säkularen Ausprägungen – gemeinsame Ziele, Belange und Ansichten. In Abkehr von den spirituellen Beschäftigungen der feudalen Dogmatiker zeigten sowohl Wissenschaft als auch Kunst ein wachsendes Interesse am Erfassen und Begreifen sinnlicher Merkmale der physischen Welt. Mit dieser allmählichen Gewichtsverlagerung wurde die dingliche Umwelt in ihrer ganzen Mannigfaltigkeit zu einer wesentlichen Quelle der Erkenntnis und Inspiration.

Im Feudalsystem waren sowohl künstlerische Kreativität als auch wissenschaftliche Forschung, wie wir sie kennen, verboten. Jede Art von Wissen wurde streng verwaltet, und die Funktionsweise des Universums mit dem sorgsam gewebten Schleier des Mysteriums verhüllt. Innerhalb dieser Grenzen pflegte man die Herstellung von Bildern genauso zu kontrollieren wie das geschriebene Wort. Die Herstellung und Interpretation von Bildern oblag größtenteils den Klöstern, die in Europa zwischen dem 7. und 11. Jahrhundert die wichtigsten kulturellen Zentren darstellten. In einer Welt, in der kreative Arbeit dem Erhalt des Reichtums von Kirche und Adel dienen sollte, arbeiteten zahllose Kunsthandwerker und qualifizierte Handwerker anonym unter dem Regiment der kirchlichen Obrigkeit. Die Kunst war, wie das Wort, dazu gedacht, die Vorstellung von der Hierarchie als absoluter und ewiger Ordnung der Dinge aufrechtzuerhalten.

Die ikonografische Darstellung des Kosmos' war bis ins 11. Jahrhundert hinein streng allegorisch und von Heiligkeit durchdrungen. Es wurde gar nicht erst versucht, die sichtbare Welt so nachzuahmen, wie Menschen sie sahen. In diesen Werken traten biblische Figuren und heilige Ereignisse in gesonderten Szenen auf, jenseits aller Gesetze der normalen Wahrnehmung. Von welcher Wahrheit diese Darstellungen auch immer künden sollten, sie befand sich in jedem Fall außerhalb der Perspektive des individuellen Betrachters. Wenn überhaupt, dann leugnete das Bild die Bedeutsamkeit optischer Erfahrung als Weg der Erkenntnis. Gerade diese Distanz zum Irdischen war das Wesen seiner Macht.[1]

Doch mit dem Aufstieg der Handelszentren zwischen dem 11. und 13. Jahrhundert begann sich diese ganze Weltsicht zu wandeln. Kaufleute, Künstler, Kunsthandwerker und Gelehrte entzogen sich immer mehr der starren klösterlichen Kontrolle und formulierten zunehmend eigenständigere und weltlichere Anschauungen. Im Zuge des wachsenden Handels verbreiteten sich mit den Waren auch Ideen. In vielen europäischen Städten zerriss eine säkulare Intelligenz, ausgerüstet mit neuen wissenschaftlichen und technologischen Erkenntnissen, den Schleier des Mysteriums und ersetzte ihn durch den Glauben an eine beobachtbare und begreifbare Welt.

Wesentlicher Bestandteil dieses neuen Materialismus' war das immer stärkere Zutrauen in das menschliche Auge als Forschungsinstrument, als wirkungsvolles Werkzeug zur Gewinnung wissenschaftlicher Erkenntnisse. Erheblichen Einfluss auf dieses Credo, das sich im Europa des späten 13. Jahrhunderts verbreitete, hatten die optischen Studien eines arabischen Gelehrten aus dem 10. Jahrhundert, der unter dem Namen Alhazen (Abu Ali al-Hasan Ibn Al-Haitham, 965-1038) bekannt wurde. Alhazen, dessen Werk 1270 als *Opticae thesaurus* ins Lateinische übersetzt worden war, lieferte eine Fülle von Erkenntnissen über die Natur des Sehens. So erforschte er die Lichtbrechung, die auf dem binokularen Sehen beruhende Tiefenwirkung sowie die Art und Weise, in der Linsen und Spiegel die visuelle Wahrnehmung verstärken oder verändern können. Als bedeutendste Leistung Alhazens aber gilt seine Erklärung des Sehvermögens an sich, seine Behauptung nämlich, dass das vom Menschen Gesehene jenem Licht entspringt, das von externen Gegenständen reflektiert wird und dann ins Auge des Sehenden fällt. Implizit enthielt diese Erklärung den Gedanken, dass das Sehen auf dem Abdruck einer objektiven Welt beruhe, es also eine direkte Beziehung zwischen dem menschlichen Sehen und der Wahrheit gebe.[2]

Derartige Ideen standen im Widerspruch zur Kirchenlehre, die auf der immanenten Fehlbarkeit menschlicher Erkenntnis beharrte, und sie sorgten für eine explosionsartige Verbreitung häretischen Denkens und Experimentierens. In England etwa knüpfte Roger Bacon, ein Gelehrter des Franziskanerordens, an Alhazens Studien an. Wider den Geist der Kreuzzüge suchte Bacon nach aufgeklärtem Wissen nicht bei der Römischen Kirche, sondern bei der islamischen Wissenschaft. „All mein Wissen", schrieb er, „habe ich von den Weisen des Ostens."[3]

Entsprechend seiner Vorliebe für Naturbeobachtungen bei der Suche nach Wahrheit, verfasste er Abhandlungen über Optik und experimentierte mit Linsen, um die Sehkraft des Auges zu erhöhen und zu verstärken. Voller Verwunderung schrieb er darüber, wie „wir aus riesiger Entfernung die kleinsten Lettern lesen können ... die Sonne, der Mond und die Sterne steigen dem Anschein nach zu uns hernieder".[4] Angesichts solcher Entwicklungen in der säkularen Philosophie und Naturwissenschaft bekräftigte die Kirche ihre Lehre von der „Allmacht Gottes" (*potentia Dei absoluta*) mit Nachdruck und Gewalt; Bacon war nur einer von unzähligen Denkern, die wegen ihrer wissenschaftlichen Forschungen eingekerkert und/oder exkommuniziert wurden. Der Drang zum

Sammeln beobachtbarer Evidenz, wie auch deren Unterschlagung, ist gleichwohl bis hin zu Kepler und Galileo erkennbar.

Während also Naturwissenschaft und Philosophie zunehmend auf beobachtbare Evidenz vertrauten, erlebte auch die Kunst eine entsprechende Revolution. Analog zur Ausrichtung der Wissenschaft strebte sie nun ebenfalls danach, die Wirklichkeit gemäß den Normen des menschlichen Auges wiederzugeben. Zwar spielten religiöse Themen in der Malerei weiterhin eine Rolle, doch kündeten bestimmte Entwicklungen von einer Hinwendung zum Weltlichen. So begannen im 13. und 14. Jahrhundert auf Märkten religiöse Handdrucke und Miniaturen zu kursieren. War Kunst zuvor fast ausschließlich auf den Wänden von Kirchen und anderen religiösen Versammlungsorten zu finden, wurde sie nun zu einem Stück Privateigentum – zu einem Gut, das jeder, der über entsprechende Mittel verfügte, erwerben, verkaufen und tauschen konnte. Obwohl die Kunst weiterhin von heiligen Dingen handelte, wurde der Umgang mit ihr doch immer säkularer. Dasselbe galt auch für ihre Perspektive.

Mitte des 15. Jahrhunderts, zeitgleich zur Geburt des Mobilletterndrucks, stellten Maler immer häufiger Szenen dar, in denen Raumtiefe und Entfernung entscheidende Bildaspekte waren. Bei diesem neuen, für gewöhnlich mit der Renaissance assoziierten Malstil wurden die Augen des individuellen Betrachters zum zentralen Ausgangspunkt, an dem sich alle Darstellung der Welt orientierte. In jedem Bild war der unsichtbare Betrachter ein aktiver Teilnehmer.

In der allegorischen Kunst des Mittelalters kündete die Größe der Figuren noch von ihrer Bedeutung im Kosmos, ihrem Platz in einer allumfassenden Hierarchie. Christus oder die Madonna trotzten allen naturalistischen Prinzipien, und degradierten unbedeutendere Figuren zu Winzlingen: Heilige, Kleriker, Adlige. Mit der Linearperspektive – einem geometrischen Verfahren zur Vorspiegelung räumlicher Tiefe auf einer ebenen Fläche – wurde Größe in der Malerei nun zum Indikator für Entfernung. Große Figuren waren jene,

Roger Bacon. [Archie Bishop, 2006]

die dem imaginären Betrachter am nächsten waren, kleinere Figuren und Gegenstände befanden sich weiter entfernt. Ein Fluchtpunkt am Horizont markierte die äußeren Grenzen des menschlichen Blicks. Im Rahmen dieser materialistischen Sichtweise wurde es außerdem üblich, religiöse Figuren in zeitgenössischer Kleidung darzustellen – und damit bekleidet wie die Käufer dieser Kunstwerke.

Dieser Schritt hin zu einer visuellen Umgangssprache, die den menschlichen Blick simulierte, vollzog sich parallel zur Entwicklung der Wissenschaften. Hier wie dort vertraute man auf die Wahrhaftigkeit visueller Sinnesdaten, und so näherten sich in diesem vormodernen Umfeld Kunst und Wissenschaft häufig an. Technologien und künstlerisches Empfinden überschritten dabei gleichermaßen Grenzen.

Ein typisches Beispiel hierfür ist die Camera obscura. Im Zuge seiner optischen Untersuchungen hatte Alhazen einst mit einer begehbaren Dunkelkammer experimentiert, in deren einer Wand sich ein kleines Loch befand.[5] Durch dieses wurden Erscheinungen der Außenwelt auf die gegenüberliegende Wand des unbeleuchteten Raums projiziert. Mit diesem technischen Faksimile des menschlichen Auges verfügte Alhazen über ein Arbeitsmodell zur Untersuchung der Mechanik des Sehens.

Mit dem Aufblühen der Naturwissenschaften in Europa, vor allem der Astronomie, wurde die Camera obscura zu einem sehr gebräuchlichen Forschungsinstrument. Schon Mitte des 15. Jahrhunderts galt sie als wichtigstes Hilfsmittel zur Beobachtung von Sonnenfinsternissen und anderen solaren Ereignissen. Auch Künstler lernten diese neue optische Technologie schätzen. So widmete Leonardo da Vinci in seinen Tagebüchern der Linearperspektive, der visuellen Geometrie und der Optik eine ausführliche Abhandlung. Darin beschreibt er ein Experiment, das es ihm ermöglichte, Bilder auf der Rückseite einer in einer Dunkelkammer aufgestellten lichtdurchlässigen Papierleinwand zu sehen.

> Bilder von beleuchteten Gegenständen [fallen] durch ein kleines rundes Loch in eine ganz dunkle Wohnung. Da empfängst du diese Bilder auf einem Blatt weißen Papiers, das in dieser Wohnung ziemlich nah vor dieses kleine Loch gehalten wird, und siehst auf diesem Papier alle ... Gegenstände in ihren wirklichen Formen und Farben. Aber sie erscheinen kleiner und umgekehrt ... Kommen diese Bilder von einem Ort, der von der Sonne beschienen wird,

dann sehen sie tatsächlich wie gemalt aus auf diesem Papier, das sehr dünn sein soll und von rückwärts betrachtet werden muss.[6]

Mit der Verwendung von Linsen anstelle einfacher Löcher verbesserten sich im 16. Jahrhundert Helligkeit und Klarheit der Camera-obscura-Bilder erheblich, was auch ihre Bedeutung als künstlerisches und wissenschaftliches Werkzeug weiter steigerte. Erstmals, so der Historiker Philip Steadman, „wurde es tatsächlich zur praktikablen Option, diesen Apparat für Zeichnungen aus dem Leben zu verwenden".[7] Diese optisch projizierten, über die mathematischen Grundlagen der Linearperspektive hinausgehenden Bilder lieferten eine Fülle visueller Details: die Falten in gemustertem Tuch, die Lichtbrechungen an rundlichen Gegenstände, die sinnlichen Komplexitäten des Sehens.

1559 veröffentlichte Giambattista (auch bekannt als Giovanni Battista) della Porta ein mehrbändiges Buch mit dem Titel *Magia Naturalis* (Natürliche Magie). Della Porta war der Gründer der Akademie der Geheimnisse (Academia dei Segreti) in Neapel, die aus der Magie stammende Techniken anwendete, um die Umwelt zu beeinflussen. Zwar wurde die Akademie der Geheimnisse von der Inquisition aufgelöst, della Portas *Magia Naturalis* aber blieb äußerst populär. In diesem viel gelesenen und aus dem Lateinischen in etliche Volkssprachen übersetzten Buch beschreibt della Porta eine verbesserte Version der Camera obscura, mit der sich auch detailreiche Straßenszenen einfangen ließen. Wo Projektionen früherer Versionen eher schwach und unvollkommen waren, lieferten Ausführungen mit einer passend geschliffenen konvexen Linse Bilder von Menschen in bestechender Klarheit. Wie nie zuvor boten sich Körper und Gesichter, selbst Einzelheiten des Gesichtsausdrucks, dem eingehenden Stu-

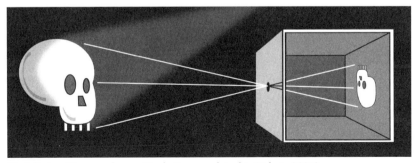

Modell einer Camera obscura [Andy Ewen und Archie Bishop, 2006]

dium dar: „Hält man ein kleines linsenförmiges Kristallglas vor das Loch, sieht man sofort alle Dinge deutlicher, den Gesichtsausdruck spazierender Männer, die Farben, Kleider, und alle Dinge, als stünde man daneben."[8]

Für Della Porta war die Camera obscura nicht nur ein Beobachtungsinstrument. Wenn man ihre Projektionen sorgfältig abpauste, konnte dieser Apparat auch zur Herstellung von Bildern verwendet werden, die nach gängigen wissenschaftlichen Standards außergewöhnlich präzise waren.

Bald schon wurde die Camera obscura in Handbüchern zur Kunst und Architektur erläutert, aber auch in schriftlichen Anleitungen für Künstler und Handwerker zur Praxis des Zeichnens. In einer solchen, 1568 vom Venezianer Daniele Barbaro verfassten Anleitung finden sich detaillierte Ausführungen darüber, wie Papierpausen mittels einer Camera obscura lebensechte Linearperspektiven erzeugten.

> Man sieht hier die Formen auf dem Papier so, wie sie in Wirklichkeit sind, und auch die Abstufungen, Farben, Schatten, Bewegungen, Wolken, Wasserkräusel, Vogelflüge, sowie alles andere kann man sehen ... Indem man hier also die Umrisse der Dinge auf dem Papier sieht, kann man mit einem Stift die ganze dort erscheinende Perspektive zeichnen und dann Schattierung und Farbe gemäß der Darbietung der Natur hinzufügen.[9]

Im 17. Jahrhundert machten Künstler und Wissenschaftler gleichermaßen Gebrauch von der Camera obscura, um Bilder zu erzeugen, die zugleich ästhetisch, mathematisch und perzeptorisch realistisch waren. Johannes Kepler, der della Portas Buch gelesen hatte, versah den Apparat mit einer Mehrfachlinse und machte ihn tragbar.[10] Unter Verwendung einer solchen Kamera schuf der Vater der modernen Astronomie in seiner Freizeit Landschaftsbilder von hoher Qualität.[11]

Auch der holländische Maler Jan Vermeer benutzte eine Camera obscura für seine Gemälde, die nicht nur für ihre Schönheit bewundert werden, sondern auch dafür, dass in ihnen die flüchtigen Augenblicke menschlicher Erfahrung eingefangen sind. Einen weiteren Hinweis auf die Verbindung von Kunst und Wissenschaft liefert hier abermals Philip Steadman mit der Annahme, dass Vermeers „Ratgeber in optischen Dingen" niemand anderes gewesen sei als sein Nachbar Antoni van Leeuwenhoek, der als Entwickler von Mikroskopen eine der bedeutendsten Gestalten in der Wissenschaft des 17. Jahrhunderts war.

Die Fähigkeit, scheinbar exakte Replikate der physischen Welt zu schaffen und Archive visueller Informationen anzulegen, die alle Aspekte der Natur und der Gesellschaft dokumentierten – diese Fähigkeit erweiterte sich im späten 17. Jahrhundert noch und wuchs sich im 18. Jahrhundert zu einer regelrechten Manie aus. Sie wurde zu einer idée fixe der westlichen Kunst und Wissenschaft, zu einem eifrig praktizierten Verfahren, das die Aufklärung wesentlich prägte. Es war eine Zeit der wissenschaftlichen Illustrationen und der Enzyklopädien, in der sich ausgefeilte Taxonomien, die alle Lebensformen anhand physischer Merkmale klassifizierten und abbildeten, zu sinnbildhaften Artefakten eines Zeitalters der Vernunft entwickelten.

6. Kuriositätenkabinette

Gemeinhin, wenn auch fälschlicherweise, wird behauptet, die „Sensationsmache" sei im 19. Jahrhundert aufgekommen, als städtische Zeitungen – im Konkurrenzkampf um eine breite Leserschaft – die seriöse Berichterstattung einstellten und an die niederen Instinkte der Massen zu appellieren begannen. 1910 erklärte E. A. Ross, ein prominenter amerikanischer Soziologe, die Sensationsmache folge leider zwangsläufig aus dem Grundsatz, „den Leuten zu geben, was sie wollen" – ein Argument, dass nach wie vor zur Erklärung oder Verteidigung der kommerziellen Massenmedien herangezogen wird. Die adressatengerechte Verpackung von Nachrichten für den „Laufburschen, die Fabrikarbeiterin und den frisch Eingewanderten", so Ross, gehe nun einmal auf Kosten der journalistischen Integrität. Zeitungen könnten gar nicht umhin, „Deftiges, Amüsantes, Bewegendes und Schillerndes" zu liefern. Doch die Sensationsmache hat seinen Ursprung keineswegs in der Boulevardpresse. Auch stammten seine Anhänger oftmals aus elitären Kreisen der Gesellschaft. Ein gutes Beispiel dafür bietet die Geschichte der „Kuriositätenkabinette".

Man kann dieses Phänomen im Mittelalter verwurzelt sehen, als die Kirche bestimmte Dinge – Reliquien ihrer Heiligen, mit Jesus oder Maria assoziierte Gegenstände, sterbliche Überreste hebräischer Vorfahren – sammelte, um den Gläubigen handfeste Belege und anschauliche Verständnishilfen für die Geschichten des Alten und Neuen Testaments zu liefern. Im Rahmen der Kreuzzüge – militärischer Einfälle in das Heilige Land – war ein reicher Schatz hochheiliger Souvenirs nach Europa gelangt, die hier von den Menschen mit wohligem Schaudern betrachtet wurden. In versiegelten, mitunter reich verzierten Kästen bewahrte man eine Fülle heiliger Relikte auf, darunter Dinge wie „einen Tropfen Muttermilch der Jungfrau Maria, ein beim Wunder von Kana verwendetes Gefäß, ein Fetzen vom Leichenhemd des Märtyrers, Nägel oder ein Stück Holz vom Kreuz Christi, eine Kamee mit einem Porträt der Königin von Saba, einen Kristallpokal aus dem Tempel König Salomos, den Gürtel des Petrus und die Kämme der Maria Magdalena".[2] Auch Körperteile der Apostel waren zu sehen, etwa „der Arm des Apostels Jakobus" oder „ein Teil des Skeletts von Johannes dem Täufer". Sie gehörten zu jenen sterblichen Überresten, die den Gläubigen den direkten Anblick biblischer Gestalten ermöglichten, die zuvor nur in Erzählungen oder auf Gemälden existiert hatten.

Reliquiarium, das Teile des „Wahren Kreuzes" enthält. [Vatikanische Museen. Fotografie von Archie Bishop, 2004]

Neben religiösen Gegenständen waren aber auch Wunderdinge der Mythen oder der Natur zu sehen, die ebenfalls „von Pilgern und Kreuzzüglern aus fernen Ländern mitgebracht worden waren". Darunter „Wundersteine", Eier des Vogels Greif, Schildkrötenpanzer, Hörner des Einhorns sowie Knochen und Zähne vorsintflutlicher Riesen, die allesamt die Fantasie der europäischen Populärkultur beflügelten.[3]

Es dürfte kaum überraschen, dass die meisten dieser Ausstellungsstücke in Kirchen gezeigt wurden, und damit an heiligen Orten, die der tiefen spirituellen und sinnlichen Erfahrung der Gottesverehrung dienen sollten. Diese Reliquien waren für fromme Katholiken umso anziehender, als ihnen angeblich auch wundersame Heilkräfte – physischer wie spiritueller Natur – innewohnten. Gläubige, die diese Reliquien zu sehen wünschten, mussten einen gewissen Obolus entrichten. Gegen eine kleine Spende wurde Neugierigen auch ein Blick in tragbare, von Wandermönchen mitgeführte Reliquiarien gestattet. Pilger wiederum konnten als handfestes Andenken an die Berührung eines heiligen Gegenstands spezielle Medaillen erwerben.

Gläubige, denen die Berührung solcher Objekte vergönnt war, glaubten fest daran, dass deren Heilkräfte den Körper durchdringen und eine wundersame Genesung herbeiführen würden. Und bis ins 14. Jahrhundert waren diese Objekte den Menschen in ganz Europa auch relativ leicht zugänglich. Mitte des 14. Jahrhunderts jedoch gestaltete sich der unmittelbare Zugang zu den Reliquiarien immer schwieriger. Wallfahrten wurden zu Massenereignissen, bei denen Tausende Gläubige zu den heiligen Reliquien drängten. Nur wenige kamen ihnen nahe. Kaum jemand konnte sie tatsächlich noch berühren. Im 15. Jahrhundert hatten diese Veranstaltungen schließlich solche Ausmaße angenommen, dass sie – da die Kathedralen die Menschenmengen nicht mehr fassten – immer öfter in Form von Freiluftspektakeln mit großer Bühne stattfanden.

In Aachen etwa gab es alle sieben Jahre eine Wallfahrt zu den „Windeln des Christuskindes, dem Lendenschurz des gekreuzigten Christus, dem Kleid der Jungfrau Maria und dem Tuch, in dem einst der abgeschlagene Kopf Johannes des Täufers aufbewahrt wurde". Ein Ereignis, dass eine beträchtliche Zahl von Menschen anlockte. So kamen bei der Wallfahrt im Jahr 1432 innerhalb von zwei Wochen rund zehntausend Leute, um einen Blick auf die Reliquien zu erhaschen, die man auf einem hölzernen Podest ausgestellt hatte. Für die meisten Menschen in der Menge schienen die magischen Heilkräfte dieser Gegenstände zu weit entfernt, als dass sie ihre Wirkung hätten entfalten können. Was auch immer diese Reliquien an Kräften ausstrahlten, verflüchtigte sich offenbar.

In dieser Situation, in der die Kräfte der Reliquien zunehmend außer Reichweite schienen, schaffte nun – in den Augen vieler – die Wissenschaft der Optik Abhilfe. „Seinerzeit verbreitete sich das Gerücht", schreibt der Historiker John Man, „dass ein konvexer Spiegel durch seine weitwinklige Fläche die heilenden Strahlen der heiligen Reliquien einfangen würde." Medaillen, die schon seit langem als Wallfahrtsandenken verkauft worden waren, wurden nun mit konvexen Spiegeln versehen, sodass die Pilger sie über ihre Köpfe halten und den Zauber weit entfernt dargebotener Reliquien einfangen konnten. Johannes Gutenberg, der vor allem für seine Erfindung des Mobilletterndrucks bekannt geworden ist, begann seine unternehmerische Karriere mit einem letztlich erfolglosen Plan zur Massenproduktion solcher Wallfahrtsspiegel für die Aachener Wallfahrt im Jahr 1439.[4] In einer Welt, in der man optischen Hilfsmitteln die Fähigkeit zum Erfassen und Speichern sichtbarer Wahrheiten der dinglichen Welt zusprach, prägte eine Technologie der objektiven Wissenschaften mittlerweile sogar die Rituale des religiösen Mystizismus'. Bald schon sollte, was das Sammeln und Liefern wundersamer Objekte angeht, die Wissenschaft der Religion den Rang ablaufen.

Schon Mitte des 17. Jahrhunderts war das Sammeln und Zurschaustellen wundersamer Objekte nicht mehr vornehmlich eine religiöse Angelegenheit. Die Darbietung solcher Gegenstände stand nun vielmehr im Zusammenhang mit wissenschaftlicher Gelehrsamkeit und der Ausweitung des Handels. Diese Säkularisierung der Wunder begann zum Teil schon in der Renaissance, als einige Adlige erste Naturkundemuseen einrichteten. Im Zeitalter der wissenschaftlichen Entdeckungen und Handelsexpeditionen wurden Kenntnisse der Naturkunde und der unzähligen Kuriositäten einer neu entdeckten Welt bald zu einem Statusmerkmal der kulturellen Elite.[5]

Große Bedeutung für das Aufkommen wissenschaftlicher Reliquiarien – oder der Kuriositätenkabinette, wie sie gemeinhin genannt wurden – hatte die Royal Society of London for Improving Natural Knowledge, eine 1660 gegründete und zwei Jahre später amtlich eingetragene Organisation. Ursprünglich eine Initiative der intellektuellen Elite Londons – zu den ersten Präsidenten gehörten Samuel Pepys und Sir Isaac Newton –, bestand die Royal Society im frühen 18. Jahrhundert schon aus einem weiteren, weniger exklusiven Kreis von Interessierten. „Die Mitgliederschaft der Society und der gemischte Cha-

Ein zeitgenössisches Kuriositätenkabinett. [Aus dem Ewen-Archiv]

rakter seiner weit verbreiteten Schriften zeugten davon", so der Historiker Richard Altick, „dass es keiner großen Gelehrsamkeit bedurfte, um dem Vergnügen wissenschaftlicher Beweisführung und Spekulation zu frönen – dass an diesem intellektuellen Spiel vielmehr jeder Laie teilnehmen konnte, der über etwas Bildung, Vermögen und Freizeit verfügte." Eines der größten Vergnügen dieser Gentlemen-Naturforscher – etwas, das ihrem erlesenen Geschmack besonders entsprach, war die Einrichtung oftmals umfangreicher Kabinette voller Objekte, die von der zutiefst wissenschaftlichen und weltlichen Einstellung ihrer Besitzer kündeten. „Kabinette voller Raritäten einzurichten und Experimente mit neu entwickelten Apparaten durchzuführen", so Altick, „wurde zum Kennzeichen eines kultivierten Londoners wie es bis dahin Theaterbesuche oder geistreiche Zusammenkünfte in einem der modischen Kaffeehäuser gewesen waren."[6]

Kuriositätenkabinette umfassten eine beliebige Mischung von Objekten, die von Wohlstand und Aufgeklärtheit ihres Besitzers zeugten. Zu den üblicherweise gesammelten Gegenständen gehörten Muscheln, Mineralien, Insekten, ausgestopfte exotische Vögel, Tierskelette, antike Münzen und ledergebundene Bücher.[7] Der Wissenschaftshistoriker Paul Farber weist dabei auf den engen Zusammenhang zwischen diesen Sammlungen und dem zunehmenden Kolonialismus europäischer Staaten hin.

Die Beherrschung von Märkten, Ureinwohnern und der Natur war ein einziges großes Unternehmen. Die zunehmende weltweite Präsenz der Europäer sowie der potentielle Handelswert vieler natürlicher Produkte sorgten für ein systematisches Sammeln in bis dato ungeahntem Ausmaß, woraus sich für Naturforscher wiederum Gelegenheiten zur Erkundung exotischer Regionen ergaben.

Der Handel mit Sammlerstücken wurde zu einem bedeutenden Bestandteil des Lebens der Aristokratie und der oberen Mittelschicht. Je exotischer die Stücke, desto höher die Preise. Von besonderem Interesse für die Sammler waren „südamerikanische Papageien, australische Kakadus, afrikanische Orchideen, pazifische Nautilusmuscheln sowie bunt schillernde Schmetterlinge aus Südostasien".[8] Das Zusammenstellen und geistreich konzipierte Ausstellen eindrucksvoller Sammlungen war eine dermaßen verbreitete Leidenschaft, dass schließlich Handbücher veröffentlicht wurden, die Amateursammler über das geeignete ästhetische Arrangement ihrer Kabinette belehrten. Diese Handbücher enthielten auch detaillierte Empfehlungen zur Konstruktion ausgefeilter Dioramen für die Präsentation der Erwerbungen. Ein französisches Handbuch von A. J. Desallier d'Argenville aus dem Jahr 1780 etwa lieferte folgende Ratschläge:

Wer eine große Anzahl von Vögeln besitzt, kann diese auf bezaubernde Weise ausstellen, indem er sie auf den Zweigen eines künstlichen, grün bemalten Baumes platziert, der am hinteren Ende einer höhlenartigen Nische aufgestellt ist, samt einem kleinen Brunnen, in dem das Wasser statt aus einer Quelle aus einer Pumpe kommt, oder aus einer kleinen auf dem Dach angebrachten bleiernen Zisterne, die das Regenwasser fängt.

Neben Tieren, Mineralien und exotischen Pflanzen enthielten solche Sammlungen auch ein bizarres Spektrum menschlicher Überreste. In einer Zeit, in der das Sezieren der Körper von Europäern weithin als Sakrileg galt – mit Ausnahme gehängter Mörder, denen als postmortale Bestrafung die öffentliche Sezierung drohte –, waren die Gebeine von Nicht-Europäern, seien es nun Schädel oder ganze Skelette, übliche Ausstellungsstücke. Männliche und weibliche, in Gefäßen mit Formaldehyd aufbewahrte Gehirne und Genitalien galten als wertvolle Habseligkeiten, genauso wie „eingelegte Fehlgeburten".[10] Es handelte sich hierbei um die makabre Beute imperialer Eroberungen, um anschauliche Beispiele „menschlicher Wunderlichkeiten", die ein Bild, oder vielmehr ein Zerrbild, eingeborener Völker aus aller Welt lieferten. Während die Männer der Aufklärung sich ihres Dursts nach weltlichem Wissen rühmten, kam mit den schauerlichen Präparaten in ihren Privatmuseen eine dunkle Seite ihrer Gelehrsamkeit ans Licht. Denn diese beruhte nicht zuletzt auf jener skrupellosen Plünderung eingeborener Kulturen, die ein wesentlicher Aspekt des

Jegliches „Exotische" konnte in einem Kabinett der Träume und Wirklichkeiten seinen Platz finden. [Andy Ewen und Archie Bishop, 2006]

Aufstiegs Europas zur Weltherrschaft war. Soweit solche Kabinette auch europäische Exponate umfassten, stammten diese von verachteten und „entarteten" Personen: Es waren die Gehirne von Kriminellen, die minutiös gefertigten Abgüsse geschundener Körper von Gehenkten, die Schädel von Selbstmördern. (Das Mütter-Museum in Philadelphia ist nach wie vor im Besitz solcher Exemplare aus dem 19. Jahrhundert.)

Für Männer der Macht war die Förderung des Welthandels eng mit dem Erwerb von Kuriositätenkabinetten verbunden. So reiste der russische Zar Peter der Große 1698 nach Holland, um sich dort Wissen über Schiffsbau, Handelstätigkeit und Industrieförderung anzueignen. Zwanzig Jahre später besuchte er Holland ein zweites Mal – diesmal, um naturkundliche Privatkabinette zu besichtigen. Zwei besonders ansprechende unter diesen Sammlungen wollte er umgehend erwerben. Die eine war jene des Apothekers Seba, die eine große Vielfalt an Tierexponaten sowie wunderbar detaillierte wissenschaftliche Kupferstiche umfasste. Bei der anderen handelte es sich um das berühmte Kabinett des holländischen Anatoms Frederik Ruysch. In den 1680er-Jahren hatte Ruysch eine geheime Technik zur Konservierung lebensechter menschlicher Präparate in Glasgefäßen entwickelt, wobei er seine Objekte den Körpern von Kriminellen, Vagabunden und Totgeburten entnahm. Auf betont ästhetisierende Weise stellte Ruysch seine Kuriositäten in kunstvollen Tableaus zur Schau. So bettete er Totgeburten auf feinste Spitze und baute aus konservierten Körperteilen sogar kleine Musikinstrumente. Diese zweitausend Präparate umfassende Sammlung nun erwarb Zar Peter. Wie auch jene des Apothekers Seba ließ er sie nach Russland schaffen, wo beide Sammlungen fortan das Kabinett der Akademie der Wissenschaften von Sankt Petersburg – die sogenannte Kunstkamera – bildeten. Dreimal pro Woche stattete Peter seinen kostspieligen Erwerbungen frühmorgens einen Besuch ab, in der absurden Annahme, er könne auf diese Weise die Ordnung der Natur begreifen. [11] Gemeinsam mit weiteren Sammlungen ist die Kunstkamera (Museum für Anthropologie und Ethnographie namens Peter der Große der Russischen Akademie der Wissenschaften) nach wie vor im ursprünglichen Gebäude untergebracht und eines der populärsten Museen in dieser Stadt der Museen.

Peter öffnete die Türen seines Kabinetts auch für die russische Öffentlichkeit, da er hoffte, seine Präparate würden die Menschen von abergläubischen Ansichten über die Natur heilen und ihnen die Erkenntnisse der modernen europäischen Wissenschaften näher bringen. Bei der Einrichtung dieses ersten öffentlichen Naturkundemuseums in Europa, so der gegenwärtige Direktor der Kunstkamera, Dr. Juri K. Tschistow (den wir in Sankt Petersburg interviewten), bestand Peters kuratorische Strategie in einer geschickten Verbindung von Wissenschaft und Unterhaltung.

[Nachdruck aus Ole Worms Museum Wormianum (Worms Museum, oder die Geschichte äußerst seltener Gegenstände, natürlicher wie künstlicher, heimischer wie exotischer, die im Hause des Verfassers in Kopenhagen lagern)]

Während die meisten dieser Sammlungen private, dem Vergnügen ihrer Besitzer und deren wohlhabenden Bekannten dienende Einrichtungen waren, gediehen einige wenige auch im öffentlichen Raum und legten damit den Grundstein für manch bedeutende öffentliche Institution. In Don Saltero's Kaffeehaus in London etwa wurden an den Wänden Exponate gezeigt, die dem Privatkabinett von Sir Hans Sloane entliehen waren, was dieses Kaffeehaus zu Londons erster öffentlicher Galerie naturkundlicher Wunder machte. Hier konnte das Mittelschichtpublikum, während es seinen Kaffee schlürfte und plauderte, Einblick in eine Welt jenseits ihres Alltags erhalten.[12]

Schon bald darauf wurde das Kaffeehaus durch eine pompösere Kulisse ersetzt. Den Grundstock des 1753 auf Geheiß des Parlaments gegründeten British Museums bildete das komplett erworbene Kuriositätenkabinett Sloanes, das nur zu einem kleinen Teil bei Don Saltero zu sehen gewesen war. Sloane, ein prominenter englischer Arzt und Mitglied der Royal Society, war durch den Sklavenhandel zu riesigem Vermögen gelangt.[13] Im Zuge der damit verbundenen brutalen Expeditionen und durch Ankäufe hatte er schließlich eine 79.575 Gegenstände umfassende Sammlung aufgebaut. Sie galt als die größte ihrer Art in England und nahm neun riesige Räume seines Herrenhauses ein. Die Anordnung der Präparate war erstaunlich systematisch, gemäß einer leicht verständlichen Klassifikation, und für eine öffentliche Zurschaustellung besonders geeignet. Mit diesem Grundstock also öffnete das British Museum 1759 seine Tore im prunkvollen Montagu House – dem ehemaligen Besitz des Earl of Halifax. Laut Satzung war das Museum „nicht nur zur Belehrung und Unterhaltung der Gebildeten und Neugierigen [gedacht], sondern zum allgemeinen Nutzen und Wohl der Öffentlichkeit". In einer Zeit, in der demokratische Revolutionen kurz bevor standen, befürchteten die Behörden allerdings einen Ansturm ungebührlicher Besucher aus niederen Schichten, weshalb der tatsächliche Zugang zum Museum von Beginn an eingeschränkt worden war. Mit der Zeit aber lockten Einrichtungen wie das British Museum ein immer breiteres Publikum an. An der Expansion der Naturkundemuseen im späten 18. und im 19. Jahrhundert zeigt sich, wie die Anschauungen privater Amateursammler, von denen viele in kolonialistische Unternehmungen verstrickt waren, dann auch die naturkundlichen Darstellungen im Bereich der Populärkultur prägten.[14]

In Frankreich war die Wandlung der Naturkunde zu einem öffentlichen Spektakel eine Folge der Französischen Revolution. Noch in den Jahrzehnten vor der Revolution hatte man den Jardin du Roi, der 1635 als Botanischer Garten zur Erforschung von Heilpflanzen eröffnet worden war, um das Cabinet du Roi – die naturkundliche Sammlung des Königs – erweitert. Zugleich handelte es sich hier auch um eine Forschungseinrichtung, einen Ort, an dem Mitbringsel französischer Expeditionen aufbewahrt wurden, und wo Gelehrte Vorlesungen über Entdeckungen auf dem Gebiet der Anatomie, Botanik und Chemie hielten. Mit Ausbruch der Französischen Revolution 1789 wurde der Besitz des Königs und anderer Adliger beschlagnahmt. Doch unter den Revolutionären gab es einige, die eine Fortführung des wissenschaftlichen Auftrags dieser Forschungseinrichtung befürworteten, sodass der Königliche Garten – einschließlich des Cabinet du Roi und anderer Sammlungen aus den geräumten Adelspalästen – schließlich 1793 in ein öffentliches Naturkundemuseum umgewandelt wurde, das Muséum d'Histoire Naturelle. Diese Sammlung, die in den Wirren der Revolutionsjahre ein anderes Gesicht erhalten hatte, machte Paris bis weit ins 19. Jahrhundert hinein zu einem internationalen Zentrum der öffentlichen Ausstellung und wissenschaftlichen Untersuchung naturkundlicher Phänomene.[15] Zugleich entwickelte sich Paris auch zu einer Hochburg der vergleichenden Anatomie sowie der Sezierung und Zurschaustellung von Körpern und Körperteilen, die von Menschen der niederen Schichten und aus aller Welt stammten.[16] Mit seiner didaktischen Ausstellung menschlicher Überreste etablierte sich das Muséum d'Histoire Naturelle als eine der weltweit bedeutendsten Einrichtungen zur Verbreitung der Idee von natürlichen Ungleichheiten, aufgrund derer sich Menschen angeblich unterschieden, die hohen von den niederen, gemäß ihrer Rasse und sozialen Herkunft.

Auch in den USA entstanden gegen Ende des 18. Jahrhunderts Kuriositätenkabinette, wenn auch mit anderem Hintergrund als jene in Europa. Während die europäischen Kabinette zunächst Privatsammlungen der Oberschicht gewesen waren, Ausweise ihrer modernen wissenschaftlichen Gesinnung, waren die amerikanischen Sammlungen von Anfang an gewerbliche Projekte, geschäftliche Unternehmungen, die den hehren Anspruch öffentlicher Aufklärung mit der ebenso profitablen wie schamlosen Zurschaustellung spektakulärer Kuriositäten verknüpften. Eines der ersten Naturkundemuseen in den USA wurde von dem bekannten Porträt- und Landschaftsmaler Charles Wilson Peale gegründet. Peales Interesse am Sammeln naturkundlicher Präparate war schlicht Ausdruck der alten Allianz zwischen Kunst und Wissenschaft als entschlossene

Verbündete beim Auffinden und Darstellen objektiver Wahrheiten. Das 1786 gegründete Peale Museum in Philadelphia lockte Scharen von Besuchern mit Exponaten wie Albinos und anderen menschlichen Kuriositäten, aber auch spektakulären Tierpräparaten, darunter eines der ersten je ausgegrabenen prähistorischen Tierskelette, das von einem riesigen in West Point, New York, gefundenen Mammut stammte. Während Peale, wie es heißt, die Ausstellung solch sensationeller Objekte gar nicht behagte, erwiesen diese sich doch – verglichen mit den unzähligen Vitrinen ausgestopfter Vögel und blasser Artefakte – als die eigentlichen Attraktionen.

Die Faszination des Absonderlichen war von Beginn an ein Charakteristikum der Besuchskultur in amerikanischen Museen. Insofern ist es auch nicht verwunderlich, dass das Peale Museum, das später noch Ableger in Baltimore und New York eröffnete, gemeinsam mit dem 1810 in New York von dem Tierpräparator John Scudder gegründeten New American Museum in den 1840er-Jahren von P. T. Barnum aufgekauft und zur Grundlage von Barnum's American Museum wurde.

Zwar entsprachen die Ausstellungsstücke der ersten amerikanischen Naturkundemuseen weitgehend denjenigen europäischer Museen, doch zeigten die amerikanischen überdies auch lebende Objekte, Tiere wie Menschen. Dabei sollten viele der menschlichen Exponate erwartungsgemäß als Beleg dafür dienen, dass Indianer oder Afrikaner eine niedere Art der menschlichen Gattung darstellten, oder aber eine völlig andere Spezies als die Europäer. So waren diese Ausstellungen auch Spiegel des Kriegs gegen die indianischen Ureinwohner sowie der ökonomischen Abhängigkeit der Neuen Welt von der Sklaverei.[17]

Barnum griff dieses Interesse an lebenden Kuriositäten auf und verwischte die Grenze zwischen Naturwissenschaft und Massenunterhaltung bis zur Unkenntlichkeit. Schon bald übertrafen die Besucherzahlen in Barnum's American Museum jene des British Museums; in der 27-jährigen Geschichte des Museums kamen geschätzte 41 Millionen Besucher. Schlüssel zum Erfolg waren hier zum einen das Geschick, mit dem man die einzelnen Exponate in abstruse Geschichten verpackte, zum anderen der reklamierte Anspruch, dem amerikanischen Publikum einen noch nicht gekannten Blick auf „wundersame" Wesen aus aller Welt zu gewähren. Die wahllose Mischung ethnischer Kuriositäten – „wilde" amerikanische Indianer, die „letzten wahren Azteken Mexikos" (in Wirklichkeit zwei kleinköpfige Brüder aus Mittelamerika), Zigeuner, eine schwarze Mutter mit zwei Albinokindern sowie ein geistig behinderter

December 15, 1860.]   HARPER'S

Living Curiosities at Barnum's Museum.

Since Mr. P. T. BARNUM re-purchased the Museum last Spring, it has become more than ever a popular place of resort for Ladies, Children and Families, and the energies of this world-renowned "Prince of Showmen," seem to increase in a corresponding ratio with his patronage. Our artist has sketched the above from a host of other curiosities now on exhibition in the Museum at all hours, day and evening.

The two centre figures in the foreground of the above cut represent the celebrated AZTEC CHILDREN, found in one of the long lost cities of Central America. It will be observed that their cast of features, and very small heads, bear a striking resemblance to the sculpture found in those cities by Stephens and other travelers, which fact seems to indicate that the race of men to which they belong were the original type of these sculptures.

The figure on the right represents a creature, found in the wilds of Africa, and is supposed to be a mixture of the wild native African and the Orang Outang, a kind of Man-Monkey, but for want of a positive name is called "WHAT IS IT?" The two WHITE FIGURES represent two ALBINO GIRLS, and the black ones their black mother and sister. These Girls, though of black parentage, are a PURE WHITE, WITH WHITE WOOL AND PINK EYES, but with every other feature and characteristic of the real African. No one can look upon them without feeling the conviction that they are beyond all doubt WHITE NEGROES. All these extraordinary living wonders are on exhibition at

Barnum's American Museum,

in this city, where everything novel and curious is sure to be found. In addition to the above, the Museum presents a combination of wonders and curiosities, unequaled in any part of the world. The GRAND AQUARIA alone constitutes an attraction which well repays a visit. Here, in miniature Oceans, are to be found almost every variety of living Fish and other aquatic animals disporting in their native element, from a noble specimen of a living Seal, down to the tiny Stickleback, which builds its nest on the rocks and in the weeds. The HAPPY FAMILY, consists of beasts and birds of opposite natures, as Dogs, Cats, Rats, Hawks, Chickens, Pigeons, &c., &c., all living in peace and harmony, and the whole made amusing and interesting by a number of lively and playful Monkeys, which always keep spectators in capital humor by their inimitable sports. A monster den of mammoth Serpents, 30 in number, has just been added to the

850,000 Other Interesting Curiosities

contained in this wonderful Museum. How so much can be afforded for the low price of twenty-five cents admission is only explained by the fact that an average of nearly four thousand persons visit the Museum daily; on holidays the number of visitors frequently exceeds twenty thousand.

Eine Anzeige für Barnum's American Museum. [Aus der Sammlung der Library of Congress]

Afroamerikaner, der als „Missing Link" unter dem Titel „Was ist es?" gezeigt wurde – mit den altbekannten „Launen der Natur" vermittelte unterschwellig die Botschaft, dass ethnische Merkmale wie auch andere Formen körperlicher Verschiedenheit nur Mitleid oder Spott verdienten.[18]

Auch in den europäischen Naturkundemuseen wurde das Sammeln und Zurschaustellen lebender Menschen aus aller Welt im frühen 19. Jahrhundert immer populärer. Diese Entwicklung wurzelte zum Teil, wie es auch bei den Kuriositätenkabinetten der Fall war, in Gepflogenheiten der Aristokratie, die noch in frühe Kolonialzeiten zurückreichten. Ab dem Ende des 16. Jahrhunderts war es in wohlhabenden Familien durchaus üblich, „Afrikaner als Exotika zu sammeln, neben Affen, Kamelen, Leoparden und Elefanten". Afrikaner zu besitzen galt als untrügliches Zeichen des Reichtums adliger Haushalte, da menschliche Sammlerstücke weitaus teurer waren als ausgestopfte Kakadus. „Herzöge ließen sie in ihren Truppen als Trompeter und Trommler marschieren, und vornehme Familien tauschten sie als Geschenke aus, ausstaffiert mit bunten Uniformen, in denen sie dann als Butler oder Dienstmädchen, Pagen oder Kutscher arbeiteten."[19]

Im 19. Jahrhundert wurde die Zurschaustellung exotischer Menschen eine immer üblichere Attraktion der öffentlichen Museen und Jahrmärkte in Europa. Im Zuge dieser Entwicklung veränderte sich auch die Bedeutung dieser Gefangenen. Während die Adligen ihre menschlichen Trophäen als Zeichen ihres luxuriösen Lebensstils benutzt hatten, dienten die öffentlichen Darbietungen eher der Verbreitung modischer wissenschaftlicher Ansichten über die angeborene Minderwertigkeit der zur Schau gestellten Menschen. Erneut schuf hier die fehlerhafte und vorurteilsbeladene Logik des Kuriositätenkabinetts die Grundlage für ein „Wissen", von dem Europäer und Angloamerikaner ihr Selbstverständnis in Abgrenzung zum Rest der Welt ableiteten.

Im 19. Jahrhundert boten sich Europäern und Amerikanern dann immer mehr Gelegenheiten zur „Bildung" mittels der verqueren Wissenschaft der Naturkunde. „Um 1900", so Paul Farber, „gab es in Deutschland 150 Naturkundemuseen, in Großbritannien 250, in Frankreich 300 und in den USA 250." Entlang der imperialen Tentakeln verbreiten sich Naturkundemuseen auch in den Städten der Kolonien und wurden dort zu festen Einrichtungen. Von Europäern zur wissenschaftlichen Rechtfertigung ihrer Herrschaft gegründet, fanden sie sich in Kapstadt, Bombay, Kalkutta, Montreal, Melbourne, Sao Paulo und Buenos Aires.[20]

Mit dem Aufkommen der Naturkunde als populärem Faszinosum, erblühte auch das Geschäft mit dem Kuriosen. In großen europäischen und amerikanischen Städten gab es in speziellen Läden nun exotische Objekte zu kaufen, die von seriösen Forschern, Freizeitreisenden und geschäftstüchtigen Seeleuten aus aller Welt mitgebracht worden waren. Wer sich wissenschaftlichen Sachverstands rühmen wollte, brauchte sich nur eine Kuriositätensammlung zulegen, und wer die Abarten des Menschengeschlechts erläutern und klassifizieren wollte, konnte nunmehr zum Beleg seiner vermeintlichen Autorität auf eine Sammlung von Knochen und anderen menschlichen Körperteilen verweisen. Wie wir noch sehen werden, berufen sich gerade jene, die am lautesten von einer klar konturierten menschlichen Ungleichheit redeten, dabei auf umfangreiche, weithin bekannte Sammlungen menschlicher Überreste.

Neben der Naturkunde, deren vorrangiges Ziel darin bestand, dem städtischen Publikum ferne Welten begreifbar zu machen, etablierten sich auch entsprechende Wissenschaften, die jene menschlichen Unterschiede in den Blick nahmen, die in den Städten selbst zu finden waren. Im späten 18. Jahrhundert war eine der einflussreichsten unter ihnen die Wissenschaft der Physiognomik.

Teil 3

Taxonomien menschlicher Unterschiedlichkeit

7. Physiognomik: Die Wissenschaft des ersten Eindrucks

Eine zwar schlechte, aber doch eiserne Gewohnheit im Alltag ist die kurze Musterung, der reflexartige Hang zur Abschätzung und schlussfolgernden Beurteilung unbekannter Personen, die einem über den Weg laufen. Die soziale Struktur der Großstadt, ihre Größe und Vielfalt, nötigt uns fast schon zu solch unwillkürlichen Urteilen. Diese spontanen Bewertungen menschlicher Erscheinung geschehen so automatisch, dass die Vorstellung schwer fällt, sie hätten jemals zur Grundlage eines Gebiets systematischer Erkenntnis werden können. Und doch verkündete 1775 der protestantische Züricher Pfarrer Johann Caspar Lavater (1741–1801) die Geburt einer neuen, religiöses, naturwissenschaftliches und ästhetisches Denken vereinenden Methode zur Beurteilung des menschlichen Charakters auf der Grundlage einer detaillierten Untersuchung der Gesichtszüge. Diese Methode nannte er „Physiognomik" – ein Ausdruck, der schon bei früheren Überlegungen zur Aussagekraft menschlicher Gesichter verwendet worden war.

Aristoteles hatte dieses Thema in *Geschichte der Tiere* sowie *Physiognomik* behandelt.[1] Dort stellte er Korrelationen zwischen dem Verhalten von Menschen und Tieren her, in der Überzeugung, dass Personen, die äußerlich einer bestimmten Tierart ähnelten, tendenziell auch ein entsprechendes Naturell hätten. Giambattista Della Porta, der durch seine Arbeit mit der Camera obscura für Feinheiten des Gesichts und des Körpers besonders sensibilisiert war, befasste sich in *De humane physiognomonia* (1586) ebenfalls mit der menschlichen Physiognomie. Wie Aristoteles gründete auch Della Porta seine analytische Methode auf Vergleiche zwischen Menschen und „niederen Tieren".[2]

Im ausgehenden 18. Jahrhundert waren sowohl in Europa als auch den USA demokratische Ideen in Umlauf. Als Reaktion auf diese Bedrohung er-

Lavater. *[Nachdruck aus Johann Casper Lavaters* Essays in Physiognomie, Volume I, *London, 1810; aus dem Ewen-Archiv]*

109

sann Lavater nun ein analytisches System, das menschliche Ungleichheit abermals zur gottgegebenen Wahrheit erklärte. In moderner Begrifflichkeit präsentierte er diese Vorstellung in einem reich bebilderten mehrbändigen Werk mit dem Titel *Physiognomische Fragmente*.[3] Auf die Erstveröffentlichung folgten viele weitere Auflagen und Übersetzungen des Werkes, mit dem Lavater zu einem der berühmtesten antidemokratischen Denker seiner Zeit wurde. Zu seinen Verehrern zählte sein enger Freund Johann Wolfgang von Goethe, aber auch – angesichts seiner demokratischen Gesinnung eigenartigerweise – William Blake, der zu einer späteren übersetzten Ausgabe Illustrationen beisteuerte.

Zürich, Lavaters Heimat, war – wenn auch auf dem Weg zu einem bedeutenden internationalen Finanzzentrum – zu jener Zeit eine kleine Stadt von 17.000 Einwohnern. Doch trotz ihrer geringen Größe war sie bereits eine Hochburg der Bildung und des Handels, kosmopolitisch, voll lebhafter Menschen und Ideen. Wie in anderen Städten wurden auch hier Begegnungen mit Fremden immer alltäglicher, und Lavaters physiognomische Techniken stellten einen pragmatischen Ansatz dar, um andere Menschen anhand ihrer Gesichter zu beurteilen und sich so im städtischen Leben zurechtzufinden. Seine neue Wissenschaft, soweit sie denn eine war, baute auf die – wie er meinte – natürliche Neigung der Menschen zur Einschätzung anderer auf der Grundlage erster Eindrücke.

Porträt von Della Porta auf dem Buchdeckel von De humana physiognomonia, *1586. [Mit freundlicher Genehmigung von Martyan Lan]*

„Alle Menschen fällen, im Umgang miteinander, physiognomische Urteile ... Die meisten Menschen ziehen, je nach dem Ausmaß ihres Verkehrs mit der Welt, Nutzen aus ihrem Wissen über das Menschengeschlecht, selbst auf den ersten Blick."[4]

(links) Der Perversling: „Abbild grausamer Wollust" – (rechts) Der Geizhals: „Niederträchtigste Habsucht". [Nachdruck aus Johann Casper Lavaters Essays in Physiognomie, Volume I, London, 1810; aus dem Ewen-Archiv]

Lavaters Ziel war die Verfeinerung dieser Vorliebe, die Verbesserung der diagnostischen Kraft solcher Beobachtungen, die Bereitstellung von Werkzeugen, die es einem geschulten Physiognomen erlaubten, „die Entsprechung zwischen dem äußeren und dem inneren Menschen, die sichtbare Oberfläche und den unsichtbaren Inhalt" einzuschätzen.[5]

Lavater war Pfarrer in jener Schweizer Stadt, die sich als erste der Reformation geöffnet hatte, und so zeigten sich in seinem Werk auch die historischen Spuren über zweihundert Jahre zurückreichender theologischer Umbrüche. In den 1520er-Jahren war Zürich unter der geistigen Führerschaft Ulrich Zwinglis zu einem standhaften Zentrum reformatorischen Denkens und Handelns geworden; so hatte man hier 1525 die katholische Messe verboten, hatte Wallfahrten und Prozessionen abgeschafft, Ehen von Geistlichen befürwortet und Klöster geschlossen.

1549 geriet Zürich dann unter den Einfluss eines anderen Schweizer Theologen, Johannes Calvin. Wie Zwingli verachtete auch Calvin den Prunk und Pomp des katholischen Ritus' und trat stattdessen für eine religiöse Demut ein, die auf dem Prinzip eines reinen, nüchternen Glaubens beruhte. Der Calvinismus gründete in der Prädestinationslehre – der Überzeugung, dass Gott schon am Anfang der Zeit entschieden habe, welche Menschen „Erwählte" und damit zur Erlösung Bestimmte seien, und welche nicht. Allerdings konnten die Menschen unmöglich mit Sicherheit herausfinden, ob sie dereinst erlöst würden, sodass das Leben eines Gläubigen ein angstvoller Prozess der Selbstprüfung war, eine Suche nach Anzeichen göttlichen Wohlwollens.

Doch neben dieser Frömmigkeit gab es auch einen Glauben an die erlösende Kraft von Arbeit und Fleiß. So schuf der Calvinismus allmählich ein ausgefeiltes Gefüge säkularer Regeln und Verordnungen, ein System moralisch disziplinierender Verhaltensvorschriften, in denen sich die gesellschaftlichen Einstellungen seiner geschäftstüchtigen Anhänger spiegelten. Zwar war Verhalten oder äußere Erscheinung nichts, durch das man Erlösung finden konnte, doch wurde von Calvinisten ein Benehmen erwartet, das ihre Gottesfurcht ahnen ließ. Mit dem Aufblühen Zürichs als Handelszentrum erhielten auch diese Verhaltensvorschriften immer größere Bedeutung. Ende des 18. Jahrhunderts hatte bei vielen Calvinisten ein redliches Verhalten in geschäftlichen und öffentlichen Angelegenheiten – nebst entsprechendem Auftreten – die gründliche Selbstprüfung als Gradmesser der Frömmigkeit ersetzt.

Auf dieser Entwicklung, der wachsenden Bedeutung des Erscheinungsbilds als Anzeichen von Tugend, basierte Lavaters neue physiognomische Wissenschaft. Zur Rechtfertigung dieser Verknüpfung berief er sich auf die Schöpfungsgeschichte, in der Gott den Menschen nach seinem Bilde schuf. Mit dem Sündenfall und der Vertreibung aus dem Garten Eden, erklärte Lavater, hätten aber nur jene, deren Gottesglaube unerschütterlich geblieben sei, auch die visuelle Vollkommenheit seines Ebenbilds bewahrt. Andere dagegen, in Sünde und Betrügereien verstrickt, zeigten Anzeichen ihrer Entartung.

Ganz im Sinne der Prädestinationslehre, nach der die Menschheit ein für allemal in Sünder und Erlöste unterteilt war, behauptete Lavater, dass sich die Frömmigkeit eines Menschen anhand seiner Gesichtszüge entschlüsseln lasse. Fest überzeugt von einem engen Zusammenhang zwischen „körperlicher und moralischer Schönheit" sowie zwischen „körperlicher und moralischer Deformation", erklärte Lavater „das Antlitz zum Theater, in dem sich die

JUDAS ISCARIOT.
He cared not for the Poor; He was a Thief, and had the Bag, and bare what was put therein. S.John.Ch.12.v.6.

Judas Ischariot. [Nachdruck aus Johann Casper Lavaters Essays in Physiognomie, Volume I, London, 1810; aus dem Ewen-Archiv]

113

Seele zeigt".[6] Schönheit war das Zeichen einer frommen Seele, Hässlichkeit die Bürde der Gottlosen.

Lavater war sich sehr genau darüber im Klaren, dass Menschen sich verstellen und eine Erscheinung annehmen konnten, die moralische Integrität vorgaukeln sollte. Im urbanen Umfeld, in dem solche Täuschungen an der Tagesordnung waren, warnte Lavater vor Urteilen des ersten Augenscheins, denen für genaue Charaktereinschätzungen nicht zu trauen sei.

Die Vier Temperamente. [Nachdruck aus Johann Casper Lavaters Essays in Physiognomie, *Volume I, London, 1810; aus dem Ewen-Archiv]*

Die Menschen ... geben sich alle erdenkliche Mühe, weiser, besser, redlicher zu scheinen als sie sind. Sie studieren die Miene, den Ton, die Gebärden der heitersten Redlichkeit. Es gelingt ihnen in ihrer Kunst. Sie können täuschen und betrügen; sie können jeden Zweifel, jeden Verdacht in Absicht auf ihre Redlichkeit zerstreuen und entfernen.[7]

Ein ausgebildeter Physiognom jedoch würde sich durch derlei Tricks nicht täuschen lassen. Ein wissenschaftliches Verständnis elementarer Gesichtszüge, erklärte Lavater, erlaube es dem geschulten Auge, zur eindeutigen Feststellung von Tugend- oder Lasterhaftigkeit einer Person, sich bestimmte unveränderliche Merkmale vorzunehmen. Also benannte Lavater – noch ohne jede Ahnung von den Fortschritten des 20. Jahrhunderts auf dem Gebiet der Schminkkunst und Schönheitschirurgie – jene Aspekte des menschlichen Antlitzes, die der physiognomischen Untersuchung untrügliche Beweise lieferten.

Welcher Mensch wird es ... dahin bringen, dass z. B. sein Knochensystem sich nach Belieben verändere? Welcher machen können, dass er scheint, eine stark gewölbte Stirn zu haben, wenn sie platt ist? Eine eckige, gebrochene, wenn sie gewölbt und rund ist? Welcher wird die Farbe und Lage seiner Augenbrauen verändern können? Scheinen können, starke, dachförmige Augenbrauen zu haben, wenn er dünne, oder überall keine hat? Wer wird sich eine feine Nase anbilden können, wenn er eine aufgedrückte, stumpfe hat? Wer wird sich große Lippen machen können, wenn er kleine, und kleine, wenn er große hat? Wer sich ein spitziges Kinn aus einem runden, ein rundes aus einem spitzigen drehen können? Wer wird die Farbe seiner Augen verändern, oder, wie es ihm vorteilhaft scheint, heller oder dunkler machen können? Welche Verstellungskunst kann ein blaues Auge in ein braunes, ein grünliches in ein schwarzes, ein plattes in ein gewölbtes verwandeln?[8]

Ausgehend von der Unveränderlichkeit gewisser Schlüsselmerkmale des Körpers stellte Lavater die Regeln einer neuen Wissenschaft auf, mittels derer geeignete Personen zu Physiognomen werden und durch eingehende Betrachtung bestimmter Gesichtszüge Eigenschaften des Charakters analysieren konnten. „Vernachlässige keinen Teil des Gesichts", so seine Belehrung, „denn jeder Gesichtszug enthält den vollständigen Charakter des Menschen genau wie im kleinsten Werk Gottes der göttliche Charakter enthalten ist ... Jeder winzige

Teil besitzt das Wesen und den Charakter des Ganzen. Jeder verkündet die Wahrheit, die Wahrheit des Ganzen."

Außer den Augen, so erklärte er, zeichneten sich noch weitere Teile des Gesichts als untrügliche Fenster zur Seele aus. Die Nase, im Rahmen der Geschichte der Stereotypisierung ständig im Blickpunkt des Interesses, war Lavaters Rosettastein.

OF HUMAN LIBERTY, AND ITS LIMITS. 31
ADDITION H.

No. 1. With a face like this, no one will ever achieve a bold and hazardous enterprize: he will have domeftic virtues, he will faithfully difcharge the duties of his ftation; but he is incapable of attaining any portion of the Warrior's valour, or the Poet's genius.

2. His forehead inclines too much backward, to admit of his having a fufficient degree of firmnefs and conftancy. In other refpects, to confider the whole together, the form of his face is not ordinary. He is lefs capable of obferving for himfelf, than of judging with difcernment concerning obfervations already made.

3. Has much more capacity and prudence than all the others, and 4. haft the leaft of thefe qualities. With difficulty will this laft rife above objects prefent and fenfual.

If I were obliged to characterize them by a fingle word, I would fay of 1. He is timid; of 2. He has tafte; of 3. He is a prudent obferver; of 4. He is fenfual.

1. Can never attain the tafte which characterizes 2. nor he the prudence of 3. 4. Is equally incapable of acquiring the one or the other of thefe qualities.

[Nachdruck aus Johann Casper Lavaters Essays in Physiognomie, Volume II, London, 1810; aus dem Ewen-Archiv]

Ich halte die Nase für die Wiederlage des Gehirns. Wer die Lehre der gotischen Gewölbe halbwegs einsieht, wird das Gleichniswort Wiederlage verstehen. Denn auf ihr scheint eigentlich alle die Kraft des Stirngewölbes zu ruhen, das sonst in Mund und Wange elend zusammenstürzen würde. Eine schöne Nase wird nie an einem schlechten Gesicht sein ... Zu einer vollkommenen Nase erfordere ich folgendes: A) Ihre Länge soll der Stirnlänge gleich sein. B) Bei der Wurzel muss eine kleine sanfte Vertiefung sein. C) Von vorne betrachtet muss der Rücken (dorsum, spina nasi) breit und beinahe parallel sein, jedoch über der Mitte etwas breiter. D) Der Knopf der Nase, die Nasenkuppe, der Nasenball (orbiculus) muss weder hart noch fleischig sein, und sein unterer Umriss muss bestimmt und auffallend rein gezeichnet, nicht spitz und nicht sehr breit sein. E) Die Nasenflügel müssen ... von vorne bestimmt gesehen werden, und die Löcher müssen sich drunter lieblich verkürzen ... So eine Nase ist mehr wert als ein Königreich.[9]

Auch Zähne waren vielsagende Gesichtsmerkmale. „Lange Zähne sind ein sicheres Zeichen von Schwäche und Zaghaftigkeit. Weiße, reinliche, wohlgereihte Zähne, die uns beim Öffnen des Mundes gleich entgegenkommen, doch nicht stark hervorstehen, nicht immer gleich vollzählig gesehen werden – ich habe sie bei Erwachsenen nie anders als bei guten, feinen, reinlichen, liebreichen, treuen Menschen gefunden."[10] Zu den wichtigen Kennzeichen des Charakters zählte auch das Kinn. „Aus vielfältiger Erfahrung bin ich gewiss, dass vorstehendes Kinn etwas Positives, zurückstehendes etwas Negatives anzeigt. Oft sitzt der Charakter der Kraft oder Unkraft eines Menschen bloß im Kinne."[11]

Einer traditionellen Vorstellung von visueller Wahrheit anhängend, wonach ein wohlgeratenes Kunstwerk eine akkurate Darstellung seines Gegenstands sei, illustrierte Lavater seine Standpunkte bezüglich Erhabenheit und Verdorbenheit mit Kupfer-stichen von Skulpturen und Gemälden, die er aus allen möglichen Epochen zusammengeklaubt hatte.

Das Gesicht der Trägheit. [Nachdruck aus Johann Casper Lavaters Essays in Physiognomie, *Volume I, London, 1810; aus dem Ewen-Archiv]*

117

Mit Blick auf ein Porträt Shakespeares schrieb er: „Wer erkennt hier nicht den klaren, weiten, flinken Geist; alles ersinnend, alles erfassend, der ebenso geschwind wie mit Leichtigkeit nachdenkt, entwirft, hervorbringt?"[12]

In seinem Kommentar der Zeichnung eines unidentifizierten Mannes merkte er an: „Wer erkennt hier nicht den minderen Verstand; eine fast zur Rohheit verkommene Dummheit? Diese Augen, diese Falten auf einer fliehenden Stirn, dieser vorspringende Mund, die ganze Haltung des Kopfes, kündet das nicht alles von Blödheit und Debilität?"[13] Über das Gesicht des Judas Ischariot in der Darstellung Hans Holbeins sinnierend, fragt sich Lavater ungläubig: „Wer kann sich vorstellen, dass ein Apostel Jesu Christi jemals von solcher Erscheinung gewesen sei, oder dass der Erlöser ein solches Gesicht in den Kreis der Apostel aufgenommen hätte ... Wer könnte einem solchen Menschen Vertrauen schenken?"[14] Und Lavater fährt in seiner Analyse des Gesichts des Judas fort:

> Hätte man uns nichts gesagt, dass dies das Porträt des Judas Ischariot nach Holbein sei, hätten wir niemals ein auch nur annähernd ähnliches Gesicht gesehen, würde uns doch sofort ein Urgefühl warnend bedeuten, dass wir von jenem weder Großzügigkeit noch Zartheit noch geistige Erhabenheit erwarten dürften. Der schäbige Jude würde unsere Abneigung erregen, selbst wenn wir ihn weder mit irgendjemandem vergleichen noch ihm einen Namen geben könnten.[15]

Solche in den *Physiognomischen Fragmenten* immer wieder auftauchenden historischen Etüden waren eine Art Anschauungsunterricht für die zeitgenössischen Leser und Möchtegern-Physiognomen. Da physiognomische Studien zeitaufwendig waren und nicht auf der Stelle erledigt werden konnten, musste man als Experte unbedingt lernen, seine Eindrücke im Gedächtnis zu behalten, sie zunächst in brauchbare Notizen und dann für spätere eingehende Erwägungen in mathematisch genaue Zeichnungen zu überführen.

> Zunächst ... beschreibe die ganze Gestalt und jedes einzelne Merkmal in Worten, wie für einen Maler, der ein Bild jener Person zeichnen wollte ... Nach dieser Beschreibung lasse die Person sitzen, wenn es denn möglich ist ... Beginne mit seiner Statur. Gib dann die Proportionen an; zunächst die offenkundigen, gemäß den senk- und waagerechten Linien; gehe alsdann über zu Stirn, Nase, Mund, Kinn und besonders zur Gestalt, Farbe, Lage, Größe

und Tiefe der Augen ... Zeichne die Gestalt der Person, wenn sie nicht zugegen ist, entsprechend dieser Beschreibung ... Damit diese Art von Übung vollkommener gerate, muss man sich die Gewohnheit zulegen, jedes Gesicht in wenigen Augenblicken zu studieren, also seine hervorstechendsten Merkmale zu erfassen und sich tief einzuprägen.

Um die mathematische Genauigkeit sicherzustellen, empfahlen sich bestimmte geometrische Übungen im Skizzieren solcher Porträts.

Nach der Betrachtung des gesamten Gesichtes untersuche ich als nächstes das Profil, eventuell durch Aufteilung in zwei Hälften. Dann bestimme ich die senkrechte Länge, entsprechend den drei üblichen Einteilungen und vermerke seine senkrechten Abweichungen; danach die relative Lage dieser drei Teile: der Stirn, der Nase, des Kinnes. Das fällt mir leichter, wenn ich mir eine gerade Linie vom äußersten Punkt der Oberlippe zur Aushöhlung unterhalb der Stirn denke, durch welche diese relative Lage sich bei allen Gesichtern in drei Hauptbereiche gliedert: die Senkrechte, die auf dem unteren Punkt liegende Linie, oder die auf dem oberen Punkt liegende Linie. Ohne solch einfache und feste Regeln wird es der Einbildungskraft niemals möglich sein, die wahre Gestalt des Kopfes physiognomisch genau zu erhalten.[16]

Zur Anfertigung brauchbarer Porträts empfahl Lavater spezielle Werkzeuge und Beleuchtung. „Ölgemälde sind für den Physiognomisten die brauchbarsten, wenn sie vollkommen sind", erklärte er; sie seien aber ein zu „kostbares" Mittel für den normalen Gebrauch. Obwohl günstig in der Herstellung, erwiesen sich Zeichnungen mit schwarzer Kreide als „unbrauchbar", da die Darstellungen im Detail so unklar blieben, dass sie eigentlich „unwahr und unnatürlich" seien. Nachdem er viele verschiedene Zeichenmittel ausprobiert hatte, erklärte Lavater schließlich: „Um den physiognomischen Charakter eines Gesichts rund, malerisch, kräftig und scharf bestimmt zugleich aufs beste zu zeichnen, habe ich bisher nichts gefunden, das dem englischen Bleistift, durch scharfe Pinselstriche vom feinsten Tusche verstärkt, gleich käme." Zur Kontrolle der Genauigkeit einer einmal angefertigten Zeichnung empfahl Lavater die Verwendung einer „Camera obscura ... um immer leichter Zeichnung und Wahrheit vergleichen zu können".[17]

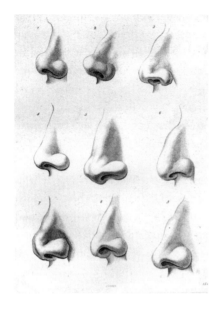

[Nachdruck aus Johann Casper Lavaters Essays in Physiognomie, Volume III, London, 1810; aus dem Ewen-Archiv]

Doch gemäß der zugrunde liegenden Philosophie dieser merkwürdigen Wissenschaft Lavaters machten technische Fähigkeiten allein noch keinen wahren Physiognomen aus. Entsprechend einer Weltanschauung, die bestimmte Schönheitsmaßstäbe mit Tugendhaftigkeit gleichsetzte, waren auch nur die Schönen imstande, das Gute zu entdecken. Nur gutaussehende Menschen taugten insofern zu Physiognomen.

[I]ns Heiligtum der Physiognomik soll sich keiner wagen, der eine krumme Seele, eine verworrene Stirn, ein schiefes Auge, einen verzogenen Mund hat ... Keiner ohne Bildung wird ein guter Physiognomist werden. Die schönsten Menschen wurden die schönsten Maler ... Die wohlgebildetsten Physiognomisten – die besten. So wie die Tugendhaftesten am besten über Tugend, die Gerechten am besten über Gerechtigkeit urteilen können, so die besten Gesichter am besten über das Gute, Schöne und Edle der menschlichen Gesichter, mithin auch ... über das Unedle und Mangelhafte. Die Seltenheit wohlgebildeter Menschen ist sicherlich ein Grund, warum die Physiognomik in einem so üblen Rufe steht, und so vielen Bezweiflungen ausgesetzt ist.[18]

Über körperliche Schönheit hinaus umfassten die Qualifikationen eines guten Physiognomen eine scharfe Beobachtungsgabe, eine extreme Detailversessenheit sowie die Bereitschaft zu bedenkenlosen, spontanen, oft ungehörigen Feststellungen über andere Menschen.

Wer nicht sehr oft beim ersten Anblick einzelner Menschen ... eine geheime Bewegung, Zu- oder Abneigung, Anziehung oder Widerstand fühlt, der wird in seinem Leben nie Physiognomist werden ... Vor allen Dingen, wie zum

Teil schon bemerkt worden, soll der Physiognomist einen wohlgebauten, wohlgestalteten und fein organisierten Körper und scharfe Sinne haben, welche der geringsten Eindrücke von außen fähig und geschickt sind, dieselben getreu und unveränderlich bis zum Gedächtnis, oder, wie ich lieber sagen wollte, zur Imagination fortzuführen, und den Fibern des Gehirns einzuprägen. Insonderheit muss sein Auge vorzüglich fein, hell, scharf, schnell und feste sein ... Beobachten oder Wahrnehmen mit Unterscheiden, ist die Seele der Physiognomik. Es ist alles. Der Physiognomist muss den feinsten, schnellsten, sichersten, ausgebreitetsten Beobachtungsgeist haben.[19]

414   FRAGMENT FIFTH.
            ADDITION C.

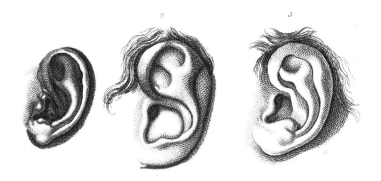

1. Seems made for a man capable of acquiring and tranfmitting knowledge; for a pedagogue, who mechanically collects a great number of fcientific articles.
2. Cannot be referred to any but a head exceffively weak. This form broad and fmooth; this want of rounding in the contours, may in truth fubfift with fuperior faculties, and particularly be frequently found in mufical ears; but when the whole is fo flat, fo coarfe, fo tenfe, it certainly excludes genius.
3. Has too much precifion to afcribe it to a blockhead, but, on the other hand, it is too round, and too maffy, to furnifh the indication of an extraordinary man.

[Nachdruck aus Johann Casper Lavaters Essays in Physiognomie, *Volume III, London, 1810; aus dem Ewen-Archiv]*

Lavaters Kosmologie – angeblich eine Wissenschaft, die geschulten Fachleuten die Einschätzung der Tugendhaftigkeit jener Menschen ermöglichen sollte, denen sie im Alltag begegneten – war nicht zuletzt geprägt von der europäischen Kolonialherrschaft. Sie vermittelte die Perspektive eines Mannes, dessen Universum durch die Vorurteile des Kolonialismus' geformt worden war. Während ein großer Teil seines Buches individuellen Merkmalen und ihrer Interpretation gewidmet war, wandte sich Lavater am Ende des Buches auch dem Thema „Nationalphysiognomien" zu, einem besonderen Anwendungsgebiet seiner Disziplin, in dem es um Fragen des Charakters bestimmter Rassen ging.

Dass es Nationalphysiognomien wie Nationalcharakter gibt, ist schlechterdings unleugbar ... Man denke sich nur nebeneinander einen Mohren und einen Engländer; einen Lappen und einen Italiener; einen Franzosen und einen Fuegoeser – und vergleiche ihre Gestalten und Gesichtsbildungen und ihre Geistes- und Gemütscharakter. Es ist nichts leichter, als diese erstaunliche Verschiedenheit überhaupt zu erkennen.[20]

Aus heutiger Sicht kaum nachzuvollziehen, liefen doch solche Vorurteile dem zeitgenössischen demokratischen Denken keineswegs zuwider. Thomas Jefferson, dessen Unabhängigkeitserklärung nur ein Jahr nach den *Physiognomischen Fragmenten* veröffentlicht wurde, war selbst ein Anhänger solcher physiognomischen Verallgemeinerungen zur Erklärung von Unterschieden zwischen den Rassen. Weiße und Schwarze vergleichend, schrieb Jefferson:

[D]er Unterschied ist in der Natur festgelegt und ist genauso real, als wenn sein Sitz und Ursprung uns besser bekannt wären. Und ist dieser Unterschied bedeutungslos? Ist er nicht die Grundlage für ein größeres oder geringeres Maß an Schönheit in den beiden Rassen? Sind nicht die feinen Mischungen von Rot und Weiß, die Ausdrucksformen jeder Leidenschaft durch größere oder geringere Farbüberflutung bei der einen jener ewigen Monotonie vorzuziehen, welche im Gesichtsausdruck der anderen Rasse vorherrscht, in jenem unverrückbaren schwarzen Schleier, der alle Emotionen verhüllt? Man füge wallendes Haar, eine elegantere Symmetrie der Form hinzu und deren eigenes Urteil zugunsten der Weißen, das sie dadurch erklären, dass sie ihnen den Vorzug geben, so einheitlich wie der Orang-Utan schwarze Frauen den eigenen Weibchen vorzieht. Den Umstand überlegener Schönheit hält man bei der Vermehrung unserer Pferde, Hunde und anderen Haustiere für beachtenswert; warum nicht bei den Menschen?[21]

In den Gesichtern von Personen, behauptete Lavater, könne man mehr als nur deren persönliche Eigenschaften entdecken. Das geschulte Auge, erklärte er, könne durch das Individuum hindurch sehen und die allgemeinen Charakteristika jener Rasse wahrnehmen, der das Individuum angehört. In bestimmten Merkmalen eines Individuums manifestierten sich zugleich auch Wesenszüge der Gruppe. Im 19. Jahrhundert wurden die Methoden zur Ermittlung gruppenspezifischer Merkmale im Individuum immer ausgefeilter, auch dank der von Kriminologen, Anthropologen und Eugenikern als Hilfsmittel verwendeten Fotografie. Lavater aber gehörte zu den ersten, der die Existenz solcher wissenschaftlichen Verknüpfungen behauptete.

In seiner Beschreibung eines Mannes mit Turban weitete Lavater seine Schmähungen auf ein ganzes Volk aus, das er – anhand eines einzigen Porträts – als zur Bildung, zur Liebe und zur Wertschätzung kultureller Errungenschaften unfähig beurteilte.

Die Form des Kopfes, allein schon der Überhang der Stirn, künden eindeutig von Dummheit und Unbelehrbarkeit; und nicht minder die Lage der Nase zum Mund, völlig grob, ohne Gefühl oder Geistesvergnügen: die Augen, das Kinn und der Bart – alles ganz entsprechend.[22]

Zwar zeigte er sich seinen europäischen Brüdern gegenüber weniger abschätzig, doch wurden auch sie nach physiognomischen Kategorien klassifiziert.

Die Franzosen weiß ich am wenigsten zu charakterisieren. Sie sind nicht so groß gezeichnet wie die Engländer, und nicht so kleinlich wie die Deutschen. Ich erkenne sie meistens an den Zähnen und am Lachen; den Italiener an der Nase, dem kleinen Auge, und am vorstehenden Kinne; den Engländer an der Stirne und den Augenbrauen – den Holländer an der Rundung des Hauptes und an den weichen Haaren – den Deutschen an den Furchen und Falten um die Augen und in den Wangen; die Russen an den aufgeworfenen Nasen – weißen oder schwarzen Haaren.[23]

Die Frage der „Nationalphysiognomien" war für Lavater von zentraler Bedeutung. In einer sich erweiternden Welt, in der es immer mehr Interaktionen zwischen europäischen und nicht-europäischen Gesellschaften gab, war es vordringlich geworden, eine globale Karte physiognomischer Unterschiede – eine neue Hierarchie der Ungleichheit – entwerfen zu können. Philosophen, Geschäftsleute wie überhaupt alle Männer von Geist müssten in der „Naturkunde der Nationalphysiognomie" unterwiesen werden, mahnte Lavater. Berge sie doch „grundlegende, unerschütterliche und ewige" Wahrheiten. Sie zu bestreiten, hieße, „das Licht der Sonne am Mittag zu leugnen".

Liest man Lavaters Werk heute, wirkt es äußerst selbstherrlich. Obwohl er für sich beanspruchte, ein System von Gesetzen und Prinzipien aufgestellt zu haben, fehlt seinem subjektiven Herumphilosophieren doch die Aura jenes systematischen Denkens, das gemeinhin mit der Aufklärung assoziiert wird. Gleichwohl diente Lavaters Werk der Legitimierung diskriminierender Beurteilungen von Menschen als eines wesentlichen Elements der aufkommenden Naturkunde und Naturwissenschaften. Wenngleich viele seiner Nachfolger auf dem Gebiet der Physiognomik die Ungenauigkeit seiner Lehre beanstandeten, prägte Lavaters Interesse für die moralische Aussagekraft von Gesichtsmerkmalen – Nase, Augenbrauen, Kinn, Augen, Ohren, Zähne und Ähnlichem – doch auf Jahrhunderte hinaus alltägliche wie wissenschaftliche Vorstellungen von menschlicher Unterschiedlichkeit. Dasselbe gilt auch für seine Strategie der Überzeugung durch Bilder, der Gegenüberstellung divergierender Porträts von Menschen zur Vermittlung bestimmter Ideale von Gut und Böse, Intelligenz und Dummheit, Zivilisiertheit und Wildheit, Schönheit und Hässlichkeit.

8. Hierarchien des Menschengeschlechts

Am 11. Juli 2002 veröffentlichte die Zeitschrift *Nature* einen Bericht über ein unlängst entdecktes Fossil eines frühen Menschen, ein Bruchstück eines männlichen Schädels, das von französischen Paläontologen im zentralafrikanischen Tschad ausgegraben worden war. Die Nachricht – in der von „einem der wichtigsten Fossilienfunde der letzten 100 Jahre" die Rede war – brachte es in aller Welt auf die Titelseiten.[1]

Unter Anwendung der üblichen binominalen Namensgebung, wie sie vom schwedischen Botaniker Carl von Linné (auch bekannt als Carolus Linnaeus, 1707–1778) eingeführt wurde, nannten die Wissenschaftler ihren Fund Sahelanthropus tchadensis, bezeichneten ihn aber generell als Toumai, was in der Goran-Sprache so viel wie „Hoffnung des Lebens" bedeutet. Das französische Forscherteam erklärte seinen Fund zum „ältesten und primitivsten bekannten Vertreter" des Menschengeschlechts und verkündete, das Fossil werde Licht in „das früheste Kapitel der menschlichen Evolutionsgeschichte" bringen.[2] Mit seinem deutlich menschlichen Gesicht und Gebiss sowie einer kleinen Hirnschale ähnlich der eines Schimpansen zerstörte dieser fast sieben Millionen Jahre alte Vorfahre grundlegende Annahmen über Herkunft und Entwicklung der menschlichen Spezies, deren Alter zuvor auf höchstens vier Millionen Jahre geschätzt worden war. In einem Leitartikel in der *New York Times* vom 12. Juli verkündete der Autor, dass Toumais Erscheinungsbild, ganz abgesehen vom Alter, weit verbreitete wissenschaftliche Überzeugungen erschüttert habe, wonach sich der Mensch als einzelne Spezies entlang einer „geradewegs von der Vergangenheit in die Gegenwart führenden Bahn" entwickelt habe. Vielleicht, so deutete der Leitartikel an, seien die heutigen Hominiden nicht die Nachfahren einer einzigen Linie, sondern bildeten vielmehr eine mannigfaltige, aus mehreren „eng verwandten Spezies" bestehende Gruppe.[3]

Mensch oder Affe? Eine Spezies oder mehrere? Von solchen den Ursprung und die Vielfalt des Menschengeschlechts betreffenden Fragen war die europäische Wissenschaft im 18. Jahrhundert geradezu besessen. Mit den Berichten von Reisenden über Menschen mit unterschiedlichen Hautfarben, Haarformen, Gesichtsstrukturen und Körpertypen konfrontiert, und diesen häufig genug vertrauend, bemühten sich Wissenschaftler, Philosophen und Laien im Zeitalter der Aufklärung um die Konstruktion komplexer, wohlgeordneter Klassifikationssysteme, um jeder einzelnen Variante ihren rechten Platz in der natürlichen

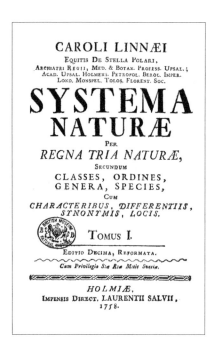

[Mit freundlicher Genehmigung von Lee Herman]

Ordnung der Dinge zuzuweisen. Innerhalb solcher Systeme, oder Taxonomien, waren den Organismen bestimmte Positionen zugeordnet, jeweils in Relation zu allen anderen, wodurch sich eine vermeintlich objektive wissenschaftliche Landkarte ergab, eine moderne Neugestaltung der Großen Kette des Seins. Dieser Ordnungsdrang bescherte dem Denken der Aufklärung seine große Widersprüchlichkeit. Während radikale Demokraten sich auf die Natur und ihre Gesetze als Grundlage der Ideen von menschlicher Gleichheit und „Menschenrechten" beriefen, suchten andere Zuflucht in neuen wissenschaftlichen Schemata, um an Prinzipien der Hierarchie festhalten und die Kontrolle niederer durch höhere Wesen rational rechtfertigen zu können.

Ein gemeinsames Merkmal der Taxonomien des 18. Jahrhunderts war das dogmatische Beharren auf der Vorstellung, dass jede Lebensform einen eigenen Platz in einem Gesamtsystem einnehme, dass jede Spezies einen bestimmten Idealtypus verkörpere und durch eine spezifische Menge feststellbarer Charakteristika gekennzeichnet sei. Für Ambivalenz war wenig Raum. Jedes Lebewesen entsprach einem Bild im Kopf des Taxonomen, besaß ein einziges, bestimmendes Wesen. Was von diesen sichtbaren Wahrheiten abwich, wurde als Verirrung, Anomalie, als Fehler der Natur betrachtet.

Diese Denkweise steht im Widerspruch zu vielen heutigen Ansichten darüber, wie die Natur der Lebewesen zu begreifen ist. Stephen Jay Gould, der vielleicht einflussreichste Taxonom des 20. Jahrhunderts, vertritt die Auffassung, dass idealtypische Organismen in der Natur nicht wirklich vorkommen. Die Grenzen, die einen Typus von einem anderen trennen, so hat er wieder und wieder erklärt, seien – bestenfalls – verschwommen. „Die Natur", schreibt er, „stellt sich uns ... als Kontinuum dar, nicht als eine Reihe diskreter, eindeutig voneinander abzugrenzender Objekte." Selbst innerhalb bestimmter Spezies gelte: „Variationen gibt es von Anfang an; Merkmale sind trügerisch."[4]

Goulds Ablehnung des Paradigmas des 18. Jahrhunderts bedeutet weit mehr als eine kleine Meinungsverschiedenheit bezüglich der Details wissenschaftlicher Klassifikation. Zur Debatte stehen hier die gesellschaftlichen Werte, die das Geschäft der Klassifizierung als solches prägen. Es geht um Toleranz und Gerechtigkeit – darum, wer und was als normal angesehen und akzeptiert wird. Die Debatte, wie Gould sie definiert, dreht sich letztlich um den Essentialismus, der – wie er behauptet –

die Kriterien jeder Bewertung durch[setzt]: Individuelle Objekte, die wesentliche Merkmale tragen, sind gut; solche, die abweichen, sind schlecht, wenn nicht sogar unwirklich. Ein antiessentialistisches Denken zwingt uns zu einer differenzierten Weltsicht. Wir müssen Übergänge und Kontinua als grundlegend akzeptieren ... Der Essentialist unter den Taxonomen gräbt eine Handvoll fossiler Schnecken einer einzigen Art aus, versucht, ein Grundmerkmal abzuleiten und bewertet seine Schnecken anhand ihrer Übereinstimmung mit diesem Standard. Der Antiessentialist dagegen sieht in ihnen etwas vollständig anderes – nämlich eine Reihe nicht reduzierbarer Variationen, welche die Art definieren, wobei zwar einige Varianten häufiger vorkommen als andere, alle aber vollkommene Schnecken sind.[5]

Goulds demokratischer Ansatz hätte wiederum Linné empört, dessen *Systema Naturae* (System der Natur) nach wie vor die Grundlage der modernen biologischen Nomenklatur darstellt. In den ersten neun Bänden seines Werks, beginnend im Jahr 1735, katalogisierte und benannte Linné 7.700 Spezies der Pflanzenwelt. Im 1758 erschienenen zehnten Band, von Gould als „Gründungsdokument der Tier-Taxonomie" bezeichnet, wendet er sein binominales System auf über 4.400 zoologische Arten an. Ob Flora oder Fauna: Jede Spezies wurde hier gemäß eindeutigen und beobachtbaren physischen Merkmalen bestimmt.

Trotz ihrer Aura der Gewissheit ist eine Klassifizierung niemals ein neutraler Akt. Eine Namensgebung ist eine Form der Machtausübung und spiegelt oft die Sichtweise des Namensgebers. Linnés binominales System widersprach seinem eigenen Anspruch wissenschaftlicher Neutralität. Obwohl sich im

Europa des 18. Jahrhunderts Handel und Naturwissenschaften als Machtbereiche etabliert hatten und demokratische Bestrebungen ausweiteten, stand das gesellschaftliche Leben in weiten Teilen noch unter der Ägide und dem Imprimatur der Krone. Lieferte Linnés Methode der modernen Wissenschaft auch ein neues Werkzeug, so bediente er sich bei seiner Ordnung der Dinge doch weiterhin der Metapher der Monarchie. Pflanzen und Tiere bildeten zwei natürliche Königreiche (regna naturae). Innerhalb dieser Königreiche, ergaben sich aus einer Hierarchie von Klassen, Ordnungen, Familien und Gattungen bestimmte Kategorien, gemäß denen alle Lebewesen – Pflanzen wie Tiere – klassifiziert wurden. In einer Welt, in der Hierarchie und Ungleichheit von vielen immer noch als natürlich betrachtet wurde, bestätigten Taxonomien diese Überzeugung in anschaulicher Weise. Im Tierreich etwa standen die mammalia (Säugetiere) auf der obersten Stufe, gefolgt von den Vögeln, den Amphibien, den Fischen, den Insekten und dem Ungeziefer. Innerhalb der Klasse der Säugetiere wiederum standen die genus primates ganz oben, wobei hier der Homo sapiens (der Mensch) über Simia (Menschenaffen und Affen) thronte, gefolgt von Lemur (den Lemuren) und Vespertilio (den Fledermäusen) – letztere schon nicht mehr als Primaten geltend. Jede andere Klasse von Tieren war in ähnlicher Weise hierarchisch gegliedert.[6]

Nicht genug damit, dass man sich zum Verständnis der Natur die Monarchie zum maßgeblichen Vorbild nahm, bestätigte das Linné'sche System auch noch bestehende Geschlechterungleichheiten. Ein lehrreiches Beispiel bietet hier Linnés Beschreibung von Pflanzen, wie sie ausführlich von der Historikerin Londa Schiebinger erörtert wird. Vom Mittelalter bis in die Renaissance hinein wurden Pflanzen vor allem entsprechend ihrer vielfältigen medizinischen Anwendungsmöglichkeiten klassifiziert. Die Kräuterkunde, als Wissensschatz, betonte diese praktische Anwendbarkeit. Im 18. Jahrhundert aber verschob sich unter dem Einfluss Linnés und anderer „das Augenmerk von den medizinischen Wirkungen der Pflanzen hin zur Suche nach abstrakten Klassifikationsmethoden".[7]

Mit der detaillierten Beschreibung des strukturellen Aufbaus botanischer Objekte triumphierten Geschlecht und Sexualität als dominante Allegorien des Pflanzenreichs. Ungeachtet der Tatsache, dass viele Pflanzen zwittrig sind und herkömmlichen Geschlechterdefinitionen nicht entsprechen, beschrieb Linné Pflanzen nachdrücklich mit Bezug auf ihre männlichen und weiblichen Teile, wobei er die sogenannten dominanten Teile als männlich, die unterwürfigen als weiblich bezeichnete. Von patriarchalischen Ehe-Konventionen geprägt, beschrieb er botanische Eigenschaften oftmals unter Verwendung der griechischen Ausdrücke für Ehemann und Ehefrau. Wie Schiebinger anmerkt, hielt sich der wissenschaftliche Glaube, dass Pflanzen wie auch Tiere „sich in ehelichen Beziehungen fortpflanzten, noch bis ins 19. Jahrhundert".[8]

Auch in Linnés Behandlung der Tierwelt, so Schiebinger weiter, kamen Annahmen über menschliche Geschlechtlichkeit zum Tragen. So haben die meisten Klassen der Wirbeltiere Namen, denen Beschreibungen zugrunde liegen, die unabhängig vom Geschlecht auf alle Vertreter der jeweiligen Gruppe zutreffen. Die Klasse der Aves (oder Vögel) ist aufgrund der Flugfähigkeit benannt, die nicht an ein Geschlecht gebunden ist. Die Klasse der Pisces (oder Fische) war ebenfalls geschlechtlich unbestimmt. Doch bei der Wahl des Ausdrucks „mammalia" zur Beschreibung jener Klasse, der auch die Menschen angehören, entschied sich Linné für die Brüste (Milchdrüsen) der Weibchen als Kriterium der Klassifikation.

Angesichts anderer Muster der Wirbeltier-Nomenklatur mag diese Wahl merkwürdig erscheinen. Doch durch die Prägung des auf die weibliche Brust anspielenden Ausdrucks mammalia definierte Linné die direkte menschliche Verbindung zur Tierwelt ausschließlich in Bezug auf Frauen. In einer Gesellschaft, die Männer als über allen Bestiarien stehende Vernunftwesen ehrte, Frauen dagegen für unvernünftig und instinktgesteuert hielt, verwundert es kaum, dass die Bürde des Animalischen so eindeutig mit Weiblichkeit verknüpft wurde. Umgekehrt konzentrierte sich Linné bei der Bezeichnung der Spezies als „Homo sapiens" – also „weiser Mann" – gerade auf ein Charakteristikum, das die Männer angeblich von der Tierwelt unterschied.

Zwar sah Linné Unterschiede in den Varietäten des Homo sapiens, doch waren diese Unterschiede weitgehend kultur- und ortsabhängig. Im zehnten Band von *Systema Naturae* benannte er vier Hauptvarietäten des Homo sapiens. Dazu gehörte Americanus – die Ureinwohner des amerikanischen Kontinents, ferner Europaeus – Europäer, Asiaticus – Asiaten sowie Afer – Menschen aus Afrika. Linné spezifizierte die Unterschiede dieser vier Gruppen anhand von Farbe, Temperament und Verhalten, wobei seine Präferenz für den Europäer unverkennbar ist. Waren Europäer „weiß, sanguinisch und muskulös", so waren Asiaten „blassgelb, melancholisch und steif"; Afrikaner dagegen „schwarz, phlegmatisch und gelassen".[9] Der alles entscheidende Faktor bei der Bestimmung dieser Hauptgruppen des Homo sapiens aber blieb die geografische Herkunft.[10]

Der Begriff der subhumanen Spezies fand Eingang in Linnés System in Form zweier fantastischer Geschöpfe, die er im Rahmen des genus Homo besprach: ein affenartiger „Missing Link" namens Homo troglodytes (Troglodytes), ein schon längere Zeit die damalige Populärkultur beschäftigendes Hirngespinst; sowie Homo caudatus, eine imaginäre menschenartige Kreatur mit Schwanz. Diese beiden Chimären, so nimmt man an, gingen auf fragwürdige Berichte von Reisenden zurück. Abgesehen von diesen fantastischen Abschweifungen aber war die ungehörige Einordnung menschlicher Typen in ein kohärentes Rangsystem von Höheren und Niederen noch nicht zu einem festen Bestandteil taxonomischen Denkens ausgearbeitet worden.

Mit der Einordnung des Homo sapiens in sein Gesamtsystem ignorierte Linné biblische Konventionen und verzichtete von vornherein auf eine Nacherzählung der Schöpfungsgeschichte. Sein Ziel war die Klassifikation, und da lieferte ihm in weiten Teilen die Geografie eine elegante Methodologie zur Spezifizierung seiner vier grundlegenden Varietäten des Menschen. Doch während Linné noch an seiner *Systema naturae* arbeitete, wurde daran auch schon herumgepfuscht.

Vierzehn Jahre nachdem Linné mit seinen Untersuchungen begonnen hatte, begann Georges-Louis Leclerc, Graf von Buffon, der Direktor des königlichen Gartens (Jardin du Roi) in Paris, mit der Veröffentlichung einer reich illustrierten Naturgeschichte, die den religiösen Schöpfungsmythos in eine komplexere und weltlichere naturalistische Interpretation der Erde und ihrer Geschichte wandelte. In seiner monumentalen *Histoire naturelle*, die am Ende 44 Bände umfassen sollte, dehnte sich die Weltgeschichte von sieben Tagen auf sieben Epochen aus, die jeweils Tausende von Jahren währten.

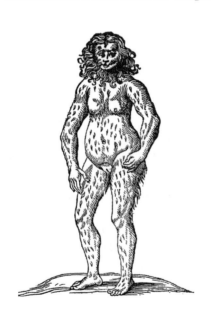

Troglodyt. [Linnés Beschreibung beruht auf dieser Illustration von Jacob Bondt in seiner Historia Naturalis Orientalis, *1658. Mit freundlicher Genehmigung von Lee Herman]*

In Vorwegnahme heutiger Beschreibungen der Erde und ihrer Entwicklung waren Buffons Epochen durch die zunehmende Abkühlung der Erdoberfläche gekennzeichnet. Die sechste Epoche nun (entsprechend dem sechsten Tag) war jene, in der die ersten Menschen auftauchten. Zudem erklärte Buffon die klimatischen Bedingungen im Gebiet des heutigen katholischen Europas – besonders in denen als Tscherkessien und Georgien bekannten Regionen in den Ausläufern des Kaukasus – zu idealen Bedingungen für die Schöpfung der ersten und vollkommensten Menschen.

Die gemäßigten Klimazonen liegen zwischen dem 40. und 50. Breitengrad und bringen die angenehmsten und schönsten Menschen hervor. Aus diesem Klima sollte die Vorstellung über die wahre Hautfarbe und die verschiedenen Abstufungen der Schönheit abgeleitet werden.[11]

Begünstigte das Klima dieser Regionen die Entstehung des ersten und schönsten Menschenvolks, so förderten andere Klimata – laut Buffon – einen Prozess der Verschlechterung gegenüber dem unberührten Original. Buffons Ausdruck hierfür war „Degeneration". Die Anthropologin und Historikerin Miriam Claude Meijer erläutert, inwiefern dieser Ausdruck einen Rückschritt gegenüber dem reinen und ursprünglichen Zustand der Spezies bezeichnet.

Der Ausdruck „Degeneration" geht auf die lateinischen Wurzeln „de" und „genus" zurück, die „von" beziehungsweise „Urstamm" bedeuten. „De-generation" bedeutete also die Abkehr von der Urform der Schöpfung, die Abweichung von der unberührten organischen Form unter dem Einfluss klimatischer Extreme. Diese Wortwahl spiegelt die traditionelle christliche Vorstellung von der ursprünglichen Vollkommenheit der Natur, die durch die menschliche Unvollkommenheit, d. h. den Sündenfall, verdorben wurde.[12]

Wie ein Großteil von Buffons Säkularismus spiegelt auch seine Geschichte der Degeneration biblische Vorstellungen.
Für Buffons Idee der Degeneration spielte das Klima eine entscheidende Rolle. Als die Menschen die europäische Wiege der Schöpfung zu verlassen wagten und in tropische und arktische Klimazonen auswanderten, trat – so Buffon – Verfall an die Stelle der Vollkommenheit. Afrikaner und Stämme im höchsten Norden, etwa in Lappland, aber auch Asiaten und jene, die sich auf

dem amerikanischen Kontinent niedergelassen hatten, gehörten allesamt zu den Degenerierten.

Doch es war Johann Friedrich Blumenbach (1752–1840), ein treuer Anhänger der Lehren Linnés, dessen Werk zur beständigsten Grundlage auf dem Gebiet der physischen Anthropologie und Naturkunde werden sollte, soweit diese mit der Klassifikation menschlicher Typen zu tun hatten. Als Professor der Medizin an der Universität Göttingen und Hofarzt des britischen Königs George III. konzentrierte sich Blumenbach ausschließlich auf die Frage nach der menschlichen Unterschiedlichkeit. Sein Hauptwerk, die 1775 erstmals erschienene und 1795 überarbeitete Abhandlung *Über die Verschiedenheiten im Menschengeschlechte*, bildet den wissenschaftlichen Grundpfeiler für moderne Theorien rassischer Ungleichheit.

An Buffons Interpretation anknüpfend ergänzte Blumenbach die Geschichte vom Ursprung und Verfall durch Spezifikationen und eine noch heute gebräuchliche Begrifflichkeit. Blumenbach war ein Knochensammler, Vertreter der wachsenden Bruderschaft der Knochensammler, die als Europäer die Welt bereisten und zum Zeichen ihrer weltlichen Gelehrtheit menschliche Gebeine zusammentrugen. Blumenbachs Schädelsammlung galt als eine der feinsten ihrer Art weltweit. Immer wieder schickten ihm die Leute menschliche Trophäen zur Erweiterung seines Kabinetts, das schließlich insgesamt 245 Schädel aus aller Welt umfasste. Unter diesen stach einer hervor. Mit seiner Symmetrie und atemberaubenden Schönheit war er für Blumenbach das Inbild menschlicher Vollkommenheit.

Bei diesem Schädel handelte es sich um denjenigen einer Frau aus dem

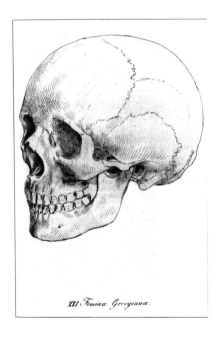

Feminae Georgianae, Blumenbachs Muse für den kaukasischen Typus. [Nachdruck aus Johann Blumenbachs *Über die natürlichen Verschiedenheiten im Menschengeschlechte, Tafel 4]*

Gebiet von Georgien im Kaukasus, die er Feminae Georgianae genannt hatte.[13] Ausgehend von diesem einen Exemplar wob Blumenbach eine Fabel über den Ursprung der Menschheit, ihre edlen Wurzeln und ihren anschließenden Niedergang. Ganz im Geiste Buffons behauptete er, dass die georgische Frau von jenem Ort stamme, der Ausgangspunkt der Menschheit sei – jenem Ort, an dem die Spezies Homo sapiens erstmals in höchster Reinheit und Vollkommenheit aufgetaucht sei. Diese ursprüngliche Blutlinie nannte er die „kaukasische Varietät" – ein Ausdruck, der auch heute noch verwendet wird, zumeist ohne jede Bedenken. Blumenbach schreibt:

> Diese Rasse erhielt ihren Namen von dem Berge Kaukasus, weil die ihm benachbarten Länder, und zwar vorzüglich der Strich nach Süden, von dem schönsten Menschenstamme, dem georgischen bewohnt sind; und weil alle physiologischen Gründe darin zusammenkommen, dass man das Vaterland der ersten Menschen nirgends anders suchen könne, als hier.[14]

In Blumenbachs Augen besaßen die Kaukasier „die schönste Schädelform" – ein Zeichen ihres herausgehobenen Status' unter den Völkern der Welt. (Ironischerweise steht diese Sichtweise in Russland in krassem Widerspruch zu verbreiteten Vorurteilen gegenüber Bewohnern des Kaukasus. Laut Professor Wladimir Ilyan, einem prominenten russischen Soziologen, den wir in Sankt Petersburg interviewten, sind Kaukasier von Russen lange als „Verbrecher und Diebe [angesehen worden], in etwa so, wie die Italiener in den USA angesehen werden". Ilyan, der selbst aus dem Nordkaukasus stammt, kennt dieses Vorurteil aus eigener Erfahrung.) Vermutlich ohne sich der Ungerechtigkeit seiner Sichtweise bewusst zu sein, beschrieb Blumenbach seine Version des Kaukasiers in allen schmeichelhaften Details.

> Von weißer Farbe, mit roten Wangen, schwärzlichem oder nussbraunem Haar ... Mit ovalem, regelmäßigerem Gesicht, in welchem die einzelnen Teile nicht zu stark ausgezeichnet sind, flacherer Stirn, engerer, leicht gebogener Nase, kleinem Munde. Mit senkrecht untereinander stehenden Vorderzähnen des oberen und unteren Kiefers. Mit sanft hervorstehenden Lippen ... vollem runden Kinn. Überhaupt von jener, nach unsern Begriffen von Ebenmaß reizenden und schönen Gesichtsform.[15]

Zu den Kaukasiern zählte Blumenbach die Völker Europas (mit Ausnahme der europäischen Juden, die er den Orientalen zurechnete) sowie die Völker des Nahen Ostens und Nordafrikas. Dass ausgerechnet ein Gelehrter, der Weißheit einen hohen Wert beimaß, dunkelhäutige Völker in die kaukasische Varietät einbezieht, mag seltsam erscheinen. Diese Einbeziehung lässt sich wohl am überzeugendsten damit erklären, dass die Regionen, in denen jene Völker lebten, für viele Europäer zu den Gebieten zählten, die sie als Wiege der Zivi-

Blumenbachs Rassenlehre überdauerte die Zeit. Ihre Beständigkeit verdankt sie auch dem schaustellerischen Talent P. T. Barnums, der „Tscherkessische Schönheiten" als gängige Attraktion in Museen und auf Rummelplätzen des 19. Jahrhunderts etablierte. Der „Stern des Ostens" Zulumma Agra (links), Barnums erste Personifikation dieses Typus', war angeblich von einem Sklavenmarkt in Konstantinopel gerettet worden. Laut Barnums reißerischer Reklame war sie zuvor aus jener Region entführt worden, aus der die kaukasische Rasse hervorgegangen war. Nun wurde sie als Krone menschlicher Schönheit ausgestellt. Gerüchten zufolge standen türkische Sultane hinter jenem „Handel mit weißen Sklaven", der die Harems mit diesen äußerst begehrten Gefangenen versorgte. Rechterhand sieht man eine weitere in Barnum's American Museum ausgestellte Frau jenes Typus'. [Fotografie der Zalumna Agra von Mathew Brady aus der Sammlung von Picturehistory.com]

lisation erachteten: Ägypten etwa, oder Mesopotamien und das Heilige Land. Indem er die Bewohner dieser Regionen schlicht und einfach zur kaukasischen Varietät zählte, konnte Blumenbach – wie viele nachfolgende Rassentheoretiker – die Vorstellung aufrechterhalten, dass bedeutende soziale und kulturelle Errungenschaften allein auf jene in Europa wurzelnden Völker zurückgingen.

Die Notwendigkeit, die Urväter der Zivilisation in der kaukasischen Varietät anzusiedeln, fügt sich trefflich in eine essentialistische Denkweise, die auf die Einpassung von Menschen und anderen Lebewesen in klar abgegrenzte und strikt durchgesetzte Kategorien beharrt. Hätte Blumenbach Goulds Ansicht vorausgeahnt, wonach jedwedes Leben nur als Teil eines Kontinuums existiert und Idealtypen in der Natur nicht vorkommende Abstraktionen darstellen, hätte er die Zivilisationen des Altertums nicht unbedingt dem kaukasischen Lager zurechnen müssen. Das allerdings hätte die Idee streng geschiedener Rassen-Kategorien generell infrage gestellt. Doch die „Wahrheit" einer Kategorisierung nach Rasse sowie die Überlegenheit Europas waren tief verwurzelte Überzeugungen von Männern wie Blumenbach.

Vom kaukasischen Ideal stammten vier weitere Rassengruppen ab, die jeweils als Degeneration des Ideals galten.

Das ganze bis jetzt bekannte Menschengeschlecht [scheint mir] am füglichsten und der Natur gemäß in folgende fünf Hauptvarianten eingeteilt werden zu können, welche sich mit den Namen A) der kaukasischen, B) der mongolischen, C) der äthiopischen, D) der amerikanischen und E) der malaiischen bezeichnen und voneinander unterscheiden lassen. Der kaukasischen habe ich den ersten Platz gegeben, weil man sie ... für die ursprünglichste Rasse halten muss. Von beiden Seiten ging diese in die zwei entferntesten und verschiedensten Extreme über, von der einen Seite nämlich in die mongolische, von der andern in die äthiopische Varietät. Die übrigen zwei aber halten zwischen jener Urvarietät und diesen Extremen das Mittel. Die amerikanische ist nämlich zwischen der kaukasischen und mongolischen. Die malaiische wieder zwischen der kaukasischen und äthiopischen.[16]

Zusammengefasst ließ sich Blumenbachs Taxonomie der fünf menschlichen Varietäten als Pyramide darstellen. An der Spitze standen, charakterisiert durch ihre Weißheit, die Kaukasier, eine Vision des idealen Menschengeschlechts. Am Fuß der Pyramide befanden sich, jeweils an einer Seite, „zwei entfernteste Extreme" der Degeneration: die mongolische Rasse (aus Ostasien) und die äthiopische (dunkelhäutige Afrikaner). Die malaiische Rasse (Polynesier und Melanesier des Pazifiks, sowie australische Aborigines) und Amerikaner (Indianer der Neuen Welt) standen als Zwischenformen zwischen dem kaukasischen Ideal und dessen zwei extremsten Rückentwicklungen. Das ganze Werk Blumenbachs hindurch blieb die Hautfarbe das offensichtlichste Anzeichen des Verfalls, obwohl auch die Gesichtsstruktur Gegenstand seiner Erörterung war. In Blumenbachs Version des Sündenfalls waren all jene minderwertigen Varietäten durch die Ansammlung von Karbon in der Haut entstanden, die der „unnatürlichen und krankhaften Farbe" zugrunde liege und schädliche Folge der Witterung sei, der diese Varietäten übermäßig ausgesetzt waren.[17] Seine haltlose Annahme, dass Weiß die „Urfarbe der Menschheit" sei, basierte auf der axiomatischen Ansicht, dass „eine Verartung in Schwarz leicht ist, weit schwerer hingegen aus Schwarz in Weiß (wenn nämlich die Sekretion und Präzipitation dieses Kohlenpigments durch Länge der Zeit Wurzeln gefasst hat)".[18] Obwohl Blumenbach jede seiner fünf Varietäten als Teil der menschlichen Spezies begriff, hatte er zugleich eine Hierarchie des Menschengeschlechts entwickelt, die den Kaukasier als Krone der Schöpfung markierte und alle anderen Typen gemäß ihrer angeborenen Pathologien einordnete. Diese Sichtweise sollte die Entwicklung wie die Begrifflichkeit der Natur- und Rassenkunde bis ins späte 20. Jahrhundert hinein prägen.

Blumenbach selbst, das muss hinzugefügt werden, stand in einer wissenschaftlichen Tradition, die noch im Zusammenwirken von Kunst und Wissenschaft wurzelte. Sein Rangsystem gründete ausschließlich auf Urteilen über die relative Schönheit der verschiedenen von ihm begutachteten Typen. Seine Kriterien waren im Wesentlichen ästhetischer Natur. Fragen der intellektuellen Entwicklung oder angeborenen Intelligenz waren nicht sein Hauptanliegen, doch wurden sie zu zentralen Fragen, als der von ihm gebahnte Weg im 19. Jahrhundert und noch darüber hinaus zu einer vielbefahrenen Straße wurde.

9. Campers Blickwinkel

Blumenbachs ästhetische Wissenschaft war zu einem großen Teil das Ergebnis einer Idee, die seit der Zeit Roger Bacons in Europa gärte: dass nämlich materielle, vom kundigen Auge beobachtete und interpretierte Evidenz eine empirische Basis für wissenschaftliche Erkenntnis und Naturgesetze darstelle. Die Idee, dass Schönheit Wahrheit sei und Wahrheit Schönheit, stand fraglos in Zusammenhang mit einer Liaison zwischen künstlerischer Kreativität und optischer Technologie, die ihren Ursprung im späten Mittelalter hatte und in der Renaissance zur Blüte kam. Doch der Glaube, dass Kunstwerke ewige Wahrheiten bargen, resultierte nicht nur aus dieser Vereinigung von Kunst und Wissenschaft. Er hing auch mit dem neu belebten Interesse an der Kunst der Antike und an den Idealen des „Klassizismus" zusammen – ein Interesse, das während der kurzen Epoche der Hochrenaissance im späten 15. und frühen 16. Jahrhundert vor allem vom päpstlichen Hof geweckt worden war.

Als das Papsttum 1377 nach beinahe 70 Jahren des Exils in Avignon nach Rom zurückkehrte, kam es in eine Stadt, die bei barbarischen Einfällen und Kämpfen innerhalb des ansässigen Adels zerstört worden war. Auf der Suche nach Idealen, auf denen eine wiederbelebte Römisch-Katholische Kirche erbaut werden könnte, wandte sich eine Reihe von Päpsten dem alten Römischen Reich sowie der antiken Kultur Griechenlands zu, die jenem Reich einst als archetypisches Vorbild gedient und es entscheidend geprägt hatte. Das Papsttum betrachtete die griechische Kultur – manifestiert vor allem in ihren Kunstwerken – als Leitstern, der dabei helfen könnte, ein neues Bewusstsein für Ordnung und Erhabenheit zu schaffen. Viele Jahrhunderte zuvor hatte das Römische Reich einen reichen Schatz an Kunstwerken aus aller Welt zusammengetragen, aber auch eigene bedeutende, von der griechischen Kultur inspirierte Werke in Bildhauerei und Architektur hervorgebracht. Seit der Amtszeit des 1492 gewählten Papstes Alexander VI. wurden nun Grabungen durchgeführt, um diese antiken Schätze ans Licht zu bringen und im Vatikan aufzustellen. Zu diesen Wiederentdeckungen gehörte auch eine Statue, die als Apollo von Belvedere bekannt wurde, eine römische Marmorkopie einer griechischen Bronzeskulptur, benannt nach ihrem Standort, dem Belvedere-Hof im Vatikan.[1]

Was die klassische Kunst angeht, besonders die Darstellung des menschlichen Körpers, so huldigte die Hochrenaissance einem Begriff von Schönheit, demzufolge diese zeitloser Ausdruck „beständiger, unveränderlicher, unzerstörbarer" Wahrheiten war, die ihrerseits als „ewigmenschlich" galten. Der Kunsthistoriker Arnold Hauser hat überzeugend dargelegt, dass diese im aristotelischen Begriff der *kalokagathia* (Schönheit und Gutheit) wurzelnde Vorstellung von ewiger Schönheit eine von der kirchlichen und weltlichen Führungsschicht beförderte Fiktion war, die dazu dienen sollte, ihre eigene Macht in den Stand des Schönen zu erheben und ihre „eigene Geltung als zeitlos, unvergänglich und unveränderlich" darzustellen. In diesem Rahmen, so Hauser, werden „physische Schönheit und Kraft zum vollwertigen Ausdruck der geistigen Schönheit und Bedeutsamkeit".[2]

Obwohl die Hochrenaissance nicht länger als zwanzig Jahre währte, erwies sich die Ansicht, klassische Schönheitsideale verkörperten transzendente, allgemeingültige menschliche Werte – wenn sie auch für eine Weile in Ungnade fiel –, als erstaunlich langlebig. Knapp 300 Jahre nach der Ausgrabung des Apollo gewannen die Ideen dieses Klassizismus als Grundlage der neuen Forschungsfelder Kunstgeschichte und Archäologie wieder an Bedeutung. Es ist wenig verwunderlich, dass der Gründer dieser aufkommenden Wissenschaften ein im Vatikan arbeitender Bibliothekar war, der die dort beheimatete, riesige Sammlung griechischer Bildhauerei katalogisierte – der also am Ort des bedeutendsten Bestandes griechischer und römischer Skulpturen tätig war.[3]

Bei diesem Bibliothekar handelte es sich um Johann Joachim Winckelmann (1717–1768). 1754 zum Katholizismus konvertiert, war er im folgenden Jahr für eben jenen Posten im Vatikan aus Dresden nach Rom gezogen. Dort schrieb er dann seine ersten großen kunsthistorischen Werke, *Gedanken über die Nachahmung der griechischen Werke in der Malerei und Bildhauerkunst* (1755) sowie *Geschichte der Kunst des Altertums* (1764). Zum Zeitpunkt seines gewaltsamen Todes im Alter von 50 Jahren –

Winckelmann. [Nachdruck aus Johann Casper Lavaters Essays in Physiognomie, *Volume II, London, 1810; aus dem Ewen-Archiv]*

er wurde auf der Rückreise von einer Ehrung am Habsburger Hof nach Rom in Triest ermordet – war Winckelmann Europas bedeutendster Experte für antike Kunst. Die schon 1766 aus dem Deutschen ins Französische wie auch Italienische übersetzte *Geschichte der Kunst des Altertums* war ein vielgelesenes Werk und trug dazu bei, die Idee von der klassischen Schönheitsvorstellung als ästhetischem Ideal zu verbreiten. Auf Winckelmanns Spuren pilgerten gebildete Europäer nach Italien, um die Werke der klassischen Kultur mit eigenen Augen zu sehen. Vermögende Leute begannen, griechische und römische Antiquitäten zu sammeln, und abenteuerlustige Kunstliebhaber beteiligten sich an Ausgrabungen antiker Stätten.[4] Selbst jene Vertreter der aufgeklärten Mittelschicht, die weder sammeln noch ausgraben konnten, wurden durch verbreitete grafische und schriftliche Darstellungen mit dem klassischen Ideal vertraut gemacht.[5]

Weit mehr als die Malerei war die Bildhauerei für Winckelmann der künstlerische Musterfall der Wahrheit. Flache Gemälde, die nur die Illusion räumlicher Tiefe boten, waren in seinen Augen nichts als Taschenspielertricks. Außerdem betrachtete er den sinnlichen Hedonismus, den er in vielen Gemälden des 18. Jahrhunderts ausmachte, als verkommene und minderwertige Perversion der Schönheit.[6]

Die klassische Bildhauerei dagegen bot eine authentische Wiedergabe der Dreidimensionalität, eine akkurate physische Darstellung strenger und schlichter ästhetischer Prinzipien.[7] In ihren Skulpturen, befand Winckelmann, hätten die Griechen einer starken und symmetrischen Vision menschlicher Schönheit Ausdruck verliehen, die alle im Alltag anzutreffende Schönheit übersteige und stattdessen ein Prüfstein ästhetischer Vollkommenheit und Göttlichkeit sei.

Wie Lavater glaubte auch er, dass die „höchste Schönheit in Gott" sei und „der Begriff der menschlichen Schönheit … vollkommen [wird], je gemäßer und übereinstimmender derselbe mit dem höchsten Wesen kann gedacht werden, welches uns der Begriff der Einheit und der Unteilbarkeit von der Materie unterscheidet." Und weiter: „Dieser Begriff der Schönheit ist wie ein aus der Materie durchs Feuer gezogener Geist, welcher sich sucht, ein Geschöpf zu zeugen, nach dem Ebenbilde der in dem Verstande der Gottheit entworfenen ersten vernünftigen Kreatur."[8]

Zur Darstellung dieses Wesens, erklärte er, seien griechische Statuen nicht nach einzelnen Individuen gestaltet; vielmehr handle es sich um sorgfältige und vollendete Konstruktionen aus idealen Elementen – derart, dass alle körperlichen Details nach je verschiedenen Personen modelliert seien.

Diese Auswahl der schönsten Teile sowie ihre harmonische Vereinigung in einer Figur brachte ideale Schönheit hervor – die deshalb keine metaphysische Abstraktion ist; sodass also das Ideal nicht in jedem einzelnen Teil der menschlichen Figur als solchem zu finden ist, sondern ihr nur als Ganzes zugeschrieben werden kann; denn Schönheit von dem Ausmaß wie sie die Kunst je hat hervorbringen können, lässt sich in Einzelnem auch in der Natur finden, jedoch, was die ganze Figur angeht, so muss die Natur den Lorbeerkranz der Kunst überlassen.[9]

Für Winckelmann war es der Apollo von Belvedere, der die Quintessenz des griechischen Ideals verkörperte. „Der höchste Begriff idealistischer männlicher Jugend ist sonderlich im Apollo gebildet, in welchem sich die Stärke vollkommener Jahre mit den sanften Formen des schönsten Frühlings der Jugend vereinigt findet."[10]

Im Unterschied zu jenem Ideal einer deutlich hervortretenden oder „gerippten" Muskulatur, das in unserer heutigen Gesellschaft gilt, bestand das griechische Ideal in Geschmeidigkeit und Ebenheit, womit – wie im Beispiel des Apollo – dem Körpertyp der müßiggehenden Elite gehuldigt wurde, statt jenem eines muskelbepackten Arbeiters. „Im Apollo, dem Bilde der schönsten Gottheit, sind diese Muskeln gelinde und wie ein geschmolzenes Glas in kaum sichtbaren Wellen geblasen, und werden mehr dem Gefühle als dem Gesichte offenbar."[11]

Diese Einladung, die Apollo-Statue zur Wertschätzung ihrer besonderen Schönheit zu berühren, war auch ein Ausdruck der eindeutig homoerotischen Empfindungen Winckelmanns. An anderer Stelle zeigte sich sein apollinisches Ideal von einer geschlechtlichen Ambivalenz geprägt, einer ehrfurchtsvollen Bewunderung der unbestimmten Geschlechtergrenzen.

Es war auch den griechischen Künstlern, da sie sich mit Betrachtung des Schönen anfingen zu beschäftigen, die aus beiden Geschlechtern gleichsam vermischte Natur bereits bekannt, welche die Wollust der asiatischen Völker in wohlgebildeten Knaben durch Benehmung der Samengefäße hervorbrachte ...[12]

Wenngleich die Huldigung des klassischen Ideals für Winckelmann in einer transzendenten und ätherischen Definition von Schönheit gründete, lassen sich doch die von ihm angewendeten ästhetischen Grundsätze nicht unabhängig von der geopolitischen Lage Europas im späten 18. Jahrhundert betrachten. Das gilt vor allem mit Blick auf die sich ausbreitenden Kolonialreiche. Winckelmanns gesamtes Werk ist durchzogen von einer Wertschätzung der Weißheit. „Da nun die weiße Farbe diejenige ist, welche die mehresten Lichtstrahlen zurückschicket, folglich sich empfindlicher macht, so wird auch ein schöner Körper desto schöner sein, je weißer er ist."[13] Während die Griechen, so erklärte er, „eine braune Hautfarbe in schönen Knaben" als Zeichen von Mut betrachteten, „hießen jene von heller Hautfarbe Kinder der Götter".

Aus dem 19. Jahrhundert stammendes Souvenirfoto des Apollo von Belvedere. [Aus dem Ewen-Archiv]

Winckelmann stellte die göttliche Harmonie des griechischen Ideals in strengen Gegensatz zu den Gesichtern, die sich bei jenen „Völker [finden], die ... von dem Ebenbilde des Schöpfers halb verstellt sind".[14] Unter diesen gefallenen Nationen stachen die Afrikaner, Lappen und Asiaten heraus.

> Der aufgeworfene, schwülstige Mund, welchen die Mohren mit den Affen in ihrem Lande gemein haben, ist ein überflüssiges Gewächs und eine Schwulst, welche die Hitze des Klimas verursacht, sowie uns die Lippen von Hitze oder von scharf-salzigen Feuchtigkeiten, auch einigen Menschen im heftigen Zorne, aufschwellen. Die kleinen Augen der entlegenen nordischen und östlichen Länder sind in der Unvollkommenheit ihres Gewächses mit begriffen, welches kurz und klein ist.[15]

Winckelmanns Verständnis von Schönheit – weiß und männlich – ließ den Großteil der Menschheit außer Acht. Schönheit war hier eine exklusive Eigenschaft von Europäern und stützte insofern die Weltanschauung der Kolonialherren. Anklang aber fand dieses Schönheitsverständnis bei Europas Mittelschicht auch deshalb, weil es sie in ihren antiaristokratischen Moralvorstellungen deutlich bestärkte. Einem Bürgertum, das den Ausschweifungen der Monarchie und der schwelgerischen Ästhetik des aristokratischen Lebensstils zunehmend feindselig gegenüber stand, erschien die strenge Klarheit des griechischen Ideals auch als Ausdruck der Werte einer neuen demokratischen Öffentlichkeit. Obwohl seine ästhetischen Prinzipien vorurteilsbeladen und exkludierend waren, hatte dieses Ideal doch unverkennbaren Einfluss auf die im Zuge der Französischen Revolution entstehende neoklassische Kunst, wie auch auf spätere revolutionäre Kunstformen. Es entsprach dem strengen Ethos einer Mittelschicht, deren Interessen nun immer mehr zur Geltung kamen.

Winckelmanns Bedeutung für die Entstehung von Kunstgeschichte und Archäologie – als öffentliche Faszinosa und akademische Disziplinen – war enorm. Vielen gelten seine Auffassungen von Harmonie und Ordnung noch heute als ästhetische Richtschnur. In seiner Ablehnung des Ornamentalen sowie der Konzentration auf Grundformen und die ausgewogene Einheit des Ganzen kann das von ihm gefeierte griechische Ideal sogar wie ein früher Ausdruck der Moderne erscheinen. Doch schlugen sich seine Ideen, speziell seine Verehrung des Apollo von Belvedere, auch in der Geschichte und Entwicklung der Rassentheorien nieder.

Einer der in dieser Hinsicht einflussreichsten Schüler Winckelmanns war Petrus Camper (1722–1789), ein holländischer Chirurg, Anatom und Maler, dessen bedeutendstes Projekt die Entwicklung detaillierter geometrischer Regeln zur bildlichen Darstellung der verschiedenen Menschenrassen war. Indem er Beziehungen zwischen „der anatomischen Wissenschaft" und der „Zeichenkunst" her-

Petrus Camper. [Nachdruck aus The Works of The Late Professor Camper On The Connexion Between The Science Of Anatomy And The Arts Of Drawing. Painting And Statuary, etc. etc., *London, 1794; aus dem Ewen-Archiv]*

stellte, personifizierte Camper gewissermaßen die Verknüpfung von Kunst und Wissenschaft. „Dass ein enger Zusammenhang zwischen den verschiedenen Zweigen der Künste und der Wissenschaften besteht, kraft dessen die einen die anderen erklären oder erhellen, ist eine gänzlich unbestrittene Wahrheit."[16]

Camper war ein vielseitig interessierter Mann. Im Laufe seines Lebens erwarb er unter anderem Kenntnisse in Architektur, Perspektive, Jurisprudenz, Deichpflege, im Gravieren, Tischlern, Schweißen und Gartenbau. Sein Hauptaugenmerk aber galt der Chirurgie, der Anatomie und der wissenschaftlichen Illustration. Unter dem Einfluss von Isaac Newtons Überzeugung, dass „Sinneserfahrung die einzige Quelle der Erkenntnis" sei, wandte er sich aber auch der bildenden Kunst als einem unentbehrlichen Werkzeug zur Dokumentation beobachtbarer Wahrheiten zu.[17]

Nach dem Abschluss seiner Studien an der Universität Leyden 1746 erlangte Camper je einen Doktortitel in Philosophie und Medizin, mit zwei Arbeiten, von denen eine die Anatomie des Auges behandelte und die andere das Phänomen der visuellen Wahrnehmung, wobei er hier „das Auge als optisches Instrument, als Mittel zur Aneignung von Ideen durch das Sehen, aber auch als Urheber von Trugschlüssen" thematisierte.[18] Mit dieser Konzentration auf die Optik stand Camper in einer langen Traditionslinie und gelangte schließlich – seiner Ansicht nach – zur visuellen Analyse messbarer Unterschiede zwischen den Rassen, vor allem hinsichtlich der Gesichtsstrukturen.

Campers systematisches Interesse am menschlichen Antlitz entwickelte sich nach seinem Studium der Hebammenkunst, als er dunkel- und hellhäutige totgeborene Föten für „sein persönliches Museum" zu sammeln begann. Dabei fiel ihm auf, dass Rassenunterschiede schon in der Gebärmutter erkennbar waren.[19] Auf dieses Forschungsgebiet könnte er unter dem Einfluss eines seiner Dozenten für Hebammenkunst gestoßen sein, des Engländers William Smellie, der predigte, dass „die Natur selbst die menschliche Spezies in Kasten und Rangklassen geformt hat".

Später, als Professor für Philosophie, Anatomie und Chirurgie an der Universität Amsterdam, begegnete Camper einer Vielzahl unterschiedlicher „fremder Rassen", einigen davon auf Sklavenschiffen, die in Amsterdam – diesem Knotenpunkt des Welthandels – festmachten. Er beschäftigte sich mit diesen dunklen Fremden, beobachtete die lebenden, und nahm Stichproben von toten aus dem Leichenschauhaus, wo er „gerichtsmedizinische Autopsien durchführte".[20]

Heutzutage ist die Leichensektion üblicher Bestandteil der Medizinerausbildung, und Autopsien werden unter gewissen Umständen routinemäßig durchgeführt. Zu Campers Zeit jedoch war dies nicht der Fall. Die Sezierung von Toten galt gemeinhin als gotteslästerliche Handlung, als Schändung von Lebewesen, die nach dem Ebenbild Gottes geschaffen worden waren. Soweit die Sezierung von Menschen überhaupt toleriert wurde, durften nur die Körper der Geächtetsten rechtmäßig aufgeschnitten werden.

In Großbritannien, wo Camper die Hebammenkunst erlernt hatte, waren die sterblichen Überreste gehenkter Mörder seit der Regentschaft Heinrichs VIII. die „einzige legale Quelle für Leichensektionen" gewesen.[21] Aufgrund dieser gesetzlichen Einschränkung sowie der begrenzten Anzahl verfügbarer Leichnamen, setzten Anatome und ihre Studenten – in ihrem wachsenden Drang nach Erforschung des menschlichen Körpers – zunehmend auf „einen Schwarzmarkt für Leichname", der von Grab- und Leichenräubern sowie anderen Vertretern des sogenannten „Auferstehungsgewerbes" beliefert wurde. Friedhöfe wurden regelmäßig geplündert, sodass sich in der Öffentlichkeit ein tiefer Hass auf jene Gewerbetreibenden wie auch auf ihre Kunden, die Anatomen, entwickelte.

Schließlich kam in den Jahren 1827/1828 ein Fall ans Licht, der die erhitzten Gemüter zum Überkochen brachte. Zwei Männern namens William Burke und William Hare war die Grabräuberei zu anstrengend geworden, sodass sie darauf verfallen waren, arme Leute – darunter eine Reihe von Prostituierten – zu erwürgen, nachdem sie diese betrunken gemacht hatten. Die Leichname, insgesamt sechzehn an der Zahl, landeten unter dem Skalpell von Dr. Robert Knox, einem bedeutenden Anatom am Edinburgh College of Surgeons. Im Anschluss an einen Prozess, in dem man ihn aufgrund der Aussagen seines Komplizen Hare sowie des Dr. Knox verurteilt hatte, wurde Burke gehängt und dann, als Teil der Strafe, vor den Augen einer begrenzten Anzahl von „Eintrittskartenbesitzern" seziert. Nach diesem Spektakel durften dann auch 2000 Medizinstudenten den geöffneten Leichnam betrachten, bevor man am folgenden Tag „einem breiten Publikum von dreißig- bis vierzigtausend Leuten" die Besichtigung des Körpers gestattete.[22]

1831 schließlich wurde, unter dem Eindruck eines zweiten Falls von „Burkerei", ein Anatomiegesetz verabschiedet, das neue Möglichkeiten des legalen Bezugs von Leichnamen zur Sezierung eröffnete. Von nun an endeten statt Mördern all jene auf dem Seziertisch, die schlicht zu arm waren, um ihr eigenes Begräbnis zu bezahlen. Ruth Richardson, Autorin des einschlägigen Werks über den Zusammenhang von Sezierung und Mittellosigkeit, kommentiert dieses Gesetz in beißender Deutlichkeit: „Was über Generationen hinweg als Strafe für Mord gefürchtet und gehasst war, wurde nun zur Strafe für Armut."[23] Auch in Frankreich versorgte man sich gewohnheitsmäßig mit Leichnamen aus den ärmsten Teilen der Gesellschaft.

Im Lichte dieser Situation erweisen sich Campers Leichensektionen – wie auch jene anderer, die ebenfalls die Anatomie menschlicher Unterschiedlichkeit festzuschreiben suchten – als Teil einer Praktik, die ausschließlich auf die verachtetsten und schwächsten Mitglieder der Gesellschaft zielte. Anständigen Europäern hätte man eine derartige Erniedrigung niemals zugemutet.

In seiner Amtszeit als Professor an der Akademie in Groningen (1763–1773) gerannen Campers Beobachtungen zu einer stattlichen, allgemeinen Theorie, die er der Öffentlichkeit verdaulich zubereitete. Während er weiterhin seine Sammlung menschlicher und tierischer Schädel aufstockte, die sich allmählich zu einem beachtlichen Privatmuseum auswuchs, begann Camper zugleich damit, „Schwarze und Orang-Utans in öffentlicher Schau" zu sezieren. 1770 schließlich veröffentlichte er erstmals die Formel der „Gesichtslinie" (linea facialis) oder des „Gesichtswinkels", die ihn schließlich berühmt machen sollte.[24]

Auf seinen Reisen durch Europa hielt Camper in den großen Hauptstädten Vorträge über den Gesichtswinkel, etwa 1777 vor der Königlichen Akademie der Wissenschaften in Paris. Außerdem traf er sich mit führenden Gelehrten und war Gast mehrerer Monarchen, darunter George III. in England, Ludwig XVI. in Frankreich und Friedrich der Große in Preußen.

Die Formel des Gesichtswinkels, die Grundlage seines Ruhmes, war eine angeblich exakte Methode zur Klassifizierung unterschiedlicher Rassengruppen auf der Grundlage dessen, was er für unanfechtbare empirische Evidenz ausgab. Laut Camper, der für sein Verfahren eigens spezielle Instrumente entwickelt hatte, ergab sich aus einer verlängerten Linie, die – im Profil – den unteren Rand der Augenbraue mit der Oberlippe verband, sowie entsprechenden horizontalen Linien ein messbarer Winkel, mit dessen Hilfe unterschiedliche Arten von Menschen wie auch von Tieren kategorisiert werden konnten. Dem damaligen Zeitgeist entsprechend begann Camper seine Untersuchungen mit jenen, die vermeintlich auf der untersten Stufe des Menschengeschlechts standen. Seine ersten Messungen am menschlichen Objekt führte er an Schädeln

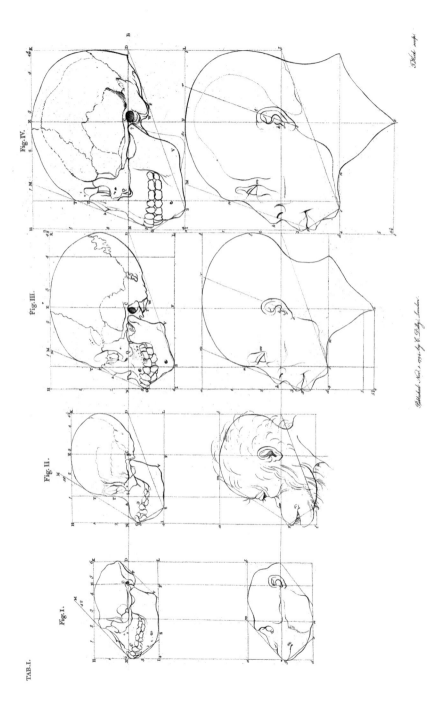

TAB. I.

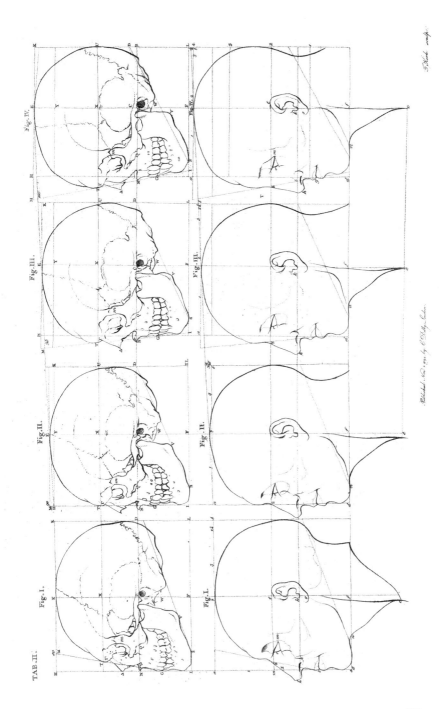

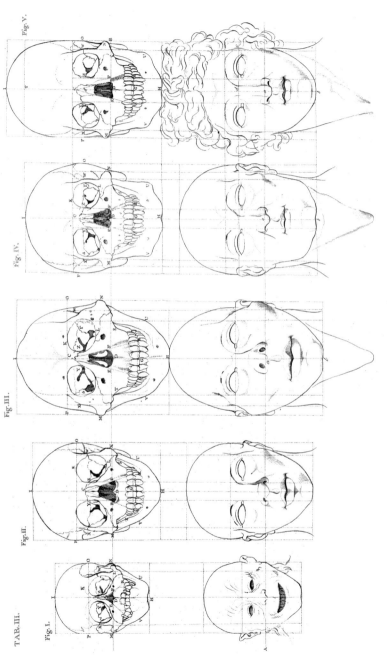

„eines Negers" und eines Kalmücken durch – letzterer Vertreter eines Stammes der Tartaren, die Camper für „die hässlichsten aller Erdbewohner" hielt.[25] Diesen zwei Schädeln zur Seite stellte Camper denjenigen eines Affen.

Ich habe beobachtet, dass eine von der Stirn zur Oberlippe gezogene Linie diesen Unterschied in der Nationalphysiognomie markiert, und zudem auch das Ausmaß an Ähnlichkeit zwischen Neger und Affen anzeigt ... Diese Entdeckung bildete die Grundlage meines Lehrgebäudes.[26]

Nachdem er das – seiner Ansicht nach – untere Ende des Spektrums bestimmt hatte, machte sich Camper an die Untersuchung europäischer Schädel und wandte dann seine Formel auf Winckelmanns Inbegriff der Herrlichkeit, den Apollo von Belvedere an. Seine Untersuchung des gesamten Spektrums menschlicher Unterschiedlichkeit ergab, dass „die Gesichtslinien in ihren Extremen von 70 bis 100 Grad reichen, vom Neger bis zum griechischen Kunstwerk".[27] Die dem „Neger", dem „Kalmücken" und dem „Kaffern" zugeschriebene Linie offenbare, so erklärte er, einen vorspringenden Unterkiefer sowie eine von oberhalb der Nase an fliehende Stirn, der Winkel beim Apollo dagegen eine um 10 Grad gegen die Lotrechte vorgeneigte Stirn. Dies war die Bandbreite des Menschengeschlechts, das sich an einem Ende den Tieren annäherte, am anderen den Göttern. Die Europäer, deren „Maximum und Minimum an Wohlgestalt" bei 100 beziehungsweise 80 Grad lag, kamen den Werten der Götter dabei am nächsten, wenngleich Camper einräumte, dass es schwierig bis unmöglich sei, ein lebendes Individuum von der Vollkommenheit des Apollo zu finden.

Obwohl seine Messwerte von Afrikanern eingestandenermaßen nur auf wenigen Schädeln basierten, folgerte Camper dennoch, dass der durchschnittliche „Neger" einen Gesichtswinkel von etwa 70 Grad aufweise. „Allerdings darf die Gesichtslinie nicht um mehr als fünf Grad unter diesen Wert sinken, also auf 65, denn dann ähnelte das Antlitz zu sehr dem eines Affen. Ein Wert unter 70 verleiht einem Merkmale eines Affen, ein noch geringerer führt zur Ähnlichkeit mit einem Hund."[28]

(Abb. Seite 146–148) [Nachdruck aus The Works of The Late Professor Camper On The Connexion Between The Science Of Anatomy And The Arts Of Drawing. Painting And Statuary, etc. etc., *London, 1794; aus dem Ewen-Archiv]*

Wie Blumenbach und andere säkulare Kreationisten, ordnete Camper seine Schädel in Form einer linearen Abfolge an, womit er den angeblichen Verlauf von niederen Lebensformen zu den höchsten sehr anschaulich darstellte. In einem Kabinett seines Museums inszenierte er einen Aufmarsch evolutionärer Entwicklung, bei der in jeder Kategorie ein Schädel stellvertretend für alle stand.

> Es ist vergnüglich, sich ein Arrangement vorzustellen, wo sie in regelmäßiger Abfolge angeordnet sind: Affen, Orangs, Neger, der Schädel eines Hottentotten, Madagassen, Celebesen, Chinesen, Mongolen, Kalmücken und unterschiedlicher Europäer. Auf diese Weise nun habe ich sie auf einem Regal in meinem Kabinett angeordnet, damit diese Unterschiede vielleicht deutlicher würden.[29]

Um nun ein breiteres Publikum mit dieser Sicht der Dinge vertraut zu machen, so Camper, habe er sich in seinen Vorlesungen stets Zeichnungen bedient, auf denen die „Gesichtslinien eines Europäers, eines Negers, eines Affen sowie einer antiken Statue zum größten Vergnügen und Erstaunen eines jeden [verglichen wurden] ... Alles in allem war die Versammlung sehr zufrieden mit meinem Vortrag und verblüfft ob meiner Entdeckung".[30] Seine posthum veröffentlichte Abhandlung *Über den natürlichen Unterschied der Gesichtszüge in Menschen verschiedener Gegenden und verschiedenen Alters* enthielt ebenfalls detailreiche Stiche menschlicher und tierischer Schädel und Köpfe, im Profil und in Reihen abgebildet und jeweils mit einer Matrix entsprechender Linien versehen, um die Geometrie der Unterschiedlichkeit zu bestätigen.

Wie Blumenbach und Lavater vertrat auch Camper eine Auffassung von einer Hierarchie der Menschheit, die sich auf eurozentrische ästhetische Urteile stützte, als handle es sich um empirische Evidenz. Das war, was man damals Wissenschaft nannte. Was Camper nun dazu beisteuerte, war ein Messverfahren, das wortreiche Darlegungen durch Quantifikation ersetzte. Von nun an ließ sich Unterschiedlichkeit in ein System mathematisch abgeleiteter Zahlen fassen, und damit zugleich abstrahieren und simplifizieren. In einer von der Idee mathematischer Präzision faszinierten Welt erweckte dies den Anschein von Objektivität, die in der allgemein akzeptierten Rhetorik der Wahrheit vermittelt wurde.

En passant verabschiedete sich Camper auch vom unscharfen Kriterium der Hautfarbe als zentralem Element der Diagnose. Während die Hautfarbe für Blumenbach und Winckelmann entscheidende Bedeutung gehabt hatte, sah Camper darin einen schwer fassbaren Aspekt, der zudem im Hinblick auf die Anmut wenig Aussagekraft besaß. Getreu dem Prinzip der Messbarkeit hielt Camper an der Vorstellung fest, dass menschliche Unterschiede sich präzise ermitteln und numerisch nachweisen ließen. Wenngleich Einzelheiten des Camper'schen Systems durchaus hinterfragt wurden, gab das von ihm eingeführte Messverfahren künftigen Forschern doch ein methodologisches Rüstzeug für Unterscheidungen an die Hand, samt eines Beschreibungsvokabulars, das den Anschein wissenschaftlicher Objektivität erweckte.

Trotz der vermeintlichen numerischen Genauigkeit sahen sich Campers Gesichtslinien einiger Kritik seitens seiner physiognomischen Mitstreiter ausgesetzt. So erklärte Lavater, obwohl er die Nützlichkeit des Camper'schen Winkels nicht bestritt, dass sich die physiognomische Wissenschaft nicht auf ein einziges Maß reduzieren lasse; vielmehr blieb er überzeugt, dass die Gesichtsanalyse einer umfassenderen Sammlung physischer Daten bedürfe.[31]

Blumenbach war in seinem Urteil weit weniger milde und beschuldigte Camper der schlampigen Wissenschaft sowie der Manipulation von Beweisen zugunsten seiner These. Innerhalb jeder der verschiedenen Rassen, so sein Befund, liefere die Gesichtslinie ein breites Spektrum an Unterschiedlichkeit. Mit Verweis auf seine Knochensammlung behauptete er, dass der von Camper den Afrikanern zugeschriebene Winkel sich unschwer auch bei Europäern finden lasse, und – umgekehrt – die angeblich europäische Gesichtslinie bei Afrikanern. Die Bandbreite der Winkel, erklärte er, decke das gesamte Spektrum des Menschengeschlechts ab und lasse sich nicht nach Rassengrenzen einteilen. Mithin, schloss Blumenbach, sei Campers Methode „willkürlich und ungewiss", zumal sogar seine Anordnung von Linien von einem Untersuchungsobjekt zum nächsten variiere, nur damit das gewünschte Messergebnis zustande komme.[32]

Diese Einwände minderten freilich nicht die erstaunliche Anziehungskraft, welche die von Campers System vermeintlich erzeugte Faktizität auf jene ausübte, denen am Nachweis menschlicher Ungleichheit gelegen war. So verwendete in Frankreich der höchst einflussreiche Anatom Georges Cuvier Campers Winkel als Diagnoseinstrument zur Messung der relativen Intelligenz der verschiedenen Rassen. Ganz ähnlich bediente sich in den USA Samuel George

Morton der Werkzeuge Campers, um die angeborene Minderwertigkeit und Unkultiviertheit der Indianer zu dokumentieren – zu einer Zeit, da die Ausrottung dieser Völker ein offizielles Ziel der Regierungspolitik war.

Verallgemeinernd hat die Historikerin Londa Schiebinger davon gesprochen, dass Campers Winkel und seine Anwendung von Messverfahren und Messinstrumenten auf den menschlichen Kopf zum „zentralen Symbolbild des gesamten folgenden Rassismus [wurde]: eine Hierarchie von Schädeln, die stufenweise vom niedersten Affen und Neger zum erhabensten Griechen reichte. Als entscheidendes Instrument des Rassismus im 19. Jahrhundert wurde die Gesichtslinie das bevorzugte Mittel zur Begründung einer Abstufung innerhalb der Spezies."[33] In den Händen von Wissenschaftlern und Castingleitern überdauerte Campers Winkel – ob nun mit Absicht oder nicht – bis weit ins 20. Jahrhundert hinein.

10. Tablier Rasa

Am Freitag, den 9. August 2002, wurde in einer feierlichen Zeremonie auf einer Anhöhe oberhalb des Ackerlands von Hankey, in Südafrika, Saartjie Baartman bestattet. Eine kleine Schar von rund 50 Trauernden verfolgte andächtig, wie man ihren Sarg ins Grab hinab ließ. Diese Rückführung in heimatliche Erde nahe ihres Geburtsortes war der Schlussakt eines Dramas, das 192 Jahre vorher seinen Anfang genommen hatte.

Saartjies grausame Odyssee begann 1810 am Kap der Guten Hoffnung. Dorthin war die 21-jährige Tochter eines Khoisan-Hirten zwei Jahre zuvor gebracht worden, um als Sklavin für eine holländische Farmerfamilie zu arbeiten, die ihr auch den Namen Saartjie gab. Ihr Khoisan-Name ist mangels schriftlicher Geburtsdokumente nicht bekannt.

Saartjies Schicksal nahm eine unheilvolle Wendung, als der englische Arzt Alexander Dunlop auf der Farm eintraf. Dunlop, der als Schiffschirurg arbeitete, „besserte sein Einkommen mit dem Export von Museumsexponaten aus Südafrika auf".[1] So kam er mit den Farmern Peter und Hendrick Cezar ins Geschäft und erwarb einen Besitzanteil an Saartjie. Anschließend organisierte er ihre Verschiffung nach England, wo sie in der Piccadilly-Street als lebende „Kuriosität" präsentiert werden sollte, als Kreatur auf einer – laut Ankündigung – seltsamen Zwischenstufe zwischen Mensch und Tier. Saartjies Zustimmung zu diesem Plan sicherte man sich durch das Versprechen, dass sie bald schon als reiche Frau heimkehren werde.

In der Piccadilly-Street nahm die Entmenschlichung Saartjie Baartmans ihren Lauf. Von den Ausstellern als „Hottentotten-Venus" angepriesen, wurde sie schon bald zur Berühmtheit; in Scharen strömten die Londoner herbei, um dieses angeblich scheußliche Relikt zu begaffen. Für Europäer hatte der Ausdruck „Venus" in diesem Zusammenhang einen hämischen Klang, galt doch die Göttin Venus als Apotheose weiblicher Schönheit; Winckelmann hatte sie als „einer Rose gleich, die nach einer schönen Morgenröte beim Aufgang der Sonne aufbricht" beschrieben.[2] Saartjie dagegen wurde als Degeneration dieses Ideals präsentiert, als „Inbegriff all dessen, was der kultivierte Engländer, zum Glück, nicht war".[3]

Schon seit dem 18. Jahrhundert hatten Europäer die Khoisan – oder auch „Hottentotten" oder „Buschmänner", wie sie verächtlich genannt wurden – als Wilde angesehen, die halb Mensch, halb Tier, auf der untersten Stufe menschlicher Entwicklung stünden. Nicht umsonst leitete sich der Ausdruck „Buschmann" von „bosmanneken" ab, einer niederländischen Übersetzung des malaiischen Wortes für Orang-Utan.[4] Bestimmte physische, vor allem den Khoisan-Frauen zugeschriebene Merkmale wurden von Taxonomen und Anatomen, etwa Linné und Camper, immer wieder als Beweise ihrer Primitivität angeführt. Die Faszination für diese Frauen beruhte zum Teil auch auf deren Veranlagung zu einer starken Ansammlung von Fettgewebe in den Hüften und im Gesäß, die unter dem medizinischen Terminus „Steatopygie" bekannt ist.[5] In Südafrika dienten solche Urteile über die angebliche Primitivität der Khoisan auch zur Untermauerung der weißen Vorherrschaft. Durch fortwährende Grabschändungen versorgte man sich mit Körpern für „wissenschaftliche" Untersuchungen oder öffentliche Ausstellungen, bei denen weiße Kuratoren die Gebeine von Angehörigen der Khoisan oftmals „direkt neben denen von Tieren" zeigten. Noch heute lagern über 2.000 anonyme Khoisan-Skelette im Fundus südafrikanischer Museen und Universitäten.[6]

William Lawrence, ein einflussreicher englischer Chirurg des 18. Jahrhunderts, der über Physiologie, Zoologie und Naturkunde schrieb und dozierte, unterzog Saartjies Hinterteil einer näheren Untersuchung und ließ sich daraufhin über die Hottentotten im Allgemeinen und die Venus im Besonderen aus:

Hottentotten haben Massen von Fett an ihren Gesäßteilen angesammelt ... was diesen den Anschein außergewöhnlicher und unnatürlicher Anhängsel verleiht. Die Vibrationen dieser Substanz in der Hottentotten-Venus waren zu jedem Zeitpunkt höchst bemerkenswert. Sie fühlte sich ziemlich weich an.[7]

Neben den Schädeln, so meint Londa Schiebinger, sei auch die Gestalt der weiblichen Brüste im späten 18. Jahrhundert ein physiognomisches Merkmal gewesen, dass man zum Beweis von Unterschieden zwischen den Rassen und der Überlegenheit der Europäer angeführt habe. So behauptete der englische Mediziner Charles White 1796, die Wohlgestalt europäischer Brüste verkörpere das Wesen wahrer weiblicher Schönheit.

In welchem Teil der Welt werden wir jene Röte finden, welche die sanften Formen der schönen Frauen Europas überzieht, dieses Symbol der Sittsamkeit, der Feinfühligkeit und Empfindsamkeit? ... Wo sonst als auf dem Busen der europäischen Frau, diesen zwei prallen und schneeweißen Hemisphären, bedeckt von Zinnoberrot?[8]

Im Gegensatz dazu wurden die Brüste nicht-europäischer Frauen von vergleichenden Anatomen in der Regel mit Abscheu betrachtet. Dies zeigt sich in Ausführungen von William Lawrence über die Brüste der Hottentotten-Frauen, wonach jene nach Geburten „sehr schlaff und gestaltlos werden, sodass die Frauen sie unter oder über die Schulter legen und ihre Kinder am Rücken stillen können".[9] Eine solch unnatürliche Form war für europäische Gelehrte nur ein weiteres Kennzeichen der Abweichung der Hottentotten von der Physiognomie zivilisierter Menschen.

Kernstück der Hottentotten-Legende jedoch – jenes körperliche Merkmal, das besonders vergleichende Anatome am meisten faszinierte – war Saartjies

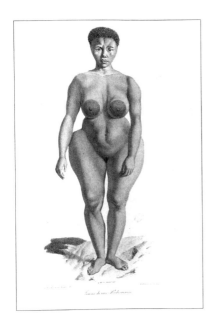
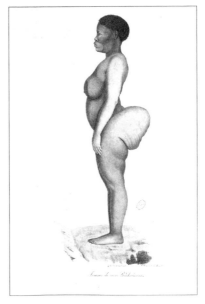

Aquarellbild der Saartjie Baartman im Muséum National d'Historie Naturelle, Paris, 1915. [Nachdruck aus Etienne Geoffroy-Saint-Hilaires und Frédéric Cuviers Histoire Naturelle des Mammiferés *im Bestand der Bibliothèque Centrale, Muséum National d'Historie Naturelle (Paris); mit freundlicher Genehmigung von Deborah Willis und Carla Williams]*

155

tablier, oder ihre Schürze. Beim *tablier* handelte es sich nicht etwa um ein Kleidungsstück, sondern um ihre relativ langen labia minora, die inneren Schamlippen ihrer Vagina. Die tatsächliche Länge dieser Anhängsel blieb auch all den Londonern ein Geheimnis, die zwei Schillinge für einen Blick auf die Hottentotten-Venus bezahlten – selbst jenen, die gegen eine Zusatzgebühr einmal an ihr Gesäß langen durften. Während ihrer öffentlichen Zurschaustellung ließ man diesen Teil ihrer Anatomie – in einem schwachen Anflug von Anstand – bedeckt. Doch erzählte man sich überall Geschichten über ihren *tablier* und führte dieses Merkmal als endgültigen Beweis ihres quasi-animalischen Status' an.

Dies war Wissenschaft als Unterhaltung in lüsternster Form. Über die reine Fremdartigkeit der Physiognomie Saartjies hinaus, die das Publikum nur zu gern als Beleg ihrer atavistischen Identität akzeptierte, sollte das Spektakel ihrer Zurschaustellung in London und in der Provinz auch Saartjies angeblich tierisches Wesen hervorheben. Fast völlig nackt, präsentierte man sie auf einem Podest und hielt sie an, statt verständlicher Wörter nur Grunz- und Klicklaute von sich zu geben. Ein Augenzeuge lieferte folgende Beschreibung der „Hottentotten-Venus"-Show: „Die Hottentottin wurde wie ein wildes Tier vorgeführt und aufgefordert, sich rückwärts und vorwärts zu bewegen und aus ihrem Käfig herauszukommen und wieder hineinzugehen, eher wie ein Bär an Ketten als wie ein Mensch."[10]

Das Spektakel war so erniedrigend, eine solche Beleidigung des Charakters aller Afrikaner, dass die African Association, eine sklavereifeindliche Gruppe, einen Prozess gegen diese menschenunwürdige Schau anstrengte und deren Einstellung forderte. Mit ihrer Klage verlangten sie, Swaartjie aus der Gefangenschaft zu entlassen, ihr für die Dauer ihres Aufenthalts in England eine anständige Unterkunft zu bieten und sie so bald wie möglich nach Hause zu bringen. Daraufhin legten die Aussteller einen schriftlichen Vertrag von fragwürdiger Authentizität vor, demzufolge Saartjie die Bedingungen ihrer öffentlichen Zurschaustellung bereitwillig akzeptiert hatte. Das Gericht wies die Klage der African Association schließlich ab.[11]

Obwohl die Show also weitergehen konnte, hatte das Gerichtsverfahren doch breite Empörung über Saartjies öffentliche Ausbeutung ausgelöst. Sklavereifeindliche Stimmen wurden in England immer lauter, sodass die Ausstellung der Hottentotten-Venus zunehmend in Misskredit geriet. Angesichts dieser Entwicklung entschieden die Veranstalter, die Show nach Frankreich zu exportieren, wo Saartjie dann fünfzehn Monate lang in einer Pariser Menagerie wilder Tiere gezeigt wurde. Erneut war also Sarah Bartmann – wie sie inzwischen hieß, nachdem sie sich vor ihrer Abreise aus England hatte taufen lassen – eine Kuriosität zur öffentlichen Unterhaltung, und zwar in einer Stadt, in der die naturkundliche Forschung in voller Blüte stand. Mehr noch als die Pariser Massen sahen die Gelehrten vom Muséum National d'Histoire Naturelle im Jardin du Roi mit Sarahs Ankunft in Frankreich eine einmalige Gelegenheit gekommen, Licht ins Dunkel einer Frage zu bringen, die sie schon eine ganze Weile beschäftigte. Waren die Hottentotten Angehörige der menschlichen Rasse? Oder stellten sie eine separate Spezies dar, einen „Missing Link" zwischen den Menschen und dem Tierreich? Um dieser Frage in einem angemessen seriösen Umfeld auf den Grund zu gehen, brachte man Sarah zur näheren Untersuchung in den Jardin du Roi.

Dort stand sie im Frühjahr 1815 drei ganze Tage lang zur Ansicht, völlig entblößt, bis auf ein Taschentuch vor ihren Genitalien. In einem unwirtlichen Saal des Museums malte man zwei Nacktporträts von ihr. Außerdem erkundete eine Delegation „förmlich gekleideter" gelehrter Herren ihre anatomischen Details, wenngleich sie wegen Sarahs Protesten nur einen kurzen und ergebnislosen Blick auf den berühmten *tablier* werfen konnten.

Zu dieser Gruppe von Gelehrten, die Sarah Bartman untersuchten, gehörte auch Georges Cuvier, Europas führender Naturkundler. Cuvier war der Vater der Paläontologie; seine Theorien zur vergleichenden Anatomie wie auch sein Ansatz zur Rekonstruktion von Fossilien aus Bruchstücken hatten die naturkundliche Forschung erheblich vorangebracht. Ziel der im Museum an Sarah vorgenommenen Untersuchung war die Einordnung der Hottentotten im Verhältnis zur „niedersten menschlichen Rasse (dem Neger) und dem höchsten Typus des Menschenaffen (dem Orang-Utan); [außerdem] die möglichst vollständige Beschreibung der Anomalien ihrer Genitalien".[12]

Obwohl das zweite Ziel zunächst nicht erreicht wurde, war Cuvier doch ein idealer Teilnehmer solch einer perversen wissenschaftlichen Untersuchung. Seine abschätzigen, wenn auch größtenteils auf Unwissenheit beruhenden Ansichten über die Entwicklungsstufe der Afrikaner waren in Europa weithin bekannt und anerkannt. 1812 hatte er Afrikanern bescheinigt, zu primitiv und zu stumpfsinnig zu sein, um auch nur ein Quäntchen Kultur von Wert hervorzubringen.

Die Niedersten der menschlichen Rasse, die Neger, deren Gestalt jener der wilden Tiere am nächsten kommt und deren Intelligenz nicht einmal für die Einrichtung einer ordentlichen Regierung ausreicht, und auch nicht den geringsten Anschein zusammenhängenden Wissens vermittelt, verfügen über keinerlei schriftliche Aufzeichnungen oder Überlieferungen.[13]

Seine Schmähung afrikanischer Menschen ging so weit, dass er – ganz im Sinne der Blumenbach'schen Zuordnung der Nordafrikaner zu den Kaukasiern – behauptete, Afrikaner könnten unmöglich die antike Kultur Ägyptens geschaffen haben. „Keine Neger-Rasse", so Cuvier, „brachte jenes ruhmreiche Volk hervor, das die Zivilisation des antiken Ägyptens erschuf und von dem die ganze Welt die Grundsätze des Rechts, der Wissenschaften und vielleicht auch der Religion geerbt hat."[14]

Nach den Tagen im Museum kehrte die „Hottentotten-Venus" wieder ins Show-Geschäft zurück und starb neun Monate später im Alter von nur 26 Jahren. Als letzte Demütigung Sarahs betraute man ausgerechnet Georges Cuvier mit der begehrten Aufgabe, ihren Körper für die Annalen der Wissenschaft zu sezieren. Was die Untersuchung am lebenden Objekt noch nicht hatte offenbaren können, wurde nun durch die Obduktion von Sarahs Leichnam enthüllt. Cuvier war mit erkennbarer Lust bei der Sache, gab es doch, wie er selber sagte, „nichts Berühmteres in der Naturkunde als den *tablier*".[15]

Cuvier hielt die Sektion von Sarah Bartmans Körper detailliert in einem Bericht fest, der zunächst 1817 in den *Mémoires du muséum d'histoire naturelle* erschien, dann aber in späteren Auflagen seiner Schriften über Jahre hinweg die Runde machte. Obwohl aus heutiger Sicht ein jämmerliches Beispiel der schlimmsten Form aufgeklärter Wissenschaft, war Cuviers Bericht damals als endgültiger Beweis für den zoologisch primitiven Status der Hottentotten gedacht. Über die Untersuchung ihres leblosen Kopfes schrieb er: „Nie habe ich einen menschlichen Schädel gesehen, der dem eines Affen mehr ähnelte. Ihre Dummheit war eine Folge des grausamen Gesetzes, das jene Rassen mit kleinen komprimierten Schädeln scheinbar zu ewiger Minderwertigkeit verurteilt hat."[16]

Was ihr Gesäß angeht, so verglich Cuvier es mit dem Hinterteil des Mandrills. Auch über ihre Brüste äußerte er sich abfällig.[17] Sich seiner Untersuchung der lebenden Sarah erinnernd schrieb Cuvier: „Ihren Bewegungen eignete etwas Schroffes und Kapriziöses, das an jene von Affen denken ließ. Vor allem hatte sie diese Art, ihre Lippen aufzuwerfen – gerade so, wie man es bei Orang-Utans beobachtet hat."[18]

Die meisten dieser Details, so befand Cuvier, bestätigten nur, was die Pariser Augenzeugen, Laien wie Wissenschaftler, längst für gewiss hielten. „Ein jeder", schrieb er, „hat während ihres 18-monatigen Aufenthalts in unserer Hauptstadt die enorme Auswölbung ihres Gesäßes und die grobschlächtige Erscheinung ihres Gesichts sehen und beglaubigen können."

Der berühmte *tablier* allerdings war weiterhin ein ungelöstes Rätsel. Doch als Leichnam konnte sich Sarah nicht mehr schützen, und so nahm sich Cuvier nun freudig ihren Schambereich vor. Er würde der Welt enthüllen, was bislang nur eine Vermutung gewesen war; sein Bericht würde nun Beweise liefern. In Verallgemeinerung des Befunds von Sarahs Körper auf alle Khoisan-Frauen schrieb er:

Die labia minora oder inneren Schamlippen der gewöhnlichen weiblichen Genitalien sind bei den Frauen der Hottentotten stark vergrößert und können, wenn die Frauen stehen, bis zu zehn Zentimeter von der Vagina herabhängen und so den Eindruck eines gesonderten und verhüllenden Hautvorhangs erwecken.

Diese Abnormität bestätigte in seinen Augen die Ansicht, dass die Hottentotten die „animalischsten" unter den Menschen seien, wenn er auch entschied, sie zur Spezies Homo sapiens zu zählen. Sarahs Genitalien faszinierten Cuvier so sehr, dass er sie schließlich abtrennte und bei ihrer Präsentation auf einer Versammlung der Akademie der Wissenschaften feierlich verkündete: „Ich habe die Ehre, der Akademie die Geschlechtsorgane dieser Frau in einer Form darzubieten, die keinen Zweifel an der Natur ihres *tablier* zulässt." Mit diesen Worten enthüllte er theatralisch die in Formaldehyd eingelegten Genitalien der Sarah Bartman, geborene Saartjie Baartman.[19] Im Anschluss an diese wissenschaftlichen Auftaktveranstaltung wurde eine Glasglocke mit Sarahs Genitalien sowie ihr Skelett und ein Abguss ihres Körpers im Pariser Naturkundemuseum öffentlich zur Schau gestellt. (Später wanderten diese Exponate ins anthropologische Musée de l'homme, wo sie noch bis weit ins 20. Jahrhundert hinein blieben.) In einem Akt internationaler Kooperation verschickte man ihre Haut nach England, wo sie einem Präparator übergeben wurde, um sie für eine öffentliche Zurschaustellung ausstopfen zu lassen. Laut Londa

Schiebinger wurden stereoskopische Ansichten ihres Körperabgusses noch bis in die 1940er-Jahre hinein im Pariser Museum zum Verkauf angeboten.[20]

Die Geschichte der „Hottentotten-Venus" kündet nicht nur von Grausamkeit, sondern offenbart noch einen anderen eigentümlichen Aspekt europäischen Denkens. Bei einem Besuch des Musée de l'homme in den 1980er-Jahren bemerkte Stephen Jay Gould, dass Saartjie Baartmans Genitalien in einem Regal neben den Genitalien einer „négresse" und einer „péruvienne" aufbewahrt wurden. Ganz in der Nähe, in anderen Gefäßen, befanden sich die Gehirne „illustrer" europäischer Gelehrter, „alle weiß und männlich". „Ich entdeckte", so berichtet Gould, „kein einziges Gehirn einer Frau ... noch irgendwelche männlichen Genitalien."[21]

Diese Gleichsetzung europäischer Maskulinität mit Verstand auf der einen, von Sexualität und Weiblichkeit mit Primitivität auf der anderen Seite, ist ein in der westlichen Kultur immer wiederkehrendes Motiv. Es wirft ein Licht auf die zutiefst ambivalente Haltung zum Sexualleben als solchem, auf die Tendenz, diesen elementaren Bestandteil des menschlichen Lebens auf „die anderen" zu projizieren. Sigmund Freud behandelt diese Dichotomie in *Das Unbehagen in der Kultur* und zieht dabei deutliche Parallelen zwischen sexueller Repression und kolonialer Eroberung. In der westlichen Kultur, so erklärte er, würde die Sexualität „unterdrückt" wie ein Volksstamm, den man um der „Ausbeutung" willen „unterworfen" habe. Wie eine unterworfene Bevölkerung, schrieb er, müsse die Sexualität streng kontrolliert werden, damit die Zivilisation nicht die Gefahr eines „Aufstands" riskiere.[22] Die Wesensbestimmung nicht-europäischer Völker anhand ihrer primären und sekundären Sexualmerkmale hatte in der viktorianischen Kultur sowie ihren kontinentaleuropäischen Entsprechungen zwei Funktionen. Sie sprach diesen Völkern jede Intelligenz ab und begründete zugleich die Notwendigkeit, dass die „zivilisierten" Europäer sie beherrschten.

Mit dem Aufkommen von Unabhängigkeitsbewegungen in den früheren europäischen Kolonien, und später dann in der postkolonialen Epoche, verlor die Zuschaustellung der Körperteile von „Hottentotten" ihren Reiz. Diente sie zuvor als Beweis der Überlegenheit Europas, wurde sie nun zum Beleg der Brutalität, mit der Europa viele Völker der Welt systematisch unterdrückt und diffamiert hatte. Still und heimlich entfernte man die Körperteile Saartjie Baartmans aus der öffentlichen Ausstellung und verschloss sie in Hinterzimmern des Museums, wo sie allerdings weiterhin Wissenschaftlern zugänglich blieben, die diese grausigen Trophäen zu sehen wünschten. Zu guter Letzt gelang es Südafrika, nach dem Ende der Apartheid und nach zähen Verhandlungen mit den französischen Behörden, die verstümmelten Überreste seiner unglückseligen Tochter heimzuholen – im Versuch, eine unheilbar verletzte Würde wiederherzustellen.

Saartjie Baartman war keineswegs die einzige Person, die fernab ihrer Heimat als lebendes Beispiel rassischer Minderwertigkeit herhalten musste. Vielmehr stand sie nur am Anfang dessen, was sich zu einem großen Geschäft auswachsen sollte. Das ganze 19. Jahrhundert hindurch und bis weit ins 20. Jahrhundert hinein war die Ausstellung „primitiver" Typen ein Grundpfeiler des wachsenden „Wissenschaft-als-Entertainment"-Gewerbes. Zum Beweis der inhärenten Überlegenheit der westlichen Zivilisation ließ man eine „Ureinwohner"-Gruppe nach der anderen vor europäischem und amerikanischem Publikum antreten, wobei diese Gruppen sowohl aus tatsächlich von fern herbeigeschafften Menschen als auch aus Schauspielern bestanden.

Bedeutendes Zentrum dieser Verschmelzung von Wissenschaft und Populärkultur war London. Zur gleichen Zeit, als man Saartjie Baartman dort zur Schau stellte, eröffnete ein Mann namens William Bullock das London Museum, besser bekannt als Egyptian Hall. Dieser Ort wurde berühmt für seine Ausstellungen „primitiven" menschlichen Lebens. So präsentierte Bullock 1822 eine Gruppe von Lappen, jener Bewohner des hohen Nordens Europas, die weithin als minderwertige Rasse galten. Später gab es in der Egyptian Hall eine Sammlung „wilder Indianer" aus Amerika zu sehen. Kurz darauf zeigte man zwei „Buschmann"-Kinder zusammen mit einer Gruppe von Affen. „Das Repertoire der jungen Buschmänner", schreibt Richard Altick, „bestand aus denselben Kunststücken, die man auch die Affen zu vollführen gelehrt hatte."

Auf diese Kinder folgte eine zweite Truppe von Buschmännern, zur Veranschaulichung ihrer Animalität im Vergleich zu jenen, die hier für ihre Gafferei bezahlten. Die *Times of London* brachte am 19. Mai 1847 einen Bericht über diese Ausstellung:

> Ihrer Erscheinung nach stehen sie nur wenig über der Affenfamilie und sind kaum besser als das Vieh auf der Weide. Sie kriechen die ganze Zeit herum, wärmen sich am Feuer, plappern, knurren oder rauchen etc. Sie sind mürrisch, stumm und wild – ihrem Verhalten nach einfach nur Tiere, ihrer Er-

scheinung nach schlimmer als Tiere. Dennoch wird und sollte diese Ausstellung ein Publikum finden. Die Verehrer der „reinen Natur" können durch eine Besichtigung dieser Anschauungsobjekte ihre Spekulationen über unzivilisierte Männer wie Frauen bestätigt oder aber wiederlegt finden.

Im Artikel der *Illustrated London News* über die Buschmänner wurde betont, welch gute Gelegenheit sich den Massen mit dieser Ausstellung bot, die trennende Kluft zwischen primitiven Afrikanern und kultivierten Europäern anschaulich zu ermessen. Die Buschmänner, so berichtete die *News*, seien nicht nur „ein geeigneter Gegenstand wissenschaftlicher Untersuchung, sondern böten auch ein Schauspiel zur allgemeinen Erheiterung und Befriedigung der Neugier des Verstandes".

Eigenartig war auch der Gedanke beim Blick aus einem der Fenster des Raumes auf die belebte Straße, dass einem hier eine einzige Drehung des Kopfes die zwei Extreme der Menschheit vor Augen führt, die Niedersten und die Höchsten der Rasse, die rastlosen Wilden und edlen Fürsten der Zivilisation.[23]

Diese Ausstellungen, eingerichtet zur Bekräftigung von Ideen menschlicher Ungleichheit, entwickelten sich zu einer tragenden Säule des populären wissenschaftlichen Unterhaltungsprogramms in London, wenngleich sie im Laufe des Jahrhunderts angesichts sklavereifeindlicher Proteste immer seltener wurden.

In den USA, die geprägt waren vom Erbe der Sklaverei und dem noch andauernden Krieg gegen die indianischen Völker, fielen inszenierte Darbietungen von „Primitiven" auf einen fruchtbaren Boden. Entscheidende Katalysatoren für diese Art des Schaustellergewerbes waren mehrere Weltausstellungen. Die erste in dieser Reihe war die Centennial Exhibition in Philadelphia im Jahr 1876. Zu sehen gab es hier neben Erzeugnissen amerikanischer Kunst, Industrie und Landwirtschaft auch „Indianer und andere ‚exotische' Menschen aus aller Welt". Angesichts von Attraktionen wie „Die Wilden von Borneo", „Wilde australische Kinder" und „Menschenfressende Fidschis" verschwamm in Philadelphia die Trennlinie zwischen Wissenschaft und Monstrositätenschau.[24]

Keine zwanzig Jahre später bot die Columbian Exposition in Chicago – ein üppig bestücktes Schaufenster amerikanischer Zivilisation – mit dem Midway Plaisance eine Art Vergnügungsmeile voller gebührenpflichtiger Ausstellungen. Darunter befanden sich auch hübsche Nachbauten europäischer Dörfer. Weitaus anregender allerdings waren Attraktionen zur Veranschaulichung von Ansichten über die Primitivität bestimmter Völker. Diese hatte man passenderweise in der Nähe von Tableaus aufgebaut, welche die sexuelle Ungehemmtheit der Kasbah beleuchteten. Der Historiker John Kasson schreibt hierzu:

> Der Midway bildete ein kolossales Spektakel ... zweihundert Meter breit und anderthalb Kilometer lang ... Die Besucher schlängelten sich zu Fuß oder in gemieteten Sänften durch einen Rummel exotischer Attraktionen: Moscheen und Pagoden, Wiener Straßenzüge und türkische Basare, Südseeinsel-Hütten ... und indianische Tipis. Touristen begafften das außergewöhnliche Panorama der Völker dieser Welt: ägyptische Schwertkämpfer und Jongleure, dahomeische Trommler, sudanesische Scheichs, javanesische Tischler, ungarische Zigeuner, Eskimos, Chinesen, Lappen, Schweden, Syrer, Samoaner, Sioux ... Sie drängten in die Straßen Kairos, das algerische Dorf und den persischen Palast des Eros, um zu bestaunen, wie „Little-Egypt" sowie ihre Kollegen und Mitbewerber den „Dance du ventre" aufführten, der gemeinhin als Hootchy-Kootchy bekannt ist.[25]

Das Siegel der Wissenschaft erhielt dieses Spektakel durch den Anthropologen Franz Boas, der bei den ethnografischen Ausstellungen als Chefberater fungierte. Zu verantworten hatte er unter anderem das „Dahomeische Dorf", das „69 eingeborene Krieger" beherbergte. Diese Menschen aus Westafrika, die kurz zuvor von den Franzosen unterworfen worden waren, wurden hier als grausame Wilde präsentiert und mussten als Höhepunkt jeder Show einen Kriegstanz aufführen. Robert Bogdan, der die Geschichte der Monstrositätenschauen nachgezeichnet hat, weist darauf hin, dass „das Reklamebanner der Ausstellung die Dahomeier in grimmigen Posen, mit Grasröcken bekleidet und furchteinflößenden Speeren bewaffnet zeigte". Wie Saartjie Baartman überlebten auch viele dieser menschlichen Exponate ihre öffentliche Zurschaustellung nicht; sie starben – den Bedingungen, denen sie hier ausgesetzt waren, nicht gewachsen. Ihre konservierten Überreste fanden dann anderweitig Verwendung, als Präparate in einem neu gegründeten Chicagoer Museum, in dem Boas als Kurator tätig war.

Nicht weit vom Messegelände entfernt bot Buffalo Bill's Wild West Show regelmäßig inszenierte Indianerüberfälle. Ein Jahr nach Eröffnung der Columbian Exposition nahm der Barnum and Bailey Circus einen „Großen Ethnologischen Kongress zu Wilden und Barbarischen Volksstämmen" ins Programm auf, als Ergänzung zu gewöhnlicheren menschlichen Kuriositäten.[26]

Trotz häufiger Todesfälle blieb der Nachschub an menschlichen Anschauungsobjekten nicht aus. So hatte Robert Peary bei seinen Nordpol-Expeditionen grönländische Inuit (oder Eskimos, wie er sie nannte) samt ihrer Hundeschlitten angeworben, die den Expeditionstrupp durch Jagen mit Fleisch versorgten. Entlohnt wurden sie „billig mit Handelsgütern, die man aus den USA mitgebracht hatte". Trotz ihres, wie Peary es beschrieb, „zuverlässigen und mühsamen" Beitrags zu seinem Projekt, verachtete er die Inuit als hoffnungslos unzivilisiert.

Dieses Porträt zweier Angehöriger der „Sioux-Nation" auf der Columbian Exposition im Jahr 1893 wurde drei Jahre nach dem Massaker der US Army an Indianern bei Wounded Knee aufgenommen, dem letzten Kapitel der „Indianerkriege". [Nachdruck aus J. W. Buels The Magic City: A Massive Portfolio Of Original Photographic Views of The Great World's Fair, *St. Louis, 1894; aus dem Ewen-Archiv]*

Man hat mich oft gefragt: „Was nützen die Eskimos der Welt?" Sie leben zu abgelegen, als dass sie für Handelsgeschäfte von irgendeinem Nutzen sein könnten; außerdem fehlt es ihnen an Ehrgeiz. Sie haben keine Literatur und streng genommen auch keine Kunst. Sie wissen das Leben nur so zu schätzen, wie es auch ein Fuchs oder ein Bär tut, rein nach Instinkt.[27]

Trotz seiner grundsätzlichen Verachtung ihres Charakters war Peary überzeugt, dass die von ihm angeworbenen Inuit in den USA, wo der Naturkundewahn gerade seinen Höhepunkt erreicht hatte, auf Interesse stoßen würden. Dementsprechend überzeugte er 1897 vier seiner Inuit-Helfer, ihn mit zweien ihrer Kinder nach New York zu begleiten. Laut Minik, einem der Kinder, wurde der

Zwei als „Dahomeische Kannibalen" bezeichnete Männer auf der Chicagoer Weltausstellung 1893. J. W. Buel, der ein Portfolio von Fotografien dieser Ausstellung anfertigte, bemerkte dazu: „Anschauungsunterricht in Sachen intellektueller Entwicklung bot die Ansammlung von Repräsentanten vieler halb- oder gänzlich unzivilisierter Rassen, die aus weit entfernten und gottverlassenen Ländern hierher gebracht worden waren – von Völkern aus hyperboreischen Gefilden und aus Äquatorregionen, aus den Extremen der Hitze und Kälte, wo noch die Wildheit des Urzustands herrscht, und unter denen der Aberglaube regiert und Grausamkeit an der Tagesordnung ist." [Nachdruck aus J. W. Buels The Magic City: A Massive Portfolio Of Original Photographic Views of The Great World's Fair, St. Louis, 1894; aus dem Ewen-Archiv]

Gruppe von „Eskimo". [Nachdruck aus J. W. Buels The Magic City: A Massive Portfolio Of Original Photographic Views of The Great World's Fair, *St. Louis, 1894; aus dem Ewen-Archiv]*

Diese „Mohren-Odaliske", oder Haremsdame, aus Algerien wurde als Liebling des Sultans präsentiert, „frisch aus dem Seraglio", dem Wohnbereich eines Harems. [Nachdruck aus J. W. Buels The Magic City: A Massive Portfolio Of Original Photographic Views of The Great World's Fair, *St. Louis, 1894; aus dem Ewen-Archiv]*

Gruppe ein Leben in Komfort und Überfluss in Aussicht gestellt. „Peary", so erinnerte er sich, „versprach uns hübsche warme Häuser im Land des Sonnenscheins, dazu Gewehre und Messer und Nadeln und viele andere Dinge."[28]

Bestärkt durch Franz Boas, der inzwischen stellvertretender Kurator des New Yorker American Museum of Natural History war, brachte Peary seine Schützlinge in eben diesem Museum unter, wo sie als lebende Primitive untersucht und zur Schau gestellt wurden. Schon zuvor hatte er dem Museum Knochen von Inuit verkauft, doch diesmal umgab die Knochen lebendiges Fleisch. New York jedoch war der Gesundheit der Inuit nicht gerade förderlich. Innerhalb von Monaten starben vier von ihnen an Lungenentzündung, ein fünfter kehrte nach Grönland zurück, und den letzten, Minik, brachte man – aus Mitleid – im Haus eines Museumsleiters unter. Die Gebeine der vier toten Inuit, darunter Miniks Vater Qisuk, wurden Teil der Dauerausstellung des Museums. Um Minik über den Tod seines Vaters hinwegzutrösten, ohne den eigenen Besitz opfern zu müssen, inszenierte das Museum 1898 eine Scheinbestattung, bei der ein Holzklotz, den Minik für die Gebeine seines Vaters halten musste, feierlich zu Grabe getragen wurde.[29] Unterdessen lag das wahre Skelett seines Vaters in einem Schaukasten neben den Gebeinen der anderen toten Inuit.

Jahre später kehrte Minik nach Grönland zurück und sinnierte über die Grausamkeit der Leute, die ihn und seine Familie zu öffentlichen

Dieses „Sudanesische Mädchen" gehörte zu einer auf der Columbian Exposition zur Schau gestellten Gruppe. In seinem Portfolio schrieb J. W. Buel: „Es wäre schon ein reichlich fantasievoller Mensch, der in ihren Gesichtern Zeichen von Schönheit oder in ihren Bewegungen Anmut entdecken könnte." [Nachdruck aus J. W. Buels The Magic City: A Massive Portfolio Of Original Photographic Views of The Great World's Fair, *St. Louis, 1894; aus dem Ewen-Archiv]*

Forschungsobjekten gemacht hatten. „Weiße", erklärte er mit bitterem Spott, „sind jene zivilisierten Männer, die stehlen und morden und foltern und beten und von ‚Wissenschaft' reden."[30]

Bei Angloamerikanern stießen solche Beurteilungen auf taube Ohren. Auf der Weltausstellung in St. Louis 1904, wo die Anthropologie eine der präsentierten Wissenschaften war, wurde die Zurschaustellung von Primitiven fortgesetzt. Und abermals lieh Boas der Veranstaltung seinen guten Namen. Unter den Exponaten befand sich der besiegte Geronimo, der einstmals stolze Apachen-Häuptling, streng bewacht, auf dass ihn die Messebesucher anstarren konnten. Geronimo und andere unterworfene Apachen standen hier in einer Reihe mit anderen anthropologischen Attraktionen, darunter einhundert südafrikanische Zulus – die Kämpfe mit vereinten Truppen der Weißen aus den Burenkriegen nachspielen mussten – und eine Gruppe von Pygmäen-Buschmännern aus dem Kongo.[31]

Einer dieser Buschmänner war ein 23-jähriger Mann namens Ota Benga. Von den belgischen Kolonialtruppen der Force Publique nach der Massakrierung vieler Bewohner seines Dorfes gefangen genommen, war er als Sklave in das Dorf Baschilele gekommen. Dort hatte ihn der amerikanische Unternehmer Samuel Philips Verner entdeckt, der im Kongo mit dem Auftrag unterwegs war, eine Gruppe von Pygmäen in die USA zu bringen.

Nachdem er in St. Louis einige Berühmtheit erlangt hatte, wurde der kleine Mann mit den spitz zugefeilten Zähnen als wandelndes Ausstellungsstück auf Tournee geschickt. 1906, zwei Jahre später, kam Ota Benga nach New York, wo er zu einem ethnografischen Exponat wurde – auch er im Museum of Natural History, wo man ihn in einer Wohnung unterbrachte. Da Verner, Bengas Manager, knapp bei Kasse war, gab der Museumsdirektor zu bedenken, dass dem Pygmäen im kürzlich eröffneten Bronx Zoological Gardens wahrscheinlich größere öffentliche Aufmerksamkeit zuteil würde. Verner nahm diese Anregung auf und verkaufte Ota Benga an den Bronx Zoo, dessen Direktoren ihre Neuerwerbung freudig als „Missing Link" präsentierten. Am 9. September 1906 gab die *New York Times* die Neuerwerbung unter folgender Überschrift bekannt: „BUSCHMANN TEILT SICH IM BRONX ZOO KÄFIG MIT AFFEN"

Er wurde sofort zur Sensation. Für eine angloamerikanische Bevölkerung, die sich von einer massiven Zuwanderung bedroht sah und Probleme mit der Kontrolle der großen Bevölkerungsgruppe freier Schwarzer hatte, bedeutete

Ein „Koreanischer" Vater mit seinem Sohn, zur Schau gestellt in Chicago. [Nachdruck aus J. W. Buels The Magic City: A Massive Portfolio Of Original Photographic Views of The Great World's Fair, *St. Louis, 1894; aus dem Ewen-Archiv]*

Ein Mädchen aus der „Straßen von Kairo"-Ausstellung, Chicago, 1893. [Nachdruck aus J. W. Buels The Magic City: A Massive Portfolio Of Original Photographic Views of The Great World's Fair, *St. Louis, 1894; aus dem Ewen-Archiv]*

das Spektakel eines Mannes, der mit einem Orang-Utan in einem Käfig hauste, die anschauliche Bestätigung, dass es auf der Welt tatsächlich Menschen von unterschiedlichem Wert gebe. In der Tat benutzte man Ota Benga auch als Beweis dafür, dass einige Gruppen von Menschen auf einer mysteriösen Zwischenstufe standen, auf der kein Unterschied zwischen Mensch und Tier mehr bestand. Die *New York Times* schrieb dazu: "Der Pygmäe war nicht größer als der Orang-Utan, und es war eine gute Gelegenheit, ihre Gleichartigkeit zu studieren. Ihre Köpfe sind sehr ähnlich, und beide grinsen bei Freude auf dieselbe Weise."

Ota Benga blieb kaum einen Monat lang im Zoo. Das Spektakel löste breiten Protest aus, sodass der 23-jährige Kongolese schließlich in einem Waisenhaus für schwarze Kinder untergebracht wurde. Trotz der Kürze seines Aufenthalts in der Bronx war auch Ota Benga Teil einer fortbestehenden Tradition von

Wissenschaftsausstellungen, welche die gesellschaftliche und wissenschaftliche Marginalisierung „niederer" Menschen bestätigen und mitunter auch die Ausrottung dieser „minderwertigen" Lebewesen rechtfertigen sollte.[32]

Doch nicht nur Weltausstellungen und Naturkundemuseen setzten auf die Schau des Primitiven. In Konkurrenz zu diesen imposanten „wissenschaftlichen" Ausstellungen buhlten auch Zirkusse, Vergnügungsparks und sogenannte „dime-museums" mit exotischen Menschen in ihren Show-Programmen um öffentliche Aufmerksamkeit. Bei einigen dieser Personen handelte es sich tatsächlich um Fremde aus fernen Ländern, andere waren nur verkleidet und spielten ihre jeweilige Rolle.

Ein Wegbereiter in dieser Hinsicht war P. T. Barnum. In Anwendung der Blumenbach'schen Rassen-Taxonomie auf die Unterhaltungsbranche zeigte er seine sogenannten Primitiven zusammen mit einer „Tscherkessischen Schönheit", einer jungen Frau, die den Inbegriff kaukasischer Vollkommenheit darstellen sollte. Entsprechend der üblichen Gleichsetzung von weiblicher Sexualität und Exotik hieß es offiziell, sie komme aus einem türkischen Harem, dem sagenumwobenen Verwahrungsort geraubter kaukasischer Schönheiten, oder „weißer Sklavinnen", wie sie oft auch genannt wurden. Eingeweihte wussten, dass sie in Wirklichkeit aus New York stammte und auf der Suche nach Arbeit zum American Museum gekommen war.[33] In den 1880er-Jahren wurden tscherkessische Schönheiten, neben bornesischen und australischen Wilden sowie Kannibalen von den Fidschi-Inseln, zu einer Hauptattraktion von Unterhaltungsshows im ganzen Land. Sie stellten ein symbolisches Schönheitsideal dar, an dem man die sogenannten Primitiven messen konnte.

Es war schließlich ein Schausteller aus Missouri namens Samuel Gumpertz, der – von seinem Dreamland-Vergnügungspark auf Coney Island aus – solche Menschenspektakel in eine regelrechte Massenindustrie verwandelte. Von 1905 bis in die späten 1920er-Jahre hinein durchkämmte er die ganze Welt auf der Suche nach ethnografischen Kuriositäten, reiste nach Ägypten, Java, Burma, Borneo, auf die Philippinen, nach Französisch-Äquatorialafrika, Algerien und in viele andere Ecken der Erde. Dabei importierte er insgesamt rund 4.000 Menschen, die er dann in seinem berühmten Vergnügungspark auf Coney Island präsentierte, aber auch an „Zirkusse, Museen und Jahrmärkte in den USA und in Übersee" vermietete.[34] Verwendete Barnum oftmals Betrüger in den Rollen von Menschen aus aller Welt, so lieferten Gumpertz' Expeditionen – wie auch jene der Naturkundemuseen – authentischen Nachschub.

Während P. T. Barnum einen einheimischen schwarzen Mann als „Wilden von Borneo" ausgab, reiste Gumpertz tatsächlich nach Borneo und lieh sich zu einem Preis von zweihundert Säcken Salz neunzehn Wilde vom Stammeshäuptling aus. Aus Burma brachte er Frauen mit, die sich ihre Hälse durch das stufenweise Anlegen von Metallringen um rund 30 Zentimeter gestreckt hatten. Ein Stamm von 125 somalischen Kriegern, den er importiert hatte, faszinierte das Publikum durch den Brauch, sich als Gegenmittel für innere Schmerzen blauen Lehm in selbst zugefügte Wunden zu reiben.[35]

In den 1920er-Jahren lockten solche Ausstellungen „täglich mindestens 30.000 Besucher" in Gumpertz' Dreamland-Vergnügungspark. Auch andernorts florierten damals – in der Hochzeit des Ku-Klux-Klan und der Lynchmorde an Schwarzen – derlei Rassenunterschiede betonende Unterhaltungsgeschäfte. Daneben bedienten hypersexualisierte „orientalische" Tänzerinnen, Töchter im Geiste der „Little Egypt", ein Frauenklischee, dem viele Männer umso wehmütiger anhingen, als die amerikanischen Frauen kurz zuvor die Bürgerrechte erhalten hatten.

Was die ethnografischen Ausstellungen angeht, so waren die Unterschiede zwischen Wissenschaft und Sensationsmache mittlerweile völlig verwischt. Auf der Chicagoer „Century of Progress"-Weltausstellung in den Jahren 1933/34 zeigte man Wunderwerke der amerikanischen Industrie direkt neben einer Attraktion namens „Dunkelstes Afrika", die als anschaulicher Beweis des strikten Unterschieds zwischen Wildheit und Zivilisiertheit dienen sollten. Als „Lehrschau" deklariert, präsentierte man hier fast völlig nackte „Afrikaner" (Männer in String-Tangas, Frauen auch barbusig), die ein ausgedachtes Kauderwelsch sprachen, während ein als Großer Weißer Jäger verkleideter Schauspieler von den Grausamkeiten berichtete, zu denen diese Menschen fähig seien. Bei einigen der im „Dunkelsten Afrika" arbeitenden Schwarzen handelte es sich tatsächlich um Afrikaner, allerdings stammten sie aus einer New Yorker Gemeinde von Einwanderern. Die anderen waren, nach Auskunft eines die Ausstellung organisierenden Schaustellers, „in Chicagoer Billardsalons angeworben worden".[36]

Heute, ein Jahrhundert nach Ota Bengas Ankunft in New York, haben die meisten Naturkundemuseen einiges dafür getan, ihr öffentliches Ansehen aufzupolieren. In einer Welt, die ethnische Vielfalt weitgehend als Tatsache

Ota Benga auf der Ausstellung in St. Louis, 1904. [Aus der Sammlung des American Museum Of Natural History]

Arktischer Musikant. [Nachdruck aus J. W. Buels The Magic City: A Massive Portfolio Of Original Photographic Views of The Great World's Fair, St. Louis, 1894; aus dem Ewen-Archiv]

Minik, einziger Überlebender jener „Eskimo", die von Robert Peary als Exponate ins American Museum of Natural History gebracht worden waren. [Aus der Sammlung des American Museum Of Natural History]

hat anerkennen und akzeptieren müssen, sind viele kolonialistische Trophäen nicht mehr öffentlich zu sehen. Einige werden nach wie vor aufbewahrt, während andere – wie Saartjie Baartman – zurück in ihre Heimat überführt und anständig begraben worden sind. Nach Jahrzehnten offizieller Weigerung und des Versuchs, die Mitschuld am Tod von Qisuk und seinen drei Inuit-Gefährten zu vertuschen, gab das American Museum of Natural History 1993 deren Gebeine zur Bestattung in der heimatlichen Erde Grönlands frei.[37] Ebenso gab im Jahr 2000 das Museu Darder d'historia natural in Spanien einen ausgestopften und „mit Federn und Haut bekleideten" Menschen heraus, der als „El Negro" bekannt und seit 1888 im Besitz des Museums gewesen war. Von zwei geschäftstüchtigen französischen Präparatoren aus einem Grab geraubt, war der Leichnam über ein Jahrhundert lang gaffenden Schulkindern gezeigt worden, bevor man ihn heim nach Botswana überführte.[38]

Als sich mit der Zeit das Gespür für Rassismus – wie auch für Diskriminierung aufgrund von Behinderung – geschärft hatte, verschwand auch diese Art von Ausstellungen weitgehend als Bestandteil öffentlicher Unterhaltung. Dennoch spielen Vorstellungen menschlicher Ungleichheit, wie sie von Wissenschaftlern und Schaustellern in zwei sich überschneidenden Bereichen verbreitet wurden, in der populären visuellen Unterhaltung weiterhin eine gewichtige Rolle, vor allem in der Praktik des Typecasting, die als Gepflogenheit in Film, Fernsehen, Werbung, Computerspiel und – was vielleicht am bedenklichsten ist – in den täglichen Nachrichten fortbesteht.

11. Spurzheims Begräbnis

Am 14. November 1832 kam das *Boston Medical and Surgical Journal* seiner „traurigen Pflicht [nach], den Tod eines großen und guten Mannes zu vermelden", nämlich den des Dr. Johann Caspar Spurzheim. Als einer der weltweit renommiertesten Experten auf dem Gebiet der „Anatomie und Physiologie des Gehirns und Nervensystems" war Spurzheim im September desselben Jahres in die USA gekommen. In den zwei folgenden Monaten hatte er achtzehn mitreißende Vorlesungen gehalten, selbst dann noch, als es um seine Gesundheit schon nicht mehr zum Besten stand. Er starb schließlich an einem Samstagabend im November, im Anschluss an eine Vorlesung in Boston. Spurzheims Tod, so beklagte das Journal, sei nichts weniger als „ein Unglück für die Menschheit".[1]

Spurzheim war in die USA gekommen, um dort die Köpfe und Gehirne von „Indianern und Sklaven" zu untersuchen, und besuchte auch eine Reihe von „medizinischen Fakultäten und Gefängnissen". Zu einigem Ruhm und Geld kam er jedoch nicht nur durch diese Forschungen, sondern auch durch seine Vorträge, die für erhebliches Aufsehen sorgten. „Das zahlreich erschienene Publikum war geradezu gefesselt", so ein Zuhörer, „von Spurzheims vor Verstandeskraft nur so strahlendem Gesicht."[2]

Spurzheim. [Nachdruck aus J. G. Spurzheim: Phrenology In Connexion With Teh Study Of Physiognomy, 1833]

Spurzheims Einfluss reichte weit über die Kreise von Medizinern hinaus. Nach Angaben eines zeitgenössischen Bewunderers kamen zu seinen Vorlesungen „die Berühmtesten und die Gewöhnlichsten, die Schicken und die Gebildeten, die Heiteren und die Ernsten, die Jungen und die Alten, die Agnostiker und die Christen".[3]

Für viele war sein Tod ein Schock. Dreitausend Menschen kamen zu seiner Beerdigung in Cambridge, Massachusetts, die von Josiah Quincy, dem Präsidenten der Harvard University geleitet wurde. Ralph Waldo Emerson bezeichnete ihn als „der

Welt größtes Hirn".[4] Nach der Begräbnisfeier wurde sein Leichnam – oder zumindest der größte Teil davon – auf dem Mount Auburn Cemetery beerdigt.

Im Leben waren ihm Autopsien nicht fremd gewesen. Während viele Menschen Leichensektionen nach wie vor als Entweihung heiliger Überreste erachteten, hatte Spurzheim Jahre mit dem Sezieren der Gehirne von Menschen und anderen Lebewesen zugebracht. Insofern ist es wenig verwunderlich, dass dem Begräbnis Spurzheims eine „öffentliche Autopsie" in der medizinischen Fakultät der Harvard University voranging, die von einem Team aus dreizehn bedeutenden Ärzten durchgeführt wurde.

Vor Beginn der Prozedur fertigte man einen Körperabguss an, und James Audubon malte als einer von mehreren Künstlern Porträts des großen Mannes als Ruhenden.[5] Anschließend wurden die notwendigen Einschnitte vorgenommen, wobei das besondere Augenmerk auf der Untersuchung des Gehirns dieses weithin gerühmten Genies lag. Das Gehirn selbst wurde mit seinem Gewicht von rund 3,5 Kilo für „ungewöhnlich groß" befunden. Nachdem die Untersuchung des Gehirns und der inneren Organe abgeschlossen war, wurde sein Körper zur Bestattung einbalsamiert, das Gehirn allerdings entnommen, damit es in Alkohol eingelegt und in Harvards medizinischer Fakultät aufbewahrt werden konnte. Ein passenderes Andenken an seinen Besuch in den USA hätte Spurzheim nicht hinterlassen können.

Geboren 1776 auf einem Bauernhof in der Nähe von Trier, machte sich Spurzheim einen Namen als führender „Missionar" einer neuen Wissenschaft, die ab dem Beginn des 19. Jahrhunderts in Europa für Furore sorgte: der sogenannten Phrenologie. Allerdings war Spurzheim nicht der Begründer dieses faszinierenden Forschungsgebiets. Vielmehr war die Phrenologie die Erfindung von Spurzheims Lehrmeister Franz Joseph Gall.

Nachdem Spurzheim zunächst an der Universität Trier Theologie und Philosophie studiert hatte, gab er schließlich seine klerikalen Ambitionen auf und zog 1799 nach Wien. Dort begann er ein Medizinstudium und verdiente sich seinen Lebensunterhalt als Hauslehrer der Kinder einer Adelsfamilie. „Gall aber war der Leibarzt dieses Adligen, und so kam es 1800 zur ersten Begegnung der beiden."[6]

Knapp 20 Jahre älter als Spurzheim, war Gall bereits ein renommierter Arzt und Anatom. Sein Kabinett mit über 300 Schädeln sowie Abgüssen von Schädeln und Gehirnen gehörte zu den größten derartigen Sammlungen in Europa.

Und doch hatten Gall und der 24-jährige Spurzheim etwas gemein. Beide hatten sie zunächst Theologie studiert. Beide hatten sie diese Beschäftigung zugunsten des Medizinstudiums aufgegeben. Dieses doppelte Interesse, an Religion wie an Anatomie, sollte ihr Vermächtnis deutlich prägen.

Spurzheim war sofort beeindruckt von Galls Ideen und seiner markanten Persönlichkeit, und begann, die Vorlesungen des berühmten Arztes über „Kranioskopie" zu besuchen. Binnen kurzem wurde er Galls Assistent und schließlich sein Mitarbeiter. Im Laufe ihrer Zusammenarbeit, die ihnen bald schon eine Anhängerschaft eintrug, trat dann der Ausdruck „Phrenologie" an die Stelle von „Kranioskopie". Ihrer phrenologischen Theorie zufolge bestand das menschliche Gehirn aus 27 verschiedenen Organen, denen jeweils eine eigene Funktion zugeordnet war. Neunzehn dieser Organe fanden sich bei Menschen wie bei Tieren. Die restlichen acht unterschieden die Menschen von den Tieren.

Zuvor hatte man lediglich ein rudimentäres Verständnis des Gehirns und betrachtete den menschlichen Geist als metaphysischen Ausdruck der Seele. Die Theorie von Gall und Spurzheim brach mit dieser Annahme. Die beiden erklärten, dass der Geist – nebst einer Reihe anderer Merkmale des Denkens, Fühlens und Verhaltens – seinen Sitz im Gehirn habe. „Das Gehirn", schrieb Gall, „ist das Organ aller geistigen Fähigkeiten, aller Neigungen, aller Gefühle."[7]

Sowohl Gall als auch Spurzheim betrachteten ihre Arbeit als Fortführung der Ideen, die Lavater einst in seinen *Physiognomischen Fragmenten* entwickelt hatte. Wie Lavater sahen sie in der physiognomischen Analyse ein Instrument zur Beurteilung des moralischen Wertes einer Person. Doch während Lavater die Gesichtsstruktur für den Schlüsseltext hielt, erklärten Gall und Spurzheim, dass sich in den Gesichtsregungen lediglich das Gehirn äußere, als der wahre Sitz des Charakters. Die „Schädelpalpation", die eingehende praktische Untersuchung des Schädels einer Person, lieferte ihrer Ansicht nach eine exakte Karte des darin befindlichen Gehirns.

Phrenologische Untersuchungen basierten auf Annahmen über die Verortung verschiedener menschlicher Fähigkeiten im Gehirn. Diese Hypothesen beruhten auf Galls minutiöser Untersuchung der Köpfe und Gehirne von Menschen unterschiedlichen Charakters und Talents. So untersuchte er die Schädelstrukturen von Männern mit erwiesener Begabung und Intelligenz, aber auch die Köpfe von Geisteskranken und Kriminellen, einschließlich der

Gehirne hingerichteter Mörder. Um sich eine ausreichend breite empirische Grundlage zu verschaffen, nahm er auch Leute von der Straße für systematische Untersuchungen mit zu sich nach Hause.

> Ich versammelte in meinem Haus ... eine ganze Reihe von Personen verschiedener Berufe; darunter Kutscher, Diener usw. Ich gewann ihr Vertrauen und verleitete sie zur Aufrichtigkeit, indem ich ihnen Bier, Wein und Geld gab, und als sie mir gewogen waren, brachte ich sie dazu, mir über die guten, schlechten und auffälligsten Eigenschaften der jeweils anderen zu erzählen. Ich ordnete die Streitsüchtigen auf der einen Seite an, die friedliebenden auf der anderen und untersuchte sorgfältig die Köpfe in beiden Gruppen. Dabei stellte ich fest, dass bei ersteren der Kopf durchweg unmittelbar hinter den Ohren und auf Höhe der Ohr-Oberkante breiter war als bei letzteren. Bei einer anderen Gelegenheit versammelte ich gezielt jene, die sich am meisten durch Mut, sowie jene, die sich am meisten durch Feigheit auszeichneten. Ich wiederholte meine Untersuchungen und fand meine früheren Ergebnisse bestätigt. So kam ich zu der Vermutung, dass die Neigung zur Streiterei tatsächlich aus einem speziellen Organ hervorgehen muss.[8]

Indem er seine ursprüngliche Theorie der Kranioskopie auf solche Untersuchungen stützte, verfertigte Gall allmählich eine umfassende Karte des menschlichen Gehirns, die dann zur Grundlage der phrenologischen Lehre wurde. Grob gesagt beherbergte der an der Vorderseite des Kopfes befindliche Teil des Gehirns, zwischen Schläfen und Augen, jene Organe, die für das analytische, verstandesmäßige Denken zuständig waren. Sprachfähigkeit und Beobachtungsgabe, wie auch poetische, musikalische und satirische Fähigkeiten hatten ebenfalls ihren Sitz in dieser Gehirnregion. Ganz im Sinne des vorurteilsbeladenen Gesichtswinkel-Konzepts von Camper erachtete auch die Kranioskopie von Gall und Spurzheim eine hohe, breite und große Stirn als Anzeichen von überragender Geisteskraft.

Der obere – und damit Gott am nächsten gelegene – Teil des Gehirns war der Bereich, in dem moralische und religiöse Fähigkeiten ihren Sitz hatten. In der Gehirnregion unmittelbar vor und hinter den Ohren wiederum waren persönliche Veranlagungen ansässig: der Erwerbssinn, der Sinn der Beifallsliebe (Ehrgeiz), und – wie schon gesehen – der Kampfsinn (Streitsucht), der einen gewalttätig werden lässt. Auch heimlichtuerische, zerstörerische und blutdürstige Neigungen fanden sich hier. Der hintere, bis zum Hirnstamm hinunter-reichende Teil des Gehirns war das Hauptquartier der Ur-Instinkte: des Sexual- und Fortpflanzungstriebs, der Kinderliebe, der Liebe zu Familie und Freunden und eines Sinns für die Zugehörigkeit zu einer größeren Gruppe. Die Ausprägung oder der Mangel an Ausprägung in bestimmten Bereichen lieferte dem Phrenologen Anhaltspunkte zur Entschlüsselung des Gesamtcharakters.[9]

Kraniologische Untersuchungen begannen mit einer generellen anatomischen Einschätzung, die nach Ansicht von Gall und Spurzheim wertvolle erste Informationen über das Temperament einer Person liefern konnte. Während das Gehirn in 27 Organe eingeteilt war (beziehungsweise – folgt man Spurzheims Korrektur der Angabe Galls – in 35), entsprach der Körper einem von vier Grundtypen von jeweils besonderer Beschaffenheit.

„Das lymphatische ... oder phlegmatische Temperament", erläuterte Spurzheim, sei „durch blassweiße Haut, blondes Haar, rundliche Gestalt und starkes Zellgewebe [gekennzeichnet]. Das Fleisch ist weich, die Vitalfunktionen sind träge, der Puls ist schwach, alles weist auf Langsamkeit und Schwäche der vegetativen, affektiven und intellektuellen Funktionen hin.

Das sanguinische Temperament", so fuhr er fort, „zeichnet sich durch eine passable Konsistenz des Fleisches, mäßige Plumpheit einiger Teile, helles oder kastanienbraunes Haar, blaue Augen, große Aktivität des Arteriensystems, einen starken, vollen und häufigen Puls sowie eine lebhafte Mimik aus. Derartig beschaffene Personen", fügte er hinzu, „sind empfänglicher für äußere Eindrücke und tatkräftiger als jene des vorherigen Temperaments.

Das biliöse Temperament", wie er den dritten Typus nannte, „charakterisiert schwarzes Haar, eine dunkle, gelbliche oder braune Haut, schwarze Augen, recht volle, aber feste Muskeln sowie stark konturierte Formen. Personen dieser Beschaffenheit besitzen einen stark ausgeprägten, entschlossenen Gesichtsausdruck und zeichnen sich durch hohe allgemeine Aktivität und zielgerichtete Tatkraft aus."

Schließlich gab es noch das nervöse Temperament, erkennbar an „feinem dünnen Haar, einer anfälligen Gesundheit, allgemeiner Magerkeit und schwacher Muskulatur, Schnelligkeit der Muskelbewegung, lebhaften Sinnesempfindungen. Das Nervensystem derart beschaffener Personen", so Spurzheim zum Abschluss, „ist extrem beherrschend, und sie zeigen eine große nervöse Empfindlichkeit."[10]

Diese allgemeine Typologie war zwar ein nützlicher Indikator, aber lediglich Ausdruck dessen, was durch die Beschaffenheit des Gehirns festgelegt war. Um die Gehirnstrukturen zu entschlüsseln, bedurfte es einer genauen Vermessung des Schädels. Spurzheim fasste die wesentlichen Schritte dieser Prozedur wie folgt zusammen.

> [Der Phrenologe] muss ... den Kopf im Allgemeinen untersuchen, hinsichtlich seiner Größe, und sich eine Vorstellung davon verschaffen, was als kleiner, mittelgroßer und großer Kopf gelten kann. Danach wird er die relative Größe der verschiedenen Regionen des Kopfes prüfen sowie die Entwicklung der individuellen Teile jeder Region, das heißt, die Länge und Breite der einzelnen Organe; abschließend wird dann er die proportionale Größe aller Organe zueinander ermitteln.[11]

Phrenologische Karten spiegelten auch moralische und religiöse Wertvorstellungen, sie eigneten sich zur Unterscheidung von Sündern und Heiligen sowie von Gut und Böse. Und doch hatte die Auffassung von Gall und Spurzheim auch etwas eindeutig Modernes an sich. Indem sie das Gehirn als physisches Gebilde mit verschiedenen Regionen betrachteten, die jeweils für spezielle Aufgaben – bewusste, unbewusste, sensorische, autonome – zuständig sind, wurden Gall und Spurzheim zu Wegbereitern heutiger Einsichten in die Funktionsweise des Gehirns.

Dieser unverblümte Materialismus brachte Gall und Spurzheim – obwohl sie weitgehend an einer religiösen Begrifflichkeit festhielten – in einige Schwierigkeiten. Im katholischen Europa standen ihre Ideen im Widerspruch zum vorherrschenden Dogma und blieben umstritten. Ihre Auffassung, dass die Identität einer Person in ihrem Nervensystem zu finden sei, lief der althergebrachten Vorstellung zuwider, wonach die Persönlichkeit ein spiritueller Seinszustand sei, der dem Körper zu Lebzeiten innewohne und ihn im Tod transzendiere.

Zwischen 1800 und 1812 trat Gall als Hauptvertreter der Kranioskopie, oder – wie es häufiger hieß – Phrenologie in Erscheinung. Vielerorts hielt er Vorlesungen vor begeistertem Publikum. Die Vorstellung, vormalige Mysterien der Seele könnten mittels visueller Evidenz wissenschaftlich erklärt werden, fand großen Anklang unter gebildeten Teilen der Bevölkerung, die daran glaubten, dass sich die Naturgesetze durch einen fundierten Prozess der Beobachtung und Analyse erkennen ließen. Die Macht der katholischen Kirche jedoch war weiterhin groß, und so wurden Vorlesungen über Phrenologie immer wieder von den Behörden verboten. 1801 klagte man Gall des „Materialismus" an, und der Kaiser untersagte ihm jede weitere Vorlesung in Wien. Daraufhin ging Gall mit seiner Veranstaltung, in Begleitung Spurzheims, auf Reisen und hielt Vorlesungen in Deutschland, der Schweiz, Holland und Dänemark – allesamt Hochburgen protestantischen Denkens. Mit wachsender öffentlicher Begeisterung für seine Ideen wurden auch Galls Vorträge immer schillerndere Veranstaltungen. Die Wissenschaft der Phrenologie entwickelte sich rasch zu einer Angelegenheit von großer öffentlicher Wirkung.[12]

Diese Wandlung zum Spektakel verärgerte zahlreiche Wissenschaftler, von denen viele die Phrenologie als spekulative und unbewiesene Theorie ablehnten. Auch der Fanatismus, der sich rund um Galls phrenologische Roadshow breitmachte, beunruhigte sie. Immer mehr praktizierende Phrenologen, die meisten ohne wissenschaftliche Ausbildung, boten ihre Dienste feil, sodass der offizielle Wissenschaftsbetrieb Galls Theorie bald zu einem Katalysator der Scharlatanerie erklärte.

Doch die wissenschaftlichen Angriffe auf Gall hatten auch eine politische Dimension. Nachdem sich Gall und Spurzheim 1807 in Paris niedergelassen hatten, widmete Gall einen seiner ersten öffentlichen Auftritte der phrenologischen Analyse des Kopfes von Napoleon Bonaparte. In seiner grafischen Darstellung der phrenologischen Beschaffenheit des Kaisers leistete er sich jedoch einen Fauxpas, indem er erklärte, der Umfang des kaiserlichen Kopfes sei ein wenig geringer, als bei einem bedeutenden Mann zu erwarten. Napoleon nahm außerdem Anstoß daran, dass „Galls Beurteilung seines Schädels einige edle Eigenschaften außer Acht ließ, die er sich selbst zusprach". Kurz nach dieser breit veröffentlichten Analyse beauftragte man den Baron Georges Cuvier – denselben Mann, der später Saartjie Baartman zerstückeln sollte – mit der Leitung eines Komitees renommierter Wissenschaftler, das die Wissenschaftlichkeit der Phrenologie untersuchen sollte. Dieses durch das ruhmreiche Institute de France gebildete Komitee veröffentlichte schließlich ein Gutachten, wonach die Phrenologie weder wissenschaftlich noch vertrauenswürdig sei. Einiges spricht dafür, dass diese Erklärung auf Druck von Napoleon höchstpersönlich zustande kam.[13] Doch statt sich von solchen Verunglimpfungen entmutigen zu lassen, sonnte sich Gall im Licht der Aufmerksamkeit, die ihm durch die Angriffe auf seine Theorie zuteil wurde.[14] Er hielt weiterhin Vorlesungen ab, und die Popularität der Phrenologie nahm weiter zu.

Zwischen 1812 und 1813 jedoch kam es zu Unstimmigkeiten zwischen Gall und seinem Schüler Spurzheim. Galls Phrenologie beruhte auf anatomischen Untersuchungen. Ihre Urteile basierten auf einfachen Korrelationen zwischen Struktur und Charakter. Spurzheim aber war der Auffassung, dass die Phrenologie darüber hinaus philosophische Implikationen habe und als Instrument zur Verbesserung der Gesellschaft tauge. Die Details dieser Behauptung sind unklar. Auf jeden Fall war Spurzheim der Ansicht, die den verschiedenen menschlichen Fähigkeiten entsprechenden Organe des Gehirns seien von Natur aus gut. Unter günstigen Bedingungen aufgewachsen, würde sich ein Mensch zu einer anständigen und ehrbaren Person entwickeln. Nur durch Missbrauch würden dieselben Fähigkeiten einen Menschen auf den Pfad der Sünde führen. Über diese gedankliche Wendung hin zu einer weniger deterministischen Anschauung kam es zum Zerwürfnis zwischen Ziehvater und Sohn. Spurzheim etablierte sich als neuer, noch einflussreicherer Missionar der Phrenologie, indem er die Gewissheit der Wissenschaft mit der Aussicht auf Vervollkommnung verband. Er verließ Frankreich, wo er und Gall gelebt hatten, und ging mit seiner Version der Theorie im Gepäck nach England, wo er sich im März 1814 niederließ. Von den 1820er-Jahren an veröffentlichte er seine abweichende Interpretation der Phrenologie in einer Reihe von Büchern, darunter *The Anatomy of the Brain With a General View of the Nervous System* und *Phrenology in Connexion With The Study of Physiognomy* [Die Anatomie des Gehirns samt einer allgemeinen Betrachtung des Nervensystems und der Phrenologie in Verbindung mit einer Untersuchung der Physiognomie]. In England begann er auch, der breiten Öffentlichkeit die Phrenologie verdaulicher zu präsentieren. Ein Aspekt dieser Bemühungen war die Veröffentlichung der heute allseits bekannten Abbildung eines phrenologischen Kopfes mit abgegrenzten Schädelbereichen, die auf die inzwischen 35 Organe verwiesen. Diese Abbildung wurde zur Vorlage für Porzellan- und Gipsbüsten, die im 19. Jahrhundert massenweise hergestellt und in Europa sowie den USA zu geschätzten Kostbarkeiten wurden. Zwar hatte auch Gall schon phrenologische Illustrationen gegliederter Schädel veröffentlicht, doch Spurzheims Verwendung eines wiedererkennbaren menschlichen Kopfes hatte dem nicht-wissenschaftlichen Publikum die Methode der Phrenologie noch anschaulicher werden lassen.[15]

In Großbritannien setzten sich die Angriffe des medizinisch-wissenschaftlichen Establishments auf Spurzheim sowie seinen ehemaligen Mentor Gall fort. In der angesehenen *Edinburgh Review* warf der Anatom John Gordon den beiden 1815 vor, sie missachteten weithin akzeptierte wissenschaftliche Erkenntnisse. Spurzheim und Gall, so erklärte er, zeigten

> eine solch dreiste Verachtung für die Meinungen und Arbeiten anderer, einen solch eklatanten Mangel an der für eine philosophische Untersuchung notwendigen Eignung ... da es in der Natur nichts hinreichend Gewisses gibt, dass diese beiden Herrschaften nicht in Zweifel zögen, wenn es ihren Ansichten zuwiderläuft ... Die Schriften der Herren Doktoren Gall und Spurzheim haben nicht eine einzige Tatsache zum Bestand unseres Wissens beigetragen ... [Phrenologie ist] von hinten bis vorne nichts als Quacksalberei.[16]

Doch wie schon Gall, so wurde auch Spurzheim durch solche Angriffe nur bestärkt. Ausgestattet mit einer seinem Lehrmeister verdankten Beredtheit bereiste er die britischen Inseln und hielt Vorlesungen vor Wissenschaftlern wie vor Laien. Obwohl Gall noch bis 1828 lebte, übertraf ihn Spurzheim schon bald an Popularität und wurde weithin als Hauptvertreter der Phrenologie angesehen.

In seinen Vorlesungen bediente er sich auf bis dato ungeahnte Weise bestimmter audiovisueller Techniken. Um Gordons Behauptung zu widerlegen, dass es der Phrenologie an wissenschaftlicher Stichhaltigkeit mangele, begann Spurzheim, im Rahmen seiner Auftritte menschliche Gehirne zu sezieren. Derlei spektakuläre Dreingaben mehrten seinen Ruhm nur noch weiter.

Dank seiner Schriften und dramatischen Auftritte war Spurzheims Ruhm auf dem Höhepunkt angelangt, als er schließlich in die USA kam; er war eine lebende Legende. Gerade war die erste amerikanische Ausgabe von *Phrenology in Connexion With The Study of Physiognomy* erschienen, sodass sein Publikum genauestens im Bilde war. Die Schriftstellerin Harriet Martineau, Augenzeugin des Phänomens Spurzheim, berichtete davon, dass eine große Anzahl von Amerikanern in Folge seines Besuches zu begeisterten Hobby-Kranioskopisten wurden. „Während Spurzheims Aufenthalt in den USA verwandelten sich große Teile der Bevölkerung, wo immer er auftrat, innerhalb eines Tages selbst in Phrenologen, ... wurden Mützen und Perücken abgestreift und sämtliche Locken zerwühlt, um die Ordnung zu ergründen."[17]

12. Crania Americana

Als Dr. John Gordon seine vernichtende Kritik der Phrenologie in der auch als „Edinburghs literarisches Evangelium" titulierten *Edinburgh Review* veröffentlichte, war unter den zustimmenden Lesern auch George Combe. Als Kind vernachlässigt, von Beruf Rechtsanwalt, starrsinnig in seinen Ansichten und süchtig nach Aufmerksamkeit hatte sich Combe selbst zu einem öffentlichen Kritiker Spurzheims und Galls aufgeschwungen. Großspurig mokierte er sich über diese irrige Wissenschaft, bis ein denkwürdiges Ereignis ihn jäh die Seiten wechseln ließ.[1]

Dieses Erweckungserlebnis ergab sich aus einer zufälligen Begegnung mit Johann Spurzheim in Edinburgh. Wie es sich fügte, hatte Spurzheim ein menschliches Gehirn in einer Papiertüte dabei, und so lud er den zweifelnden Combe ein, an einer Sektion dieses Exemplars teilzunehmen.[2] Geduldig die verschiedenen Organe des Gehirns und die mit ihnen assoziierten Fähigkeiten und Neigungen erläuternd, zog Spurzheim den zuvor skeptischen Combe in seinen Bann. Ohne irgendeine medizinische Ausbildung wandelte sich Combe – im Angesicht eines echten, mit Spurzheims überzeugenden Ausführungen garnierten menschlichen Gehirns – von einem Gegner zu einem der führenden und eifrigsten Anhänger der materialistischen Glaubenslehre der Phrenologie in Großbritannien.

Kurz nach ihrem Treffen begann Combe, eine Reihe von Vorlesungen Spurzheims zu besuchen, und wurde rasch zu einem gelehrigen Schüler und Fürsprecher. John van Wyhe, ein ausgewiesener Kenner der Geschichte der Phrenologie, vermutet, die phrenologische Theorie habe eine unsichere Persönlichkeit wie Combe auch deshalb angesprochen, weil sie den Anschein „höchster intellektueller Autorität" verleihen konnte, ihre Aneignung aber nur „minimalen Aufwand" erforderte.[3]

Als Spurzheim Edinburgh 1817 wieder in Richtung Paris verließ, blieb Combe mit ihm in engem Kontakt und begann seinerseits, eigene Schriften zur Phrenologie zu publizieren. 1820 gründete er die Edinburgh Phrenological Society, den ersten derartigen Verein überhaupt. Dieser übte eine große Anziehungskraft auf Männer der Mittelschicht aus, die nach dem mit wissenschaftlichem Laientum verbundenen Prestige gierten. Viele von ihnen hatten Spurzheims Vorlesungen in ihrer Stadt besucht. Fasziniert und überzeugt von seinen Ausführungen nutzten sie die Gelegenheit zur Mitgliedschaft in einer gelehrten

Einrichtung. Nach nur sechs Jahren gab es bereits 120 Mitglieder, sodass Combe schließlich einen „Saal" ankaufte, in dem größere Zusammenkünfte stattfinden konnten und ein stetig wachsendes Kuriositätenkabinett voller „Abgüsse und Schädel" untergebracht war.[4]

1828 veröffentlichte Combe ein Buch mit dem Titel *The Constitution of Man Considered in Relation To External Objects*, das zu einem der einflussreichsten Werke auf dem ausufernden Gebiet der Phrenologie werden sollte, für mehr als ein dreiviertel Jahrhundert in Druck blieb und bis zur Jahrhundertwende über 350.000 Mal verkauft wurde. Mit dem Tod Galls 1828 und Spurzheims 1832 wurde George Combe zum wichtigsten Vertreter der Phrenologie, über die er auf Reisen in Großbritannien, Deutschland und den USA ausführlich dozierte.

Doch Combe war mehr als nur ein Sprachrohr für die Lehren seiner Vorgänger. Er fügte ihnen eigene Gedanken hinzu und gab der Phrenologie in den 1840er-Jahren eine Wendung, mit der sie sich dem aufstrebenden Fachgebiet der Rassenlehre annäherte. Nicht, dass die Frage der Rasse von Gall oder Spurzheim niemals thematisiert worden wäre. Für Spurzheim etwa stand die Unterlegenheit schwarzer Menschen außer Frage; in einem seiner Bücher äußerte er sich darüber voller Überzeugung:

> Wie gesegnet mit Begabungen der Neger auch sei, so würde er doch als einem nahezu idiotischen Europäer unterlegen erachtet werden ... Ein einzelner Neger mag zwar ein guter Musiker oder Mathematiker sein, doch tut sich die Rasse als solche, dessen ungeachtet, bei diesen Begabungen nicht hervor.

Doch trotz dieses unverblümten Wiederkäuens europaweit verbreiteter Überzeugungen hatten weder Gall noch Spurzheim in ihren phrenologischen Schriften die Rasse als zentralen Aspekt behandelt. Wenn sie mit aller Schärfe urteilten, dann auf der Grundlage messbarer Bestimmungsfaktoren, und diese konnten selbst in den höchsten Ebenen der Gesellschaft niedersten Charakter spiegeln. Spurzheims Beschreibung des römischen Kaisers Caracalla gibt beredtes Zeugnis seiner Unwilligkeit, sich von hohem Rang und Namen beeindrucken zu lassen. Mit Bezug auf eine Gravur des kaiserlichen Kopfes schrieb er in seiner phrenologischen Analyse:

Unter phrenologischen Gesichtspunkten betrachtet, ist dies eine der unedelsten Gesichtsstrukturen, die sich nur denken lässt. Ein derart beschaffener Mensch ist Opfer seiner niederen Gelüste und animalischen Natur; er wird Gefallen an der Zerstörung finden und Gewalttätigkeit der Milde und Nachsicht vorziehen; sein Verlangen kann durch Vernunft und Güte niemals im Zaum gehalten werden, Gewalt alleine wird ihn in die Schranken weisen, und gelänge es ihm, sich der Zwänge des Zivilrechts zu entledigen, geschähe das nicht aus Philanthropie, sondern um die höchste Macht an sich zu reißen und seine Mitmenschen zu tyrannisieren. Er, der am unteren Rand der Gesellschaft geboren wurde, würde sich an vulgären und entwürdigenden Vergnügungen ergötzen und die Gesellschaft edel gesinnter und kluger Menschen meiden. Er ist unfähig, sich in irgendeiner Kunst oder Wissenschaft hervorzutun – sein ganzer Geist strebt nach rohen Freuden.

Für Spurzheim war die phrenologische Analyse in erster Linie ein Instrument zur Bestimmung des moralischen und intellektuellen Charakters von Menschen, woher auch immer sie stammten. Bei Combe dagegen verband sich die phrenologische Diagnose aufs Engste mit Einschätzungen auf der Grundlage von Rasse und nationaler Identität. Aufgrund einer Schädelgestalt, die sich angeblich nur bei Europäern fand, konnten auch nur die Europäer Anspruch auf die Urheberschaft der Zivilisation erheben.

Wenn wir uns die Geschichte Europas, Asiens, Afrikas und Amerikas ansehen, werden wir bestimmte und beständige Charaktereigenschaften entdecken, die eindeutig für natürliche Unterschiede in der mentalen Verfasstheit sprechen. Bei den Bewohnern Europas, sofern sie zur Kaukasischen Varietät des Menschengeschlechts zählen, zeigt sich in allen Epochen eine starke Neigung zu moralischem und intellektuellem Fortschritt. Von Anbeginn der Geschichte an stoßen wir hier auf eine institutionalisierte Gesellschaft, eine Hingabe an Kunst und Literatur, nicht nur in Zeiten der Muße, sondern auch mitten auf dem Schlachtfeld.[6]

Selbst innerhalb Europas gab es nach Combes Ansicht Unterschiede. Nur bestimmte Nationen hatten sich um die Kultivierung zivilisierten Lebens verdient gemacht. Messbare „mentale Defizite", erklärte er, hätten die Geschichte einiger europäischer Völker verunstaltet, etwa die der Franzosen, der Russen, der Deutschen und der Iren. Sich einer günstigen Schädelgestalt rühmen konnten dagegen die Briten und, auf dem Kontinent, die Schweizer.

Wo sich Unabhängigkeit mit Zivilisiertheit paart, ist dies die Folge einer beträchtlichen Gesamtgröße des Gehirns mit ausgeprägten intellektuellen Organen und kultivierten moralischen Fähigkeiten. Unabhängigkeit, Zivilisiertheit und politische Freiheit sind die Folge einer beträchtlichen Gesamtgröße des Gehirns, wobei die moralischen und intellektuellen Regionen dank anhaltender Kultivierung bei den meisten Menschen bestimmend sind. Diese Kombination kennzeichnet die Briten, Angloamerikaner und Schweizer.

Mit Blick auf diese Schädellandkarte Europas hat der Historiker David de Guistino treffend angemerkt, dass „die alten von den Engländern so lustvoll gepflegten Stereotype ihrer kontinentaleuropäischen Nachbarn auf diese Weise in die Phrenologie integriert und inhaltlich aufgeladen wurden".[7]

Kamen Teile Europas in Combes Kosmologie nicht gut weg, so traf sein „zerebraler Determinismus" (ein Ausdruck de Guistinos) die nicht-europäischen Völker noch ungleich härter. Asiaten, Afrikaner und die Ureinwohner des amerikanischen Kontinents waren seiner Ansicht nach von Natur aus unfähig zu Zivilisiertheit und Selbstregierung.

Die überlegene Intelligenz, die Combe den Briten zuschrieb, wurde so zur physiologischen Rationalisierung ihres Weltreichs. Dass eine kleine Inselnation die Geschicke der Welt lenken, dass einige wenige Menschen viele andere beherrschen konnten, war in seinen Augen die unausweichliche Folge ungleichartiger Schädelentwicklung.

Unter Berufung auf phrenologische Analysen schrieb Combe: „Wenn wir unsere Aufmerksamkeit auf Asien richten, entdecken wir Sitten und Einrichtungen ... die jenen Europas weit unterlegen sind." In Bezug auf Afrika erklärte Combe, dass „die Annalen der Rassen, die jenen Kontinent bewohnen, von wenigen Ausnahmen abgesehen, ein Bild völliger moralischer und intellektueller Erbärmlichkeit bieten; in einem Teil der Welt, dem die größte Vielfalt an Böden und Klimata gegeben ist, findet sich bis heute keine Nation, deren Institutionen auch nur von einer bescheidenen Zivilisation zeugten."[8]

Doch nicht jeder erlag dem Charme der Phrenologie. Einige Weiße protestierten gegen diese rassischen Verallgemeinerungen und äußerten öffentlich Kritik an Combe und seinen Theorien. So veröffentlichte der sklavereifeindliche Anwalt Alexander Everett 1833 ein Pamphlet, in dem er jede Korrelation zwischen der Schädelstruktur von Afrikanern und ihrer Intelligenz oder Leistungsfähigkeit bestritt. Er nannte die Phrenologie eine „erbärmliche Häresie" und wies die Ansicht zurück, dass Afrikaner aufgrund ihrer „physischen Gestalt ... dazu verurteilt seien ... ewiglich in einem Zustand hoffnungsloser Barbarei dahinzuvegetieren". Als Antwort auf die Schmähschriften gegen Afrika führten Everett und andere die ägyptische Zivilisation als unwiderlegbaren Beweis der Errungenschaften schwarzer Menschen ins Feld. Diese bei Herodot beschriebenen schwarzen Ägypter seien, so Everett, die Urheber der ganzen westlichen Zivilisation gewesen. „So viel zur angeblichen Unterlegenheit der farbigen Rasse und ihrer Unfähigkeit zu irgendwelchen zivilisatorischen Fortschritten und Verbesserungen", spottete er.[9]

Combe scherte sich freilich nicht um solche Argumente, sondern beharrte auf seiner Ansicht von der Unterlegenheit der Schwarzen. Wenn sie auch durch ihre „moralische und intellektuelle Erbärmlichkeit" gebremst seien, so besäßen Afrikaner – wie die Sklaverei belegte – andererseits in der Schädelstruktur angelegte Eigenschaften, die sie zu besonders tauglichen Dienern machten. „Dem Afrikaner", schrieb er, „enthält man Freiheit und Eigentum vor, weil er von Natur aus ein zahmer Mensch ist – unterwürfig, anhänglich, einsichtig und fügsam."[10]

Die härtesten Urteile fällte Combe allerdings über die Indianer, und das zu einer Zeit, da solche Ansichten der offiziellen Politik der US-Regierung gerade recht kamen. Ab den 1830er- und 1840er-Jahren, mit Beginn der Präsidentschaft Andrew Jacksons, gab es verstärkte Anstrengungen zur Zwangsumsiedlung und Ausrottung der Ureinwohner, als Angloamerika die angestammten Siedlungsgebiete der Indianer in Beschlag nahm.

Andrew Jackson – als „einer der kampfeslustigsten Weißen" aus den Kämpfen an der Tennessee Front hervorgegangen – war als Indianerkämpfer bekannt und wurde von den Indianern „Scharfes Messer" genannt. Als Truppenbefehlshaber, so schreibt Dee Brown, der Autor von *Bury My Heart at Wounded Knee*, „hatte Scharfes Messer mit seinen Soldaten [bei ihren Kämpfen gegen die Indianer des Südostens] Tausende von Cherokesen, Creeks und Seminolen abgeschlachtet". Trotz solcher Massaker hielt eine bedeutende Anzahl von Überlebenden „hartnäckig an ihren Stammesgebieten fest". Als Jackson 1829 Präsident wurde, forderte er gleich in seiner ersten Rede die Legislative auf, ein Gesetz zu erlassen, dem gemäß alle Indianer des Südens in die Gebiete westlich des Mississippi zu verbringen seien, sodass 1,3 Millionen Quadratkilometer Land für weiße, Sklaven haltende Siedler erschlossen werden konnten. Am 28. Mai 1830 wurde das Gesetz verabschiedet, dem weitere in diesem Sinne folgten.[11] Während Jacksons Präsidentschaft und derjenigen Martin Van Burens wurden „fast alle Indianer aus ihren Gebieten östlich des Mississippi" vertrieben.[12] Spätere Präsidenten folgten dieser von Jackson initiierten anti-indianischen Politik; die im Dienste weißer Besiedlung stehenden Indianerkriege dauerten noch bis fast zum Ende jenes Jahrhunderts an. Von Beginn dieser Orgie menschlicher Zerstörung an lieferten nun Combes Verbalattacken auf die „natürlichen" Veranlagungen der Indianer eine wissenschaftliche Rechtfertigung dieser Völkermordpolitik.

Seit den 1830er-Jahren reiste Combe kreuz und quer durch die USA. Er schrieb zwei Bücher über diese Reisen und hielt zahlreiche Vorträge. Derweil entwickelte er große Sympathien für die Angloamerikaner und ihre Eroberungspläne. Nebenher bekehrte er auch etliche Amerikaner zur Phrenologie. Einer davon war Samuel George Morton, ein der Oberschicht entstammender Arzt aus Philadelphia.

Wie viele seiner Zunft war auch Morton ein Knochensammler. Ab den 1820er-Jahren häufte er in seinem Gebeinhaus eine Sammlung von über tausend menschlichen Schädeln an. Sein Hauptaugenmerk lag auf der Sammlung solcher Exemplare, die ihm die genaue Bestimmung einer Rangfolge von Intelligenz und moralischem Wert verschiedener Menschentypen ermöglichten. 1839 veröffentlichte er ein üppig bebildertes Buch mit dem Titel *Crania Americana*, das die Schädelgestalt nord- und südamerikanischer Indianer im Vergleich zu anderen menschlichen Varietäten behandelte, wie sie in den 1770er-Jahren von Blumenbach definiert worden waren.

Allerdings veränderte Morton Blumenbachs Hierarchie in zweierlei Hinsicht. Blumenbachs Varietäten waren allesamt miteinander verwandt, wenn auch nur durch einen Prozess der De-

Samuel George Morton. *[Nachdruck aus Josiah Clark Notts* Types Of Mankind, *1855; aus dem Ewen-Archiv]*

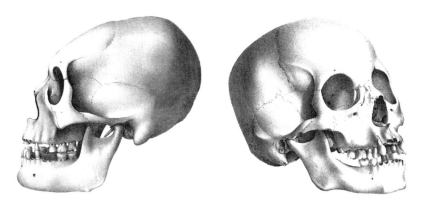

(links) „Chinook"-Schädel, (rechts) „Dakota"-Schädel. [Nachdruck aus Samuel Mortons Crania Americana, 1839]

generation von jenem romantisierten Volk, das einst an den Ausläufern des Kaukasus' beheimatet war. Jede dieser Varietäten stellte eine Variante der Spezies Homo sapiens dar. Bei Morton dagegen gab es keinerlei Verbundenheit mehr. In Abkehr von Blumenbachs Terminologie erklärte er den Lesern, dass „das Wort ‚Rasse' an die Stelle des Wortes ‚Varietät' tritt", womit er die Aufgliederung der Menschheit in einzelne, sich gegenseitig ausschließende Gruppen deutlich machte. Morton hielt die Rassen für diskrete und ungleiche Spezies, die verschiedenen Blutlinien entstammten.[13]

Zweitens benutzte Morton Gesichts- und Schädelmessungen zur Bestimmung der Rangfolge von Geisteskraft und Ehrbarkeit einzelner Rassen. Blumenbach hatte ästhetische Kriterien angewendet, um die Unterschiede zwischen den menschlichen Varietäten zu bezeichnen, und die amerikanische Varietät in der Mitte zwischen Kaukasiern und Mongolen angesiedelt, die malaiische wiederum zwischen Kaukasiern und Äthiopiern. Anstelle der ästhetischen Pyramide Blumenbachs bevorzugte Morton eine einfache lineare Hierarchie auf der Grundlage von „Messungen der Größe des Schädelvolumens" – einer relativen Größe, die durch das Ausfüllen der Schädelhöhle mit feinen Schrotkugeln ermittelt werden konnte. Im Anschluss an Camper entwickelte er zudem einen Apparat zur Bestimmung des Gesichtswinkels, den sogenannten Goniometer. Seinen Untersuchungen zufolge rangierte die amerikanische Rasse hinsichtlich Gehirngröße und Gesichtswinkel weit unten, nur knapp über der äthiopischen Rasse.

Der klassischen Ansicht, das alte Ägypten sei eine schwarzafrikanische Gesellschaft gewesen, begegnete Morton, indem er die Errungenschaften Ägyptens zum Werk von Menschen erklärte, die Europas erhabene rassische Merkmale geteilt hätten. Seine Analyse Ägyptens leitete er mit folgendem Zitat Cuviers ein:

> Es ist nun eindeutig bewiesen ... dass keine Neger-Rasse jenes ruhmreiche Volk hervor[brachte], das die Zivilisation des antiken Ägyptens erschuf und von dem die ganze Welt die Grundsätze des Rechts, der Wissenschaften und vielleicht auch der Religion geerbt hat. Es lässt sich leicht beweisen, dass – welche Farbe auch immer ihre Haut gehabt hat – sie und wir zu derselben Rasse gehören.

Mit einer solch erlauchten Autorität im Rücken fuhr Morton fort:

> Ägypter gehören zur kaukasischen Rasse und sind niemals aus Schwarzafrikanern hervorgegangen, die den Pharaonen vielmehr als Knechte dienten, also sind die Kaukasier die Urheber aller Zivilisation ... Man würde sich ganz zurecht fragen, wie – wenn Wissenschaft, Kunst und Literatur ihren Ursprung in einem Negerstamm hätten – es denn komme, dass der Strom des Wissens niemals in dieses Land hinein, sondern immer aus ihm hinaus geflossen ist. Einmal mehr ist damit so gut wie unbestreitbar bewiesen, dass Ägypten und nicht Nubien die Mutter der Künste gewesen ist.

Ähnlich argumentierte er im Hinblick auf die Wunderwerke der Azteken- und Inkazivilisationen. Diese kolossalen indianischen Schöpfungen tat er mit der Feststellung ab, dass beide Völker in Wahrheit alte kaukasische Völker gewesen seien.[14]

Jedes Mal berief sich Morton bei seinen Behauptungen auf vergleichende Schädelmessungen. Doch unter der vermeintlich objektiven Oberfläche der nüchternen numerischen Messungen Mortons schwelte eine tiefe Abscheu, ein spürbarer Hass auf jene, die er degradierte. In *Crania Americana* hielt er mit seiner Abneigung gegen Indianer nicht hinterm Berg.

> Sie sind hinterlistig, genusssüchtig, undankbar, stur und unsensibel, und ihre Liebe zu Kindern lässt sich weitgehend auf rein egoistische Motive zurück-

führen. Sie verschlingen die ekelhafteste Nahrung ungekocht und ungesäubert und scheinen nicht über das für den Moment Nötigste hinaus zu denken ... Ihre mentalen Fähigkeiten entsprechen, vom Kleinkind bis ins hohe Alter, denen von Kindern ... Was Fressgier, Selbstsucht und Undankbarkeit angeht, werden sie vielleicht von keinem anderen Volk erreicht.[15]

Außer diesen Makeln bescheinigte Morton den Indianern auch eine wesensmäßige Brutalität. „Es lässt sich freilich nicht bestreiten, dass Indianer von Natur aus mitleidslos und von Haus aus grausam sind. Das Blut eines Feindes zu vergießen, ihn langsam zu Tode zu martern, ist das höchste Vergnügen des amerikanischen Wilden."[16] Es gab keine bessere Rechtfertigung der Ausrottung eines Volkes, als es zu einem Volk von Wilden zu erklären.

Der Einfluss George Combes auf Morton war in *Crania Americana* von den ersten Seiten an unverkennbar. „Ich gebe freimütig zu", schrieb er, „dass eine einzigartige Übereinstimmung zwischen der mentalen Leistungsfähigkeit

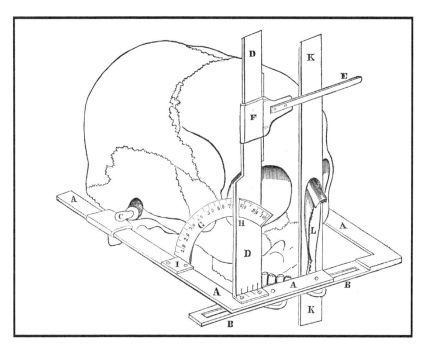

Ein Gesichtsgoniometer, von Morton zur Messung des Gesichtswinkels verwendet. [Nachdruck aus Samuel Mortons Crania Americana, *1839]*

des Indianers und seiner Schädelentwicklung besteht, wie sie die Phrenologie erläutert."[17]

Aufgrund dieser Verbindung, und um seinem Buch zusätzliche Autorität zu verleihen, bat Morton Combe um ein Nachwort. In diesem stützte Combe Mortons Darstellung und fasste das Urteil der Phrenologie über die Indianer in knappen Worten zusammen. „Viele der Eingeborenen", schrieb er, „sind auch heutzutage noch dieselben erbärmlichen, herumziehenden Wilden ohne Häuser und Gesetze wie ihre Vorfahren zu der Zeit, als Columbus erstmals seinen Fuß auf ihr Land setzte." Dieser niedere Zustand, erklärte Combe, sei

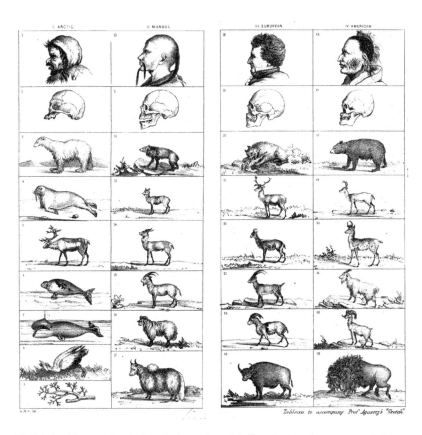

Ein Schüler Mortons, Louis Agassiz, hatte diese Tabelle anfertigen lassen, um zu belegen, dass jede Rasse eine eigenständige Spezies darstelle. Dazu stellte er sie in eine Reihe mit

phrenologisch bestimmt – nämlich durch ihre besondere Schädelgestalt – und könne erklären helfen, warum die Auslöschung von Indianerstämmen unvermeidlich sei.

Die dauerhafte Unterwerfung unter ein fremdes Joch ist das Ergebnis einer mangelhaften Gesamtentwicklung des Gehirns – in animalischer, moralischer und intellektueller Hinsicht – in dem unterworfenen Volk, im Vergleich zu den Organen des Kampf- und Zerstörungssinns und des Selbstgefühls, die es bei Stämmen gibt, die Auslöschung der Unterordnung vorziehen.[18]

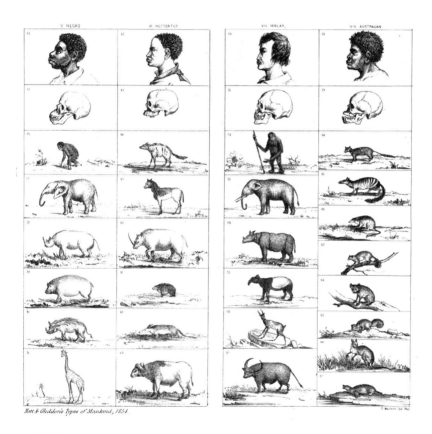

verschiedenen Tier-Spezies, die in den jeweiligen Regionen vorkamen. [Nachdruck aus Josiah Clark Notts Types Of Mankind, 1855; aus dem Ewen-Archiv]

Mit dieser unheilvollen Einschätzung und Verurteilung nahm Combe eine Einteilung vor, die Phrenologen regelmäßig auf „niedere", von Europäern unterworfene Völker anwendeten. Einige davon, wie die Afrikaner oder „Hindus" des indischen Subkontinents, eigneten sich demnach zur Unterwerfung. Andere widersetzten sich von Natur aus jeder Unterwerfung.

Combe erläuterte die „Wissenschaft" hinter dieser Demarkationslinie: Die „Gesamtgröße des Gehirns" der Hindus sei „geringer als die Gesamtgröße des Gehirns" der sie unterwerfenden Engländer. Und doch, so fuhr er fort,

> sind bei ihnen die moralischen und intellektuellen Hirnregionen im Verhältnis zur animalischen Region größer als bei den Kariben [Taino u. a.] oder Irokesen. Mehr Größe der moralischen und intellektuellen Region im Verhältnis zur animalischen Region ergibt Fügsamkeit, während eine mangelnde Gesamtgröße mit Charakterschwäche einhergeht.

Die Gehirne der Kariben und Irokesen dagegen kennzeichnete ein umgekehrtes Verhältnis von intellektuellen zu animalischen Fähigkeiten. Ihre „Organe des Selbstgefühls, der Festigkeit, des Kampf- und Zerstörungssinns", die allesamt als animalisch bestimmt wurden, stachen unter diesen „eingeborenen Rassen" hervor, während „moralische und intellektuelle Organe" laut Combe verkümmert seien. Diese Kombination nun bedeutete, erklärte Combe, dass sie sich niemals der Kontrolle durch Europäer fügen würden. Da sie sich aber zugleich auch nicht der „überlegenen Stärke" der ihr Land besetzenden Europäer erwehren konnten, blieb ihnen nur, so Combe, „ausgelöscht oder in ferne Gefilde vertrieben zu werden".[19] Anderswo in der Welt gab es interessante Parallelen. So machten sich in den 1830er-Jahren englische Siedler im östlichen Südafrika den Jargon der Phrenologie zueigen und warteten mit vergleichbaren Argumenten auf, um gewaltsame politische Maßnahmen gegen Xhosa in dieser Gegend zu rechtfertigen.[20]

In den USA war die Phrenologie seit den charismatischen Auftritten Johann Spurzheims und seinem Aufsehen erregenden, wenn auch plötzlichen Ableben ein populäres Faszinosum. Nachdem die Phrenologie in der Neuen Welt Wurzeln geschlagen hatte, passte sie sich rasch den besonderen Bedürfnissen der Angloamerikaner an, welche die Wildnis in etwas Beherrsch- und Kontrollierbares zu verwandeln suchten. Einer Bevölkerung, die sich um die Kontrolle über eine versklavte, widerspenstige und aufsässige Bevölkerung bemühte, bot die Phrenologie eine Erklärung und eine Terminologie, mit der Unterwerfung zu einer wissenschaftlich begründeten Unvermeidlichkeit wurde. Combe drückte das so aus: „Die charakterlichen Neigungen müssen von einer Macht gezügelt und geleitet werden, damit sie nicht in wilden Missbrauch ausarten."[21]

Zwar huldigte Morton der Phrenologie in erheblichem Maß, doch war sein eigenes Werk sehr viel schlichter gestrickt. Beruhte die Phrenologie auf einem Verständnis des Gehirns als eines komplex beschaffenen Gebildes hoch spezialisierter Regionen oder Organe, so vertraute Morton bei seiner Beurteilung der Rassen auf ein Einzelmessverfahren. Seine einfache Gleichsetzung von Intelligenz und Gehirngröße markierte den Beginn der simpler gestrickten Wissenschaft der Kraniometrie, die weit weniger zeitaufwendig war als die Phrenologie, doch in ihren Urteilen nicht weniger eindeutig.

Über den anhaltenden Einfluss seiner Schriften hinsichtlich der Minderwertigkeit der Indianer hinaus, war Morton auch den sklavereifreundlichen Kräften von großem Nutzen. In den 1840er- und 1850er-Jahren inspirierten seine Ideen eine neue „American School of Ethnology", der zufolge „die Rassen des Menschengeschlechts als eigene und ungleiche Spezies getrennt voneinander geschaffen wurden".[22]

In den Jahrzehnten vor dem Amerikanischen Bürgerkrieg wurde Morton – zusammen mit seinen zwei Adepten George Gliddon und Dr. Joshua C. Nott – zum führenden Vertreter der Ansicht, dass Kaukasier und Äthiopier als Spezies nicht miteinander verbunden und Schwarze im Gegensatz zu Weißen von Natur aus zur Versklavung geeignet seien. Als Mortons Ansicht dann Unterstützung vom berühmten Schweizer Naturalisten Louis Agassiz erhielt, war die Kraniometrie endgültig zu einem Eckpfeiler der anthropologischen Wissenschaft geworden. Agassiz war der führende europäische Schüler des Baron Cuvier und 1846 zum Professor in Harvard ernannt worden. Dort richtete er ein Museum für vergleichende Zoologie ein und, so Stephen Jay Gould, „begründete und steigerte das Ansehen der amerikanischen Biologie im 19. Jahrhundert" mehr als irgendjemand sonst. Agassiz' Unterstützung bedeutete für Morton ein beachtliches und dauerhaftes Gütesiegel. Als Morton 1851 starb, hieß es in einem Nachruf der New York Tribune, dass „wohl kein zweiter Mann in Amerika unter den Gelehrten dieser Welt einen besseren Ruf genoss als Dr. Morton".[23]

Nach Mortons Tod taten seine Adepten Nott und Gliddon gemeinsam mit Louis Agassiz das Ihrige, um das Vermächtnis ihres Mentors dauerhaft zu bewahren. 1854 veröffentlichten sie *Types of Mankind: or Ethnological Researches Based Upon the Ancient Monuments, Paintings, Sculptures and Crania of Races and upon Their Natural, Geographical, Philological, and Biblical History* [Typen des Menschengeschlechts: oder ethnologische Forschungen auf der Grundlage altertümlicher Bauwerke, Gemälde, Skulpturen und Rassen-Schädel, und ihrer natürlichen, geografischen, philologischen und biblischen Geschichte], ein Werk zur Verteidigung der Sklaverei. Darin enthalten war auch ein großer Aufsatz von Agassiz mit detaillierten Karten und Tabellen zu Rassenunterschieden, in dem er für ein polygenistisches Verständnis der menschlichen Typen argumentierte. Während Monogenisten den Homo sapiens als eine einzige Spezies mit verschiedenen, ungleichen Varietäten betrachteten, stellten für Polygenisten wie Agassiz die einzelnen Rassen separate Spezies dar.[24]

Während sich in den USA die phrenologische Analysemethode weiterentwickelte, ersetzte in Europa Mortons Kraniometrie – mit Agassiz' Rückendeckung – allmählich die Phrenologie als führendes wissenschaftliches Instrument zur Messung von Intelligenz. In Frankreich – nach wie vor das premier milieu naturkundlicher Studien – war es Paul Broca, der Mortons Ansatz übernahm und ihn zur wissenschaftlichen Norm machte.

Broca, der Gründer der Pariser Anthropologischen Gesellschaft, verehrte Morton als Gründungsvater der physischen Anthropologie. Er teilte Mortons Überzeugung, dass die Rassen separate und eigene Spezies darstellten, und glaubte zudem, dass sich Rassenunterschiede mittels Gehirnmessungen aufspüren ließen. Nur in einem Punkt wich er von Mortons Methode ab: Wann immer möglich verzichtete er auf die ungenaue Messung des Gehirnvolumens und vertraute stattdessen auf die vermeintlich präzisere Messung des Gewichts. Trotzdem war Morton seine Inspirationsquelle. „Wenn Deutschland seinen Blumenbach hatte, England seinen Prichard [den Autor von *The Natural History of Man*, eines einflussreichen Buchs über Rassenunterschiede, das in einem der folgenden Abschnitte noch behandelt wird] und Amerika seinen Morton", beklagte Broca 1862, „so kann die französische Anthropologie sich bislang keines Namens von gleichem Rang rühmen." Broca stellte sich der Herausforderung, und wurde innerhalb weniger Jahre zum „bedeutendsten Kraniometriker der Welt".[25]

Das Wiegen von Gehirnen entwickelte sich zu einer europäischen idée fixe, und für Broca wie für andere war es das Gehirn des Baron Cuvier, das in dieser Hinsicht Maßstäbe setzte. Obwohl Cuvier seit über dreißig Jahren tot war, wurde seine vielgerühmte Intelligenz in Verbindung mit einem ungewöhnlich schweren Gehirn (das es laut Obduktionsprotokoll auf ein Gewicht von 1.830 Gramm brachte) von Kraniometrikern als Beweis dafür angesehen, das Gehirngröße und Intelligenz aufs Engste miteinander zusammenhingen. Auch Spurzheims Gehirn war, wenngleich es mit 1.615 Gramm nicht ganz an Cuviers Meisterstück heranreichte, als Zeichen von Genie angeführt worden.

Gemäß der fragwürdigen Methodologie Mortons war die Gehirngröße das entscheidende Kriterium, das die Bedeutenden von den Gewöhnlichen, die Überlegenen von den Minderwertigen, die Männer von den Frauen schied. Die kleineren Gehirne, die man Frauen, Kindern und Afrikanern zuschrieb, wurden in der Regel als Beleg minderer oder – im Falle weißer männlicher Kinder – unentwickelter Intelligenz angeführt. Tatsächlich diente der kindliche Geist als übliche Metapher zur Beschreibung der unterlegenen Geisteskraft von Frauen oder von Männern der „primitiven" Rassen. Vor dem Hintergrund dieser Fixierung auf die Größe präsentierte Broca nun seine Auffassung von menschlicher Unterschiedlichkeit.

Im Allgemeinen ist das Gehirn bei Erwachsenen mittleren Alters größer als bei betagten, bei Männern größer als bei Frauen, bei bedeutenden Männern größer als bei Männern von mittelmäßiger Begabung, bei überlegenen Rassen größer als bei minderwertigen ... ceteris paribus gibt es eine bemerkenswerte Beziehung zwischen der Entwicklung von Intelligenz und dem Gehirnvolumen.[26]

Zwar maß Broca auch dem Gesichtswinkel eine gewisse Bedeutung bei, doch hielt er die Gehirnmessung für die wichtigste Methode der Anthropologie. Mehr als alles andere, erklärte er, könne sie dabei helfen, den relativen Wert verschiedener Rassen auf objektiver Grundlage zu bestimmen.

Die große Bedeutung der Kraniologie hat Anthropologen mit solcher Wucht getroffen, dass viele von uns andere Bereiche unserer Wissenschaft vernachlässigt und sich nahezu ausschließlich der Untersuchung des Schädels verschrieben haben ... Von derlei Messdaten erhoffen wir uns relevante Informationen über den intellektuellen Wert der verschiedenen menschlichen Rassen.[27]

Spätere Untersuchungen haben gezeigt, dass die Gehirngröße über das gesamte bunte Spektrum des Menschengeschlechts variiert. Doch wann immer Broca es mit einem afrikanischen oder asiatischen Gehirn zu tun hatte, das von seinen Folgerungen abwich und seine angeblich wissenschaftlichen Methoden hätte infrage stellen können, ignorierte er die Befunde und hielt an seinen vorgefassten Meinungen fest. Zeigte man ihm eine Grafik, die seine Evidenz infrage stellte, antwortete er wie folgt:

> Dies tut der Bedeutung von geringer Gehirngröße als Anzeichen von Unterlegenheit keinen Abbruch. Die Tabelle zeigt, dass das Schädelvolumen westafrikanischer Sklaven um rund 100 Kubikzentimeter unter der von Europäern liegt. Was diesen Wert angeht, können wir auch noch die folgenden Völker anführen: Kaffer, Nubier, Tasmanier, Hottentotten, Australier. Diese Beispiele genügen als Beweis dafür, dass das Gehirnvolumen – wenn es auch keine entscheidende Rolle bei der Bestimmung der intellektuellen Rangfolge der Rassen spielt – tatsächlich von Bedeutung ist.[28]

Stieß man bei einem berühmten Europäer auf ein relativ kleines Gehirn, wurde es ebenso konsequent ignoriert wie ein relativ großes bei einem Nicht-Europäer. Die Tatsache, dass Franz Joseph Galls Gehirn nur magere 1.198 Gramm wog, wurde niemals angeführt, um seine Bedeutung oder Intelligenz infrage zustellen. Dasselbe gilt für das 1.282-Gramm-Gehirn Walt Whitmans.

Ironischerweise brachte Brocas eigenes Gehirn, als dieser 1880 gestorben war, mittelprächtige 1.484 Gramm auf die Waage, was seine Gefolgsleute freilich unbeeindruckt ließ. Die Kraniometrie war – entgegen ihrer scheinbaren Objektivität – immer eine einäugige Wissenschaft.[29]

13. Eine amerikanische Geschichte

Orson Squire Fowler wurde 1809 geboren und wuchs auf einer Farm in Steuben County, New York, auf. Als ältestes von drei Kindern hatte er einen Bruder, Lorenzo, und eine Schwester namens Charlotte. Obwohl Fowlers Eltern ihren Lebensunterhalt mit Landwirtschaft verdienten, reichten ihre Interessen doch über die Grenzen ihrer Äcker hinaus. So war seine Mutter eine große Literaturliebhaberin, während sein Vater in der örtlichen Gemeinde als Pfarrer diente.

In entsprechend gebildeten, wenn auch recht ärmlichen Verhältnissen aufgewachsen ging Fowler schließlich zum Studium ans Amherst College, wo er 1829 mit vier Dollar in der Tasche eintraf. Im Herbst 1832 begann er, angesteckt vom Enthusiasmus im Zusammenhang mit Johann Spurzheims Vortragsreise durch Amerika, sich ernsthaft für Phrenologie zu interessieren. Wenngleich einige Professoren in Amherst von der innovativen Theorie der Gehirnlokalisation durchaus beeindruckt waren, wurde Fowlers Begeisterung für die Phrenologie doch zur Zielscheibe des Spotts seiner Kommilitonen. Einer dieser naserümpfenden Studiengenossen war Henry Ward Beecher, der Spross einer altehrwürdigen amerikanischen Familie, der später einmal zu einem der führenden protestantischen Prediger des Landes werden sollte.

Unbeeindruckt von diesem Spott nahm Fowler diesen vielmehr zum Anlass, den anderen sein Steckenpferd näher zu erläutern. Als man eine studentische Debatte über das Thema „Phrenologie" anregte, packte Fowler die Gelegenheit beim Schopf und übernahm die Rolle des Fürsprechers; Beecher wiederum wollte dagegen argumentieren. In dieser Debatte aber legte Fowler die Wirkungsmacht der Phrenologie dermaßen überzeugend dar, dass Beecher auf der Stelle bekehrt war und seinen Standpunkt mitten in der Debatte aufgab. Nach dieser bemerkenswerten Konversion zogen Fowler und Beecher gemeinsam ein Geschäft auf, indem sie gegen eine Gebühr von jeweils zwei Cent die Köpfe von Amherst-Studenten und anderen Leuten examinierten. Fowlers Gespür für das geschäftliche Potenzial der Phrenologie sollte seine Aktivitäten, wie auch die seiner Geschwister, bis ans Ende seines Lebens prägen.

Als Fowler sein Studium in Amherst abgeschlossen hatte, gedachte er zunächst, am Lane Seminar eine Pfarrerausbildung zu absolvieren, wo man ihn auch als Student aufnahm. Doch noch bevor er diese Ausbildung beginnen konnte, gaben gewisse Ereignisse seinem Leben eine andere Wendung. Verärgert über die Unzulänglichkeit einer von einem Freund gehaltenen Vorlesung über Phrenologie, entschied Fowler, dass er zur Verteidigung seiner geliebten Wissenschaft den Fehdehandschuh aufnehmen müsse. Diese Entscheidung gebar eine neue Karriere. Fowler beschrieb die Anfänge dessen, was einmal ein höchst erfolgreiches Unternehmen werden sollte, wie folgt:

> [Das Unvermögen meines Freundes] stachelte meinen Ehrgeiz an, mich selber an Vorlesungen über Phrenologie zu versuchen ... Eines Nachts lag ich bis zum helllichten Tage wach, zunächst darüber sinnierend, ob ich einen Versuch wagen sollte, was ich mir schließlich fest vornahm; anschließend ging ich meine Aufzeichnungen für die Entwürfe der Flugblätter und Werbeanzeigen durch, zuletzt auch noch unsere Verbesserungen der Definitionen einzelner Fähigkeiten in der Tabelle. Knapp eine Woche brachte ich damit zu, kaufte Papier, heuerte einen Drucker an und brachte schließlich eintausend Exemplare [seiner Tabelle] und dazu noch die Flugblätter in Umlauf; ich bestellte eine [phrenologische] Büste und Werke über Phrenologie im Gesamtwert von 32 Dollar, begann mit meinen Vorlesungen, gab allen meine Visitenkarte, nahm von den Männern zwölfeinhalb Cent für eine ausgefüllte phrenologische Tabelle, von Frauen und Kindern sechseinviertel Cent, und erlöste 40 Dollar.[1]

Fowlers ausgeklügelte Strategie zur Propagierung der Phrenologie war so erfolgreich, dass er schon bald davon leben konnte, von Stadt zu Stadt zu ziehen, über sein Thema zu dozieren und gegen Gebühr Köpfe zu untersuchen. Für den Preis einer Untersuchung erhielt jeder Kunde eine persönlich von Fowler ausgefüllte phrenologische Tabelle. Ohne akademische Ausbildung oder höheren Abschluss fing er an, sich als „Professor Fowler" zu vermarkten und nahm zudem seinen jüngeren Bruder Lorenzo mit ins Boot.

Als Team stellten die beiden Brüder ein gediegenes und zugleich unterhaltsames Programm auf die Beine. Zunächst bestimmte Lorenzo, vor dem großen Diagramm eines Kopfes stehend, jedes Organ des Gehirns und beschrieb die damit jeweils assoziierte Fähigkeit oder Neigung. Nach dieser Einführung in das Gesamtsystem ergriff Professor Fowler das Wort und erläuterte in einfacher, bisweilen mit merkwürdigen Fachausdrücken gewürzter Sprache die wunderbaren Möglichkeiten der Phrenologie als Schlüssel zur Selbstverbesserung. Sei die Schädelgestalt einer Person erst einmal festgestellt, so erklärte der

Professor, könne diese ihre Anstrengung auf die verbesserungswürdigen Fähigkeiten verwenden. Im Anschluss an diese kostenlose Darbietung stand das Publikum dann Schlange, um sich gegen Bezahlung von einem der Brüder individuell untersuchen zu lassen und eine jener Tabellen mit nach Hause zu nehmen, die wertvolle Anleitungen für die persönliche Zukunft enthielt.

Wenngleich die Fowlers – zu denen sich bald auch Schwester Charlotte und deren Ehemann, ein Arzt namens Samuel Wells, gesellten – die bei Weitem erfolgreichsten Vertreter der Phrenologie in den USA wurden, waren sie doch nur Teil einer ganzen Bewegung umherziehender Missionare. Fahrende Redner, die über praktische oder geistig anregende Themen dozierten, waren in der damaligen Gesellschaft

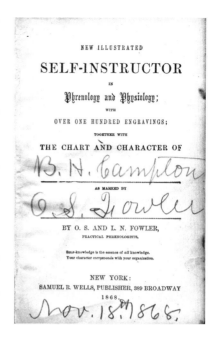

[Nachdruck aus O. S. und L. N. Fowlers The New Illustrated Self-Instructor, 1868; aus dem Ewen-Archiv]

generell eine wichtige Quelle der Unterhaltung und Bildung von Angloamerikanern. Reformbewegungen innerhalb der Mittelschicht fanden besonders bei jungen Leuten Anklang, die inmitten des Durcheinanders einer aufkommenden Industriekultur nach Halt suchten. Religiöse wie säkulare soziale Bewegungen grassierten und boten bunteste Mischungen aus Erweckungsbewegung, Ernährungs- und Kleidungsreformen, kommunitaristischen Experimenten, sklavereifeindlichen Aktivitäten und früher Frauenrechtspolitik. Jede dieser Entwicklungen wurde mit großen Worten vorangetrieben und gründete in der Hoffnung auf eine bessere soziale und ideelle Ordnung.

In den 1830er- und 1840er-Jahren kletterte dann auch die Phrenologie in den Ring und wurde bald zu einem Massenphänomen. Ihre Verheißungen erreichten fast jedes Dorf, jede Klein- und Großstadt, und wo immer das Thema zur Sprache kam, fand es enthusiastischen Anklang. Auf jeder Veranstaltung ließen die Besucher bereitwillig ihr Geld, sodass phrenologische Utensilien bald

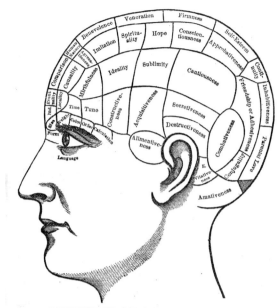

[Nachdruck aus O. S. und L. N. Fowlers The New Illustrated Self-Instructor, 1868; aus dem Ewen-Archiv]

in vielen Haushalten zu finden waren. Der Historiker John Davies, der sich mit dieser Manie beschäftigt hat, sprach zusammenfassend von „einer Kombination aus Yankee-Missionar und Yankee-Hausierer, der allen Zuhörenden eine Portion Pflichteifer und allen Kaufwilligen nützliche Waren verabreichte".[2]

Wie viel Geld sich mit dieser gesellschaftlichen Obsession verdienen ließ, konnten Orson, Lorenzo und Charlotte Fowler mit eigenen Augen sehen, und so machten sie – gemeinsam mit Samuel Wells – aus der Phrenologie ein höchst erfolgreiches Geschäft. Wells, der über hohes unternehmerisches Geschick verfügte, übernahm die Geschäftsführung und leitete einen Verlag namens „Fowler and Wells", der über die Jahre etliche Bücher veröffentlichte, aber auch das zwischen 1838 und 1911 regelmäßig erscheinende *American Phrenolo-*

gical Journal. Orson hielt weiterhin Vorlesungen und wurde zum wichtigsten Autoren des Unternehmens. Lorenzo – manchmal auch nur L. N. genannt – war ein begnadeter Kopf-Examinator und zuständig für die Untersuchungen. Charlotte bot Phrenologie-Kurse für Frauen an.[3]

Bald entschieden sie, nicht länger herumzureisen, sondern die Phrenologie in Form eines Museums nebst Untersuchungsraum zu einer lehrreichen Touristenattraktion für Leute aus Nah und Fern zu machen. Nachdem sie ihr erstes Phrenologie-Museum zunächst in 210 Chestnut Street in Philadelphia eröffnet hatten, zogen sie 1835 nach New York und eröffneten ihr Museum von neuem in Clinton Hall, einem imposanten Gebäude mitten im Geschäftsviertel der Stadt.[4]

1841 begannen sie – in Zusammenarbeit mit einem Künstler, der eine neue Abguss-Technik entwickelt hatte – mit der Sammlung von Lebendabgüssen der Köpfe prominenter Männer Amerikas. Diese lebensechten Faksimiles bildeten, ergänzt um spekulativere Skulpturen berühmter historischer Figuren, eine phrenologische Ruhmeshalle, in der Geistesgröße anschaulich vor Augen trat. Diesen Köpfen stellte man die Schädel angeblich unterlegener Typen gegenüber, darunter Diebe, Mörder, Neger, Indianer, Kannibalen, Schwachsinnige, Piraten und andere verrufene Typen.[5] Als „Phrenological Cabinet" wurde diese dualistische Darstellung zu einem zentralen Teil der Ausstellung im Museum von „Fowler and Wells". Nachdem sie auch noch George Combes Büsten- und Schädelsammlung erworben hatte, besaß die Gruppe schließlich 1842 ein Museum mit über eintausend Exponaten, die höchst anschaulich von Großartigkeit und Degeneration, Klugheit und Dummheit, Gut und Böse kündeten. Wie ehedem ihre Darbietung als fahrende Schausteller war auch der Eintritt ins Museum kostenlos. Abertausende kamen, sodass die Besucherzahlen des Phrenological Cabinet bald denen von Barnum's American Museum Konkurrenz machten.

Nach der Besichtigung der eindrucksvollen Exponate konnten die Besucher den Untersuchungsraum aufsuchen, in dem einer der Fowler-Brüder gegen eine Gebühr von drei Dollar eine förmliche Untersuchung durchführte. Eine solche Analyse begann mit groben Messungen des Kopfes, wobei mit einem Maßband die „Strecke zwischen Ohröffnung und Scheitel, jene zwischen Nasenwurzel und Kopfansatz sowie der Kopfumfang" bestimmt wurden.[6] Um die Größe der einzelnen Gehirnorgane zu bestimmen, denen jeweils eine spezielle Fähigkeit oder Neigung entsprach, bedurfte es des Handauflegens. Feierlich tastete

For a Full Explanation of this Table, and the Marking of

CONDITIONS.	7 Very Large.	6 Large.	5 Full.	4 Average.	3 Moderate.	2 Small.	Cultivate.	Restrain.
Organic Quality......	PAGE 12	12	12	13	13	13	13	13
Health...............	17	17	18	18	18	18	18	18
Vital Temperament.	21	22	22	22	22	22	22	23
Breathing Power.....	24	24	25	25	25	25	25	
Circulatory Power....	26	26	26	26	26	26	26	23
Digestive Power.....	27	27	27	27	27	27	28	29
Motive Temperament.	30	31	31	32	32	32	33	33
Mental Temperament.	35	36	36	37	37	37	37	47
Activity...........	44	45	45	45	45	45	45	46
Excitability.......	46	46	46	46	46	47	47	47
Size of Brain, inches	40	40	41	41	41	41		
1 Amativeness........	76	76	77	77	78	78	78	79
A. Conjugality........	80	80	80	80	80	80	80	81
2. Parental Love.......	82	82	83	83	83	83	83	83
3. Friendship..........	84	84	85	85	85	85	86	86
4. Inhabitiveness......	86	86	87	87	87	87	87	87
5. Continuity..........	87	88	88	88	88	89	89	89
E. Vitativeness........	91	91	91	91	91	91	92	92
6. Combativeness......	92	93	93	94	94	94	94	94
7. Destructiveness.....	95	95	96	96	96	96	96	97
8. Alimentiveness......	97	98	98	98	98	98	98	99
9. Acquisitiveness.....	100	101	101	101	102	102	102	103
10. Secretiveness........	103	103	104	104	104	105	105	105
11. Cautiousness........	105	106	107	107	107	107	107	108
12. Approbativeness.....	108	109	109	109	109	109	110	110
13. Self-Esteem.........	110	111	112	112	112	112	113	113
14. Firmness............	113	114	114	115	115	115	115	115

Im Verlauf ihrer Untersuchungen im Phrenological Museum pflegten die Fowlers diese Tabelle auszufüllen, die ebenfalls im Illustrated Self-Instructor *enthalten ist.*

the Chart, the Reader is referred to Pages 7 and 8.

CONDITIONS.	7 Very Large.	6 Large.	5 Full.	4 Average.	3 Moderate.	2 Small.	Cultivate.	Restrain.
15. Conscientiousness....	PAGE 117	118	118	119	119	119	119	120
16. Hope..............	120	120	121	121	121	122	122	122
17. Spirituality.........	122	123	123	123	123	123	123	123
18. Veneration........	124	125	125	125	125	125	126	126
19. Benevolence........	127	127	127	127	128	128	128	128
20. Constructiveness.....	129	130	130	130	130	130	131	131
21. Ideality	131	132	132	132	132	133	133	133
B. Sublimity..........	133	133	134	134	134	134	134	134
22. Imitation...........	134	135	136	136	136	136	136	136
23. Mirthfulness	136	137	137	138	138	138	138	138
24. Individuality.......	141	141	142	142	143	143	143	143
25. Form..............	144	144	144	144	144	144	144	144
26. Size	145	145	145	145	145	145	145	145
27. Weight...........	146	146	146	146	146	146	147	147
28. Color.............	147	147	147	147	148	148	148	148
29. Order	148	148	149	149	149	149	149	149
30. Calculation	149	150	150	150	150	150	150	150
31. Locality	151	151	151	151	151	151	151	152
32. Eventuality.........	153	153	153	154	154	154	154	154
33. Time..............	155	155	155	155	155	155	155	155
34. Tune	155	155	156	156	156	156	156	156
35. Language..........	157	157	158	158	158	158	158	159
36. Causality	161	161	161	161	161	162	162	162
37. Comparison.........	163	163	163	163	163	163	163	164
C. Human Nature......	164	164	164	164	164	165	165	165
D. Agreeableness.......	165	165	165	165	166	166	166	166

[Nachdruck aus O. S. und L. N. Fowlers The New Illustrated Self-Instructor, 1868; aus dem Ewen-Archiv]

der Phrenologe nach Erhöhungen, Vertiefungen und Unterentwicklungen in bestimmten Schädelregionen, während er seine Befunde einem im Museum angestellten Stenografen diktierte. Die Ergebnisse der Untersuchung wurden schließlich in einem Folianten mit geprägtem Einband festgehalten, der den Titel *New Illustrated Self-Instructor in Phrenology and Physiology, Together with The Chart and Character of* [Name des untersuchten Besuchers] *As Marked by* [Name des Untersuchenden, meist Orson oder Lorenzo Fowler] trug. Der handschriftlich ausgefüllten Tabelle am Anfang des Buches war die Abbildung eines phrenologischen Kopfes beigefügt, an die sich ein ausführlicher Text anschloss, der erläuterte, inwiefern die Phrenologie die Geisteskraft beeinflusste, vom Charakter kündete und ein umfassendes Klassifikationssystem darstellte.

Außer solchen Untersuchungen an Ort und Stelle bot das Museum auch Andenken und Publikationen feil, sodass man sich mit der Phrenologie auch zu Hause beschäftigen konnte. Porzellanköpfe mit der Inschrift „L. N. Fowler" zeigten eine ansprechende, leicht verständliche Karte der Gehirnorgane und ihrer entsprechenden Funktionen. Im Laufe der Jahre wurden diese phrenologischen Köpfe zu ikonengleichen Objekten; zum Zeichen der Persönlichkeit und Gelehrsamkeit ihrer Besitzer schmückten sie private Wohnräume, Büros und Bibliotheken. Außerdem verkaufte das Museum auch Büsten berühmter Männer sowie eine breite Palette an Publikationen, darunter das hauseigene Journal.

Mit wachsender Berühmtheit des Museums und zunehmender Begeisterung der Leute für die Phrenologie richtete „Fowler and Wells" einen lukrativen Versandhandel ein, um die Bedürfnisse jener begeisterten Anhänger zu befriedigen, die nicht persönlich ins Museum kommen konnten. Ein großer Teil dieser Versandwaren bestand aus Büchern und Pamphleten. Mitte der 1850er-Jahre erreichten Orson Fowlers Bücher beachtliche Verkaufszahlen; „eine halbe Million Exemplare befanden sich in Händen der amerikanischen Öffentlichkeit".[7] Neben dem *American Phrenological Journal* gaben Fowler und Wells auch noch die Zeitschrift *The Student: A Family Miscellany and Monthly School-Reader* heraus, die sich an das junge Publikum richtete und phrenologisches Gedankengut in die Schulen trug. *Life Illustrated* schließlich, ein drittes Magazin, war eine allgemeine Wochenzeitschrift für Familien, mit Berichten über aktuelle Ereignisse, über Kunst, Literatur und wissenschaftliche Entdeckungen.

Der Umfang des Handbuch-Katalogs von „Fowler and Wells" nahm im Laufe der Zeit deutlich zu. So enthielt er bald auch ein Buch über Physiologie für Kinder, 1848 von Lorenzos Ehefrau Lydia Fowler verfasst, außerdem – in Vorwegnahme der Schriften Horatio Algers und Dale Carnegies – eine Reihe von Gewusst-wie-Büchern mit Anleitungen zum richtigen Gehen und Reden, zu sozialen Umgangsformen und geschäftlicher Betätigung.[9]

Im ganzen Land schossen phrenologische Laien-Gesellschaften aus dem Boden, und der Versandhandel von „Fowler and Wells" versorgte sie mit Kopien der berühmtesten und berüchtigtsten Exponate des Museums. Schädel kosteten 25 Cent, Büsten 50. Auch Skelette waren im Angebot, neben anderen typischen Anschauungsobjekten. Bestellten sie *en gros*, konnten phrenologische Außenposten ihre eigenen, auf der Autorität des New Yorker Museums gründenden Kabinette einrichten. Neben dem Verkauf solcher Utensilien veröffentlichte „Fowler and Wells" auch einfache Anleitungen, mit denen Anhänger sich selbständig gewisse phrenologische Fertigkeiten aneignen konnten. In einem dieser Handbücher für Laien, *Practical Phrenology*, boten die Fowlers angehenden Phrenologen eine schrittweise Einführung. Eine typische Anweisung las sich wie folgt:

Sie kennen einen Nachbarn von erheblicher charakterlicher Festigkeit, unbeweglich wie eine Eiche und störrisch wie ein Esel. Informieren Sie sich nun über den Ort des phrenologischen Organs der Festigkeit ... und wenden Sie diese Ortsbestimmung auf seinen Kopf an – das heißt: Schauen Sie, ob dieses Organ bei ihm gleichermaßen auffällig ist wie jene Charaktereigenschaft, und wenn Sie eine Übereinstimmung entdecken, so sind Sie im Besitz einer gewichtigen phrenologischen Erkenntnis.[10]

Doch phrenologische Accessoires und Bücher waren nicht die einzigen Produkte im Angebot. „Fowler and Wells" erschloss auch neue Märkte und wurde zu einem innovativen Pionier auf dem Gebiet des Versandhandels. Lange bevor Richard Sears sein später als „Sears, Roebuck and Company" firmierendes Unternehmen gründete, engagierte sich „Fowler and Wells" schon in diesem Bereich amerikanischer Konsumkultur. Ihr Bestellkatalog umfasste Hosenträger und Milchpumpen, Saatmaschinen und Thermometer, Pflanzensamen und Dentalwerkzeuge, Schneiderpuppen und landwirtschaftliche Geräte. Auch der Verlag erweiterte sein Sortiment und publizierte unter anderem die zweite Auflage von Walt Whitmans *Leaves of Grass*.[11] (Whitman hatte eine verkürzte erste Auflage selbst herausgebracht.) Auf Drängen von Charlotte Fowler veröffentlichte der Verlag zudem Susan B. Anthonys und Elizabeth Cady Stantons *History of Women's Suffrage*.

Für die Fowler-Brüder war das Museum weit mehr als nur ein Geschäft oder eine Touristenattraktion. Es war das Herzstück einer Strategie zur Förderung der Phrenologie als einer Lebensweise, oder – wie es im *American Phrenological Journal* hieß – „zur Phrenologisierung unserer Nation, denn dadurch wird diese die Welt verbessern".[13] Um ihre Bemühungen bekannt zu machen, begannen die Fowlers, phrenologische Untersuchungen an prominenten Amerikanern vorzunehmen. Unter ihren Testpersonen befanden sich Ulysses S. Grant, Senator John Tyler, der bekannte sklavereifeindliche Kongressabgeordnete Charles Summer, die Sklaveigegner Theodore Weld und Arthur Tappan – ein reicher Geschäftsmann, der die Untergrundbahn zu finanzieren half –, die renommierte Transzendentalistin Margaret Fuller, die Dichter Walt Whitman und John Greenleaf Whittier, die Bildhauer Hiram Powers und James Stout, der Dichter und Journalist William Cullen Bryant, die Suffragette und Gründerin des amerikanischen Roten Kreuzes Clara Barton sowie der Anführer des Angriffs auf Harpers Ferry, John Brown, dessen Kopf-Analyse ihn als „standhaft wie ein Fels", „zu unverblümt und offen in seiner Rede" und „oft missverstanden" auswies. Diese breit veröffentlichten Untersuchungen sorgten für eine enge Verbindung zwischen der Phrenologie und einflussreichen Amerikanern, die das Ansehen und die Glaubwürdigkeit von „Fowler and Wells" noch weiter erhöhte.[13]

Als praktische Wissenschaft fand die Phrenologie immer mehr Anklang. So äußerte etwa Horace Greeley nach einer Reihe von Zugunglücken die Vermutung, solche Unfälle ließen sich vermeiden, indem man die Lokomotivführer systematischen phrenologischen Tests unterziehe.[14]

Der Pädagoge Horace Mann erklärte, dass die Lehre der Phrenologie gerade noch rechtzeitig käme, um „die Rasse vor ihrer Vernichtung zu bewahren. Hätte sie noch länger auf sich warten lassen", so sinnierte er, „wäre fraglich, ob die Menschen sie überhaupt je hätten entdecken können".[15] Nach Ansicht Harriet Beecher Stowes „sickerte [die Phrenologie] in die Sprache ein, ist ihre Terminologie für den Umgang mit der menschlichen Natur ebenso gut geeignet wie die algebraischen Zeichen für den Umgang mit den Zahlen".[16]

Auch Edgar Allen Poe bediente sich des phrenologischen Jargons, als er seinen Dichterkollegen William Cullen Bryant für dessen „hervorstechende Organe des Idealitätssinns" lobte. In Poes Erzählung „Der Fall des Hauses Usher" wird nicht nur die Physiognomie Roderick Ushers in allen Einzelheiten beschrieben, sondern auch seine phrenologische Gestalt, die von einer „unmäßigen Ausweitung oberhalb der Schläfenregion" gekennzeichnet ist, was allgemein für ein Zeichen von Idealitätssinn gehalten wurde. In Charlotte Brontës Roman *Jane Eyre* aus dem Jahr 1847 hebt ein gewisser Mr. Rochester sein Haar an, um den Blick auf eine fragwürdige phrenologische Schädelgestalt freizugeben. „Er schob die schwarze Locke, die ihm quer über seinen Augenbrauen lag, zurück und enthüllte ein solides anatomisches Volumen an intellektueller Kapazität, doch gleichzeitig auch einen auffallenden Mangel dort, wo sich Verbindlichkeit und Wohlwollen hätten zeigen können." Es heißt, auch Karl Marx habe „die geistigen Fähigkeiten eines Fremden stets anhand der Kopfform beurteilt".[17]

Eine phrenologische Untersuchung durch Lorenzo Fowler am 16. Juli 1849 veränderte Walt Whitmans Leben und kreative Arbeit für immer. Von da an vertraute er auf die Phrenologie als Instrument zur Erforschung des menschlichen und nationalen Charakters. In *Leaves of Grass*, bei „Fowler and Wells" erschienen, fragt er:

Wer bildet ihr euch ein zu sein, dass ihr zu Amerika sprecht und singt?
Habt ihr dieses Land denn studiert, seine Mundarten und Männer?
Habt ihr die Physiologie, die Phrenologie ... des Landes erfasst?[18]

Schon zu Beginn, unter der Ägide von Gall und Spurzheim, hatte die Phrenologie breite öffentliche Aufmerksamkeit gefunden. Doch besaß sie damals noch einen weitgehend wissenschaftlichen Anstrich. Mit den Fowlers und Wells aber wurde die Phrenologie in Amerika zu einem Faszinosum, zum Kern einer neuen Lebensweise, die sich an der praktischen phrenologischen Lehre orientierte. Die Phrenologie, so lehrten die Fowlers und Wells, bot den Mittelschicht-Amerikanern eine schrittweise Anleitung zur Selbstverbesserung, einen Leitfaden für Fragen der Berufstätigkeit und Berufswahl. Sie half bei der Auswahl von Freunden und Partnern und konnte die Menschen durch die Unwegsamkeiten der Ehe geleiten. In den Zeitschriften des Unternehmens waren Ratgeberspalten ebenso verbreitet wie Artikel, die eine Vielzahl von Lebensentscheidungen an eine genaue Kenntnis der Gehirnorgane knüpften. Die *New York Sun*, Amerikas erstes Massenblatt, forderte von allen Stellenbewerbern eine von „Fowler and Wells" zertifizierte phrenologische Tabelle.

Für Angloamerikaner entwickelte sich die Phrenologie zu einer Art praktischer Lebenshilfe und einem Mittel zur Stärkung des Selbstvertrauens. Glaubte man ihren Anhängern, dann befähigte sie die Phrenologie zur Einschätzung ihrer eigenen Stärken und Schwächen, und verhalf ihnen zu größerem persönlichem Erfolg. Orson Fowler schrieb dazu im *Illustrated Self Instructor*:

> In den letzten hundert Jahren ist ein neuer Stern, oder vielmehr eine neue Sonne am Horizont des Geistes aufgegangen – eine Sonne, die mit WISSENSCHAFTLICHER GEWISSHEIT jede geistige Fähigkeit beleuchtet und jene physiologischen Bedingungen offenlegt, die ... das Denken, das Fühlen oder den Charakter beeinflussen.[19]

Der Zweck einer Untersuchung war die „Erfassung des Charakters" in Form einer detaillierten Aufschlüsselung „jener organischen Gegebenheiten, die den Charakter beeinflussen und anzeigen". Anhand der Ergebnisse des Examinators hinsichtlich der „Kraft ... jeder einzelnen Funktion und Fähigkeit" konnte eine Person erkennen, wie sich „ihr Charakter vervollkommnen und ihr Nachwuchs erziehen" ließ. Stellte man bei diesem irgendwelche Schwächen fest, so sollten die Kinder „gewissenhaft gefördert" werden, um „ihren Charakter und ihr Benehmen" zu bessern.[20]

In der Weltanschauung der Phrenologie gab es „zwei Arten [von Charakter], den ursprünglichen und den erworbenen". Während ersterer „von den Eltern ererbt" und das grundlegende Rohmaterial war, mit dem ein Mensch auskommen musste, unterlag der andere dem Einfluss persönlicher Gewohnheiten, guter wie schlechter, womit einer ihrem Ursprung nach deterministischen physiologischen Wissenschaft ein Element von Wahlfreiheit hinzugefügt war.[21] Unter der Führung von „Fowler and Wells" verschmolz die Schädelwissenschaft mit einer Idee moralischer Disziplinierung und Selbstverbesserung, die sich schon in der Autobiografie des Benjamin Franklin findet.

In ihren Schriften lieferten die Fowlers und Wells lehrreiche Lektionen – Geschichten, die den Lesern die großen Entscheidungen im Leben deutlich vor Augen führen sollten. Als Beispiel kann hier die Erzählung von zwei Jungen dienen, die über dasselbe Schädelpotenzial verfügen. Der eine, „der den Weg der Rechtschaffenheit, den Weg nach oben gewählt hat", wird mit einem schönen Leben belohnt. „Er ist ein liebender, geschätzter Ehemann, ein gütiger Vater, ein treuer Freund und ein angesehener Bürger." Der andere, der „den Weg nach unten [gewählt hat] indem er gedenkt, sich ein vergnügtes Leben zu machen und sich nicht in die – wie er es sieht – Zwangsjacke moralischer Disziplin zu fügen", endet schließlich als „Nichtsnutz, Trinker oder völlig Wahnsinniger." Im Laufe dieses Niedergangs verdirbt sogar die Gestalt seines Kopfes, wird dieser „grobschlächtig und hart in den Gesichtszügen".[22]

Wie diese Geschichte zeigt, bestand der Reiz der von der Phrenologie angebotenen Lebenshilfe auch darin, dass sie den Leuten in klarer und verständlicher Form präsentiert wurde. Gall und Spurzheim hatten die Phrenologie noch in eine komplizierte medizinische Begrifflichkeit gekleidet. Für sie beide war die phrenologische Analyse ein Instrument zur Diagnose von kranken wie gesunden Organismen. Die Fowlers und Wells dagegen konzentrierten sich auf die Vermittlung eines Bildes der Anatomie, mit denen die Leute nützliche Dinge über sich selbst erfahren konnten. Unter Verwendung einer höchstaktuellen, von der Fotografie geprägten Begrifflichkeit sprachen sie von der Phrenologie als von „der Kamera, durch die wir auf uns selbst sehen können".[23]

Um ein möglichst klares Bild zu zeichnen, entledigten sie sich des eher obskuren und pathologischen Fachjargons, der die Werke von Gall und Spurzheim geprägt hatte. In seinem Buch *How To Read Character* erklärte Samuel Wells 1869, dass der phrenologische Ansatz von „Fowler and Wells" nach einem „einfacheren und zugleich umfassenderen System auf der Grundlage der Anatomie" strebe.

Es gibt im menschlichen Körper drei große Klassen oder Systeme von Organen, von denen jede ihre spezielle Funktion im Gesamthaushalt erfüllt ... Auf dieser natürlichen Grundlage beruht unsere Lehre von den Temperamenten ... nämlich: 1. das Motiv-Temperament; 2. das Vital-Temperament; 3. das Mental-Temperament.[24]

Laut Orson Fowlers Erläuterung dieser Grundtypen zeichnete sich das „Motiv"-Temperament durch eine „kraftvolle, muskulöse, aktive" Physis aus und umfasste Personen, die unternehmungslustig, kühn und urteilskräftig waren. Das „Vital"-Temperament ließ sich an einer rundlichen Gestalt und einem

„mittelgroßen Kopf" erkennen. Dieser Typus war „auf sich selbst bedacht, geschäftstüchtig, für die Wirtschaft besser geeignet als für theoretische Studien." „Mental"-Typen schließlich erkannte man an „kantigen und scharfen" Gesichtszügen sowie „leidenschaftlichen, heftigen Gefühl". Dieses Temperament ging mit großem Verstand einher und fand sich zumeist bei „ausgezeichneten Schriftstellern und Rednern".

Gemäß diesem übersichtlichen Klassifikationssystem handelte es sich bei den drei Temperamenten um allgemeine menschliche Erscheinungsformen, die bei vielen Menschen in Kombination zu finden waren: etwas hiervon, etwas davon.[25] Da jedes Temperament mit bestimmten Fähigkeiten einherging, war ihre Berücksichtigung für die Berufswahl ebenso nützlich wie für die Auswahl von Angestellten oder die Suche nach einem geeigneten Ehepartner und dergleichen mehr. Zusätzlich zum allgemeinen Temperament gab auch die Entwicklung bestimmter Organe und Regionen detaillierten Aufschluss über jeden einzelnen Typus oder jede Kombination von Typen. Diese ganze theoretische Konstruktion war mit einem System praktischer Ratschläge verknüpft.

Der *Illustrated Self Instructor* enthielt auch Tipps, wie sich Temperament, Fähigkeiten und Lebensentscheidungen verbinden ließen. Strebte jemand zum Beispiel ein kirchliches Amt an, brauchte es ein „mentales Temperament", damit „sein GEIST ÜBER seine animalischen Neigungen eindeutig die Oberhand habe; eine große Frontal- und Scheitelregion, erstere für seine intellektuelle Kraft, letztere für hohe moralische Werte, Ziele und Gefühle, für Erhabenheit des Charakters und tadelloses Benehmen".

Kaufleute sollten, naheliegenderweise, am besten ein „Vital-Temperament" besitzen, da ihr Beruf jenen organisch verankerten Erwerbssinn voraussetzte, der bei Vital-Typen besonders stark ausgeprägt war. Zu den unentbehrlichen Geisteskräften eines Kaufmanns zählten des Weiteren „die Kalkulation" im Hinblick auf die Buchführung sowie „die Anhänglichkeit" im Hinblick darauf, „Kunden zu Freunden zu machen und sie auf diese Weise an sich zu binden".

Rechtsanwälte sollten eine Kombination aus „Mental-„ und „Vital-Temperament" besitzen, intelligent sein und Gefallen am „Geldmachen" haben. Handwerker sollten, wie zu erwarten, ein „Motiv-Temperament" besitzen, das ihnen „Muskelkraft und Liebe zur Arbeit" bescherte. Weitere unverzichtbare Geisteskräfte von Handwerkern waren Konstruktivitätssinn und Imitationssinn, die es ihnen „ermöglichten, ... Werkzeuge mit Geschick zu handhaben, nach einem Muster zu arbeiten, und sich leicht anzueignen, was sie bei anderen sehen".

Ärzte sollten über das eigentliche „Mental-Temperament" hinaus auch einen ausgeprägten „Zerstörungssinn [besitzen], damit sie nicht vor dem Zufügen jenes Schmerzes zurückschrecken, den es zur Heilung braucht". „Die Phrenologie", tönte der *Illustrated Self Instructor*, „kann vorhersagen, ob ein Junge in diesem Beruf erfolgreich sein wird oder nicht. Dasselbe gilt für die Zahnmedizin."[26]

Konzentrierte sich die Phrenologie bei Männern auf ihre Fähigkeiten hinsichtlich weltlicher Aktivitäten und einer Vielfalt von Berufen, so ging es bei Frauen hauptsächlich um Fragen rund um Heim und Herd. Für die Fowler-Brüder, die hier konventionellen viktorianischen Stereotypen folgten, war diese asymmetrische Gewichtung durch Unterschiede in der Kopfgestalt von Männern und Frauen gerechtfertigt.

Ein weiteres wichtiges Argument zugunsten der Phrenologie lässt sich aus dem Unterschied in der Kopfgestalt der beiden Geschlechter ableiten. Im weiblichen Charakter sind Zuneigung zu Kindern und allgemeine Anhänglichkeit zweifellos vorherrschende und bestimmende Leidenschaften, in der Tat viel stärker, als dieselben Leidenschaften beim männlichen Geschlecht. Dementsprechend finden wir auch die Organe der Anhänglichkeit und speziell der Philoprogenitivität [der Kinderliebe] im weiblichen Kopf so stark entwickelt, dass die mittlere Partie des Kopfhinterteils dadurch ausgedehnt und deformiert ist, wodurch sich für den Phrenologen ein sicheres Kriterium zur Unterscheidung von weiblichem und männlichem Kopf ergibt ... Die Verstandesorgane sind beim schwachen Geschlecht nicht so stark entwickelt wie beim starken ... und dementsprechend zeichnen sich erstere weniger durch Originalität und Denkkraft aus, als letztere.[27]

Als Faustregel des phrenologischen Studiums von Köpfen galt, dass Größe einen Unterschied machte. War ein bestimmtes, mit einer speziellen Fähigkeit assoziiertes Gehirnorgan vergrößert, nahm man das als Zeichen für Stärke in diesem Bereich. Eine vergrößerte Region der „Kinderliebe" zum Beispiel wies darauf hin, dass eine Frau eine „gute Mutter" sein würde. War jenes Organ bei einer Frau unterentwickelt, war sie „unmütterlich", also unfähig, Kinder großzuziehen.[28] Besaß ein Mann ein stark entwickeltes Organ des Selbstgefühls,

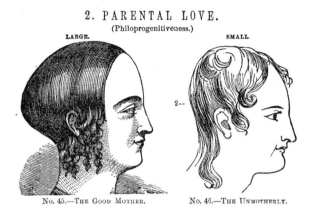

2. PARENTAL LOVE.
(Philoprogenitiveness.)
LARGE. SMALL.

No. 45.—THE GOOD MOTHER.   No. 46.—THE UNMOTHERLY.

*(links und unten)
[Nachdruck aus
O. S. und L. N.
Fowlers* The New
Illustrated Self-Instructor, *1868; aus
dem Ewen-Archiv]*

fiel ihm die Ausübung von „Macht" sehr leicht. Menschen, bei denen die entsprechenden Organe klein ausfielen, zeichneten sich durch eine Neigung zur „Unterordnung" aus. Die Darstellung der einzelnen Fähigkeiten im *Illustrated Self Instructor* war jeweils um positive und negative Beispielen ergänzt, um gegensätzliche Illustrationen, die als Grundlage für ungebührliche Vergleiche dienten. Eine Erörterung des Verehrungssinnes, der die Andacht, die Anbetung eines Höchsten Wesens, sowie die „Bereitschaft zum BETEN, VEREHREN und Befolgen religiöser Riten" steuerte, war mit Zeichnungen zweier Schädel illustriert. Oben auf der Seite sah man einen Schädel mit großer gewölbter Scheitelregion – jenen der „Diana Waters, die durch Philadelphia zog, dabei betend und jeden den sie traf ermahnend, Buße zu tun und zu Gott zu beten". Darunter befand sich, mit einer verkleinerten schalenförmigen Scheitelregion, der Schädel eines „Neger-Mörders, der keinerlei Religion huldigte".[29] In jeder Lektion des Selbststudiums wurden den Lesern Bilder ihrergleichen und anderer gezeigt – nachahmenswerte Vorbilder,

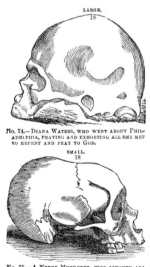

No. 74.—DIANA WATERS, WHO WENT ABOUT PHILADELPHIA, PRAYING AND EXHORTING ALL SHE MET TO REPENT AND PRAY TO GOD.

No. 75.—A NEGRO MURDERER, WHO IGNORED ALL RELIGION.

verachtenswerte Missetäter. „Vergleiche verbieten sich", bemerkte Samuel Wells unter Verwendung einer alten Redensart, „doch im Namen der Wissenschaft sind sie mitunter gerechtfertigt."[30]

Ungeachtet dieser allgemeinen Korrelationen zwischen Größe und Inhalt behaupteten die Fowlers, dass „jede Fähigkeit durch Pflege verbessert werden und durch Vernachlässigung verkümmern kann". Zwar erachteten sie jedes Organ als „normalerweise gut", doch war es unter üblen Umständen auch „anfällig für eine Perversion".[31] Das Organ der Geschlechtsliebe sorgte bei Menschen unter normalen Umständen für den Trieb zur Monogamie und zur Fortpflanzung. In vielerlei Hinsicht bildete dieses Organ die Grundlage des Familienlebens. Unter unvorteilhaften Umständen allerdings konnte dasselbe Organ Amok laufen. „Pervertiert führt es zu Rohheit und Vulgarität in Sprache und Verhalten, zu Liederlichkeit in allen ihren Formen, einem fiebrigen Geisteszustand, verdirbt es alle anderen Neigungen ... und verwandelt das Gefühl der Liebe ... in etwas Ordinäres, Animalisches und Verdorbenes."[32]

Ähnliche Unwägbarkeiten kennzeichneten alle Organe. Das Organ des Erwerbssinnes, das bei entsprechender Größe geschäftlichen Erfolg ermöglichte, konnte auch, unter ungünstigen Bedingungen, einen Dieb oder Mörder zu seinen Taten treiben. Zugleich konnte ein unterentwickeltes Erwerbs-Organ extreme Großzügigkeit bewirken, wie im Fall eines gewissen „Mr. Gosse, [der] ... sein Vermögen gleich zweimal fortschenkte".[33]

In vielerlei Hinsicht machten die Fowlers und Wells Ideen populär, die auf Spurzheim zurückgingen: dass die Gehirnorgane die Grundlage des Charakters bildeten, und dass die Geisteskräfte von Natur aus gut und verbesserungsfähig seien, wobei die Fowlers und Wells die Zahl der Geisteskräfte von Spurzheims 35 auf 37 erhöhten. Doch ihre entscheidende Veränderung des phrenologischen Dogmas bestand darin, dass sie der Physiognomie wieder eine Bedeutung zusprachen. Obwohl sie das Gehirn noch immer als bestimmenden Faktor ansahen, galten ihnen auch andere Aspekte der äußeren Erscheinung eines Menschen als Anhaltspunkte bei der Charakteranalyse. „Alle phrenologischen Organe", schrieb Orson Fowler, „haben jeweils eine Entsprechung im Gesicht."[34] In der Anonymität New Yorks oder anderer Städte, auf deren Straßen es von fremden Menschen nur so wimmelte, bedeutete die Fähigkeit zu schnellen Urteilen auf der Grundlage physischer Merkmale eine Art Überlebenshilfe und wurde in den praktischen Übungen der Phrenologie auch als solche behandelt.

Eine der grundlegenden Unterscheidungen in körperlicher Hinsicht, die von den Fowler-Brüdern hervorgehoben wurde, war jene zwischen „Feinheit" und „Grobheit" des Haars.

In der Feinheit der Struktur manifestiert sich ein erlesenes Feingefühl, wie sich in der Gegenüberstellung von Mensch und Vieh oder Blonden und Grobhaarigen zeigt. Dementsprechend sind Grobhaarige auch grob im Fühlen und insgesamt gröber strukturiert. Dagegen sind jene von feiner innerer Verfassung ebenso hell im Urteilen, wie bei ihnen auch das Haar, die Haut usw. beschaffen ist.

Für die Fowlers war dieser Dualismus insofern von besonderer Bedeutung, als er auch mit gewissen Fragen der Rasse und Gesellschaftsschicht zusammenhing, die Mitte des 19. Jahrhunderts in den USA diskutiert wurden. Grobes Haar verband man in erster Linie mit Schwarzen und anderen „dunklen" Menschen, feines Haar dagegen mit Angloamerikanern. Diese implizit ethnische Demarkationslinie lieferte tief verwurzelten Klassenunterscheidungen eine vermeintlich wissenschaftliche, auf körperlichen Merkmalen beruhende Grundlage.

Grobhaarige Menschen sollten niemals Zahnärzte oder Büroangestellte werden, sondern sich eine Tätigkeit im Freien suchen, wo sie auch mit schwerer Arbeit zufrieden wären ... während Menschen mit feinem dunklen oder hellen Haar rein intellektuelle Beschäftigungen wählen und Dozenten oder Schriftsteller werden können. Rothaarige Menschen [vielleicht eine Anspielung auf irische Arbeiter] sollten sich eine Anstellung im Freien suchen, da sie viel Luft und Bewegung brauchen, während Menschen mit feinem hellen Haar Beschäftigungen wählen sollten, bei denen es auf Geschmack und Scharfsinn ankommt; zugleich aber sollten sie sich zur körperlichen Ertüchtigung ausreichend bewegen.[35]

In der Geschichte der modernen Stereotypisierung kommt der Nase bei der Charakteranalyse eine zentrale Rolle zu. Auch die Fowlers maßen ihr große Bedeutung bei. „Je kultivierter und entwickelter die Rasse", befand Samuel Wells, „desto feiner die Nase." Unter Kaukasiern, so fügte er hinzu, seien Nasen tendenziell „elegant, edel und schön". Solche Nasen galten als Anzeichen für Kultur und Zivilisiertheit.

„Die Tochter aus vornehmem Hause", schwärmte Wells von einer schönen und eleganten Irin, zeichne sich durch eine Nase aus, die „voll ausgeprägt und symmetrisch" sei. Bei Iren der Unterschicht – „Moortrampeln, deren Daseinsberechtigung allein in jener Zersetzung und Brutalität besteht, die sich über unzählige Generationen von Stumpfheit und Gemeinheit vererbt hat" – war die Nase, erwartungsgemäß, „nur zur Deformation hin entwickelt". Des Weiteren, fuhr er fort, „kündet allein die Nase von Rang und Stellung ihres Trägers."[36]

Physiognomische Beschreibungen der Nase verbanden sich unmissverständlich mit rassischen Charakterunterscheidungen und waren eindeutig an ein angloamerikanisches Publikum gerichtet. Dies zeigt sich beispielsweise an Wells' Beschreibung der „Heimlichtuerischen Nase".

Die Ausbreitung der [Nasen-]Flügel zum Gesicht hin zeigt die Fähigkeit zur Verheimlichung an. Schließen Sie den Mund und weiten Sie die Nasenlöcher. Beim Neger, dem Chinesen, den nordamerikanischen Indianern und bei den meisten wilden und halb-zivilisierten Volksstämmen fällt dieses Merkmal groß aus. Es disponiert einen Menschen, nach Verheimlichung zu streben, Dinge zu verbergen, sich versteckt und im Dunklen zu halten ... Der Neger ist sehr heimlichtuerisch; er hat in der Regel „keine Ahnung von nix", wenn man irgendeine Information aus ihm herauszubekommen versucht. Die Chinesen sind, was diesen Charakterzug angeht, noch bemerkenswerter. Und im Allgemeinen zeigt sich diese Veranlagung bei Frauen stärker als bei Männern.[37]

> Physiognomy 55
>
> action, geniality, a love of the practical rather than the ideal.
>
> 23. THE HAWK OR JEWISH NOSE.
>
> This peculiar nose is universally regarded as typical of the Semitic race, who from time immemorial have always been distinguished by this characteristic feature (Fig. 12). In the time of Moses, a flat or insignificant nose was considered as a deformity, and its possessor not deemed worthy to even present an offering at the altar (Lev. 21 : 18). Convex in shape, the nostrils sharply cut, this nose resembles the beak of a bird. It is usually abnormally large, and does not harmonize with or balance the other features. Intellectual power and talent are indicated, and capacity for concentration, also aggressiveness, coarseness, lack of refinement, and the pointed contour speaks of cruelty and disregard of the feelings of others.
>
> FIG. 12. Jewish nose.
>
> 24. THE POINTED OR ACUTE NOSE.
>
> The pointed nose is thin in substance, the skin tightly drawn over the bone. It descends in a

Leila Lomax, eine Phrenologin des frühen 20. Jahrhunderts, nahm diesen Abschnitt über die „Jüdische Nase" in ihr Buch „How to Read Character in the Face and Determine the Capacity for Love, Business, or Crime" auf. [Nachdruck aus Leila Lomax' Physiognomy, 1905]

Wie kaum anders zu erwarten, bot eine Betrachtung von Juden und ihren Nasen eine vortreffliche Gelegenheit zur Analyse des Rassencharakters. „Die jüdische Nase", schrieb Samuel Wells, weise unverkennbar auf „Erwerbssinn" hin.

Die Kaufmännische Nase ist Zeichen einer weltgewandten Gerissenheit, einer Charakterkenntnis und der Fähigkeit, aus dieser Kenntnis Profit zu schlagen ... Erwerbssinn zeigt sich nicht am Verlauf des Nasenrückens, sondern an der Breite der Nase, die allgemein beträchtlich ist.[38]

Professor Fowler würzte diese Darstellung noch mit einer Prise Boshaftigkeit: „Der Erwerbssinn befindet sich zu beiden Seiten der Mittelpartie der Nase, an deren Übergang zu den Wangen, wodurch die Nasenbreite dem Geldscheffel-Instinkt entspricht, wie etwa bei den Juden."[39]

Neben den Gesichtszügen lieferten auch der Gang und die Art der Bekleidung dem Phrenologen nützliche Information zur Charakterisierung anderer Personen. Auch hier orientierten sich die Verallgemeinerungen an rassischen und sozialen Kategorien. Während man sich bei einem kultivierten Gentleman auf einen stolzen und eleganten Gang verlassen könne, so Wells, zeichneten sich Vertreter der Unterschicht durch „langsames schwerfälliges Trotten aus ... entsprechend der Haltung des „Mir-doch-egal" der unteren Zehntausend, seien sie nun weiß oder schwarz."

Was die Kleidung anbelangt, so war Wells der Ansicht, dass kultivierte Personen der Mittelschicht „weiche und gemischte Farben" bevorzugten. Sittsam und zurückhaltend zeigten sie „den besten Geschmack im Hinblick auf eine Kleidung, die keine Aufmerksamkeit erregt". „Die Ignoranten, Niederen und Ordinären" dagegen „bevorzugen kräftige Farben". Und er fuhr weiter fort:

Die ungebildeten Afrikaner wählen zu ihrer Zierde die grellsten Farben und lieben es, „sich aufzutakeln", in prahlerischem Putz. Dasselbe gilt für die Indianer und, in gewissem Maße, die niederen weißen Männer und Frauen.

Was Wells an dieser Art der Bekleidung am meisten störte, war ihre Auffälligkeit. Jene Leute, die er lieber gemieden hätte, waren in ihrer Grellheit unübersehbar. „Grobe und dumme Personen, die es sich leisten können, kleiden sich oftmals in ‚Negerputz' ... je leuchtender die Farben, desto besser; ihnen geht es einfach nur darum, Aufmerksamkeit zu erheischen."[40]

Die Phrenologie verstand sich selbst als eine praktische Wissenschaft der Selbstverbesserung, doch aus ihrer – bis ans Ende des 19. Jahrhunderts reichenden – umfangreichen Literatur ging eindeutig hervor, dass das Studium der Phrenologie nicht allen Völkern zugute kommen würde. Die Botschaft der Phrenologie richtete sich an Amerikaner der Mittelschicht, die ob des steten Zustroms von Menschen aus der Arbeiterschicht und – nach 1863 – der Bevölkerungsgruppe freier Schwarzer beunruhigt waren. Insofern zielte die phrenologische Beratung fast ausschließlich auf Angloamerikaner, während die anderen Gruppen als Beispiele eingewurzelter Degeneration angeführt wurden. Waren „kultivierte" – im Allgemeinen mit einer großen Frontal- und Scheitelregion gesegnete – Amerikaner physiologisch für Verbesserungen empfänglich, trugen die anderen Rassen die Bürde überentwickelter animalischer Neigungen sowie geringer Anlagen für verständiges Denken, künstlerische Kreativität und Tugendhaftigkeit. Angesichts der steigenden Zahl von Menschen dieser Kategorie in seiner Umgebung mahnte Samuel Wells die Amerikaner zur Wachsamkeit, damit sie dem Einfluss dieser unteren Schichten entgehen. „Sie müssen all jene Gewohnheiten vermeiden, die den animalischen Leidenschaften zu

Im Inneren des Phrenologie-Museums von Fowler und Wells. [Nachdruck aus The New-York Illustrated News, 1860]

Diensten sind, und sollten danach streben, sich weit über die ordinäre und wachsende Masse zu erheben."⁴¹

Um dieser Warnung Nachdruck zu verleihen, lieferten Wells, die Fowlers und andere aus der phrenologischen Brüderschaft anschauliche Darstellungen dieser Masse, ihrer körperlichen Merkmale und ihrer impulsiven Leidenschaften. So erklärte Orson Fowler 1863, als die Arbeiterschicht von New York noch größtenteils aus Iren bestand: „In den unkultivierten Schichten der Weißen findet sich ein vorstehender Mund (Kiefer und Gebiss) und eine fliehende Stirn, wie sie gemeinhin der Neger aufweist."⁴² In jener Zeit zeigten boshafte Karikaturen die Iren in der Regel mit affenartigen Zügen, ähnlich jenen, die man auch bei den Porträts von Schwarzen aus der Feder von Weißen sah. Diesen Merkmalen entsprach eine Reihe vermeintlich fester Verhaltensmuster. Mit Blick auf die „in Amerika ansässige afrikanische Rasse", stellten die Fowler-Brüder fest, dass „ihre Köpfe im Allgemeinen mittelgroß oder klein" sind. Dann fuhren sie mit einer Beschreibung der Gestalt ihrer Organe fort sowie der Neigungen, die jene hervorbrachten.

Ihr äußerst großes Organ für den Hoffnungssinn macht sie sehr fröhlich und wenig ängstlich hinsichtlich der Zukunft; mit ihrer Beifallsliebe und

Der Untersuchungsraum im Phrenologie-Museum von Fowler und Wells. [Nachdruck aus The New-York Illustrated News, 1860]

ihrem geringen Erwerbssinn sind sie extravagant und dazu prädisponiert, ein bequemes, müßiges Leben zu führen ... Ihre kleinen Denkorgane bieten ihnen nur eine geringe Tiefe und Kraft des Verstandes sowie ein schwaches Urteilsvermögen mit einer sehr geringen Begabung im Erfinden und Planen. Aufgrund ihrer sehr großen Organe für Philoprogenitivität, Anhänglichkeit und Nachahmung sind sie ihren eigenen Familien und den Familien ihrer Herren eng verbunden.

Mit diesen Eigenschaften, erklärten die Fowlers, gingen andere einher, die das Wohl der kultivierten Gesellschaft gefährdeten. „Ihre unbeständigen selbstsüchtigen Organe bewirken jene oft merklichen Extreme der Laune und des Charakters, die mitunter in Arglist, Unehrlichkeit sowie allgemeine Bösartigkeit und Grausamkeit münden."[43]

Wells schlug mit seiner Beschreibung der Afrikaner in Amerika in dieselbe Kerbe. Erstens waren sie in seinen Augen so gut wie gar nicht voneinander zu unterscheiden. „Physiognomische Kennzeichen der Äthiopischen Rasse sind ein relativ langes Gesicht, hervorspringende Wangenknochen, eine flache Nase mit breiten Löchern, dicke Lippen, krauses Haar, hervorspringende Kiefer, tiefliegende Augen ... sowie eine schwarze Haut." Zu diesem Standardpaket, erklärte er, gehöre ein leicht vorhersagbares Temperament.

Der typische Neger ist, was sein Temperament angeht, langsam und träge, jedoch ausdauernd und von hohem Durchhaltevermögen ... Er ist sinnenfreudig, leidenschaftlich, herzlich, gutwillig, fügsam, nachahmend, listig, clever und prinzipienlos. Er lebt in der Wirklichkeit statt im Ideal, ohne an die Vergangenheit oder die Zukunft zu denken. Was seine geistige Entwicklung betrifft, ist er ein Kind; er hat die Tugenden und Makel eines Kindes, und wie ein Kind kann er kontrolliert, diszipliniert, erzogen und geformt werden.[44]

Indianer wurden von den Fowlers nicht anders als auch schon von Combe beschrieben, was die folgenden Bemerkungen Orson Fowlers zeigen:

Der Autor hat Köpfe und Schädel von Indianern vieler verschiedener amerikanischer Stämme gesehen und untersucht; und als ihnen allen gemeinsames Merkmal hat er eine extreme Ausprägung des Zerstörungs-, Verheimlichungs- und Vorsichtsorgans festgestellt ... Ihr extremer Zerstörungssinn führt zu einem grausamen, blutdürstigen und rachsüchtigen Naturell – dem dieser Rasse eigenen Naturell –, das ihnen in Verbindung mit ihrem mittelmäßigen oder geringen Wohlwollen die Ohren gegen die Schreie Notleidender verschließt und sie zu aller Art willkürlichen barbarischen Akten treibt, womit sie die unglückseligen Opfer ihrer Rache quälen.[45]

Chinesen und andere Vertreter der „Mongolischen Rasse" galten zwar als intelligenter, glichen in ihrem Verhalten aber Automaten, ohne Humor und Fantasie. Wie die Gesichter der Äthiopier waren auch die ihrigen – wenngleich von anderer Gestalt – unfähig, Individualität auszudrücken.

Die speziellen Kennzeichen der Mongolen sind ein breites, flaches Gesicht, in dem die einzelnen Teile nur ungenügend unterschieden sind; eine kurze, dicke und generell konkave Nase; kleine schwarze Augen, deren Höhlen sich auf schräger Linie von der Nase zur Schläfe auftun; kaum sichtbare Augenbrauen; grobes, glattes, schwarzes, nicht allzu dichtes Haar; spärlicher oder gar nicht vorhandener Bartwuchs; sowie eine Haut von bräunlichem Oliv.

Diese allgemeinen körperlichen Merkmale wurden um einen Katalog rein phrenologischer Beobachtungen ergänzt.

Die Organe für Kampf, Zerstörung, Erwerb, Verheimlichung, Vorsicht und Konstruktion sind im Allgemeinen stark oder groß, während jene für Idealität, Freude und Schlussvermögen mehr oder weniger mangelhaft sind, worin wir die organische Ursache für die halbblinde aber ausdauernde handwerkliche Tätigkeit sehen, den unermüdlichen, geduldigen Fleiß und das tatkräftige, wenn auch eher instinktive als intelligente Streben nach materiellen Zielen, das diese Rasse auszeichnet.

Genauso, wie Phrenologen herablassende Vergleiche zwischen Kindern und Afrikanern zogen, taten sie auch Frauen generell als besondere und minderwertige Gruppe ab, woran auch Charlotte Fowlers Verbindung zur Suffragetten-Bewegung nichts änderte. So behauptete James W. Redfield, ein Kollege von Wells und den Fowlers, dass die animalischen Organe von Frauen es diesen unmöglich machten, mit Verstand und Umsicht zu handeln.

Eine zu große Dominanz der Gefühle bei Frauen (deren Anzeichen ein zu großer Hinterkopf oder ein zu kleiner Vorderkopf oder manchmal auch beides ist) führt zu unbeherrschbaren Leidenschaften, zu Gefühlsausbrüchen und zum Ausleben der Gefühle ohne Zügelung durch Vernunft oder Besonnenheit. So verhält es sich bei denen, die in Hysterie verfallen ... Ohne regulierende Fähigkeiten der Vernunft reicht schon eine ungewöhnliche Störung aus, um sie in „Aufruhr" zu versetzen, mit entsprechender Wirkung auch auf den Körper.[46]

Solche von Natur aus beeinträchtigten Personengruppen standen auf verlorenem Posten gegenüber der überlegenen Schädelstruktur, die amerikanische Phrenologen europäischen Männern attestierten. „Die speziellen Organe, in denen das kaukasische Gehirn vor allem hervorsticht und die es von den Gehirnen aller weniger entwickelten Rassen unterscheiden, sind jene des Schlussvermögens, der Freude, Idealität und Gewissenhaftigkeit – Geisteskräfte, deren Organe bei wilden und barbarischen Volksstämmen unterschiedslos klein ausfallen", schrieb Samuel Wells. Der kaukasische Schädel, fuhr er fort, rage mit seinen „schönen Proportionen" und seiner „großartigen intellektuellen und moralischen Entwicklung [heraus]. Es wird sich zeigen, wie sehr sich die Schädel anderer Rassen in jeder Hinsicht von diesem unterscheiden."[47]

Diese Beurteilung lieferte eine Rechtfertigung für die besonderen historischen Grausamkeiten, die das Entstehen des Modernen Weltsystems prägten. Angesichts phrenologischer Unterschiedlichkeiten war der europäische Eroberungsfeldzug unvermeidlich.

Genussvoll legte Nelson Sizer, von 1859 bis 1863 Herausgeber des *American Phrenological Journal*, die Dominanz Europas über den Rest der Welt dar und schrieb sie dem Heiligen Gral der Kopfgröße zu:

Der europäische Kopf ist viel größer als der des Hindus, des Chinesen, des Neuholländers, des Afrikaners oder des peruanischen Indianers. Die Unterwerfung von Millionen von Hindus durch 50.000 Engländer, die britische Eroberung Chinas, und die einer ganzen Nation von Peruanern durch eine Handvoll Spanier sowie vergleichbare Triumphe in Mexiko, die Versklavung des Afrikaners durch die englischen Rassen in Europa und Amerika – all dies beweist eindeutig, dass große Köpfe mächtiger sind als kleine, und dass Nationen mit kleinen Köpfen leicht von jenen Nationen unterworfen und beherrscht werden, die große Köpfe und eine vorteilhafte Gehirnausstattung besitzen.[48]

Kunst und Ästhetik hatten im späten 18. Jahrhundert, unter dem Einfluss von Joachim Winckelmanns Kodifikation des griechischen Schönheitsideals, eine entscheidende Rolle beim Aufstieg der Physiognomik und Rassenlehre gespielt. Johann Caspar Lavater bezog sich bei seinen Archetypen der „körperlichen Schönheit" und „körperlichen Missgestalt" immer wieder auf klassische Kunstwerke. Blumenbachs Kategorien bei der Unterscheidung von menschlicher Schönheit und Gesichtern der Entartung beruhten weitgehend auf ästhetischen Standards des Klassizismus'. Petrus Campers anatomische Untersuchungen sowie sein berüchtigter Gesichtswinkel machten Winckelmanns Apollo zu jenem Maßstab, an dem die verschiedenen Rassen beurteilt und in eine Rangfolge gebracht werden konnten.

Doch den strengen Anforderungen phrenologischer Berechnungen konnten selbst viele klassische Kunstwerke nicht genügen. So glaubten sowohl Gall als auch Spurzheim, dass die Venus von Milo ihrem Ruf als Inbegriff von Schönheit nicht gerecht werde. Dr. William Lawrence, ein britischer Student der Phrenologie und Rassenlehre, berichtete 1821: „Gall und Spurzheim haben einsichtig erkannt, dass der Kopf der Venus für ein intellektuelles Wesen zu klein ist, und dass die Göttin der Liebe demnach durch eine Idiotin dargestellt sei." Statt der Venus rühmte Lawrence Blumenbachs georgische Frau. In ihr, so glaubte er, „sind das Körperliche und das Moralische aufs Beste verknüpft, die persönlichen Reize, welche die Sinne entzücken, vereinen sich aufs Trefflichste mit jenen rationalen Freuden, die Wertschätzung und Hochachtung verlangen und das Urteil zufrieden stellen."[49] In gleicher Weise rechnete Orson Fowler mit dem Paradebeispiel männlicher Schönheit ab. Unter abschätzigem Hinweis auf die „parfümierte Verweichlichung des Apollo von Belvedere" befand er, dass die viel gerühmte Statue keineswegs phrenologische Idealvorstellungen verkörpere.[50]

Auch George Combe betätigte sich auf dem Gebiet der phrenologischen Kunstkritik. Mit Blick auf die weibliche Figur der Libertas – deren klassizistische und oft barbusige Darstellung sich nach der Französischen Revolution auf unzähligen Gemälden und Medaillen fand – merkte Combe an, dass diese weit verbreitete Darstellung unter dem „ungezügelten Walten der animalischen Neigungen" litt. Dies erläuterte er wie folgt:

Es handelt sich um eine weibliche Figur mit einer schändlich niedrigen und fliehenden Stirn, mangelhaften Moralorganen und einer starken Ausprägung der unteren und hinteren Regionen des Gehirns, die für die Neigungen zuständig sind. Ihr Haar weht in loser Unordnung nach hinten und ihr Antlitz kündet von Lebhaftigkeit und Leidenschaft, niemals jedoch von Weisheit.

Aufgrund seiner besonderen Beziehung zu Amerika störte sich Combe vor allem daran, dass das frühe amerikanische Münzwesen diese Darstellung samt all ihren schädelspezifischen Missbildungen von den Franzosen übernommen hatte. Um diesen ungeheuerlichen Fauxpas zu korrigieren, brachte Combe eine neugestaltete Libertas-Figur ins Gespräch, die den phrenologischen Normen weit mehr entsprach.

Libertas, wie ich sie zeichnen würde, besäße große moralische und intellektuelle Organe mit maßvollen Neigungen. Ihr Haar würde ich in schlichter Eleganz gestalten und ihrer Stirn heitere Freude, Würde und Weisheit einprägen. Sie sollte die moralische Freiheit darstellen, die unbegrenzte Freiheit, alles Gute zu vollbringen, und die Abwesenheit jedes Verlangens, Böses zu tun. Nur eine solche ist jene Freiheit, nach der man streben sollte.[51]

Als man 1886 vor dem Hafen von New York Auguste Bartholdis Statue der „Libertas, die Welt erleuchtend" errichtete, war Combes Wünschen entsprochen worden. Bescheiden gekleidet, fast ohne jede Andeutung von Brüsten – das heißt Weiblichkeit –, hätte die phrenologische Gestalt dieser überarbeiteten Libertas Combes uneingeschränktes Gefallen gefunden. Ihre hohe, breite Stirn kündete von Vernunft und Intelligenz – Charakterzüge, die durch das im rechten Arm gehaltene Buch noch betont wurden. Im Gegensatz zu ihren Vorläuferinnen aus dem 18. Jahrhundert, an denen Combe solchen Anstoß genommen hatte, waren die Regionen der Neigungen und Leidenschaften bei dieser Libertas maßvoll und zurückhaltend ausgeprägt. Ihr Haar war sorgfältig frisiert, lag eng an, und darunter zeichnete sich ein ganz vortrefflicher Schädel ab. Ohne Weiteres hätte das Haupt dieser Freiheitsstatue dem Vergleich mit Lorenzo Fowlers berühmtem phrenologischen Kopf standgehalten.

All diese Ideen hinterließen zwischen den 1830er- und 1860er-Jahren auch tiefe Spuren im Denken einiger der bekanntesten Künstler Amerikas. Die Fowlers und auch George Combe pflegten enge Beziehungen zu den Künstlern der „American Renaissance". Combe schrieb 1855 sogar ein Buch, *Phrenology Applied to Painting and Sculpture*, das – wie zuvor schon die Werke von Camper – Künstlern auf der Suche nach phrenologischer Wahrheit entsprechende physiologische Anleitungen bot.[52]

Mitte der 1830er-Jahre hatte Lorenzo Fowler den Kopf von Hiram Powers untersucht, des bedeutendsten klassizistischen Bildhauers des Landes. Diese Erfahrung hatte Powers davon überzeugt, dass seine Skulpturen die markanten Organe des Kopfes einer Person betonen sollten.

Als er eine Büste Daniel Websters in Angriff nahm, begann er mit einer phrenologischen Untersuchung dieses Politikers und Redners. Er machte einen Abguss von Websters Kopf und brachte ihn zu Fowler, um sich mit diesem zu beraten. Gemeinsam vermerkten sie Websters breite Stirn und große Stärke in der „Region der Sprachfähigkeit". Websters wunderbare moralische Organe, so ergänzten sie, wirkten ausgeprägten animalischen Regionen entgegen, „die hunderte gewöhnlicher Menschen ins Zuchthaus gebracht hätten".[53] Erst nach Abschluss dieser systematischen Beurteilung fühlte sich Powers bereit zum Behauen des Steins.

Henry Tuckerman, ein Kunstkritiker und Biograf jener Zeit, führte Powers' Erfolg weniger auf die künstlerischen Fähigkeiten dieses Bildhauers zurück, als vielmehr auf den außergewöhnlichen Schädelaufbau der von ihm dargestellten Personen. Bei denen, die für ihn Modell saßen, handelte es sich nach Ansicht Tuckermans um „seltene und ausgeprägte Typen amerikanischer Wesensart und Physiognomie, wie sie modernen Bildhauern nur selten beschieden sind".[54]

Während George Combes Aufenthalt in Amerika scheuten viele Künstler keine Mühen, um dem illustren Schotten einen Besuch abzustatten. Einer dieser Pilger war Rembrandt Peale, der Sohn des Gründers des Peale Museums und Anhänger der Phrenologie, der in den Genuss des Privilegs gekommen war, Johann Spurzheim bei seiner letzten Vorlesung zu erleben. Peale war ein anerkannter Porträtmaler und schuf außerdem Historiengemälde. Seine Porträts von George Washington und Thomas Jefferson sowie sein Gemälde „Washington Before Yorktown" gelten nach wie vor als Meisterwerke der Americana. 1810 war Peale nach Paris gereist, um ein Porträt Franz Joseph Galls anzufertigen, und nun – Jahre später – suchte er Combe aus demselben Grund auf. Als Combe in Peales Atelier kam, betrachtete er die behängten Wände eingehend. Mit Blick auf „Washington Before Yorktown" rühmte er Peales Darstellung der weiten Stirn des Generals, die ein sicheres Anzeichen für Idealsinn war, fand aber zugleich, dass die Perücke, die jener auf diesem Gemälde trug, dessen Organ des Wohlwollens verbarg. Von da an achtete Peale bei seinen Gemälden darauf, die Organe und Neigungen seiner Figuren stärker hervorzuheben.

Für eine Weile nahm Peale an Combes Vortragsreise teil und referierte über die wesenhafte Beziehung von Kunst und Phrenologie. „Welche Wahrheit auch immer in den Systemen der Phrenologie liegt", erklärte er, „so ist es doch gewiss, dass alle Künstler, und vor allem die Bildhauer, zwangsläufig sie stützende Schlussfolgerungen hervorbringen ... Nichts ist anstößiger im Werk eines heutigen Novizen der Bildhauerei als eine Fehlgestaltung des Schädels."[55]

In der Folge dieser frühen Entwicklungen veröffentlichte der Arzt und Maler William Rimmer 1877 ein bebildertes Buch mit dem Titel *Art Anatomy*, um Künstlern bei ihrem Streben nach schädelspezifischer Genauigkeit Hilfestellung zu leisten. Dieses umfassende visuelle Verzeichnis phrenologischer Typen lieferte Malern und Bildhauern ästhetische Bezugspunkte, von denen sie sich auf fundierte Weise inspirieren lassen konnten. Diesen Katalog herkömmlicher phrenologischer Typen ergänzte Rimmer zudem noch um Campers geometrischen Leitfaden zur Bestimmung des rechten Verhältnisses von Rasse und Gesichtswinkel.[56]

Der beständige Austausch zwischen Phrenologie und den bildenden Künsten wirft ein Licht auf das Ausmaß, in dem die amerikanische Kultur im 19. Jahrhundert von Fragen des Schädelaufbaus durchdrungen war. Was kurz nach 1800 als medizinische Theorie der Gehirnlokalisation begonnen hatte, hatte sich im Laufe der Zeit zu einem enthusiastisch gefrönten Massenvergnügen ausgewachsen. In der akademischen Kunst wirkte es sich zudem auf die ästhetische Darstellung nationaler Identität aus. Bis auf den heutigen Tag leben „gute Köpfe" und starke Organe als Symbole eines moralischen Charakters fort: in den Ölgemälden und Marmorbüsten, die Teil jeder Besichtigungstour des offiziellen Washingtons sind, aber auch in den Konterfeien auf den amerikanischen Dollarnoten. Obwohl heutzutage kaum noch als solche erkannt, sind die Spuren der Phrenologie weiterhin überall sichtbar.

Als künstlerisches, wissenschaftliches und populärkulturelles Phänomen markiert die Phrenologie einen Wendepunkt in der Geschichte der modernen Stereotypisierung. Wie ein Großteil der ihr vorausgehenden wissenschaftlichen und ästhetischen Theorien beruhte auch die Phrenologie auf der Präsentation von Idealtypen, von starren, körperlich bestimmten Paradigmen, von denen man – beginnend mit Linné – annahm, dass sie die wahre Ordnung der Natur darstellten.

Wie die Naturkundemuseen waren auch die phrenologischen Kabinette weitgehend auf der Grundlage dieser Annahme eingerichtet worden. Ihre Regale waren voll von anschaulichen Beispielen überragender und erlauchter Männer, deren Großartigkeit laut phrenologischer Lehre in ihren Köpfen wurzelte. Diesen gegenübergestellt waren Köpfe und Schädel, die von der Natur mit mangelhaften Physiologien geschlagen waren, was ihre Wildheit, ihre Kriminalität und ihre Unfähigkeit zur Kontrolle ihrer Leidenschaften erklärte – mithin die Notwendigkeit, solche Menschen zu beherrschen.

Die Annalen der Phrenologie sind durchdrungen von diesem rassischen und geschlechtlichen Essentialismus, der als wissenschaftliche Grundlage für die Vormachtstellung der Kaukasier im Allgemeinen und der männlichen Angloamerikaner im Besonderen dienen sollte. In den Publikationen von „Fowler and Wells" wimmelte es von dualistischen Vergleichen und gehässigen Illustrationen, die das Hohe und das Niedere in Bezug auf die einzelnen Organe und Neigungen anzeigten. Während einige der „unbedeutenderen" Personen aus der paternalistischen Pflege ihrer Fähigkeiten vielleicht einen Nutzen ziehen konnten, stellten – gemäß phrenologischer Lehre – ihre kleinen Köpfe, hervorspringenden Kiefer und mangelhaften Augenbrauen doch unüberwindbare Hindernisse auf dem Weg zur Ebenbürtigkeit dar. Wie schon die vorangegangenen Taxonomien menschlicher Unterschiedlichkeit setzte auch diese Anschauung soziale Ungleichheit mit dem Naturgesetz gleich.

Doch die Phrenologie war nicht nur von dem Glauben an feststehende menschliche Typologien geprägt, sondern auch von der Vorstellung, dass sich Menschen verbessern könnten. Hatten die Schädelstrukturen auch große Bedeutung, erklärten Fowler und Wells wie auch ihre Nachfolger doch zugleich, dass die Phrenologie Anleitungen zur Selbsthilfe liefern könne, mit denen Vollkommenheit erreichbar sei.

Die Phrenologie war eine Antwort auf die wachsende Verunsicherung und Orientierungslosigkeit der angloamerikanischen Mittelschicht. Im 18. Jahrhundert, als Landwirtschaft und Kleinunternehmertum die amerikanische Gesellschaft prägten, war sich die Mittelschicht ihres Platzes und ihrer Bedeutung im großen Ganzen noch gewiss. Ab den 1830er-Jahren aber wandelte sich die Nation zu einer urbanen Industriegesellschaft, die zunehmend von auswärtigen wie einheimischen Fremden bevölkert war. In der Mittelschicht machte sich ein quälendes Unbehagen breit, sehnte man sich verzweifelt nach alter Bedeutung und Zuversicht. Zugleich boten zunehmende Geschäftsmöglichkeiten manchen Leuten, wie etwa den Fowlers, die Gelegenheit, ihrer bescheidenen Herkunft zu entfliehen. Für diese ambitionierten Vertreter einer neureichen Mittelschicht waren schrittweise Anleitungen in der Kunst und Wissenschaft der Selbstverbesserung von erheblichem Nutzen.

Als verbessernde oder perfektionierende Wissenschaft gab die Phrenologie den Angloamerikanern ein Gefühl der Beruhigung und lieferte ihnen unentbehrliche Verhaltensanweisungen. In den phrenologischen Kabinetten führte man ihnen mit anschaulichen Beispielen die Überlegenheit der Europäer sowie die Dekadenz der Nicht-Europäer und der Gefallenen aus den eigenen Reihen vor Augen. In den anschließenden praktischen Untersuchungen wurden beunruhigte und aufstrebende Besucher versichert, dass ihre Köpfe im Wesentlichen in Ordnung waren. Soweit bestimmte Organe oder Neigungen – laut Tabelle im *Illustrated Self Instructor* – der Verbesserung bedurften, zeigte die Phrenologie ihren Anhängern Mittel und Wege auf, sich zu vervollkommnen und im persönlichen Umfeld als Vorbild zu dienen. Doch neben der Ermutigung ging von der Phrenologie auch eine Warnung aus: In Anbetracht der schädlichen Einflüsse des urbanen Lebens sowie der animalischen Lebenskraft der „derben" Arbeiterschicht mussten Angloamerikaner auf der Hut sein.

Auch ein guter Schädelaufbau, warnte Orson Fowler, schütze nicht unbedingt vor falschen Lebensentscheidungen. Da die gegebenen gesellschaftlichen Umstände „für die Bewahrung des Gleichgewichts der Temperamente höchst ungünstig" seien, bedürften die Organe und Neigungen großer Zuwendung. Die der Mittelschicht eigene geistige Schärfe, so befand er, werde immer mehr durch einen deutlichen Verfall ihrer körperlichen Vitalität geschwächt.

Bei den Bewohnern unserer Städte und Dörfer dominiert eindeutig das geistige Temperament, während das vitale schwach ist, was sich an ihren harten Gesichtszügen, schmalen Gesichtern und hageren Erscheinungen ablesen lässt, während ... es bei der Arbeiterschicht generell fein entwickelte Köpfe, aber nur wenig Kultivierung gibt, soll heißen: Sie haben natürliche Begabung und wenig erworbene Bildung.[57]

Es ist kaum verwunderlich, dass sich diese Wissenschaft – als Ergänzung ihrer schädelspezifischen Anleitungen – dem Gebiet der Diät und der körperlichen Ertüchtigung zuwandte. Vor diesem Hintergrund erklärt sich auch die Geschäftsbeziehung zwischen Samuel Wells und Sylvester Graham, dem vegetarischen Ernährungsreformer und Erfinder der Graham-Cracker.[58] Nach phrenologischen Grundsätzen zu leben und den Vorbildern nachzueifern, die als positive Idealtypen in der phrenologischen Literatur zu finden waren – das war das Rezept, mit dem die Nation überleben würde. Wollte die Mittelschicht fortbestehen, musste sie den Weg zur Perfektion einschlagen.

Diese zwei Ideen, Essentialismus und Perfektionismus, waren beide Teil der Phrenologie; sie unterschieden diese von den Wissenschaften des 18. Jahrhunderts, aus denen sie hervorgegangen war, und lenkten sie in Richtung des 20. Jahrhunderts mit seinen Geschichten des Davor und Danach, des grundlegenden Wandels. Diese paradoxe Verknüpfung – die Vorstellung, dass einigen Menschen die unbegrenzte, wenn auch bedrohte Möglichkeit beschieden sei, sich selbst zu verbessern und Nutznießer des Fortschritts zu werden, während andere hoffnungslos in unabänderlicher, vorherbestimmter Unvollkommenheit gefangen seien – sollte die Geschichte der amerikanischen Stereotype auch weiterhin prägen.

14. Der Zeichenstift der Natur

Es gibt eine Kohlezeichnung des französischen Künstlers Charles Fevret de Saint-Memin, die Thomas Jefferson im Profil zeigt. Sie erscheint in vielerlei Hinsicht kaum bemerkenswert – eine schlichte Handzeichnung des Präsidenten der Vereinigten Staaten und Verfassers der Unabhängigkeitserklärung. Doch dann gerät etwas in den Blick, was uns dieses Bild mit anderen Augen sehen lässt.

Während die Feinheiten von Jeffersons Konterfei die Handschrift des Künstlers tragen, ist der Umriss von Jeffersons Kopf unmittelbar nach einem Schatten des Präsidenten gezeichnet, den Saint-Memin 1804 mittels einer französischen Erfindung namens „Physionotrace" eingefangen hatte. Dieses 1786 von Gilles-Louis Chrétien perfektionierte Gerät bestand aus einem „Zeiger, der mit einer Reihe von Hebeln an einem Bleistift befestigt war". Damit „konnte der Bediener ein auf Glass geworfenes Profil auf Papier nachzeichnen".[1] Mit einem anderen Gerät, einem sogenannten Pantografen, ließ sich dann das Profil – für gewöhnlich verkleinert – auf eine Kupferplatte übertragen, was den Nachdruck beliebig vieler Kopien des Präsidentenprofils erlaubte.

Während also die Feinheiten von Jeffersons Physiognomie die subjektive Darstellung Saint-Memins sind, kommt in der Schädelgestalt – dem phrenologischen Maßstab der Charakterbeurteilung – der wirkliche Thomas Jefferson zum Vorschein, wie ihn Licht und Schatten formten. Trotz ihrer Skizzenhaftigkeit, ihrer Abweichung vom heutigen Standard visueller Aufzeichnungen, geht von ihr etwas Magisches, Gespenstisches aus. Es ist, als sei ein Teil des längst verstorbenen Jefferson noch immer gegenwärtig.

Saint-Memins Aufzeichnung von Jeffersons Kopf entstand zwar erst

Schattenriss-Porträt Jeffersons aus dem Jahre 1804 von Charles Fevret de Saint-Memin. [Mit freundlicher Genehmigung des Worcester Museum of Art]

Anfang des 19. Jahrhunderts, war jedoch Ausdruck einer Sehnsucht nach visueller Wahrheit, die Europa schon seit Jahrhunderten prägte. Die Entwicklung der Camera obscura war ein Schritt in Richtung einer solchen Fassbarkeit gewesen. Später, Ende des 17. Jahrhunderts, hatte es weitere Anstrengungen gegeben, die Wirklichkeit einzufangen und auf eine ebene Fläche zu bannen.

Einer der bedeutendsten Fortschritte in dieser Hinsicht war die Entwicklung einer Technik des manuellen Nachzeichnens von Schatten, die mittels einer Kerze als Lichtquelle auf geöltes Papier geworfen wurden. Diese nachgezeichneten Schatten – die man dann auf schwarzes Papier legte und nachschnitt – wurden als „Silhouetten" bezeichnet, nach Etienne de Silhouette, dem Finanzminister des französischen Königs Ludwig XV., der solche Schattenrisse zum Zeitvertreib anfertigte. In England wurden solche Schattenrisse schlicht als „Shades" bezeichnet. Fast das gesamte 18. Jahrhundert hindurch waren Silhouettenporträts und -szenen in Frankreich, England, Amerika und Russland modische Kunstwerke, die man sammelte und zur Dekoration zu Hause aufhängte oder aber – in Elfenbein eingraviert – als Schmuckstück trug.

Doch mit der Veröffentlichung von Johann Caspar Lavaters *Physiognomischen Fragmenten* erhielten Silhouettenporträts bald den Status einer Form von physiognomischer Evidenz, eines wissenschaftlichen Werkzeugs zur Bestimmung der charakterlichen Qualität einer Person. Lavater setzte sich in weiten Teilen seiner *Fragmente* mit solchen Schattenrissen auseinander und fertigte selbst Silhouetten von einigen der berühmtesten Männern und Frauen seiner Zeit an. Zwar sparten die Schattenrisse nach Lavaters Ansicht eine Menge physiognomischer Informationen aus; schließlich stellten sie „nur die Grenzlinie des halben Gesichts" dar. Doch „wenn das Licht in gehöriger Entfernung gestanden; wenn das Gesicht auf eine reine Fläche gefallen – mit dieser Fläche parallel genug gewesen – ist dies das wahreste und getreueste Bild, das man von einem Menschen geben kann ... ein unmittelbarer Abdruck der Natur ... wie keiner, auch nicht der geschickteste Zeichner einen nach der Natur von freier Hand zu machen imstande ist."[2]

Obwohl sein Buch eine breite Palette visueller Evidenz berücksichtigte, behauptete Lavater doch, dass ihm Schattenrisse mehr nützliche Informationen lieferten als jede andere Kunstform, und selbst mehr als die unmittelbare Beobachtung. „Aus bloßen Schattenrissen habe ich mehr physiognomische Kenntnis gesammelt", schreibt er, „als aus allen übrigen Porträten; durch sie mein physiognomisches Gefühl mehr geschärft, als selber durch's Anschauen

A SURE AND CONVENIENT MACHINE FOR DRAWING SILHOUETTES.

This is the Character I would assign to the silhouette of this Young person. I find in it Goodness without much Ingenuity; Clearness of Idea, & a ready Conception, a mind very industrious, but, little governed by a lively Imagination, & not attached to a rigid punctuality. We do not discern in the Copy, the Character of Gaiety which is conspicuous in the Original, but the Nose is improved in the silhouette, it expresses more Ingenuity.

[Nachdruck aus Johann Casper Lavaters Essays in Physiognomie, *Volume II, London, 1810; aus dem Ewen-Archiv]*

der immer sich wandelnden Natur."[3] Ein sorgfältig gefertigter Schattenriss bot maßgebliche und äußerst wahrheitsgetreue – weil von der Natur gelieferte – Anhaltspunkte, darunter die Linie der Brauen, der Nase, der Lippen, des Kinns und Halses wie auch des Hinterkopfes und Nackens. Zusammengenommen gewährten diese Elemente in Lavaters Augen einen unentbehrlichen Einblick in „die Wahrheiten der Natur".[4] Im Anschluss an diese allgemeinen Betrachtungen analysierte Lavater eine Fülle von Profilen hinsichtlich ihres moralischen Charakters.

Aufgrund des hohen Ansehens, das Lavater als Mann von Geist genoss, entfalteten seine bebilderten Betrachtungen über Schattenrisse erhebliche Wirkung. Schnell mauserten sich Schattenrisse von netten Dekorelementen zu seriösen Charakterausweisen. Ausgestattet mit Lavaters Weihen erfreuten sich Schattenriss-Sitzungen auch bei einigen der mächtigsten und einflussreichsten Personen in Europa und Amerika zunehmender Beliebtheit. Katharina die Große von Russland, König George III. von England, der amerikanische Präsident George Washington und andere führende Persönlichkeiten sahen sich genötigt, ihre geschätzten Antlitze in dieser Form erhalten zu lassen und so der Nachwelt sichtbare Beweise ihrer vorzüglichen Schädelgestalt zu liefern. So hielt es auch Johann Wolfgang von Goethe, ein enger Freund Lavaters und auch Galls, der zudem auch eigenhändig Schattenrisse anfertigte.[5] Jeffersons Physionotrace-Porträt stand zweifellos in eben dieser jungen Traditionslinie.

Die Begeisterung für Schattenrisse hielt an und ließ ein neues Gewerbe gedeihen, das es auch Normalsterblichen erlaubte, ihre Profile und Wesensarten der Nachwelt zur Bewunderung in schwarzes Papier schneiden zu lassen. Solche Silhouetten waren gewissermaßen eine demokratische Form visueller Unsterblichkeit. Man bewahrte sie in Familienalben neben anderen Andenken auf, und im Zuge der angloamerikanischen Expansion auf dem Gebiet der heutigen USA gen Westen etablierten sich fahrende Scherenschneider – mit Kerzen, Scheren und Papier im Gepäck – in den Pioniergebieten als günstige Porträtkünstler. 1839 gründete Auguste Edouart, ein französischer Scherenschneider, ein Geschäft in den USA und fertigte Schattenrisse von knapp 4.000 Amerikanern an, darunter sechs Präsidenten und eine Reihe anderer prominenter Politiker und öffentlicher Personen.[6]

In den 1830er-Jahren gebar die Idee, einem Massenpublikum die Wahrhaftigkeit informativer Bilder zu erschließen, weitere Genre der Populärkultur. So veröffentlichte die Society for the Diffusion of Useful Knowledge 1832 zu eben diesem Zweck in England das *Penny Magazine*. In einer Auflage von knapp 200.000 Exemplaren verbreitet, enthielt es wirklichkeitsgetreue Holzschnitte, die in Form von Stereotypplatten auch an ausländische Blätter verkauft wurden. So erschienen die Bilder in Zeitschriften in ganz Europa, wodurch ihre lehrreichen Inhalte noch weiter gestreut wurden.

Das *Penny Magazine* druckte Holzschnitte ab, die britische und ausländische Topografie, Naturkundliches, Werke der schönen Künste und modernen Ingenieurskunst sowie Wunder der Wissenschaft zeigten. Fremde Orte, exotische Pflanzen und Tiere außerhalb des Bereichs alltäglicher Erfahrung wurden eben deshalb als besonders geeignete Abbildungsobjekte erachtet.

Auf der ersten Seite der ersten Ausgabe erläuterten die Herausgeber ihre Absicht. Indem sie Bilder aus aller Welt heranzogen, erklärten sie, würden sie alle physischen Grenzen aufheben, die den allermeisten Menschen diese Art von Weltwissen normalerweise unzugänglich machten. Zudem würden sie damit auch eine Lanze für die Demokratie brechen, wenn auch hauptsächlich vermittels der Bilder.

Eine erschwingliche Nachrichtenübermittlung beseitigt die Hindernisse in Zeit und Raum, und vermindert so – gleichsam alle Zwecke eines großen Königreiches verbindend – die Ungleichheiten hinsichtlich Glück und Lebenssituation, indem sie die Preise der Waren angleicht und diese insofern allen zugänglich macht.[7]

Das *Penny Magazine* war Teil eines neuen demokratischen Bestrebens, jenen, die nicht leibhaftig auf Reisen gehen konnten, die Gelegenheit zu visueller Aufklärung und virtuellen Reiseerlebnissen zu geben. Ein weite-

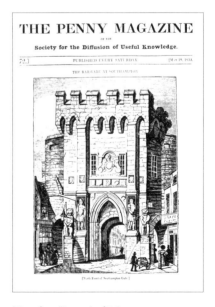

[Aus dem Ewen-Archiv]

res Beispiel hierfür ist Charles A. Goodrichs Buch *The Universal Traveler*, das 1836 in den USA erschien. Neben einem ausführlichen Text enthielt das Buch auch detailreiche Holzschnitte fremder Menschen aus fremden Ländern und gewährte so einen Blick auf Urmenschen und ihre Lebensräume. Der verkündete Zweck dieses Werkes war dem des *Penny Magazine* nicht unähnlich.

> Es ist das Privileg einiger weniger, ferne Länder und andere Völker zu besuchen und zu betrachten ... Der Mehrheit bleibt diese Art von Vergnügen und Erkenntnis zwangsläufig verwehrt ... Wir werden ein Bild hochhalten, vermittels dessen Sie, behaglich in den eigenen vier Wänden, alles Sehenswerte betrachten können, gerade so wie ein Reisender im herkömmlichen Sinne.

Und doch war diese Demokratie mitnichten ein Angebot an alle. Angesichts der Tatsache, dass in Europa und Amerika nicht wenige an eine natürliche Hierarchie innerhalb des Menschengeschlechts glaubten, überrascht es nicht, dass Goodrich erklärte, seine Bilder der Welt da draußen würden die Leser an ihren gesegneten Platz in der Ordnung der Dinge gemahnen. Goodrich verkündete seinen Lesern, *The Universal Traveler* werde sie „mehr denn je ihr Heimatland schätzen lassen – ihre Gesellschaft, Sitten, Religion, Erziehung, Regierung ... und all jene Umstände, die zur nationalen Glückseligkeit beitragen."[8] Ungeachtet der Verwendung von Holzschnitten basierten diese Publikationen auf der Annahme, dass solche Darstellungen unmittelbar die Wirklichkeit abbildeten.

Die Beziehung von Schattenrissen und solch massenhaft verbreiteten Holzschnitten ist eine hinlänglich bekannte. Das Silhouetten-Porträt, wie es in Europa und Amerika aufkam, diente als Ausweis von Persönlichkeit, zeugte vom beständigen Wert eines Menschenlebens. Mehr als alles andere war es eine Hommage an das Selbst. Holzschnitte in Massenzeitschriften und Reisebüchern dagegen konfrontierten die Betrachter mit der physischen und sozialen Physiognomie von Fremden. Im Gegensatz zur Silhouette dienten diese Bilder als Dokumentation des Anderen.

Konnten Camera obscura, Linearperspektive, Schattenriss und Holzschnitt die Wahrheit nur spiegeln, nachahmen, nachzeichnen oder ihrem Anschein nach vermitteln, so bedeutete eine andere Innovation eine Zeitenwende auf der Suche nach Wirklichkeit, wie sie das Auge wahrnahm. Ab den 1820er-Jahren schien die Fotografie – mehr als irgendetwas vorher – tatsächlich imstande zu sein, die Wirklichkeit einzufangen und zu bannen. Mit dem Aufkommen der Fotografie verbanden sich Bild und Wahrheit so eng wie nie zuvor. Die aus einer wundersamen Verschmelzung von visueller Wahrnehmung und Chemie hervorgegangenen Bilder entstammten anscheinend wirklich der sichtbaren Welt.

Die Fortschritte auf dem Weg zur Entdeckung des fotografischen Verfahrens verdankten sich – erwartungsgemäß – größtenteils wissenschaftlichen und ästhetischen Experimenten, die bis zu Alhazen, Roger Bacon und Leonardo da Vinci zurückreichen. Ausgestattet mit präzise geschliffenen Linsen hatte die Camera obscura Künstler und Wissenschaftler in die Lage versetzt, dreidimensionale Ansichten in bemerkenswerter Schärfe und Klarheit auf einer ebenen Fläche zu untersuchen und zu skizzieren. Zur Erfindung der Fotografie, wie wir sie kennen, brauchte es nur noch die Entwicklung von Techniken und Materialien zur wirklichkeitsgetreuen Fixierung und Konservierung dieser flüchtigen Beobachtungen. So ließ sich schließlich eine unheimliche Erinnerung an eine weichende Vergangenheit herstellen. Die Fotografie ermöglichte es, um mit Susan Sontag zu sprechen, „die Sterblichkeit zu inventarisieren".[9]

Die Zeit war reif für die Fotografie. Das frühe 19. Jahrhundert erlebte einen rasanten wissenschaftlichen Fortschritt und die Entwicklung neuer industrieller Verfahren. Viele Künstler, Handwerker und Unternehmer gingen in ihrer Freizeit unter die Erfinder. Wie für die meisten Erfindungen gilt auch für die Fotografie, dass die Vorstellung von einem einzigen Urheber vielleicht im Schulunterricht bequem zu vermitteln wäre, aber nicht den Tatsachen entspricht. Die Idee der Fotografie lag in der Luft, und ihre Erschaffung war die gleichzeitige Leistung mehrerer Männer. Angesichts der langen historischen Konkurrenz zwischen England und Frankreich um politische, wirtschaftliche und wissenschaftliche Vorherrschaft, überrascht es kaum, dass beide Länder an ihrer eigenen Genealogie der Fotografie festhalten.

Die französische Version handelt von zwei Männern. Der eine war Joseph Nicéphore Nièpce, ein Lithograf aus Chalons-Sur-Saone, der ein Verfahren entwickelt hatte, bei dem herkömmliche Lithografiesteine durch Zinnplatten ersetzt waren. Ohne große künstlerische Begabung begann er, mit Materialien zu experimentieren, die zur Aufzeichnung von Bildern einer Camera obscura geeignet schienen. Anfangs, 1817, verwendete er das Harz eines Nadelbaums, das sich unter Lichteinfluss von Gelb nach Grün verfärbte. Nachdem dieses Harz in der Camera obscura nicht die gewünschte Wirkung zeigte, versuchte er es mit Bitumen, einem Kohlenwasserstoff, der – trug man ihn auf eine präparierte Metallplatte auf – tatsächlich rudimentäre Bilder durch die Linse eines Kameragehäuses aufzeichnen konnte. Unter Verwendung dieser Technik nahm Niépce 1827 das erste „heliografische" Bild auf, die Ansicht eines Taubenhauses von seinem Fenster zum Hof aus. Diese schemenhafte und doch eigenartig charmante erste Fotografie brauchte eine Belichtung von acht Stunden, zeigte aber, dass eine lange historische Suche kurz vor ihrem erfolgreichen Ende stand.

Kurz darauf ging Niépce eine Partnerschaft mit Louis Daguerre ein, einem Maler, der mit dem Diorama eine der beliebtesten Pariser Attraktionen erbaut hatte. Das Diorama bestand aus einem großen, verdunkelten Rundtheater, um das sich kreisförmig ein riesiges Landschaftspanorama zog, das seinerseits auf einer gestaffelten Reihe von Schichten gemalt war und so eine Tiefenwirkung erzeugte. Durch Veränderungen der Beleuchtung und andere Effekte konnte Daguerre den Wandel der Tages- und Jahreszeiten simulieren und als Teil der Show auch dramatische Stürme inszenieren. Diese sehr beliebte Attraktion, die Besucher aus ganz Europa anlockte, war ebenfalls Teil des fortwährenden Bemühens um die Nachahmung der Wirklichkeit.

Neben diesem Theater-Projekt beschäftigte Daguerre auch die Idee einer Fixierung von Bildern, die mittels der Camera obscura erzeugt werden konnten. So kam es, dass er und Niépce schließlich 1829 eine vertraglich geregelte Zusammenarbeit beschlossen, bei der sie ihre kreativen und technologischen Ressourcen bündelten. Nachdem Niépce 1833 gestorben war, führte Daguerre ihre Mission alleine fort und schaffte 1837 den großen Durchbruch.

Daguerres wichtigster technischer Beitrag ging auf seine Beobachtung zurück, dass Silber – den Elementen ausgesetzt – zum Anlaufen neigt und besonders lichtempfindlich ist. Bestimmte Silberverbindungen, speziell Silberjodid, liefen besonders schnell an. Indem er nun eine Kupferplatte mit Silber beschichtete und mit Joddampf behandelte, stellte Daguerre eine lichtempfindliche Platte her, die ein erstaunlich scharfes Bild aufzeichnete, wenn sie durch die Linse einer Camera obscura belichtet wurde. Dank dieser Platte, die mittels Quecksilberdampf entwickelt wurde, verringerte sich die Belichtungszeit erheblich. Mit einem Stoppbad, das die Lichtempfindlichkeit der Platte aussetzte, konnte Daguerre nun ein fixiertes und beständiges „fotografisches" Bild von hoher Qualität herstellen. Jedes Bild war dabei ein Unikat und brauchte einen bestimmten günstigen Sichtwinkel, um als Positiv gesehen zu werden. Jedes

Bild war ein zerbrechliches Juwel und wurde daher zu seinem Schutz in Glass eingefasst.

Daguerre nannte seine Erfindung „Daguerreotypie" und vermarktete sie unter diesem Namen mit großem Geschick. Noch mehr als Lavaters Schattenrissen gelang diesen Daguerreotypien, so ließ Daguerre öffentlich verlauten, „die unvermittelte Reproduktion der Natur". Obwohl von Haus aus Maler, wollte Daguerre seine neue Technik doch von den Launen künstlerischer Begabung abgrenzen. Sein Verfahren, behauptete er, lasse einfach der Natur freien Lauf. „Die Daguerreotypie ist nicht einfach ein Mittel zur Abzeichnung der Natur; sie ist ganz im Gegenteil ein chemisches und physikalisches Verfahren, das dieser erlaubt, sich selbst zu reproduzieren."

Obwohl man heute gemeinhin der Ansicht ist, dass Fotografien von ästhetischen und selektiven Entscheidungen des Fotografen geprägt sind, entspricht das Vokabular zur Beschreibung der Fotografie noch immer Daguerres Auffassung, seine Erfindung funktioniere von sich aus, ohne Eingriff von Seiten des Menschen. Im Alltag reden wir immer noch von „Aufnahmen" der Kamera, als griffen wir etwas aus der physischen Welt heraus, statt etwas herzustellen.

Durch seine Tätigkeit in der Unterhaltungsbranche hatte Daguerre einige Erfahrung im Vermarkten, was – wie er erkannte – auch nötig war, um seine Erfindung zu etablieren. Mit der Unterstützung von Sponsoren, glaubte er, könnte sie bei der feinen Gesellschaft Europas großen Anklang finden.[10] Um ihre Weiterentwicklung sicherzustellen, entschloss sich Daguerre zum Verkauf des Verfahrens an die französische Regierung. Über einige Politiker mit wissenschaftlichem Hintergrund wandte sich Daguerre an die Abgeordnetenkammer – eine Strategie, die sich auszahlte, als der bekannte Astronom und Abgeordnete Francois Arago vor der Kammer den Ankauf empfahl. Tief beeindruckt von der „unvorstellbaren Genauigkeit" der Bilder Daguerres, „die vom feinsten Stift der Natur, nämlich dem Lichtstrahl gezeichnet" seien, erklärte Arago, dass ein Ankauf der Daguerreotypie-Technik durch die Regierung die Stellung Frankreichs in Physik und Astronomie befördern, der „Archäologie und den schönen Künsten" dienen, die Bewahrung historischer Aufzeichnungen ermöglichen und die Wirtschaft ankurbeln könne.[11] Das Geschäft wurde schließlich im Januar 1839 abgeschlossen, und schon Ende dieses Jahres grassierte, was die französische Presse „Daguerreotypomanie" nannte.[12]

1840 war die Daguerreotypie auch in den USA angelangt, unter Mithilfe von Samuel F. B. Morse, einem Maler und Wegbereiter der elektromagnetischen

> **PORTRAITS
> AU DAGUERRÉOTYPE.**
> 'M. BROGLIE, venant de Paris, élève de M.
> DAGUERRE, fait des portraits en couleur naturelle et en noir, de 6 à 10 fr. Il vend des appareils et enseigne cet art dans sa plus grande perfection. On le trouve tous les jours de 7 heures du matin à 5 heures du soir, Grand'rue, 18, au fond de la cour.

Eine französische Zeitungsanzeige für einen Daguerreotypie-Porträtfotografen. [Nachdruck aus Les Affiches de Strassbourg, 18. Juni 1845]

Telegrafie, der Daguerres Technik in Frankreich gesehen und sich für ihren Import eingesetzt hatte. Wie schon in Europa bezauberte diese Technologie auch hier kraft ihrer Fähigkeit, ein optisches Modell der Wahrheit zu liefern. Zwar hatten Maler sich schon seit Jahrhunderten gewisser optischer Hilfsmittel bedient, doch war die Fähigkeit der Malerei zur Nachahmung der wissenschaftlichen Optik begrenzt geblieben. Die Fotografie dagegen konnte genau sein wie nur irgendein optisches Gerät. In Zeitschriftenartikeln beschrieb Edgar Allen Poe die Fähigkeit der Daguerreotypie, wissenschaftlichen Standards zu entsprechen.

> Die Daguerreotypie-Platte ist ... in ihrer Darstellung unendlich genauer als jedes von menschlicher Hand geschaffene Gemälde. Wenn wir ein Werk der gewöhnlichen Künste mit Hilfe eines starken Mikroskops betrachten, so verschwinden alle Spuren von Ähnlichkeit mit der Natur. Dagegen offenbart die eingehendste Untersuchung der fotogenischen Zeichnung eine noch absolutere Wahrheit, eine noch vollkommenere Identität der Erscheinung mit dem dargestellten Gegenstand.[13]

Etwas knapper beschrieb der große amerikanische Fotograf Robert H. Vance die Daguerreotypie als „stereotypen Eindruck des wirklichen Gegenstands an sich".[14]

Als Poe auf die Macht der „fotogenischen Zeichnung" verwies, war dies kein vom Franzosen Louis Daguerre übernommener Ausdruck. Vielmehr handelte es sich um eine Bezeichnung der Fotografie durch einen ihrer anderen Erfinder, Daguerres Hauptrivalen auf der anderen Seite des Ärmelkanals, den Engländer William Henry Fox Talbot. Mit dem Ziel, die Erinnerungen an seine ausgiebigen Reisen visuell festzuhalten, hatte Talbot während eines Aufenthalts in Italien 1823 und 1824 mit einer Camera obscura zu arbeiten begonnen. Trotz der tadellosen Klarheit der mit diesem Gerät eingefangenen Bilder erschien

Talbot das Zeichnen mit diesem Hilfsmittel als „ein recht schwer handhabbares Verfahren, da der Druck der Hand und des Stiftes auf das Papier das Gerät mitunter erschüttert und verschiebt".

Als Sprössling einer Gutsherrenfamilie hatte Talbot genug Zeit und finanzielle Mittel, sich seinem Interesse an der Aufnahme optisch genauer Bilder seiner Umwelt hinzugeben. Beeindruckt von der „unnachahmlichen Schönheit jener von der Natur gemalten Bilder, welche durch die Glaslinse der Camera auf das Papier in ihrem Brennpunkt geworfen werden", begann er nach Möglichkeiten zu suchen, diese „Fabel-Bilder, Schöpfungen des Augenblicks … dazu bestimmt, rasch zu vergehen", dauerhaft festzuhalten. Während seiner Flitterwochen, die er 1833 in Italien verbrachte, sinnierte er über die Möglichkeit, einen „Zeichenstift der Natur" zu schaffen.

Licht kann, wo immer es existiert, eine Wirkung ausüben und tut dies unter bestimmten Umständen in ausreichendem Maß, um Veränderungen in materiellen Körpern herbeizuführen. Nehmen wir also an, eine solche Wirkung würde auf Papier ausgeübt; und nehmen wir weiter an, das Papier ließe sich dadurch sichtbar verändern … Das war der Gedanke, der mir in den Sinn kam. Ob er mir zuvor schon inmitten schweifender philosophischer Gedanken erschienen war, vermag ich nicht zu sagen, wenngleich ich es wohl annehme, da mich dieser Gedanke bei jener Gelegenheit so mächtig packte.[15]

Von diesen Mutmaßungen wie vom Blitz getroffen begann Talbot 1834, auf dem noch wenig entwickelten Gebiet der Chemie, nach Verbindungen zu suchen, die auf Papier aufgebracht jene von ihm erhofften Veränderungen zeigen würden. Künstlerische und wissenschaftliche Bestrebungen gingen hier nach wie vor Hand in Hand. Wie Daguerre wusste auch Talbot, dass Silberverbindungen „besonders empfindlich auf Lichteinwirkung" reagierten, sodass er – zurück in England – mit einer Reihe von Experimenten begann. Nachdem das anfangs erprobte Silbernitrat keine Resultate brachte, versuchte er es mit Silberchlorid als lichtempfindlicher Beschichtung. Mit dieser Verbindung gelangen ihm unter Verwendung der Camera obscura erste Bilder. Zudem erkannte er, dass ein Bad in Natriumthiosulfat sich dazu eignete, die Wirkung des Lichts auf das Silber auszusetzen und das Bild somit zu fixieren. „Diese Eigenschaft von Natriumthiosulfat", schreibt Naomi Rosenblum, „war 1819 von John Herschel entdeckt worden … einem bekannten Astronomen, Physiker und Freund von Talbot", durch den sowohl Talbot als aus Daguerre erfahren hatten, welche Rolle ein Natriumthiosulfat-Bad beim Fixieren von Fotografien spielen konnte.[16]

Talbots Experimente mit lichtempfindlichen Materialien und der Camera obscura trugen in den späten 1830er-Jahren erste Früchte. Anders als die Daguerreotypie, die ein auf einer Silberplatte eingeprägtes Unikat war, produzierte Talbots Verfahren der „fotogenischen Zeichnung" – auch „Talbotypie" oder „Kalotypie" (vom griechischen *kalos*, zu Deutsch *schön*) genannt – ein „Negativ". Wo Licht auf das Papier fiel, wurde dieses dunkel, während es an den anderen Stellen weiß blieb. Von diesen Negativen konnte Talbot dann durch das Belichten sensibilisierten Papiers mehrere „positive" Bilder abziehen. (Die Ausdrücke „Negativ" und „Positiv" bei diesem Verfahren hatte Talbots Freund Herschel geprägt, der auch die Bezeichnung „Fotografie" vorschlug.) Obwohl Talbot seine Entdeckungen für sich behielt, waren die Grundelemente der modernen Fotografie damit vorhanden.

Als 1839 dann Daguerres Erfindung bekannt gegeben wurde, war Talbot – in der Annahme, der Franzose habe ihm die ganze Schau gestohlen – zunächst am Boden zerstört. 1844 erinnerte er sich dessen wie folgt:

Diese Fortschritte also konnte ich bei meinen Untersuchungen Ende des Jahres 1838 verbuchen, als ein Ereignis in der wissenschaftlichen Welt die Hoffnung, mit der ich fast fünf Jahre lang diese ebenso lange und komplizierte wie interessante Reihe von Experimenten durchgeführt hatte, zunichte machte – die Hoffnung nämlich, der erste zu sein, welcher der Welt die Existenz der Neuen Kunstform verkündet, die inzwischen als Fotografie bekannt ist. Worauf ich hier anspiele, ist natürlich die Bekanntgabe der großartigen Entdeckung von M. Daguerre im Januar 1839, jenes fotografischen Verfahrens, das er „Daguerreotypie" genannt hat.

Als die französische Académie des Sciences – ohne Erwähnung irgendwelcher technischer Details – jene bemerkenswerte Erfindung bekannt gegeben hatte, war Talbot überzeugt gewesen, bei seinem Verfahren und dem Daguerres handle es sich um ein und dasselbe. Um seine Urheberschaft zu beweisen präsentierte er dann im Januar 1839 seine Entdeckung der „fotogenischen Zeichnung" in allen Einzelheiten der British Royal Society sowie der Presse. Nach Ansicht des Fotografie-Historikers Beaumont Newhall war dies die erste Veröffentlichung eines „funktionsfähigen fotografischen Systems weltweit". Daguerres Methodologie folgte im August 1839.[17]

Anspruch auf Urheberschaft können indes beide erheben. Talbots Methode, Negative herzustellen, aus denen sich zahlreiche Positive erzeugen lassen, schuf die Grundlage für die Entwicklung der modernen Fotografie und – später dann – des Kinofilms. Auf der anderen Seite waren Daguerres Unikate, obwohl sie spezielle Sichtwinkel erforderten, sehr viel schärfer und detailgenauer als Talbots Bilder. Außerdem hatte Daguerre die „latente Entwicklung" entdeckt – ein Verfahren, bei dem die Bilder auf den belichteten Platten zwar erst durch deren chemische Behandlung sichtbar wurden, das aber die Belichtungszeit enorm verringerte. Als Talbot dieses Verfahren im Herbst 1840 erstmals anwendete, sanken seine Belichtungszeiten von anderthalb Stunden auf knapp dreißig Sekunden, was ihm die Aufnahme lebender Objekte ermöglichte. Mit der „latenten Entwicklung" verbesserte sich auch die Qualität von Talbots Bildern erheblich. Als 1851 schließlich Kollodium-Nassplatten Talbots Papier-Negative ersetzten und erstaunlich klare Abzüge lieferten, war der Wettkampf entschieden. Zwar überlebten Daguerres hochwertige Bilder in Form geschätzter Andenken, doch das Daguerreotypie-Verfahren verschwand von der Bühne der Fotografie. Wie auch Daguerre selbst, der im gleichen Jahr starb.

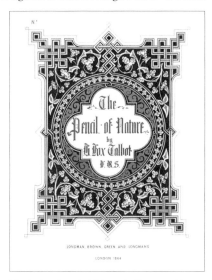

Die „Phantom-Objektivität" der Fotografie hatte William Henry Fox Talbot von Beginn an gesehen. In der Absicht, das, was diese neue Erfindung verhieß, zu dokumentieren und demonstrieren, veröffentlichte er ab 1844 eine Reihe von sechs Folios, die zusammen *The Pencil of Nature*, das erste „massenproduzierte", mit Fotografien illustrierte Buch bildeten. Darin schrieb er mit großer Weitsicht über die Wahrhaftigkeit und die verschiedenen Einsatzmöglichkeiten des fotografischen Bildes.

Titelseite einer in kleiner Auflage erschienenen Ausgabe von The Pencil of Nature. *[Nachdruck aus William Henry Fox Talbots* The Pencil Of Nature*]*

243

In seinen mit je 24 Abzügen illustrierten Texten erneuerte Talbot die Behauptung Daguerres, dass die Fotografie keine missratene Schöpfung von Menschenhand sei, sondern eine exakte wissenschaftliche Kopie.

Die Tafeln dieses Werkes entspringen allein der Wirkung des Lichts auf empfindlichem Papier. Sie sind ausschließlich mit optischen und chemischen Mitteln gestaltet oder gebildet worden, ohne die Hilfe irgendeines in der Kunst der Malerei Bewanderten. Es versteht sich daher von selbst, dass sie sich in jeder Hinsicht und weitestgehend, was ihren Ursprung betrifft, von gewöhnlichen Tafeln unterscheiden, die ihre Existenz dem vereinten Geschick des Künstlers und des Graveurs verdanken. Die Hand der Natur hat sie geprägt, und insofern es ihnen noch an Feinheit und am letzten Schliff mangelt, rührt dies hauptsächlich von unserem Mangel an ausreichender Kenntnis ihrer Gesetze her.

Auf einen ausführlichen Text, in dem Talbot die Entwicklung seiner fotografischen Bemühungen nachzeichnet, folgen mehrere Seiten mit einer Reihe repräsentativer Fotografien, deren Anordnung darauf abzielt, den Lesern die Qualität fotografischer Bilder sowie die potentiellen Anwendungsmöglichkeiten der Fotografie zu vermitteln.

Eines dieser Bilder, „Der Heuhaufen", bot den Lesern Anschauungsunterricht in fotografischer Präzision. Zu diesem Bild, in dem sich jeder einzelne Grashalm klar abzeichnet, schrieb Talbot: „Ein Vorteil der Entdeckung der fotografischen Kunst wird darin bestehen, dass sie uns in die Lage versetzt, in unseren Bildern eine Vielzahl winziger Details zu erfassen, die zur Wahrheit und Wirklichkeit der Darstellung beitragen, die getreu der Natur nachzubilden aber kein Künstler auf sich nehmen würde."[18] Fotografien erlauben fast augenblickliche Aufnahmen von Einzelheiten, deren Wiedergabe bei der herkömmlichen Anfertigung von Kunstwerken viel zu aufwendig wäre. In einer Gesellschaft, die sich – auf vielen Schauplätzen – dem Untersuchen und Analysieren kleiner äu-

„Die offene Tür". [Nachdruck aus William Henry Fox Talbots The Pencil Of Nature]

ßerer Details hingab, sicherte allein diese Fähigkeit der Fotografie schon eine große Anhängerschaft.

In seiner Besprechung anderer Tafeln antizipierte Talbot auch die Bedeutung fotografischer Verfahren für die wirklichkeitsgetreue Abbildung vormals seltener oder einzigartiger Gegenstände und Kunstwerke. So zeigte er eine Tafel mit dem Titel „FAKSIMILE EINER ALTEN DRUCKSEITE", um anzudeuten, dass sich Druckerzeugnisse künftig fotografieren und vervielfältigen ließen, womit er die Xerografie, also die Fotokopie, vorhersah. Ebenso zeichnete sich nun die Möglichkeit ab, Gemälde und Lithografien, Skulpturen und Architekturwunder, Panoramen ganzer Städte und botanische Muster massenhaft abzubilden, diese Abbildungen zu verbreiten und dadurch ferne Wirklichkeiten erfahrbar zu machen.

Die Fotografie – den Bemühungen Nièpces, Daguerres und Talbots entsprungen – bot eine Darstellung der Wirklichkeit, wie es sie nie zuvor gegeben hatte. Beim Blick auf Fotografien meinten die Betrachter, es mit makellosen Kopien von Menschen, Orten und Dingen zu tun zu haben. Aufgrund ihrer Handlichkeit konnten Fotografien zudem objektive Wahrheiten über große Entfernungen hinweg transportieren und so das menschliche Verständnis der Welt an sich verändern. Eine der verbreitetsten frühen Verwendungen der Fotografie waren Aufnahmen von Szenen aus fernen Ländern, die Europäern und Amerikanern den Eindruck unmittelbarer Kenntnis von Menschen und Orten vermittelte, von denen sie zuvor nur gehört oder gelesen hatten. Durch einen Austausch von Bildern wurde die Welt zunehmend kleiner. Private, öffentliche und wissenschaftliche Fotosammlungen bedienten sich auf einem Markt für Bilder, der europäische Vorstellungen des Exotischen und Primitiven rund um den Globus aufrechterhielt. Während das Verfahren zur Veröffentlichung von Halbton-Fotografien in Zeitungen und Zeitschriften erst in den 1890er-Jahren technisch ausgereift war, verliehen veröffentlichte Stiche – versehen mit der gebieterischen Anmerkung „von einer Fotografie" – Darstellungen aktueller Ereignisse, Gesichtern der Namhaften und Namenlosen und Szenen aus den entlegenen Teilen des Reiches eine Aura der Wahrhaftigkeit.

Einen großen Nachteil allerdings besaßen die Fotografien. Ihnen fehlte die Tiefe, der Eindruck greifbarer Räumlichkeit. Strebte man nach Wirklichkeitstreue, so verlangte auch die dritte Dimension nach einer Reproduktion. Insofern wundert es nicht, dass – während Nièpce, Daguerre und Talbot sich um die Perfektionierung eines Fotorealismus' bemühten – andere an einem

Zwei frühe Versionen des Holmes-Bates-Stereoskops. [Aus dem Philadelphia Photographer, Januar 1869; Nachdruck mit freundlicher Genehmigung aus Paul Wings Stereoscopes: The First Hundred Years, *1996]*

Verfahren zur Simulation des binokularen Sehens arbeiteten, an einer Dreidimensionalität, die den Betrachter nach den Dingen regelrecht greifen ließe.

Einer von ihnen war der britische Gelehrte Sir Charles Wheatstone. Auch ohne akademische Ausbildung war Wheatstone einer der herausragendsten Wissenschaftler des 19. Jahrhunderts. Er hatte sich selbst Französisch, Deutsch, Italienisch, Latein und Griechisch beigebracht, las viel und eignete sich durch diese Lektüre ein erhebliches Maß an technischem Wissen an. Seine Erfindungen reichten von der Akustik bis zur Optik, von der Elektrotechnik bis zur Hochgeschwindigkeitstelegrafie. Aus einer musikalischen Familie stammend, nahm er sich außerdem die Zeit, die Konzertina zu erfinden, zu patentieren, herzustellen und zu vermarkten. Neben all dem beschäftigte sich Wheatstone auch mit der Phrenologie; so fanden sich in seiner Bibliothek auch die Werke Franz Joseph Galls und George Combes.

Für die Herstellung dreidimensionaler Bilder nun griff Wheatstone auf einen altbekannten Zeitvertreib zurück. Schon seit Jahrhunderten vor der Entwicklung der Fotografie waren manche Menschen in der Lage, beim Betrachten zweier nebeneinander liegender Bilder diese vor ihrem geistigen Auge verschmelzen zu lassen, was die Illusion einer einzigen Ansicht mit räumlicher Tiefe erzeugte. Einigen Menschen war diese Fähigkeit der „freien Betrachtung" scheinbar in die Wiege gelegt. Andere trainierten sich diese Fähigkeit im Laufe der Zeit an. Viele versuchten es und versuchten es vergebens. Wheatstone, der selbst über diese Fähigkeit verfügte, begann in den späten 1820er-Jahren über die Entwicklung eines optischen Geräts nachzudenken, welches das dreidimensionale Sehen von Bildpaaren auch jenen ermöglichen sollte, denen es trotz Bemühungen bislang versagt geblieben war.

Sir Charles kannte Euklids Beobachtung, dass jedes Auge die Welt aus einer geringfügig verschiedenen Perspektive betrachtet. Das „freie Betrachten" von Bildpaaren basierte auf eben diesem Wissen; jedes Bild unterschied sich geringfügig vom jeweils anderen, womit die Perspektive der beiden Augen nachgeahmt wurde. Wenngleich einer kleinen Anzahl von Menschen die optische Verschmelzung ohne jedes Hilfsmittel gelang, glaubte Wheatstone doch an die Möglichkeit der Entwicklung eines Apparats zur „Unterstützung dieses Vorgangs". Diesen Apparat nannte er „Stereoskop", abgeleitet vom griechischen Ausdruck für „räumliches Sehen". 1832 schließlich hatte er ein erstes derartiges Gerät entwickelt, das mittels Spiegeln funktionierte; 1838 – ein Jahr vor Talbots großem Auftritt – präsentierte er seine Ergebnisse in einem ausführlichen Vortrag vor der Royal Academy.

Bei seinen ersten Bildpaaren handelte es sich noch um einfache Strichzeichnungen, doch 1852 hielt Wheatstone einen zweiten Vortrag vor der Academy, in dem er die Verwendung fotografischer Bildpaare beschrieb, deren Realismus durch den glaubhaften Eindruck physischer Körperlichkeit noch verstärkt wurde. Seine ersten fotografischen Bildpaare bezog Wheatstone aus altbekannter Quelle. Zunächst wandte er sich an William Henry Fox Talbot, der ihm „stereoskopische Talbotypien vollständiger Statuen, Gebäude und sogar Porträts lebender Personen" anfertigte. Zwar war Daguerre schon tot, doch konnte sich Wheatstone bei dessen Adepten „speziell für das Stereoskop geschaffene Daguerreotypien" beschaffen.

Doch noch bevor Wheatstone seinen zweiten Vortrag vor der Royal Academy hielt, hatten Stereoskope und Stereografien – wie die auf Karten befestigten fotografischen Bildpaare genannt wurden – breite Begeisterung ausgelöst. Wheatstones Innovationen aufgreifend hatten andere bereits zur Verbesserung der Qualität des Stereosehens beigetragen. Einer von ihnen war der bekannte schottische Wissenschaftler Sir Daniel Brewster, der 1849 die Wheatstone'schen Spiegel durch prismatische (linsenförmige) Linsen ersetzte und so ein optisch überlegenes Betrachtungsgerät schuf, das nebeneinanderliegende Bilder mit beispielloser Wirksamkeit zusammenfallen ließ. Brewsters Entwicklung aufgreifend begann ein vom Optiker M. Jules Duboscq geleiteter Pariser Optik-

Betrieb mit der Herstellung „linsenförmiger Stereoskope zum freien Verkauf, sowie mit der Herstellung feinster Stereo-Daguerreotypien". Duboscq war es auch, dem 1852 das erste Patent auf das Stereoskop erteilt wurde.[19]

Ein Jahr zuvor hatte in London, im prachtvollen Crystal Palace, eine spektakuläre und heute legendäre Messe industrieller Wunderwerke ihre Tore geöffnet. In diesem außergewöhnlichen Bauwerk aus Glas und Stahl sorgte auch eine Ausstellung der Stereoskope und Stereografien Duboscqs für großes Aufsehen, nicht zuletzt weil Königin Victoria ihr besondere Aufmerksamkeit schenkte. Der Stereografie-Historiker Paul Wing erzählt diese Geschichte wie folgt:

> Es waren die 1851 im Crystal Palace ausgestellten Apparate und Bilder von Duboscq, welche die besondere Aufmerksamkeit der Königin fanden. Vor der Schließung präsentierte Sir David [Brewster] Ihrer Majestät ein wunderbares Duboscq-Stereoskop mit dessen Bildern. Dies war der Beginn einer ungeheuren Welle der Popularität. In großer Zahl wurden Stereoskope aus Frankreich eingeführt, und alle möglichen Optiker verschrieben sich nun der Anfertigung solcher Apparate.[20]

Binnen Kurzem überschwemmten Stereoskope unterschiedlichster Machart einen riesigen und wachsenden Markt. Einige Handgeräte waren für den Hausgebrauch bestimmt. Einfache Konstruktionen richteten sich an den großen Markt von Käufern aus der Mittelschicht, während reich verzierte Modelle bei den Reichen Absatz fanden. Nicht zuletzt große Tisch- und Standgeräte, bei denen man per Knopfdruck eine Reihe von Bildern durchlaufen konnte, machten das Stereosehen zu einer Form der öffentlichen Unterhaltung.[21]

Das Geschäft mit Stereoskopen und passenden Bildern wuchs rasant. Angesichts einer kaum stillbaren Nachfrage wurden Stereoskope in Fabriken mit dampfbetriebenen Maschinen produziert und Fotografien „per Fließbandfertigung auf Steckkarten befestigt". In den USA, wo diese Mode Millionen Menschen erfasste, wurden stereoskopische Bilder „per Versand- oder Hausierhandel" vertrieben.[22]

Doch nicht alle waren begeistert. So beklagte der französische Dichter Charles Baudelaire 1851 in einem beißenden Kommentar die enorme Anziehungskraft, die das Stereosehen auf das verzückte Publikum ausübte. Im Schlepptau der Fotografie – die Baudelaire als ein Palliativum für die „Masse" abtat, das vom Niedergang der Kunst und dem Ruin der Fantasie kündete – „klebten bald Tausende Paare gieriger Augen an den Gucklöchern der Stereoskope, als wären es die Dachluken zur Unendlichkeit".[23]

Die meisten Menschen aber konnten diesen Dachluken nicht widerstehen, und so wurde die Stereoskopie zum Fernsehen der zweiten Hälfte des 19. Jahrhunderts. Immer mehr Firmen nährten die Begeisterung. In England hatte „The London Stereoscopic Company, das erste große Unternehmen zur Herstellung stereoskopischer Fotografien, Ende der 1850er-Jahre über 500.000 Stereoskope verkauft; zwei Jahre später listete ihr Katalog über 100.000 verschiedene stereoskopische Bilder." In den USA entwickelte sich das Geschäft mit der Stereografie ähnlich rasant, und etliche Unternehmen expandierten angesichts des boomenden Marktes. Als in den 1890er-Jahren das Halbtonverfahren ausgereift war, produzierten amerikanische Betriebe Stereopaare auf der Grundlage von Fotolithografien und stießen 25.000 Bilder pro Tag aus.[24]

Diese Stereografien, die oftmals in Sätzen verkauft wurden, zeigten Dinge aus allen möglichen Interessensgebieten der damaligen Zeit, darunter Physiognomik und Rassenlehre. Da gab es prächtige Köpfe großer Männer genauso wie aberwitzige rassische Stereotype, oft in Form schwarz geschminkter Weißer. Es gab Bilder ferner Länder und halbnackter, dort lebender Primitiver. Auch finstere Indianer und romantisierte Cowboys waren Teil dieser kunterbunten Mischung. Ein Kartensatz namens „Die neue Frau" zeigte spöttisch die Entmannung, die das Frauenwahlrecht zur Folge hätte. Auf der anderen Seite verlockten pornografische Darstellungen nackter Frauen in 3D männliche Betrachter mit ihrer greifbaren Üppigkeit.

Andere Karten dokumentierten industrielle Wunderwerke. Natur- oder technische Katastrophen waren ebenfalls beliebte Gegenstände. Einige Kartensätze erfüllten einen didaktischen Zweck, unterwiesen etwa Soldaten im Gebrauch von Gasmasken oder lehrten Trinker die Gefahren ihres Lasters. Andere Karten wiederum erteilten Lektionen in Sachen Schuld und Sühne. Eine davon zeigte auf ihrer Rückseite den Text der Geschichte eines Mörders, dazu auf der Vorderseite die Szene seiner Hinrichtung durch den Strang. In den 1890er-Jahren verwendete man Stereobilder auch schon zu Werbezwecken, wie im Fall von „Sears, Roebuck and Company", die ihren Versandhandelskunden eine Ansicht des legendären Firmensitzes in Chicago bot, von wo aus ihre begehrten Waren ausgeliefert wurden.

Zur Popularisierung der Stereoskope und Stereografen in Amerika besonders beigetragen hatte Oliver Wendell Holmes, ein Dichter, Essayist, Arzt und Professor für Anatomie in Harvard sowie Vater eines künftigen Richters am Obersten Gerichtshof der Vereinigten Staaten.

Holmes war nebenbei auch Amateur-Fotograf und glaubte fest an die erbauliche Kraft visueller Information. Obwohl er die Phrenologie als „den Versuch, den Geldbetrag in einem Tresor anhand der außen angebrachten Armaturen zu bestimmen" abtat, hatte er sich doch selber von Lorenzo Fowler untersuchen lassen. Vielleicht war es Fowlers alles andere als schmeichelhafte Beurteilung von Holmes, die diesen negativen Kommentar zur Phrenologie bewirkt hatte.[25] Während Holmes die Phrenologie also ablehnte, war er ein umso überzeugterer und lautstärkerer Verfechter der Physiognomik.

Ein Medizinstudent namens Holyoke hatte einmal Gelegenheit, bei ihm vorzusprechen; kaum hatte er sich vorgestellt, sagte Dr. Holmes: „Dort, stellen Sie sich dort einmal hin, mein Freund, und geben Sie mir Gelegenheit zu einer Betrachtung Ihrer Person". Dann griff er sich ein altes Buch aus seiner Bibliothek, das ein Porträt von Holyokes Großvater enthielt, der ebenfalls Arzt gewesen war. Er verglich die beiden Gesichter und sagte: „Stirn weitgehend gleich; Nase nicht so füllig; Mund etwas weiblicher; Kinn nicht ganz so kräftig; im Ganzen aber eine gute Ähnlichkeit, und ich bezweifle nicht, dass Sie einen hervorragenden Doktor abgeben werden."[26]

Diese massenproduzierte Stereografie (1904) konnte die Leute aus der Behaglichkeit ihres Zuhauses ins Heilige Land versetzen. [Aus dem Ewen-Archiv]

Angesichts seines Glaubens an den informativen Wert der äußeren Erscheinung lässt sich Holmes' Interesse an der Fotografie ebenso leicht begreifen wie jenes spezielle Interesse an dem Bereich der Fotografie, der anscheinend das höchste Maß an Wahrhaftigkeit bot: der Stereografie, die er „Sonnenbildhauerei" nannte. Von diesem Interesse geleitet entwickelte er zusammen mit Joseph L. Bates, einem Linsenschleifer aus Boston, einen kostengünstigen, kompakten und leichtgewichtigen Apparat, der für die Betrachtung billiger, vielerorts erhältlicher Papier-Stereografien ausgelegt war.

Dieser Apparat, der als Holmes-Bates-Stereoskop bekannt wurde, erlaubte so gut wie jedermann, sich in den eigenen vier Wänden dem anregenden Freizeitvergnügen des Betrachtens von 3D-Bildern aus aller Welt hinzugeben. Geräte der Holmes-Bates-Bauweise wurden zum Standard und bis 1939 hergestellt. Noch heute können Stereoskop-Enthusiasten schicke, in Kanada fabrizierte Holmes-Bates-Bausätze erwerben.

15. Gesichtspolitik

Im Holmes-Bates-Stereoskop manifestierte sich Oliver Wendell Holmes' Überzeugung, dass Fotografien und Stereografien unsere Wahrnehmungsmechanismen – die Beziehung zwischen der materiellen Welt und der Art, wie Menschen sie sehen – für immer verändert hatten. Seine Ansichten zur Fotografie und dem Stereoskop finden sich in drei Artikeln, die zwischen 1859 und 1863 in *The Atlantic Monthly*, einer einflussreichen neuen Zeitschrift erschienen.

Vor der Publikation dieser Artikel war Holmes öffentlich kaum in Erscheinung getreten. Doch seit der ersten Ausgabe von *The Atlantic Monthly* 1857 hatte sich ihr Herausgeber James Russel Lowell bemüht, seinen geistreichen Freund Dr. Holmes für die neue Zeitschrift als Autor zu gewinnen. Mit diesen Veröffentlichungen wurde Holmes dann bekannt.

Holmes' Abhandlungen über die Fotografie – darunter „Das Stereoskop und die Stereografie" [1859], „Sonnenmalerei und Sonnenbildhauerei" [1861] sowie „Das Wirken des Sonnenstrahls" [1863] – bieten Gelegenheit, den schweifenden Gedanken eines vor Beginn der Fotografie geborenen Menschen zu folgen, der über die Bedeutung dieser bahnbrechenden Erfindung sinniert.

Für Holmes war die Fotografie – wie auch die Stereografie – „ein Spiegel mit Gedächtnis". Sie vermochte, den flüchtigen Augenblick einzufangen, dem Lauf der Zeit zu trotzen, durch ein anschauliches Aufzeichnen der Vergangenheit, die zuvor der Wankelmütigkeit der Erinnerung ausgeliefert war. Mit ihrer Fähigkeit, scheinbar räumliche Ansichten von Gegenständen zu liefern, werde die Stereografie, so fügte er hinzu, „zur Empfehlungskarte, um alle Menschen miteinander bekannt zu machen".

Die Möglichkeit, eine räumliche Tiefenwirkung zu erzielen, begeisterte ihn. „Der erste Effekt beim Betrachten einer guten Fotografie durch das Stereoskop ist eine Verwunderung, wie sie kein Gemälde je hat bewirken können. Der Geist dringt in die ganze Tiefe des Bildes vor ... Es gibt eine so fürchterliche Fülle von Details, dass wir jenes Gefühl unendlicher Komplexität haben, das uns auch die Natur vermittelt ... [D]ie stereoskopische Darstellung verschont uns mit nichts."

Das vielleicht Erstaunlichste an Holmes Betrachtungen ist, wie fest er davon überzeugt war, dass diese schonungslosen Bilder nicht nur Replikate sondern Surrogate seien – ein handlicher und vollwertiger Ersatz für die physische Welt.

Die Form ist fortan von der Materie geschieden. Die Materie als sichtbarer Gegenstand ist überhaupt nicht länger von größerem Nutzen, außer als Matrize, mit der man die Form anfertigt ... Es gibt nur ein Kolosseum oder Pantheon; doch wie viele Millionen potenzieller Negative – die ihrerseits für Milliarden von Bildern stehen – haben sie seit ihrer Errichtung in die Welt gesetzt! Materie in großen Mengen ist zwangsläufig unbeweglich und teuer; Form dagegen ist billig und transportabel. Wir sind heute im Besitz der Frucht der Schöpfung und müssen uns nicht mit ihrem Kern herumplagen. Jeder denkbare Gegenstand der Natur und der Kunst wird schon bald vor uns seine Hüllen fallen lassen. Die Menschen werden allen sonderbaren, schönen, großartigen Gegenständen nachjagen, wie sie in Südamerika die Rinder wegen der Häute jagen, und die für kaum wertvoll erachteten Körper zurücklassen.[1]

In einer Welt, die zunehmend von einer Kultur des Geldes geprägt war, wurde der Gedanke, papierne Darstellungen seien wertvoller als handfeste Gegenstände, zu einer verbreiteten Überzeugung, die in vielerlei Hinsicht den Alltag bestimmte. Holmes trug dieser Ähnlichkeit zwischen Stereografien und Geld Rechnung, als er in einem seiner Artikel anregte, ein „umfassendes Tauschsystem" zu entwickeln, „sodass eine Art universaler Währung aus diesen Banknoten entstehen kann – handfeste Zahlungsversprechungen quasi –, welche die Sonne für die großartige Bank der Natur geprägt hat".[2] In einem anderen Artikel stellte Holmes – diesmal mit Bezug auf „cartes-de-visite" – einen ähnlichen Vergleich an, indem er die „Porträtkarten" als „soziale Währung, sentimentale ‚Dollarnoten' der Zivilisation" bezeichnete.

In seiner Hymne auf den „größten aller menschlichen Triumphe über die irdischen Bedingungen: die Scheidung von Form und Substanz" hob Holmes zudem anerkennend hervor, wie sehr Fotografien bereits – Anfang der 1860er-Jahre – den Status von Wahrheiten innehatten.
    Auf diesem Status gründeten viele jener Anwendungen der Fotografie, die sich ab den 1840er-Jahren abzeichneten. Viele davon hatte Talbot bereits in *The Pencil of Nature* antizipiert. So erörterte er anhand zweier Bild-Beispiele bestimmte Anwendungen der Fotografie, die speziell für die Katalogisierung menschlicher Typen relevant werden sollten. Das eine Bild scheint damit auf den ersten Blick wenig zu tun zu haben. Es handelt sich um die Fotografie einer

Vitrine mit Porzellangefäßen und anderen Gegenständen: Teekannen, Tassen, Untertassen, Krüge, Vasen und Ähnlichem. Doch in seiner Beschreibung dieses Bildes entwickelt Talbot einen erstaunlich hellsichtigen Gedanken.

Angesichts der hier gezeigten Objekte wird hinreichend deutlich, dass sich die ganze Vitrine eines Antiquitäten-Liebhabers, speziell eines Sammlers von altem Porzellan, in nur wenig mehr Zeit auf Papier abbilden lässt, als es bräuchte, eine schriftliche Bestandsliste in herkömmlicher Form zu erstellen. Je ausgefallener und fantastischer die Formen seiner alten Teekannen, desto vorteilhafter ist es, sie im Bild statt in Beschreibungen festzuhalten.

Den potentiellen Nutzen solcher Bestandsaufnahmen erwägend, antizipierte Talbot die Rolle, die Kamera und Fotografie schon bald als juristische Beweismittel spielen sollten – als Beweisstücke, die im Gerichtssaal für Wahrheit bürgten.

Und sollte ein Dieb anschließend jene Schätze entwenden, wäre das Bild – wenn es als stummes Zeugnis gegen ihn vor Gericht verwendet würde – gewiss ein neuartiges Beweismittel; was freilich der Richter und die Geschworenen davon halten würden, ist eine Frage, die ich den Spekulationen derer überlasse, die juristischen Scharfsinn besitzen.

Die Antwort von Rechtsexperten auf Talbots Frage ließ nicht lange auf sich warten. Die Verwendung der Fotografie veränderte sehr bald Gerichtsverfahren wie Polizeimethoden. Bereits in den 1870er-Jahren wurden Verbrecher und Tatorte in Frankreich fotografisch dokumentiert – eine Praktik, die schnell Schule machte. Dementsprechend veränderte sich auch die Dokumentation menschlicher Typen. Taxonomien menschlicher Unterschiedlichkeit wurden ab der Mitte des 19. Jahrhunderts systematisch mittels fotografischer Belege erstellt und bewertet.

Von entscheidender Bedeutung für diese Entwicklung war eine weitere von Talbot vorhergesehene Anwendung der Fotografie: das Porträtieren. Während lange Belichtungszeiten Aufnahmen von leblosen Objekten begünstigt hatten, ermöglichten verringerte Belichtungszeiten nun zunehmend auch Abbildungen von Menschen. Talbot erörterte diese Möglichkeit:

Porträts lebender Personen und Personengruppen bilden einen der attraktivsten Anwendungsbereiche der Fotografie ... Wenn die Sonne scheint, lassen sich kleine Porträts durch mein Verfahren schon in ein oder zwei Sekunden anfertigen ... größere Porträts brauchen etwas mehr Zeit.

Allerdings funktionierte die Belichtung noch nicht schnell genug, um Menschen in Bewegung aufzunehmen. Damit sich der vielversprechende Zweig der Porträtfotografie entwickeln könne, erklärte Talbot, bedürfe es arrangierter Studio-Kulissen und einiger Übung im Stillsitzen seitens der Porträtierten. Der Zeichenstift der Natur, so scheint es, brauchte eine leitende Hand. Die Porträtfotografie verlangte einen Fotografen, der einem fügsamen Modell seinen Willen aufzwingt. Schauspielerisches Können war beim Fotografieren von Menschen unverzichtbar.

Wenn wir uns in die Stadt begeben und ein Bild von der sich bewegenden Menge machen wollen, werden wir scheitern, denn im Bruchteil einer Sekunde ändern sich die Positionen so sehr, dass dadurch die Klarheit der Wiedergabe zerstört ist. Wenn aber eine Personengruppe kunstgerecht arrangiert ist, und durch einige Übung darin geschult, für ein paar Sekunden absolut reglos zu verharren, lassen sich sehr leicht höchst erfreuliche Bilder erzielen.

Die Frage der Einwilligung fotografierter Personen markierte eine Wegscheide für die Porträtfotografie. In der einen Richtung lief es darauf hinaus, dass sie die Menschenwürde ihrer Modelle missachtete; in der anderen darauf, dass sie ihnen diese Würde ließ und obendrein das Gefühl vermittelte, bedeutende Persönlichkeiten zu sein. Was die widerwillig Porträtierten angeht, die man zwang, sich dem Blick der Kamera auszusetzen – Sklaven, Gefangene, Gefängnis- und Anstaltsinsassen, Opfer des gewaltsamen Kolonialismus' – so wurden Porträtfotografien und „Verbrecherfotos" eine Hauptstütze forensischer, medizinischer, militärischer und anthropologischer Aufzeichnungen, ein Kontrollinstrument und eine Form der Identifizierung von Stigmata der Degeneration, die den „unerwünschten" vom rechten Teil der Bevölkerung trennte. Zwar sah Talbot diese Anwendung der Fotografie nicht eigens voraus, doch deutete seine Idee von Fotografien als objektiven, unwiderlegbaren Beweismitteln schon auf jene frühe Anwendung der Porträtfotografie hin.

Ein weiterer Bereich, in dem fotografische Porträts als Beweise inhärenter menschlicher Ungleichheit zum Einsatz kamen, war – wenig überraschend – die Naturkunde. Hier hatte man schon seit gut einem Jahrhundert eifrig nach Mitteln zur objektiven Messung von Minderwertigkeit gesucht. Gründungsvater der Ethnografie war Etienne Serres, ein Professor für Anatomie und Naturkunde am Musée d'Histoire Naturelle in Paris. Seit 1841 fertigte dort Louis-Auguste Bisson in Serres' Auftrag Daguerreotypien von Abgüssen, Schädeln und anderen menschlichen Überresten aus der Sammlung des Museums an. 1844 sah Serres dann zum ersten Mal die Daguerreotypien von E. Thiesson. Dessen Porträts eines Botokudo-Paares (Indianer aus dem inneren Brasilien) beeindruckten ihn durch ihre Klarheit im Detail so sehr, dass er zu der Überzeugung kam, die Fotografie könne – über ihre Fähigkeit zur Dokumentation lebloser Objekte in den Museumsvitrinen hinaus – auch ein bedeutsames Werkzeug beim Zusammentragen anthropologischer Evidenz sein.

Zum Teil kam die ethnografische Fotografie auch vor Ort zum Einsatz, auf Forschungsreisen zu den Völkern in Afrika, Polynesien und anderen „exotischen" Kolonialgebieten. Doch in Serres' Augen waren solche Foto-Safaris gar nicht nötig. Die Mobilität innerhalb der Kolonialreiche erlaubte es, „Eingeborene" bequem im isolierten Kontext des Labors zu fotografieren. „Es wird nicht mehr nötig sein, lange Reisen zu unternehmen, um menschliche Typen zu untersuchen", verkündete Serres 1845 vor der französischen Akademie der Wissenschaft. „Diese Typen werden zu uns kommen, dank des Fortschritts der Zivilisation. Sie werden in unseren großen Städten und Häfen zu finden sein."[3] Serres und Fotografen wie Louis-Auguste Bisson, Henri Jacquart, Emile Deramond, Louis Rousseau (der Sohn von Jean Jacques Rousseau), Charles Guillain und Roland Bonaparte (ein Neffe Louis-Napoleons) schufen ein Bilderwerk, das – in Verbindung mit der neuen Wissenschaft der Statistik – Ende der 1850er-Jahren zu einem Markenzeichen der französischen Anthropologie geworden war.[4]

Die von Serres und seinen Nachfolgern aufgebaute Sammlung fotografischer Dokumentationen menschlicher Typen, lebender wie toter, umfasste Ende des 19. Jahrhunderts nach vorsichtigen Schätzungen über 200.000 Objekte. Zur gleichen Zeit arbeitete in England das Royal Anthropological Institute an einer vergleichbaren Sammlung.[5]

Wenn Talbot auch die Auswirkungen ethnografischer Fotografie nicht umfassend vorausahnte, so sagte er doch das Aufblühen einer alltäglicheren Form der Porträtfotografie vorher. Handelte es sich um freiwillige Modelle, etwa um die Mitglieder einer Familie, könne man diese Leute in „so viele verschiedene Aufstellungen [bringen], dass eine derartige Bilderserie sehr aufschlussreich sein und äußerst realistisch anmuten würde". Nur ein Jahrzehnt nach Talbots Überlegungen waren Porträts – sei es von einzelnen Personen oder ganzen Familien – aufgrund des Aufkommens gewerblicher Porträtstudios einfach und günstig erhältlich; immer häufiger zierten sie häusliche Wände und verwandelten sie Alben mit Andenken und Silhouetten in Familienfotoalben.

Eingedenk seiner eigenen Herkunft aus der Oberschicht stellte sich Talbot vor, dass die Porträtfotografie von besonderem Interesse für den englischen Adel sein würde, der bis dahin für seine Ahnengalerien Porträts in Öl bevorzugt hatte. Nun, so frohlockte Talbot, könnten die Adligen sich endlich Ahnengalerien zusammenstellen, denen sie „in fester Überzeugung" vertrauen konnten. Was Talbot dabei nicht erkannte, war, dass die Porträtfotografie weit über adlige Kreise – die traditionell in Öl gemalte Klientel – hinaus Verbreitung finden sollte.

Heute halten wir es für selbstverständlich, leichten Zugang zu bildlichen Darstellungen unserer selbst, unserer Familie und unserer Freunde zu haben – zu bildlichen Zeugnissen unserer Existenz, die auch unseren Tod überdauern. Von dieser Warte aus ist leicht zu übersehen, dass sich der Großteil der Menschheit vor Erfindung der Fotografie niemals in Form einer realistischen Abbildung selbst betrachtet hatte. Porträtstudios, günstige Kodak-Boxkameras und die in den 1920er-Jahren auftauchenden Fotoautomaten in Billigläden änderten dies für immer. Das Porträt, einst deutliches soziales Unterscheidungsmerkmal, hatte sich zu einem allseitigen demokratischen Anrecht entwickelt.

Der Weg zu dieser Bilder-Demokratie war gepflastert mit Kollodium-Nassplatten und einer Fülle anderer Erfindungen zur Aufnahme und Veredelung des menschlichen Antlitzes. Schon 1844 – im Jahr der Veröffentlichung von Talbots Buch – eröffnete der Sohn eines armen irischen Farmers aus Warren County, im Bundesstaat New York, ein Porträtstudio im wuseligen Geschäftsviertel von Downtown New York – unweit des Phrenological Cabinet von „Fowler and Wells". Beide Firmen waren im Bereich der Dokumentation menschlicher Köpfe tätig. Zudem lag das Studio direkt gegenüber von Barnum's American Museum.

Inhaber und Betreiber dieses Porträtstudios war Mathew Brady, der zu Amerikas führendem Porträtfotografen werden sollte, später auch zum maß-

Mathew Brady. [Aus der National Archives Collection]

geblichen Bildchronisten des Amerikanischen Bürgerkriegs. Nach seiner Ankunft in New York um das Jahr 1839 lernte Brady – so nimmt man an – im folgenden Jahr durch Samuel F. B. Morse das Daguerreotypie-Verfahren kennen. Nachdem Brady eine Weile in einer Manufaktur für feine Daguerreotypie-Etuis gearbeitet hatte, verlegte er sich von der Verpackung auf die Herstellung des Produkts. In seinem neu eröffneten Studio richtete er im Eingangsbereich „Daguerre's Miniaturengalerie" ein, wo eine Auswahl seiner Porträtarbeiten zu sehen waren. Zwar lagen seine Preise leicht über denen der örtlichen Wettbewerber, doch übertraf er diese auch in der Qualität der Aufnahmen – eine Qualität, die 1851 auf der Londoner Crystal Palace Exhibition mit einer Medaille gewürdigt wurde. Diese Auszeichnung und jene, die zwei weiteren Amerikanern zuteil geworden war, nahm der Zeitungsverleger Horace Greeley „zum Anlass für die prahlerische Behauptung, die boomende US-Daguerreotypie-Industrie ... beweise, dass Amerika die europäische Konkurrenz hinsichtlich wissenschaftlichen Fortschritts, Geschäftstüchtigkeit und ästhetischer Kreativität überholt habe".[6]

Lautstarke Förderer wie Greeley steigerten Bradys Renommee. In den späten 1850er-Jahren war sein Studio bereits ein enorm erfolgreiches Unternehmen. In Scharen besuchten die Leute seine Ausstellungen berühmter Porträts – erlauchter Antlitze berühmter amerikanischer „Männer und Mütter", wie er sie nannte.[7] Wurde eine Person für bedeutend genug erachtet, fertigte Brady oder einer seiner Assistenten ein Porträt von ihr an und fügte so der „Gallery of Illustrious Americans" ein weiteres Gesicht hinzu.

Brady verstand sich besonders darauf, Porträtsitzungen so zu inszenieren, dass die Erhabenheit der Porträtierten hervorgehoben wurde. Dabei bediente er sich auch bestimmter Retuschiertechniken, um unansehnliche Merkmale wie Falten oder Leberflecke aus den Bildern zu entfernen. Ein Nutznießer von Bradys Geschick war Abraham Lincoln, den er nach einer am 27. Februar 1860 im Cooper Institute in New York gehaltenen eindrucksvollen Rede fotografierte. In Vorbereitung der Aufnahme, „veränderte Brady Lincolns schlaksige Erscheinung, indem er den Kragen des Kandidaten hochzog, um dessen Hals kürzer erscheinen zu lassen; außerdem retuschierte er das Foto, um die strengen Furchen in Lincolns Gesicht zu entfernen". Die Stecher beim *Harper's Weekly* kopierten das Foto peinlich genau, und so erschien es dann in dieser Zeitschrift, aber auch in *Frank Leslie's Illustrated Weekly*, der ersten Massen-Illustrierten in den USA. Allgegenwärtig auf Plakaten und Ansteckern, wurde dieses Bild zu einem zentralen Element in Lincolns Präsidentschaftswahlkampf. Brady hatte den Amerikanern die erste fotografische Ansicht eines Präsidentschaftskandidaten geliefert. Nach Lincolns eigener Überzeugung hatte das von Brady physiognomisch geschönte Porträt entscheidend zu seiner Wahl beigetragen. „Brady und das Cooper Institute", erklärte er, „haben mich zum Präsidenten gemacht."[8]

Bradys Ruhm gründete auf den Porträts bedeutender Amerikaner und Ausländer. Zu denen, die sich von ihm oder einem seiner Fotografen ablichten ließen, gehörten Daniel Webster, Clara Barton, Jenny Lind, der Präsident des Obersten Gerichtshofes Roger Taney, der Schauspieler Edwin Forrest, Walt Whitman, Martin Van Buren, Zachary Taylor, John C. Calhoun, John James Audubon, Millard Fillmore, Ulysses S. Grant, Robert E. Lee, Rembrandt Peale, P. T. Barnum, Jefferson Davis, Stephan Douglas, Admiral David Farragut, Edwin und John Wilkes Booth, Charles Sumner, William Seward und, natürlich, Horace Greeley sowie Abraham Lincoln, dazu Lincolns Ehefrau Mary Todd Lincoln und ihr geliebter Sohn Tad.

Viele der von ihm Porträtierten waren Anhänger der Phrenologie und knüpften an ihre Porträts die Erwartung, dass sie starke phrenologische Merkmale zum Vorschein bringen würden. In dieser Hinsicht war Brady tatsächlich ein Meister seines Fachs – zum einen wegen seiner Kunstfertigkeit, zum anderen aber auch, weil er selbst ein Anhänger der phrenologischen Wissenschaft war.

Brady hatte Lorenzo Fowlers und die Phrenologie 1844 kennengelernt, als er gerade mit Aufnahmen von Männern beschäftigt war, deren Ansehen um einiges schlechter war als das seiner späteren, ehrenwerten Modelle. Zu der Begegnung mit Fowler kam es, nachdem Brady einen Auftrag von Eliza Farnham erhalten hatte, der Leiterin des Frauentraktes von Sing Sing, des sogenannten „Mount Pleasant Prison".

Farnham war eine Phrenologin und von Lorenzo Fowler noch als Oberschülerin in Albany, New York, angeworben worden. Ihn hatte damals ihre Schädelgestalt beeindruckt, die er als „‚maskulin' mit ‚immensem' Schlussvermögen" beschrieb. Vom Virus der Phrenologie angesteckt, hatte sie die Regale der Gefängnisbibliothek mit phrenologischen Schriften bestücken lassen, darunter Marmeduke Sampsons *Rationale of Crime and Its Appropriate Treatment; Being a Treatise on Criminal Jurisprudence Considered in Relation to Cerebral Organization* [Das Grundprinzip des Verbrechens und dessen angemessene Behandlung; eine Abhandlung über Strafrecht unter Berücksichtigung der Beziehung zum Gehirnaufbau]. Bei diesem Buch, verfasst von einem Jünger George Combes, handelte es sich um eine phrenologische Untersuchung von Straftätern und Verurteilen, die 1840 in England erschienen war.

Als Farnham sich zur Veröffentlichung einer illustrierten Ausgabe von *Rationale of Crime* in den USA entschloss, gab sie Brady den Auftrag, daguerreotypische Porträts von Strafgefangenen in New Yorks berüchtigtem Blackwell's Island Gefängnis aufzunehmen und so eine fotografische Grundlage für die in dem Buch vorgesehenen Zeichnungen zu liefern. Lorenzo Fowler und Mathew Brady arbeiteten dabei Hand in Hand: ersterer sortierte die verschiedenen Verbrechertypen, letzterer dokumentierte diese dann mittels fotografischer Porträts.[9] Während Brady später sein Geschick zur Verschönerung der Erscheinung seiner Modelle nutzte, zeigen die düsteren Porträts der widerwillig Porträtierten von Blackwell's Island besonders „brutal oder verwirrt aussehende Menschen".[10]

Während Brady seine Karriere als Fotograf von Straftätern nicht mehr weiterverfolgte, nachdem der sich einen Namen als Porträtfotograf bedeutender Männer und Frauen gemacht hatte, blieb sein Interesse an der Phrenologie doch ungebrochen. Nicht nur unterzog er sich voller Begeisterung einer Kopf-Examination; auch sein ästhetischer Sinn war deutlich von der Kenntnis phrenologischer Geisteskräfte – wie auch ihrer Beziehung zu Neigungen, Gefühlen und Verstand – geprägt.[11]

Ab den 1840er-Jahren waren Bradys Porträtfotografien zu kostspieligen Schmuckstücken geworden. Sie dokumentierten die Gesichter einer elitären Klientel aus Politikern, Unterhaltungskünstlern und anderen Prominenten. Sein Geschick als Fotograf und Selbstvermarkter machte ihn berühmt und setzte Standards, denen andere, preisgünstigere Studios nacheiferten.

APPENDIX 157

S. S.

S. S. is a vagrant, and inmate of what is termed the Luna House, on Blackwell's Island. He is an Irishman; was formerly a prize-fighter; was sent to the State Prison for five years for assault and battery, with intent to kill, and since his liberation, a period of some six or eight years, has spent most of his time in the city and county prisons of New-York. Before his mind became deranged, he exhibited great energy of passion and purpose, but they were all of a low character, their sole bearing being to prove his own superiority as an animal. He was both vain and selfish.

The drawing shows a broad, low head, corresponding with such a character. The moral organs are exceedingly deficient, especially benevolence, and the intellect only moderately developed. The whole organization, indeed, indicates a total want of every thing like refined and elevated sentiment. If the higher capacities and endowments of humanity were ever found coupled with such a head as this, it would be a phenomenon as inexplicable as that of seeing without the eye, or hearing without the ear.

Tudor Hortons Stiche von Gefangenen auf Blackwell's Island beruhen auf Daguerreotypien, die Mathew Brady 1844 angefertigt hatte. Die Beschreibung auf dieser Seite offenbart den Einfluss der Phrenologie auf Kriminalrechtler. [Nachdruck aus Marmaduke B. Sampsons Rationale Of Crime, 1846, US-Ausgabe, herausgegeben von Eliza W. Farnham, Leiterin des Mount Pleasant State Prison]

Von diesen erschwinglicheren Studios gab es immer mehr, und schon Mitte der 1850er-Jahre nahm eine riesige Zahl von Menschen – einzeln oder in Gruppen – ihre Dienste in Anspruch. In Anlehnung an Bradys Konzept gab es im vorderen Raum eines solchen Porträtstudios häufig eine Galerie mit exemplarischen Porträts, die vom Geschick des jeweiligen Fotografen zeugen sollten.

In einem Artikel für den *Brooklyn Daily Eagle* beschrieb Walt Whitman – Dichter, Phrenologe und selbsternannter Mann des Volkes – diese Galerien, in denen seiner Ansicht nach die wahren Geschichten Amerikas zu finden seien. So schrieb er im Anschluss an den Besuch eines dieser Studios:

Was für ein Spektakel! Wohin man seinen prüfenden Blick auch wendet, sieht man nichts als menschliche Gesichter! Sie erstrecken sich dort vom Boden bis an die Decke, Hunderte von ihnen. Ach! Was könnten diese Bilder für Geschichten erzählen, wären ihre stummen Lippen der Sprache mächtig. Wie wären dann alle Märchen von den Tatsachen völlig in den Schatten gestellt.

Walt Whitman, fotografiert von Mathew Brady. Whitmans Leaves of Grass *wurde von den Phrenologen Fowler und Wells veröffentlicht. Whitman selbst war ein gläubiger Anhänger der Phrenologie. [Aus der National Archives Collection]*

Whitman war so eingenommen von der Fähigkeit der Fotografie, die tatsächliche Wesensart einer Person zu vermitteln, dass er 1855 bei der Selbstveröffentlichung einer verkürzten Ausgabe von *Leaves of Grass* (noch vor der von „Fowler and Wells" herausgegebenen Ausgabe) als Titelbild einen auf einer Daguerreotypie beruhenden Stahlstich mit seinem Konterfei verwendete und auf die Nennung seines Namens auf dem Titelblatt verzichtete. Seit den Anfängen der Physiognomik hatten Autorenporträts die Titelseiten von Büchern geziert – sozusagen als bildliches Zeugnis ihres Verstandes –, doch niemals zuvor war jemand auf die Idee gekommen, ein Bild anstelle eines Namens zu verwenden. In einer Rezension dieser Gedichtsammlung zeigte der Schriftsteller Charles Eliot Norton Verständnis für Whitmans ungewöhnliche Entscheidung, indem er bemerkte, dass „der Name etwas Willkürliches ist, während das Porträt eine Vorstellung vom Wesen desjenigen vermittelt, von dem die Äußerungen stammen".[12]

Es gab auch die Ansicht, die Sammeletuis mit Daguerreotypien oder gedruckten Fotografien böten Besuchern ein offenkundiges Inventar sozialer und physiognomischer Typologien – mithin eine perfekte Gelegenheit, ihren phrenologischen Scharfsinn anzuwenden. So hieß es 1855 in einem Artikel in *Gleason's Pictorial and Drawing Room Companion*:

Wenn Sie eines dieser Sammeletuis gesehen haben, haben Sie alle gesehen. Da gibt es den Milizoffizier in Uniform ... Da gibt es die Familie, wachsfigurenartig erstarrt und sehr feierlich dreinblickend, als hätten sie sich zu einem Begräbnis versammelt. Es gibt den flotten jungen Mann, mit Hut auf dem Kopf und Zigarre im Mund; die hiesige Schönheit mit üppigem geflochtenem Haar und plattiertem Schmuck, ein urkomischer Anblick; außerdem noch das Schoßkind, ein dickliches Geschöpf mit Wasserkopf und wassersüchtigem Körper ... Dann gibt es den hiesigen Intellektuellen, mit großer Stirn und stechendem Blick, sowie den jungen Dichter, einen hübschen, aber zutiefst eingebildeten Kerl.[13]

All diese Studios verfügten – wie auch das von Brady – über gewisse Mittel, um die Porträtierten besser aussehen zu lassen. Kostüme, Kulissen und bedeutungsvolle Requisiten standen zur Verfügung, um Wohlstand vorzutäuschen, wo es keinen gab. Fahrende Fotografen, die von einer Stadt zur nächsten reisten und einen Viertel- bis einen ganzen Dollar pro Porträt nahmen, erhöhten noch einmal die Zahl derer, die ihren Status in bildlicher Form beglaubigen ließen.

Neue technische Entwicklungen machten die Porträtfotografie so gut wie jedermann zugänglich und beschleunigten ihre Verbreitung. Auf dem Broadway waren billige, als „tin-types" bekannte Miniaturfotografien für „zwei Cent das Stück!" zu haben. Angesichts dieser Verfügbarkeit des fotografischen Bildes, so erklärte Oliver Wendell Holmes, müsse „nicht mal die personifizierte Armut die Kosten für eine Galerie mit Familienporträts scheuen".[14]

1854 brachte ein Fotograf namens André Disdéri in Frankreich sogenannte cartes-de-visite (Porträtkarten) auf den Markt, kleine (6,5 x 9 cm) Porträts, von einer Mehrfachlinsenkamera aufgenommen, die acht Bilder auf ein Glasnegativ brannte. Auf Fotopapier gedruckt und ausgeschnitten verdrängten diese relativ günstigen Karten allmählich die gedruckten Visitenkarten, die zuvor bei Besuchen als Ausweis verwendet wurden. Anfangs Utensil großbürgerlicher und aristokratischer Kultur, begannen die Carte-de-visite-Porträts der Reichen und Berühmten – einschließlich königlicher Personen – schon bald zu kursieren. Das Sammeln solcher Karten wurde zu einem verbreiteten Hobby.

1861 erwarb Alexander Gardener, der Bradys 1858 eröffnete „National Photografic Art Gallery" in Washington leitete, für Brady vier solcher Cartes-de-visite-Kameras. Zwar waren schon zuvor einige von Bradys Bildern als Porträtkarten im Umlauf gewesen, doch erst ab 1861 wurden Bradys Porträtfotos als cartes-de-visite in großem Maßstab vermarktet, was seinen großen Ruhm weiter mehrte.

Mit dem Einstieg ins Porträtkarten-Geschäft begann Brady wieder mit der Anfertigung von Porträts phrenologischer Sonderlinge. Diesmal waren es nicht Strafgefangene, die er vor die Kamera brachte, sondern menschliche Kuriosa aus Barnum's American Museum. In seinem neuen Studio (1860), das als „National Portrait Gallery" firmierte, porträtierte er Barnums Monstrositäten, darunter Henry Johnson, weithin bekannt als „Was-ist-es?" oder „Nix"; „General Tom Thumb" der berühmte Liliputaner und seine kleinwüchsige Gattin Lavinia Warren; die original „Siamesischen Zwillinge" Chang und Eng; die „Fidschi-Kannibalen"; „Annie Jones", die bärtige Dame; das armlose Wunder „Admiral Dot"; sowie die Albinofamilie Lucasie. Diese Fotokarten gab es dann in Barnum's American Museum zu kaufen; schon bald wurden sie zu gängigen Souvenirs bei Monstrositätenschauen im ganzen Land, und von Gaffern in etwa so gesammelt wie man heute Baseballkarten sammelt.[15]

Binnen Kurzem gab es derartige Cartes-de-visite-Fotostudios überall, und fast jeder konnte sich diese leicht zu verteilenden persönlichen Porträts leisten. In Familienalben heftete man sie neben die *cartes* von Freunden und bedeutenden Persönlichkeiten. Dieses Nebeneinander, ein visueller Dialog zwischen Privatpersonen und berühmten Persönlichkeiten, schuf eine Gleichheit auf bildlicher Ebene oder setzte namenlose Personen zumindest in Beziehung zu den Vorbildern, denen sie nacheiferten. Zugleich begannen auch cartes-de-visite von Monstrositäten aus Zirkussen und Jahrmarktgeschäften zu kursieren und in Alben aufbewahrt zu werden, den Sammelnden zum sichtbaren Beleg ihrer physiognomischen Überlegenheit.

Dieser Boom der Porträtfotografie gründete nicht einfach nur auf Eitelkeit. In Europa und den USA, wo die Gestalt von Kopf und Gesicht weithin als Kennzeichen von Zivilisiertheit erachtet wurde, dienten diese Porträts auch als eine Art von physiognomischem Ausweis. In öffentlichen Galerien wie Bradys National Portrait Gallery dienten die idealen Köpfe der führenden Persönlichkeiten Amerikas den Betrachtern als visuelle Vorbilder, an denen man sich messen konnte. Die sorgfältig arrangierten Porträts der Mittelschicht waren der Versuch gewöhnlicherer Menschen, ihre physiognomischen oder phrenologischen Vorzüge nachzuweisen, und insofern Atteste der Zugehörigkeit zur gehobenen Schicht der Gesellschaft. Und auf genau solche Fotos war auch die Ausstattung der Porträtstudios zugeschnitten.

Die Verknüpfung von Physiognomik, Phrenologie und Porträtfotografie wurde zu einem zentralen Element der Geschäftstätigkeit von „Fowler and Wells". Angesichts der scheinbaren Wirklichkeitstreue von Stereobildern und ihrer Fähigkeit, den menschlichen Kopf räumlich darzustellen, begann das Unternehmen in den späten 1850er-Jahren mit dem Verkauf von Stereografie-Sätzen, welche die Vielfalt phrenologischer Typen dokumentieren sollten.[16]
Doch „Fowler and Wells" nutzten die Fotografie nicht zur Vermittlung von Informationen, sondern auch zum Angebot einer Fernuntersuchung von Köpfen. Fraglos seien dies keine idealen Umstände für eine Analyse, schrieb Samuel Wells, aber doch ausreichend gute, falls Kunden der Besuch des Museums nicht möglich sei, oder kein „Absolvent des American Institute of Phrenology" in der Nähe. Schon in den 1860er-Jahren waren solche Versand-Untersuchungen für fünf Dollar erhältlich.

So, wie Lavater einst sorgfältige Anleitungen zur schrittweisen Anfertigung verlässlicher physiognomischer Porträts erstellt und die Verwendung von „englischen Bleistiften" und „indischer Tinte" empfohlen hatte, versorgte nun auch Wells seine Versandhandelskunden mit Leitfäden, um die phrenologische Objektivität der eingesendeten Fotografien sicherzustellen:

Lassen Sie speziell für diesen Zweck zwei fotografische Profil- und Frontalansichten machen. Glätten Sie Ihr (vielleicht krauses oder gelocktes) Haar, damit die Konturen Ihres Kopfes sichtbar sind. Schicken Sie uns diese Fotografien zusammen mit folgenden Angaben zu: der Entfernung zwischen Ohröffnung und Scheitel, jener zwischen Nasenwurzel und Kopfansatz (Occipital-*Protuberanz*), sowie des Kopfumfangs. Legen Sie die Gebühr bei, und vergessen Sie nicht, Ihren Namen und Ihre Adresse anzugeben. Außerdem Ihr Alter, sowie Ihre Haar- und Augenfarbe.[17]

Die physiognomische Erkenntnis, die Europäer und Amerikaner im 19. Jahrhundert aus der Porträtfotografie zogen, wurde stets aufs Neue vermittelt. Porträts der Willigen und Widerwilligen – jener, die fotografiert zu werden

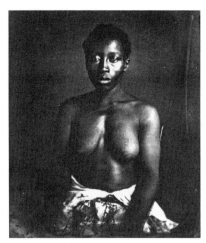

Delia, eine Sklavin, wurde von J. T. Zealy im Rahmen des von Professor Agassiz verfolgten Projekts des Nachweises, dass die verschiedenen Rassen zu verschiedenen und ungleichen Spezies gehörten, fotografiert.

wünschten, und jener, die als Objekte „wissenschaftlicher" Untersuchungen fotografiert wurden – boten, stellte man sie einander gegenüber, jenen, die an die Wahrheit der Gesichtspolitik glaubten, stärkende Gewissheit.

So teilte der Schweizer Biologe und Harvard-Professor Louis Agassiz nach einem Besuch in Mathew Bradys New Yorker Galerie dem Fotografen mit, er habe stundenlang die außergewöhnliche Gestalt der „Physiognomien bekannter Persönlichkeiten" bewundert. Agassiz, ein entschiedener Verfechter der Lehre von der natürlichen Überlegenheit der kaukasischen Rasse, fand in Bradys Porträts bedeutender Angloamerikaner deren inhärente Überlegenheit in stummer Form bestätigt.

Um anschauliche Beweise der Minderwertigkeit der Afrikaner zu erhalten, beauftragte Agassiz 1850 einen Daguerreotypisten aus South Carolina namens J. T. Zealy damit, zweitausend Porträts von Sklaven anzufertigen, die mit entblößtem Oberkörper vor die Kamera gezwungen und in streng einheitlicher Frontal-, Rück- und Profilansicht abfotografiert wurden. Diese Porträts dienten als Beweis des Zusammenhangs zwischen den Gesichtszügen der Sklaven und ihren angeblich minderen „Geistesgaben".[18] Betrachtet man diese Porträts heute, offenbart sich eine traurige Geschichte menschlichen Elends, aber in all der Misslichkeit der Gefangenschaft auch eine stille Würde, die der Rolle dieser Menschen als wissenschaftliche Evidenz für Unterlegenheit trotzt.

Oliver Wendell Holmes hob den physiognomischen Wert der Porträtfotografie ungleich deutlicher hervor. Samuel Mortons kraniometrische Untersuchungen und sein feines Gespür hatten ihn tief beeindruckt, und in gewissem Maß prägte dieses Gefühl auch seine Beurteilung der Porträtfotografie.[19] Während die gewerblichen Fotostudios zur Verschleierung von Herkunft und Charakter ihrer Kunden üblicherweise Kostüme und Requisiten vorhielten, war Holmes der festen Überzeugung, dass Porträts Fenster zur Seele seien, die keine Maskierung verschleiern könne.

Haltungen, Kleidung, Gesichtszüge, Hände, Füße – all das verrät den sozialen Rang der Porträtierten. Das Bild lügt nicht, was ihre Person angeht. Es bringt nichts, vornehm zu tun; die vorgeblich feinen Herren und Damen werden niemals wie die wahren aussehen. Mittelmäßigkeit lässt sich, wenn Sie mich fragen, nicht verbergen, ganz gleich unter welchem Deckmantel sie auftritt. Verdruss kann sich nicht hinter dem Lächeln vermeintlicher Freundlichkeit verbergen. Die Missmutigkeit unfähiger, jammernder Naturen ist fast ebenso deutlich sichtbar wie am Klang der Stimme hörbar. Kein Bemühen um Glättung der Stirn kann die verräterischen Falten besiegen. Die Schwäche, die den Zaudernden und Geistlosen eigen ist, lässt sich kaum verheimlichen, selbst wenn der Schnurrbart das Zentrum allen Ausdrucks verbergen darf. Alle Teile eines Gesichts stehen zweifellos miteinander und mit dem Charakter der Person, um dessen Gesicht es sich handelt, in Beziehung. Doch gibt es ein Gesichtsmerkmal, und speziell einen bestimmten Teil dieses Merkmals, das mehr als jedes andere das Wesen der Person offenbart. Dieses Merkmal ist der Mund, und jener angesprochene Teil der Mundwinkel ... Hier lassen sich Siege und Niederlagen, Stärke und Schwäche, Härte und Lieblichkeit des Charakters ablesen.

Angesichts dieses beinahe religiösen Glaubens an die offenbarende Kraft von Fotografien des Gesichts, an ihre Fähigkeit, vom Charakter und den Absichten einer Person zu künden, war es für Holmes kein großer Schritte mehr hin zu der Idee, Porträt-Archive anzulegen, um soziale und physiologische Abweichler zu identifizieren, die Gesichter der Degeneration zu analysieren, die Stigmata des Verbrechens in einer „anhand von Fotografien eingehend untersuchten Reihe von Gesichtern" aufzuspüren und so dem Wohl der Gesellschaft zu dienen.[20] Während Holmes selbst keine Anstrengungen in diese Richtung unternahm, taten es andere sehr wohl. Ein fotografisches Archiv von Gut und Böse, von ehrbaren Bürgern und Verbrechern, von Verstand und Dummheit, von Tugendhaftigkeit und Lasterhaftigkeit sollte zu einem Erbe der westlichen Gesellschaft werden – ein Erbe, das aus der Zeit stammt, in der Holmes schrieb, und das in Kunst, Wissenschaft und unzähligen Formen der Populärkultur bis auf den heutigen Tag fortbesteht.

16. Die Sprache der Viktualienhändler und Roget's Thesaurus

In den 1840er-Jahren war die Bevölkerung Londons auf knapp 2,3 Millionen Menschen angewachsen, was diese Stadt zur bevölkerungsreichsten der Welt machte. Zudem war sie eine der am dichtesten besiedelten Metropolen, nicht zuletzt wegen des Zustroms von Menschen aus allen Teilen der Welt. Einige kamen aus der britischen Provinz, andere aus Irland. Juden, Italiener, Roma (Zigeuner) und andere wanderten aus verschiedenen Teilen Europas ein; aus den entlegenen Ecken des Britischen Weltreichs kamen Afrikaner und Bewohner des indischen Subkontinents (die gemeinhin als „Hindoos" bezeichnet wurden).

Ein Großteil der wachsenden Bevölkerung lebte – weit ab der höheren Schichten – in den ärmlichen Gegenden im Osten und Süden der Stadt (wie Bermondsey und die Viertel um die New Cut oder die Whitechapel Road). Und viele unter ihnen waren Leute von der Straße: Landstreicher, Tagelöhner, Hausierer, Straßenkünstler, Bettler, Almosenempfänger, Taschendiebe, Prostituierte und andere Bewohner einer Welt, die den achtbaren Londonern bizarr und gefährlich erschien.

Diese Mischung aus Furcht und Faszination seitens der ehrenwerteren Londoner Bevölkerung nahm in den 1840er-Jahren der Schriftsteller und Verleger Henry Mayhew zum Anlass, Leben, Arbeit, Sprache und Zeitvertreib der umherstreunenden „Vagabunden" dieser Stadt zu beleuchten. Vormals Herausgeber der Satirezeitschrift *Punch*, hatte Mayhew seinen Posten aufgegeben, um sich mit all seiner literarischen Kraft der Beschreibung der Lebensverhältnisse von Londons „Straßenvolk" zu widmen – einer Beschreibung, in der die ureigenen Äußerungen dieser Leute eine große Rolle spielten. Mayhews Artikel erschienen ab 1845 in *London's Morning Chronicle*. Von 1851 an veröffentlichte er seine Artikel und weiteres Material in einer vierbändigen Studie mit dem Titel *London Labour and the London Poor*. Dieses Werk gilt als erste große soziologische Studie zur Armut im städtischen Raum. Im Stil unterscheidet es sich grundlegend vom trockenen, nüchternen Ton früherer, als „blue books" bekannter staatlicher Studien. *London Labour and the London Poor*, so schrieb Mayhew im Vorwort zum ersten Band, sei die erste „Untersuchung der Lebensumstände des Volkes, die je von einer Privatperson durchgeführt worden ist, und das erste als Zwei-Penny-Heft erschienene ‚blue book'" – eine Anspielung auf die ursprünglich im *Morning Chronicle* veröffentlichten Texte.

Mayhew schrieb ebenso unterhaltsam wie anschaulich und zitierte ausführlich aus seinen Gesprächen mit „Straßenhändlern", „Straßeniren", „Straßenhändlerinnen", „Straßenhändlerkindern" und anderen. Seine Artikel zeichneten ein lebendiges Bild des Lebens auf der Straße. So ergänzte er das Protokoll eines Gesprächs mit einem Liedtext-Verkäufer um Zitate aus dessen Texten, womit er einen seltenen Einblick in die Populärkultur der niederen Schichten im London der Mitte des 19. Jahrhunderts gibt.

Mayhew hatte ein gutes Ohr für die „unverblümte Sprache" der Leute,

Henry Mayhews [Nachdruck aus Mayhews London Labour And The London Poor, 1861]

und noch heute bieten seine Bücher eine fesselnde Lektüre. Dabei verfolgte er mit diesem Werk durchaus reformistische Absichten. Ausdrücklich zielte er auf das Mitgefühl von Englands oberen Schichten.

Es ist meine innige Hoffnung, dass dieses Buch dazu dient, den Reichen eine genauere Kenntnis vom Leid der Armen zu vermitteln, sowie von der Heldenhaftigkeit, mit der sie es oft ertragen – auf dass es diejenigen jenseits aller Versuchungen lehrt, mit Barmherzigkeit auf die Schwächen ihrer weniger vom Glück gesegneten Brüder zu blicken, und diejenigen in hohen Ämtern, von denen viel erwartet wird, veranlasst, sich daran zu begeben, die Lebensbedingungen einer Schicht von Menschen zu verbessern, deren Elend, Unwissenheit und Lasterhaftigkeit inmitten all des ungeheuren Wohlstands und Wissens der „bedeutendsten Stadt der Welt" gelinde gesagt eine nationale Schande ist.[1]

All diese guten Absichten verbanden sich bei Mayhew allerdings mit üblichen Vorurteilen seiner Zeit. So bezog er sich im ersten Kapitel des ersten Bandes ausführlich auf James Prichard, einen führenden Rassentheoretiker und Autor von *The Natural History of Man*, indem er dessen „drei Grundvarietäten" menschlicher Typen auflistete: die „Jäger und wilden Waldbewohner", die

LONG-SONG SELLER.
"Two under fifty for a fardy'!"
[From a Daguerreotype by BEARD.]

[Nachdruck aus Mayhews London Labour And The London Poor, *1861*]

„umherziehenden Rassen" und die „zivilisiertesten Rassen – jene, die ein kultiviertes Leben führen". Mayhew übernahm auch Prichards Beschreibung der jeder Gruppe eigenen physiognomischen Merkmale, indem er andeutete, die Waldwilden seien „am besten durch den Ausdruck ‚prognathos' gekennzeichnet, der auf einen verlängerten oder hervorstehenden Kiefer hinweist", während die Umherziehenden „breite und – aufgrund ihrer stark ausgeprägten Wangenknochen – rautenförmige Gesichter sowie pyramidenförmige Schädel" hätten. Diese Menschen besäßen „relativ stark entwickelte Kiefer und Wangenknochen" – laut Prichards Anzeichen „eines größeren Umfangs jener Organe, die den Empfindungen und animalischen Geisteskräften untertan sind". Neben diesen Charakterisierungen akzeptierte Mayhew auch Prichards Beschreibung „zivilisierter Rassen oder Siedler" – Menschen mit „relativ stark entwickelten Schädelknochen, die ein Anzeichen einer größeren Weite des Gehirns und, folglich, der intellektuellen Geisteskräfte sind".

Die Menschen auf der Straße zählte Mayhew zur Kategorie der „umherziehenden Völker" und damit zu den physiologisch Verrohten und intellektuell Minderbemittelten. Prichards Kategorisierung fortspinnend, sinnierte Mayhew über die Unzulänglichkeiten der Umherziehenden, die seiner Ansicht nach auf den Straßen Londons stark vertreten waren.

Ob nun durch die bloße Aktivität des Umherziehens das Blut stärker zur Körperoberfläche drängt, und folglich eine geringere Menge zum Gehirn, die Muskeln also auf Kosten des Verstands versorgt werden, überlasse ich zur Klärung den Physiologen. Ungeachtet der physischen Ursache aber müssen wir einräumen, dass ... die animalische Natur des Menschen hier stärker ausgeprägt ist als die intellektuelle oder die moralische, und dass sie alle mehr oder weniger gekennzeichnet sind ... durch die Verwendung eines Slangs, ihre laxe Haltung gegenüber Eigentum, ihren allgemeinen Leichtsinn, ihre Abneigung gegen stete Arbeit, ihre Missachtung der Ehre der Frau, ihre Lust an der Grausamkeit, ihre Streitsucht und ihre völlige Gottlosigkeit.[2]

[Nachdruck aus Mayhews London Labour And The London Poor, 1861]

London Labour and the London Poor enthielt zudem eine Fülle von Bildmaterial zur Dokumentation dieser Leute und ihres Treibens auf der Straße. Als Vertreter einer Generation von Journalisten, die den Realismus ihrer Reportagen mit Fotografien untermauerten, hatte Mayhew einen Daguerreotypisten namens Richard Beard beauftragt, seine Gesprächspartner zu fotografieren. So finden sich in seiner Studie immer wieder Holzschnitte mit dem Imprimatur „auf der Grundlage einer Daguerreotypie von Beard", die den wohlhabenden Londonern die voyeuristische Befriedigung verschaffte, die ausgezehrten oder bedrohlichen Physiognomien der Londoner Armen begutachten zu können.

Noch mehr Lebensnähe als diese Holzschnitte aber vermittelten die ständigen Einschübe der auf der Straße gepflegten Umgangssprache. Dieser in Schriftsprache gekleidete Slang war allzu auffällig. In den Augen und Ohren anständiger Briten, wachsamer Hüter der englischen Hochsprache, gab es kaum ein beredteres Zeugnis für die Sittenlosigkeit der niederen Schichten.

Durchaus im Einklang mit seinem Wunsch nach sozialen Reformen teilte Mayhew diese Auffassung. Denn genau wie die Schädelstruktur hielt er auch die schlampige Sprache der Leute von der Straße für ein Zeichen ihrer moralischen und intellektuellen Verfassung. Dies machte Mayhew am Beispiel der „Sprache der Viktualienhändler" deutlich.

„Der Slang der Viktualienhändler zeichnet sich nicht gerade durch Originalität aus; er kennt keinen Humor, wenngleich sie behaupten, er sei nur ihnen verständlich; er ist, so sagen sie, vom Irischen weit entfernt und verstöre auch die Juden. Das Grundprinzip der Viktualienhändler-Sprache besteht gleichsam darin, die Wörter rückwärts zu buchstabieren, oder sie vielmehr grob rückwärts auszusprechen ... Mit dieser Rückwärts-Aussprache, die sehr willkürlich ist, gehen vermischte Wörter einher, die auf keine Regel und nur selten auf irgendeine Wurzel zurückzuführen sind, was diese Sprache nur noch rätselhafter macht, zumal jedes Slangwort noch nach Gutdünken des Sprechers um irgendwelche Silben ergänzt werden kann. Diesen Slang eignen sie sich sehr rasch an, und einige Straßenhändler unterhalten sich darin Stunde um Stunde. Die Frauen verwenden ihn recht selten, die Mädchen mehr als die Frauen; die Jungs aber am häufigsten von allen. Die Ungebildetsten bedienen sich des Slangs am meisten und prahlen damit, wie geschickt und beschlagen sie darin sind."

THE LONDON COSTERMONGER.
" Here Pertaters! Kearots and Turnups! fine Brockello-o-o!"
[*From a Daguerreotype by* Beard.]

[Nachdruck aus Mayhews London Labour And The London Poor, *1861]*

Die Verachtung der Umgangssprache als vulgär und gottlos war Teil des historischen Feldzugs der Katholischen Kirche für das Lateinische als einzig akzeptable Schriftsprache. Als gesprochene Sprachen wie das Englische zunehmend auch als Schriftsprachen anerkannt wurden, änderte sich diese Haltung zwar, doch wurden die Eigenarten der Umgangssprachen niederer Schichten weiterhin als Ausdruck von Minderwertigkeit aufgefasst und entsprechend verspottet. Diese Ansicht ist auch heute noch weit verbreitet. Das vermeintliche Verstümmeln der Hochsprache wird beharrlich zum Anlass für abfällige Stereotypisierungen genommen. Mit einem Glossar von Slangausdrücken bot Mayhew seinen Lesern eine nette Gelegenheit zu solchem Hohngelächter:

„[I]n diesem Kapitel", erklärte Mayhew, „ist jene Sprache, wie ich glaube, erstmals orthografisch [in schriftlicher Form] dargestellt." Alsdann lieferte er einige hübsche Beispiele, zunächst zum Thema Geld:

„Flatch = Halfpenny [halber Penny]
Yenep = Penny [Penny]
Net-yenep = Tenpence [Zehn-Pence-Münze]
Couter = Sovereign [Sovereign (Goldmünze im Wert von 1 £)]
Ewif-gen = Crown [Krone (Münze im Wert von 1/4 £)]"

Dann stellte er einige gängige Wendungen vor:

„A doogeno or dabheno? = Is it a good or bad market?
        [Laufen die Geschäfte gut oder schlecht?] ...
On = No [Nein]
Say = Yes [Ja]
Tumble to your barrikin = Understand you [Verstehe dich]
Top o'reeb = Pot of beer [Krug voll Bier]
Doing Dab = Doing bad [Geht schlecht]
Cool him = Look at him [Schau dir den an]
Cool the esclop = Look at the Police [Schau/Achte auf die Polizei]
Cool the namesclop = Look at the policemen
        [Schau/Achte auf den Polizisten]"

Den Vertretern der Viktualienhändlerzunft erlaubte ein solcher Jargon, miteinander zu kommunizieren, ohne befürchten zu müssen, dass Außenstehende mithörten. „Die Polizei versteht kein Wort von dem, was wir sagen", prahlte ein Viktualienhändler gegenüber Mayhew. „Wäre auch schade, wenn sie es täten."[3] In Mayhews Augen allerdings grenzte dieser Jargon die Viktualienhändler gegen das Idiom normaler Höflichkeit und Sittlichkeit ab, gegen die Kultur des Anstands. „Die Schwüre der Viktualienhändler, so kann ich feststellen, sind alle umgangssprachlich; auch kennt ihr Slang keine der üblichen Begrüßungen wie ‚How do you do?' oder ‚Good night'."[4] Viele Engländer der Mittel- und Oberschicht empfanden das Umsichgreifen umgangssprachlicher Ausdrücke als Bedrohung ihrer Muttersprache – als etwas, gegen das unverzüglich und entschieden vorgegangen werden müsse.

THE IRISH STREET-SELLER.
"Sweet Chany! Two a pinny Or-r-ranges—two a pinny!"
[From a Daguerreotype by BEARD.]

[Nachdruck aus Mayhews London Labour And The London Poor, 1861]

1852, ein Jahr nach Erscheinen des ersten Bands von London Labour and the London Poor, verzeichnete die Geschichte der Lexikografie ein bedeutsames Ereignis, mit dem eine passende Antwort gegeben schien: die systematische Verteidigung der englischen Sprache. Bei diesem Ereignis handelte es sich um die Veröffentlichung der ersten Ausgabe des Thesaurus of English Words and Phrases Classified and Arranged so as to Facilitate the Expression of Ideas and Assist in Literary Composition [Thesaurus englischer Wörter und Wendungen, klassifiziert und angeordnet zum Zweck der Vereinfachung des Ausdrucks von Gedanken und der Hilfe beim Verfassen von Schriftstücken] – das geistige Kind eines Arztes namens Peter Mark Roget.

Noch bis zu seinem Tod im Jahr 1869 arbeitete Roget an der Verbesserung seines Thesaurus' und beaufsichtigte persönlich die Veröffentlichung von insgesamt 25 neuen Ausgaben dieses Werkes. In dieser Zeit arbeitete Roget eng mit seinem Sohn John L. Roget zusammen, der sich dann auch nach dem Tod seines Vaters um die Erweiterung und Verfeinerung der Einträge kümmerte. Über hundert Jahre lang lag dieses Projekt in den Händen der Roget-Dynastie. Nach Johns Tod 1908 übernahm dessen Sohn und Kompagnon Samuel Romilly Roget das Ruder und trieb das Projekt weiter voran, bis er schließlich 1952 starb, genau ein Jahrhundert nachdem sein Großvater den Thesaurus erstmals veröffentlicht hatte. Diese ungewöhnliche genetische wie konzeptuelle Kontinuität sorgte dafür, dass die Geisteshaltung dieses einflussreichen Nachschlagewerks den Tod ihres Urhebers noch lange Zeit überdauerte.

Peter Mark Roget begann mit der Arbeit an diesem Projekt im Jahr 1905, im Alter von 26 Jahren. In den 46 Jahren zwischen der ersten Idee und der Publikation des Werkes war Roget mit einer Fülle anderer innovativer Projekte beschäftigt. So trug er 1814 dazu bei, dem Rechenschieber seine moderne Form zu geben, indem er dessen Funktionen – die sich bis dato auf Multiplikation und Division beschränkten – um Wurzel- und Potenzrechnung erweiterte. Rogets Erfindung, die er „log-log-Rechenschieber" nannte, wurde zur Grundlage von Apparaten, derer sich Mathematiker ein Jahrhundert lang bedienten, bis die elektronische Rechenmaschine sie schließlich verdrängte. Mit einer Abhandlung über seinen Rechenschieber in *Philosophical Transactions* wurde Mayhew so bekannt, dass man ihn schließlich in die Royal Society aufnahm.[5] Von da an, so sein Biograf D. L. Emblen, gehörte Roget zu den britischen Geistesgrößen.

Innerhalb von nur fünf Jahren nach seiner Ankunft in London [1809, als er eine Dozentur an der London Medical School antrat, Anm. d. Verf.] hatte dieser talentierte aber unbekannte junge Doktor aus der Provinz die Anerkennung des exklusivsten Clubs der Metropole gewonnen ... Von nun an konnte er sich „Peter Mark Roget, M.D., F.R.S." nennen, was er auch aufs Penibelste tat. Jene drei Lettern [die für „Fellow of the Royal Society" standen] müssen ihm als Schlüssel zur Stadt erschienen sein, und in vielerlei Hinsicht waren sie es ja tatsächlich.[6]

A DINNER AT A CHEAP LODGING-HOUSE.

[Nachdruck aus Mayhews London Labour And The London Poor, *1861]*

THE LONDON SWEEP.　　　　　　　　THE STREET RHUBARB AND SPICE SELLER.

(links u. rechts) [Nachdruck aus Mayhews London Labour And The London Poor, *1861]*

Roget war aber auch weiterhin als Mediziner tätig, beschäftigte sich mit der Tuberkulose, dem Einsatz von Lachgas, der Funktionsweise des Gehirns und der visuellen Wahrnehmung. 1824 legte er der Royal Society eine Abhandlung vor, die auf seinem Interesse für optische Phänomene beruhte. Auch zuvor hatte er schon über Fragen der Optik geschrieben, doch diese illustrierte Abhandlung sollte ungeahnte Folgen haben, legte sie doch die theoretischen Grundlagen einer wesentlichen Erscheinungsform moderner Kultur: des Films. Rogets Aufsatz handelte von seiner Entdeckung der „Persistenz des Sehens" (Nachbildwirkung). Unter dem Titel „Explanation of an Optical Deception of a Wheel Seen Through Vertical Apertures" [Erläuterung einer optischen Täuschung eines durch vertikale Blenden gesehenen Rades] behauptete Roget, dass Menschen, die einen Gegenstand oder ein Bild sehen, noch für eine sechzehntel Sekunde ein Nachbild vor dem geistigen Auge haben, selbst wenn der Stimulus dieses Nachbildes nicht mehr im Blick ist. Ausgangspunkt dieser These war eine zufällige Beobachtung gewesen: Roget hatte von seinem Haus aus durch die Jalousie das rotierende Rad einer vorbeirollenden Kutsche gesehen und daraufhin den Kutscher gebeten, mehrmals an seinem Haus vorbeizufahren. Er studierte und skizzierte das Gesehene und verfasste schließlich seine detailreich bebilderte Abhandlung, in der zum ersten Mal behauptet wurde, „dass ein von einem Strahlenbündel auf der Retina hinterlassener Eindruck, sofern er klar genug ist, noch eine Weile nach dem Wegfall der Ursache bestehen bleibt".[7]

Roget selbst verfolgte diesen Gedanken nicht viel weiter, doch andere versetzte er in große Aufregung. Das Phänomen der Nachbildwirkung machte es möglich, eine Reihe von unbewegten Bildern, jedes jeweils kinästhetisch minimal verändert, im Geiste ineinander fließen zu lassen und so die optische Illusion einer Bewegung erzeugen. Während Filme, wie wir sie kennen, noch eine Weile auf sich warten ließen – und der Entwicklung der Fotografie sowie Eadweard Muybridges fotografischer Bewegungsstudien bedurften –, wurde Rogets These schon kurz nach ihrer Publikation zum Ausgangspunkt für weitere Experimente. So erzeugte Sir John Herschel zwei Jahre später mittels des sogenannten „Thaumatrops" die Illusion einer Bewegung aus Einzelbildern. In der Folge bestätigten auch Stroboskope, Daumenkinos und Zeichentrick-Experimente mit der Laterna Magica, bei denen Zeichnungen auf Glasstreifen verwendet wurden, Rogets Analyse. Die Idee des Kinos war geboren. Auf jener „absonderlichen" Erfindung Rogets, so schrieb der Filmhistoriker Arthur Knight 1959, „beruht der Reichtum der gesamten Filmindustrie".[8]

Neben Rogets Genauigkeit im wissenschaftlichen Denken hilft auch sein sozialphilosophischer Standpunkt zu erhellen, was er mit dem *Thesaurus* beabsichtigte. Zwar lehnte Roget die Phrenologie als „fadenscheinige" Theorie ab und geriet darüber in eine lang anhaltende Kontroverse mit George Combe und dessen Bruder Andrew. Dem physiognomischen Determinismus aber stand Roget recht aufgeschlossen gegenüber. Als Mann der Medizin war er stark vom Denken Johann Friedrich Blumenbachs beeinflusst worden, des Vaters der Rassenlehre. Geprägt hatten ihn auch Vorlesungen von Dr. William Lawrence, die dieser am Royal College of Surgeons gehalten hatte, und die später als *Lectures on Physiology, Zoology and the Natural History of Man* veröffentlicht worden waren. In Zurückweisung der Idee von der Brüderlichkeit unter den Menschen hatte Lawrence behauptet, dass die verschiedenen Rassen unverbundene und ungleiche Spezies darstellten, unter denen die Europäer den höchsten Rang innehatten.

Vergleichen Sie den rötlichen, sanguinischen Europäer mit dem pechschwarzen Afrikaner, der Rothaut Amerikas, dem gelben Mongolen oder dem braunen Südsee-Bewohner – die hochzivilisierten Nationen Europas, hervorragend in allem, was die Gesellschaft stärkt und ziert oder die menschliche Natur erhöht und ehrt, mit einem Trupp nackter, schlotternder Neuholländer, einer Horde schmutziger Hottentotten oder der Gesamtheit der mehr oder minder barbarischen Stämme, die den Großteil des afrikanischen Kontinents bewohnen. Sind diese alle Brüder? Haben sie einen gemeinsamen Stammbaum? Oder müssen wir sie auf mehrere Wurzeln zurückführen, und wenn ja: Wie viele Adame müssen wir annehmen?[9]

Bedeutenden Einfluss auf Roget hatte auch Baron Cuvier, jener Vertreter der komparativen Anatomie, der die Genitalien der toten Saartjie Baartman seziert und zur öffentlichen Darbietung abgetrennt hatte. Von solchen Vordenkern und ihrem Glauben an natürliche Ungleichheit inspiriert, muss Roget angesichts der physiognomisch beeinträchtigten und vielfarbigen Londoner Straßenvagabunden einigermaßen beunruhigt gewesen sein.

Doch neben diesen Vorurteilen fand sich auch bei Roget, wie bei Mayhew, die Überzeugung, dass Reformen den Charakter der niederen Schichten Englands bessern oder zumindest zügeln könnten. Im Zentrum der Reformbemühungen Rogets standen dabei Bildungsmaßnahmen und die Schaffung einer Ordnung in einer bis dato ungeordneten Welt. Diese Überzeugung äußerte sich etwa in seiner Rolle bei der Gründung der Society for the Diffusion of Useful Knowledge im Jahr 1826. Rogets Biograf D. J. Emblen fasst die Ziele dieses Vereins wie folgt zusammen:

> Im Frühjahr 1827 legte dieser Verein ein stetig erweitertes Verlagsprogramm auf; er veröffentlichte ein Traktat nach dem andern, für gewöhnlich in Form halbmonatlicher Hefte zu sechs Penny das Stück, die den Arbeitern das beste aus den modernen Wissenschaften in nicht-technischer Sprache vermitteln sollten.

Roget war als Autor und Herausgeber an vielen dieser Publikationen beteiligt, und seine Abhandlungen über Elektrizität, Galvanismus, Magnetismus und Elektromagnetismus erschienen später in Buchform im Verlag des Vereins. Zwar ist Rogets genaue Rolle bei diesem Projekt unklar, doch begann die Society for the Diffusion of Useful Knowledge 1832 auch, *The Penny Magazine* herauszugeben, eine ungemein populäre illustrierte Wochenzeitschrift, die der breiten Bevölkerung Informationen zu einer Fülle von Themen liefern sollte.

Rogets systematischster Beitrag zur öffentlichen Bildung jedoch war sein *Thesaurus*, ein enzyklopädisches Kompendium voller Wörter und Ideen. Der *Thesaurus* war keineswegs der erste Versuch einer Katalogisierung und Erläuterung von Wörtern, doch war sein Aufbau ebenso neu wie ausgeklügelt. Anders als ein Wörterbuch – das zwar Worterklärungen liefert, die erklärten Wörter aber nicht nach logischen Gesichtspunkten sondern nach dem willkürlichen Diktat des Alphabets anordnet – war der *Thesaurus* so aufgebaut, dass jedes Wort seinen rechten Platz im Universum der Ideen und Bedeutungen innehatte. Um solch ein kohärentes Universum zu erschaffen, in dem die Wörter – jedes einzelne ein kleiner Himmelskörper, jedes einzelne Teil einer größeren Ideenkonstellation – schweben konnten, ersann Roget ein verschachteltes Klassifikationssystem, Linnés *Systema Naturae* nicht unähnlich. Dazu erklärte er:

Peter Mark Roget [Aus dem Ewen-Archiv]

> Das Prinzip, das mich bei der Gestaltung meines Klassifikationssystems für Wörter geleitet hat, ist dasselbe wie jenes, das in den verschiedenen Bereichen der Naturkunde verwendet wird. Insofern entsprechen die von mir vorgenommenen Einteilungen den natürlichen Familien der Botanik und der Zoologie, und die Verwandtschaft der Wörter bildet ein Netzwerk analog zu der natürlichen Verwandtschaft von Pflanzen oder Tieren.[10]

Ganz so, wie Linné jede Art von Lebewesen in eine Hierarchie von Entwicklungsstufen eingeordnet hatte, wies auch Roget den Wörtern verschiedene Ebenen in seinem Sprachgebäude zu – angefangen mit Ausdrücken, die elementare Dinge bezeichnen, und weiter mit solchen von zunehmender intellektueller, emotionaler und philosophischer Komplexität. In einer Stadt, deren Umgangssprache scheinbar vom Chaos regiert wurde, gedachte Roget, jedes

Wort in einer streng geordneten Organisationsstruktur zu verorten. „Es ist von allergrößter Bedeutung", so schrieb er in der Einleitung zur ersten Ausgabe, „den Gebrauch unserer Sprache mit äußerster Akkuratesse zu regeln, und dass ein jeder sich die Fähigkeit und die Gewohnheit zu eigen macht, seine Gedanken mit aller Klarheit und Genauigkeit auszudrücken."[11]

Um die klare und genaue Verwendung der Wörter zu gewährleisten, unterteilte Roget die englische Sprache in sechs Grundklassen, die – als Ausweis ihrer Exaktheit – jeweils numerisch bestimmt waren. Die erste, so erklärte er, „leitet sich von den allgemeineren und ABSTRAKTEREN BEZIEHUNGEN der Dinge her, wie etwa Existenz, Ähnlichkeit, Quantität, Ordnung, Anzahl, Zeit, Kraft". Die zweite Klasse fiel unter den Begriff „RAUM" und umfasste raumspezifische Erscheinungen, „Bewegung oder Positionsveränderung". Die dritte Klasse umfasste Eigenschaften der „MATERIELLEN WELT; als da wären stoffliche Eigenschaften wie Festigkeit, Flüssigkeit, Hitze, Klang, Licht und die Phänomene, in denen sie zum Ausdruck kommen, wie auch die einfachen Empfindungen, die sie auslösen". Rogets vierte Klasse von sprachlich ausdrückbaren Ideen galt Angelegenheiten des „VERSTANDES und seiner Operationen". Dazu gehörten die Aneignung, die Speicherung und die Vermittlung von Ideen. Die fünfte Klasse umfasste „Ideen, die der Anstrengung des ‚WILLENS' entstammen, worunter die Erscheinungen und Ergebnisse unserer Handlungs- und Willenskraft fallen; etwa Auswahl, Absicht, Nützlichkeit, Handlung, Antagonismus, Urheberschaft, Abkommen, Eigentum etc.". Rogets letzte Klasse beinhaltete „alle Ideen, die der Tätigkeit unserer Gefühls- und Moralkräfte entstammen: einschließlich unserer Empfindungen, Emotionen, Leidenschaften sowie moralischen und religiösen Gefühle". So bildeten seine Klassen eine Stufenfolge, von grundlegenden Aspekten des Daseins über den menschlichen Verstand und Willen bis hin zu spirituellen Belangen.

Innerhalb dieser Klassen gab es weitere Unterteilungen in „Bereiche", „Unterbereiche" und „Themen" oder „Sinnüberschriften", denen jeweils eine bestimmte Nummer zugeordnet war. Im Anhang des *Thesaurus'* gab es ein alphabetisches Wortregister, in dem auf jedes Wort eine Liste seiner diversen Konnotationen folgte. Jede von diesen war wiederum mit einer Nummer versehen, etwa 563 oder 876, die es dem Benutzer gestattete, dieses Wort in seiner Beziehung zu ähnlichen Wörtern und Ideen ausfindig zu machen, und es zugleich im Gesamtkosmos möglicher Bedeutungen zu verorten. Das Alphabet, das die meisten englischen Wörterbücher strukturierte, war hier nur nachrangiges Ordnungsprinzip – ein Werkzeug, das dem Benutzer eine exakte mathematische Ordnung von Ideen in deren Beziehung zueinander und zu einer allumfassenden Gesamtheit erschloss.

Methodisch war der *Thesaurus* geprägt von einer fortlaufenden Gegenüberstellung von Gegensätzen, die im Originaltext für gewöhnlich unmittelbar nebeneinander präsentiert wurden, um den Kontrast noch zu verstärken. So fanden sich in der vierten Klasse in enger Nachbarschaft zu den Ideen und Wörtern rund um den menschlichen Verstand auch Wörter und Ideen, die auf diesbezügliche Defizite verwiesen. In der sechsten – unter anderem die Religion betreffenden – Klasse folgte auf das „Thema" der Gottesanbetung jenes der Götzenverehrung und Hexerei; auf Frömmigkeit folgte Unfrömmigkeit und Gottlosigkeit. Roget ging es nicht darum, Schreibern und Sprechern stilistische Anleitungen zu geben. Hatten Kunst und Wissenschaft jahrhundertelang nach exakter visueller Wahrheit gestrebt, so bot *Roget's Thesaurus* seinen Anhängern eine linguistische Wahrheit – die Möglichkeit, sich wahrhaftig gemäß ihrer Absichten auszudrücken. Angesichts des Missbrauchs der Sprache, den Roget überall um sich herum erlebte, erachtete er den *Thesaurus* als Antwort auf ein dringendes soziales Problem.

Allzu oft erhält eine falsche Logik, die sich hinter fadenscheinigen Phrasen verbirgt, die Zustimmung der gedankenlosen Masse, wodurch allerorten Vorurteile und Irrtümer gesät werden. Plattitüden sind in Mode und kommen als tiefgründige Weisheit daher, wenn sie in das glitzernde Gewand antithetischer Formulierungen gekleidet sind oder im eindrucksvollen Pomp des Paradoxons auftreten. Durch den wirren Jargon umständlicher und rätselhafter Sätze lässt sich der Verstand leicht zu dem Glauben verleiten, er eigne sich Wissen an und komme der Wahrheit näher. Ein falsch verwendeter oder aufgefasster Ausdruck genügt, um erbitterte und endlose Zwistigkeiten auszulösen ... [E]ine hinterlistige Parole, in entflammbares Material geschleudert, hat schon das Feuer todbringender Kriege entzündet und das Schicksal ganzer Imperien verändert.[12]

Rogets Sorge um das Schicksal des Empire durchzieht sein ganzes Werk, das mit seinem numerischen Universum selbst eine imperiale und hierarchische Weltanschauung darstellte. So umfasste der Bereich 875, der Wörter rund um

„ADEL" enthielt, auch „Vornehmheit", „Wert", „Ordnung", „elegante Welt", „Mann von hohem Ansehen" und „Gentleman". Auf der gegenüberliegenden Seite waren Wörter aufgelistet, die mit „GEMEINES VOLK" assoziiert wurden, darunter „niederer Stand", „vulgäre Herde", „die Menge", „der Pöbel", „Gesindel", „der Abschaum", „der Bodensatz der Gesellschaft", „der Niemand", „das Pack", „Moortrampler", „Hottentotte", „Wilder", „Barbar", „Cockney" und „unzivilisiert". Kategorie 563, in der es speziell um ungebührliche Sprache ging, ordnete das Wort „Slang" direkt neben „Barbarentum", „Küchenlatein" und „gebrochenes Englisch" ein.

Nummer 983 umfasste Wörter rund um „wahrer Glaube" und „Christentum". Auf der gegenüberliegenden Seite bot Bereich 984 einen Wortschatz rund um das Stichwort „Häresie", einschließlich „Ungläubiger", „Heidentum", „Judentum", „Islam", „Antichrist", „Eiferer" und „Fanatiker". Unter Nummer 431, die dem Begriff der „SCHWÄRZE" gewidmet war, verzeichneten Roget und sein Sohn den Ausdruck „Neger" in derselben Kategorie wie „verleumden", „anschwärzen", „äthiopisch" und „nächtlich".[13]

Diese Perspektive prägte den *Thesaurus* noch bis ins 20. Jahrhundert hinein. In der Ausgabe von 1911, die vom jungen Samuel Roget verantwortet wurde, ergänzte im Bereich „GEMEINES VOLK" (876) der Ausdruck „Demokratie" eine Liste mit „niederes Leben", „Schund", „schweinische Masse" und „vulgäre Herde". Der Eintrag zu „BÖSARTIG" (913) wurde gegenüber früheren Ausgaben – in denen er „Übeltäter", „Anarchist", „Wilder", „Barbar" und „Scheusal" umfasste – noch drastischer. Ergänzt war die Liste nun um „Apache", „Rothaut", „Mohikaner", „Lumpengesindel" [„the great unwashed"] und „gefährliche Klassen", einem geläufigen Euphemismus für die arme Stadtbevölkerung.[14]

1920 führte Samuel Roget in das numerische System des *Thesaurus'* Dezimalstellen ein, um dessen Genauigkeit noch zu erhöhen und so zugleich ungebührliche Vergleiche und Assoziationen in den Blickpunkt zu rücken. Am imperialen und autoritären Gestus änderte sich nichts.

In der Ausgabe von 1946 verknüpfte „GEMEINES VOLK" das „Lumpengesindel" [„the great unwashed"] mit „zahlloses Gesindel" [„the great unnumbered"], was eventuell Peter Rogets Überzeugung spiegelt, dass Zahlen geistiges Eigentum feiner Herren seien. Enthalten sind außerdem Redewendungen von Shakespeare wie „Tier mit vielen Köpfen" und „Ungeheuer mit zahllosen Köpfen".

Unter Nummer 948 folgen auf „guter Mensch" und „von Natur aus edel" schon bald „Christ" und „weißer Mensch". Das Wort „schwarz" dagegen findet sich unter den Oberbegriffen „Laster" (945) und „Schlechtigkeit" (649) in Zusammenhang mit „böse", „furchtbar", „abscheulich", „widerwärtig", „ungestalt" und „verflucht". Nicht weit entfernt davon steht das Wort „Ungläubiger" unter 984.20 in derselben Kategorie wie „Kaffer" – ein abfälliger Ausdruck, mit dem die Briten die Schwarzen in Südafrika bezeichneten.

Auch in der Ausgabe des Enkels zeigte sich noch eine deutliche Abneigung gegen die Sprache der Straße. In einem Bereich der vierten Klasse (VERSTAND), in dem es um Wörter zum Thema Sprache geht (560.2), stehen „Umgangssprache" und „vulgäre Mundart" nebeneinander. Unweit, unter 560.3, findet sich „allgemein anerkannte Sprechweise; Schriftsprache; [und] korrektes oder gutes Englisch" zusammen mit „das Englisch des Königs oder der Königin" und „Klassizismus". Zwei Abschnitte weiter, unter 563, prägen „Barbarentum" und „umgangssprachlicher Ausdruck" eine ganze „Sinnüberschrift". Umgangssprache, wie sie etwa bei Mayhew auftauchte, wurde nicht nur mit Barbarentum gleichgesetzt, sondern auch mit „Missbrauch der Sprache", „Vulgarität" und „Verfremdung".

1970 wies D. Emblen darauf hin, dass „nach jüngsten Schätzungen seit 1852 rund 20 Millionen Exemplare von *Roget's Thesaurus* gedruckt worden sind".[15] Die Beständigkeit der Ur-Anschauungen Rogets ist, so könnte man sagen, äußerst bemerkenswert.

Roget war der Ansicht, sein Hauptwerk sei ein „geeignetes Hilfsmittel" zur Aneignung und Äußerung linguistischer Wahrheit. Tatsächlich aber waren seine Begriffsbestimmungen von seiner eigenen Version der Wahrheit geprägt, spiegelten sie die Ansichten und Haltungen des Empire und einer bestimmten Schicht. Wie wir aus der Geschichte mit Adam im Buch der Genesis gelernt haben, ist die Namensgebung ein Vorrecht der Mächtigen. In der Moderne avancierte dann die Einordnung in Klassifikationssysteme zur ultimativen Form der Namensgebung. Obwohl sich Roget mit Sprache und nicht mit Schädeln befasste, stand er doch in einer historischen Tradition, die den Spielarten menschlicher Existenz und Äußerung eine eindeutig eurozentristische Ordnung überstülpte. Die Naturkunde, wie sie im 18. und 19. Jahrhundert von Europäern und Amerikanern geprägt wurde, zeichnete ein Bild der Natur, in dem die Kaukasier über den „degenerierten" Rassen standen. Die „Stammbäume" des *Thesaurus'* lieferten eine vergleichbare Taxonomie der Wahrheit. Wie die Naturkunde beanspruchte auch sie allumfassende Geltung.

Das langfristige Ziel des *Thesaurus'*, so wie es Roget 1852 formuliert hatte, bestand in der endgültigen Beseitigung alles Umgangssprachlichen, aller Reste regionaler Identität, und in der Schaffung einer imperialen, weltumspannenden Sprache. Diese sogenannte „streng philosophische Sprache" sollte „die Schwankungen, denen Sprache immer schon unterworfen war" minimieren und „einen verbindlichen Standard für ihre Regelung" bilden.

> Die Schaffung einer solchen Sprache dürfte zur Folge haben, dass sie letztlich von jeder zivilisierten Nation übernommen wird. Damit wäre erreicht, was Philanthropen schon immer erstrebt haben – die Etablierung einer Universalsprache ... Haben wir aber heute Grund daran zu zweifeln, dass auf einer künftigen Stufe jener höheren Zivilisation, auf die sich die Welt – wie wir hoffen – hin entwickelt, eine neue und kühnere Anstrengung eines genialen Geistes zur Lösung dieses großen Problems von Erfolg gekrönt sein und dieses überaus segensreiche Ziel erreicht werden wird? Es gäbe fürwahr keinen größeren Beitrag zur Anbahnung eines Goldenen Zeitalters der Gemeinschaft und Eintracht zwischen den verschiedenen Nationen und Rassen des Menschengeschlechts, als jenes Hindernis für den Gedankenaustausch und das gegenseitige Verstehen der Menschen zu beseitigen, das die Verschiedenheit ihrer Sprachen heute noch darstellt.[16]

Andernorts in der Stadt zwinkerte ein Straßenhändler, im Vertrauen auf ein anderes Bedeutungssystem, vielsagend einem Freund zu und rief: „Cool him. Cool the esclop" [Pass auf! Achte auf die Polizei!].

Teil 4

Zeichen der Degeneration

17. Die Identifikation der Gruppe im Individuum

1878 hielt Sir Francis Galton, ein berühmtes Mitglied der Royal Society, einen Vortrag vor der anthropologischen Abteilung der britischen Vereinigung zur Förderung der Wissenschaften in Plymouth. Einer faszinierten Zuhörerschaft beschrieb und zeigte er ein fotografisches Experiment, das ihn seit dem Sommer des vorangegangenen Jahres beschäftigte.

Galton war nicht nur ein Mann von Ruf, sondern auch Spross einer der glanzvollsten Wissenschaftlerfamilien Großbritanniens. Sein Großvater Erasmus Darwin war ein angesehener „Arzt, Dichter und Philosoph" gewesen und sein Cousin Charles Darwin hatte 1859 mit der Veröffentlichung von *Origin of Species* (deutsch: *Entstehung der Arten*, 1860) die Welt der Naturkunde erschüttert.

Doch Francis Galtons Aussichten waren nicht immer so rosig gewesen. Als junger Mann hatte er in Cambridge mit dem Studium der Mathematik und Medizin begonnen, sich als Durchschnittsstudent erwiesen und nie seinen Abschluss gemacht. Entmutigt von seinen wenig beeindruckenden Leistungen an der Universität stattete der 27-jährige Galton, der sich schon seit einiger Zeit für Phrenologie interessiert hatte, 1849 dem London Phrenological Institute einen Besuch ab, um seinen Kopf vermessen zu lassen – in der Hoffnung auf eine Orientierungshilfe für seine Zukunft. Es war nicht seine erste Kopfuntersuchung.

Als Schüler der King Edward's School war Galtons Kopf von einem Phrenologen aus Cambridge examiniert worden, um herauszufinden, ob seine Leistungen in einer für den nächsten Tag geplanten Prüfung vorhergesagt werden könnten. Der Phrenologe war vom Kopf des Jungen beeindruckt und bemerkte, nur ein einziges Mal sei er einem so gut entwickelten „Kausalitätsorgan" wie diesem begegnet, und das sei gewesen, als er eine Büste von Francis' Großvater Erasmus Darwin untersucht habe. Als Student in Cambridge wurde Galton erneut untersucht, diesmal von einem berühmten deutschen Phrenologen, der sich positiv über Galtons außergewöhnliches „Selbstbewusstseinsorgan" äußerte.

1849, im Phrenological Institute, wurde Galton von dessen Chefphrenologen untersucht. Anschließend wurde ihm mitgeteilt, die Gestalt seines Kopfes weise auf eine vielversprechende Zukunft hin, falls er seinen jugendlichen Hang zu den „niedrigeren Vergnügungen" überwinden könne.[1]

Für diese Zukunft, stellte sich heraus, sollte keine Universitätsbildung maßgebend sein, sondern der Tod seines Vaters, des Bankiers und Waffenproduzenten Tertius Galton, der seinem Sohn ein riesiges Vermögen hinterließ. Mit diesem Erbe widmete sich Galton, wie viele vor ihm, dem Leben eines „Gentleman-Wissenschaftlers" und wurde schließlich für seine Erkundungen und wissenschaftlichen Unterfangen berühmt.

Im Laufe seines Lebens kreuzten seine wissenschaftlichen Wege jene seines Cousins Charles Darwin, doch sein Vortrag bei der British Association konzentrierte sich auf die Entwicklung einer Technik, die er Kompositfotografie nannte. Mit dieser Arbeit hatte er auf eine Anfrage hin begonnen, die er Ende der 1870er von Sir Edmund Ducane, dem Königlichen Gefängnisinspektor erhalten hatte. Galton zufolge hatte Ducane ihn aufgesucht und ihm Tausende von Fotografien von Verbrechern gegeben, damit er, so es welche gebe, die Gesichtszüge ermittle, die mit verschiedenen Arten von Kriminalität einhergingen. Die Herstellung sogenannter Mischporträts, auch Kompositfotografie genannt, war ein neuartiges Verfahren zur Verbindung fotografischer Daten, das Galton auf Ducanes Anfrage hin entwickelt hatte.[2]

Galtons Verfahren verdankte vieles den statistischen Neuerungen, denen Adolphe Quetelet über 30 Jahre zuvor den Weg geebnet hatte. Quetelet war ein Student Aragos, des französischen Astronomen und Fürsprechers von Louis Daguerre. Er wurde Königlicher Astronom Belgiens, wurde aber international vor allem als Statistiker und Bevölkerungsbiologe berühmt.[3] 1844 hatte Quetelet unter Anwendung des aus der Astronomie bekannten Gauß'schen Fehlergesetzes die Brustkorbgröße von 5000 schottischen Soldaten gemessen. Jeder Soldat hatte seine individuellen Abmessungen, aber zusammengenommen ermöglichten diese Daten – zusammen mit anderen Maßen, die Quetelet ihnen ebenfalls abnahm – die Ermittlung der Körpermaße des „normalen Soldaten" oder „Durchschnittssoldaten". Während also jedes Mitglied einer gegebenen Gruppe seine oder ihre persönlichen Besonderheiten hatte, konnten laut Quetelet die „Durchschnittsmerkmale" dieser Gruppe ermittelt werden, indem die Individuen zu einem „Idealtypus" verrechnet wurden. Sei dieser Idealtypus erst einmal ermittelt, könne er zur Definition der allgemeinen Eigenschaften herangezogen werden, die „rassische" Gruppen, „deviante", kriminelle und andere unerwünschte Personen oder, wie im Fall von Quetelets ursprünglichem Experiment, den durchschnittlichen schottischen Soldaten kennzeichneten. Durch die Einführung der Prämisse, es gebe einen „normalen"

Menschen, schuf Quetelet auch einen statistisch definierten Vergleichsmaßstab, an dem andere gemessen werden konnten. Glichen sie der Norm oder wichen sie von ihr ab? Die problematischen gesellschaftlichen Implikationen seiner Arbeit sind noch heute präsent.

Galton hoffte, mit der Technik der Kompositfotografie und anderen von ihm selbst erfundenen Werkzeugen ein visuelles Äquivalent von Quetelets statistischem „Normal" zu schaffen. Seine Technik, schrieb er später, basiere auf der Annahme, aus der Verschmelzung von Fotografien verschiedener Mitglieder einer bestimmten Gruppe zu einem Bild ergebe sich ein dem statistischen „Normal" entsprechender „bildlicher Durchschnitt", ein idealtypisches Abbild der Gruppe, zu der die Einzelnen gehörten.

Wenn wir die aus demselben Blickwinkel und unter denselben Lichtverhältnissen aufgenommenen Porträts von zwei oder mehreren Personen nehmen und ... wenn wir sie in verschiedene Projektionsapparate stecken, die ihr Bild auf dieselbe Leinwand projizieren und sie sorgfältig einstellen – zuerst, um sie auf denselben Maßstab zu bringen, und dann, um sie so genau übereinander zu projizieren, wie es die Umstände zulassen – dann vermischen sich die unterschiedlichen Gesichter erstaunlich gut zu einem einzigen Antlitz. Wenn sie nicht sehr unterschiedlich sind, macht das gemischte Ergebnis immer einen seltsamen Eindruck von Individualität und ist erstaunlich scharf gezeichnet; es gleicht keinem seiner Bestandteile genau, hat aber eine Art Familienähnlichkeit mit allen und stellt ein idealtypisches Durchschnittsporträt dar.[4]

Über die Projektion auf eine Leinwand hinaus entwickelte Galton auch Verfahren, mit denen Mischporträts aufgenommen und gedruckt werden konnten. Er war überzeugt, diese Porträts erlaubten die Identifikation der Gruppe im Individuum und offenbarten, in welchem Maße ein Individuum den erwarteten Eigenschaften der Gruppe entsprach. Die von Ducane zur Verfügung gestellten Bilder wurden in drei Kategorien aufgeteilt: Die erste Gruppe bezeichnete Galton als „Männer, die schwere Strafen für Mord und andere Gewaltverbrechen verbüßen", die zweite als „Diebe". Eine dritte Gruppe bestand aus Männern, die als Sexualverbrecher verurteilt worden waren.

Als Galton seine respektheischenden visuellen Erkenntnisse der Britisch Association präsentierte, berichtete er über die physiognomischen Merkmale,

Vier von Galtons Verbrecher-Mischporträts. [Nachdruck aus Our Rival The Rascal *von Eldridge und Watts, 1897; aus dem Ewen-Archiv]*

die angeblich jede einzelne Gruppe kennzeichneten, und präsentierte Mischporträts idealtypischer Mörder, Fälscher, Diebe, Sexualverbrecher usw. Diese Porträts, behauptete er, seien bildliche Darstellungen des Aussehens eines Durchschnittsverbrechers und zeigten, wie jenes von der Physiognomie einer höheren Klasse von Menschen abwich. Zwar räumte er ein, dass sich diese Porträts nicht dazu eigneten, aufs Geratewohl Verbrecher zu identifizieren, gleichzeitig aber war er überzeugt davon, dass sie zur Identifizierung jener dienen könnten, die „anfällig" dafür seien, „dem Verbrechen zu verfallen". Doch die Gesichtszüge seiner Komposit-Verbrecher beunruhigten Galton auch. Während er meinte, die einzelnen Verbrecherfotos brächten deren „Schurkenhaftigkeit" klar zum Ausdruck, schien eben diese „Schurkenhaftigkeit", wenn sie zu einem Mischporträt vereint wurde, aus dem Blickfeld zu verschwinden. Übrig bleibe lediglich eine Mischdarstellung von Menschen „eines niederen Typs", beklagte er, also jener Klasse von Menschen, aus der Verbrecher am häufigsten hervorgingen.[5] Die Kennzeichen der Verruchtheit, die er an einem

„Verbrechertypus" zu finden gehofft hatte, kamen nicht deutlich zum Vorschein. Seine Arbeiten mit Fotografien von Tuberkulosepatienten und -patientinnen, anhand derer er die allgemeine Physiognomie der Krankheit darstellen wollte, stellten ihn auch nicht zufrieden. Obwohl er überzeugt war, die damit erstellten Mischporträts seien ein genauer visueller Durchschnitt der Patienten, bestürzte ihn die Tatsache, dass ihnen der „Ausdruck von Fahlheit" fehlte, der ihm an den Porträts der einzelnen Patienten aufgefallen war. Mischporträts waren sogar auffällig schön, wie er sich später erinnerte: „Das Ergebnis ist ein sehr eindrucksvolles Gesicht, durch und durch ideal und künstlerisch und von einmaliger Schönheit. Es ist in der Tat höchst bemerkenswert, wie schön alle Mischporträts sind. Individuelle Besonderheiten sind immer Unregelmäßigkeiten, und das Mischporträt ist immer ebenmäßig."[6]

Für Galton war die Kompositfotografie nicht nur ein Instrument zur Abgrenzung der Physiognomie der Degeneration. Wie Quetelet, der zunächst robuste schottische Soldaten vermessen hatte, glaubte Galton, Mischporträts könnten auch zur Erstellung einer idealtypischen Repräsentation von Gesundheit und Tüchtigkeit genutzt werden. Mithilfe von Charles Darwins Sohn, einem Leutnant im Königlich Britischen Pionierkorps, kombinierte Galton die Bilder von „zwölf Offizieren ... und einer gleichen Zahl von einfachen Soldaten", die der jüngere Darwin ihm gegeben hatte. „Das Ergebnis", schrieb er stolz, „ist ein Mischporträt mit einem Ausdruck beträchtlicher Vitalität, Entschlossenheit, Intelligenz und Freimütigkeit." Dieses Mischporträt von Angehörigen des Pionierkorps gebe „wahrscheinlich Hinweise darauf, in welche Richtung der Bestand der englischen Rasse am leichtesten verbessert werden könnte."[7] Diese Bemerkung über die „Verbesserung der

Mischporträts, analysiert von Joseph Jacobs. [Nachdruck aus The Photographic News, 17. April 1885]

Rasse" verweist auf eine andere Erfindung Galtons, auf die wir in einem späteren Kapitel eingehen werden: die Eugenik.

Wie Galton selbst fiel auch den Redakteuren von *The Photographic News* in der Ausgabe vom 17. April 1885 die außergewöhnliche Schönheit der Mischporträts auf. Gewöhnliche Fotografien von einzelnen Menschen seien „lediglich eine genaue Wiedergabe einer Phase der individuellen Existenz des Modells". In Mischporträts hingegen nähere man sich den von Joachim Winckelmann kanonisierten ästhetischen Idealen. Jener hatte über griechische Statuen geschrieben, sie seien eine kombinierte Repräsentation von Schönheit, verschmolzen aus den vollkommenen Teilen mehrerer, ansonsten unvollkommener Individuen. Galtons Fotografien, meinte *The Photographic News*, erinnerten an die idealtypischen Bilder der großen Meister.[8]

Obwohl er die „Schurkenhaftigkeit" des Verbrechens oder die durch Krankheit hervorgerufene Entkräftung nicht wie erhofft bildlich zum Ausdruck bringen konnte, blieb Galton überzeugt vom großen Potenzial der Kompositfotografie und fuhr mit seinen Experimenten weiter fort. So war er beispielsweise der Ansicht, Mischporträts könnten Familien als idealtypische Verschmelzung ihrer Gesichter, als visuelle Synthese ihrer Stammbäume dienen.

Die schlichtesten Produkte der Amateurfotografie lassen sich genauso gut für die Herstellung von Mischporträts verwenden wie die der besten Berufsfotografen, weil ihre Schönheitsfehler im vermischten Ergebnis verschwinden. Alles, was Laien tun müssen, ist, Negative von verschiedenen Familienmitgliedern mit genau demselben Blickwinkel (ich empfehle entweder en face oder Profil) und unter genau denselben Lichtverhältnissen aufzunehmen, und sie an ein Unternehmen zu senden, das mit den entsprechenden Geräten ausgestattet ist, um Mischporträts daraus zu fertigen. Das Ergebnis wird mit Sicherheit ein geschmackvolles und gut aussehendes, schmeichelhaftes Porträt der Familienmitglieder sein. Ich kann mir gut vorstellen, dass es in Mode kommt, sich solche Bilder anfertigen zu lassen.[9]

Nicht nur zum Einfangen der „Essenz" der Familienähnlichkeit konnte die Kompositfotografie Galton zufolge benutzt werden, sondern auch dazu, die Rassenkunde zu einer exakteren Wissenschaft zu machen. „Der Grundgedanke von Rasse ist, dass es eine idealtypische Form geben muss, von der die Individuen in alle Richtungen abweichen können, um die herum sich aber die meisten scharen, und um die sich auch ihre Nachkommen scharen werden."

In seinem Mischporträt des Königlich Britischen Pionierkorps meinte er, die idealtypische Essenz der „englischen Rasse" ausgemacht zu haben, zu der er sich zählte. Daraus folgerte er, es sei von Vorteil, „typische Bilder der verschiedenen Menschenrassen" herzustellen und begann mit der Herstellung weiterer „Rassenporträts", zunächst 1883 mit Juden.[10]

1885 wurde er von *The Photographic News* gebeten, Mischporträts zu senden, die der Bebilderung der Wochenzeitung dienen sollten. Praktischerweise war Galton kurz zuvor vom Rat des anthropologischen Instituts gebeten worden, Mischporträts für einen Abend zur Erörterung der „rassischen Merkmale der Juden" bereitzustellen. Diese Einladung bot ihm die Möglichkeit, Beispiele aus seinem zweiten Versuch mit „Rassenmischporträts" öffentlich vorzustellen.

Ich hatte ... für die Ausstellung bei dieser Versammlung ein paar Mischporträts jüdischer Gesichter ausgesucht, die ich vor einiger Zeit gemacht hatte. Meines Erachtens handelt es sich dabei um die besten Mischporträts, die ich je hergestellt habe. ... Die einzelnen Fotografien wurden fast ohne jegliche Vorauswahl von jüdischen Jungen in der Jews' Free School gemacht. Was mir bei der Fahrt durch das angrenzende jüdische Viertel am meisten auffiel, war der kalte, forschende Blick der Männer, Frauen und Kinder, und dieser war unter den Schuljungen nicht weniger auffällig. Es gab keine Spur von Schüchternheit in ihren Blicken, oder von Überraschtheit angesichts der unerwünschten Störung. Ich fühlte, zu Recht oder Unrecht, dass ein jeder von ihnen mich kühl auf meinen Marktwert taxierte, ohne jegliches sonstiges Interesse.[11]

Während Galtons Bericht einem verbreiteten Stereotyp von Juden – als Menschen, die alle Dinge auf ihren Geldwert reduzieren – Ausdruck verlieh, war der Auftraggeber für diese Mischporträts ein jüdisches Ratsmitglied namens Joseph Jacobs gewesen. Jacobs war ein Experte für englische und keltische Volkskunde, aber als Präsident der Jewish Historical Society galt sein Interesse auch den anthropologischen Merkmalen der „jüdischen Rasse". Insbesondere war er daran interessiert, sich in eine Debatte einzumischen, die in seinem

Umfeld tobte: ob moderne Juden direkte Nachfahren der Menschen des Alten Testaments waren oder nicht. Er hoffte, Galtons Mischporträts könnten einen Beitrag zur Beantwortung dieser Frage leisten. In einem Artikel für *The Photographic News* erzählte Jacobs mit entwaffnender Offenheit, was ihn ursprünglich dazu bewegt hatte, sich an Galton zu wenden.

Die meisten Menschen können einen Juden erkennen, wenn sie einen sehen. Es gibt einen bestimmten Ausdruck in jüdischen Gesichtern, der dazu führt, dass sie fast immer erkannt werden. Da ich mit Untersuchungen zu jüdischen Merkmalen allgemein befasst war, lag mir viel daran herauszufinden, worin dieser ‚jüdische Ausdruck' besteht. Es kam mir in den Sinn, dass uns Mr. Galtons Verfahren der Kompositfotografie die Beantwortung dieser Frage mit einer gewissen Genauigkeit ermöglichen würde. Folglich fragte ich vor etwa zwei Jahren bei ihm an, und er erklärte sich freundlicherweise bereit, Mischporträts einiger jüdischer Typen anzufertigen. Ich beschaffte ihm Fotografien jüdischer junger Männer aus dem „Jewish Working Men's Club" und jüdischer Jungen aus der „Jews' Free School", und er war so freundlich, sie zu Mischporträts zu verarbeiten.[12]

An dem zur Erörterung der „Rassenmerkmale der Juden" vorgesehenen Abend eröffnete Galton die Veranstaltung mit einer Präsentation der Mischporträts, die er hergestellt hatte, kommentierte diese kaum und verwies auf Jacobs, der „seine eigenen Ansichten dazu darlegen wird, inwieweit diese Mischporträts seiner Meinung nach die typischen Züge des modernen jüdischen Gesichts wiedergeben".[13]

Jacobs erklärte daraufhin, er sei verblüfft über die Tiefe und Aussagekraft der von Galton erstellten Bilder. „An der Treue, mit der sie den jüdischen Ausdruck wiedergeben", versicherte er, „kann kein Zweifel bestehen."

Die Mischporträts ... bringen Schlussfolgerungen von wissenschaftlicher Bedeutung mit sich. ... Wenn diese jungen jüdischen Männer ... sich so deutlich zu einem individuellen Typus vermischen lassen, kann dies nur darauf zurückzuführen sein, dass tatsächlich ein bestimmter und klar umrissener organischer Typus moderner Juden existiert. Die Wissenschaft der Fotografie scheint so die Schlussfolgerungen zu bestätigen, die ich aus der Geschichte gezogen habe, dass es nämlich aufgrund gesellschaftlicher Isolation und anderer Ursachen seit dem babylonischen Exil kaum eine Beimischung fremden Blutes unter den Juden gegeben hat.

Antisemiten kamen zu ähnlichen Schlüssen hinsichtlich des separaten und klar unterscheidbaren Wesens einer „jüdischen Rasse" und führten dies als Argument für die den Juden angeblich angeborene Bosheit an, Jacobs aber glaubte, diese „reine" Blutsverwandtschaft sei eine Erklärung für die besonderen Begabungen des jüdischen Volkes. Zuerst allerdings fasste er die physiognomischen Eigenschaften zusammen, die in Galtons Porträts so schön offenbart wurden. Dabei berief er sich erneut auf antisemitische Stereotype, insbesondere auf die „jüdische Nase". In seiner detaillierten Erörterung wich er allerdings von der herkömmlichen Vorstellung, Juden hätten eine „lange Nase" ab. Stattdessen konzentrierte er sich auf die unverwechselbare Form der „jüdischen Nasenflügel".

Die Nase trägt viel zur Erzeugung des jüdischen Ausdrucks bei, aber es ist nicht so sehr ihr Profil, als die Akzentuierung und Flexibilität der Nasenflügel ... Und in den Profilbildern ... ist zu beobachten, dass in jedem Gesicht die Krümmung der Nasenflügel stärker markiert ist, als dies beispielsweise im gewöhnlichen germanischen Gesicht der Fall wäre.

In Fortführung einer von Petrus Camper begründeten Tradition wurde Jacobs' wissenschaftliche Bewertung der jüdischen Nase durch eine detaillierte Erörterung der Frage ergänzt, wie Künstler dieses Merkmal darstellen könnten.

Ein interessantes Experiment veranschaulicht die Bedeutung der Nasenflügel für den jüdischen Gesichtsausdruck. Künstler sagen uns, das beste Verfahren, die Karikatur einer jüdischen Nase zu zeichnen, sei es, die Ziffer 6 mit einem langen Schweif zu schreiben; entfernt man nun das letzte Stück des Kringels ... verschwindet ein Großteil des Jüdischen; und es verschwindet gänzlich, wenn wir stattdessen eine waagrechte Linie zeichnen. Wir können also, was die jüdische Nase betrifft, folgern, dass es mehr der Nasenflügel als die Nase selbst ist, der den charakteristischen jüdischen Ausdruck erzeugt.

„Aber", fuhr Jacobs fort, „es liegt nicht allein an dieser edlen Nase, dass ein jüdisches Gesicht so leicht zu erkennen ist." Er widersprach einigen von Galtons Interpretationen und behauptete, die Augen des Mischporträts seien ein Fenster zu einem spezifisch jüdischen Erkenntnis- und Vorstellungsvermögen.

Ich sehe nichts von der kalten Berechnung, die Mr. Galton an den Jungen bemerkt zu haben scheint. ... Sie sehen mehr nach Träumern und Denkern als nach Kaufleuten aus ... Als ich sie einem bedeutenden Maler aus meinem Bekanntenkreis zeigte, rief dieser sogar aus: „So muss Spinoza als junger Mann ausgesehen haben!" – eine künstlerische Erkenntnis, die von den Porträts des Philosophen auf erstaunliche Weise bestätigt wird, auch wenn der Künstler nie eines gesehen hatte.

Jacobs vervollständigte sein physiognomisches Profil mit der Beschreibung weiterer Merkmale, die seines Erachtens zum Gesichtsausdruck des „jüdischen Typs" beitrugen.

Das hervorstechende Merkmal der Stirn ist ihre Breite, und vielleicht trägt das dicke und dunkle Haar, das sie umgibt, auch etwas zum Jüdischen des Gesichts bei. Die Dicke der Lippen und insbesondere ein charakteristisches Vorstehen der Unterlippe kommt in Einzel- und Mischporträts en face wie im Profil deutlich zum Ausdruck ... Schließlich bestätigt das schwere Kinn, das besonders in den im Profil erstellten Mischporträts hervortritt, die verbreitete Assoziation dieses Merkmals mit der Beharrlichkeit, die so tief im jüdischen Wesen verwurzelt ist.

Dass Jacobs Physiognomie und Charakter miteinander in Beziehung setzte, entsprach dem Geist seiner Zeit und basierte auf Vorstellungen, die bis zu Lavater zurückreichen. Über den Übergang vom Kind zum Erwachsenen sagte er, „ein gedankenvoller Ausdruck in der Jugend" verwandle sich bis zum „frühen Mannesalter" in einen „scharfsinnigen und durchdringenden Blick". Doch trotz seiner Bemühungen, eine Interpretation dessen zu liefern, was Galtons Mischporträts enthüllten, gestand Jacobs bescheiden ein, Worte seien bedauerlicherweise ein völlig unzureichendes Werkzeug zur Beschreibung des „Lebendigsten aller Dinge, des menschlichen Ausdrucks". Weit besser als Worte, schloss er, böten die Bilder ein unverfälschtes und genaues Bild seiner „Rasse".

Galtons Mischporträts sagen auf einen Blick mehr als der beste Physiognomiker auf vielen Seiten ausdrücken könnte. Die ‚beste Definition', sagte der alte Logiker, „ist es, mit dem Finger auf etwas zu zeigen" ... und diese Mischporträts hier werden zweifellos für lange Zeit die beste verfügbare Definition des jüdischen Gesichtsausdrucks und des jüdischen Typus' bilden.

Jacobs begann seinen Vortrag mit der Ankündigung, er werde sich der Frage des „modernen jüdischen Gesichts" widmen. Im Laufe seines Vortrags kam jedoch sehr schnell seine Überzeugung zum Ausdruck, der Wert der von Galton gelieferten wissenschaftlichen Beweise reiche weit über die Gegenwart hinaus.

Galton hatte bei seiner Erörterung der Verwendungsmöglichkeiten von Mischporträts vorgebracht, sie stellten einen Durchschnitt dar, um den herum sich eine Gruppe scharen würde, und ein Bild eines Idealtypus', das auch für spätere Generationen Normen setzen könne. Dieser Aspekt der Erblichkeit entging Jacobs nicht, doch er war weniger daran interessiert, in welchem Maße die Mischporträts das Schicksal zukünftiger Generationen umreißen könnten, als daran, dass sie einen übernatürlich anmutenden Weg in die Vergangenheit zu bieten schienen.

Jacobs glaubte, wenn er auf das Mischporträt jüdischer Jungen blickte, das aus Fotografien, die 1883 gemacht wurden, erstellt worden war, könne er die Gesichter der Juden des Altertums ausmachen. Dieses mystische Gefühl einer Zeitreise war auf die Annahme gegründet, es gebe eine ununterbrochene jüdische Blutlinie, deren Geschichte in einem einzigartigen Bild des vollendeten jüdischen Gesichts offenbart werde.

In diesem Fall muss das Mischporträt, da die Mischporträts uns aller Wahrscheinlichkeit nach zu einem gemeinsamen Ahnen zurückführen, wenn es denn etwas darstellt, diesen jüdischen Vorvater darstellen. Wie das Spektroskop den Abgrund des Raums überbrückt und uns die Zusammensetzung des Oriongürtels offenbart hat, so scheint die Linse des Fotoapparats in diesen Mischporträts die Äonen der Zeit zu durchmessen und eine visuelle Darstellung der Helden der Vergangenheit zu ermöglichen. In diesen jüdischen Mischporträts haben wir die realitätsgetreusten Darstellungen, die wir uns je erhoffen können – von Samuel als jungem Mann, wie er vor der Bundeslade steht, oder vom jungen David, wie er die Schafe seines Vaters hütet.

In späteren Jahren sollte Jacobs etwas vorsichtiger werden, was die Verbindung der modernen Juden zu den Propheten und Helden der Thora betraf. Die Anthropometrie – die systematische Vermessung der Details des menschlichen Körpers – schien nahezulegen, dass „jüdische Köpfe" mit ihren breiten Augenbrauen nicht mit der „langköpfigen" Physiognomie der modernen semitischen Völker zusammenpassten. Andere, überwiegend antisemitische Anthropologen, die nicht für möglich halten wollten, dass Menschen wie die Juden um sie herum das Alte Testament bevölkert oder geschrieben haben konnten, behaupteten, moderne Juden seien ein „Mischlingsvolk" und schwerlich die Nachfahren der auserwählten Israeliten. Jacobs hielt an der Vorstellung der „jüdischen Reinheit" fest, sah sich aber gezwungen, sich gegen diese Positionen zu verteidigen, indem er breite Köpfe nicht der „Durchmischung", sondern der „charakteristischen Hirnentwicklung" der Juden zuschrieb.[14]

Um zu dem oben beschriebenen Abend im Jahr 1885 zurückzukommen: Joseph Jacobs aufrichtige Begeisterung für Galtons visuelle Stereotype der „jüdischen Rasse" ist schwer zu verdauen. Im Wissen darum, wozu das Konzept einer „Andersartigkeit der Juden" und Bilder, die denen Galtons stark ähneln, später benutzt wurden, ist Jacobs freudige Begrüßung dieser Mischporträts nahezu unbegreiflich. Doch er dürfte kaum geahnt haben, wozu diese Stereotype noch dienen sollten.

Sicher ist, dass Galton schon in dem Moment, als er seine Mischporträts herstellte, auch mit einem anderen „wissenschaftlichen" Unterfangen beschäftigt war. Dieser Disziplin gab er den Namen „Eugenik", nach dem griechischen *eugenes*, was er als „von guter Abkunft, erblich mit edlen Eigenschaften ausgestattet" übersetzte.[15]

Wie die Kompositfotografie war auch Galtons Eugenik eine Wissenschaft von der Typologie des Menschen. Wie die Mischporträts entsprach auch die Eugenik Walter Lippmanns späterer Definition von Stereotypen als etwas, das „aufs stärkste den ganzen Vorgang der Wahrnehmung" beherrscht.

In der Eugenik setzte Galton Fotografie, Anthropometrie und die systematische Sammlung statistischer Daten ein, um diejenigen zu identifizieren, deren erbliche Ausstattung vorbildlich war – die Engländer im Besonderen, die Kaukasier im Allgemeinen. Identifiziert werden sollten auch jene, deren Erbanlagen angeblich eine Bedrohung für die „Reinheit der Rasse" darstellten. Wenn Darwins Evolutionstheorie zu dem Schluss führe, dass die „natürliche

Zuchtwahl" im Laufe der Jahrtausende eine Anpassung der Arten bewirke, argumentierte Galton, dann könnten systematische Zuchtstrategien, gelenkt von aufgeklärten Wissenschaftlern wie ihm selbst, dazu eingesetzt werden, die Anpassung zu beschleunigen, die ehemals der Natur überlassen worden war. 50 Jahre später sollten diese Pläne, gestützt von Fantasien über eine „jüdische Entartung", als Rechtfertigung für einen Völkermord dienen, für den systematischen Versuch, Europa von „jüdischen Erbanlagen" zu „befreien".

18. Die Identifikation des Individuums in der Gruppe

1892 reiste Sir Francis Galton nach Paris, um ein paar Stunden mit einem Mann namens Alphonse Bertillon zu verbringen. Seit Mitte der 1870er-Jahre, als er eine Reihe fotografischer Experimente startete, war Galton davon überzeugt gewesen, die Fotografie könne wesentliche Informationen für die wissenschaftliche Beurteilung von Menschen liefern. Beeindruckt von Bertillons Ruf als einem der anspruchsvollsten technischen Fotografen Europas hatte Galton gehofft, sein Besuch in Paris würde ihm die Vervollkommnung seiner fotografischen Forschungen erleichtern. Beide Männer waren eingefleischte Befürworter der Fotografie als Werkzeug zur Untersuchung menschlicher Subjekte, doch sie waren auf sehr unterschiedlichen Wegen zu dieser Überzeugung gelangt.[1]

Galtons „Kompositfotografie", die zur Herstellung visueller Abbilder „idealtypischer" physiologischer Typen benutzt wurde, war lediglich ein Unterfangen von vielen im Rahmen eines Vorhabens, das die europäischen Denker seit Beginn der Veröffentlichung von Linnaeus' *Systema Naturae* im Jahr 1735 nicht mehr losgelassen hatte. Von diesem Zeitpunkt an baute das taxonomische System für Lebewesen auf der Annahme auf, der Charakter jedes einzelnen Organismus' sei von seiner Beziehung zu einem klar umrissenen körperlichen Standard geprägt. Während die Europäer damit beschäftigt waren, die Weltbevölkerung in ein riesiges Wirtschaftsnetz einzuspinnen, bot eine systematische Ableitung eindeutiger und verschiedener Menschenkategorien einen intellektuellen Rahmen, der die oft brutalen Praktiken der Mächtigen in ein naturgegebenes Ergebnis wissenschaftlich erwiesener Wahrheiten zu verwandeln schien. Modernität und Zivilisation, wie sie von Europa dargestellt wurden, profitierten von diesen scheinbar objektiven Klassifikationssystemen.

Doch in anderen Bereichen des modernen Lebens waren solche kategorischen Zuordnungen kaum von Nutzen und konnten die Machtausübung sogar behindern. Durch das Wachs-

Fahndungsfoto von Galton, aufgenommen von Bertillon bei ihrem Treffen im Jahr 1893. [Nachdruck aus Karl Pearsons The Life And Labour of Francis Galton*]*

tum der Städte und – Mitte des 19. Jahrhunderts – Stadtbevölkerungen von über einer Million Menschen, ergaben sich Bedingungen, die eine genaue Bestimmung und Identifizierung von Individuen erforderlich machten, damit diese nicht in der Anonymität der Masse untertauchen konnten. Radikale politische Bewegungen, die ab den 1830ern Zulauf hatten und sich nach 1848 noch vermehrten, machten die Identifikation bestimmter Individuen zu einer höchstdringlichen Priorität für die Herrschenden – in Europa wie in den Vereinigten Staaten. Zu diesen explizit politischen Beweggründen kam der Wunsch hinzu, „gewöhnliche" Verbrecher, die es gelernt hatten, in der unüberschaubaren Masse zu verschwinden, zu ergreifen und zu bestrafen. Die Entwicklung von Techniken zum „Durchsieben" der gesichtslosen Masse auf der Suche nach unverbesserlichen Bösewichtern war somit doppelt wichtig. Der einflussreichste Versuch in dieser Richtung begann in den 1870ern in Paris, und sein Urheber war Alphonse Bertillon.

Mitte des 19. Jahrhunderts war Paris eine brodelnde Metropole und mit 1,3 Millionen Einwohnern zweitgrößte Stadt Europas. Die französische Hauptstadt hatte außerdem eine legendäre Geschichte als Revolutionsherd und instabiles Zentrum radikaler egalitärer Politik. Die Französische Revolution von 1789 war ein folgenschweres Paradigma für den Sturz der Monarchie und Aristokratie und die Ankunft des „gemeinen Mannes" auf der politischen Bühne. In der 1848er-Revolution, im Jahr der Erstveröffentlichung des Kommunistischen Manifests von Marx und Engels, verbarrikadierten Arbeiter die Straßen von Paris und konnten nur durch Truppen von außerhalb geschlagen werden.

Im März 1871 schließlich, direkt nach Frankreichs Niederlage im Deutsch-Französischen Krieg, explodierte das Pulverfass Paris erneut – eine Explosion, die die Gesellschaft bis in die Knochen erschütterte. Während in Paris eine von Preußen gestützte Regierung unter Adolphe Thiers agierte und sich deutsche Besatzer innerhalb der Stadtgrenzen befanden, brach ein Bürgerkrieg aus. Drei Monate lang kontrollierte eine Volksregierung, angeführt von Arbeitern und aufständischen Soldaten, die Stadt und rief am 28. März die Pariser Kommune aus. Auch wenn Regimenter der französischen Armee erfolgreich in Paris eindrangen, die Revolutionäre in einer „blutigen Woche" besiegten und 30.000 Menschen töteten, lagen die Nerven der Pariser Bourgeoisie blank, und die „Commune de Paris" diente den Kräften, die nach „Recht und Ordnung" riefen, noch jahrzehntelang als mahnendes Beispiel.

Die Fotografie erwies sich überraschenderweise als mächtiges Werkzeug zur Zerschlagung der Commune. In den drei Revolutionsmonaten verteilten vergnügte Kommunarden voller Begeisterung visitenkartenähnliche Fotos von sich, tauschten diese Fotos untereinander aus und posierten für Gruppenaufnahmen. Als die französische Armee in die Stadt einrückte, dienten diese Fotografien als Beweis dafür, wer am Aufstand beteiligt war, und wurden dazu benutzt, Tausende von Aufständischen ausfindig zu machen und zu töten.[2]

REPRODUCTIONS AND STATISTICS
Photography and Statistics Were Both inventions of the 1830s and 40s. Both are exhibited to portray reality. Both are easily mistaken for reality.

Years.	Free Births.		Slave Births.	
	Males.	Females.	Males.	Females.
1813, - -	696	706	138	234
1814, - - -	802	825	230	183
1815, - -	833	834	221	183
1816, - - -	805	892	325	294
1817, - -	918	927	487	467
1818, - - -	814	832	516	482
1819, - -	810	815	566	509
1820, - - -	881	858	453	464
Total,	6604	6789	2936	2826

Thus, among the free births, the females numerically exceed those of the males; and this result is reproduced every year.¶

Chart from an 1842 translation of M. A. Quetelet, *A Treatise On Man and The Development of his Faculties*. This was the first major work in the field of statistical social science. (1835)

Henri Jacquart and Emile Deramond, Daguerreotype entitled "Skeleton of a Negro," 1847. Muséum d'Histoire Naturelle, Paris

In "The Work of Art in the Age of Mechanical Reproduction" (1936), Walter Benjamin described a modern "urge to get hold of an object at very close range by way of its likeness, its reproduction. ...Thus is manifested in the field of perception what in the theoretical sphere is noticeable in the increasing importance of statistics."

Archie Bishop 2006

Reproduktion und Statistik. Fotografie und Statistik – beides waren Erfindungen der 1830er und 1840er. Beide werden als etwas betrachtet, das die Wirklichkeit darstellt, und werden leicht mit „Wahrheit" verwechselt. Tabelle aus einer englischen Übersetzung von M. A. Quetelet, A Treatise On Man and Development of his Faculties. *Dies war die erste bedeutende Arbeit im Bereich der Statistik. Henri Jacquart und Emile Deramond, Daguerreotyp mit dem Titel „Skelett eines Negers", 1847. Muséum d'Histoire Naturelle, Paris. In „Das Kunstwerk im Zeitalter seiner technischen Reproduzierbarkeit" beschrieb Walter Benjamin ein „Bedürfnis ... des Gegenstands aus nächster Nähe im Bild, vielmehr im Abbild, in der Reproduktion habhaft zu werden ... So bekundet sich im anschaulichen Bereich was sich im Bereich der Theorie als die zunehmende Bedeutung der Statistik bemerkbar macht." Archie Bishop, 2006*

Dieser Sachverhalt entging Alphonse Bertillon nicht und wurde zum Grundstein des ersten modernen Systems zur Identifizierung von Verbrechern, das er acht Jahre später entwickelte, während er in der Polizeipräfektur in Paris arbeitete.

Im Jahr der Commune war Bertillon ein junger Mann von 18 Jahren, der seine Berufung noch nicht gefunden hatte. Wie Galton war auch Bertillon ein mittelmäßiger Schüler. Schlimmer noch, er war wegen schlechten Benehmens von mehreren Schulen verwiesen worden und wurde seiner Familie peinlich. Schließlich bestand er sein Bakkalaureat in Naturwissenschaften und Literatur, aber in Anbetracht seines beachtlichen intellektuellen Hintergrunds war dies kaum als Auszeichnung zu betrachten. Bertillons Vater, Louis Adolphe Bertillon, war ein international angesehener Statistiker und biologischer Anthropologe. Beeinflusst vom Werk Quetelets erstellte Bertillon senior Statistiken auf der Basis von anthropometrischen Körpervermessungen und veröffentlichte 1840 eine Studie über die durchschnittliche Körpergröße, in der er die Bedeutung „rassischer" Unterschiede bei der Berechnung aussagekräftiger Durchschnittswerte hervorhob. Louis Adolphe Bertillon verband eine Freundschaft mit Paul Broca und einem Mann namens Achille Guillard, der 1855 den Begriff „Demografie" prägte. In seinem bahnbrechenden Buch *Eléments de statistique, ou démographie comparée* (Elemente der Statistik oder vergleichende Demografie) bezeichnete er die demografische Analyse als ein unentbehrliches Instrument zur Erforschung der Natur- und Sozialgeschichte der menschlichen Spezies; zusammen mit Bertillons Vater förderte und verbreitete er die Demografie, die noch heute die sozialwissenschaftliche Beschreibung des Menschen – körperlich, verhaltensbezogen und psychologisch – dominiert.

Alle drei, Louis Adolphe Bertillon, Achille Guillard und Paul Broca wurden international als Pioniere anthropometrischer und statistischer Verfahren bekannt. 1859 waren sie an der Gründung der Anthropologischen Gesellschaft in Paris beteiligt, einer Organisation für anthropometrische Studien, statistische Analyse und die „Unterscheidung der Rassen". Als 1867 bzw. 1875 ein Labor und eine Schule dazukamen, erhöhte sich das Ansehen der Gesellschaft als Zentrum anthropologischer Forschung weiter.

Bertillon junior erreichte nicht den akademischen Status seines Vaters, beobachtete aber dessen Aktivitäten aufmerksam. Auch seinen Großvater mütterlicherseits, Louis Adolphes Partner Achille Guillard, dessen Tochter Zoé sein Vater 1850 geheiratet hatte, beobachtete er genau.

Alphonse Bertillon war wohl kein einfacher Schüler, wuchs aber umgeben von den Instrumenten und Techniken anthropometrischer Messungen und mit einem unerschütterlichen Glauben an die Unfehlbarkeit statistischer Analyse auf, in einem Milieu, in dem die Fotografie als aussagekräftiges anthropologisches Beweismittel begeistert aufgegriffen wurde. In seiner einflussreichen Abhandlung „Das Kunstwerk im Zeitalter seiner technischen Reproduzierbarkeit" aus dem Jahr 1936 stellte Walter Benjamin fest, in dieser Welt seien Fotografie und Statistik, auch wenn es sich bei beiden um entkörperlichte Darstellungsformen handle, in weiten Kreisen als Wahrheitsmaßstab anerkannt. Fotografie und Statistik teilten den Nimbus unanfechtbarer Autorität im Gebiet der Wahrnehmung bzw. der Theorie.[3]

Diese Verbindung war in der Welt von Bertillon junior interessanterweise bereits zehn Jahre vor seiner Geburt geknüpft worden. Fotografie und Statistik waren beides Erfindungen der 1830er-Jahre. Beide waren in Frankreich, wo Daguerre, Quetelet und Serres 1840 gleichzeitig, wenn auch nicht in gleichem Maße berühmt wurden, tief verwurzelt. In den 1840ern und 1850ern setzten die französischen Anthropologen diese neu geschaffenen Beweismittel vermehrt einzeln wie zusammen als Grundbausteine ethnologischer Forschung ein. Während Quetelet, gefolgt von Bertillons Vater und Großvater, wegweisende Arbeiten auf dem Gebiet der Statistik und Demografie leistete, stürzten sich seine Kollegen, einschließlich Broca, auf die Fotografie als Mittel, mit dem sich grundlegende Unterschiede zwischen den Menschen unwiderlegbar nachweisen lassen müssten.

Die Faszination, die diese Techniken auf seine Umwelt ausübten, prägte sich Alphonse tief ein. Selbst im Chaos seiner Jugendjahre dachte er über neue Anwendungen der Anthropometrie und Fotografie nach, die schließlich seine Zukunft prägen und ihn weltweit berühmt machen sollten.

Bis Mitte Zwanzig wechselte Bertillon von einer Beschäftigung zur nächsten, ohne ein erkennbares Ziel. Ohne formale berufliche Qualifikationen und nicht imstande, sich wie sein Vater als „Gentleman-Wissenschaftler" zu etablieren, galt Alphonse als „nicht verwendungsfähig". Verzweifelt bat er seinen Vater um Hilfe. 1879 wandte sich dieser an jemanden, der ihm einen Gefallen schuldete, und verschaffte seinem 26-jährigen Sohn eine Stelle als Hilfsschreiber in der Pariser Polizeipräfektur, wo er verschiedene Routinearbeiten ausführte.

Im Versuch, gegen die Langeweile seiner Schreibtischarbeit anzukämpfen, begann Bertillon an einem Projekt zu arbeiten, mit dem er sich eine gewisse wissenschaftliche Ablenkung verschaffen wollte. Er blieb dem Umfeld seiner Familie treu und arbeitete an einem Buch, das die ethnografischen Entdeckungen der Anthropologie einer breiteren Leserschaft näherbringen sollte. Das 1882 veröffentliche *Les Races Sauvage* (Die Wildenrassen) war eine Zusammenstellung wiederaufgewärmter Versatzstücke, die bereits über 100 Jahre in der Naturgeschichte zu finden waren.

Was er beispielsweise über die „Buschmänner" schrieb, war nicht von Baron Cuvier, Samuel Morton oder Paul Broca zu unterscheiden:

> Was am meisten zu ihrer [affenartigen] Physiognomie beiträgt, ist das vorstehende Kinn in Verbindung mit den abgeflachten Nasenknorpeln. Das führt dazu, dass ihr Profil, statt konvex wie beim kaukasischen Typus, konkav ist wie das Profil der Affen. ... Abgesehen davon ist die Schädelkapazität des Buschmannschädels sehr klein: 1250 Kubikzentimeter im Durchschnitt; die des Parisers beträgt 1560. Folglich ist das Gehirn sehr klein und unterscheidet sich darüber hinaus durch die Simplizität seiner Windungen, die an die unserer Senilen erinnern. In unserem Land wäre eine Person mit einem ähnlichen Gehirn ein Idiot.[4]

Bertillon ließ auch keinen Zweifel an der Unfehlbarkeit seiner Ansichten über die charakterlichen Unterschiede zwischen verschiedenen „Rassen". George Combe fast wörtlich wiederholend erklärte er:

> Der Schwarze ist nicht gut für die Freiheit geeignet. Während die Einheimischen Nordamerikas den Tod der Sklaverei vorziehen, opfert der Schwarze bereitwillig seine Freiheit, um sein Leben zu retten. Deshalb war Afrika auch stets das Zentrum des schändlichen Menschenhandels.[5]

Diese rassistische Ethnografie gibt Alphonse Bertillon als Produkt seiner Familie und Kultur zu erkennen. Das Gebiet allerdings, auf dem er später Pionierarbeit leistete und für das er berühmt wurde, entfernte sich von der überlieferten Sichtweise und der Klassifizierung von Menschentypen. Ironischerweise war es die Routine und Bedeutungslosigkeit seiner Büroarbeit, die ihn dazu inspirierte. Angespornt durch die oft fruchtlosen Methoden der Polizeiarbeit, die er täglich zu sehen bekam, entwickelte er einen Plan, wie eine systematische Vermessung, kombiniert mit der unverdrossenen Aufzeichnung physiognomischer Einzelheiten und fotografischer Dokumentation, eines der größten Probleme lösen könnte, vor dem die Polizeikräfte einer Stadt mit fast anderthalb Millionen Einwohnern standen: wie sie Gewohnheitsverbrecher erkennen konnten.

Damals schenkte die Polizei solchen Angelegenheiten wenig Aufmerksamkeit. Aufgrund politischer Ereignisse konzentrierten sich ihre Anstrengungen auf die Unterdrückung von Sozialisten, Anarchisten und anderen Radikalen. Doch mittlerweile wurde die Großstadtkriminalität zu einem wachsenden Problem. Bertillon schöpfte aus Theorien, von denen er jahrelang umgeben gewesen war, und schlug vor, jedes Mal, wenn jemand verhaftet wurde, eine Reihe von Körpermaßen zu ermitteln und auf einer Karte aufzuzeichnen. Mithilfe eines komplizierten Ablagesystems könnten diese Karten dann eine narrensichere Datenbank bilden, die es der Polizei ermöglichte herauszufinden, ob jemand bereits zuvor verhaftet oder verurteilt worden war.

Bertillons Plan basierte auf der Annahme, keine zwei Individuen seien genau identisch. Er akzeptierte die Richtigkeit statistischer Durchschnittswerte, berief sich aber auf Quetelets Fehlergesetz. Mit akribischen Aufzeichnungen müsse Quetelets Gesetz es der Polizei ermöglichen, genau zu wissen, in welcher Weise jeder einzelne Verdächtige vom Durchschnitt abwich. Die Körpermaße sowie systematisch angefertigte Fotografien und eine genaue Untersuchung anatomischer Details seien die modernen Instrumente der Polizeiarbeit, stellte er fest, und könnten es einem Übeltäter praktisch unmöglich machen, den belastenden Spuren seiner eigenen, nur einmal vorkommenden Identität zu entfliehen.

Die „Bertillonage" begann mit der Ermittlung von elf Körpermaßen, die jeweils auf einer speziellen, von Bertillon entworfenen Karte festgehalten wurden. Zuerst wurde mit Greifzirkeln die Kopflänge von vorn bis hinten gemessen. Anschließend wurden die Ergebnisse dieser Messung in drei Gruppen eingeteilt: groß, mittel und klein. Das zweite aufzuzeichnende Maß war die Kopfbreite. Der Maßnehmende nahm dann die ersten drei Gruppen (die auf der Kopflänge basierten) und unterteilte jede dieser Gruppen in drei weitere Gruppen – groß, mittel und klein –, sodass insgesamt neun anthropometrisch definierte Zuordnungseinheiten entstanden. Ähnliche Messungen wurden für den Mittelfinger und den kleinen Finger der linken Hand, die Länge des linken Fußes, die Länge des linken Unterarms vom Ellbogen bis zur Spitze des ausgestreckten Mittelfingers, die senkrechte Höhe des rechten Ohrs, die Gesamthöhe des Verdächtigen, die Länge seiner ausgestreckten Arme, die senkrechte Länge seines Rumpfs usw. vorgenommen. Nach jeder der elf Messungen wurde jede Untergruppe erneut dreigeteilt, sodass am Ende zahllose Untergruppen entstanden, deren Karten in einen speziell dafür eingerichteten Aktenschrank eingeordnet wurden.

Jedes Mal, wenn ein Verdächtiger in die Polizeipräfektur gebracht wurde, sollten ihm diese Maße abgenommen, eine Karte für ihn ausgefüllt und an entsprechender Stelle abgelegt werden. Nun konnten laut Bertillon keine zwei Personen dieselbe Kombination von Maßen haben: Wenn also eine Karte, die sich bereits im Aktenschrank befand, zu einer frisch ausgefüllten Körpermaßkarte passte, bedeutete dies, dass der oder die Verhaftete bereits samt einer Aufzeichnung der früheren Festnahmen und Verurteilungen im System war.

Zusätzlich zu einer standardisierten Reihe von Körpermaßen, in der auch Modifikationen für Amputierte vorgesehen waren, sollte jede Karte auch eine Aufzählung der „Narben und besonderen Merkmale" enthalten, „die fast jedes Individuum besitzt, und ... die Aufzeichnung der Augen-, Haar- oder Bartfarbe und der Form und Maße der Nase mithilfe eines speziellen Vokabulars."

Bertillon war fixiert auf die kleinsten Details des menschlichen Körpers und ließ sich lang und breit darüber aus, was einzelne Körperteile alles enthüllen könnten. Mit der Weiterentwicklung seines Systems erstellte er beispielsweise ein Schaubild zur Klassifizierung von Mustern in der Iris, einschließlich Farbton, Ringen und Mischpigmentierung. Ähnlich pedantische Klassifikationssysteme wurden unter anderem für Nasen-,

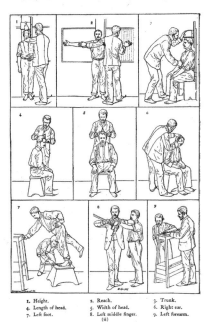

Bertillons anthropometrische Messungen. [Nachdruck aus Alphonse Bertillons Signaletic Instructions Including The Theory And Practice Of Anthropemtrical Identification, *Chicago, 1896; aus dem Ewen-Archiv]*

Bertillons Werkzeugkasten, darin auch zwei Polizeifotos von ihm selbst auf „signaletischen Karten". [Mit freundlicher Genehmigung der Prefecture de Police, Paris]

Ohren-, Finger- und Fingernagelformen ausgearbeitet. Das Ohr, meinte er, sei besonders wichtig, weil es „von Geburt an unveränderlich" sei. „Dieses Organ" sei, mehr als jedes andere, „unveränderlicher Zeuge der Erbmasse und des intrauterinen Lebens", und so legte er eine umfangreiche Fotosammlung unterschiedlicher Formen und Strukturen von Ohren an. Ebenso ging er mit Nasen, Augenbrauen, Kinnformen und anderen körperlichen Merkmalen vor, um sie schließlich im *Tableau synoptique des traits physionomiques*, einer Übersicht der physiognomischen Eigenschaften, zu kombinieren.[6]

Auf der Vorderseite einer jeden Karteikarte befanden sich zwei Fotografien des Verhafteten, eine Frontal- und eine Profilaufnahme des Kopfs. Diese ersten systematisch gesammelten Kopfbilder für Polizeizwecke nannte er „portraits parlés", und seine Übersichtstafel war ausdrücklich dafür gedacht, den Polizisten bei der Auswertung dieser „sprechenden Porträts" behilflich zu sein.

Informell zusammengestellte Gruppen von Fahndungsfotos hatten in vielen Ländern seit der Erfindung der Daguerreotypie zur Polizeiarbeit gehört, Bertillon aber brachte die forensische Fotografie auf ein neues Niveau, indem er strikte Standards und Anweisungen zur Erhebung der fotografischen Daten anwandte. Seine Methoden basierten stark auf Paul Brocas 1865 erschienenem Buch *Instructions générales sur l'anthropologie*. In Bezug auf die ethnografische Fotografie forderte Broca genaue En-Face- und Profilbilder, die durch eine sorgfältige und einheitliche Positionierung der Personen zu erhalten seien. Bertillon machte es mit der Polizeifotografie genauso.[7]

In einem Buch zum Thema gab Bertillon seinen Lesern akribische Anweisungen. Alle „sprechenden Porträts" müssten mit einem eigens dafür bestimmten Apparat aufgenommen werden, um zu gewährleisten, dass die Bedingungen jedes Mal gleich seien.

Es ist absolut unverzichtbar, dass für die Profil- und En-Face-Aufnahmen keine Kopfbedeckung getragen wird. ... In der En-Face-Position wie in der Profilposition ist sorgfältig darauf zu achten, dass die betreffende Person gerade auf dem Stuhl sitzt, die Schultern soweit möglich auf derselben Höhe sind, der Kopf an der Kopfstütze angelehnt und der Blick geradeaus gerichtet ist.

Auch die Lichtbedingungen wurden im Detail beschrieben und getreu seiner anthropometrischen Wurzeln erklärte Bertillon, jedes Bild müsse in genau demselben Abstand aufgenommen werden. Um diese Einheitlichkeit trotz der Wechselfälle der Morphologie zu erzielen, sollte die zu fotografierende Person laut Bertillon „ein schmales Holzlineal, auf das zuvor ein 28 Zentimeter langer Streifen weißen Papiers geklebt wurde", senkrecht an die linke Seite ihres Gesichts halten.

Der Fotograf, der in seiner Hand eine vier Zentimeter lange Karte hält, ... nähert [die Kamera] dem Objekt, bis die 28 Zentimeter des Lineals auf der Mattscheibe der Dunkelkammer der Kamera ein auf vier Zentimeter reduziertes Bild ergeben, wie er feststellen kann, indem er seine Karte darauf legt.

Ist der richtige Abstand zwischen Kamera und Objekt eingestellt, sind „Klampen ... im erforderlichen Abstand auf den Boden des Studios zu nageln, damit der Stuhl und der Fotoapparat umgehend in ihre jeweilige Position zurückgestellt werden können."[8]

Trotz der peinlichen Genauigkeit von Bertillons Methode dauerte es seine Zeit, bis die Polizeipräfektur sich darauf einließ. Schließlich hätte das neue Verfahren erhebliche Ausgaben und eine völlige Umgestaltung gewohnter polizeilicher Verfahrensweisen mit sich gebracht. Trotz Bertillons hartnäckig wie-

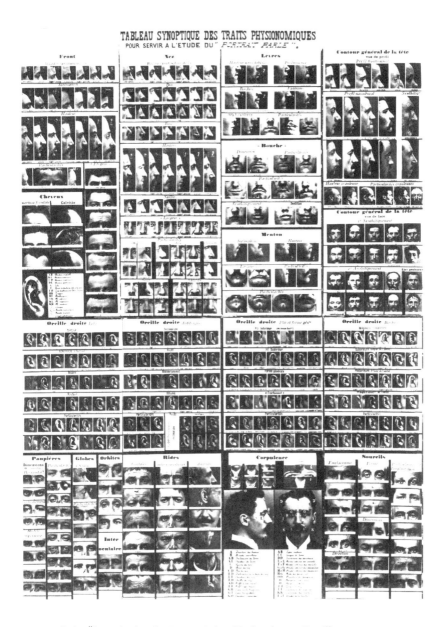

Fotografische Übersicht der physiognomischen Merkmale, von Bertillon zusammengestellt, um Polizisten bei der genauen Betrachtung zu unterstützen. [Mit freundlicher Genehmigung der Prefecture de Police, Paris]

derholten Angeboten an seine Vorgesetzten wurde er zunächst von allen dazu angehalten, sich auf seine Büroarbeiten zu konzentrieren. Doch Bertillon gab nicht auf und begann, selbst und auf eigene Kosten Daten zu sammeln. Er baute einen Aktenschrank für sein System, vermaß und fotografierte die Verdächtigen und vergrößerte so allmählich sein Inventar an Personenkarten.

Im Februar 1883 schließlich ereignete sich etwas in der Polizeipräfektur, das einen einflussreichen Polizeiinspektor beeindruckte und letztendlich zur Einführung von Bertillons System führte: Während der Inspektor im Raum war, vermaß Bertillon mehrere Verdächtige, die sich alle „Dupont" nannten. Als die elf Standardmaße dem sechsten Dupont abgenommen wurden, hatte Bertillon plötzlich das Gefühl, diesen Mann schon einmal gesehen zu haben, hatte sogar eine vage Erinnerung daran, ihn vermessen

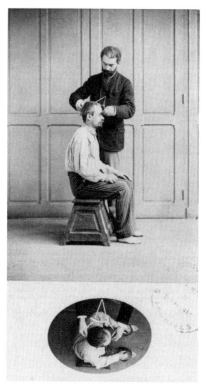

Bertillon vermisst den Kopf eines Verdächtigen. [Mit freundlicher Genehmigung der Prefecture de Police, Paris]

zu haben. Bei der Untersuchung auf besondere Merkmale bemerkte er ein kleines Muttermal in der Nähe der Augenbraue. Nach Abschluss der Datenerhebung ging Bertillon in sein Büro und fand dort in einer Schublade mit 50 Karten im Mittelteil seines Schranks eine Karte, deren Maße sämtlich Monsieur Duponts Maßen entsprachen. Auf dem En-Face-Foto war das Muttermal zu sehen. Es stellte sich heraus, dass Dupont ein Mann war, der zuvor unter dem Namen Martin verhaftet worden war. Seine Verbrechen waren in beiden Fällen identisch: Er hatte leere Flaschen gestohlen.

Bertillon trug seine Entdeckung dem Inspektor vor und konnte ihn endlich umstimmen. Die Fotografie mit all ihrer Deutlichkeit war es, die die Polizeioberen davon überzeugte, dass sie auf Bertillon hören sollten. Von da an wurde die Bertillonage zu einer Standardmethode der Pariser Polizeipräfektur. 1888 wurde die ehemalige Bürokraft Bertillon in die neu geschaffene Stellung eines Erkennungsdienstleiters erhoben. Seine Techniken verbreiteten sich von der Polizeistation auf die Straßen, wo er ein vergleichbares System für das Vermessen, Fotografieren und systematische Erfassen von Tatorten anwandte.

Anfang der 1890er war Bertillon berühmt, und die Bertillonage wurde in vielen Ländern eingesetzt. In den Vereinigten Staaten wurde sie nach ihrer Vorführung auf der *Columbian Exhibition* und der *St. Louis Exhibition* von verschiedenen Polizeibehörden größerer Städte übernommen; Chicago machte 1898 mit der Einrichtung eines „Nationalen Büros zur Identifizierung von Verbrechern" den Anfang. In einem Artikel über eine Ausstellung zur Polizeifotografie in der *International Herald Tribune* schreibt Mary Blume, Bertillons fotografische Techniken seien kurze Zeit später auch auf nichtkriminelle Personen angewandt worden – eine umstrittene Praktik, die auch heute noch auf Kosten der Würde und Rechte der Betroffenen stattfindet.

Die Bertillonage war so erfolgreich, dass sie bald nicht nur auf bekannte und mutmaßliche Kriminelle ange-

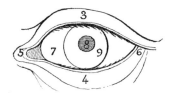

Fig. 25. DESIGNATION OF THE PARTS OF THE EYE.
3, Left upper eyelid; 4, Left lower eyelid; 5, Inner point of left eye and lachrymal caruncle; 6, Outer point of left eye; 7, Sclerotic, or white of the eye; 8, Pupil; 9, Iris.

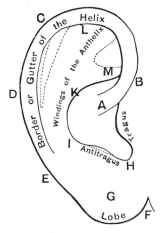

Fig. 27. PLAN OF THE EAR.
Border, A B C D E, divided into the O*riginal*, A B, S*uperior*, B C, P*osterior*, C D, and inferior, D E, portions.
Lobule, E F G H, examined from the point of view of its contour, E F, its adherence to the cheek, F H, its model G and its Dimension.
Antitragus, H I, examined from the point of view of its inclination, its profile, its degree of *reversion* forwards and its Dimension.
Internal folds, separated into inferior, I K, superior, K L, and middle, K M, branches.

Zeichnungen Bertillons. [Nachdruck aus Alphonse Bertillons Signaletic Instructions Including The Theory And Practice Of Anthropemtrical Identification, Chicago, 1896; aus dem Ewen-Archiv]

wandt wurde, sondern auch auf potenzielle Störer der öffentlichen Ordnung wie Ausländer (1893) und Zigeuner, die 1912 verpflichtet wurden, Ausweisfotografien bei sich zu tragen."[9]

Bei einer Präsentation vor der Anthropologischen Gesellschaft in Paris lobte Alphonse Bertillon 1890 die ethnografischen Studien überschwänglich als Inspiration für sein System zur Identifizierung von Verbrechern. Anthropologie und ethnografische Methoden der Fotografie, sagte er, hätten ein nie dagewesenes wissenschaftliches Fundament für die Identifikation Krimineller geschaffen. In Zukunft, fuhr er fort, werde dieses wissenschaftliche Fundament zur anerkannten Grundlage der Polizeiarbeit in der ganzen Welt werden. „Die Polizei wird zweifellos die Regeln der Anthropologie für die Fahndung nutzen", prophezeite er.

Polizeiarbeit ist immer eine Sache der Identifikation – des Erkennens eines Individuums in der Masse. Zu diesem Zweck suchen die Behörden nach einer unfehlbaren Methode zur Beschreibung des Individuums, nach dem Äquivalent des allgemeinen „Typus", den Anthropologen bei der Identifikation menschlicher Gruppen suchen.[10]

Doch trotz seiner Bewunderung für die biologische Anthropologie, die sein Vater und Großvater mit begründet hatten, wandte Bertillon eine andere Methode an und gab die Suche nach Idealtypen auf, die ein steter Begleiter der Ethnografie und Naturgeschichte gewesen war. Auch wenn er beim Studium fremder Völker rassistische Typologien für angebracht hielt, stand die Vorstellung allgemeingültiger Typen im Gegensatz zu Bertillons System. Die Bertillonage baute auf der Annahme auf, dass der durchschnittliche Mensch, der Idealtypus, „schlicht nicht existiert". Die Einmaligkeit, nicht die Ähnlichkeit, ermögliche es Bertillon, den Gesuchten zu finden.[11] Bertillons weit verbreiteten Fotografien und Beschreibungen von Gesichtern und Körperteilen führten andere zu der Annahme, es gebe erkennbare „Verbrechertypen", aber für Bertillons System war die Einmaligkeit der individuellen Verbrecher eine zwingende Voraussetzung. Genau diese Einmaligkeit war, mehr als ihre Zugehörigkeit zu einer Gruppe, ihre Achillesferse.

19. Verbrechertypen

Anfang der 1890er-Jahre, kaum zehn Jahre nachdem die Polizeipräfektur in Paris seine Technik zur Identifikation von Verbrechern übernommen hatte, war Alphonse Bertillon ein berühmter Mann und galt als Visionär der Forensik. Sein akribisches System der Körpervermessung, unterstützt von präzisen Fotoaufnahmetechniken, verkörperte, was Michel Foucault viel später als „Mikrophysik der Macht" bezeichnen sollte – eine scheinbar unüberlistbare Maschinerie mit der Fähigkeit, einen einzelnen Übeltäter in der beängstigenden Komplexität der modernen Großstadt zu fassen und zu bestrafen.[1] Durch eine Adaption der Instrumente der Anthropologie und Rassenkunde hatte Bertillon ihren praktischen Nutzen in der Großstadt bewiesen. Weltweit wurde sein System zum Standardverfahren in zahllosen Polizeibehörden. Neben Frankreich wurde die Bertillonage auch von russischen, japanischen, spanischen, italienischen, argentinischen Behörden und einigen Städten in Deutschland und in den Vereinigten Staaten eingeführt. Seine Neuerungen zogen auch die Aufmerksamkeit und Bewunderung einer wachsenden Zahl von Verhaltensforschern auf sich.[2]

Waren frühere Anwendungen der Anthropometrie und ethnografischen Fotografie von den Erfordernissen eines Weltreichs bestimmt, so regte die Bertillonage die Fantasie einer neuen Riege von Kriminologen und Verwaltungsbeamten an, für die die Stadt zunehmend zu einer gefährlichen Welt wurde, die gebändigt werden musste. Diese Epoche sei im Zuge der Industrialisierung von einem rasanten Wachstum der Städte gekennzeichnet, schrieb der amerikanische Bildungskommissar W. T. Harris im Jahre 1893.

STREET ARABS.

Zeichnung von Charles Loring Brace. [Nachdruck aus The Dangerous Classes Of New York; aus dem Ewen-Archiv]

In diesem Zusammenhang entstehen besondere Probleme, und keines dieser Probleme ist wichtiger als die Beschäftigung mit der Bevölkerung, die aus drei Klassen von Schwächlingen besteht: den Verbrechern, den Armen und den Geisteskranken. Denn die Schwächlinge tendieren dazu, sich zu sammeln und verwahrloste Elendsviertel zu bilden, in denen der Einfluss der Familie und der Umgebung auf den Nachwuchs so stark ist, dass dieser genauso wenig mit Geld umgehen kann wie die Eltern und ebenso den Weg des Verbrechens einschlägt.

Für Harris war „die Handhabung der abnormalen Klassen der Gesellschaft" eine dringliche Angelegenheit, die deshalb keineswegs vernachlässigt werden durfte.[3]

In den Vereinigten Staaten schien das Wahlrecht, das freien schwarzen Männern erteilt worden war und das die Söhne armer Einwanderer in den Jahrzehnten nach dem Bürgerkrieg von ihren Eltern erbten, die von Harris beschriebenen Risiken noch zusätzlich zu verschärfen. Die „gefährliche Situation" war bereits der 1872 veröffentlichten, legendären Studie *The Dangerous Classes of New York* (Die gefährlichen Klassen von New York) von Charles Loring Brace zu entnehmen. Brace, der 1853 die Kinderhilfsorganisation „Children's Aid Society" gegründet hatte, beobachtete die unzähligen „verstoßenen Straßenkinder" in den Elendsvierteln New Yorks mit Sorge und verglich die von ihnen ausgehende Bedrohung für die „ehrenhafte Gesellschaft" mit der, die „Indianer für Siedler im Westen" darstellten. In diesen Kindern, „die an den Rändern der Gesellschaft leben, deren Sinne so geschärft sind wie die der Wilden, und deren Grundsätze auch keinen Deut besser sind", sah Brace auch deshalb eine besondere Gefahr, weil sie zur nächsten Wählergeneration Amerikas werden sollten. Diese Jugendlichen, verarmt und oft Kinder von Einwanderern, die nicht in protestantischer Ethik geschult waren, bedrohten „den Besitz, ... die Moral und ... das politische Leben" in der Stadt. Da sie zudem leicht von „Demagogen" zu verführen seien, war Brace überzeugt, sie glichen einem Pulverfass, das kurz vor der Explosion steht und seien eine Quelle „des Aufruhrs und der Gesetzesübertretungen".[4]

Diese unmittelbare Gefahr hatte sich seiner Meinung nach 1863 in den „Draft Riots" (Unruhen in New York nach Einführung einer Wehrpflicht für den amerikanischen Bürgerkrieg, die zu einem Pogrom gegen Schwarze ausarteten) manifestiert:

Wer wird je die unglaubliche Geschwindigkeit vergessen, mit der sich die besseren Straßen mit einer rücksichtslosen und verzweifelten Menschenmasse füllten, wie wir sie in normalen Zeiten selten zu Gesicht bekommen – Kreaturen, die aus ihren Ritzen und Löchern gekrabbelt zu sein scheinen, um sich an der Plünderung der Stadt zu beteiligen? Wer wird je vergessen, wie schnell bestimmte Häuser der Plünderung und dem Verderben preisgegeben waren und was für barbarische und brutale Verbrechen grundlos an den Negern begangen wurden?[5]

Als Brace dies 1872, ein Jahr nach der Pariser Kommune schrieb, wusste er um die internationalen Folgen solcher Unruhen und beschrieb die Rolle der Frauen in den „schrecklichen Szenen" der New Yorker Draft Riots als vergleichbar mit der „im kommunistischen Aufruhr in Paris". Frauen hatten zwar bis dahin weder in Frankreich noch in den Vereinigten Staaten das Wahlrecht, aber ihre Beteiligung am politischen Leben war – nicht nur für Brace – ein sicheres Zeichen des Zusammenbruchs.

In Europa rief das Gespenst des Aufruhrs in den Großstädten ebenfalls Prophezeiungen über ein bevorstehendes Zeitalter der mutwilligen Gewalttätigkeit niederer Gesellschaftsschichten auf den Plan. Einer der Wortführer dieser Sichtweise war der französische Soziologe Gustave Le Bon. Als Freund von Paul Broca übertrug Le Bon die Urteile der Anthropologie über die „niederen Rassen" auf die Analyse einer Bedrohung, die er in den Straßen von Paris lauern sah. Angespornt von seinen Erinnerungen an die Pariser Kommune veröffentlichte Le Bon 1895 die französische Erstausgabe von *Psychologie der Massen*. Das Werk entwickelte sich zu einem Handbuch für eine Ober- und Mittelschicht, der es bang und bänger wurde. Innerhalb von einem Jahr nach seinem Erscheinen wurde es in 19 Sprachen übersetzt.

Le Bon beschrieb seine Welt als einen Ort, an dem alle überlieferten Systeme der sozialen Kontrolle zusammengebrochen waren. Hirngespinste einer Souveränität des Volkes, denen ein demokratisches Zeitalter Vorschub geleistet habe, hätten den altehrwürdigen Hierarchien von Kirche und Staat, die bis ins späte 18. Jahrhundert hinein die Geschichte Europas geprägt hatten, den Todesstoß gegeben. Die Außenfassade des Alten Europas stehe zwar noch, „tatsächlich aber" sei Europa „ein morscher Bau, der keine Stütze mehr hat und beim ersten Sturm zusammenbrechen wird". Demokratische Allüren, klagte er, entstünden in einer Umgebung, in der „der Pöbel herrscht, und die Barbaren [vordringen]".

Die Stimme des Volkes hat das Übergewicht erlangt. In der Seele der Massen, nicht mehr in den Fürstenberatungen, bereiten sich die Schicksale der Völker vor. Der Eintritt der Volksklassen in das politische Leben ... ist eines der hervorstechendsten Kennzeichen unserer Übergangszeit. ... Die Forderungen der Massen ... laufen auf nichts Geringeres hinaus als auf den gänzlichen Umsturz der gegenwärtigen Gesellschaft ...

Schockiert von der „Invasion" der Massen – als Mitbürger und als Wählermasse – schickte sich Le Bon an, eine anatomische Lehrstunde über das Innenleben der Massen zu halten. Diese Lehrstunde, glaubte er, sei dringend erforderlich, wenn den Staatsmännern noch ein Fünkchen Hoffnung darauf bleiben sollte, die launenhaften Energien der Massen unter Kontrolle zu bringen.

Le Bons Klage war keine schlichte Ablehnung demokratischer Werte. Das Problem sei vielmehr, argumentierte er, dass die Demokratie Gesellschaftsschichten zu Macht verhelfe, die die Zeichen biologischer „Entartung" trügen. So wie Blumenbach behauptet hatte, Äthiopier, Mongolen, Malaien und Indianer seien das Ergebnis einer „Entartung" der reinen und unverfälschten kaukasischen „Rasse", sah Le Bon die städtischen Massen als Brutstätten der „Entartung" und extremen geistigen Minderwertigkeit. Nähmen sie zu, erklärte er, breche das „rassische Erbe" Europas zusammen.[6] Auch wenn sie die Bürgerrechte einfordere, sei die Masse „dem alleinstehenden Menschen intellektuell stets untergeordnet".

Verschiedene besondere Eigenschaften der Massen, wie Triebhaftigkeit (impulsivité), Reizbarkeit (irritabilité), Unfähigkeit zum logischen Denken, Mangel an Urteil und kritischem Geist, Überschwang der Gefühle (exagération des sentiments) und noch andere sind bei Wesen einer niedrigeren Entwicklungsstufe, wie beim Wilden und beim Kinde ebenfalls zu beobachten. ... [Die Masse steht] viel öfter unter dem Einfluss des Rückenmarks als unter dem des Gehirns.[7]

Im Schatten solcher Spekulationen war Bertillons Fähigkeit, bestimmte Individuen aufzustöbern, zwar nützlich, bot aber keine dauerhafte Lösung für die wachsende Zahl derer, die glaubten, Kriminalität und „Entartung" seien unter den städtischen Armen endemisch. Bertillons System zur Vermessung und fotografischen Dokumentation einzelner Körper wurde erfunden, um das Individuum von der Gruppe zu isolieren; eine wachsende Zahl von Kriminologen aber glaubte, aus Archiven wie dem seinen könne die Wissenschaft allgemeine physiognomische Merkmale einer kriminellen Klasse ableiten. Mit solchen Profilen, meinten sie, könne das Verbrechen schon vorhergesagt werden, bevor es der Gesellschaft überhaupt Schaden zugefügt habe.

Eine herausragende Figur auf der Suche nach einem Verbrechertypus war Cesare Lombroso. Der 1835 in eine wohlhabende jüdische Familie in Verona geborene Cesare wurde als Gründer der „Positiven Schule" der Kriminologie berühmt, die in Italien in den Jahren Gestalt annahm, in denen Bertillon in Paris an seinem Identifikationssystem arbeitete.

In mancher Hinsicht war die Genese der italienischen Kriminologie ein Auswuchs der Ängste, die in der Zeit nach der Einigung Italiens im Jahr 1871 in der Ober- und Mittelschicht überhand nahmen, schreibt die Historikerin Mary Gibson. Ehemals eine zusammengestückelte Anhäufung verschiedener Völker, Regionen und Dialekte, erschien das auf Rom ausgerichtete neue Italien vielen als ein unkontrollierbares Gebilde. Dieser Eindruck wurde zweifellos von lange etablierten rassistischen Denkweisen gefördert, nach denen die hellhäutigen Einwohner des wohlhabenden Nordens die dunkelhäutigere bäuerliche Bevölkerung des südlich von Rom gelegenen Mezzogiorno als minderwertiges Volk betrachteten. Nicht ohne eine gewisse Furchtsamkeit fasste die neue Nation alle diese Menschen unter der gemeinsamen Rubrik „l'Italiani", die Italiener, zusammen.

Das – reale oder eingebildete – Verbrechen wurde zu einem wichtigen Thema. Die Umrisse des Problems, wie es in Italien wahrgenommen wurde, erinnern an die Befürchtungen der Mittelschicht in Paris, London und New York, wo überall die Angst herrschte, die eigenen Städte würden von Fremden „überrannt". Gibson erklärt:

Cesare Lombroso. © Bettmann/Corbis

317

Die düsteren Prophezeiungen der [italienischen] Kriminalanthropologen konnten nur in einer Ära grundlegenden gesellschaftlichen Wandels, die von einer wachsenden und mobilen Bevölkerung geprägt war, Panik auslösen. Die Sichtbarkeit einer wachsenden Zahl von Außenseitern, insbesondere auf den Straßen der Großstädte, gab den Einwohnern das Gefühl, von Unbekannten „überflutet" zu werden. Dies galt insbesondere für die Mittelschicht des 19. Jahrhunderts, deren Kultur ein „anständiges" Familienleben im eigenen Heim einer Form von Geselligkeit vorzog, die sich vor der Haustür und auf den Plätzen abspielte. So überrascht es nicht, dass die wachsende und mit wachsendem Einfluss ausgestattete Bourgeoisie des vereinigten Italien die zeitgleiche Bevölkerungsexplosion mit einem sprunghaften Anstieg der Kriminalität gleichsetzte. Die Tatsache, dass die neu Dazugekommenen an Kleidung, Sprache und Benehmen als arm zu erkennen waren, machte sie für die Angehörigen der Mittel- und Oberschicht nur noch fremdartiger.[8]

Hier widersprach Lombrosos positivistische Schule denen, die Verbrecher als Produkte ihrer moralischen Umgebung betrachteten. In England beispielsweise herrschte die Meinung vor, ein Verbrecher sei „ein normaler Mann, der vom richtigen Weg abgekommen ist". Diese Sichtweise deckte sich mit der Phrenologie von Fowler, Fowler und Wells, die festgestellt hatten, der Mensch sei je nach Umgebung zu Gutem wie Bösem fähig.

In Italien aber und in einem Großteil Europas gewann Lombrosos Theorie, „dass der Verbrecher der abnormale Mann ist, der den rechten Weg nicht gehen *kann*" bald die Oberhand. Für Lombroso, den der Historiker Henry T. F. Rhodes als einen der „größten Nervenärzte, die je gelebt haben", bezeichnete, war Kriminalität ein objektiver, physiologisch wahrnehmbarer Zustand, ähnlich wie „rassische" Unterschiede. „Lombroso behauptete, Verbrecher seien ein anthropologischer Typus, und ein Verbrecher sei genauso an der Form seines Schädels zu erkennen wie Anthropologen die ‚Menschenrassen' an ihren durchschnittlichen Schädelmaßen erkennen könnten."[9]

Scheinbar auf empirische wissenschaftliche Beweise aufbauend, sorgfältig zusammengestellt und mit einer unbeirrbaren Gewissheit vorgetragen, derer nur Wissenschaft, Religion und manchmal Politik mächtig sind, war Lombrosos Sichtweise für seine Anhänger enorm überzeugend. Seine Theorien bauten auch auf dem noch immer einflussreichen Erbe Lavaters und Galls auf. Lombroso wurde in eine Welt hinein geboren, in der Physiognomie und Phrenologie viele davon überzeugt hatten, dass die äußere Erscheinung einer Person und insbesondere die Gestalt ihres Kopfes, viel über die Seele aussagen konnten, die in ihr wohnte. Auch die Anthropometrie Brocas und der „Camper'sche Gesichtswinkel" hatten ihre Spuren hinterlassen. Kurz gesagt, die vorherrschenden Theorien der Rassenkunde und der Ungleichheit der Menschen bildeten den intellektuellen Rahmen, in den Lombroso ein Gedankengebäude setzte, das unter der Bezeichnung Kriminalanthropologie bekannt wurde.

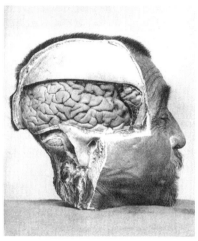

Criminal Brain, Buenos Aires 1899. Courtesy GA-GA Pictures

Lombrosos Theorien über Verbrechertypen verbreiteten sich rasch. Dieses Foto des Kopfes und präparierten Gehirns eines Verbrechers wurde 1890 von Polizeibediensteten in Buenos Aires aufgenommen.

Wie viele wissenschaftliche Theorien gründete auch Lombrosos auf einer wiederholt erzählten Erleuchtungsgeschichte. Als verantwortlicher Arzt für mehrere Heil- und Pflegeanstalten und Gefängnisse im Norden Italiens machte Lombroso 1871 bei der Autopsie eines „berüchtigten Banditen" namens Guiseppe Vilella (manchmal auch Villella) eine sonderbare Entdeckung. Lombroso hatte Vilella kennengelernt, als dieser ein Häftling war, und war über die „zynische Unverschämtheit" des Banditen überrascht gewesen. Nach seinem Ableben war es an Lombroso, die Autopsie durchzuführen. Dort, auf dem Leichensockel, hatte Lombroso eine verblüffende „Offenbarung".[10] Vilellas Schädel und Rückenmark, bildete er sich ein, erinnerten ihn an ein anatomisches Merkmal einiger „minderwertiger Rassen" in Bolivien und Peru und an „die niedrigeren Arten der Affen, Nagetiere und Vögel".[11]

Die schlichte Zusammenfassung Gibsons verblasst jedoch hinter der Dramatik von Lombrosos eigenem Bericht:

Nach seinem Tod, an einem kalten, grauen Novembermorgen, wurde ich mit der Obduktion beauftragt, und als ich den Schädel öffnete, fand ich im okzipitalen Bereich, genau an dem Punkt, wo im normalen Schädel eine

Spina anzutreffen ist, eine charakteristische Vertiefung, die ich wegen ihrer Position genau in der Mitte des Hinterhaupts, wie bei inferioren Tieren und besonders bei Nagetieren, ‚mediane okzipitale Fossa' nannte. Diese Vertiefung korrelierte wie im Falle der Tiere mit einer Hypertrophie des Vermis, bei Vögeln mittleres Zerebellum genannt.

Beim Anblick dieses Schädels schien ich plötzlich, hell erleuchtet wie eine große Ebene unter einem glühenden Himmel, zu sehen, wo das Problem mit dem Wesen des Verbrechers lag – einer atavistischen Kreatur, die in ihrer Person die grimmigen Instinkte der primitiven Menschheit und der niederen Tiere reproduziert. So lassen sich die riesigen Kiefer, hohen Backenknochen, hervorstehenden Augenbrauenbogen, solitären Linien in den Handinnenflächen, extreme Größe der Augenhöhlen, griffförmige oder breit aufsitzende Ohren [ohne erkennbare Ohrläppchen], die bei Verbrechern, Wilden und Affen anzutreffen sind, anatomisch erklären, die Schmerzunempfindlichkeit, die extrem scharfen Augen, Tätowierungen, die extreme Faulheit, die Neigung zu Orgien und ein unwiderstehliches Verlangen nach dem Bösen um des Bösen willen, ein Bestreben, nicht nur das Leben des Opfers auszulöschen, sondern auch noch die Leiche zu verstümmeln, ihr Fleisch zu zerreißen und ihr Blut zu trinken.[12]

Nach diesem Durchbruch forschte Lombroso fieberhaft und sezierte, so oft es ihm möglich war, „Verbrecherleichen", um seine Anatomie des Bösen weiterzuentwickeln. Routinemäßig verglich er die Knochen von Verbrechern mit ethnografischen Exemplaren aus naturgeschichtlichen Sammlungen und vermerkte „die einzigartige Übereinstimmung zwischen den Abnormalitäten, die bei Verbrechern zu finden sind, und denen, die in den normalen Schädeln der farbigen oder minderwertigen Rassen beobachtet werden". Verbrecher, schloss er, seien „Wilde, die mitten in der blühenden europäischen Zivilisation leben".[13]

Lombroso betrachtete die Kriminologie aus einem ganz anderen Blickwinkel als Bertillon, bewunderte diesen aber auch und machte häufig Gebrauch von den anthropometrischen Instrumenten und Fotoaufnahmetechniken des Franzosen, um seiner Herleitung der Verbrecherphysiognomie Präzision zu verleihen.[14] Seine erste größere Arbeit zum Thema, *L'Uomo delinquente* (deutsch: *Der Verbrecher*) erreichte von 1876 bis 1897 stolze fünf Auflagen und griff stark auf Bertillons Verfahren zurück, um die Existenz eines diagnostizierbaren kriminell veranlagten Typs zu behaupten, den er den „geborenen Verbrecher" nannte.

Diesen Ausdruck hatte er seinem Schüler Enrico Ferri entliehen, der Lombroso auch dazu bewegte anzuerkennen, dass auch einige „normale" Menschen fähig seien, Verbrechen zu begehen. Diese wurden als „Gelegenheitsverbrecher" und „Verbrecher aus Leidenschaft" bezeichnet. Doch in Lombrosos forensischer Kosmologie waren dies die Ausnahmen. Zum überwiegenden Teil hielt er kriminelles Verhalten für ein Nebenprodukt eines angeborenen Atavismus – etwas, was durch eine genaue körperliche Untersuchung festgestellt werden konnte.

Der geborene Verbrecher hat eine schwache Schädelkapazität, ein schweres und ausgeprägtes Kinn, eine große Augenhöhle ... einen abnormalen und asymmetrischen Schädel, einen spärlichen oder gar keinen Bart, aber Haare im Überfluss, abstehende Ohren, häufig eine krumme oder flache Nase.[15]

Zu den sonstigen „bei Verbrechern anzutreffenden Anomalien" gehörten „Klammerfüße", „Backentaschen", ein „enormes Wachstum der mittleren Schneidezähne ... und ein winkel- oder zuckerhutförmiger Schädel, wie er bei Verbrechern und Affen verbreitet ist." Außerdem sprach er vom „Vorstehen des unteren Teils des Gesichts und des Kinns (Prognathie und Progenie), das bei Negern und Tieren anzutreffen ist, und überzählige Zähne (in manchen Fällen eine doppelte Reihe wie bei Schlangen) und Schädelknochen (... wie bei den Indianern Perus)."[16]

„Diese Merkmale", versicherte Lombroso, „deuteten alle in eine Richtung: den atavistischen Ursprung des Verbrechers, der körperliche, psychische und funktionelle Qualitäten entfernter Vorfahren hervorbringt." Verhaltensmerkmale, erklärte er, bestätigten diesen Schluss lediglich.

Der Verbrecher ist von Natur aus faul, verkommen, feige, empfindet keine Reue, zeigt keinen Weitblick, liebt Tätowierungen, seine Handschrift ist eigentümlich, seine Unterschrift kompliziert und mit Schnörkeln verziert, sein Jargon ist stark vermischt, abgekürzt und voller Archaismen.[17]

Dieses Interesse an der Sprache teilte er mit Henry Mayhew *(London Labor and The London Poor)*, der den Jargon der Straßenhändler als Beweis ihres unterlegenen Verstands wertete. Doch während Mayhew sich auf die Umkehrung der Worte konzentriert hatte, war Lombroso daran interessiert, Atavismus zu dokumentieren, und versicherte, es gebe naturgegebene Verbindungen zwischen den linguistischen Merkmalen von Verbrechern und den Sprachmustern primitiver Völker. Wie Mayhew bestätigte auch Lombroso, *eine* Funktion des Jargons sei es, sich polizeilichen Ermittlungen zu entziehen, aber die strukturellen Aspekte lieferten zudem wichtige anthropologische Daten.

[Jargon] ist eine eigentümliche Sprache, die von Verbrechern benutzt wird, um sich untereinander zu verständigen. Syntax und grammatikalische Konstruktion der Sprache bleiben unverändert, aber die Bedeutung der Worte wird verändert, und viele werden auf dieselbe Weise gebildet wie in primitiven Sprachen, d. h. ein Objekt erhält häufig die Bezeichnung einer seiner Eigenschaften. So wird ein Kind „Springer", der Tod „der Dürre oder der Grausame", die Seele „die Falsche oder Schimpfliche", der Körper „Schleier", die Stunde „die Schnelle", der Mond „Spion", ein Geldbeutel „der Heilige", Almosen „Vagabund", eine Predigt „die Langweilige" genannt usw. Viele Worte werden wie bei den Wilden durch Onomatopöie gebildet, wie zum Beispiel „Tuff" (Pistole), „Tic" (Uhr), „Guanguana" (Schatz), „Fricfrac" (Lotterie).

Wie die gesprochene Sprache des Verbrechers, war laut Lombroso auch seine Handschrift ein Zeichen seiner Degeneriertheit. Seltsam verschlungen und „mit Schnörkeln versehen" bildete die reich verzierte Kalligrafie sowie der Hang dazu, den Körper mit Tätowierungen zu verzieren, eine weitere „objektive" Verbindung zwischen den Merkmalen von Verbrechern und „Primitiven". Für einen modernen Mann des Worts wie Lombroso, dessen Glaube an nüchterne Wahrheiten unerschütterlich war, war eine solch zügellose Verzierungswut ein Rudiment des Atavismus.

In seiner Analyse von Handschriften und Tätowierungen zitierte Lombroso lediglich zwei Beispiele dafür, was er für den angeborenen Hang des Verbrechers hielt, in Bildern zu denken und zu sprechen.

Eines der seltsamsten Merkmale von Verbrechern ist ihr Hang dazu, ihre Vorstellungen in Bildern auszudrücken. ... Bücher, Geschirr, Pistolen, alle Utensilien, die Verbrecher in ständigem Gebrauch haben, dienen als Leinwand zur Abbildung ihrer Großtaten. Von der Bilderschrift war es nur ein kleiner Schritt zu Hieroglyphen wie sie die antiken Völker verwendeten. Die Hieroglyphen der Verbrecher sind eng an ihren Jargon angelehnt, sind in der Tat nur eine bildliche Darstellung des Jargons und zeigen, obwohl sie in erster Linie der Geheimhaltung dienen, atavistische Tendenzen.

Ebenso wie Mayhew ein Glossar des Straßenverkäuferjargons zusammentrug, erstellte Lombroso ein kleines Verzeichnis der Symbole italienischer Verbrecher:

> Um zum Beispiel auf den Vorsitzenden eines Tribunals hinzuweisen, verwenden sie eine Krone mit drei Spitzen; für einen Richter die Richterkappe ... Polizeiinspektor – ein Hut, wie er von den italienischen Soldaten getragen wird, die Alpini genannt werden (ein abgeflachter Helm mit einer aufrechten Feder auf der linken Seite)
> Staatsanwalt – eine Schlange mit geöffnetem Mund
> Carabiniere – ein Signalhorn
> Diebstahl – ein Totenkopf über zwei gekreuzten Knochen
> Polizeikommissar – ein Zwerg mit dem dreieckigen Hut, den die Carabinieri tragen.[18]

Für Lombroso waren Tätowierungen eine Übertragung des Hangs zur primitiven Bildersprache auf die eigene Haut des Verbrechers:

> Diese bei großen Verbrechern so häufig anzutreffende persönliche Dekoration ist eines der seltsamsten Relikte eines früheren Entwicklungsstands. Sie besteht aus Mustern, Hieroglyphen und Worten, die in einem speziellen und sehr schmerzlichen Verfahren in die Haut gestochen werden. Unter primitiven Völkern, die in einem mehr oder weniger nackten Zustand leben, erfüllen Tätowierungen die Funktion von Verzierungen oder schmückenden Kleidungsstücken und dienen als Auszeichnung oder Zeichen des Rangs einer Person. Wenn ein Eskimo einen Feind mordet, verziert er seine Oberlippe mit ein paar blauen Streifen, und die Krieger von Sumatra fügen für jeden Widersacher, den sie töten, ein bestimmtes Zeichen zu ihren Dekorationen hinzu. ... Bei den Maoris sind Tätowierungen eine Art Wappenbild, das eine hohe Abstammung anzeigt ...

In der Neuzeit ist dieser Brauch unter den höheren Klassen aber nicht mehr üblich und existiert nur noch unter Seeleuten, Soldaten, Bauern und Arbeitern.
Tätowierungen sind zwar nicht ausschließlich bei Verbrechern anzutreffen, werden von ihnen aber in weit größerem Maße benutzt als von normalen Personen. ... Unter Rückfalltätern und geborenen Verbrechern – Dieben wie Mördern – sind die höchsten Prozentsätze an Tätowierungen zu finden. Fälscher und Betrüger sind selten tätowiert.
Erwähnenswert ist auch, in welchem Ausmaß Verbrecher tätowiert sind. 35 von 378 von Lacassagne untersuchten Verbrechern waren buchstäblich von Kopf bis Fuß tätowiert.
In sehr vielen Fällen zeugen die Tätowierungen von einem gewalttätigen Charakter und Rachegelüsten. Ein Seemann aus Piemont, der aus Rachemotiven betrogen und gemordet hatte, trug auf seiner Brust zwischen zwei Dolchen die Worte: „Ich schwöre, mich zu rächen." Ein anderer hatte sich „Tod der Mittelschicht" auf seine Stirn schreiben lassen, mit der Zeichnung eines Dolches darunter. Ein junger Ligurer und Anführer einer Meuterei in einer italienischen Besserungsanstalt war mit Bildern tätowiert, die alle wichtigen Ereignisse seines Lebens darstellten, und an erster Stelle stand überall die Rache. Auf seinem rechten Unterarm waren zwei gekreuzte Schwerter abgebildet, darunter die Initialen eines engen Freundes „M. N." und auf der Innenseite das Motto: „Tod den Feiglingen! Lang lebe unser Bund!".

Neben der detaillierten Beschreibung der „Selbstverzierung" der Verbrecher, meinte Lombroso unter den Übeltätern auch eine Tendenz festzustellen, ihre Spuren auf anderen zu hinterlassen. Geliebte würden regelmäßig im Gesicht gebrandmarkt, „nicht aus Gründen der Rache, sondern als Zeichen des Besitzrechts, wie die Stammeshäuptlinge der Wilden, die ihre Frauen und anderen Besitztümer kennzeichnen."[19]
Heute mögen solche Einschätzungen bizarr klingen, insbesondere, da Tätowierungen unter jungen Akademikern, Künstlern und Geschäftsleuten fast schon zu einem Muss geworden sind. Doch zu Lombrosos Zeiten, als soziale Unterschiede oft an der Fähigkeit, zu lesen und zu schreiben festgemacht wurden, galt der Hang zur Kommunikation mit Bildern statt mit Worten als klares Zeichen der Degeneration.

Le Bon, beispielsweise, versicherte in seiner *Psychologie der Massen*, die Masse denke in Bildern. Diese primitive Tendenz sei ein Zeichen der Irrationalität, sei kennzeichnend für Menschen, die stets an der Grenze zum Unbewussten stünden, keiner Logik zugänglich seien.

In Architektur und Design, wo die Vorboten des Modernismus bereits Spuren hinterließen, lagen Lombrosos Vorstellungen eindeutig in der Luft. Der Ornamentalismus wurde regelmäßig als verderbliches Überbleibsel einer altertümlichen Vergangenheit angeführt, etwas, das es zu überwinden galt. In seinem Manifest *Ornament und Verbrechen* stellte der weltberühmte Wiener Architekt Adolf Loos eine direkte Verbindung zwischen Kriminalität, Primitivität und unnötiger Dekoration her.

Unter den Papuas Neuguineas entspreche ihr Bedürfnis, das Gesicht und alles, was sonst noch in Reichweite sei, mit Ornamenten zu versehen, ihrem vorzivilisierten Zustand. Die höheren Zivilisationen Europas aber kannten Loos zufolge solche Praktiken nur in ihren finstersten Abgründen. Ein moderner Mensch, der sich tätowieren lasse, sei entweder kriminell oder degeneriert. Als Beweis für seine Behauptung führte Loos Gefängnisse an, in denen 80 Prozent der Insassen tätowiert seien. Wer aber tätowiert sei, ohne im Gefängnis zu sitzen, sei ein latenter Verbrecher. Aus dieser Annahme leitete Loos einen radikalen ästhetischen Purismus ab, der im Zentrum seiner Auffassung von Architektur und Design stand.[20]

Lombroso und seine positivistischen Schüler wurden zunächst mit ihren Beschreibungen der Physiognomie, Sprache und ästhetischen Vorlieben krimineller Männer berühmt. In den 1890ern allerdings erstreckten sich ihre Arbeiten auch auf eine Untersuchung von Frauen im Allgemeinen und „weiblicher Kriminalität" im Besonderen. Die Arbeiten über Frauen unterschieden sich in einem zentralen Punkt von denen über Männer: Basierte die Analyse des „verbrecherischen Mannes" auf der Annahme, der „normale" europäische Mann sei ein hochentwickeltes und zivilisiertes Individuum, wurde bei Arbeiten über die „weiblichen Straffälligen" vorausgesetzt, Frauen als Geschlecht konstituierten eine minderwertige Unterart der menschlichen Spezies.

Trotz einer lautstarken und weit verbreiteten Bewegung für die Gleichberechtigung der Frauen, stützte sich Lombroso auf chauvinistische Lehrmeinungen, die bereits seit Jahrtausenden zur Rechtfertigung der Unterdrückung von Frauen gedient hatten. Er warf mit Zahlen um sich und führte zahllose

Experimente durch, um den fadenscheinigen Argumenten für eine Minderwertigkeit der Frauen System zu verleihen. Die Neigung der Frauen zur Hysterie, versicherte er, sei viel stärker als die der Männer – in einem Verhältnis von 20 zu 1.[21] Mit anthropometrischen Mitteln dokumentierte er systematisch das relative Gewicht des Gehirns sowie die Schädelgröße von männlichen und weiblichen Untersuchungsobjekten und stellte fest, die Köpfe und Gehirne von Frauen seien kleiner und daher minderwertig. Da er so etwas wie patriarchale Gewalt nicht für möglich halten wollte, behauptete er, die Tendenz der Frauen, ihre Väter, Brüder, Ärzte und Priester „unzüchtiger Handlungen" zu beschuldigen, sei lediglich ein weiteres Zeichen ihres unzulänglichen Charakters.[22]

Außerdem wies er darauf hin, dass es unter den großen Denkern der europäischen Kultur keine Frauen gebe. Als ihm Ausnahmen begegneten, tat er diese als abnormal ab – Menschen, die irgendwo in der geschlechtlichen Mitte zwischen männlich und weiblich waren. Solchen Frauen wurden abgelehnt, weil es ihnen an echten weiblichen Eigenschaften fehle. George Sand, George Eliot und Madame de Staël, bedeutende Figuren in der Literatur des 19. Jahrhunderts, wurden namentlich verunglimpft: aufgrund ihrer „maskulinen" Köpfe, groben Gesichtszüge, „ungepflegter" Erscheinung und allumfassenden Hässlichkeit seien sie nicht als Frauen zu bezeichnen. Mary Wollstonecraft, die berühmte feministische Autorin von *A Vindication of the Rights of Woman* (deutsch: *Ein Plädoyer für die Rechte der Frau*) entsprach diesen körperlichen Kategorien nicht; Lombroso erklärte sie zur „Tochter eines moralischen Idioten und einer Wahnsinnigen".[23]

In *L'Uomo delinquente* (deutsch: *Der Verbrecher*) hatte Lombroso behauptet, Verbrecher hätten regelmäßig eine höhere Schmerzschwelle als normale Männer. An Männern und Frauen stellte er vergleichende Experimente mit Elektroschocks an Händen, Gesichtern, Zungen, Brüsten und sogar Genitalien an, um festzustellen, eine relativ geringe Schmerzempfindlichkeit sei ein angeborenes Merkmal des „schwächeren Geschlechts". Weil für Lombroso eine hohe Schmerzempfindlichkeit Zeichen der „Evolution des Gehirns" war, behauptete er nun, Frauen gehörten, wie männliche Verbrecher, einer niedrigeren Entwicklungsstufe an.

Nach diesen ersten Studien zu „normalen Frauen" veröffentlichte Lombroso mit Unterstützung seines Schülers und zukünftigen Schwiegersohns Giuglielmo (William) Ferrero 1893 *La donna delinquente, la prostituta e la donna nor-*

male (deutsch: *Das Weib als Verbrecherin und Prostituierte*). Das Werk wurde bald international bekannt; bereits 1895 waren in Deutschland, Frankreich, England und den Vereinigten Staaten Übersetzungen erschienen. (*The Female Offender* – so der englische Titel – war eines der ersten Bücher Lombrosos, die auf Englisch erschienen.)

Beginnend mit der Annahme, bei „weiblichen Tieren, den Frauen der Urbevölkerung und den Frauen unserer Zeit" sei die Hirnrinde „insbesondere in den psychischen Zentren weniger aktiv als bei den Männern und Männchen", konzentrierte sich Lombrosos Buch in erster Linie auf das bis dahin unsichtbare Thema der „Verbrecherinnen". Im Großen und Ganzen, bemerkte er, komme Kriminalität unter Frauen weit seltener vor als unter Männern, und selbst Frauen, die Verbrechen begingen, seien in der Regel „nicht so grundlegend kriminell" wie die entsprechenden Männer.[24] Unter den Frauen, glaubte er, sei eher die „Gelegenheitskriminalität" als die „angeborene Kriminalität" die Norm. Wenn jedoch „die Verderbtheit einer Frau groß" sei, wie beispielsweise bei Frauen, die sich – unter anderem – Mord, Vergiftung, Brandstiftung oder Kindsmord zuschulden kommen ließen, seien die körperlichen Merkmale des Verbrechertypus ebenfalls vorhanden.

Allerdings sei dieser Typus der Kriminalität bei Frauen nicht immer sofort erkennbar. Eine Zeit lang, schrieb er, könne die Attraktivität jugendlicher Schönheit als Verkleidung dienen, hinter der sich das angeborene Böse verstecke. Bei jungen Frauen überdecke manchmal eine oberflächliche Anziehungskraft die Zeichen der Degeneration, die bei straffälligen jungen Männern leichter zu erkennen seien.

Die Zeit jedoch mache die Tarnung zunichte. Mit dem Alter, erklärte er, wichen die weichen Konturen zarter Haut den schroffen maskulinen Merkmalen. „Und wenn die Jugend verschwindet, kommen die Kiefer und Backenknochen zum Vorschein, die zuvor von Fettgewebe verdeckt waren, hervorspringende Winkel stechen ins Auge und das Gesicht wird viril, hässlicher als das eines Mannes; Falten vertiefen sich, sodass sie Narben gleichen, und der einst attraktive Gesichtsausdruck bringt den ganzen degenerierten Typus zum Vorschein, der zuvor hinter jugendlicher Anmut verborgen lag."[25]

Lombrosos Definition weiblicher Verbrechen enthielt eine große Bandbreite von Vergehen. Am heftigsten aber verurteilte er Frauen, die, wie er meinte, in der Regel nicht als Verbrecher betrachtet wurden: Prostituierte.

In prähistorischer Zeit, behauptete er, habe es unter Frauen kaum Verbrecherinnen gegeben – bis auf Prostituierte. „Die primitive Frau war selten eine Mörderin, aber sie war immer eine Prostituierte." Der urzeitliche Frauentyp komme unter Prostituierten sogar stärker zum Vorschein als bei Verbrecherinnen.

Die Verbrecherin ist eine Art Gelegenheitsverbrecher und zeigt wenig Zeichen der Degeneration, wenig Dummheit usw., tendiert aber dazu, sich proportional zur Anzahl der Tatgelegenheiten zu vermehren; die Prostituierte dagegen hat eine stärkere atavistische Ähnlichkeit mit ihrer primitiven Vorfahrin ... hat folglich eine stärkere Berührungs- und Geschmacksunempfindlichkeit und einen stärkeren Hang zu Tätowierungen usw.[26]

An unverbesserlichen Verbrecherinnen fördere das Alter eine atavistische Physiognomie zutage, der überwiegende Teil der Verbrecherinnen hingegen habe die Merkmale einer modernen Frau und komme durch die Umstände zum Verbrechen.

Im Falle von Prostituierten allerdings sei der Atavismus ein elementarer Bestandteil ihres Wesens. Bei den „primitiven Rassen", argumentierte Lombroso, seien Frauen körperlich stärker und frühreifer als ihre zivilisierten Ebenbilder, und an den von ihm untersuchten Prostituierten habe er ähnliche Eigenschaften gefunden:

Um die Bedeutung und den atavistischen Ursprung dieser Anomalie zu verstehen, müssen wir uns nur daran erinnern, dass die Virilität eines der besonderen Merkmale der Frauen der Wilden war. Um dies zu beweisen, kann ich den Leser nur ... auf die Porträts von Indianer- und Negerschönheiten verweisen, die schwer als Frauen zu erkennen sind, so riesig sind ihre Kiefer und Backenknochen, so hart und grob ihre Gesichtszüge ...

Während der [männliche] Verbrecher lediglich ein Rückfall auf den primitiven Typus seiner Species ist, zeigt die Verbrecherin [hier bezieht er sich auf Prostituierte] stets die beiden auffallendsten Merkmale der urzeitlichen Frau, nämlich Frühreife und einen geringeren Grad der Unterscheidung vom Mann, wobei sich dieser geringere Unterscheidungsgrad in Statur, Schädel, Hirn und der Muskelstärke manifestiert, die sie in weit stärkerem Maß als die moderne Frau besitzt.[27]

Neben maskulinen Gesichtszügen zeichnete sich die Prostituierte laut Lombroso auch durch ein außergewöhnlich kleines Schädelvolumen und einen Hang zur Fettleibigkeit aus. Die Fettleibigkeit wiederum sei ein Merkmal, das auch häufig unter „Hottentottenfrauen, afrikanischen und abessinischen Frauen" anzutreffen sei.[28]

Zu Lebzeiten machten Lombrosos Theorien ihn zu einem der einflussreichsten Intellektuellen Europas. Koryphäen wie Max Weber, Gaetano Mosca, Robert Michels, Max Nordau und andere strömten zu ihm, genossen Audienzen bei dem Mann, der als einer der Gründerväter der modernen Psychiatrie galt. Nordau, der sich in seinem 1892 erschienenen Buch *Entartung* über die Dekadenz beklagte, die er in der europäischen Kunst und Literatur des ausgehenden 19. Jahrhunderts wahrzunehmen meinte, widmete seine düstere Zukunftsprognose seinem „werten und verehrten Meister" Lombroso.[29]

Als Autor von über 30 Büchern fand Lombroso auch unter den Besuchern des Museums der Kriminalanthropologie in Turin und der vielen öffentlichen Vorträge, die er zu seinen Ausstellungen hielt, Anhänger. Unter den Intellektuellen und Angehörigen der Mittelschicht Europas war Lombroso zu einer Berühmtheit geworden.[30]

In den Vereinigten Staaten widmeten sich Gefängnisreformer schon früh der praktischen Anwendung von Lombrosos Arbeiten. Mitte der 1880er wurden in der neu eröffneten „Besserungsanstalt" des Staates New York in Elmira genaue physiognomische Studien an allen Insassen durchgeführt. Mit Fotografien und anthropometrischen Instrumenten hielt die Gefängnisverwaltung die körperlichen Merkmale der Gefangenen genauestens fest und teilte die Männer

Gefangener, der fotografiert wird, um die „Stigmata der Entartung" zu identifizieren, New York State Reformatory, Elmira. [Nachdruck aus Havelock Ellis' The Criminal *(Ausgabe von 1910); aus dem Ewen-Archiv]*

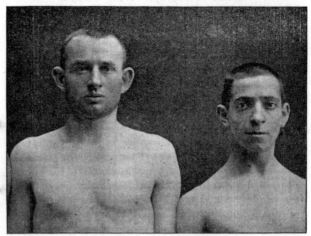
Outstanding Ears (Elmira).

A GROUP OF DULLARDS (ELMIRA).

A GROUP OF SEXUAL PERVERTS (ELMIRA).

„Zeichen der Kriminalität", Elmira. [Nachdruck aus Havelock Ellis' The Criminal (Ausgabe von 1910); aus dem Ewen-Archiv]

in Untergruppen ein. Unter der Leitung des Direktors Zebulon Reed Brockway und des Gefängnisarztes Hamilton D. Wey wurde ein systematischer Katalog „biologischer Verbrecher" zusammengestellt, um die besserungsfähigen von den unverbesserlichen Verbrechern zu trennen. An Augen, Nase, Kinn usw. abgenommene Maße sollten in Kombination mit Fotografien dazu dienen, Insassen mit „angeborener Perversität" und „Debile" von intelligenteren und reformierbaren zu isolieren. Unter dem Einfluss von Lombroso stehend, wurden Brockway und Wey selbst für ihren anthropologischen Beitrag zur Pönologie (Lehre von den Strafen und ihrer Vollstreckung) berühmt, für ihre Fähigkeit, diejenigen zu identifizieren, deren grundlegend mängelbehaftetes Wesen angeblich keinerlei Umerziehung oder Gefängnisdisziplin verbessern konnte.[31]

Neben solch praktischen Anwendungen wurden Lombrosos Theorien in den Vereinigten Staaten auch durch eine wachsende Anzahl wissenschaftlicher Veröffentlichungen verbreitet. Der Pädagoge Arthur MacDonald veröffentlichte 1893 ein Buch mit dem Titel *Criminology*.[32] Nachdem er in Europa einen Vortrag Lombrosos gehört hatte, war MacDonald der Erste, der in den Vereinigten Staaten eine Kriminalanthropologie für ein Laienpublikum verfasste. Er widmete sein Buch dem großen italienischen Psychiater, der ihm den Gefallen mit einer „Einführung" erwiderte. Sieben Jahre später veröffentlichte August Drahms, der protestantische Gefängnispfarrer von San Quentin, einen wichtigen Beitrag zur einschlägigen Literatur: *The Criminal: His Personnel & Environment*. Das Buch, das den Einfluss Lombrosos auf die amerikanische Kriminologie noch verstärkte, enthielt ebenfalls eine Einführung von seiner Eminenz.[33] Lombrosos Einfluss wuchs weiter. 1904 veröffentlichte der angesehene Arzt, Professor und Autor G. Frank Lydston *The Diseases of Society*, ein Buch, das Lombrosos Ansichten zu Atavismus und Kriminalität wiederholte und seine Vorstellungen in den Kanon der amerikanischen Humanmedizin einführte.[34]

Doch trotz seines großen Einflusses auf die Kriminologie beschränkte Lombroso seine „Analysen" nicht auf Straffällige. Im Bestreben, andere Bereiche der Gesellschaft auszuleuchten, wurde die Diagnose „Atavismus" auch auf die Welt der Kunst und Literatur angewandt. Die Zeichen der Degeneration, versicherte er, seien nicht nur unter Gefängnisinsassen zu finden, sondern auch bei gefeierten Künstlern und Schriftstellern; intellektuelle und kreative Begabungen gingen häufig mit „moralischem Wahnsinn" einher.[35] In einer 1888 veröffentlichten Studie lieferte Lombroso eine niederschmetternde Analyse des intellektuellen Olymps.

Während die meisten „Genie" als den Höhepunkt der Zivilisation feierten, sah Lombroso die Götter der westlichen Kultur in einem düsteren Licht. „Wie die Riesen einen großen Preis für ihre Statur bezahlen – Zeugungsunfähigkeit und relative Muskel- und Geistesschwäche", setzte er an, „so büßen die Riesen des Denkens ihre intellektuelle Kraft durch Degeneration und Psychosen ein." Die übliche Beweihräucherung intellektueller Größen von sich weisend behauptete Lombroso unverfroren, die Zeichen der Degeneration seien „sogar häufiger an Genies als an Geisteskranken zu finden."[36]

Er nannte „verzögerte Entwicklung", „Schädelasymmetrie", „Linkshändigkeit" und „kretinhafte Physiognomie" als sichere Zeichen der Degeneration und nahm die „traurige Mission" auf sich, „mit der Schere der Analyse den feinen und schimmernden Schleier zu durchschneiden und zerstören", der die Genies umgab. Nur wenige entkamen seiner Schere. Zu den nachweislich „Entarteten" und Wahnsinnigen zählte er Sokrates, Platon, Aristoteles, Alexander den Großen, Erasmus, Spinoza, Mozart, Beethoven, Rembrandt, Balzac, Schopenhauer, Dostojewski und – ironischerweise – Charles Darwin, den Pionier der Evolutionslehre.

Gustave Le Bon, berichtete Lombroso, habe anthropometrische Untersuchungen an den Schädeln französischer Koryphäen – einschließlich Descartes – durchgeführt und festgestellt, dass sie größer als der Durchschnitt seien, aber er, Lombroso, habe festgestellt, dass viele gefeierte Genies eher kleine Gehirne oder Hirnanomalien gehabt hätten. Zu dieser Gruppe zählten Jean Jacques Rousseau, Pascal, Immanuel Kant, Shelley und sogar Baron Cuvier, dessen berühmtermaßen voluminöses Gehirn angeblich „von Wassersucht befallen" war.[37]

Mit solchen physiognomischen Merkmalen einher ging Lombroso zufolge eine Litanei von Perversionen geistiger wie psychischer Art sowie Verhaltensstörungen, darunter eine angeborene Neigung zur „Melancholie", Drogen- und Alkoholmissbrauch, Halluzinationen, „emotionale Anästhesie" und Hedonismus;[38] Rousseau war ein „Monomane", der „von seinen Sinnen beherrscht" wurde; Schopenhauer war ein „echter Hypochonder", glaubte an das „Tische rücken" und bedachte – während er Frauen und Juden hasste – Hunde in seinem Testament; Gogol „widmete sich viele Jahre lang ungezügelt der Onanie".[39]

Die persönlichen Informationshäppchen wurden nicht als persönliche Eigenarten dargestellt, sondern als verbreitete Ausformungen des genialen Typus'. Unter „Dichtern und Künstlern", fügte Lombroso hinzu, „ist die Kriminalität leider ziemlich ausgeprägt."[40] Im Hinblick auf Geisteskrankheiten behauptete er dasselbe. Seine diesbezügliche Analyse von Charles Baudelaire war unerbittlich:

Er stammte aus einer Familie von Geisteskranken und Exzentrikern. Man musste kein Nervenarzt sein, um seine Geisteskrankheit zu entdecken. In seiner Kindheit hatte er Halluzinationen, und von diesem Zeitpunkt an erlebte er – wie er selbst gestand – gegensätzliche Gefühle, den Schrecken und die Ekstase des Lebens; er war überempfindlich und zugleich teilnahmslos; er verspürte die Notwendigkeit, sich von „einer Oase des Horrors in einer Wüste der Langeweile" zu befreien.

... Er wollte originell sein, koste es, was es wolle; frönte im Beisein hoher Persönlichkeiten übermäßigem Weingenuss, färbte seine Haare grün, trug Winterkleidung im Sommer und umgekehrt. Er hatte krankhafte Leidenschaften, was sein Liebesleben betraf. Er liebte hässliche und schreckliche Frauen, Negerinnen, Zwerge, Riesinnen; einer sehr schönen Frau gegenüber äußerte er den Wunsch, sie an den Händen an die Decke gefesselt zu sehen, und das Küssen des nackten Fußes erscheint in einem seiner Gedichte wie das Äquivalent des Geschlechtsakts.[41]

Beglückten Baudelaire und auch andere Lombroso noch mit schockierenden und sensationellen Biografien, die er analysieren konnte, so taten das nicht alle genialen Männer. Deren Verrücktheit war unter einem Mantel der Gewöhnlichkeit versteckt, ihre „Gesichtszüge und Schädelform ... fast immer normal". Diese Menschen nannte er „Mattoide" – ein Oberbegriff für diejenigen, die oft eine gewisse Anziehungskraft besaßen, unter der Oberfläche aber „semiverrückte Personen" waren. Mattoide identifizierte Lombroso oft unter Künstlern und Schriftstellern, aber auch religiöse und politische Agitatoren summierte er unter diesem Typus. Aufgrund ihrer speziellen „Mattoid-Empfindlichkeiten" seien sie in der Lage, Ereignisse zu beobachten und zu verstehen, die an gewöhnlichen Menschen vorübergingen, und indem sie auf diese Ereignisse aufmerksam machten und sie lebhaft erklärten, erschienen sie prophetisch. Charismatische Führer gehörten laut Lombroso oft zu dieser Gruppe, Visio-

näre, deren Verrücktheit die Bedürfnisse der gewöhnlichen Leute ansprach. Zu diesem Typus zählte er unter anderem Martin Luther.[42]
Auch Anwälte einer Volksdemokratie und Sozialrevolutionäre galten ihm als Mattoide – Menschen, deren spezifische Vision von einer Besessenheit zur Selbstaufopferung geprägt war. Zu dieser Gruppe zählte Lombroso Personen, die „das Schicksal von Nationen" bedrohten:

> Ihre größere intellektuelle Kraft, die Tiefe und Zähigkeit ihrer Überzeugungen und der exzessive Altruismus, der sie dazu zwingt, sich mit öffentlichen Angelegenheiten zu befassen, machen sie umso gefährlicher und mehr der Rebellion und dem Königsmord zugeneigt als andere geisteskranke Personen.[43]

Auch wenn Cesare Lombrosos anhaltendster Beitrag zur Wissenschaft seine systematische Darstellung krimineller Typen war: Seine Anthropologien des bösen Genies, des intellektuellen Schwächlings, der irrationalen Frau, der wilden Prostituierten und des verführerischen, aber auch heimtückischen Rebellen zeigen, dass seine Gesellschaftsvision von der Suche nach einer generischen Typologie des Menschen bestimmt war. Die Ermittlung bestimmter Physiognomien und der entsprechenden Verhaltenstendenzen mag der Identifizierung potenzieller Verbrecher dienlich gewesen, bzw. für dienlich gehalten worden sein, aber Lombroso kultivierte auch eine Weltanschauung, die von der Annahme ausging, die Taxonomie von Gut und Böse lasse sich generell genauestens systematisieren. Dies sei sein größtes Verdienst, hielt er einigen Kritikern in Genf entgegen. „Was schert es mich, ob andere für mich oder gegen mich sind? Ich glaube an den Typus. Es ist mein Typus. Ich habe ihn entdeckt, ich glaube an ihn und werde immer an ihn glauben."[44]

Trotz anhaltender Kritik waren Lombrosos Theorien um 1900 zur allgemein akzeptierten „Wissenschaft" geworden. Dort hielten sie sich dann mit erstaunlicher Zähigkeit bis weit ins 20. Jahrhundert hinein. Um die massiven Auswirkungen seiner Denkweise allerdings wirklich zu erfassen, ist ein Blick über die Annalen der Biologie, Sozialwissenschaft und Verhaltenswissenschaft hinaus geboten. Mit seinen lebendigen, manchmal nachgerade gespenstischen Beschreibungen atavistischer Verbrecher, böser Genies und verführerischer Volkstribune produzierte Lombroso ein innovatives Konglomerat von Stereotypen, das international Verbreitung fand. Es enthielt Fantasien aus Physiognomie und Phrenologie, die seit über einem Jahrhundert ausgebrütet worden waren, und stützte sich auf Mayhews Erörterungen über Sprache als Anzeichen sozialer Differenz. Auch Ästhetik und Stil als Maßstab von Anständigkeit oder Verworfenheit berücksichtigte er. Diese Mischung aus Physiognomie, Sprache und äußerlicher Aufmachung, die schon lange Zeit Bestandteil von Theateraufführungen gewesen war, bot unkomplizierte Formeln für Großaufnahmen; Formeln, die – mit der Erfindung des Films, der Massenzeitschriften, Boulevardzeitungen, Tonaufnahmen und des Radios – in einer Kultur der internationalen Massenunterhaltung begeistert aufgenommen wurden. Hier mussten für Zuschauer-, Zuhörer- und Leserschaften mit unterschiedlichem Hintergrund die Umrisse eines Charakters so schnell und einfach wie möglich definiert werden. In einer modernen, von Massenmedien bestimmten Kultur wurden Stereotype zur Lingua franca, zu einer Möglichkeit, leicht identifizierbare Menschentypen zu präsentieren, ohne dem Publikum mehr als minimale Anstrengungen abzuverlangen.

Teil 5

Nordische Albträume

20. Die geniale Rasse

1890 gab der 31-jährige Arzt Havelock Ellis seine Arztpraxis auf und stieß zum inneren Kreis sozialistischer Intellektueller und Schriftsteller Englands, dem auch George Bernard Shaw, Edward Carpenter und Olive Schreiner angehörten. Der radikale Sexualreformer und Verfechter von Frauenrechten, Homosexualität, Masturbation und Sexualerziehung ging als umstrittener Pionier der Sexualforschung in die Geschichte ein. Sein Bekanntheitsgrad wuchs nach der Veröffentlichung seiner *Studies in the Psychology of Sex* (1897 bis 1910, deutsch: *Sexual-psychologische Studien*), die einen Angriff auf die Grundfesten viktorianischer Moral darstellten.

Neben seinen ketzerischen Ansichten zur Sexualität verfolgte Ellis allerdings auch eine Reihe anderer Interessen. Eine davon fand in einem erstmals 1890 veröffentlichten Buch mit dem Titel *The Criminal* (Der Verbrecher) Ausdruck. das bei seiner britischen Leserschaft für die Kriminalanthropologie warb. Auf dem Kontinent erfreuten sich die Arbeiten von Cesare Lombroso und seinen Schülern großer Bekanntheit und übten bereits einen gewissen Einfluss aus. Großbritannien aber war nahezu unberührt von der italienischen Schule, und das wollte Ellis ändern. „Dieses Büchlein", eröffnete er sein Vorwort zur Erstausgabe, „ist ein Versuch, dem englischen Leser eine kritische Zusammenfassung der Wissenschaft zu präsentieren, die mittlerweile allgemein Kriminalanthropologie genannt wird."

> Im Verlauf der vergangenen 15 Jahre hat sich in dieser Wissenschaft viel bewegt. ... In diesen Dingen haben wir in England in den letzten Jahren den Anschluss verloren; kein Buch und kaum ein einziger Zeitschriftenartikel sind bei uns zu diesem Thema erschienen. So schien es ein lohnenswertes Unterfangen, ein Interesse an Problemen zu wecken, die jeden einzelnen Bürger persönlich betreffen, Problemen, die in der Tat jede Person betreffen, der eine vernünftige Organisation der Gesellschaft am Herzen liegt.[1]

Das Buch erfüllte seinen Zweck. Nicht nur, dass es Lombrosos Theorien in Großbritannien verbreitete, es war auch – mehr als jedes andere Buch – der Beginn der Kriminalanthropologie in den Vereinigten Staaten. Auf beiden Seiten des Atlantiks verkaufte es sich so gut, dass zahlreiche Nachdrucke und Neuauflagen erfolgten.[2]

In ungeheuerlichem Detailreichtum beschrieb Ellis verschiedene Verbrecherkategorien: den „politischen Verbrecher", den „Verbrecher aus Leidenschaft", den „geisteskranken Verbrecher", den „Gelegenheitsverbrecher", den „Gewohnheitsverbrecher" und – in Anlehnung an Lombrosos „geborenen Verbrecher" – den „Instinktverbrecher".

Vor 1890 verorteten Briten die Ursache kriminellen Verhaltens in erster Linie in den gesellschaftlichen Bedingungen oder im Umfeld des Verbrechers. Die Existenz dieser Faktoren räumte Ellis bereitwillig ein: „Die Bedeutung des sozialen Faktors für das Verbrechen kann gar nicht genug hervorgehoben werden." Doch eine ausschließliche Konzentration auf soziologische Faktoren sei unzureichend:

> Wir können weder vernünftig mit dem sozialen Faktor von Verbrechen umgehen, noch die immense Bedeutung sozialer Einflüsse auf die Erzeugung oder Verhütung von Verbrechen einschätzen, solange wir nichts über die Biologie des Verbrechens, über die anatomischen, physiologischen und psychologischen Merkmale von Verbrechern wissen.[3]

Ellis zollte Charles Darwin Anerkennung, der Ellis zufolge mit seinem 1859 erschienenen Buch mit dem Originaltitel *The Origin of the Species By Means of Natural Selection, or The Preservation of Favoured Races in the Struggle for Life* (deutsch: *Über die Entstehung der Arten im Thier- und Pflanzen-Reich durch natürliche Züchtung, oder Erhaltung der vervollkommneten Rassen im Kampfe um's Daseyn*) die wissenschaftliche Basis für solche Untersuchungen geschaffen hatte. In neueren Ausgaben von Darwins Meisterwerk wird dieser Titel zwar nicht mehr verwendet, aber der heute verschwundene Untertitel lässt ahnen, warum der Darwinismus dazu benutzt wurde, die Menschheit in „vervollkommnete" und unvollkommene Bevölkerungsgruppen einzuteilen.

In der englischen Erstausgabe von *Origin of Species* bzw. *Die Entstehung der Arten durch natürliche Zuchtwahl*, wie das Werk später genannt wurde, führte Darwin die Theorie einer „natürlichen Zuchtwahl" ein, um die Prozesse zu beschreiben, mit denen die Natur den Fortbestand der am besten an ihre Umwelt angepassten Varianten einer Art fördert, während die schlechter angepassten Varianten dazu tendieren, auszusterben. Später, in den 1870er-Jahren, scheint Darwin jedoch auch von der Übertragung seiner Theorie auf den Menschen beeinflusst, die zu dieser Zeit in aller Munde war. In der 1872er Ausgabe hatte der Sozialdarwinismus – Herbert Spencers Theorie, soziale Ungleichheit sei die unabwendbare Konsequenz von Naturkräften – den Sprung in Darwins Buch geschafft. Darwin schrieb:

Ich habe dieses Prinzip, wodurch jede solche geringe, wenn nur nützliche, Abänderung erhalten wird, mit dem Namen „natürliche Zuchtwahl" belegt, um seine Beziehung zum Wahlvermögen des Menschen zu bezeichnen. Doch ist der von Herbert Spencer oft gebrauchte Ausdruck „Überleben des Passendsten" zutreffender und zuweilen gleich bequem.[4]

Er stellte fest, die natürliche Auslese sei zwar von enormer Bedeutung für den Evolutionsprozess, sei aber nicht der einzige Weg zur Veränderung, und distanzierte sich von Interpretationen seiner Theorie, die sie zur allumfassenden Formel verkürzten. „Die Kraft beständiger falscher Darstellung ist zäh", beklagte er sich.[5]

Für Ellis war die Evolution mehr als ein Prozess, der die Fortentwicklung einer Art über besser angepasste Varianten kennzeichnet. Bei der Entwicklung der verbesserten Art blieben seiner Überzeugung nach Spuren derjenigen Individuen zurück, die für den „Kampf ums Dasein" weniger geeignet waren. Diese an bestimmten anatomischen Stigmata und Verhaltensstigmata zu erkennenden „atavistischen" Überbleibsel bildeten die Grundlage für seine Theorie der angeborenen Kriminalität.

Darwins 1859 veröffentlichtes Werk *Origin of Species* bot erstmals diesen atavistischen Schlüssel. ... Diese Umstände machten in ihrem Zusammentreffen zum ersten Male die umfassende wissenschaftliche Behandlung des Verbrechers als menschliche Art möglich.[6]

Trotz Darwins Protesten gewann eine allzu deterministische Anwendung seiner Theorie die Oberhand. William Graham Sumner, ein amerikanischer Zeitgenosse von Ellis, brachte den Sozialdarwinismus, der viele in seinen Bann zog, mit folgenden Worten auf den Punkt:

Es kann kein Zweifel daran bestehen, dass es nur diese beiden Alternativen für uns gibt: Freiheit, Ungleichheit, Überleben des Stärkeren – keine Freiheit, Gleichheit, Überleben des Schwächeren. Ersteres bringt die Gesellschaft vorwärts und begünstigt alle ihre besten Mitglieder; Letzteres zieht die Gesellschaft nach unten und begünstigt alle ihre schlechtesten Mitglieder.[7]

In seiner Abhandlung über die Geschichte der Kriminalanthropologie rühmte Ellis auch Della Porta, Lavater, Gall, Broca und Lombroso als Entdecker und Erforscher menschlicher Typologien.[8] Anschließend ging er zur Schilderung der körperlichen und psychischen Merkmale der als Verbrecher geborenen Menschen über. Die Form der Ohren, des Gesichts und des Schädels, wie auch Blässe, Eigenschaften der Haare und Augen, Sexualorgane und andere körperlichen Merkmale böten ein Diagnoseverfahren für angeborene Kriminalität. Diese Zeichen, so führte er weiter aus, seien häufig unter den „wilden Rassen" zu finden, die von den Naturgeschichtlern für minderwertig gehalten wurden. „Schöne Gesichter sind bei Verbrechern bekanntermaßen selten. Das Vorurteil gegen die Hässlichen und Verunstalteten hat also seinen guten Grund."[9]

In Lombrosos Fußstapfen tretend führte Ellis auch eine Reihe von Verhaltensmerkmalen auf, die angeblich kriminell Veranlagte kennzeichneten: Durch den Gebrauch von Slang, Tätowierungen, eine „unzureichende Schmerzempfindlichkeit" und die „Unfähigkeit, zu erröten" seien kriminell veranlagte Personen von den weiterentwickelten Teilen der Bevölkerung zu unterscheiden.[10]

Die erste Ausgabe von *The Criminal*, in der er Lombroso und andere Vertreter der Kriminalanthropologie ausgiebig zitierte, war vor allem eine Besprechung der vorhandenen Literatur zum Thema. Bescheiden räumte er ein, in seinem Buch stehe nichts Neues.[11]

In seinen Schlussfolgerungen allerdings wandte er sich vom britischen Glauben an die Erziehung als Präventionsmaßnahme gegen Kriminalität ab. Die Bildung des Kopfs alleine sei nicht ausreichend; die Erziehung müsse neben dem Verstand auch den Körper und die Moral formen – „eine Erziehung, die denjenigen, der sie hat, dazu befähigt im gesellschaftlichen Leben eine entsprechende Rolle zu spielen".

Da er von der Erblichkeit der Kriminalität überzeugt war, riet Ellis den Schulen zur Entwicklung und Anwendung von Mechanismen zur Ermittlung der „störrischen und anormalen Kinder zum frühest möglichen Zeitpunkt", zu ihrer „sorgfältigen Untersuchung" und „Gewährleistung, dass ein jedes die am besten zum ihm passende Behandlung erfährt". In der Erstausgabe von *The Criminal* war dieser Aufruf zur „Behandlung" noch vage und vorsichtig formuliert, mit moralschwangeren Hinweisen auf die Notwendigkeit, „das Bewusstsein der Gesellschaft und des Einzelnen zu schärfen" und auf die Fortpflanzung als „höchste der menschlichen Aufgaben, ... die die ausuferndsten und unberechenbarsten Folgen hat". Doch hier brach er ab. „Das ist nicht der Ort für eine Darstellung der verschiedenen Konsequenzen, die sich aus unseren Erwägungen zur Natur und Behandlung von Verbrechern ergeben."

1912 jedoch, als die vierte Ausgabe von *The Criminal* erschien, waren die vorsichtigen Andeutungen verschwunden. Während frühere Ausgaben ein paar wenige Bilder enthalten hatten, war diese „überarbeitete und erweiterte" Ausgabe reichlich mit Fotografien gespickt – darunter viele Aufnahmen aus der Besserungsanstalt in Elmira –, die sichtbare Beweise für die atavistischen Charakterzüge liefern sollten. In der Einführung zur neuen Ausgabe legte Ellis einen regelrechten Missionseifer an den Tag. Wenn kriminelles Verhalten angeboren sei, so sei daraus zu folgern, dass diejenigen, „die nicht dazu geeignet sind, die Eltern einer guten Rasse zu werden ... von der Fortpflanzung Abstand nehmen sollten." Mit den in Matthäus 19,12 zitierten Worten Jesu drängte er solche Menschen dazu, sich „um des Himmelreichs willen" der Fortpflanzung zu enthalten. Weil eine freiwillige Enthaltsamkeit im Schlafzimmer oder auf der Straße jedoch kaum durchzusetzen sei, so ließ er durchblicken, seien wohl striktere Maßnahmen erforderlich:

Persönlich war ich in der Vergangenheit unbedingt gegen eine zu diesem Zweck vorgenommene Kastration. Ich bin sogar immer noch gegen eine richtige Kastration, insbesondere als Zwangsmaßnahme gibt es schwerwiegende Einwände dagegen. Aber eine Sterilisation, die keine Kastration ist, kann heutzutage bei beiden Geschlechtern leicht durchgeführt werden ...

Medizinische Eingriffe könnten systematisch durchgeführt werden, um die Fortsetzung angeborenen kriminellen Verhaltens zu unterbinden, schlug er vor. Hinter dieser Überzeugung stand die weithin gepriesene Ankunft einer neuen Wissenschaft namens Eugenik. Durch die Eugenik sollte sich Lombrosos Vorstellung von einer angeborenen Kriminalität weit über die Gefängnismauern und Polizeistationen hinaus ausbreiten und zu einem aggressiven und weitreichenden gesellschaftlichen Projekt werden. Während Marx postulierte, den unteren Gesellschaftsschichten gehöre die Zukunft, betrachteten die Eugeniker die Unterschicht als etwas Degeneriertes und „züchterische" Eingriffe als Mittel zur Verhinderung einer „Verschlechterung der Rasse". Selbst so manchem, der sich in sozialistischen Kreisen der Mittel- und Oberschicht bewegte, gefiel die Vorstellung, auf diese Weise ein rationales Instrument zur Verbesserung der Gesellschaft zu erhalten.

In seiner Einführung zur 1912er Ausgabe von *The Criminal* äußerte sich Ellis erfreut über die 1908 erfolgte Gründung der Eugenics Education Society in England und zitierte aus deren Zeitschrift *The Eugenics Review*. 1912 veröffentlichte Ellis auch *The Task of Social Hygiene* (deutsch *Rassenhygiene und Volksgesundheit*) ein Buch zur „Sozialhygiene", in dem er seinen Gedankengang fortführte. Es sei unbedingt erforderlich, schrieb er dort, die Gesellschaft nicht nur von der erblichen Kriminalität, sondern auch von „moralisch Schwachsinnigen" zu „säubern", die sich seiner Meinung nach in den unteren Schichten stark ausbreiteten: den Trinkern, Landstreichern, Geisteskranken, Prostituierten und Arbeitslosen.

Die schwierige Aufgabe der Sozialhygiene, die vor uns liegt, kann nicht von diesen schwachen Gestalten in Angriff genommen werden. Nicht nur, dass sie nicht daran teilnehmen können, sie erschweren sie sogar: Ihre ungeschickten Hände werden sich immer in den empfindlichen Mechanismen unserer modernen Zivilisation verheddern. Schon ihre bloße Existenz ist ein Hindernis.[12]

Die Wurzeln der Eugenikbewegung führen zu einem Mann, dem wir bereits begegnet sind, zum Erfinder der Kompositfotografie Sir Francis Galton, Spross einer der distinguiertesten Familien Englands, Wissenschaftler, Gelehrter und Unternehmer und nicht zufällig Charles Darwins Cousin. Galtons Großvater mütterlicherseits, Erasmus Darwin (1731–1802), war Mitglied der Royal Society, eine bedeutende Figur in der britischen Medizin und ein einflussreicher Zoologe und Botaniker. Er übersetzte Linnaeus' *Genera plantarum* ins Englische, und sein eigenes Werk *Zoonomia, or The Laws of Organic Life* (deutsch: *Zoonomie oder Gesetze des organischen Lebens*) beinhaltete eine der ersten anerkannten Evolutionstheorien. Als vielgelesener Dichter fantasierte er über das Gefühls- und Sinnesleben von Pflanzen. 1802, in seinem Todesjahr, verfasste er das Gedicht „The Temple of Nature", das einige seiner Vorstellungen von der Evolution zum Ausdruck bringt:[13]

Organic life beneath the shoreless waves
Was born and nurs'd in ocean's pearly caves;
First forms minute, unseen by spheric glass,

Move on the mud, or pierce the watery mass;
These, as successive generations bloom,
New powers acquire and larger limbs assume;
Whence countless groups of vegetation spring,
And breathing realms of fin and feet and wing.

(Organisches Leben wurde unter den uferlosen Wellen
geboren und in den Perlenhöhlen des Ozeans genährt.
Erste winzige Formen, nicht einmal mit der Lupe zu erkennen,
bewegen sich auf dem Schlamm oder durchstoßen die wässrige Masse.
Diese erhalten, wenn eine Generation nach der anderen gedeiht,
neue Kräfte und größere Glieder,
weshalb zahllose Pflanzengruppen entstehen
und atmende Reiche der Flossen, Füße und Flügel.)

Erasmus heiratete zweimal und hatte zwölf Kinder. Seine erste Ehe mit Mary Howard führte zur Geburt von Robert Darwin, der als berühmter Arzt ebenfalls Mitglied der Royal Society und außerdem der Vater von Charles Darwin war. Charles' Mutter Susanna Wedgwood war die Tochter von Josiah Wedgwood, dem Pionier der industriellen Keramikproduktion und Namensgeber der weltberühmten Porzellanmarke.

Aus Erasmus' zweiter Ehe, mit Elizabeth Pole, ging Violetta Darwin hervor, die wiederum 1822 Charles Darwins Cousin Francis Galton zur Welt brachte. Galtons Vater Samuel Tertius Galton erwarb seinen Reichtum, obwohl er aus einer Quäker-Familie kam, als Bankier und Waffenhändler. Einen Großteil seines riesigen Vermögens sollte Francis Galton schließlich erben.

Der Berufsweg des jungen Mannes gestaltete sich alles andere als geradlinig. Im Alter von 16 Jahren begann er mit einem Bildungsplan, von dem sich seine Eltern erhofften, er würde zu einer Karriere als Mediziner führen – ein angesehener Beruf, der in der Familie lag. In Cambridge jedoch gab der junge Galton die Medizin auf und widmete sich dem Studium der Mathematik. Mit 18 wurde er dann von der Wanderlust gepackt und ging, mit dem Reichtum seiner Familie im Rücken, auf große Reise.

„Im Frühjahr 1840", schrieb er, „ergriff mich eine solche Reiselust, als wäre ich ein Zugvogel. Ich saß in den Vorlesungen im King's College und konnte die Segel der Leichter sehen, die auf der Themse in der Sonne dahinglitten, und ich musste alle meine Kräfte zusammennehmen, um die Reisegedanken zurückzudrängen, die sie heraufbeschworen."[14]

So begann eine zehnjährige Reisezeit, die ihn quer durch Europa und bis zu den Sklavenmärkten Konstantinopels führte, wo er von den tscherkessischen Schönheiten fasziniert war, die als Bedienstete oder Konkubinen zum Kauf angeboten wurden. Seinem Vater schrieb er, von einer jungen Frau sei er so hingerissen gewesen, dass er sich überlegt habe, sie für sich selbst zu kaufen.[15] Er bereiste auch Khartum, Alexandria, Damaskus, Jericho und Jerusalem. In Syrien sah er erneut einen Sklavenmarkt und bemerkte, die afrikanischen Mädchen, die dort verkauft wurden, seien besonders von ihrer bevorstehenden Zukunft als menschliches Eigentum angetan gewesen. „Die Mädchen sprachen mit großer Freude mit uns über Orte, die wir beide kannten. Sie schienen so fröhlich wie nur möglich angesichts der Aussicht, verkauft zu werden und bald einen Herren und ein Zuhause zu finden."[16]

Für Galton wie für viele reiche junge Engländer seiner Zeit boten Reisen die beste Gelegenheit, „unzivilisierte" Länder zu besuchen und weitreichende, wenn auch aus der Luft gegriffene Verallgemeinerungen über die Menschen anzustellen, denen er begegnete. Dies wurde nirgends offensichtlicher als auf seiner zweijährigen Südafrikareise, die im April 1850 begann.

Was als Besichtigungstour und Großwildjagd geplant war, nutzte Galton bald dazu, sich ganz auf die Völker zu konzentrieren, auf die er traf. Auch wenn er keine entsprechende Ausbildung hatte, umgab er sich mit der Aura eines Ethnologen. Mit vorschnellen Urteilen über die Unzulänglichkeiten schwarzer Afrikaner begann, was er sein Leben lang mit Hingabe betreiben sollte: der Versuch nachzuweisen, dass menschliche Wesen von Natur aus ungleich sind und sich durch „Rasse", Klasse und Blutlinie voneinander unterscheiden.

Über seine Südafrikareisen berichtete Galton in seinem ersten Buch *Tropical South Africa* (deutsch: *Bericht eines Forschers im tropischen Südafrika*), das 1853 veröffentlicht wurde und mit den üblichen Ansichten über die naturgegebenen Eigenschaften der Einheimischen seinen Ruf als Wissenschaftler begründete.

So erklärte er beispielsweise die Damaras, ein khoisan-sprechendes Bantu-Volk an der Südwestküste Afrikas (im heutigen Namibia), für vollständig unfähig, eigenständig zu leben; ihre Geschichte als Landwirtschaft treibendes, Viehherden haltendes Volk, das zudem Bergbau betrieb und Metall verarbeitete, war ihm nicht bekannt:

Diese Wilden fordern die Sklaverei geradezu heraus. Man beschäftigt einen von ihnen als Bediensteten, und stellt fest, dass er sich als Eigentum seines Dienstherrn betrachtet und man de facto Eigentümer eines Sklaven geworden ist. Sie haben grundsätzlich keinerlei Unabhängigkeitsstreben in sich und folgen einem Herren wie ein Spaniel. Ihre Heldenverehrung richtet sich auf Personen, die genug Verstand und Stärke besitzen, sie zu malträtieren. Rachegelüste sind bei ihrem Wesen etwas sehr Flüchtiges und verwandeln sich bald in Bewunderung des Unterdrückers. Die Damaras scheinen mir nichts zu lieben; die einzigen starken Gefühle, die sie besitzen, und die nicht völlig derb und wollüstig sind, sind Bewunderung und Furcht. Sie scheinen für die Sklaverei gemacht zu sein und nehmen sie instinktiv an.[17]

Wie zuvor Samuel Morton und George Combe verortet auch Galton hier die Verantwortung für die Sklaverei unmissverständlich bei ihren Opfern. Sklaverei erschien so nicht als eine Institution der Eroberer, sondern als unvermeidliches Schicksal, das durch die Unterschiedlichkeit der Menschen bedingt ist.

In Südafrika begann Galton auch mit anthropometrischen Messungen, um seinen Beobachtungen numerische Autorität zu verleihen. Der in Mathematik wie im Gebrauch des Sextanten versierte Galton entwickelte eine Technik zur Abnahme menschlicher Maße aus der Ferne, sodass die Kooperation seiner Messobjekte nicht mehr unbedingt erforderlich war. Seine Strategie zur Bestimmung der Gesäßbackengröße einer Damara-Frau, die er als „Venus unter Hottentotten" bezeichnete, beschrieb er genauestens:

Ich war völlig entgeistert über ihre Formen und stellte bei meinen Missionarsfreunden vorsichtig diesbezügliche Nachforschungen an. ... [Das] Objekt meiner Bewunderung stand unter einem Baum und drehte sich nach allen Richtungen, wie es Damen zu tun pflegen, die bewundert werden möchten. ... [Ich] nahm eine Reihe von Winkelmaßen ihrer Figur in alle Richtungen, nach oben und nach unten, quer, diagonal und so weiter, und trug sie sorgfältig auf einer Umrisszeichnung ein, um keine Fehler zu machen; daraufhin zog ich beherzt mein Maßband aus der Tasche und maß den Abstand von dem Platz, an dem ich war, zu dem Platz, an dem sie stand, und nachdem ich so Basis und Winkel bestimmt hatte, rechnete ich die Maße mithilfe von Trigonometrie und Logarithmen aus.

Jahre später äußerte sich Galton darüber, dass seine schlechte Meinung von der „Negerintelligenz" ursprünglich von seiner Südafrikareise inspiriert wurde:

> Vergleichen wir also die Negerrasse mit dem Angelsachsen, in Bezug auf die Qualitäten, die allein imstande sind, Richter, Staatsmänner, Befehlshaber, Männer der Literatur und der Wissenschaft, Dichter, Künstler und Theologen hervorzubringen ... Die Anzahl der Menschen, die wir als schwachsinnig bezeichnen, ist unter den Negern sehr groß. Jedes Buch über Negerbedienstete in Amerika ist voll von Beispielen. Mir selbst hat sich diese Tatsache während meiner Reisen in Afrika stark eingeprägt. Die Fehler, die Neger in ihren eigenen Angelegenheiten machten, waren so kindisch, dumm und einfältig, dass ich mich oft für meine eigene Spezies geschämt habe.[18]

Nach seiner Afrika-Expedition wandte Galton seine Aufmerksamkeit seiner britischen Heimat zu. Die „Angelsachsen" mochten wohl riesige Gräben von der „Negerrasse" trennen, aber er war überzeugt davon, dass die angelsächsische Gesellschaft selbst in Gefahr schwebte, bedroht von den „naturgegebenen" Ungleichheiten, die die geistigen und moralischen Eigenschaften einer jeden Gesellschaftsklasse bestimmten. Durch die sich massiv vergrößernde Unterschicht, glaubte er, bahne sich eine „Entartung" der britischen Rasse an.

1859 wurde Galtons Theorie einer inhärenten Ungleichheit der Menschen mit der Veröffentlichung der englischen Originalausgabe von *Entstehung der Arten* durch seinen Cousin in hohem Grade bestärkt. Dieses Buch „war der Beginn einer neuen Epoche in meiner geistigen Entwicklung wie auch im menschlichen Denken allgemein", schrieb er 1908 in seinen Memoiren.[19] Während Darwin sich auf die evolutionsbedingte „Entstehung der Arten durch natürliche Zuchtwahl" konzentrierte, war Galton entsetzt über die Fortpflanzung der „falschen" Mitglieder der menschlichen Spezies, deren Verschwinden durch die endlose Maschinerie der „natürlichen Zuchtwahl" allzu lange zu dauern schien. Könnten überlegene, durchschnittliche und minderwertige Teile der Menschheit identifiziert werden, sinnierte Galton, so könnte das „Überleben des Passendsten" durch rascher wirkende Mittel herbeigeführt werden.

Zunächst mussten Instrumente zur Unterscheidung der „Tüchtigen" von den „Untüchtigen" entwickelt werden. Das in Darwins Theorie zentrale Element der Erblichkeit bot Galton einen Ausgangspunkt. Zehn Jahre nach Darwins *Entstehung der Arten* veröffentlichte sein Cousin Francis *Hereditary Genius*:

CLASSIFICATION OF MEN ACCORDING TO THEIR NATURAL GIFTS

Grades of natural ability, separated by equal intervals		Numbers of men comprised in the several grades of natural ability, whether in respect to their general powers, or to special aptitudes							
Below average	Above average	Proportionate, viz. one in	In each million of the same age	In total male population of the United Kingdom, say 15 millions, of the undermentioned ages:					
				20–30	30–40	40–50	50–60	60–70	70–80
a	A	4	256,791	641,000	495,000	391,000	268,000	171,000	77,000
b	B	6	161,279	409,000	312,000	246,000	168,000	107,000	48,000
c	C	16	63,563	161,000	123,000	97,000	66,000	42,000	19,000
d	D	64	15,696	39,800	30,300	23,900	16,400	10,400	4,700
e	E	413	2,423	6,100	4,700	3,700	2,520	1,600	729
f	F	4,300	233	590	450	355	243	155	70
g	G	79,000	14	35	27	21	15	9	4
x all grades below g	X all grades above G	1,000,000	1	3	2	2	2	—	—
On either side of average			500,000	1,268,000	964,000	761,000	521,000	332,000	149,000
Total, both sides			1,000,000	2,536,000	1,928,000	1,522,000	1,042,000	664,000	298,000

The proportions of men living at different ages are calculated from the proportions that are true for England and Wales. (Census 1861, Appendix, p. 107.)
Example.—The class F contains 1 in every 4,300 men. In other words, there are 233 of that class in each million of men. The same is true of class f. In the whole United Kingdom there are 590 men of class F (and the same number of f) between the ages of 20 and 30; 450 between the ages of 30 and 40; and so on.

Tabelle zur Verteilung von Intelligenz und Fähigkeiten in der britischen Bevölkerung.
[Nachdruck aus Francis Galtons Hereditary Genius, 1869]

An Inquiry Into its Laws and Consequences (deutsch: *Genie und Vererbung*). Darin wollte er beweisen, dass Begabung etwas Erbliches sei, das innerhalb einer Familie von Generation zu Generation weitergereicht werde. Er untersuchte Aufzeichnungen über Familien, die bekanntermaßen bei ihren Zeitgenossen berühmt waren, und über nachfolgende Generationen dieser Familien. Diese zeichneten sich laut Galton ebenfalls durch „Veranlagungen und intellektuelle Qualitäten" aus, „die einen Mann dazu anspornen und befähigen, Taten zu vollbringen, die einen Ruf begründen". Unter bemerkenswerten Männern in Politik, Militär, Religion, Natur- und Geisteswissenschaften bilde somit der Stammbaum den entscheidenden Faktor. Begabung und Genialität seien kein Zufall, sondern etwas, was bestimmten Familien von Natur aus innewohne. Während er Familienstammbäume zusammenstellte, um die Erblichkeit von Begabung und Genialität nachzuweisen, berief er sich zugleich auf anthropometrische und statistische Daten, um zu beweisen, dass Genialität und Begabung messbare und objektiv definierbare Eigenschaften seien.

Galton war ein instinktiver Erbsenzähler. Als junger Mann amüsierte er sich damit, die Menschen in seiner Umgebung zu beobachten und zu kategorisieren. Während er durch die Städte der Britischen Inseln lief, führte er eine

Francis Galton, Begründer der Eugenik.
[Nachdruck aus Karl Pearsons The Life, Letters, And Labour Of Francis Galton*]*

informelle Studie über die Schönheit der Frauen durch, denen er „auf der Straße oder anderswo" begegnete, und stufte sie in drei Klassen ein: „anziehend, gewöhnlich oder abstoßend". Mithilfe seiner täglich geführten Aufzeichnungen dieser „Schönheitsdaten", für die er ein simples Lochkartensystem verwendete, kam er zu dem Schluss, London beherberge die schönsten Frauen und Aberdeen sei ein Mekka der Reizlosigkeit.[20]

Als er bei Vorträgen der Royal Geographical Society saß, bekämpfte er die Langeweile solcher Veranstaltungen durch die Entwicklung eines Systems zur Messung der Langeweile der Zuhörerschaft und zählte die Zahl ihrer „Zappeleien" und „Gähner" als Gradmesser für die Langweiligkeit des jeweiligen Vortrags. So fand seine Datensammelwut selbst in erlauchten Versammlungen ihr spielerisches Ventil. Galtons persönliches Motto, dem er wiederholt Ausdruck verlieh, lautete: „Wann immer du kannst, zähle!"[21]

Als er *Genie und Vererbung* schrieb, verspürte er einen unwiderstehlichen Drang zu zählen, der durch die von Quetelet ins Leben gerufene Disziplin der Statistik kanalisiert wurde. Durch Messungen konnte er – davon war er überzeugt – statistische Mittelwerte ermitteln, die die wichtigsten Eigenschaften eines gegebenen Bevölkerungssegments einfingen.

In diesem Buch versuchte er, Menschen gemäß ihres Ansehens und ihrer naturgegebenen Fähigkeiten zu quantifizieren und kategorisieren. Er begann mit der Körpergröße und verwendete eine Tabelle, um zu zeigen, dass die Mehrheit der Bevölkerung zu einem Durchschnittsmaß von 1,57 m bis 1,78 m (5' 2" bis 5' 10") tendierte. Eine wesentlich kleinere Anzahl von Personen konnte sich seiner Statistik nach einer darüber liegenden Körpergröße rühmen, die als Zeichen einer hohen Abstammung gewertet wurde. Galton selbst war über 1,83 m (6') groß. Die Gruppe am unteren Ende mit Körpergrößen von 1,37 m bis 1,57 m (4' 6" bis 5' 2") fiel zwar ebenfalls geringer aus als die Durchschnittsgruppe, aber größer als die Gruppe der besonders großen Menschen. Nach ähnlichen Vergleichen in Bezug auf die Brustkorbgröße stellte er Hochrechnungen über Durchschnittswerte und Abweichungen an, indem er die Ergebnisse der Eingangsuntersuchung für das Royal Military College miteinander verglich. Alle diese Messungen führten zur abgebildeten Tabelle mit dem Titel „Die Einteilung der Menschen gemäß ihrer natürlichen Begabungen", die wiederum seine Studie berühmter Familienlinien stützte.[22]

Ausgehend von einer „männlichen Gesamtbevölkerung des Vereinigten Königreichs" von 15 Millionen, wurden die weißen Männer Großbritanniens in 14 Kategorien eingeteilt und diejenigen hoher Geburt von jenen niedriger Geburt getrennt. Frauen wurden in seiner Studie nicht berücksichtigt. Die Eigenschaften würden in einem Verhältnis von 7:3 überwiegend durch die männliche Linie weitergegeben, stellte er fest. Für schwarze Männer wiederum müsse eine völlig andere, nach unten korrigierte Skala verwendet werden, um ihren von Natur aus begrenzten Fähigkeiten gerecht zu werden.[23]

Diejenigen, die in Galtons Tabelle weißer Männer oben standen (in den Kategorien A, a, B, b) bildeten den untersten Bereich der „Mittelmäßigkeit" in der britischen „Rasse". Seinen Berechnungen zufolge machten diese Kategorien zusammen 418.070 pro Million, fast die Hälfte der männlichen Bevölkerung aus – eine beunruhigende Tatsache aus der Sicht eines Elitedenkers wie Galton. Die 63.563, 15.696 bzw. 2.423 Männer pro Million umfassenden Kategorien C, D und E reichten von besserer Mittelmäßigkeit bis zu den etwas Begabteren. Diejenigen in Klasse E, schrieb er, repräsentierten die gediegene Mittelschicht, die dazu bestimmt sei, im Leben Erfolg zu haben.

In den Kategorien F, G und X befanden sich seiner Auskunft nach die Personen der höchsten Qualitätsklasse, Männer, die durch ihre besonderen Fähigkeiten Berühmtheit erlangt hatten. Zusammengenommen stellten diese Kategorien einen viel exklusiveren Klub dar, der laut Galtons Berechnungen lediglich 248 Personen pro Million umfasste. In der G-Kategorie befanden sich lediglich 14 Männer pro Million und in der X-Kategorie, dem Gipfel seines Systems, nur einer pro Million, die führenden Persönlichkeiten der Nation, Menschen wie Galton selbst. Exemplare der Kategorien F, G und X fielen Galton besonders in den Stammbäumen von Familien mit hohem Ansehen auf, die einen Schwerpunkt des Buches bildeten. „Leistungsfähigkeit, Eifer und Lebenskraft" seien unter Männern solcher Abstammung prominent.

Indem er sich ausgiebig der erblichen Begabung widmete, während er erblichen Reichtum als bestimmenden Faktor für Aufstiegsmöglichkeiten herunterspielte, schuf Galton eine Taxonomie „angeborener" Fähigkeiten, die eine wissenschaftliche Rechtfertigung für das etablierte britische Klassensystem lieferte. In einer Zeit demokratischer Bewegungen wurde der Jargon der „wissenschaftlich objektiven" Statistik bemüht, um ein System zu verteidigen, das in der Vergangenheit von geistlichen und weltlichen Autoritäten geschützt worden war.

Galtons *Genie und Vererbung* enthielt eine im Wesentlichen arithmetische Beschreibung der britischen Bevölkerung und ihrer niederschmetternden Mittelmäßigkeit. Der Autor präsentierte allerdings eine präskriptive Theorie, die ahnen ließ, welche Richtung seine Gedanken in den kommenden Jahren einschlagen sollten. Gegen Ende des Buches beklagte er, „unbesonnene" und mit zu wenig Ehrgeiz ausgestattete Elemente der Gesellschaft in England neigten dazu, früh zu heiraten und viele Kinder zu zeugen, während die „tüchtigeren Klassen" eher dazu tendierten, spät zu heiraten und weniger Kinder großzuziehen. Dieses Ungleichgewicht bedeutete laut Galton, dass es im Wesentlichen die minderwertigen Bevölkerungsteile waren, die den „Fortbestand der Rasse" sicherten. Dieser Zustand werde schließlich dazu führen, dass sich „die Rasse allmählich verschlechtert, mit jeder weiteren Generation weniger für eine hohe Zivilisation geeignet ist, auch wenn sie nach außen hin noch als eine solche erscheint, bis die Zeit gekommen ist, wenn das gesamte politische und gesellschaftliche Gefüge zusammenstürzt und ein größerer oder kleinerer Rückfall in die Barbarei stattfindet." In Anbetracht einer solchen Notlage, mutmaßte Galton, wäre „die klügste Vorgehensweise die, die zu einer Verzögerung des durchschnittlichen Heiratsalters unter den schwachen Klassen und zu einer beschleunigten Herbeiführung des Heiratszeitpunkts unter den tüchtigen Klassen" führe. Visionen einer Wissenschaft der Menschenzucht machten sich in seinem systematischen Denken breit.[24]

Galtons Sichtweise stand in diametralem Widerspruch zum egalitären Denken, das sich seit dem 17. Jahrhundert nicht nur in England mehr und mehr ausbreitete. In *Genie und Vererbung* distanzierte er sich ausdrücklich von solchen „Anmaßungen".[25]

Selbst Galtons Cousin Charles Darwin wurde von seiner Argumentation mitgerissen. Anlässlich der Veröffentlichung der englischen Originalausgabe von *Genie und Vererbung* schrieb er an Galton:

Mein lieber Galton – Ich habe nur ungefähr 50 Seiten Ihres Buches gelesen ..., aber ich muss aussprechen, was mich bewegt, sonst zerspringt etwas in mir. Ich glaube, ich habe nie in meinem Leben etwas Interessanteres und Originelleres gelesen – und wie klar und deutlich Sie jeden einzelnen Punkt darstellen! ... In einem Sinne haben Sie aus einem Gegner einen Konvertiten gemacht, denn ich habe immer behauptet, dass die Menschen, mit Ausnahme von Narren, sich in ihren geistigen Fähigkeiten nicht sehr unterscheiden, sondern nur in Fleiß und Arbeitswilligkeit; und ich denke noch immer, dass dies einen ungeheuer wichtigen Unterschied macht. Ich gratuliere Ihnen zu einem Buch, das sich, wie ich überzeugt bin, als denkwürdiges Werk erweisen wird.

Galton fühlte sich offensichtlich von der Zustimmung seines berühmten Vetters geschmeichelt, war aber nicht bereit, sich Darwins Ansichten zur Bedeutung von „Fleiß und Arbeitswilligkeit" zu beugen. Jahre später schrieb er in seinen Memoiren: „Auf diese Bemerkung über Arbeitswilligkeit könnte man entgegnen, dass der Charakter, einschließlich der Arbeitswilligkeit wie jede andere Fähigkeit vererblich ist."[26]

In den Jahrzehnten nach der Erstveröffentlichung der Originalausgabe von *Genie und Vererbung* entwickelte sich Galtons Besessenheit von der „immanenten" Unterschiedlichkeit der Menschen zu einer angewandten „Wissenschaft". Wenn krasse Unterschiede wissenschaftlich messbar waren, war der Weg nicht mehr weit zur Entdeckung von Instrumenten zur Ermittlung von Exzellenz und Unzulänglichkeit und zur Anwendung dieser Instrumente „zur Verbesserung der angeborenen Eigenschaften einer Rasse ... [und] zu ihrer möglichst vorteilhaften Entwicklung".[27]

Seine Begeisterung für die Statistik führte Galton zur Ausarbeitung pragmatischer Pläne für ein „Social Engineering" – eine „angewandte Sozialwissenschaft" oder auch „soziale Manipulation". Seine Spekulationen über die „Notwendigkeit", das Verhältnis der ungleichen Geburtenraten innerhalb der britischen Bevölkerungen umzukehren, waren einer seiner ersten Versuche in dieser Richtung.

Vier Jahre nach der Erstveröffentlichung der Originalausgabe von *Genie und Vererbung* stellte er in einem Brief an die *Times of London* einen Plan zur Verbesserung der „rassischen Zusammensetzung" Afrikas vor. Wie viele seiner Zeitgenossen war Galton überzeugt, Afrika sei letztendlich nicht dazu fähig, einen hohen Zivilisationsgrad zu erreichen. Er behauptete, selbst ein außergewöhnlicher schwarzer Mann wie Toussaint l'Ouverture, der die haitische Revolution gegen Frankreich anführte, würde in seiner Skala für weiße, britische Männer lediglich die Kategorie F erreichen.[28] In einem Zeitschriftenartikel aus dem Jahr 1865 stellte er fest, selbst wenn ein afrikanisches Kind aus seiner Umgebung entfernt und in einer zivilisierten Umgebung großgezogen werde, falle es bei seiner Rückkehr in den Dschungel sofort in „zufriedene Unkultur" zurück und alle Spuren der Zivilisationsschule verflögen wie nichts.[29]

In Anbetracht dieser erblichen Mängel schlug Galton außergewöhnliche Maßnahmen vor. Weltgewandt, wie er war, und als ein Mann, der die Leistungsfähigkeit vieler Völker beurteilen konnte, schlug er vor, an der afrikanischen Ostküste chinesische Siedlungen zu errichten, „in der Überzeugung, dass die chinesischen Einwanderer nicht nur ihre Position verteidigen, sondern sich auch vermehren würden; ihre Nachfahren würden die unterlegene Negerrasse ersetzen". Da die Chinesen „in allen Ländern gedeihen" und „selbst in den heißesten Klimata problemlos arbeiten und sich vermehren können", würden die Prozesse der natürlichen Zuchtwahl unausweichlich das Überleben der Chinesen begünstigen und zum Verschwinden der untüchtigen Rasse Afrikas führen. „Die gesamte zivilisierte Welt trüge einen unermesslichen Vorteil davon, wenn wir imstande wären, uns schneller zu vermehren als der Neger und ihn schließlich zu verdrängen, wie der [Neger] ... die Ureinwohner von Westindien verdrängt hat." Dieser mit einer falschen Wiedergabe der Geschichte der Karibik verzierte langfristige Völkermordplan war untrennbar mit Galtons unerschütterlicher imperialistischer Weltsicht und seinem herablassenden Glauben an das verbunden, was Kipling später „die Bürde des weißen Mannes" nennen sollte.

Sein bizarrer Vorschlag zur internationalen „Evolutionssteuerung" war Galton zufolge das Ergebnis sorgfältiger Erwägungen, welche „Menschenrasse" am besten zur Verbesserung des Bevölkerungsprofils Afrikas geeignet sei. „Der Hindu" sei „dem Chinesen unterlegen" und „der Araber" kaum mehr als „ein Verzehrer der Produkte anderer Menschen; eher ein Zerstörer als ein Schöpfer", und außerdem vermehre er sich nicht schnell genug.

Die Chinesen jedoch seien die perfekte Rasse für eine Umsetzung, da Europäer nicht fähig seien, im heißen afrikanischen Klima zu gedeihen.

Die chinesischen Emigranten verfügen über eine außerordentliche Begabung für politische und gesellschaftliche Organisation; sie verstehen es, für sich eine Polizei und eine Innenverwaltung einzurichten und machen ihren Herrschern keine Probleme, solange sie diese Angelegenheiten unter sich regeln können. Sie sind gutmütig, genügsam, fleißig, sparsam, dem Handel zugeneigt und vermehren sich außerordentlich schnell.[30]

Neben diesem fantastischen Vorschlag für Afrika verfolgte Galton seine Leidenschaft für eine „rassische Verbesserung" in Großbritannien konkreter und entwickelte Instrumente und Verfahren für eine detaillierte genealogische, anthropometrische und fotografische Erfassung der gesamten britischen Bevölkerung. Seine Experimente mit der Kompositfotografie versetzten ihn in die Lage, idealtypische Porträts zu erstellen, die die durchschnittliche Physiognomie verschiedener Teile der britischen Bevölkerung darstellen sollten. Dieses Verfahren war eng verwandt mit seinen statistischen Methoden zur Ermittlung der Durchschnittswerte für verschiedene gesellschaftliche Gruppen in Zahlenform.

Das letztendliche Ziel von Galtons Datensammlungen nahm 1883 in einem Buch mit dem Titel *Inquiries into Human Faculty and Its Development* (Untersuchungen zu den menschlichen (Erb-)Anlagen und ihrer Entwicklung) Gestalt an. Die Fortpflanzung des Menschen konnte Galton zufolge systematisch gelenkt werden, um die Verbesserung der britischen „Rasse" sowie die anderer zivilisierter Völker zu gewährleisten. Hier prägte er einen neuen Begriff: „Eugenik" bezeichnete die Anwendung wissenschaftlicher Erkenntnisse mit dem Ziel, der „rassischen Verschlechterung" Einhalt zu gebieten und eine Vervollkommnung der Blutlinie zu erreichen. Der Begriff wurde vom griechischen *eugenes* – „von guter Abkunft, erblich mit edlen Eigenschaften ausgestattet" – abgeleitet.[31] Im Verlauf der nächsten Jahrzehnte sollte diese Theorie zu einer Bewegung anwachsen, die unvorstellbare Trümmerfelder hinterließ, aber zu Beginn der 1880er-Jahre schien sie Galton vor eine klare Aufgabe zu stellen: die systematische Bewertung der britischen Bevölkerung.

Schon in den 1860ern hatte Galton die „dringende Notwendigkeit" gesehen, „eine Vielzahl exakter Maße einer jeder messbaren Größe des Körpers und des Verstands aufzunehmen". Seine erste Idee war es, Schulen zum „Wiegen und Messen" aller Schüler anzuregen, aber dieses Verfahren kam nur sporadisch zur Anwendung. 1882 schließlich war er zu dem Schluss gekommen, eine ak-

Galtons anthropometrisches Labor auf der Gesundheitsausstellung. [Aus dem Ewen Archiv]

ANTHROPOMETRIC LABORATORY

For the measurement in various ways of Human Form and Faculty.

Entered from the Science Collection of the S. Kensington Museum.

This laboratory is established by Mr. Francis Galton for the following purposes:—

1. For the use of those who desire to be accurately measured in many ways, either to obtain timely warning of remediable faults in development, or to learn their powers.
2. For keeping a methodical register of the principal measurements of each person, of which he may at any future time obtain a copy under reasonable restrictions. His initials and date of birth will be entered in the register, but not his name. The names are indexed in a separate book.
3. For supplying information on the methods, practice, and uses of human measurement.
4. For anthropometric experiment and research, and for obtaining data for statistical discussion.

Charges for making the principal measurements:
THREEPENCE each, to those who are already on the Register.
FOURPENCE each, to those who are not:— one page of the Register will thenceforward be assigned to them, and a few extra measurements will be made, chiefly for future identification.

The Superintendent is charged with the control of the laboratory and with determining in each case, which, if any, of the extra measurements may be made, and under what conditions.

H & W. Brown, Printers, 20 Fulham Road, S.W

Reproduktion eines Werbeposters für Galtons Labor im Kensington Museum. [Aus dem Ewen-Archiv]

tive nationale Politik sei gefragt und forderte die Einrichtung von „anthropometrischen Labors" im ganzen Land. Diese für jedermann zu erreichenden Vermessungszentren würden es jedem Mann ermöglichen, „sich selbst und seine Kinder wiegen, messen und ordentlich fotografieren und alle ihre körperlichen Fähigkeiten mit den besten Verfahren der modernen Wissenschaft prüfen zu lassen."[32] Die gesammelten Daten sollten auch ein Maß der „Energie", der Fähigkeit eines Mannes, „Tag für Tag mit aller Kraft zu arbeiten", eine detaillierte medizinische Vorgeschichte und Aufzeichnungen über die Armstärke, Augenbewegungen und die Fähigkeit, etwas im Kopf zu visualisieren, enthalten. Galtons Bestreben, mentale Prozesse genau zu messen, war ein erster Schritt in Richtung „Psychometrie".[33] Fotografische Aufzeichnungen waren – was nicht weiter überraschend – ein Standardbestandteil jeder Untersuchung. Jede anthropometrische Studie sollte ein klares Profil ihres Untersuchungsobjekts und, im Laufe der Zeit, der Weiterentwicklung oder Verschlechterung dieses Objekts liefern. Zusammengenommen sollten die Aufzeichnungen es Galton und anderen anthropometrischen Wissenschaftlern ermöglichen, die erblichen Merkmale zu kodifizieren, die die Zukunft des Vereinigten Königreichs bedrohten. Da er von der großen Bedeutung der Erblichkeit überzeugt war, appellierte er 1884 an die Royal Statistical Society, ihm durch die Bekanntmachung seines Unterfangens bei der Sammlung von Familiendaten zu helfen. „Es ist zu beachten", schrieb er, „dass ich [Geld-]Preise ... für jene anbiete, die mich mit den besten Auszügen aus ihren familiären Aufzeichnungen versorgen." Vom Format her sollten diese Auszüge den Richtlinien folgen, die er in einer Veröffentlichung über die Adaption von Familieninformationen für Statistikzwecke dargelegt hatte.[34] Die Royal Society kooperierte begeistert.

Dann bot sich die große Gelegenheit: Für das Frühjahr 1882 war die Eröffnung der großen *International Health Exhibition*, einer Gesundheitsausstellung in London geplant. Die dortigen Exponate würden eine Parallele zu den technischen Meisterwerken und dem ganzen Trara bilden, das um solche Spektakel seit der Errichtung des Kristallpalasts gemacht wurde.

Als die Ausstellung geplant wurde, kam Galton auf die Idee, dass sie eine ideale Umgebung für ein anthropometrisches Labor wäre. Angesichts der großen Besucherzahl, die erwartet wurde, und des Unterhaltungsfaktors, der die Massen zu einer gut entworfenen Installation ziehen würde, ließ er sich einiges einfallen. „Das Hauptziel, das ich mit dem Labor verfolgte", schrieb er später, „war es, die Öffentlichkeit mit den Methoden der Anthropometrie bekannt zu machen und zugleich Daten zu registrieren, die hinterher für einzelne Lebensgeschichten von Nutzen sein könnten."[35]

Er entwarf ein Konzept, nach dem die Ausstellungsbesucher die „Arbeitskosten" seines Unterfangens bezuschussen würden. In einem Werbeposter für das anthropometrische Labor lud er „diejenigen, die gerne genau gemessen werden möchten" ein, gegen eine Gebühr von drei bis vier Pence „eine frühzeitige Warnung bezüglich korrigierbarer Entwicklungsfehler zu erhalten oder ihre Kräfte kennenzulernen". Wer an seiner Untersuchung teilnahm, bekam zugesichert, dass seine Daten in einem anonymen aber systematischen Register festgehalten würden, um „anthropometrische Versuche und anthropometrische Forschung" zu fördern und „Daten für die statistische Erörterung" zu erhalten. In einem zweiten Register würden die Namen für die Nachwelt festgehalten. Nach Abschluss einer jeden Sitzung erhalte jeder zahlende Kunde ein Originaldokument seiner Untersuchung, während Durchschläge für Galtons Forschungen aufbewahrt würden. In einer Zeit, in der viele die Wissenschaft mit naivem Staunen betrachteten, stellte die Möglichkeit, Teil der Wissenschaft zu werden, eine große Verlockung dar.[36]

For Private Information only.

QUESTIONS A, CONCERNING THE KINDRED OF THE APPLICANT.

On the Fraternity consisting of the Applicant and of his *whole* Brothers and Sisters. Write A by the side of the figure in the first column that refers to the Applicant.

Register	Names or Initials in order of Birth	Sex M. or F.	If deceased	
			Age at Death	Cause of Death
1				
2				
3				
⋮				

Register	Initials	Notable achievements of any brother or sister of the Applicant that fall within the purview of this Certificate

We certify that to the best of our knowledge the above account is correct, also that with the exceptions mentioned below, no member of this Fraternity has ever suffered from Insanity, Epilepsy or other severe form of nervous disease.

Exceptions giving full particulars. If no exceptions write the word "None"

Signatures of { *Writer of the above notice.* *The Applicant.*

The last paragraph and the corresponding paragraphs of Questions *B* and *C* must be on a separate sheet marked "confidential." F. G.

QUESTIONS B, CONCERNING THE KINDRED OF THE APPLICANT.

On the Fraternity consisting of the Father of the Applicant and of the Father's *whole* brothers and sisters. Write F by the side of the figure in the first column that refers to the Father, and describe his achievements more fully than those of his brothers.

Register	Names or Initials in order of Birth	Sex M. or F.	If deceased	
			Age at Death	Cause of Death
1				
2				
3				
⋮				

Als die Ausstellung am fünften Mai ihre Tore öffnete, war Galtons Labor kaum zu übersehen. Der elf Meter lange Raum enthielt von Galton erfundene Instrumente zur Messung der „menschlichen Formen und Fähigkeiten". Galton umgab sein Labor mit einer durchsichtigen Wand, damit Ausstellungsbesucher die faszinierenden Vorgänge beobachten konnten, die sich in seinem Inneren abspielten, und dadurch hereingelockt würden. „Personen aus allen Gesellschaftsschichten besuchten es", berichtete er später.[37]

Register	Initials	Notable achievements of any brother or sister of the Father of the Applicant that fall within the purview of this Certificate

We certify that to the best of our knowledge the above account is correct, also that with the exceptions mentioned below, no member of this Fraternity has ever suffered from Insanity, Epilepsy or other severe form of nervous disease.

Exceptions giving full particulars. If no exceptions write the word "None"

Signatures of { Writer of the above notice.
{ The Applicant.

QUESTIONS C, CONCERNING THE KINDRED OF THE APPLICANT.

On the Fraternity consisting of the Mother of the Applicant and of the Mother's *whole* brothers and sisters. Write M by the side of the figure in the first column that refers to the Mother, and describe her achievements more fully than those of her sisters.

Register	Names or Initials in order of Birth	Sex M. or F.	If deceased	
			Age at Death	Cause of Death
1				
2				
3				
⋮				

Register	Initials	Notable achievements of any brother or sister of the Mother of the Applicant that fall within the purview of this Certificate

We certify that to the best of our knowledge the above account is correct, also that with the exceptions mentioned below, no member of this Fraternity has ever suffered from Insanity, Epilepsy or other severe form of nervous disease.

Exceptions giving full particulars. If no exceptions write the word "None"

Signatures of { Writer of the above notice.
{ The Applicant.

(linke Seite und oben) Galtons Formular zur Sammlung von Familiengeschichten. [Nachdruck aus Karl Pearsons The Life, Letters, And Labour Of Francis Galton*]*

Schon vor der Ausstellung hatte Galton einigen Rummel um seine anthropometrische Volksbelustigung veranstaltet. Er hielt zahlreiche Vorträge über seine Vererbungstheorie und führte vor, wie seine eigenen Messinstrumente eingesetzt werden konnten, um sie zu beweisen; und er führte seinem Publikum ein raffiniertes Gerät vor, das er „Quinkunx" nannte. Damit visualisierte er das Verteilungsgesetz, auf dem seine Theorie der erblichen Begabung, Mittelmäßigkeit und Entartung aufbaute. Dieses Gerät machte erstmals die Glockenkurve oder Gauß-Kurve für eine breite Zuhörerschaft sichtbar und verständlich. Galton verbreitete außerdem die Annahme, die Statistik biete ein wahrheitsgetreues und wissenschaftliches Bild der Talente und Defizite der Menschen. Durch die Vorträge war sein Bekanntheitsgrad stark gestiegen und seine Anwesenheit auf der Ausstellung war nun eine bemerkenswerte Attraktion.

Männer und Frauen (in einem Verhältnis von 4:1) stellten sich an, erpicht darauf, ihre Formen und Fähigkeiten aufzeichnen zu lassen. Die Vermessung wurde von Hand mithilfe von Galtons Instrumenten durchgeführt, jede Untersuchung umfasste 17 Messungen und dauerte ungefähr eine halbe Stunde. Trotz der zeitaufwändigen Verfahren, die zum Einsatz kamen, vermaß das Labor circa 90 Personen am Tag. Am Ende der Ausstellung hatten sich über 9.000 in das Register eintragen lassen.[38]

Galtons Labor war ein Riesenerfolg. Dies sprach sich herum, und als die Ausstellung ihre Tore schloss, wurde das Labor in das Museum in South Kensington versetzt, wo es drei Jahre lang über 1.000 Besucher pro Jahr anzog. Im Museum erhöhte sich der Umfang der pro Person erhobenen Daten von 17 auf 33, wozu nun auch Fingerabdrücke zählten; Galton vermutete, sie enthielten erbliche Kennzeichen.

Diese Annahme gab er zwar nach einiger Zeit auf, aber sein Interesse an Fingerabdrücken wuchs und 1892 veröffentlichte er ein Buch namens *Fingerprints*, in dem er feststellte, die Fingerabdrücke einer jeden Person seien einmalig – die Chance, dass zwei Menschen dieselben haben, liege bei 1 zu 64 Milliarden. Dieses Buch beschreibt ein detailliertes System zur Interpretation von Fingerabdrücken, das noch heute angewandt wird. Der Begriff „Galton-Punkte" wird immer noch von Spurensicherungsexperten benutzt, insbesondere um die besonderen Merkmale eines Abdrucks zu identifizieren.

Die Bekanntheit der Galton'schen Anthropometrie wuchs, zum Teil auch deshalb, weil er mit seiner „Show" umherzog und seine Instrumente zu Zusammenkünften von Wissenschaftlern mitbrachte, um sie dort vorzuführen. Zudem wurden neue anthropometrische Labors in Oxford, Cambridge, Dublin und Eton eingerichtet. Mobile Labors reisten in Irland und Schottland umher.

Der Datenberg wuchs und damit die Überzeugung, es finde eine „Verschlechterung der Rasse" statt. In Anbetracht der Geburtenraten in den verschiedenen Klassen – die untersten Klassen pflanzten sich am schnellsten fort – war es für die Anhänger von Galtons Eugenik klar, dass etwas getan werden musste. Das rasante Wachstum einer Eugenikbewegung in den ersten Jahrzehnten des 20. Jahrhunderts war ein klares Zeichen, in welchem Maße Galtons Sorgen und seine Urteile über die breite Masse der Engländer in der britischen Mittel- und Oberschicht geteilt wurden.

In seinen autobiografischen *Memories* (Erinnerungen), seinem meistgelesenen Buch, rechtfertigte Galton die Einführung der Eugenik als sozialpolitische Zwangsmaßnahme:

Meines Erachtens sollte die freie Vermehrung des Menschenmaterials, das ernstlich von Geistesstörungen, Schwachsinn, Gewohnheitskriminalität oder Verarmung befallen ist, mit eiserner Hand verhindert werden. Ich hege keinen Zweifel daran, dass unsere Demokratie, mit einer human gesinnten und wohlinformierten öffentlichen Meinung, sich letztendlich nicht damit einverstanden erklären wird, dass unerwünschte Elemente so unbegrenzt Kinder in die Welt setzen können, wie sie es heute dürfen ... Eine Demokratie kann keinen Bestand haben, wenn sie nicht aus fähigen Bürgern besteht; daher muss sie sich aus Notwehr gegen die Einführung degenerierter Erbmasse sträuben ...
Genau dies ist das Ziel der Eugenik. Ihr erstes Ziel ist die Kontrolle der Geburtenrate der Untüchtigen, sie gar nicht erst entstehen zu lassen ... Das zweite Ziel ist die Verbesserung der Rasse durch die Förderung der Produktivität der Tüchtigen durch frühe Eheschließung und eine gesunde Aufzucht ihrer Kinder. Die natürliche Auslese basiert auf Überproduktion und massenhafter Vernichtung; die Eugenik vertraut darauf, nicht mehr Individuen in die Welt zu bringen, als richtig versorgt werden können, und diese nur aus bestem Zuchtmaterial.[39]

Der Gedanke, man müsse die Geburtenrate der Unterschichten einschränken, war in England und anderswo seit Ende des 18. Jahrhunderts anzutreffen. Damals hatte Thomas Malthus *An Essay on the Principle of Population* (deutsch: *Eine Abhandlung über das Bevölkerungsgesetz)* veröffentlicht, worin er eine rapide „Überbevölkerung" Großbritanniens bedauerte, für die die vorhandenen Versorgungsmöglichkeiten nicht ausreichten. Schuld an dieser misslichen Lage sei die Fruchtbarkeit der Armen, sodass Malthus anregte, man müsse sich auf Mittel besinnen, ihre Geburtenrate auf ein Niveau zu drücken, das der Gesellschaft nicht so sehr schade.

In Francis Galton hatte der längst verstorbene Malthus einen begeisterten Anhänger gefunden. Um Unterstützung für seine Pläne zu erlangen, gründete Galton 1908, zusammen mit einigen Schülern und seinem engsten Kollegen Karl Pearson, seines Zeichens Leiter eines Eugeniklabors an der Londoner Universität, die Eugenics Education Society und die Zeitschrift *The Eugenics Review*. Ziel des „Eugenikvereins" war die Werbung geeigneter Personen, die Einrichtung von Ortsgruppen zur Förderung der Eugenik und, laut Galton, die Beschaffung von Geldern, die dazu verwendet werden könnten, „Paaren guter Qualität den Start ins Eheleben zu ermöglichen".[40]

Philanthropie wurde traditionell als Almosen für die Armen definiert. Für Galton beschleunigten Almosen nur die Verschlechterung des „Menschenbestands":

> Es ist bekannt, dass ein beträchtlicher Teil der riesigen Mengen mildtätiger Gaben in England auf indirekten und unerwarteten Wegen die Produktion der Untüchtigen fördert; es wäre höchst begrüßenswert, wenn Geld und andere Gefälligkeiten, die schädlichen Formen der Mildtätigkeit zuteil werden, auf die Produktion und das Wohlergehen der Tüchtigen verwendet werden könnten. ... Es wäre eindeutig von Vorteil für das Land, wenn soziale und moralische Unterstützung sowie frühzeitige materielle Hilfe an die wünschenswerten Elemente vergeben würden, und nicht, wie es nun wahrscheinlich ist, von den nicht wünschenswerten monopolisiert würden.[41]

Entgegen dem damaligen Trend unterbreitete Galton eine neue Definition der Philanthropie. „Menschenfreundlichkeit" hieße fortan, Familien von ausgezeichneter Qualität zu ermitteln und geeigneten Paaren Hilfe zukommen zu lassen, „wann immer Hilfe wirklich nötig ist", erklärte er. Die „Führer der Nation", so Galton,

> sollten solche Familien so betrachten, wie eifrige Gärtner Beete mit Sämlingen einer seltenen Pflanzenart betrachten, aber mit einer Leidenschaft von

einer weit vornehmeren und patriotischeren Art. Denn es wurde an anderer Stelle nachgewiesen, dass ungefähr zehn Prozent der in einer Generation geborenen Individuen die Hälfte der nächsten Generation erzeugen, sodass große Familien, die zugleich eugenisch sind, sich als höchst wichtig für die Nation erweisen und zu ihrem wertvollsten Besitz werden können.[42]

Die Aussicht auf einen Menschengartenbau lockte glühende Verfechter der neuen Lehre aus vielen Teilen der westlichen Welt an. In England betrachteten die Fabianisten Sidney und Beatrice Webb die „Verschlechterung der angelsächsischen Rasse" als Bedrohung für den Aufbau einer sozialistischen Gesellschaft und sahen in der Eugenik die Lösung für dieses Problem. Für George Bernard Shaw war Eugenik die einzige Hoffnung für die Zivilisation. So auch für H. G. Wells.

In Frankreich, wo Rassenkunde schon lange Zeit eine legitime Wissenschaft gewesen war, vermählte Comte Georges Vacher de Lapouge in seinen Schriften Rassismus und Darwinismus und präsentierte den „Kampf ums Dasein" als einen Kampf zwischen unterschiedlichen „rassischen" und religiösen Gruppierungen. In *Les Sélections sociales* (Gesellschaftliche Alternativen) stellte er die Vermischung der „Rassen" als Bedrohung des „arischen Genies" dar und forderte eine strikte Kontrolle der menschlichen Fortpflanzung.[43] Seine Ansichten waren bereits in den 1880ern von Galtons Eugenik beeinflusst. 1886, kurz nachdem Galton den Begriff geprägt hatte, erzählte de Lapouge seinen Studenten in Montpellier:

Die Theorie von Mr. Galton über die Eugenik – die Gesetze, die die Fortpflanzung, den Erhalt und die Vermehrung besserer Familien regeln ... kann es durch eine kluge Auswahl möglich machen, die heutige Menschheit in Zukunft durch eine bessere Menschheit zu ersetzen.[44]

Andere schlossen sich dieser Logik an und 1912 gründete ein Zusammenschluss aus Ärzten und Statistikern den Eugenikverein Frankreichs.

Auch Deutschland erwies sich als fruchtbarer Boden für das Wachstum eugenischen Gedankenguts. Wilhelm Schallmeyers *Vererbung und Auslese* gewann einen Wettbewerb um das beste Buch zum gesellschaftlichen Einfluss des Darwinismus und wurde anschließend zum „deutschen Standardwerk der Eugenik". Nach der Veröffentlichung des Buches gründete ein Kollege

Schallmeyers namens Alfred Ploetz die Gesellschaft für Rassenhygiene in Berlin, die Theorie und Praxis der Eugenik förderte.[45] Nach dem Ersten Weltkrieg fasste eine radikale Strömung der Eugeniker Fuß und wurde im Namen der „Säuberung" der „arischen Rasse" zum Fundament der „Rassenpolitik" der Nationalsozialisten.

Der internationale Einfluss der Eugenik wurde 1912 deutlich, als die Eugenics Education Society in London ihren ersten internationalen Eugenikkongress abhielt. Zu den Anwesenden zählten wichtige Politiker, Ärzte, Erfinder und Akademiker. Charles Darwins Sohn Leonard fungierte als Präsident des Kongresses. Unter den britischen Delegierten waren der Lordoberrichter, der Präsident des College of Surgeons, anglikanische Bischöfe, der geschäftsführende Rektor der Londoner Universität und Winston Churchill, damals britischer Marineminister. Die deutsche Delegation wurde von Alfred Ploetz, dem Gründer der Gesellschaft für Rassenhygiene angeführt. De Lapouge kam aus Frankreich. Eine illustre Delegation aus den Vereinigten Staaten war ebenfalls anwesend. David Starr Jordan, Rektor der Universität Stanford und angesehener amerikanischer Biologe, leitete die Delegation. Weitere berühmte amerikanische Eugeniker auf dem Kongress waren Alexander Graham Bell und Harvards Rektor im Ruhestand Charles Elliott. Es wurde beschlossen, 1915 einen zweiten internationalen Eugenikkongress in New York abzuhalten. Der Krieg durchkreuzte diesen Plan, aber 1921 war es dann so weit, im amerikanischen Museum für Naturgeschichte, Central Park West, New York.[46]

21. „Debile" in unserer Mitte

Die Wahl New Yorks als Schauplatz für den zweiten internationalen Kongress war unter anderem darauf zurückzuführen, wie begeistert die Eugenik in den Vereinigten Staaten aufgenommen wurde; dass der Kongress im amerikanischen Museum für Naturgeschichte tagen sollte, zeugt überdies von der wichtigen Rolle, die diese Institution bei der Popularisierung des wissenschaftlich verbrämten Rassismus' und der Einstufung der Menschen in unterschiedliche „Güteklassen" spielte. Das Museum beherbergte sogar eine der Evolution gewidmete „Halle des Menschenzeitalters", die mit Statuen und Wandmalereien von Charles R. Knight „eine imposant inszenierte Veranschaulichung der Behauptung darstellte, Menschenrassen seien als separate Arten geschaffen worden und stiegen in einer Rangfolge von dunkelhäutigen Scheusalen mit buschigen Augenbrauen bis zu den hellhäutigen Handwerkern und Stammesoberhäuptern des Nordens auf."[1]

Doch die Ansicht, Erblichkeit sei ein Schlüsselfaktor für die Erklärung der Unterschiede zwischen den Menschen, war in Amerika schon viel früher zu finden. Der Eugenikkongress war in vielerlei Hinsicht das Ergebnis einer aggressiven soziologischen Bewegung, die seit über 40 Jahren beständig gewachsen war. Ihren Ursprung hatte sie im Jahr 1875, als R. L. (Richard Louis) Dugdale eine einflussreiche Abhandlung veröffentlichte, mit der gehässige Vererbungstheorien in den Kanon amerikanischer Glaubenssätze Eingang fanden.

Als Sohn reicher englischer Eltern 1841 in Paris geboren, zog Dugdale mit seiner Familie im Alter von zehn Jahren nach New York. Er trat in die Fußstapfen seines Vaters und wurde ein Geschäftsmann, interessierte sich aber mehr für die ersten Ansätze der Soziologie – insbesondere dafür, wie Statistiken der Darstellung sozialer Probleme scheinbar eine numerische Gewissheit verleihen konnten.

Anfang der 1870er stellten seine soziologischen Interessen, nicht zuletzt dank einer Erbschaft, seine Aktivitäten als Geschäftsmann in den Schatten. In dieser Hinsicht erwies sich eine Bekanntschaft mit einem Mann namens Elisha Harris als nützlich. Harris hatte Neuerungen bei der Erhebung von Gesundheitsdaten in New York eingeführt und war Verwaltungsdirektor der New York Prison Association. In dieser Eigenschaft hatte Harris begonnen, Daten über die Häftlinge im Staat New York zu sammeln. Dabei konzentrierte er sich auf Familiennamen, die in den Aufzeichnungen der Haftanstalten wiederholt vorkamen, und entdeckte eine Familie im Verwaltungsbezirk Ulster, die seit sieben Generationen außerordentlich viele Gefängnisinsassen, Verbrecher, Arme, Bettler, Landstreicher, Prostituierte und Syphilitiker hervorbrachte.

Harris' ungewöhnliche Entdeckung wurde bekannt, als Charles Loring Brace ihn in einem 1875 veröffentlichten Artikel über die Armut begeistert zitierte. Oliver Wendell Holmes senior war ebenfalls angetan von Harris' Forschungen: „Wenn Begabung und Talent erblich sind, wie Mr. Galton so überzeugend dargelegt hat", fragte er in *The Atlantic Monthly*, warum sollten sich dann „tief verwurzelte moralische Fehler und Mängel nicht genauso wie andere Eigenschaften an den Nachfahren moralischer Missgeburten zeigen?"[2] Dugdale jedoch war es, der Harris' statistische Entdeckungen einer breiteren Öffentlichkeit präsentierte.

Kurz nachdem er die „Verbrecherfamilie" entdeckt hatte, schickte Harris seinen Freund Dugdale nach Ulster, um diese „entartete Blutlinie" gründlicher zu untersuchen, bis zurück zu ihrer Stammmutter Margret, der „Verbrechermutter". Dugdales Buch *"The Jukes". A Study in Crime, Pauperism, Disease and Heredity* („Die Jukes". Eine Untersuchung zu Verbrechen, Armut, Krankheit und Erblichkeit) war das Ergebnis dieses Auftrags. In Harris' Einführung lobte er Dugdales profunden Beitrag zur Soziologie:

Selten ist ein so geduldiger und gelassener Forscher wie Mr. Dugdale in die soziale Unterwelt der gefährlichen Klassen vorgedrungen und hat sie in ihren eigenen Behausungen so als Vagabunden, als Straffällige, als die streunenden Armen eines Landes, als Verbrecher und Schurken porträtiert – dass ihr ungeschminktes Bild von jedem erkannt wird, der je diese „Jukes" oder jemanden ihres Schlags gesehen hat.[3]

In einer Mischung aus Statistik und anschaulicher Prosa erfand Dugdale das Pseudonym „Jukes" für die von ihm studierte Familie. Sein Buch wurde rasch zum Bestseller, und das nicht nur in den Vereinigten Staaten, sondern auch in Europa, wo eine wachsende Eugenikbewegung es als Beweis ihrer Theorien betrachtete. Das Wort „Jukes", schreibt die Historikerin Nicole Rafter, wurde auf beiden Seiten des Atlantiks schnell zum Synonym für „Entartung".[4]

Dugdale behauptete, Armut und Verbrechen seien Erbanlagen, die immer wieder durch „unterschiedliche Grade an nachlassender Lebenskraft" zum Vorschein kämen. Das unermüdliche Verlangen zu kopulieren, das die nach „sexuellen Orgasmen" süchtigen „Entarteten" verspürten, fügte er hinzu, „perpetuiert ihren Schwachsinn" von Generation zu Generation.[5] Für die auf die „gefährlichen Klassen" fixierte amerikanische Mittelschicht wies Dugdale den Weg zu Praktiken, mit denen die Fortpflanzung „degenerierter" Erbmasse verhindert werden sollte. Später eröffnete Dugdale, „die Jukes" seien in Wirklichkeit eine Mischung aus mehreren Familien gewesen. Verschiedene Untersuchungen ergaben zudem, dass er die Jukes, die angesehene Mitglieder der Gesellschaft geworden waren, aus dem Stammbaum gestrichen hatte.[6] Doch der Einfluss seines schockierenden Porträts hielt jahrzehntelang an.

Der Erfolg von Dugdales Buch an sich gibt noch keinen Aufschluss darüber, warum Amerika so ein fruchtbarer Boden für die Eugenik war. Großenteils war es ein Zusammentreffen verschiedener gesellschaftlicher Entwicklungen ab Mitte des 19. Jahrhunderts, das der späteren Begeisterung für die Manipulation von Erbanlagen den Boden bereitete. Wesentlich dafür war das im Wandel begriffene Bevölkerungsprofil Amerikas.

Ein Aspekt dieses Wandels ergab sich aus der Abschaffung der Sklaverei. In den Jahren nach dem Bürgerkrieg forderte eine freie schwarze Bevölkerung ihre neu gewonnenen Bürgerrechte ein. Für kurze Zeit, während die Truppen der Nordstaaten noch den Süden besetzten, erlebten schwarze Amerikaner zum ersten Mal eine Welt ohne Sklavenbesitzer. Sie gingen wählen. Sie ließen sich für politische Ämter aufstellen und wurden gewählt. Sie sahen Licht am Ende des Tunnels.

Vielen Weißen – tief verwurzelt im Glauben an die angeborene Minderwertigkeit „des Negers" – jagte die Aussicht auf ein Zusammenleben mit diesen neuen Bürgern Angst und Schrecken ein. Als die Nordstaatentruppen 1877 zurückgezogen wurden, riss die alte Herrenklasse die Macht wieder an sich und hatte es bis zu den 1890ern geschafft, eine Schreckensherrschaft über die freie schwarze Bevölkerung zu etablieren.

Ein zentrales Argument zur Rechtfertigung der neuen Rassentrennungsgesetze war die Gefahr einer „Verschmutzung der Rasse", die als unvermeidliches Ergebnis ungeregelter Beziehungen zwischen Schwarz und Weiß galt. Besondere Ängste riefen sexuelle Beziehungen oder auch nur die Möglichkeit sexueller Beziehungen zwischen Angehörigen verschiedener „Rassen" und die angeblich verheerenden Folgen hervor, die diese mit sich brächten.

Erzwungene Sexualität zwischen weißen Männern und schwarzen Frauen war zwar ein integraler Bestandteil des „Southern comfort" der Sklavenhalter gewesen, doch das wurde für ein unbedeutendes Problem gehalten, da es den Fortbestand der „weißen Rasse" nicht gefährdete. Sexuelle Verbindungen oder gar Ehen zwischen schwarzen Männern und weißen Frauen hingegen waren eine andere Geschichte. Das Ergebnis solcher Verbindungen, hieß es, führe zur „steigenden Flut der Farbigen gegen die weiße Überlegenheit in der Welt", wie es Stoddard später ausdrückte.[7] Diese Eventualitäten galt es um jeden Preis zu verhindern. Eine 40 Jahre währende Epidemie von Lynchmorden war schwarzen Männern eine grausige Warnung, was mit jenen geschah, die verdächtigt wurden, eine weiße Frau auch nur angesehen zu haben. Gleichzeitig wurde mit den Gesetzen gegen „gemischtrassige" Ehen ein rechtliches Bollwerk gegen schwarz-weiße Verbindungen geschaffen.

Die Ängste der weißen Amerikaner um die „Reinheit der Rasse" wurden durch die Ankunft von Millionen von Einwanderern aus Irland, Osteuropa, Süditalien und China in der zweiten Hälfte des 19. Jahrhunderts verschärft. Einerseits war die industrielle Entwicklung Amerikas stark von diesem Reservoir billiger Arbeitskräfte abhängig, andererseits stellten dicht aufeinanderfolgende Einwanderungswellen eine verborgene demografische Zeitbombe dar. In Anbetracht der „Vermehrungsfreudigkeit" der Neueinwanderer fürchteten die „Alteinwanderer" britischer und deutscher Abstammung, die Kontrolle über Amerikas Zukunft an „weniger entwickelte Rassen" zu verlieren.

Diese Ängste gerannen zu einer Bewegung, als Francis Amasa Walker vom Massachusetts Institute of Technology 1891 warnte, das „alte" Amerika sei im Begriff, von Einwanderern überrannt zu werden. Das Problem, erklärte er, werde durch einen Trend zu kleineren Familien in der angloamerikanischen Mittelschicht verschärft. Die fallende Geburtenrate in der „alten Rasse" kombiniert mit der Fruchtbarkeit der „neuen" stelle einen „Rassenselbstmord" dar.

1898, nach ihrem Sieg im Spanisch-Amerikanischen Krieg, etablierten sich die Vereinigten Staaten als neue Imperialmacht. Da das „alte" Amerika seine Manneskraft nun auf internationaler Ebene unter Beweis stellen musste, gewann Walkers Denkrichtung an Momentum. Dies war keine Zeit für eitle Selbstgefälligkeit. „Wir können den Aufgaben, vor die wir in Hawaii, Kuba, Puerto Rico und den Phillipinen gestellt sind, nicht ausweichen", gab Präsident Theodore Roosevelt 1899 den Ton an.[8] Die Zukunft Amerikas hänge von der Fähigkeit der „weißen Rasse" ab, sich zu vermehren und stark zu bleiben. Doch überall lauerten Gefahren.

1899 stand Senator Albert Beveridge aus Indiana – der behauptete, es sei „die Mission unserer Rasse als Sachwalter Gottes", einer barbarischen und dekadenten Welt die Zivilisation aufzuzwingen – vor seinen Amtskollegen im Senat und forderte ein Ende der Selbstzufriedenheit und Passivität:

> Gott hat die englischsprachigen und teutonischen Völker nicht tausend Jahre lang auf nichts als untätige und fruchtlose Selbstbeweihräucherung vorbereitet. Nein! Er hat uns zu den Meisterorganisatoren der Welt gemacht, um ein System einzuführen, wo das Chaos regiert. ... Er hat uns zu Regierungsexperten gemacht, damit wir unter Wilden und kindischen Menschen regieren können.[9]

Zur gleichen Zeit warnte Roosevelt, der 1898 im Spanisch-Amerikanischen Krieg die vielgerühmten „Rough Riders" angeführt hatte, viele Amerikaner scheuten vor der Verantwortung zurück, die die frisch erworbene internationale Macht mit sich bringe. Ein „schmachvolles Blatt unserer Geschichte" sah er bevorstehen:

> Der ängstliche Mann, der faule Mann, der Mann, der seinem Land nicht vertraut, der überzivilisierte Mann, der den großen Kampfgeist, die herrischen Tugenden verloren hat, der unwissende Mann und der teilnahmslose Mann, dessen Geist unfähig ist, diesen mächtigen Sog zu spüren, der „eiserne Männer mit Weltreichen in ihren Hirnen" packt – alle schaudern bei dem Gedanken, dass die Nation ihre neuen Pflichten in Angriff nimmt.[10]

Die Einwanderungswelle, die die Zusammensetzung der amerikanischen Bevölkerung veränderte und „wilde und kindische" Menschen in ihre Mitte trug, verstärkte die gefühlte Dringlichkeit des Handlungsbedarfs zusätzlich. Geburtenraten, die unter neuen Einwanderern höher waren als unter „Einheimischen", wurden als wachsende Bedrohung wahrgenommen.

1901 benutzte Edward A. Ross, der herausragendste amerikanische Soziologe seiner Zeit, den Begriff „Rassenselbstmord" in einem in den *Annals of the American Academy of Political and Social Science* veröffentlichten Artikel:

In einem Fall wie diesem kann ich kein passenderes Wort als „Rassenselbstmord" finden. Es gibt kein Blutvergießen, keine Gewalt, keinen Angriff der zunehmenden Rasse auf die abnehmende Rasse. Die höhere Rasse eliminiert sich stillschweigend und klaglos selbst, statt für sich allein die bittere Konkurrenz zu ertragen, die durch gemeinsames Handeln abzuwehren sie versäumt hat. In der [angloamerikanischen] Arbeiterklasse erhöht sich allmählich das Heiratsalter und die Familiengröße schrumpft, weil ihnen die bis dato für ihre Kinder reservierten Arbeitsplätze begierig von der zahlreichen Nachkommenschaft des Fremden weggeschnappt werden. Die mit Selbstachtung gesegneten, umsichtigen Einheimischen hören zuerst auf, sich auszubreiten, und dann, wenn der Kampf um die Existenz härter und die Perspektiven für ihre Kinder düsterer werden, erhalten sie nicht einmal mehr ihre eigene Zahl aufrecht.

1903 nahm Präsident Roosevelt den Begriff „Rassenselbstmord" auf, um zu beschreiben, was er als zunehmende Schwäche der angloamerikanischen Bevölkerung sah. Zwei Jahre später beschwörte er seine Zuhörerinnen bei einer Ansprache vor dem Nationalen Mütterkongress, sie mögen begreifen, dass dem „Familienleben" inzwischen eine wesentliche nationale Bedeutung zukomme. Das „Schicksal der Generationen, die nach uns kommen", liege in ihren Händen. Man könne es sich nicht einfach bequem machen und sich selbst verwöhnen, das Ziel des Lebens könne es nicht sein, „ein paar schöne Dinge zu erleben".

Enthielte die durchschnittliche Familie mit Kindern nur zwei Kinder, so würde die Nation als Ganzes einen so raschen Bevölkerungsverlust erleiden, dass sie in zwei bis drei Generationen zu Recht vor der Auslöschung stünde, sodass das Volk, das sich diesem niederträchtigen und egoistischen Grundsatz gemäß verhalten hätte, anderen mit stattlicheren und unverwüstlicheren Idealen Platz gemacht hätte. Solch ein Ergebnis wäre auch keineswegs bedauernswert: denn eine Rasse, die sich einem solchen Grundsatz gemäß verhält – das heißt, eine Rasse, die Rassenselbstmord praktiziert – würde damit überzeugend darlegen, dass sie nicht existenztauglich ist und dass sie besser anderen Platz macht, die die Grundgesetze ihrer Existenz noch nicht vergessen haben.

Eine pragmatische Reaktion auf diese ominösen Ankündigungen war, ebenfalls im Jahre 1903, die American Breeders Association in St. Louis. Diese vom berühmten Meeresbiologen, Rektor der Universität Stanford und führenden Eugeniker David Starr Jordan gegründete „Züchtergemeinschaft" widmete sich der Erforschung erblicher sozialer Probleme und der Erziehung der Bevölkerung zur Eugenik. Die Organisation führte Untersuchungen zu geistiger Minderentwicklung, Geisteskrankheit, Kriminalität, Armut und einer bunten Mischung sonstiger angeblich erblicher Defekte durch. Außerdem erforschte sie die Gefahren, die durch die „Vermischung" der „weißen Rasse" drohten, und strebte Gesetze an, die den Anliegen der Eugenik dienen und „in der Zukunft eine körperlich und geistig gesündere Gesellschaft schaffen" sollten.[11]

Galtons Traum von der Aufzeichnung des Erbprofils jedes einzelnen Bürgers veranlasste die Breeders Association, mit der Erfassung eugenischer Daten in den Vereinigten Staaten zu beginnen. Mit finanzieller Unterstützung von Carnegie und Harriman beaufsichtigte die Organisation 1910 die Einrichtung des Cold Spring Harbor Eugenics Record Office (ERO), einer Eugenik-Datenbank auf Long Island. Auch von John D. Rockefeller kam Unterstützung, und nach der Gründung der Rockefeller-Stiftung im Jahr 1912 gingen große Summen von dort ein. Allein in den Jahren 1912 und 1913 flossen 100 Millionen Dollar von der Rockefeller-Stiftung in das ERO.[12] Die Unterstützung der Rockefeller- und Carnegie-Stiftung für die Eugenik-Datenbank setzte sich über Jahrzehnte fort. Von 1936 bis 1939 beispielsweise vergab die Rockefeller-Stiftung Forschungs- und Begabtenstipendien, um Wissenschaftlern aus Nazideutschland einen Aufenthalt im ERO zu ermöglichen.[13]

Das ERO wurde eingerichtet, um als nationales Archiv für eugenische Kurzporträts zu dienen. Den Verwaltungsratsvorsitz hatte der vor allem als Großunternehmer und „Erfinder" des Telefons bekannte Alexander Graham Bell inne. Charles Davenport, zuvor Leiter des Eugenikausschusses der Breeders Association, und Harry Laughlin, der noch zu einem Eugeniker mit internationalem Einfluss werden sollte, bekleideten ebenfalls bedeutende Ämter.

Mithilfe der von Galton eingeführten Datenerhebungstechniken (einschließlich Fotografie) widmete sich das Zentrum der Dokumentation der überdurchschnittlichen, normalen und minderwertigen Blutlinien der Nation, um „ein analytisches Register der angeborenen Eigenschaften amerikanischer Familien aufzubauen". Als weitere Funktionen werden im Gründungsdokument die Schulung von Personen für das Sammeln eugenischer Daten, der Unterhalt eines „Außendiensts, der solche Daten sammelt", Beratungen „bezüglich der eugenischen Eignung vorgeschlagener Ehepartner" und die Veröffentlichung der Forschungsergebnisse aufgeführt.[14] Durch die Vermessung, Ablichtung und Befragung von Familien erstellte das ERO Akten, in denen körperliche Merkmale wie Augen-, Haar- und Hautfarbe, aber auch Verhalten, Begabung und Intelligenz dokumentiert wurden.

1912, als David Starr Jordan die amerikanische Delegation zum ersten internationalen Eugenikkongress in London anführte, wurde die American Breeders Association zur American Genetics Association und begann mit der Veröffentlichung des *Journal of Heredity*, einer fortlaufenden Chronik eugenischer Forschungsergebnisse.[15] Eugenisches Gedankengut verbreitete sich rasch. Gefördert vom Geld skrupelloser Kapitalisten machten führende Institutionen der Naturgeschichte und angesehene Wissenschaftler, Soziologen und Psychologen die Ansicht salonfähig, man könne – müsse gar – Menschen systematisch züchten.

Die Einführung des „Intelligenzquotienten" durch Alfred Binet, den Leiter des Psychologielabors an der Sorbonne, leistete dieser Entwicklung, wenn auch unbeabsichtigt, zusätzlich Vorschub. 1905 veröffentlichte Binet in der renommierten Fachzeitschrift *L'Année Psychologique* einen Artikel mit dem Titel *Méthodes nouvelles pour le diagnostic du niveau intellectuel des anormaux* (Neue Methoden zur Diagnose des Intelligenzniveaus von Anormalen), der zur Entwicklung des Binet-Simon-Tests führte. Mit diesem Test sollte ein dem geistigen Entwicklungsstand entsprechendes Intelligenzniveau ermittelt werden, das sich in Zahlen ausdrücken ließ: Ein Wert unter 80 entsprach einer unterdurchschnittlichen Intelligenz, 120 und mehr einer überdurchschnittlichen Intelligenz und 130 und mehr einer außergewöhnlich hohen Intelligenz. Obwohl Binet nie behauptete, der Intelligenzquotient sei erblich, übersetzte ein Mitarbeiter des ERO namens Henry Goddard den Intelligenztest Binets ins Englische und führte ihn in die Vereinigten Staaten ein, wo er als Mittel zur Messung erblicher geistiger Fähigkeiten wiedergeboren wurde. 1906 eröffnete Goddard ein Labor und eine Forschungseinrichtung zur Untersuchung von „Schwachsinn" in Vineland, New Jersey, wo die Forschungsarbeiten auf der Prämisse aufbauten, Intelligenz sei erblich. In der Forschungsanstalt waren auch „schwachsinnige" Insassen untergebracht – von der Gesellschaft und voneinander isoliert, um ihre Fortpflanzung zu unterbinden. In Vineland prägte Goddard den Begriff „moron"[16] (deutsch in etwa: „leicht Schwachsinniger", „Debiler") als Bezeichnung für Personen, die in der normalen Gesellschaft leben und funktionieren konnten und oft unentdeckt blieben, deren erbliche Mängel jedoch angeblich die „Lebenskraft der Rasse" bedrohten. Mit diesem Begriff wurde die bisherige Taxonomie „geistig zurückgebliebener" Menschen erweitert, die zuvor lediglich die Begriffe „idiot" (deutsch: „hochgradig Schwachsinniger", „Idiot") und „imbecile" (deutsch: „mittelgradig Schwachsinniger", „Imbeziller") für Personen enthalten hatte, deren geistige Fähigkeiten offensichtlich eingeschränkt waren.[17] Goddards neue Kategorie ermöglichte es Diagnostikern, Personen als „Schwachsinnige" einzustufen, die als normale Mitglieder der Gesellschaft „funktionierten".

Goddards psychometrisches System baute auf einer amerikanischen soziologischen Literatur auf, die Dugdale begründet hatte, und schloss sich Galtons Vorstellungen von Eugenik an. Beim Versuch, seine Theorien wissenschaftlich zu fundieren, bezog sich Goddard auch auf Gregor Mendel und war somit einer der Eugeniker, die zur Popularisierung von Mendels Erkenntnissen beitrugen; der Entdecker der nach ihm benannten Mendel'schen Regeln hatte Mitte des 19. Jahrhunderts durch Experimente mit der Kreuzung von Erbsen die Weitergabe von Erbanlagen erforscht, war aber zwischenzeitlich in Vergessenheit geraten.

1912 veröffentlichte Goddard einen Bestseller: *The Kallikak Family: A Study in the Heredity of Feeble-Mindedness* (deutsch: *Die Familie Kallikak: eine Studie über die Vererbung des Schwachsinns*). Damit schuf er sich einen Ruf als führender Wissenschaftler im Bereich der erblichen Intelligenz. *Die Familie Kallikak* begeisterte ein Massenpublikum. In leicht verständlicher Prosa erzählte das Buch eine packende Geschichte von Gut und Böse. Anders als die oft schwer durchschaubaren Tabellen, die die Werke Galtons und anderer Eugeniker für ein Laienpublikum unzugänglich machten, enthielt Goddards Werk übersichtliche Grafiken, die das Verständnis von visuell präsentierten Informationen deutlich erleichterten. Goddard war überzeugt, die Qualität des menschlichen Charakters müsse sich auf einem Blick diagnostizieren lassen, und so versah er sein Buch mit Fotografien von den „Gesichtern der Degeneration". In dieser Hinsicht war er ein Nachfolger Lavaters, der Phrenologen Fowler und Wells und natürlich auch Lombrosos.

An der Geschichte einer einzelnen Familie demonstrierte das Buch mit faszinierender Plausibilität, dass „Schwachsinn" erblich sei. Familienstammbäume von „Schwachsinnigen" hingen Goddard zufolge voller „degenerierter" Früchte, wie Alkoholiker, sexuell amoralische Personen, Verbrecher, Taube, Tuberkulosekranke und „Mongoloide" (Menschen mit Down-Syndrom).

Seine Studie der Kallikaks (ein Pseudonym) begann mit Deborah, einer Achtjährigen, die in einem Armenhaus gefunden und nach Vineland gebracht worden war, um dort eingesperrt und untersucht zu werden. Deborah war die Tochter einer Frau, die in einer kleinen, eng verwachsenen bäuerlichen Gemeinde lebte, und gehörte einer Familie an, die, wie „[g]enau und sorgfältig angestellte Ermittlungen" ergaben,

> immer berüchtigt gewesen war wegen der großen Zahl defekter und verbrecherischer Personen, die sie hervorgebracht hat. Diese Offenkundigkeit ermöglichte es, sie bis auf nicht weniger als sechs Generationen zurückzuverfolgen.[18]

Goddard nutzte Befragungen und örtliche Aufzeichnungen, um Deborahs Vorfahren bis zu einem Martin Kallikak, einem „normalen" Milizsoldaten während des Amerikanischen Unabhängigkeitskriegs zurückzuverfolgen. Dieser hatte eine unzulässige Affäre mit einem „namenlosen schwachsinnigen Mädchen" gehabt, die er in einem Wirtshaus kennengelernt hatte. Martin zeugte mit ihr zwei Kinder: einen Sohn, den seine Mutter nach seinem Vater „Martin junior" nannte, und Rhoda. Martin junior wurde laut Goddard mit einer geistigen Behinderung geboren und zeugte später neun Kinder, von denen mindestens fünf als „schwachsinnig" eingestuft wurden. Von den anderen waren zwei „unbestimmt" (keine ausreichenden Daten) und zwei „normal". Von hier führte ein Stammbaum, der 480 Nachkommen umfasste, über mehrere Generationen zu Deborah.

Wie bei Dugdale – und in der biblischen Schöpfungsgeschichte – war es eine Frau, die Schuld an der Erbsünde trug. Und die Schuld war beträchtlich: „143 [von den 480 Nachkommen] = 29,8% waren – dafür haben wir entscheidende Beweise – schwachsinnig, während nur 46 = 9,6% normal befunden wurden. Der Rest ist in dieser Hinsicht unbekannt oder zweifelhaft." Des Weiteren schlüsselte Goddard auf:

> Unter diesen Deszendenten waren
> unehelich ... 36 = 7,5%

unsittlich, zumeist Prostituierte ... 33 = 6,9%
nachweislich Alkoholiker ... 24 = 5,0%
Epileptiker ... 3 = 0,6%
kriminell ... 3 = 0,6%.
82 von ihnen = 16,7% starben in früher Kindheit.
8 = 1,7% besaßen Häuser von schlechtem Ruf.

Goddards Definition von „unbestimmt" legte die Schlussfolgerung nahe, dass die Degeneration aller Wahrscheinlichkeit nach im Stammbaum noch weiter verbreitet war. Oft bedeute diese Kategorie, erläuterte er, „nicht, dass wir über die Person nichts wissen, sondern nur, dass wir darüber nicht entscheiden konnten."

Es sind Leute unter den so bezeichneten, die wir kaum als normal betrachten können. Oftmals können sie nicht auf die Bezeichnung ‚gute Glieder der Gesellschaft' Anspruch erheben. Aber es ist sehr schwierig, ohne weitere Tatsachen zu entscheiden, ob der Zustand, den wir fanden, oder von dem wir erfahren, im Komplexe älterer Generationen wirklich ein solcher echten Schwachsinns ist oder war.

Die schwachsinnige Kallikak-Familie war mit Personen eines ähnlichen Typs eheliche Verbindungen eingegangen, „sodass wir jetzt Protokolle und Aufzeichnungen über 1146 Individuen haben", die, wie Goddard behauptete, ebenfalls ein hohes Maß an Degeneration aufwiesen.[19]

Martin senior zeugte praktischerweise eine Kontrollgruppe für Goddard. Aus seiner späteren Ehe mit einem „angesehenen Mädchen guter Abstammung" ging eine ehrbare Nachkommenschaft hervor. Aus der Kombination von Martins ehelicher und unehelicher Nachkommenschaft leitete Goddard den Familiennamen Kallikak ab – aus dem griechischen „kallos" für Schönheit und „kakos" für schlecht. Die beiden Stammbäume waren für ihn ein eindeutiger Beweis für seine Theorie.

Deborah, mit deren Geschichte das Buch beginnt, war das Ergebnis einer Fortpflanzung von Erbanlagen über sechs Generationen hinweg.

[Sie] ist eine typische Illustration für den Geisteszustand einer hochstehenden [sic] schwachsinnigen Person, der Moronin, der Delinquentin der Art von Mädchen oder Frau, die unsere Besserungsanstalten füllen. Solche Personen sind launisch, sie geraten in allerlei Wirrnisse und Schwierigkeiten sexueller und anderer Art – und doch sind wir gewöhnt, ihre Fehler aufgrund von Fehlerhaftigkeit, Umgebung und Ungewissheit zu beurteilen.

Demselben Mädchentypus begegnen wir auch in öffentlichen Schulen: ziemlich gutes Aussehn [sic], vielfach glänzende Erscheinung, mit vielen anziehenden Zügen; der Lehrer klammert sich an die Hoffnung und besteht sogar darauf, dass solch ein Mädchen gut vorwärts kommen müsse.

„Unsere Arbeit an [sic] Deborah", schrieb Goddard, „überzeugt uns davon, dass derartige Hoffnungen Täuschungen nach sich ziehen." Seine Erklärung beginnt mit einer Frage:

Wie erklären wir eine derartige Individualität? Und die Antwort lautet mit einem Worte: Vererbung – ein schlechter Stamm. Wir müssen zugeben, dass die menschliche Familie variierende Stämme oder Arten zeigt, die gekennzeichnet sind und entstehen wie Stämme und Arten im Pflanzen- und Tierreich.[20]

Sozialarbeit – eine weit verbreitete Tätigkeit unter den Mittelschichtreformern dieser Zeit – könne alleine zu keiner Verbesserung der Situation führen. Das Problem beschränke sich nicht auf das soziale Umfeld, wie diese Reformer oft versicherten, sondern auf die minderwertige Erbmasse, die in der Gesellschaft überhand nehme. Somit könne die Lösung nur darin bestehen, dass überlegene Wesen sich der Aufgabe annähmen, diese „Mängelexemplare" zu isolieren und zu vernichten.

[K]ein noch so großer Arbeitsaufwand in den Spelunkengassen, keine Beseitigung unserer Großstadtspelunken [wird] Erfolg haben ..., ehe wir nicht für die sorgen, die diese Spelunken erst zu dem machen, was sie sind. Wenn die beiden Arbeitsrichtungen nicht zusammengehen, wird jede für sich nur Geringfügiges leisten. Wenn morgen alle Spelunkenviertel unserer Großstädte beseitigt und an ihrer Stelle Muster-Mietswohnungen errichtet würden, so würden wir doch innerhalb einer Woche wieder dieselben Spelunken haben, weil wir die geistig defekte Bevölkerung haben, die man nicht einfach lehren kann, anders zu leben, als sie bisher gelebt hat. Nicht eher, als bis wir für diese Klassen von Menschen sorgen und darauf dringen, dass ihr Leben von intelligenten Menschen geleitet wird, werden wir diese schadhaften Stellen aus unserm sozialen Organismus entfernen.

Familien wie die der Kallikaks gibt es überall unter uns. Sie verdoppeln die Bevölkerungsziffer. Nicht eher, als bis wir das erkennen und auf dieser Grundlage arbeiten, können wir anfangen diese sozialen Probleme zu lösen.[21]

Deborah, erklärte er, würde keinen weiteren Schaden anrichten. Als Insassin in Vineland werde sie nicht imstande sein, sich fortzupflanzen. Doch die Degeneration reichte laut Goddard weit über Deborah hinaus, war eine akute Krise, die nach der Umsetzung einer aggressiven Sozialpolitik verlangte. Sein Bericht über die *Familie Kallikak* endete mit dem Vorschlag, konkrete Maßnahmen zu ergreifen, um dem „Typus des Moronen" Einhalt zu gebieten. Eine Möglichkeit sei die „Koloniebildung", die „Absonderung in besonderen Kolonien und Anstalten", in denen die Insassen voneinander isoliert wären und ihre Fortpflanzung verhindert würde. Er legte dar, wie solche Institutionen – für die Vineland ein Modell darstellte –, die „geistig defekte Bevölkerung" innerhalb einer Generation um zwei Drittel reduzieren würde. Als zweiten Ausweg thematisierte er die chirurgische „Geschlechtlosmachung", die Sterilisation. „Die Operation selbst ist beim Manne fast ebenso einfach wie das Zahnziehen. Bei der Frau ist sie nicht viel schwieriger. Die Erfolge sind im allgemeinen dauernd und sicher."[22]

Goddard nahm zur Kenntnis, dass wegen der sozialen und emotionalen Konsequenzen von Zwangssterilisationen gegen solche Maßnahmen vermutlich Einspruch erhoben werde. Dies sei jedoch „kein vernünftiger Standpunkt". Dennoch, räumte er ein, sei eine weitere Erforschung der Auswirkungen dieser Operationen erforderlich, bevor Sterilisationen in großem Maßstab durchgeführt werden könnten.

Handelte es sich bei den Kallikaks noch um eine über mehrere Generationen nachverfolgbare arme Familie aus der amerikanischen Landbevölkerung, die viele als „white trash" – weißen Müll – bezeichnen würden, so wandte Goddard seine Aufmerksamkeit bald darauf den Immigranten zu. Der Kongress hatte zwar schon 1882 ein Gesetz gegen die Einreise „Schwachsinniger" erlassen, aber dieses Gesetz war sehr schwer durchzusetzen. Zu viele Neuankömmlinge passierten Ellis Island – die Insel vor dem New Yorker Hafen, die als Durchgangslager und Quarantänestation für Immigranten diente. Zudem gab es keine klaren Verfahren zur Beurteilung ihres Geisteszustands.

1910 allerdings, als Goddard Ellis Island einen Besuch abstattete, dachte er darüber nach, wie der Binet-Test, zusammen mit anderen, in seinem eigenen Labor in Vineland entwickelten Techniken, dazu eingesetzt werden könnte, „Schwachsinnige" auszusieben, bevor sie hereinkommen und amerikanischen Boden verschmutzen könnten. Durch die Veröffentlichung der *Familie Kallikak* zu Ruhm gelangt, kehrte er 1913 mit zwei seiner spezialisierten Prüferinnen aus Vineland zurück. Er zog Frauen für diese Aufgabe vor, weil er glaubte, Frauen hätten eine „genauere Beobachtungsgabe ... als Männer" und könnten die Zeichen mit bloßem Auge ausmachen. Mit ihren überlegenen intuitiven Fähigkeiten könnten sie den Schwachsinn ziemlich genau erkennen, „auch ganz ohne Hilfe des Binet-Tests".[23]

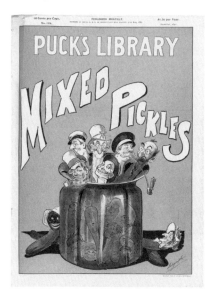

Auf eine angloamerikanische Leserschaft ausgerichtete Zeitschriften verspotteten regelmäßig Einwanderer und freie Schwarze. [Mit freundlicher Genehmigung von Steven Heller]

So begann die Einführung eines Bewertungsverfahrens, das zum Standardprogramm wurde. Als Erstes erfolgte eine „Sichtprüfung" der Immigranten durch geschulte Frauen, die auf verräterische Zeichen achteten. Wer als Schwachsinniger verdächtigt wurde, wurde aussortiert. Als Nächstes wurde diese Gruppe der Aussortierten weiteren Tests unterzogen, bei denen auch der Wortschatz und das Zeitempfinden der Einreisekandidaten gemessen wurde. Eine modifizierte Version des Intelligenztests von Binet kam ebenfalls zum Einsatz.

Die Ergebnisse dieser Prüfungen bestätigten angloamerikanische Vorurteile über die „neue Erbmasse", die ihre Städte „überschwemmte". 83 Prozent der ankommenden Juden wurden als Schwachsinnige kategorisiert. Unter den Ungarn waren es 80 Prozent. Italiener schnitten mit einem „Schwachsinnigenanteil" von 79 Prozent nicht viel besser ab. Am schlimmsten aber waren diejenigen, die aus Russland kamen, wo die Durchfallquote 87 Prozent betrug. Aus diesen Daten schloss Goddard, wie er in seinem 1917 veröffentlichten Buch *Intelligence Classification of Immigrants of Different Nationalities* (Intelligenzeinstufung von Immigranten unterschiedlicher Nationalitäten) berichtete, diese Einwanderer seien „von überraschend geringer Intelligenz" gewesen. „Zu beachten ist, dass die Einwanderung der letzten Jahre von entschieden anderem Charakter ist als die frühere ... Inzwischen bekommen wir die Ärmsten jeder Rasse ... Die Intelligenz der Dritten Klasse ist gering, vielleicht vom Niveau des Debilen."[25]

Ab 1913 wurden „schwachsinnige" Möchtegern-Amerikaner systematisch deportiert, und ihre Zahl stieg von Jahr zu Jahr. 1924 war das Bestreben, die Erbmasse Amerikas durch eine strikte Begrenzung der Einwandererzahlen zu schützen, mit dem *Johnson-Reed Immigration Act* zum Landesrecht geworden.

Eine erstarkende Eugenikbewegung unterstützte diese Entwicklung, und eine wachsende Zahl prominenter Amerikaner machte sich deren Prämissen zu eigen. Unter ihnen war der Unternehmensanwalt Madison Grant eine Schlüsselfigur. Auch ohne formelle wissenschaftliche Ausbildung war er seit der Jahrhundertwende in den Kreisen der Rassenkundler aktiv gewesen. Als Gründungsmitglied der New York Zoological Society war er es gewesen, der es eingerichtet hatte, dass Ota Benga im Zoo zusammen mit den Affen ausgestellt wurde. 1916, inzwischen zum Kurator des amerikanischen Museums für Naturgeschichte avanciert, veröffentlichte er ein Buch, das viele Politiker, Wissenschaftler und Sozialreformer zur Eugenik bekehrte. Wie Goddards Werk diente auch Grants Bestseller der Popularisierung der Eugenik in der Öffentlichkeit, lieferte eine theoretische Begründung für die vorgeblichen qualitativen Unterschiede zwischen „alten" und „neuen" Einwanderern. Das 1916 erschienene Buch erreichte eine Leserschaft, die in den kommenden Jahren, als die Eugenik mehr und mehr Anhänger fand, enorm wachsen sollte.

The Passing of the Great Race (deutsch: *Der Untergang der großen Rasse*) war, mit den eigenen Worten des Autors, ein Manifest, das seine „amerikanischen Mitbürger" aufrütteln und von der „überragenden Bedeutung der Rasse und der Torheit der Schmelztiegeltheorie" überzeugen sollte, „selbst um den Preis schmerzlicher Kontroversen". Die Seriosität des Buches wurde durch ein Vorwort von Henry F. Osborne, dem Cousin von J. P. Morgan und Leiter des amerikanischen Museums für Naturgeschichte bescheinigt. 1924 prahlte Grant, *Der Untergang der großen Rasse* habe den Kongress mit davon überzeugt, „restriktive Maßnahmen gegen die Einwanderung unerwünschter Rassen und Menschen" zu verabschieden.[24]

Grants Buch stützte sich stark auf die Ansichten Francis Galtons. Außerdem baute es auf der Arbeit eines Professors am „Massachusetts Institute of Technology" namens William Z. Ripley mit dem Titel *The Races of Europe* (Die Rassen Europas) auf.[26] Ripley hatte vertreten, Europa sei in drei separate „rassische" Gruppen aufgeteilt, die an ihrer Statur, Hautfarbe und der Form und Größe des Kopfes zu erkennen seien: der germanische, der alpine und der mediterrane Typ. Die „germanische Rasse", die er als hochgewachsen und blondhaarig beschrieb, stellte seiner Theorie zufolge die höchste Form und das reinste Blut dar. Am anderen Ende befand sich die „mediterrane Rasse" mit dem niedrigsten „Schädelindex" und der größten Ähnlichkeit mit Afrikanern.

Grant ersetzte „germanisch" durch „nordisch", übernahm aber ansonsten Ripleys Taxonomie vollständig und zeigte sich besonders an der Frage der Statur interessiert. „Niemand, der auf den Straßen Londons den Kontrast zwischen dem Piccadilly-Gentleman der nordischen Rasse und dem Cockney-Straßenhändler des alten neolithischen Typs sieht, kann die rassische Bedeutung der Statur bezweifeln."[27]

Vor allem aber lieferten Ripleys Zuordnungen Grant ein Instrument zur Differenzierung zwischen den frühen, „höher entwickelten" nordischen Einwanderern nach Nordamerika (Briten, Deutsche und Skandinavier) und den „degenerierten Typen" (Italienern, Juden, Slawen), die zu seiner Zeit in die amerikanischen Städte strömten. Diese neue Migration stellte laut Grant eine unmittelbare Gefahr für die Überlebensfähigkeit der „großen Rasse" dar, die in der Geschichte Amerikas Kultur und Gesellschaft geprägt hatte.

Die neuen Einwanderer gehörten nicht mehr ausschließlich der nordischen Rasse an … Europäische Regierungen ergriffen die Gelegenheit, dem unvorsichtigen, wohlhabenden und gastfreundlichen Amerika den Abschaum aus ihren Gefängnissen und Irrenanstalten aufzuhalsen. Die Folge war, dass zu den neuen Einwanderern – auch wenn immer noch viele starke Elemente aus Nordeuropa darunter waren – eine große und wachsende Zahl der Schwachen, der Ruinierten und der geistigen Krüppel aller Rassen zählte,

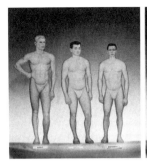

Vitrine aus der „Hall of Man" des amerikanischen Museums für Naturgeschichte mit Modellen der verschiedenen „rassischen Typen" in absteigender Folge: nordisch, alpin, mediterran, polynesisch, mongolisch, indianisch, negrid, buschmännisch, australisch. Diese Ausstellung war auch während des zweiten internationalen Eugenikkongresses im Jahr 1921 zu sehen. [Aus der Sammlung des American Museum of Natural History]

aus den untersten Schichten des Mittelmeerraums und des Balkans, zusammen mit Horden von erbärmlichen, verelendeten polnischen Gettobewohnern. Unsere Gefängnisse, Irrenhäuser und Armenhäuser sind voll von diesem menschlichen Strandgut und der gesamte Ton des amerikanischen Lebens – gesellschaftlich, moralisch und politisch – wurde durch sie primitiver und vulgärer.[28]

Eine zweite Gefahr, die Grant zu erkennen meinte, war der Aufstieg der freien Schwarzen nach dem Bürgerkrieg. „Neger", meinte er, könnten zwar durchaus nützliche Mitglieder der Gesellschaft sein, wenn sie entsprechend unterwürfig seien, aber die Erhebung der Schwarzen in den Bürgerstand habe ein gravierendes Problem erzeugt:

> Die Neger in den Vereinigten Staaten haben die Entwicklung der Zivilisation nicht wesentlich behindert, bis sie im letzten Jahrhundert das Bürgerrecht erhielten und in den Staatskörper integriert wurden ...
> In den Stand der gesellschaftlichen Gleichberechtigung erhoben, wird ihr Einfluss für sie selbst wie für die Weißen ein zerstörerischer sein. Wenn die Reinheit der beiden Rassen aufrechterhalten werden soll, können sie nicht fortfahren, Seite an Seite zu leben, und dies ist ein Problem, dem wir nicht entfliehen können.[29]

Die Auswirkungen der Bewegung zur Abschaffung der Sklaverei reichten, so Grant, weit über ihre Folgen für die „Neger" hinaus und hatten die Definition, wer ein Amerikaner ist, insgesamt verwischt. „Die Aufregung über die Sklaverei war von Nachteil für die nordische Rasse, weil sie jegliche nationale Opposition gegen das Eindringen von Horden von Einwanderern von minderem rassischen Wert beiseite fegte und die Festschreibung eines definitiven amerikanischen Typs verhinderte."[30]

Grants Sorgen gründeten auf einem strikt antidemokratischen Fundament. Die amerikanische Tradition der Demokratie selbst, behauptete er, trage zum „Zerfall der Rasse" bei, der überlegene Menschen wie ihn selbst beunruhige. „In einer Demokratie gibt es eine Tendenz zu einer Standardisierung des Typus' und einer Verminderung des Einflusses von Genialität", beteuerte er. „Eine Mehrheit muss zwangsläufig einer ausgewählten Minderheit unterlegen sein und hegt stets eine Abneigung gegen eine Spezialisierung, an der sie keinen Anteil haben kann." Madison Grant gab unverfroren zu Protokoll, er bevorzuge eine „Herrschaft der Klügsten und Besten, die immer, in jeder Bevölkerung, eine kleine Minderheit darstellen".[31]

Die von den Erfordernissen der amerikanischen Industrie forcierte Einwanderung jedoch sei kurz davor, eine „Rasse geborener Führer" auszulöschen. Der Prozess habe schon vor geraumer Zeit begonnen, als „der Amerikaner sein Geburtsrecht an einem Kontinent verkaufte, um einen Arbeitskräftemangel zu beheben".

Im vergangenen Jahrhundert importierte der Fabrikant in Neuengland Iren und Frankokanadier, und der darauffolgende Rückgang der Geburtenrate in Neuengland ließ nichts Gutes ahnen. Die Weigerung des einheimischen Amerikaners, mit seinen eigenen Händen zu arbeiten, wenn er Untergebene einstellen oder importieren kann, um die manuelle Arbeit für ihn zu erledigen, ist der Anfang seiner Auslöschung, und eingewanderte Hilfsarbeiter vermehren sich nun schneller als ihre Meister und töten durch Schmutz und Überfüllung genauso effektiv wie durch das Schwert.[32]

Dass den ankommenden „Horden" die Staatsangehörigkeit versprochen und den befreiten Sklaven das Wahlrecht verliehen wurde, mache die bevorstehende Katastrophe nur noch schlimmer. Indem er „Macht von den höherstehenden an die minderwertigen Rassen" umverteilt habe, habe der nordische

Typ „die Herrschaft über sein Land und die Aufrechterhaltung seiner Ideale Rassen anvertraut, die sich nie erfolgreich selbst regiert haben, geschweige denn jemand anderen." In ihren Händen, klagte Grant, weiche die Demokratie „ihrem Bastard Sozialismus", dessen Verbreitung in der Arbeiterklasse bereits zu beobachten sei.[33] Die protestantischen Werte, die Amerika Grant zufolge von Anfang an auf Kurs gehalten hatten, waren ebenfalls im Schwinden. Die Einwanderung lasse „obsolete Religionsformen wiederaufleben" – ein eindeutiger Hinweis auf den Einfluss katholischer und jüdischer Immigranten.

Am erschreckendsten aber war für Grant, dass Einwanderer sich mit Amerikanern vermischten: „Sie nehmen die Sprache des einheimischen Amerikaners an, sie tragen seine Kleider, sie stehlen seinen Namen und beginnen auch schon, seine Frauen zu stehlen." Letzteres führe unausweichlich zur „Bastardisierung" und zum Verschwinden des nordisch-amerikanischen Fundaments, auf das der Ruhm der Nation gebaut sei.

Bei der Erörterung potenzieller Gegenmaßnahmen favorisierte Grant Pläne, mit denen die Geburtenrate der „minderwertigen Rassen" gesenkt und sexuelle Beziehungen zwischen weißen Angloamerikanern und anderen Gruppen kriminalisiert würden. „Kreuzungen", meinte er, könnten nur die Qualität der europäischen „Rassen" beeinträchtigen.

Das Kreuzungsprodukt zwischen einem weißen Mann und einem Indianer ist ein Indianer; das Kreuzungsprodukt zwischen einem Weißen und einem Neger ist ein Neger; das Kreuzungsprodukt zwischen einem Weißen und einem Hindu ist ein Hindu und das Kreuzungsprodukt zwischen einer der drei europäischen Rassen und einem Juden ist ein Jude.[34]

Die letztere „Mischlingssorte" behagte Grant am wenigsten. Es gebe sogar Mischehen, und die „zwergenhafte Statur, eigentümliche Mentalität und skrupellose Konzentration auf Eigeninteressen" der Juden werde so bereits „der Erbmasse der Nation aufgepfropft".[35]

Im Angesicht des schier unabwendbaren Zusammenbruchs drang Grant auf die strikte Durchsetzung bestehender „Gesetze gegen Rassenmischung". Außerdem müssten diese Gesetze „deutlich erweitert" werden, um andere Arten sexueller Vereinigungen zu verbieten, „wenn die höheren Rassen erhalten werden sollen".[36]

Letztendlich allerdings seien zur Rettung der höheren Rassen weit drastischere Maßnahmen erforderlich. „Die Naturgesetze", erklärte er, „fordern die Auslöschung der Untüchtigen, und menschliches Leben ist nur dann wertvoll, wenn es der Gemeinschaft oder Rasse dient." Man müsse unbedingt „die Ausschaltung der am wenigsten erwünschten Elemente der Nation" herbeiführen, indem man sie „der Macht beraubt, zu künftigen Generationen beizutragen". Das ideale Verfahren hierfür sei es, wenn der Staat eine Sterilisationspolitik durchsetze. Dies, schrieb er, wäre

> eine praktische, barmherzige und unausweichliche Lösung für das ganze Problem, die auf einen sich beständig erweiternden Kreis gesellschaftlichen Ausschusses angewandt werden kann, beginnend mit dem Verbrecher, dem Kranken und Geisteskranken, um allmählich auf solche Typen ausgedehnt zu werden, die man eher als Schwächlinge denn als Schwachsinnige oder Kranke bezeichnen könnte, und letztendlich vielleicht auf wertlose Rassetypen.[37]

Wie Grant zeigte, waren Eugeniker nicht nur Denker, sie waren Männer und Frauen der Tat. Als Grants Buch veröffentlicht wurde, wurden Maßnahmen wie die von ihm vorgeschlagenen bereits durchgeführt. Am 9. März 1907 hatte Indiana das erste Gesetz zur Zwangssterilisation verabschiedet, das „die Zwangssterilisation eines jeden eingefleischten Verbrechers, Idioten, Vergewaltigers oder ‚Unverbesserlichen' in einer staatlichen Institution" erlaubte, „dessen Zustand von einer bestellten Ärztekommission als ‚unverbesserlich' eingestuft wurde".[38] Andere Staaten zogen mit ähnlichen Gesetzen nach, auch wenn sie sich als schwer durchsetzbar erwiesen.

Als Reaktion auf die „Mängel" der bestehenden Gesetze veröffentlichte Harry Laughlin von der Eugenik-Datenbank ERO 1914 ein „Modell für ein eugenisches Sterilisationsgesetz". Laughlin, selbst ein berüchtigter Verfechter „rassischer Säuberung", war ein enger Verbündeter von Madison Grant, Lothrop Stoddard (der 1920 *The Rising Tide of Color Against White World Supremacy* veröffentlichte) und ERO-Leiter Charles Davenport. Das Modellgesetz sollte der Eugenikbewegung beim Verfassen durchsetzbarer Gesetze behilflich sein, um die obligatorische Sterilisation „sozial inadäquater" Personen zu legalisieren, die „ganz oder teilweise durch öffentliche Mittel unterhalten" werden. Zu den Inadäquaten wurden „Schwachsinnige, Geisteskranke, Verbrecher, Epileptiker, Trinker, Kranke, Blinde, Taube, Missgebildete und Abhängige" gezählt sowie „Waisen, Taugenichtse, Vagabunden, Obdachlose und Arme".[39]

Doch obwohl in Amerika bis 1924 über 6000 Personen zwangssterilisiert worden waren – drei Viertel davon in Kalifornien –, hatten viele einzelstaatliche Gerichte eine staatliche Sterilisation für verfassungswidrig erklärt. Mitten im Kampf um das Frauenwahlrecht erklärte das Berufungsgericht von New Jersey das Gesetz für verfassungswidrig, weil es gegen den Schutz der Frau gemäß der Gleichberechtigungsforderung im 14. Zusatzartikel zur Verfassung verstoße. Andernorts störten Urteile wegen Verfahrensmängeln die Umsetzung der Sterilisationsgesetze.[40]

Frustriert von diesen Rückschlägen begannen Laughlin und seine Kollegen mit den Gesetzgebern Virginias zusammenzuarbeiten, um Gesetze in einer Sprache zu verfassen, die gerichtlichen Einwendungen standhalten würde. Ge-

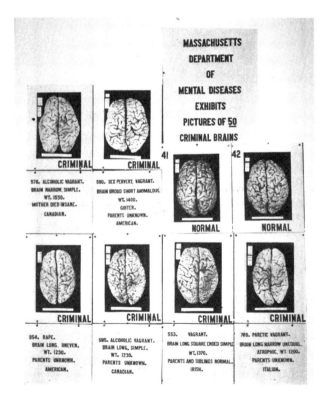

Exponat des zweiten internationalen Eugenikkongresses. [Mit freundlicher Genehmigung der Cold Spring Habor Laboratory Archives]

meinsam entwickelten sie einen Gesetzestext auf der Grundlage einer adaptierten Version von Laughlins Modellgesetz zur Zwangssterilisation. Diesmal zahlten sich ihre Anstrengungen aus. Das „Gesetz zur sexuellen Sterilisation von Insassen staatlicher Institutionen in bestimmten Fällen" wurde in Virginia am 29. März 1924 von der gesetzgebenden Versammlung verabschiedet und am nächsten Tag vom Gouverneur unterzeichnet.

Unter dem neuen Gesetz konnten Leiter staatlicher Einrichtungen die Sterilisation eines Insassen bzw. einer Insassin empfehlen, wenn sie der Ansicht waren, dies nütze „der Gesundheit des einzelnen Patienten und dem Wohl der Gesellschaft". Nach der Genehmigung durch einen Sonderausschuss (eine Änderung, um Verfahrensmängel auszuschließen) war die Sterilisation „Schwachsinniger" staatlich sanktioniert. Für Männer sah das Gesetz eine Sterilisation durch Vasektomie vor, für Frauen durch Salpingektomie, die operative Entfernung der Eileiter.

Der besagte Sonderausschuss kann den Antrag des besagten Antragstellers ablehnen oder, wenn besagter Sonderausschuss zu dem Ergebnis kommt, dass der besagte Insasse geisteskrank, hochgradig oder mittelgradig schwachsinnig, geistesschwach oder epileptisch ist, und den Erbgesetzen nach wahrscheinlich gesellschaftlich unzureichende Nachkommen mit ähnlichen Problemen hervorbringen würde, kann besagter Insasse sexuell sterilisiert werden.[41]

Nachdem das sorgfältig formulierte Gesetz nun in Virginia in Kraft war, war Harry Laughlins nächster Schritt die Auffindung einer geeigneten Person, an der er und seine Helfer das Gesetz in den Gerichten testen konnten. Ihr Ziel war das Oberste Bundesgericht der Vereinigten Staaten, wo sie sich, wenn sie erfolgreich waren, die Zwangssterilisation als Landesgesetz bestätigen lassen würden. Das ahnungslose Opfer dieses Komplotts war ein 17-jähriges Mädchen namens Carrie Buck. Das Mädchen war zwar eine gute Schülerin, aber die Tochter einer Frau aus dem Teil der Südstaatenbevölkerung, der häufig als „white trash" bezeichnet wurde: der untersten Schicht der Weißen.

Carries Mutter Emma war eine Frau mit einem schlechten Ruf. Die Außenseiterin aus Charlottesville hatte, wie die Behörden es ausdrückten, „eine Geschichte des unsittlichen Lebenswandels, der Prostitution, Falschheit und Syphilis". Diese moralische Verurteilung wurde durch die Tatsache untermauert, dass Carrie ein uneheliches Kind war.[42] Emma wurde vom „anständigen" Establishment als eine von der „faulen, unwissenden und umherziehenden Sorte von Leuten" bezeichnet, für „schwachsinnig" erklärt und 1920 in die „Virginia Colony for Epileptics and Feeble-minded" im Landkreis Amherst eingewiesen. Emma war eine von vielen, die dieses Schicksal ereilte. Der Historiker Edwin Black berichtet: „Es war nichts Ungewöhnliches in Virginia, die Anstalt für Epileptiker und Schwachsinnige als Abstellplatz für diejenigen zu benutzen, deren Moral nicht ins Bild passte. Dass promiskuitive Frauen für debil erklärt wurden, war normal." Dr. Albert Priddy, der damalige Anstaltsleiter gab es offen zu: „Bei der Einweisung von weiblichen Schwachsinnigen in diese Institution handelte es sich überwiegend um solche Personen, die früher ihren Weg ins Rotlichtviertel gefunden hätten und zu einer Gefahr für die Gesellschaft geworden wären."[43]

Als Carrie Buck drei Jahre alt war, wurde sie ihrer Mutter weggenommen und lebte bei der Familie eines Polizeibeamten namens J. T. Dobb. Als sie 17 war, entdeckte ihre Pflegefamilie, dass sie schwanger war. Die einzige Aufzeichnung, aus der Carries eigene Version der Geschichte hervorgeht, ist ihre Erklärung: „[Dobbs Neffe] hat mir Gewalt angetan."[44]

Carrie Buck und ihre Mutter Emma. [Aus der Sammlung der Arthur Estabrook Papers, M. E. Grenander Department of Special Collections and Archives, University at Albany]

Die Dobbs schenkten ihrer Anschuldigung keine Beachtung und gaben Carrie allein die Schuld an ihrem anstößigen Zustand. Im Glauben, der Apfel falle nie weit vom Stamm, ließen ihre wütenden Pflegeeltern sie in die „Virginia Colony for Epileptics and Feeble-minded" einweisen, wo ihre Mutter bereits festgehalten wurde. Mit ihrer Herkunft und einer außerehelichen Schwangerschaft – in einer Zeit, als solche Ereignisse als Zeichen moralischer Verderbtheit betrachtet wurden – hatte Carrie keinen gesellschaftlichen Stand, den sie zu ihrer Verteidigung hätte benutzen können. In den Anstaltsunterlagen gibt es keinen offiziellen Hinweis auf ihre Behauptung, der Neffe ihrer Pflegeeltern habe sie vergewaltigt. Nichts ahnend wartete sie darauf, das perfekte Versuchskaninchen für den Testlauf des Zwangssterilisationsgesetzes abzugeben.

Der Chefarzt der Anstalt namens Albert Priddy war selbst ein Eugeniker und gut mit Harry Laughlin befreundet. Überzeugt davon, die Zahl „unsittlicher" Frauen in Virginia werde zu groß, sah Priddy in der eugenischen Sterilisation eine wünschenswerte Lösung. Er durchsuchte „seine" Anstalt nach einem geeigneten Testfall und beschloss, dass Carrie, eine „gefallene" Frau und Kind einer „schwachsinnigen" Frau, die ideale Kandidatin war.

Kurz nach der Verabschiedung des Zwangssterilisationsgesetzes in Virginia, das er mit entworfen hatte, erklärte Priddy drei Personen – Carrie, ihre Mutter und ihr sieben Monate altes Baby – für „schwachsinnig" bzw. im Falle des Säuglings für „nicht ganz normal". Er empfahl die Sterilisierung Carries, um einem Stammbaum von Degenerierten ein Ende zu setzen. „Ich kam zu dem Schluss, dass Carrie Buck ein sehr passender Fall für das Sterilisationsgesetz war, indem ich ihre Familiengeschichte betrachtete, sie persönlich untersuchte und seit ihrer Einweisung ins Hospital beobachtete."⁴⁵

Im September 1924 schloss sich der Prüfungsausschuss der Anstalt Priddys Empfehlung an. „Carrie ist schwachsinnig", lautete das Urteil, „und würde den Erbgesetzen nach wahrscheinlich gesellschaftlich unzureichende Nachkommen mit ähnlichen Problemen hervorbringen. ... Ihr Wohl und das Wohl der Gesellschaft werden durch ihre Sterilisation gefördert."⁴⁶ Damit war der erste Akt dieser ungeheuerlichen Inszenierung abgeschlossen.

Irving Whitehead, einer der Gründer der Anstalt und selbst ein eingefleischter Eugeniker, übernahm die Rolle von Carries Verteidiger, der ihr

Madison Grant, Autor von Der Untergang der großen Rasse, *war ein unauffälliger Drahtzieher für die 1924 verabschiedeten Antiimmigrationsgesetze. Einige Jahre zuvor war er auch dafür verantwortlich gewesen, dass Ota Benga im Zoo ausgestellt wurde.*

scheinbar zu Hilfe eilte, um einen genau geplanten Rechtsstreit zu initiieren. Inzwischen ermunterte Priddy „Experten", die als Zeugen gegen Carrie aussagen sollten, sich zum Thema Erblichkeit und Degeneration fortzubilden. Die Jukes und die Familie Kallikak, meinte er, würden eine glaubwürdige wissenschaftliche Ahnenreihe abgeben, in die Carrie, ihre Mutter und ihre Tochter platziert werden könnten.[47]

Nachdem sie ihren ersten Prozess und ein Berufungsverfahren auf einzelstaatlicher Ebene verloren hatte, ließ Carrie ihren Fall im Herbst 1926 vom Obersten Bundesgericht überprüfen. In einem beschämenden Urteil, das die Eugenik verteidigte, verlieh der Oberste Gerichtshof der Bewegung höchste Respektabilität. Bundesrichter Oliver Wendell Holmes junior erklärte bei der Verkündung der mit 8 zu 1 Stimmen gefallenen Mehrheitsentscheidung am 27. Mai 1927:

Wir haben mehr als einmal erlebt, dass das Wohl des Staates den besten Bürgern das Leben abfordern kann. Es wäre merkwürdig, wenn es nicht geringere Opfer von jenen verlangen könnte, die schon jetzt an der Kraft des Staates zehren ... um zu verhindern, dass wir von Untüchtigen überschwemmt werden. Es ist besser für alle, wenn die Gesellschaft – statt zu warten, bis man die degenerierten Nachkommen für Verbrechen hinrichtet oder sie wegen ihres Schwachsinns verhungern lässt – verhindern kann, dass sich die offenkundig Untüchtigen fortpflanzen. Das Prinzip, das hinter der Impfpflicht steht, ist breit genug, um sich auf die Entfernung der Eileiter ausdehnen zu lassen.

Er schloss mit der Feststellung: „Drei Generationen von Schwachsinnigen sind genug."[48] Diese beißenden Worte waren auf Carries Familie gemünzt, fassten aber zugleich die allgemeinere Perspektive der Eugenikbewegung zusammen. Eugeniker wie Madison Grant behaupteten, drei Generationen lang – 60 Jahre lang, seit Ende des Bürgerkriegs – sei die edle amerikanische Erbmasse von einer Flut von defekten Familien verunreinigt worden: von „minderwertigen" Europäern und befreiten schwarzen Amerikanern. Das Urteil besiegelte nicht nur Carries Schicksal, sondern war das rechtliche Fundament für den Einsatz der Sterilisation als Mittel gegen diese Drei-Generationen-Flut sogenannter Schwachsinniger.

Notice the sample sentence:

People hear with the   eyes   <u>ears</u>   nose   mouth

The correct word is ears, because it makes the truest sentence.

In each of the sentences below you have four choices for the last word. Only one of them is correct. In each sentence draw a line under the one of these four words which makes the truest sentence. If you can not be sure, guess. The two samples are already marked as they should be.

SAMPLES { People hear with the eyes <u>ears</u> nose mouth
France is in <u>Europe</u> Asia Africa Australia

1 The apple grows on a shrub vine bush tree................. 1
2 Five hundred is played with rackets pins cards dice.................. 2
3 The Percheron is a kind of goat horse cow sheep...... 3
4 The most prominent industry of Gloucester is fishing packing brewing automobiles.. 4
5 Sapphires are usually blue red green yellow...................... 5
6 The Rhode Island Red is a kind of horse granite cattle fowl........... 6
7 Christie Mathewson is famous as a writer artist baseball player comedian......... 7
8 Revolvers are made by Swift & Co. Smith & Wesson W. L. Douglas B. T. Babbitt. 8
9 Carrie Nation is known as a singer temperance agitator suffragist nurse......... 9
10 "There's a reason" is an "ad" for a drink revolver flour cleanser................. 10
11 Artichoke is a kind of hay corn vegetable fodder.................. 11
12 Chard is a fish lizard vegetable snake.................... 12
13 Cornell University is at Ithaca Cambridge Annapolis New Haven................. 13
14 Buenos Aires is a city of Spain Brazil Portugal Argentina......................... 14
15 Ivory is obtained from elephants mines oysters reefs........................... 15
16 Alfred Noyes is famous as a painter poet musician sculptor................. 16
17 The armadillo is a kind of ornamental shrub animal musical instrument dagger..... 17
18 The tendon of Achilles is in the heel head shoulder abdomen................. 18
19 Crisco is a patent medicine disinfectant tooth-paste food product................. 19
20 An aspen is a machine fabric tree drink................. 20
21 The sabre is a kind of musket sword cannon pistol.......................... 21
22 The mimeograph is a kind of typewriter copying machine phonograph pencil...... 22
23 Maroon is a food fabric drink color.................. 23
24 The clarionet is used in music stenography book-binding lithography............ 24
25 Denim is a dance food fabric drink....................... 25
26 The author of "Huckleberry Finn" is Poe Mark Twain Stevenson Hawthorne...... 26
27 Faraday was most famous in literature war religion science................. 27
28 Air and gasolene are mixed in the accelerator carburetor gear case differential...... 28
29 The Brooklyn Nationals are called the Giants Orioles Superbas Indians......... 29
30 Pasteur is most famous in politics literature war science................. 30
31 Becky Sharp appears in Vanity Fair Romola The Christmas Carol Henry IV........ 31
32 The number of a Kaffir's legs is two four six eight................. 32
33 Habeas corpus is a term used in medicine law theology pedagogy................. 33
34 Ensilage is a term used in fishing athletics farming hunting................. 34
35 The forward pass is used in tennis hockey football golf................. 35
36 General Lee surrendered at Appomattox in 1812 1865 1886 1832................. 36
37 The watt is used in measuring wind power rainfall water power electricity............ 37
38 The Pierce Arrow car is made in Buffalo Detroit Toledo Flint................. 38
39 Napoleon defeated the Austrians at Friedland Wagram Waterloo Leipzig.......... 39
40 An irregular four-sided figure is called a scholium triangle trapezium pentagon..... 40

Plate VIII. Alpha Test 8: Information (Form 8).

(oben und rechte Seite) Seiten aus Yerkes' U.S. Army Alpha IQ-Test. [Nachdruck aus C. C. Brighams A Study of American Intelligence, *1923]*

Plate XIV. Beta Test 6: Picture Completion.

Am Morgen des 19. Oktober 1927 wurde Carrie Buck zur ersten Person, die unter dem neuen Gesetz Virginias sterilisiert wurde, worauf eine Unzahl von Zwangssterilisationen in den gesamten Vereinigten Staaten folgte. Innerhalb kurzer Zeit hatten 30 US-amerikanische Bundesstaaten Sterilisationsgesetze, die Laughlins für Virginia ausgearbeitetem Modell entsprachen. Im Namen der

OUR DEFECTIVE JURY SYSTEM.

Bilder wie diese porträtierten einen Zustrom von Einwanderern und freien Schwarzen als Bedrohung der amerikanischen Institutionen. Solche Darstellungen unterstützten die Rassentrennungsgesetze und ebneten den Weg zu einer einwanderungsfeindlichen Gesetzgebung. [Nachdruck aus Judge Magazine, *circa 1915; mit freundlicher Genehmigung von Steven Heller]*

Verhinderung einer Fortpflanzung der „Untüchtigen" wurden in den Vereinigten Staaten zwischen 1907 und 1968 Schätzungen zufolge ungefähr 60.000 Zwangssterilisationen durchgeführt. (Zur Situation in Deutschland: „Nach Schätzungen des Bundesjustizministeriums wurden in der BRD bis 1992 jährlich etwa 1000 geistig behinderte Frauen – meist vor Erreichen des Erwachsenenalters – ohne bzw. gegen den eigenen Willen sterilisiert. Bis November 2003 blieben Sterilisationen von behinderten Frauen auch ohne deren Einwilligung und ohne medizinische Gründe möglich.") Die Sterilisationspraxis der Eugeniker wurde auch in Amerikas neue Kolonien exportiert. Besonders stark betroffen war Puerto Rico, wo von den 1920ern bis 1965 ein Drittel der weiblichen Bevölkerung sterilisiert wurde. [49]

Gleichermaßen erschreckend war der Einfluss amerikanischer Sterilisationsgesetze in Europa, insbesondere in Deutschland. In einer persönlichen Mitteilung an Madison Grant bezeichnete Hitler Grants Buch *Der Untergang der großen Rasse* als seine Bibel, und Laughlins Modellgesetz bildete die Basis für das Sterilisationsgesetz des Dritten Reichs, das 1934 verabschiedet wurde. In Nazideutschland wurden 350.000 Zwangssterilisationen durchgeführt. 1936 verlieh die Universität Heidelberg Laughlin einen Ehrendoktor für seine Verdienste um die Reinhaltung der „arischen Rasse".[50] Lothrop Stoddard, dessen Bücher die Bedrohung der Arier in leuchtenden Farben ausmalten und in Unterrichtsmaterialien der Nationalsozialisten verwendet wurden, besuchte 1940 Berlin und wurde vom Reichspropagandaminister Joseph Goebbels durch die Stadt geführt. Er hatte sogar eine Privataudienz bei Hitler. Hinzuzufügen ist, dass Rockefeller-Geld, das beim Aufbau der Eugenikbewegung in den Vereinigten Staaten eine so wichtige Rolle gespielt hatte, auch als Startkapital für eugenische Forschung unter den Nazis diente.[51]

Die Entscheidung des Obersten Bundesgerichts verlieh dem Programm der Eugeniker endgültig den Stempel der Seriosität, aber die Gesellschaftsfähigkeit eugenischer Standpunkte war in den Vereinigten Staaten schon seit geraumer Zeit gewachsen. 1912 waren, wie bereits erwähnt, „Intelligenztests" eingesetzt worden, um „Geistesschwache" unter den ankommenden Einwanderern auszusortieren. 1917 dann, als sich die Vereinigten Staaten darauf vorbereiteten, in den Ersten Weltkrieg einzutreten, wurden eugenische Praktiken nochmals staatlich sanktioniert. Unter der Leitung des Harvarder Psychologieprofessors Robert M. Yerkes versammelte sich eine illustre Gruppe eugenischer Experten, um einen Intelligenztest für alle neuen Rekruten zu entwerfen. Als Oberst der amerikanischen Armee überwachte Robert Yerkes anschließend die Tests an zwei Millionen amerikanischen Wehrpflichtigen.

Nimmt man die Ergebnisse der Armeetests für bare Münze, so boten sie einen besorgniserregenden Blick auf das Intelligenzniveau der Nation. Fast die Hälfte der neuen Rekruten wurde als „morons" – „Moronen", „Debile", „leicht Schwachsinnige" – eingestuft. Stephen Jay Gould kommentiert die Ergebnisse der Tests so: „Das durchschnittliche Alter weißer amerikanischer Erwachsener liegt mit erschreckend niedrigen 13 Jahren am Rande der Debilität." Afroamerikanische Soldaten hatten den Testergebnissen zufolge ein „durchschnittliches geistiges Alter" von zehn Jahren.

Unter den Einwanderern ergaben die Testergebnisse: „Der Durchschnittsmann aus vielen Ländern ist debil", wobei aus Süd- und Osteuropa stammenden Wehrpflichtigen die niedrigsten Intelligenzalter zugeschrieben wurden. Bezüglich der Juden verkündete einer aus dem Testteam triumphierend: „Unsere Zahlen dürften also eher den Volksglauben widerlegen, dass der Jude hochintelligent ist."[52]

Der Test machte solche Ergebnisse unvermeidlich: Bei den Fragen wurde davon ausgegangen, Intelligenz könne im Hinblick darauf gemessen werden, wie vertraut jemand mit der Bildung, Lebensweise und den Überzeugungen der amerikanischen Mittelschicht war. In einer Gesellschaft, in der viele noch ohne

Strom lebten, wurden mit Fragen wie ob das Watt „zur Messung von Windkraft[,] Niederschlag[,] Wasserkraft [oder] Elektrizität verwendet" wird, diejenigen bevorzugt, die an eine Stromversorgung angeschlossen waren und über eine gewisse naturwissenschaftliche Bildung verfügten. Gleichermaßen wird die Frage, ob „Luft und Gase im Gaspedal[,] Vergaser[,] Getriebe [oder] Ausgleichsgetriebe" gemischt werden, für die Mehrheit der Bevölkerung, die noch keine eigenen Erfahrungen mit Automobilen gemacht hatte, unlösbar gewesen sein. Spezialwissen aus Naturwissenschaft und Technik, Wirtschaftsgeografie und amerikanischer Geschichte und Literatur diente im Test immer wieder als Intelligenzindikator. Um beispielsweise die Bedeutung von „Silofutter" zu kennen, musste man über Erfahrungen in landwirtschaftlichen Großbetrieben verfügen. Um zu wissen, was der wichtigste Industriezweig Gloucesters war, musste man detaillierte Kenntnisse der Wirtschaft Neuenglands aufweisen.

Wieder eine andere Frage – ob die Wendung „There's a reason" (Es gibt einen Grund) aus einer „Werbung für ein Getränk[,] einen Revolver[,] Mehl [oder] Reinigungsmittel" stammt, baut auf die Vertrautheit der Testperson mit den Slogans einer in Entstehung begriffenen Konsumkultur auf; dazu hatten arme Menschen, insbesondere Immigranten, kaum Zugang. Die Wehrpflichtigen wurden auch gefragt, ob Crisco „ein/e rezeptfreie Medizin[,] Desinfektionsmittel[,] Zahnpasta [oder] Lebensmittelprodukt" sei. Wer noch an selbstgemachtes Backfett wie Schmalz, Hühnerfett, Butter und Olivenöl gewöhnt war, war bei dieser Frage nach dem Markennamen eines Ersatzprodukts für diese Fette eindeutig im Nachteil.

Harry Laughlin. [Aus der Sammlung der American Philosophical Society]

Detaillierte Kenntnisse der von Weißen dominierten obersten Spielklasse des Baseball oder der Footballregeln galten ebenfalls als Zeichen der Intelligenz. Wieder andere Fragen wie „Die Zahl der Beine eines Kaffers ist: 2[,] 4[,] 6 [oder] 8" basierten auf der Annahme, die Kenntnis westeuropäischer ethnografischer Terminologie sei ein Zeichen von geistiger Größe statt eines von Erziehung und kultureller Voreingenommenheit. Wie einer der Schöpfer des Tests zur Verteidigung seines Produktes sagte: „Wenn jemand ... weiß, was ein Zulu oder Koreaner oder Hottentotte oder Kaffer oder Papua ist, weiß er selbstverständlich auch, wie viele Beine dieser hat."[53] Für Soldaten, die nicht lesen und schreiben konnten, wurde ein ähnlich dubioser Bildertest angewandt. In beiden Fällen waren die Ergebnisse vorherzusehen.

Die Verantwortlichen für die Intelligenztests zitierten die verzerrten Ergebnisse der Tests als objektiven Beweis für Amerikas unmittelbar bevorstehenden Ruin. Dienten in der Vergangenheit Gesichtswinkel, Physiognomie und Ahnentafeln zur Rechtfertigung von Theorien über eine angebliche Ungleichwertigkeit der Menschen, halfen Intelligenztests bei der Etablierung einer Tyrannei der Zahlen, die in keiner Beziehung zu einer beobachtbaren körperlichen Eigenschaft oder Familiengeschichte stand. Mit grimmigen Mienen vorgetragen, waren die weithin bekannt gemachten Ergebnisse der Armee-Intelligenztests dennoch ein Gottesgeschenk für die Eugenikbewegung im Allgemeinen und die einwanderungsfeindlichen Kräfte im Besonderen.

Der Leiter des amerikanischen Museums für Naturgeschichte Henry Fairfield Osborne äußerte sich zum angeblich unbestreitbaren Wert dieses Intelligenztests und seiner Ergebnisse folgendermaßen:

Ich glaube, dass diese Tests wert waren, was der Krieg uns gekostet hat, sogar an Menschenleben, wenn sie unserem Volk eindeutig den Mangel an Intelligenz in unserem Lande und die unterschiedliche Intelligenz der bei uns einwandernden Rassen auf eine Art und Weise aufgezeigt haben, die niemand als Ergebnis von Vorurteilen bezeichnen kann ... Wir haben ein für allemal erfahren, dass der Neger anders ist als wir ... Und in Bezug auf viele Rassen und Unterrassen in Europa haben wir gelernt, dass manche, die wir einer höheren Intelligenz als unserer teilhaftig glaubten [lies: die Juden] uns in Wirklichkeit weit unterlegen sind.[54]

Zusätzlich zu dem Trara um den geistigen Entwicklungsstand der Einwanderer verhalf ein weiterer Faktor der Eugenik unter Mittel- und Oberschichtamerikanern zur Popularität: die wachsende politische Kluft zwischen der Mittelschicht und der Arbeiterschicht. Schon vor dem Krieg und den gesamten Krieg über widmeten sich viele schlecht bezahlte Arbeiter – frisch eingewanderte wie in Amerika geborene – antikapitalistischen Aktivitäten. Sozialistisches, kommunistisches und anarchistisches Gedankengut zirkulierte in einem Wirtschaftssystem, das offenkundig den Reichen und denen „aus guter Familie" diente. Als im Herbst 1917 in Russland die Oktoberrevolution stattfand, erreichte die angesichts des großen Einwandereranteils an der amerikanischen Bevölkerung „gefühlte Gefahr" einen neuen Höchststand. Fast die Hälfte der Bevölkerung in den Vereinigten Staaten waren Einwanderer oder Kinder von Einwanderern. Viele radikale Einwanderer wurden kurz nach dem Krieg unter Justizminister A. Mitchell Palmer des Landes verwiesen. Doch das „Einwandererproblem" bestand in den Köpfen vieler Alteinwanderer weiterhin.

Als sich im Herbst 1921 diverse aufrechte Bürger Europas und Amerikas im amerikanischen Museum für Naturgeschichte zum zweiten internationalen Eugenikkongress versammelten, lag den erlauchten Delegierten eine gewisse Abscheu angesichts der Armeetestergebnisse und eine wachsende Sorge um die Einwanderer und ihre politischen Aktivitäten im Magen.

Führende Köpfe des Kongresses waren Amerikas wichtigste Vertreter des wissenschaftlichen Rassismus', der eugenischen Sterilisation und der restrik-

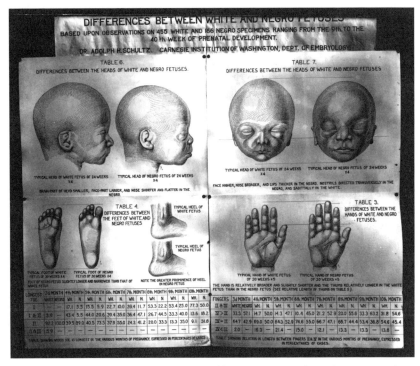

Exponat beim zweiten internationalen Eugenikkongress im amerikanischen Museum für Naturgeschichte. [Aus der Sammlung des American Museum of Natural History]

tiven Handhabung der Immigration, wie der Museumsleiter Henry Osborne (Vorsitzender des Kongresses), Madison Grant (Schatzmeister), Lothrop Stoddard (Öffentlichkeitsbeauftragter und Autor von *The Rising Tide of Color Against White Supremacy*) und Harry Laughlin (Ausstellungsleiter). Laughlins Exponate waren anschaulich und effekthascherisch, darauf ausgerichtet,

Exponat beim zweiten internationalen Eugenikkongress. [Aus der Sammlung des American Museum of Natural History]

sichtbare Beweise für die Ungleichheit der Menschen zu liefern. Ein Exponat enthielt weiße und schwarze Föten aus Gips und sollte nachweisen, dass ungeborene schwarze Kinder weniger intelligent seien als ungeborene Weiße.[55]

Zu den Delegierten des Kongresses gehörten weiter: Präsident Herbert Hoover, Alexander Graham Bell, Charles Darwins Sohn Leonard und der Gouverneur von Pennsylvania, Gifford Pinchot. Delegationen kamen auch aus Frankreich, England, Italien, Belgien, aus der Tschechoslowakei, Norwegen, Schweden, Dänemark, Japan, Mexiko, Kuba, Venezuela, Indien, Australien und Neuseeland, was vom weitreichenden Einfluss eugenischen Gedankenguts zeugt. Aus unterschiedlichen politischen Gründen wurden Deutschland und die Sowjetunion nicht zur Konferenz eingeladen, aber die Schriften amerikanischer Eugeniker hatten bereits in beiden Ländern eine begeisterte Leserschaft gefunden. In Deutschland gewann die Eugenik vor allem durch Übersetzungen der Werke von Grant, Stoddard und Laughlin Anhänger.

Viele der auf dem Kongress gehaltenen Vorträge enthielten neue wissenschaftliche Erkenntnisse über relativ obskure biologische Fragen wie Meiose, erblich bedingte Anomalien bei Fruchtfliegen und Erblichkeit bei Einzellern. Wichtiger als die einzelnen Vorträge war, dass der Kongress eine Plattform für Tiraden gegen „Rassenmischung" und die „Verunreinigung der amerikanischen Rasse" durch „schlechte Rassen" bot.

Der Leiter des amerikanischen Museums für Naturgeschichte Henry F. Osborne (rechts) begrüßt Charles Darwins Sohn Leonard Darwin auf dem zweiten internationalen Eugenikkongress. [Aus der Sammlung des American Museum of Natural History]

Osborne und Grant hatten den Grundstein für diese schwarzenfeindliche und immigrantenfeindliche Hetze gelegt, als sie 1918 die Galton Society gründeten. Die Galton Society traf sich einmal monatlich im Museum und Mitglied konnten nur Angloamerikaner werden. Die Zusammensetzung des erlauchten Kreises beschrieb Grant, als er dessen Einrichtung vorschlug, mit den Worten:

> Mein Vorschlag betrifft die Bildung einer anthropologischen Gesellschaft ... mit einem zentralen Leitungsorgan, selbstgewählt und sich selbst perpetuierend, und von sehr begrenzter Zahl, außerdem auf einheimische Amerikaner beschränkt, die anthropologisch, gesellschaftlich und politisch zuverlässig sind, Bolschewiken brauchen sich nicht zu bewerben.[56]

Hauptziel der Gruppe war es, der Einwanderung aus Osteuropa, Italien und Japan einen Riegel vorzuschieben, wobei die Japaner vor allem an der Westküste angefeindet wurden. Bei Zusammenkünften der Galton Society arbeiteten die Mitglieder mithilfe der Ergebnisse des Armee-Intelligenztests Argumente gegen eine Einwanderung aus und bereiteten sich auf ihre Rolle als Sachverständige im Gesetzgebungsverfahren vor. Osborne und Grant brachten die Ergebnisse dieser Überlegungen auf dem Eugenikkongress ein. Die äußerst immigrationsfeindliche Agenda enthüllte Osborne bei seiner programmatischen Rede am 22. September 1921:

> Wir befinden uns in einem schweren Kampf um die Erhaltung unserer historischen republikanischen Institutionen, indem wir jenen den Eintritt verwehren, die nicht dazu taugen, die Pflichten und die Verantwortung unserer wohl begründeten Regierungsform zu teilen ...
> Der wahre Geist der amerikanischen Demokratie, dass alle Männer mit gleichen Rechten und Pflichten geboren sind, wurde mit der politischen Sophisterei verwechselt, dass alle Männer mit gleichem Charakter und gleichen Fähigkeiten, sich selbst zu regieren, geboren seien.

Er wiederholte den eugenischen Lehrsatz, Umwelteinflüsse und Bildung könnten ein Schwein nicht zu einem Pferd machen, und erklärte, der Zustrom schlechten Blutes müsse gestoppt werden, um die eugenische Gesundheit wiederherzustellen und amerikanische Werte aufrechtzuerhalten. „Wie die Wissenschaft die Regierung bezüglich der Verhütung und Ausbreitung von Krankheiten aufgeklärt hat, so muss sie die Regierung auch bezüglich der Verhütung der Ausbreitung und Vermehrung wertloser Mitglieder der Gesellschaft aufklären."[57]

Um die Ansichten zu verbreiten, die auf dem zweiten internationalen Eugenikkongress gepflegt wurden, wurden plakative Materialien aus Harry Laughlins Ausstellungen an Mitglieder des Senats und des Abgeordnetenhauses geschickt. Die Leiter des Eugenikkongresses waren überzeugt davon, dass diese Materialien sympathisierenden Abgeordneten in einer Debatte über die Aufnahme von Ausländern gute Argumente liefern würden. Als mit dem Entwurf der Antiimmigrationsgesetze begonnen wurde, waren diese Materialien in den Räumen des Immigrationsausschusses nicht zu übersehen.[58]

Der Vorsitzende des Ausschusses, der republikanische Abgeordnete Albert Johnson aus dem Staat Washington, musste nicht erst überzeugt werden. Seit er 1912 für den Kongress kandidiert hatte, war er ein unverblümter Denunziant der im Ausland Geborenen, insbesondere nach einem Versuch der radikalen Gewerkschaft „Industrial Workers of the World" (IWW), Holzarbeiter in seiner Region zu organisieren. Darüber hinaus war er ein enger Freund von Madison Grant und schloss sich Grants eugenischen Theorien an. Als die Arbeit des Ausschusses fortschritt, lud er Grant und Laughlin ein, damit sie als Sachverständige aussagen konnten, und im Jahr vor der Verabschiedung des Gesetzes, das allgemein als „Johnson Immigration Bill" bekannt wurde, war er Ehrenvorsitzender der „Eugenics Research Association".

Die Eugenikbefürworter bildeten eine Mehrheit der politischen Klasse Amerikas und können kaum als von außen agierende Lobby betrachtet werden. Grant argumentierte wie viele andere angesehene Bürger, Immigranten seien erblich bedingt nicht imstande, sich an einer Demokratie zu beteiligen und eine Begrenzung der Einwanderung sei unabdinglich, um die nordische Erbmasse der Gesellschaft zu erhalten.

Ein verblüffendes Beispiel für die Reichweite dieser Sichtweise ist in einem Leitartikel der Zeitschrift *Good Housekeeping* aus dem Jahre 1921 zu finden – verfasst vom damaligen Vizepräsidenten Calvin Coolidge, der kurze Zeit später zum Präsidenten der Vereinigten Staaten wurde. Der Artikel trug die Überschrift „Wessen Land ist dieses Land?" und wiederholte das Argument, viele Einwanderer seien anlagebedingt nicht fähig, die Pflichten eines Bürgers zu erfüllen und sollten daher aus der Gesellschaft ausgeschlossen werden.

Die amerikanische Freiheit ist von der Qualität der Bürger abhängig. Unsere Pflicht ist es, diese Qualität so gut wie möglich zu pflegen. Wir dürfen nichts mit jenen zu tun haben, die sie unterminieren würden. Der retroaktive Einwanderer ist eine Gefahr in unserer Mitte. Seine Unzufriedenheit gibt ihm keine Zeit, eine gesunde Möglichkeit zu finden, sich selbst zu verbessern. Sein Ziel ist es, niederzureißen. Hier ist kein Platz für ihn. Er muss deportiert werden, nicht als Ersatz für seine Bestrafung, sondern als Teil seiner Bestrafung.

Über die Deportation hinaus, stellte Coolidge fest, müsse Amerika vor „retroaktiven Einwanderern" geschützt werden, bevor jemand überhaupt die Erlaubnis erhalte, in die Vereinigten Staaten einzuwandern.

Wir könnten diese Gefahr vermeiden, wenn wir darauf bestehen, dass der Einwanderer, bevor er ausländischen Boden verlässt, vom Temperament her auf unseren nationalen Hintergrund abgestimmt ist. Es gibt rassische Erwägungen, die zu schwerwiegend sind, als dass wir aus sentimentalen Gründen über sie hinwegsehen könnten. Die Gesetze der Biologie sagen uns, dass bestimmte unterschiedliche Menschen sich nicht kreuzen oder vermischen. Die nordische Rasse pflanzt sich selbst erfolgreich fort. Bei [der Vermischung mit] anderen Rassen zeigt das Ergebnis eine Verschlechterung auf beiden Seiten. Um der Qualität von Körper und Geist willen ist eine Beachtung des ethnischen Gesetzes genauso wichtig für eine Nation wie ein Einwanderungsgesetz.

Die langfristige Überlebensfähigkeit der Vereinigten Staaten hing Coolidge zufolge davon ab, ob die Nation es schaffe, den Zustrom ungeeigneter Einwanderer einzudämmen.

Wir dürfen nicht vergessen, dass wir nicht nur die Gegenwart, sondern auch die Zukunft schützen müssen; unsere Pflichten erstrecken sich auch auf Generationen von Ungeborenen. Das nicht assimilierte ausländische Kind bedroht unsere Kinder, so wie der ausländische Industriearbeiter, dem es mehr um Zerstörung als um Produktion geht, unsere Industrie bedroht ... Die schwere Last der ausländischen Ablagerungen erstickt den nationalen Fortschritt. Aber wir haben eine Hoffnung, die sich nicht erdrücken lässt;

wir haben ein Erbe, dessen Zerstörung wir nicht zulassen werden. Der einzige annehmbare Einwanderer ist derjenige, der unseren Glauben an den Menschen durch eine konstante Offenbarung des göttlichen Willens des Schöpfers rechtfertigen kann.[59]

Doch auch wenn Coolidge die Ansichten der Mehrheit widerspiegelte, gab es auf dem Kongress wie auf gut besuchten Versammlungen und Kundgebungen gegen die Immigrationsbegrenzung auch bemerkenswerte Gegenstimmen. Auf einer dieser Veranstaltungen erklärte Rabbi Stephen Wise aus New York im Namen derer, gegen die das Gesetz gerichtet war, die „nordische Rasse" habe „sich etwas ausgedacht, um ihre eigene Überlegenheit und die Unterlegenheit einiger der großen Rassen der Erde zu beweisen, die den Erfindern der nordischen Rasse nicht genehm sind." Doch die Opposition kam, wie in Wises Fall, überwiegend von Personen, die selbst den „neuen" Einwanderern zuzurechnen waren, und konnte so von den „alten" Einwanderern leicht als unwesentlich abgetan oder ignoriert werden. Im Kongress kämpften die New Yorker gegen die Abschottung ihres Landes, aber auch hier waren die Wortführer „neue" Amerikaner: Fiorello LaGuardia, Nathan Perlman und Samuel Dickstein.[60]

Der *Johnson-Reed Immigration Act* wurde mit überwältigender Mehrheit in beiden Häusern verabschiedet. Somit war die Einwanderung von Juden, Italienern und Slawen auf zwei Prozent derer, die 1890 angekommen waren, begrenzt, sodass die Einwanderung „nordischer" Typen gefördert wurde. Aus Solidarität mit den weißen Farmern an der Westküste, die mit japanischen Farmern konkurrierten, wurde die Einwanderung aus Japan gänzlich untersagt. Chinesen mussten nicht mehr ferngehalten werden, da ihnen bereits 1882 die Einwanderung verboten worden war. Als Präsident Calvin Coolidge 1924 das Gesetz unterzeichnete, lobte er es mit den Worten: „Amerika muss amerikanisch bleiben."[61] Der Zustrom bestand nur noch aus einem Rinnsal.

Noch gab es bedeutende, wenn auch politisch eher an den Rand gedrängte Stimmen, die eugenische Politik und eugenische Konzepte infrage stellten, doch eugenisches Denken war in Amerika zum Mainstream geworden. Selbst Margaret Sanger, die progressive Gründerin der modernen Bewegung für Geburtenkontrolle, brachte ihr Anliegen in den 1920ern mit Eugenik in Verbindung – in der Hoffnung, ihre Anhängerschaft zu vergrößern. Auch wenn sie überzeugt war, ein Teil der Vorstellungen der Eugeniker sei altmodisches viktorianisches Zeug oder „von klassen- und geschlechtsspezifischen Vorurteilen geprägt", hatte die Sprache der Eugeniker Eingang in ihr Vokabular gefunden. Ihr 1922 erschienenes Buch *Pivot of Civilization* (Dreh- und Angelpunkt der Zivilisation) enthielt eine Einführung des Sciencefiction-Autors und bekannten Eugenikers H. G. Wells, und Sanger selbst erklärte darin, das Ungleichgewicht zwischen der Geburtenrate der „Untüchtigen" und der „Tüchtigen" sei gegenwärtig die größte Bedrohung der Zivilisation.[62]

Das vierte Kapitel mit der Überschrift „Die Fruchtbarkeit der Schwachsinnigen" begann mit einer starken Polemik:

> Es gibt nur ein zweckmäßiges und durchführbares Programm zum Umgang mit dem großen Problem der Schwachsinnigen. Wie die besten Experten übereinstimmend versichern, besteht dies darin, die Geburt derer zu verhindern, die ihren Nachkommen die Imbezillität vererben würden. Schwachsinn ist ausnahmslos mit einer anormal hohen Fruchtbarkeitsrate verbunden, wie aus Untersuchungen und Statistiken eines jeden Landes hervorgeht. Die modernen Bedingungen der Zivilisation, so wird uns immer wieder versichert, sind die ideale Brutstätte für die Schwachsinnigen, die Debilen, die Imbezillen.[63]

1925 schrieb sie in einem Zeitschriftenartikel für *Collier's* über den dringenden Handlungsbedarf, den sie zu erkennen meinte. „Wir geben Milliarden, buchstäblich Milliarden dafür aus, Tausende am Leben zu erhalten, die bei allem menschlichen Mitgefühl gar nicht erst auf die Welt hätten kommen sollen. Wir geben mehr für den Unterhalt Debiler aus als für die Entwicklung der Talente begabter Kinder. Wir hätscheln die unheilbar Kranken und vernachlässigen die potenziellen Genies." Um ihrem Anliegen Nachdruck zu verleihen, zitierte sie den angesehenen kalifornischen Botaniker Luther Burbank, der zusammen mit Henry Osborne 1906 den Eugenikausschuss der American Breeders Association ins Leben gerufen hatte:

> Amerika ... ist wie ein Garten, in dem der Gärtner nicht auf das Unkraut achtet. Unsere Verbrecher sind unsere Unkräuter, und Unkräuter vermehren sich schnell und stecken voller Energie. Sie müssen entfernt werden. Hört auf damit, Verbrechern und Schwächlingen zu erlauben, sich fortzupflanzen. Im ganzen Land haben wir heute riesige Irrenhäuser und ähnliche Anstalten,

in denen wir die Untüchtigen und Kriminellen ernähren, statt sie auszurotten. Die Natur entfernt die Unkräuter, aber wir machen sie zu Parasiten und erlauben ihnen, sich fortzupflanzen.[64]

Hatte Galton die Gesellschaft als einen Garten betrachtet, der seinen besten Blumen eine Vorzugsbehandlung zukommen lassen sollte, beschwöre Burbanks Vergleich das Bild eines von Unkraut überwucherten Felds herauf, das dringend gejätet werden muss.

Sanger war enttäuscht, dass die führenden Eugeniker Geburtenkontrolle – ein von ihr geprägter Begriff – nicht als effektives eugenisches Werkzeug akzeptieren wollten. Männer wie Grant, Osborne, Davenport und Laughlin, die glaubten, angloamerikanische Frauen trügen die Zukunft der „Rasse" in ihren Lenden, waren bei einer Vision von Weiblichkeit stecken geblieben, in der es die Pflicht einer gesunden Mittelschichtsfrau war, eine große Familie zu gebären. Verhütungsmöglichkeiten für diese Frauen waren ihnen ein Gräuel. Sanger diskutierte mit ihnen über das Thema und brachte Lothrop Stoddard auf ihre Seite. Doch in den 1920ern hielt sie es, wie viele Intellektuelle und Sozialreformer ihrer Generation, mit der Eugenikbewegung. Was Vererbungstheorien anbelangte, verkörperten Madison Grant und seine Kollegen die vorherrschende Sichtweise.

Eine leuchtende Ausnahme von dieser akademischen Hegemonie der Eugenik war der Anthropologe Franz Boas. Schon früh in seinem Berufsleben hatte Boas, wenn auch unbeabsichtigt, zu rassistischen Einstellungen beigetragen. Auf die *Columbian Exposition* hatte er 1893 Völker aus aller Welt gebracht, die dort auf dem Ausstellungsgelände Modelldörfer bewohnen sollten. Er hatte gehofft, diese „Exponate" würden zur Bildung der Ausstellungsbesucher beitragen und der engstirnigen Herablassung entgegenwirken, mit der viele Amerikaner Menschen aus nichteuropäischen Kulturen betrachteten. Als er entdeckte, wie die Menschen in seinen Ausstellungsdörfern Teil einer bizarren Nebenvorstellung geworden waren, war er entrüstet und schockiert, dass er sich an ihrer öffentlichen Erniedrigung beteiligt hatte.

Von diesem Moment an waren seine anthropologischen Arbeiten einzig dem Ziel gewidmet, den wissenschaftlich verbrämten Rassismus zu diskreditieren. Auf der methodischen Ebene stellte er Galtons anthropometrische Sichtweise in Frage, die der Untermauerung der Eugenik diente. Glaubte Galton, anthropometrische Studien dienten zur Aufdeckung von Idealtypen, die Durchschnittswerten entsprächen, so stellte Boas fest, Durchschnitte hätten „keinerlei Bedeutung". Eine Vermischung in der einen oder anderen Form, argumentierte er, sei normal und finde fortlaufend statt. Somit sei es eher die Vielfalt als der Typus, der eine Bevölkerung am besten beschreibe. „Immer wenn [ein Durchschnittswert] angewandt wurde", schrieb er, „hat er sich insofern als irreführend erwiesen, als er stets nahelegt, ein bestimmter Prozentsatz repräsentiere bestimmte Gruppen von Individuen." Kurz, für Boas waren Statistiken etwas, das oft eingesetzt wurde, um ein bequemes Märchen zu verbreiten.[65]

Solch eine Ketzerei gegen das vorherrschende ethnografische Dogma machte Boas schon früh zum Gegner amerikanischer Eugeniker. Er verwarf Ripleys und Grants Behauptung, man könne die Rasse einer Person durch die Messung des Schädelindexes (Verhältnis der Breite des Kopfes zu seiner Länge, ausgedrückt in Prozent) ermitteln und führte eine Studie mit Einwanderern und deren Kindern durch, die diesen wissenschaftlichen Glaubenssatz infrage stellte. Mit Unterstützung des Einwanderungsausschusses der Vereinigten Staaten maß er sorgfältig die Länge und Breite der Köpfe von über 7000 Probanden. Die Berechnung ihrer Schädelindizes ergab laut Boas, dass die in Amerika geborenen Kinder von Einwanderern einen größeren Schädelindex hatten als ihre Eltern. Umwelt, Klima und Ernährung schienen Variablen zu sein, die von den unflexiblen Annahmen der Rassenkunde außer Acht gelassen worden waren. Als Boas seine Ergebnisse in *Changes in Bodily Form of Descendants of Immigrants* (Veränderungen der Körperform bei Nachkommen von Immigranten) veröffentlichte, interpretierte die wachsende Eugenikbewegung dies als Kriegserklärung.[66] Madison Grant attackierte Boas' Untersuchungsergebnisse, die er als „Schmelztiegeltheorie" bezeichnete, als die Arbeit eines Juden, der die Juden verteidigt.[67] Grants eigenes Buch *Der Untergang der großen Rasse* war in großen Teilen eine Attacke gegen Boas' Theorie von Anpassung und Veränderung.

Boas sah Unterschiede zwischen den Menschen, aber nicht im Sinne einer biologisch festgelegten Hierarchie, sondern als Produkt von Geschichte und Begleitumständen. Er glaubte zwar an die Existenz einer Hierarchie, erklärte diese aber nicht biologisch und war von der grundlegenden Gleichheit der Menschen überzeugt. Diese Sichtweise, wie sie von seinen Schülern Margaret Mead, Zora Neal Hurston, Ruth Benedict, Ashley Montagu und anderen weiterentwickelt wurde, wurde schließlich zum Fundament der modernen Anthropologie, aber in den 1920ern war Boas allein auf weiter Flur. Trotz seiner fortgesetzten Arbeit und seiner Feststellung, eugenische Überzeugungen seien gefährlich, insbesondere wenn sie von imponierenden Institutionen wie dem amerikanischen Museum für Naturgeschichte vertreten werden, hatten Eugeniker in Amerika weiter Zulauf. Fantasien von einer inhärenten Ungleichheit der „Rassen", die sich gegen Einwanderer neueren Datums und gegen schwarze Amerikaner richteten, bestanden in den Agenden der Vererbungsforschung und der Regierungspolitik fort. Diese Fantasien umrankten auch die Ablehnung Boas' durch die Eugeniker. So höhnte Lothrop Stoddard bei den Anhörungen des Kongresses zu Einwanderung und Einbürgerung: Boas' Arbeiten seien nichts als „der verzweifelte Versuch eines Juden, sich als weiß auszugeben."[68]

22. Eugenik als Freizeitveranstaltung

Für die Befürworter von Zwangssterilisation, Einwanderungsbeschränkung und, im Falle Margaret Sangers, Verhütung, war Eugenik ein Mittel, die Unerwünschten aus der Menschenherde auszusondern. Die eingeführten Maßnahmen sollten die Bedrohung, die die „Debilen" in ihrer Mitte darstellten, zunichte machen. Doch neben diesen Präventionsmaßnahmen blühte in den 1920ern noch eine andere Seite der Eugenik, eine, die ein bewusstes Züchten zu einer „pädagogisch wertvollen" Form von Familienspaß machte.

Diese Entwicklung lässt sich bis ins Jahr 1915 zur *Panama Pacific Exposition* in San Francisco zurückverfolgen. Als die Planung dieser Weltausstellung voranschritt, sah eine 1906 vom Herrscher des Cornflakes-Imperiums Dr. John Harvey Kellogg gegründete Organisation namens „Race Betterment Foundation" (Stiftung zur Verbesserung der Rasse) eine einmalige Gelegenheit, der Eugenik in der Öffentlichkeit zur Beliebtheit zu verhelfen. 1914 hatte die Stiftung in Battle Creek, Michigan, in der Hauptniederlassung des Kellogg-Unternehmens, ihre erste nationale Konferenz zur Verbesserung der Rasse abgehalten. Auf dieser Konferenz hatte Dr. Kellog zur Einrichtung von Wettbewerben aufgerufen, bei denen Preise für die „besten Familien und die besten Gesundheits- und Ausdauerleistungen" vergeben würden. Außerdem forderte er die Schaffung eines „Eugenik-Standesamts ... zur Begründung einer Rasse menschlicher Vollblüter".[1]

Ein Jahr später erschien Kellogg die Ausstellung in San Francisco, auf der eine bunte Mischung neuerer gesellschaftlicher, politischer und wirtschaftlicher Entwicklungen präsentiert werden sollte, als idealer Veranstaltungsort, an dem ein breiteres Publikum erreicht werden könnte. Er und seine Stiftungskollegen schlugen vor, die Ausstellung zum Veranstaltungsort für eine zweite nationale Konferenz zu machen und die Ausstellungsbesucher in Diskussionen darüber zu verwickeln, wie sich die Erbanlagen Amerikas verbessern ließen. In Verbindung mit der Konferenz wurde die Einrichtung einer „Rassenverbesserungsausstellung" im Bildungspalast geplant. Dort sollten Bilder degenerierter Menschen mit denen eines idealen Typus' kontrastiert werden, der in Form von Nachbildungen griechischer Statuen – einschließlich des Apollo, versteht sich – dargestellt werden sollte.[2]

Kalifornien, Heimatstaat von Luther Burbank, war bereits ein wichtiges Zentrum eugenischen Denkens und die Organisatoren waren begeistert von der Aussicht, Gastgeber der Konferenz und der Ausstellung zu sein. Als feierlichen Tribut an den eugenischen Ideenreichtum erklärten sie eine Woche der Ausstellung zur „Rassenverbesserungswoche".

Die Rassenverbesserungskonferenz war mit über 10.000 Teilnehmern erstaunlich gut besucht. Die Rassenverbesserungsausstellung war ebenfalls ein Publikumsmagnet. Mitglieder der „Race Betterment Foundation", darunter Leland Stanford, Eisenbahnmagnat und Gründer der Universität Stanford, und Stanfords Rektor David Starr Jordan, waren begeistert über den Erfolg ihrer Bemühungen.[3]

Was mit der Präsenz der Rassenverbesserer auf der Ausstellung in San Francisco vorrangig erreicht werden sollte, war die Einrichtung eines Eugenikregisters, in dem Akten über die Stammbäume verschiedener Personen angelegt würden und das als Datenbank für arrangierte „eugenische" Ehen dienen könnte. Auf eine Frage des *San Francisco Chronicle* antwortete Kellogg, es könnten auch Wettbewerbe abgehalten und den besten Familien Preise verliehen werden.[4]

Diese Idee sollte sich in den 1920ern und 1930ern, der Glanzzeit amerikanischer Eugenik, großer Beliebtheit erfreuen. In den 1920ern wurden Wettbewerbe mit dem Titel „Fitter Family" (Tüchtigere Familie) oder „Fitter Families for Future Firesides" (Tüchtigere Familien für zukünftige Heimstätten) auf größeren und kleineren Märkten überall in den Vereinigten Staaten zur festen Einrichtung. Diese Wettbewerbe wurden von der 1916 gegründeten „American Eugenics Society" organisiert und sollten weiße ländliche „einheimische" Familien für das Anliegen der Eugeniker gewinnen. Schon lange waren Märkte Veranstaltungen, auf denen züchterische Leistungen miteinander verglichen und bewertet wurden. Mit den Familienwettbewerben wurde diese Praxis kurzerhand auf Menschen ausgedehnt. Mary T. Watts und Dr. Florence Brown Sherborn von der Universität Kansas organisierten den ersten Wettbewerb, der 1920 auf der Kansas Free Fair abgehalten wurde.

Medaille für Gewinner der Fitter Family-Wettbewerbe. [Mit freundlicher Genehmigung der Cold Spring Harbor Laboratory Archives]

Sherborn engagierte sich für den Wettbewerb wegen eines – in ihren Augen – krassen Widerspruchs im Verhalten der Farmerfamilien der Region. „Kein Farmer", schrieb sie, „züchtet sein Vieh mit Tieren minderwertiger Abstammung, aber allzu oft gibt er seine Einwilligung, dass seine Kinder Mitglieder minderwertiger Familien heiraten." Watts beschrieb ihre Vision der Veranstaltung von einem positiven Blickwinkel aus: „Wir sagen, während die Viehrichter die Holsteiner, Jerseys und Blessen im Viehpavillon prüfen, beurteilen wir die Jones, Smiths und Johns."[5]

Watts' Logik folgend wurden die Fitter Family-Wettbewerbe in „Menschenpavillons" abgehalten. Mit den Wettbewerben wurden Familien aus dem Land und aus der Kleinstadt aufgefordert, auf ihre Kinder dieselbe Sorgfalt zu verwenden wie die Farmer auf die Zucht ihres Vieh- und Nutzpflanzenbestands. Dieses Empfinden spricht klar aus einem Gedicht von Rose Trumball aus Scottsdale, Arizona, das im Ausstellungsführer zur Kansas Free Fair von 1920 abgedruckt war. „An die Männer Amerikas" war eine scharfzüngige Herausforderung an die Landbevölkerung von Kansas:

To the Men of America

You talk of your breed of cattle,
And plan for the higher strain;
You double the food of the pasture,
And keep up the measure of grain;
You draw on the wits of the nation,
To better the barn and the pen;
But what are you doing, my brothers,
To better the breed of men?

You boast of your Morgans and Herefords,
Of the worth of the calf or a colt,
And scoff at the scrub and the mongrel,
As worthy a fool or a dolt;
You mention the points of your roadster,
With many a 'wherefore' and 'when',
But ah, are you conning, my brothers,
The worth of the children of men?

And what of your boy—Have you measured
His needs for a growing year?
Does your mark, as his sire, in his features,
Mean less than your brand on the steer?
Thoroughbred—that is your watchword
For stable and pasture and pen—
But what is your word for the homestead?
Answer, you breeders of men![6]

(Ihr sprecht über Eure Viehrassen
und züchtet sie auf bessere Rassemerkmale hin;
Ihr verdoppelt das Futter auf der Weide
und gebt das volle Maß Korn;
Ihr holt Euch Informationen aus dem ganzen Land,
um die Ställe zu verbessern;
aber was macht Ihr, meine Brüder,
um die Menschenrasse zu verbessern?

Ihr prahlt über Eure Morgans und Herefords,
über den Wert eines Kalbs oder eines Fohlens
und spottet über die Promenadenmischungen,
dass sie nur etwas für Narren sind;
Ihr erwähnt die Rassenmerkmale Eures Pferdes
mit viel „warum" und „weshalb",
aber ach, lernt Ihr auch etwas, meine Brüder,
über den Wert der Menschenkinder?

Und was ist mit Eurem Jungen – habt Ihr gemessen,
was er für ein Wachstumsjahr braucht?
Bedeutet Eure Spur in seinem Gesicht, als sein Erzeuger,
weniger als Euer Brandzeichen auf dem Stier?
„Reinrassig" ist Eure Parole
für Ställe und Weiden,
aber was ist Eure Losung für das Heim?
Antwortet, Ihr Menschenzüchter!)

In Vorbereitung auf jeden Fitter Family-Wettbewerb sammelte eine Gruppe von „Eugenikprüfern" Familiengeschichten. Daraufhin prüfte eine zweite Gruppe, zu der Ärzte, Kinderärzte, Hals-Nasen-Ohren-Ärzte, Zahnärzte, Psychologen und Bewerter des Körperbaus zählten, jedes Familienmitglied in einer Vielzahl von Bereichen. Auf speziellen Formularen wurden medizinische und psychologische Profile festgehalten. Daraufhin wurde die eugenische Qualität gemäß einer Skala von A bis F notiert.

Preise wurden für vielerlei Kategorien verliehen: „das eugenischste Baby", „das beste Paar" und „die beste Familie" wurden in Wettbewerben für kleine (ein Kind), mittlere (zwei bis vier Kinder) und große Familien (fünf und mehr Kinder) ermittelt. Einzelne Teilnehmer und Familien der verschiedenen Kategorien posierten auch vor den Preisrichtern und wurden fotografiert – manchmal im Badeanzug, um einen visuellen Beweis ihrer guten Abstammung zu liefern. Die Gewinner erhielten Silbertrophäen und Geschichten über sie zierten regelmäßig die Titelseiten regionaler Zeitungen. Alle Familien und Personen mit einer Eugenikbewertung von B+ oder besser erhielten eine Bronzemedaille mit der Inschrift: „Yea, I have a goodly heritage" – Fürwahr, ich habe ein ansehnliches Erbe.

Gewinner eines Fitter Family-Wettbewerbs, Kategorie „große Familien". [Aus der Sammlung der American Philosophical Society]

Zur Förderung ihres Anliegens setzte die American Eugenics Society viele moderne Taktiken der Öffentlichkeitsarbeit ein, die sich im Amerika der 1920er rasch verbreiteten. Die Wettbewerbe selbst waren darauf angelegt, ein Medieninteresse zu provozieren. Außerdem pflegte der Eugenikverein Kontakte, um die Bekanntmachung der geplanten Wettbewerbe, Zeitpläne und Namen der Gewinner im ganzen Land über Associated Press und die Berichterstattung in führenden überregionalen und kleineren „Farmer- und Heimatzeitungen" zu gewährleisten.

„Meinungsführer", wie das Public-Relations-Genie Edward Bernays sie in den 1920ern nannte, wurden ebenfalls für den Aufbau der Eugenikbewegung und Fitter Family-Wettbewerbe eingespannt. Briefe gingen an die Geschäftsleitung medizinischer und anderer Einrichtungen. Gemeindeschwestern und örtliche Gesundheitsbeauftragte wurden ebenfalls über den Wert eugenischen Züchtens aufgeklärt.[7] Geistliche von „tüchtigen" Communities wurden mit Materialien über die Vorzüge der Menschenzucht versorgt.

Die Ergebnisse der Wettbewerbe wurden auch an Soziologie- und Biologielehrer an staatlichen höheren Schulen und Colleges versandt, um die eugenische Version vom „Überleben des Stärkeren" ins Klassenzimmer zu tragen.[8] Steven Selden, Professor für Erziehungswissenschaften an der Universität Maryland, berichtet, diese Bemühungen seien landesweit sehr erfolgreich gewesen.

1928 war Eugenik ein Thema in 376 Collegekursen, die von circa 20.000 Schülern besucht wurden. Eine Analyse des Inhalts von naturwissenschaftlichen Texten für höhere Schulen, die zwischen 1914 und 1948 veröffentlicht wurden, ergibt, dass sie die Eugenik mehrheitlich als legitime Wissenschaft darstellten. Diese Texte machten sich Galtons Argumentation mit den unterschiedlichen Geburtenraten von biologisch „Tüchtigen" und „Untüchtigen" eigen und lehrten die Schüler, eine restriktive Einwanderungspolitik, Rassentrennung und Zwangssterilisation seien begrüßenswerte politische Instrumente für Amerika.[9]

Obwohl Clarence Darrow 1926 in *The American Mercury* eine vernichtende Kritik der Eugenik verfasste, enthielt das naturwissenschaftliche Lehrbuch, das sein berühmter Klient John Thomas Scopes für seinen Unterricht benutzte, einiges an Material, in dem die Eugenik als wissenschaftliche Erkenntnis dargestellt wurde.[10] War Darrow selbst auch ein ausgesprochener Kritiker

Eugenik-Gebäude auf der Kansas State Fair 1925, Veranstaltungsort des Fitter Family-Wettbewerbs. [Aus der Sammlung der American Philosophical Society]

der Eugenik, sein Klient war es offensichtlich nicht. Scopes' Lehrbuch *Civic Biology – Presented in Problems* von George William Hunter verband die Evolutionslehre mit der Besprechung von fünf ungleichen „Menschenrassen". Die Beschreibung der vier unteren „Rassen" endete mit einem Loblied auf „den höchsten aller Typen, den Kaukasier, der von den zivilisierten weißen Einwohnern Europas und Amerikas verkörpert wird".[11] In diesem Lehrbuch wurde auch gefordert, „schwachsinnige" Männer und Frauen voneinander zu trennen und „Mischehen und die Möglichkeit einer solch gemeinen und degenerierten Rasse" zu verbieten.[12] Zur Erhärtung seines Standpunkts zitierte Hunter in seinem Lehrbuch ausgiebig aus Dugdales *The Jukes* und Goddards *The Kallikak Family*.[13] Als weiteres Standardwerk behandelte er Charles Davenports 1911 erschienenes Buch *Heredity in Relation to Eugenics* (Erblichkeit und Eugenik).

Der „Scopes-Prozess" wird oft als ein Kampf zwischen aufgeklärter Evolutionstheorie und vorsintflutlicher Schöpfungslehre dargestellt – eine Interpretation, die durch das Theaterstück *Inherit the Wind* (deutsch: *Wer den Wind sät*) aus dem Jahre 1955 von Jerome Lawrence und Robert E. Lee propagiert und von Stanley Kramers mit großem Staraufgebot gedrehtem gleichnamigen Film 1960 noch weiter verbreitet wurde, wobei der damalige Stand der Wissenschaft und der Politik die Sachlage verkomplizierte. Scopes lehrte nicht nur die Evolution, er lehrte auch Eugenik, verknüpfte Darwins Theorie mit der Einbildung, es gebe Menschenrassen, die von Natur aus unterschiedlich wertvoll sind. Scopes Prozessgegner William Jennings Bryan, der 1896 Präsidentschaftskandidat der Demokraten gewesen war, war der Evolutionslehre in der Tat abgeneigt. Während er aber in *Wer den Wind sät* als bibelschwingender Ignorant dargestellt wird, war seine Ablehnung der Evolutionslehre in Wirklichkeit von ihrer Verbindung zu einer aktiven Eugenikbewegung inspiriert.

Von seinem Anwalt Darrow dazu ermutigt, in Berufung zu gehen, bekannte sich Scopes in letzter Minute schuldig, sodass der „Evolutionslehrengegner" Bryan nie sein geplantes Abschlussplädoyer hielt. Zeitungen und Zeitschriften aber veröffentlichten es, und es wurde von vielen gelesen. Auch als Druckschrift war es erhältlich. Zur Untermauerung seiner Klage gegen den Evolutionsunterricht zitierte Bryan ausführlich aus Darwins *Descent of Man* (deutsch: *Abstammung des Menschen)*; um zu demonstrieren, in welchem Maße die Evolutionstheorie der Annahme Vorschub leistete, man müsse „die Schwachen" aus der Menschheit entfernen, führte er folgende Passage von Darwin an:

Gewinner eines Fitter Family-Wettbewerbs, Kategorie „kleine Familien". [Aus der Sammlung der American Philosophical Society]

Bei den Wilden werden die an Geist und Körper Schwachen bald beseitigt und die, welche leben bleiben, zeigen gewöhnlich einen Zustand kräftiger Gesundheit. Auf der anderen Seite thun wir civilisierte [sic] Menschen alles nur Mögliche, um den Process dieser Beseitigung aufzuhalten. Wir bauen Zufluchtstätten für die Schwachsinnigen, unsere Ärzte strengen die größte Geschicklichkeit an, das Leben eines Jeden bis zum letzten Moment noch zu erhalten. Es ist Grund vorhanden, anzunehmen, dass die Impfung Tausende erhalten hat, welche in Folge ihrer schwachen Constitution früher den Pocken erlegen wären. Hierdurch geschieht es, dass auch die schwächeren Glieder der civilisierten Gesellschaft ihre Art fortpflanzen. Niemand, welcher

Gewinner eines Fitter Family-Wettbewerbs, Kategorie „große Familien". [Aus der Sammlung der American Philosophical Society]

der Zucht domesticierter Thiere seine Aufmerksamkeit gewidmet hat, wird daran zweifeln, dass dies für die Rasse des Menschen im höchsten Grade schädlich sein muss ... Wir müssen daher die ganz zweifellos schlechte Wirkung des Lebenbleibens und der Vermehrung der Schwachen ertragen.[14]

Die zeitgenössischen Anwendungen der Evolutionslehre, argumentierte Bryan, stünden dem Gemeinwohl entgegen und würden kaltblütig als Argument gegen den fortschrittlichen Grundsatz einer Verbesserung der sozialen Verhältnisse gebraucht. Der mit Vererbung begründete Determinismus der 1920er postulierte regelmäßig, das menschliche Schicksal sei vorherbestimmt und könne durch Sozialprogramme nicht verändert werden. Bryan schrieb dazu, die Evolution könne lediglich die Hoffnung der Menschen auf Veränderung zerstören.

Die Evolution zerstört das religiöse Empfinden einer Vielzahl von Schülern ... Die Hypothese der Evolution lautet, dass durch eine Lähmung der Hoffnung auf Reform diejenigen entmutigt werden, die sich für eine Verbesserung der

Lebensbedingungen des Menschen einsetzen. Jeder aufwärtsblickende Mann und jede aufwärtsblickende Frau versuchen, das Niveau anzuheben, auf dem die Menschheit steht, und sie vertrauen darauf, dass sie in der kurzen Zeitspanne ihres eigenen Lebens positive Veränderungen sehen werden. Die Evolution macht ihren Enthusiasmus zunichte, indem sie aus Jahren Jahrmillionen macht.

In seiner Anklage war das Schreckgespenst der Eugenik und der Amoralität der Naturwissenschaften immer wieder Thema. Im Schlussplädoyer schrieb Bryan: „Die Naturwissenschaft ist eine beeindruckende Kraft, aber sie lehrt keine Moral. Sie kann Maschinen perfektionieren, fügt dem aber keine moralischen Grenzen hinzu, mit denen die Gesellschaft vor einem Missbrauch der Maschinen geschützt würde." Das einzige menschenbezogene Programm der Evolutionslehre, schrieb er weiter, sei die wissenschaftliche Menschenzucht, „ein System, innerhalb dessen ein paar wenige angeblich überlegene Geister, selbsternannt, die Paarung und die Bewegung der Menschenmassen steuern würden."[15]

Bryans Christentum war zwar streng bibelgläubig, aber auch von einem festen Glauben an soziale Gerechtigkeit geprägt, an das demokratische Prinzip des Gemeinwohls. Zudem war er ein Antiimperialist in einer Zeit eines US-amerikanischen Imperiums. Indem er sich wiederholt auf Jesus berief, berief er sich auch auf eine von Mitgefühl geprägte moralische Richtschnur, die er in den kalten Berechnungen der Wissenschaft und der Macht vermisste.

Während der Scopes-Prozess der Eugenik im Gewand der Evolutionslehre landesweit Aufmerksamkeit verschaffte, fuhren die Eugenikbefürworter mit ihrer volksnahen, ausdauernden Öffentlichkeitsarbeit fort, von einem Markt zum andern, von einer Stadt zur nächsten. Den Fitter Family-Wettbewerben lag die Annahme zugrunde, dass die Gewinner mit größter Wahrscheinlichkeit erstklassige Nachkommen produzieren würden, ausgezeichnete Repräsentanten der „nordischen Rasse". Familienplanung nach Vorgabe der Eugeniker war von einer heiligen Inbrunst geprägt, einer Hingabe an ein vermeintlich höheres Ziel. Der Vater einer Gewinnerfamilie in Georgia, ein Schulleiter namens James E. Kelley, erklärte: „Ich bin der Überzeugung, dass man praktizieren muss, was man anderen predigt, und ich bin der Ansicht, dass man sich fit halten muss. Dieser Wettbewerb bot mir Gelegenheit, den körperlichen und geistigen Zustand meiner ganzen Familie vorzuführen." Mrs Kelley gab zu Protokoll: „Ich habe vor, die nächsten 365 Tage lang jeden einzelnen Tag weiter daran zu arbeiten und unsere Punktzahl noch zu steigern. Dieses Jahr mag sie gut gewesen sein, aber nächstes Jahr wird sie besser."[16]

Auch für diejenigen, die keinen Preis erhielten, war die Teilnahme an einem Wettbewerb ein Zeichen dafür, dass die Familie am Ziel der „Rassenverbesserung" mitarbeitete und einen aktiven Beitrag zu diesem gemeinsamen Ziel leisten wollte. Wettbewerbsteilnehmer waren ausschließlich „Weiße von nord- und westeuropäischer Abstammung".[17] Die amerikanische Tradition der Selbsthilfe wurde nun mit der toxischen Mission der „Rassenreinhaltung" verknüpft.

Um diese Verbindung zu festigen, wurden Marktbesuchern regelmäßig Wanderausstellungen gezeigt. Dort waren Abbildungen „untüchtiger" Mitglieder der Gesellschaft zu sehen, sowie Veranschaulichungen der unterschiedlichen Geburtenraten und der ständigen Gefahr eines „Rassenselbstmords". Die Ausstellungen wanderten von Markt zu Markt, erschienen manchmal innerhalb einer Woche in zwei Städten, und boten den Besuchern eine anschauliche Eugeniklehrstunde.

Eine dieser Ausstellungen glänzte mit einer Lehrstunde in vergleichender Statistik, die mit blinkenden roten Glühbirnen geschmückt war. Unter den Sätzen „MANCHE MENSCHEN SIND GEBOREN, UM FÜR DIE ANDEREN EINE LAST ZU SEIN" und „LERNE ETWAS ÜBER VERERBUNG. DU KANNST EINEN BEITRAG ZUR VERBESSERUNG DIESER ZUSTÄNDE LEISTEN" wurden Daten präsentiert, mit denen die Betrachter über den gefährlichen Zustand Amerikas aufgeklärt und zur fleißigeren Fortpflanzung angehalten werden sollten.

Auf einer Tafel wurde verkündet: „Alle 48 Sekunden wird in den Vereinigten Staaten eine Person geboren, die nie über das geistige Alter eines normalen achtjährigen Jungen oder Mädchens hinauswachsen wird." Über der Tafel blinkte eine Glühbirne alle 48 Sekunden. Auf einer anderen Tafel stand zu lesen: „Alle 7 1/2 Minuten wird in den Vereinigten Staaten eine hochwertige Person geboren, die für schöpferische Tätigkeiten und Führungsaufgaben geeignet ist. Ungefähr 4 % aller Amerikaner fallen in diese Kategorie." Hier blinkte die zugehörige Glühbirne alle siebeneinhalb Minuten. Auf einer dritten Tafel stand: „Alle 50 Sekunden wird in den Vereinigten Staaten eine Person in ein Gefängnis eingewiesen. Sehr wenige normale Personen kommen je ins Ge-

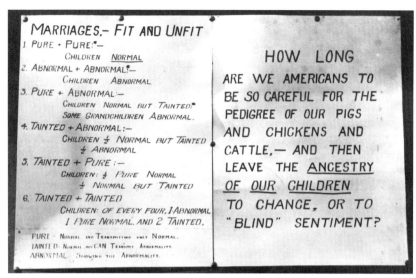

Tafel im „Menschenpavillon". [Aus der Sammlung der American Philosophical Society]

fängnis." Diese beunruhigende Aussage wurde ebenfalls von einer Glühbirne akzentuiert.

In Verbindung mit den Fitter Family-Wettbewerben zielten solche Ausstellungen offensichtlich darauf ab, „normale" Ausstellungsbesucher dazu anzuhalten, sich im Schlafzimmer mehr anzustrengen. Die Wettbewerbe boten dann die Möglichkeit, die Ergebnisse dieser Bemühungen vorzuführen. Fitter Family-Wettbewerbe entstanden in den 1920ern und somit in einer Zeit, in der von den Eltern arrangierte Ehen in vielen Kulturen allmählich dem Ideal einer Liebesehe wichen. Mit dem Spektakel der Eugenikwettbewerbe wurden arrangierte Ehen wieder salonfähig gemacht, nun, da sie den Segen gediegener wissenschaftlicher Zuchtpraktiken hatten.

Als die Eugenik zur Freizeitveranstaltung avancierte, wurde ein sonniges Bild von idealtypischen amerikanischen Familien, wie sie über die Bühnen der „Menschenpavillons" spazieren oder, liebevoll einander zugewandt, die Titelseiten der Zeitungen zieren, Teil der amerikanischen Kultur des 20. Jahrhunderts. In diesem Zusammenhang begann auch das Wetteifern darum, eine „normale Familie" zu sein. „Vater ist der Beste" – dieses Heile-Welt-Klischee stand in starkem Kontrast zu hasserfüllten Aufrufen zur „Ausrottung" der vielen unerwünschten Wesen, die amerikanischen Boden „beschmutzten".

1922, nur ein Jahr nach dem zweiten internationalen Eugenikkongress, wurde Walter Lippmanns Definition des Begriffs „Stereotyp" Teil des amerikanischen Wortschatzes. Lippmann selbst war ein scharfer Kritiker der Eugenik und beschimpfte die Armee-Intelligenztests als Scharlatanerie in einem Gebiet, in dem sich die Scharlatane „wie die Hasen" vermehren.

Die Gefahr des Intelligenztests liegt darin, dass der nicht so motivierte oder mit stärkeren Vorurteilen behaftete Lehrer nach der Klassifizierung innehalten und seinen Bildungsauftrag vergessen wird. Er wird das retardierte Kind einordnen, anstatt gegen die Ursachen seiner Zurückgebliebenheit anzukämpfen. Denn die ganze Richtung der Intelligenztestpropaganda geht dahin, Menschen mit niedrigem Intelligenzquotienten als von Geburt an hoffnungslos minderbemittelt zu behandeln.[18]

In *Public Opinion* stellte Lippmann fest, Stereotype seien ein Repertoire festgeschriebener Vorstellungen, die die Leute in ihren Köpfen trügen. „Meistens schauen wir nicht zuerst und definieren dann, wir definieren erst und schauen dann", schrieb er. Intelligenztests waren für ihn ein anschauliches Beispiel des trügerischen Wesens der Wahrnehmung.

Ohne irgendwelche Daten über all das anzubieten, was sich zwischen Empfängnis und dem Kindergartenalter abspielt, verkünden [die Prüfer] auf der Grundlage dessen, was sie ein paar Tausend Fragebogen entnommen haben, sie mäßen die ererbte geistige Ausstattung von Menschen. Offensichtlich ist das keine Schlussfolgerung, die durch Forschungen zustandegekommen ist. Es ist eine Schlussfolgerung, die vom Glaubenswillen untergeschoben wurde.[19]

Vieles an der Eugenikbewegung entsprach Lippmanns Vorstellungen von Stereotypen, die er in *Die öffentliche Meinung* dargelegt hatte. „Sie heben gewisse Gegenstände als vertraut oder fremdartig heraus", erklärte er, „betonen den Unterschied, sodass das oberflächlich Vertraute als besonders vertraut, das leicht Fremde als völlig fremdartig erscheint."[20] In vielerlei Hinsicht geschah im geistigen Universum der Eugenik genau das. Mit der Herabsetzung der als „white trash" bezeichneten armen Weißen, der „debilen" Einwanderer und der mit Bürgerrechten ausgestatteten Afroamerikaner wich jegliches Gemeinschaftsempfinden menschlicher Wesen überzogenen Phantasmen erblicher Übel. Gleichzeitig wurde durch öffentliche Fitter Family-Spektakel suggeriert, es gebe bedeutsame Verbindungen zwischen Menschen, die außer ihrer ethnischen Identität kaum etwas miteinander gemein hatten. Dies war, wie Lippmann bemerkte, eine Interpretation der Realität, die in erster Linie dazu diente, die gewohnte Position der Angloamerikaner in der Gesellschaft zu verteidigen.

Die von den Anführern der Eugenikbewegung geforderte „Solidarität der nordischen Rasse" baute auf eine Vorstellung von Amerika, die ihren besorgten Anhängern „so eng wie ein alter Schuh" passte. In einer Gesellschaft, in der neue und unbekannte Bevölkerungsgruppen das Recht beanspruchten, Amerikaner zu werden, kämpften die „Alteingesessenen" verzweifelt um ihre angestammte Weltsicht. Lippmann beschreibt diesen Kampf als unabdinglichen Bestandteil der Stereotypisierung. „Es ist daher kein Wunder", schreibt er, „dass jede Störung der Stereotypen [sic] uns wie ein Angriff auf die Grundfesten des Universums vorkommt. Es ist ein Angriff auf die Grundfesten *unseres* Universums, und wo große Dinge auf dem Spiel stehen, geben wir nicht gerne zu, dass es einen Unterschied zwischen *unserem* und *dem* Universum gibt."[21]

Um ihr Universum zu verteidigen, griffen Eugeniker auf Stereotype aus der Vergangenheit zurück. Obwohl sie behaupteten, moderne Wissenschaftler zu sein, und viele von ihnen in Großstädten wohnten, war das positive Bild Amerikas, das sie verbreiteten und förderten, eher ein ländliches. Zwar kamen manche der von Eugenikern zur Zielscheibe gemachten Amerikaner aus ländlichen Gebieten oder Kleinstädten – wie die Kallikaks oder Carrie Buck –, die überwältigende Bedrohung aber, die der Eugenik ihre „Dringlichkeit" verlieh, ging von der Großstadt aus. Die Stadt galt als vorrangiger Hort des Verderbens, als das Umfeld, das „der Nation" zusetzte.

In gewisser Weise machte diese Sichtweise Sinn. Eine Stadt wie New York beheimatete einerseits so ehrwürdige angloamerikanische Institutionen wie das Museum für Naturgeschichte, war aber andererseits auch ein Magnet, der Millionen von Einwanderern in seine belebten Straßen zog. Dasselbe konnte über viele Großstädte gesagt werden, in denen Osteuropäer und Italiener das Straßenbild bestimmten. Zusätzlich zur Einwanderung aus Europa zogen nach dem Ersten Weltkrieg viele Schwarze aus dem Süden in Städte des Nordens wie Chicago, Detroit, Cleveland und New York. Schließlich galt die Großstadt schon lange als Lasterhöhle, in der sich Diebe, Betrunkene, Bohemiens, Radikale, Hochstapler und Prostituierte aufhielten. Waren „Sozialhygiene" und „ethnische Säuberung" die Ziele der Eugenik, so bildete die Großstadt eine perfekte Angriffsfläche.

Als Gegenstück dazu wurde das ländliche und kleinstädtische Amerika, das weniger von den „neuen" Migrationsbewegungen betroffen war, als Urquell der „guten Familien" besungen. Gesellschaftlich und wirtschaftlich begann in diesen Teilen Amerikas ein anhaltender Prozess des Niedergangs. Dennoch strahlten und strahlen solche Regionen das Flair eines Landes aus, in dem moralische Werte und geistige wie körperliche Gesundheit noch intakt sind. Auf kleinen und großen Märkten, auf denen die Fitter Family-Wettbewerbe eine große Attraktion bildeten, diente dieser „Zauber des Vertrauten, Normalen, Verläßlichen"[22], um mit Lippmann zu sprechen, zur Unterscheidung zwischen einem „ansehnlichen Erbe" und dessen Feinden. Hier förderte die Eugenikbewegung ein Idealbild der perfekten Familie: ein kräftiger Vater angloamerikanischer Abstammung, eine Mutter aus ähnlichem Stoff, beide fest entschlossen, eifrig Preiskälber zu züchten; und eine Schar flachshaariger Kinder, die zu den Auserwählten zählen, als Sinnbild für eine bessere Zukunft zu dienen. Kontrastiert wurde dieses Idyll mit Darstellungen von Menschen, die angeblich kein „ansehnliches Erbe" hatten: Immigranten, frisch mit Bürgerrechten ausgestattete Schwarze und „Debile". Ihr „unansehnliches Erbe" sollte ihnen vonseiten der Eugeniker Gewalt, Diskriminierung, Verleumdung und Spott einbringen.

Dieser Dualismus, diese Trennung des vollkommen Guten vom durch und durch Bösen war in den ersten Jahrzehnten des 20. Jahrhunderts die Sprache der Stereotype, übersetzt in eine Mischung aus Naturwissenschaft, Politik und Volkskultur. Doch über die Eugenik hinaus waren noch andere Entwicklungen im Gange, die zum Siegeszug der Stereotypisierung als Lingua franca der modernen Welt beitragen sollten.

Teil 6

Moderne Schauplätze der Stereotypisierung

23. Vom unwiderstehlichen Drang, Hühner zu stehlen

1852, als Dr. Roget der britischen Leserschaft erstmals seinen *Thesaurus of English Words and Phrases* vorstellte, gab er an, sein Hauptziel sei die Bereitstellung eines Instrumentariums, das es erleichtere, „Ideen zum Ausdruck zu bringen und Literatur zu verfassen". Der Thesaurus könne die Nutzer für knifflige Bedeutungsfragen sensibilisieren und die unangenehme Kluft zwischen dem, was gesagt wird, und dem, was gemeint ist, verkleinern. Seine große Hoffnung war, dass seine Bemühungen letztendlich zur Entwicklung einer präzisen Universalsprache führen würden. Diese Sprache würde „die Hürden [beseitigen], die dem Gedankenaustausch und gegenseitigen Verständnis entgegenstehen und die heute durch die Unterschiedlichkeit der jeweiligen Sprachen zwischen den Menschen stehen."[1]

Roget pflegte jedoch nicht nur utopische Visionen von einer philosophisch genauen Sprache, er war auch Realist. Als Einwohner von Mayhews London war er sich der Tatsache bewusst, dass er in einer Welt lebte, in der eine Kakofonie von Sprachen und Sprachvarianten die Unterschiede zwischen den Menschen verschiedener Klassen, Kulturen und Nationen kennzeichnete. Trotz seiner eigenen Vorurteile, die in seinem Thesaurus klar zum Vorschein kommen, führte diese Einsicht Roget dazu, eine breite Auswahl umgangssprachlicher Ausdrücke in sein sorgfältig geordnetes linguistisches Universum zu integrieren. Wie er in der Einführung vermerkte, enthielt sein Thesaurus „viele Worte und Ausdrücke, die der gebildete Leser als Vulgarismen verdammen möchte oder eher der Umgangssprache als dem einwandfreien modernen Sprachgebrauch zuordnen würde."

Dass Roget sich der Umgangssprache annahm, hatte pragmatische Gründe. Zur Auswahl der aufzunehmenden Worte schrieb er: „Ich hätte nicht den Versuch unternehmen können, strikte Trennungslinien zu ziehen; und ich hätte mir erst recht nicht anmaßen können, einen absoluten Reinheitsstandard aufzustellen. Mein Ziel", heißt es weiter, „ist nicht die Reglementierung der benutzten Worte, ich möchte einfach Worte bereitstellen und vorschlagen, die gelegentlich benötigt werden könnten, und überlasse die sachgemäße Auswahl völlig dem Ermessen und Geschmack des Benutzers."

In den Vereinigten Staaten waren die Herausgeber bei Erscheinen der amerikanischen Erstausgabe von Rogets *Thesaurus* offenbar der Ansicht, auf „Ermessen und Geschmack des Benutzers" könne man sich nicht verlassen. Sie beschlossen, sämtliche umgangssprachlichen Worte und Ausdrücke aus dem Nachschlagewerk zu entfernen. In einer Gesellschaft, die immer noch mit der Etablierung einer zivilisierten nationalen Identität rang, waren die Herausgeber vielleicht der Ansicht, der Ausschluss der Umgangssprache sei besser für die Entwicklung der Nation. Doch für ein Handbuch der gesprochenen und geschriebenen Sprache machte dieser Ausschluss wenig Sinn. Als 1854 die zweite amerikanische Ausgabe erschien, wurde die Umgangssprache wieder aufgenommen, allerdings in einem getrennten Abschnitt am Ende des Buches. Diese räumliche Trennung unterstrich eine Abgrenzung der „anständigen" von der „unschicklichen" Sprache, der sich Roget selbst verweigert hatte. Spätere amerikanische Ausgaben des Thesaurus' gaben diese Politik der linguistischen Segregation auf und kamen auf Rogets ursprüngliche Methodik zurück, bei der mundartliche und volkstümliche Ausdrücke mit den anderen zusammen aufgeführt wurden.

Als angesehener Wissenschaftler und Literat sah sich Roget allerdings dazu veranlasst, eine literarische Erklärung für die Aufnahme umgangssprachlicher Ausdrücke zu geben.

Wenn zum Beispiel ein Autor von Romanen oder Theaterstücken eine ungebildete Person skizzieren will, möchte er wohl die Möglichkeit haben, ihr zu ihrem Charakter passende Ausdrücke in den Mund zu legen; ganz wie der Schauspieler ..., der einen Bauern darstellen soll, für diese Rolle die unscheinbarsten Kleidungsstücke aussuchen würde und allen Grund hätte, sich zu beschweren, wenn die Theatergarderobe kein solches passendes Kostüm für ihn bereithalten würde.[2]

Die Möglichkeit, anderen Worte in den Mund zu legen, war Roget zufolge ein unverzichtbares Privileg von Roman- und Theaterschriftstellern und sein Ziel war die Bereitstellung einer „idiomatischen Garderobe", aus der sie die geeignetsten Brocken zur Ausstattung von Charakteren wählen konnten, die sie kaum kannten. Rogets System verortete die Umgangssprache in der rauen Provinz der Hinterwäldler und „Barbaren", betrachtete sie aber als notwendiges Handwerkszeug für jeden Schriftsteller, der das Leben des „Pöbels" darstellen will.

Soziologen, Ethnografen und Kriminalanthropologen von Mayhew bis Lombroso machten sich diesen Aspekt der Umgangssprache zu eigen. Wenn

Sprache ein Kennzeichen von Respektspersonen war, so war sie auch ein Diagnosewerkzeug, mit dem frühe Sozialwissenschaftler und Psychologen die Grenzen der Verworfenheit ausmachen konnten. Die „Verstümmelung" der Sprache galt als sicheres Zeichen einer niederen Klasse und damit einhergehenden Kriminalität.

In *The Criminal* beispielsweise widmete Havelock Ellis ein ganzes Kapitel dem Thema „Ganovensprache". Seine Erörterung des Themas begann mit der Feststellung, „jeder Berufsstand, jede isolierte Gruppe von Personen, fast jede Familie" verfüge „über eine mehr oder weniger umfangreiche Gruppe von Worten und Redewendungen, die Außenstehenden unverständlich sind."

Unter allen gesellschaftlichen Gruppen galten jedoch die kriminellen Klassen als diejenigen, die ihr Argot am erfolgreichsten dazu benutzten, von keinem Außenstehenden verstanden zu werden. Aus diesem Grund, meinte Ellis, müssten Studenten der Kriminologie lernen, die Sprache der Straße zu verstehen, damit sie die „Angehörigen der Armee der Übeltäter" treffsicher erkennen könnten.

So wie Mayhew den Straßenhändlerjargon entschlüsselte, machte sich Ellis an die Erfassung des Verbrecherjargons und stellte Berichten in Originalfassung eine Übersetzung in verständlicherer Form gegenüber. So zitierte er zum Beispiel Wort für Wort das Kauderwelsch eines Taschendiebs, der seine Verhaftung beschrieb:

I was jogging down a blooming slum in the Chapel, when I butted a reeler, who was sporting a red slang. I broke off his jerry, and boned the clock, which was a red one, but I was spotted by a copper who claimed me. I was lugged before the beak, who gave me six doss in the steel.

Durch Ellis' Übersetzung in ein Standardenglisch wurde der Jargon verständlich. Dem Taschendieb schien somit die Möglichkeit genommen, so zu sprechen, dass ihn der Kriminologe nicht verstehen konnte.

Als ich in White-Chapel eine schmale Gasse entlanglief, begegnete ich einem Betrunkenen, der eine goldene Uhrenkette hatte. Ich stahl seine Uhr, die eine Golduhr war, wurde aber von einem Polizisten gesehen, der mich fing und vor den Richter brachte, der mich zu sechs Monaten in der Bastille (der alten Besserungsanstalt) in Coldbath Fields, verurteilte.

Solche Übersetzungen von Ganovenjargon dienten nicht in erster Linie dazu, Lesern ein unbekanntes Idiom vorzustellen. Vielmehr herrschte die Überzeugung, der Jargon liefere den unwiderlegbaren Beweis für das animalische Wesen derer, die ihn benutzten. Während ein zivilisierter Mensch mit den abstrakten Zusammenhängen vertraut sei, drücke ein krimineller Mensch alles mit grob materiellen Begriffen aus. Für Ellis stellte das Studium der Verbrechersprache einen Weg in die Denkart derer dar, die sie sprachen.

Das Hauptinteresse am Jargon von Gewohnheitsverbrechern ist ein psychologisches. Diese Ganovensprache ermöglicht uns einen genauen Einblick in die geistigen Prozesse derer, die sie erfinden und benutzen; sie ist selbst eine Verkörperung krimineller Tendenzen ... Sie ist voller metaphorischer Ausdrücke für Objekte, die nach ihren Eigenschaften benannt werden. Nahezu alles wird degradiert, manchmal mit grobem und absurdem Witz. ‚Während die Vorstellungskraft des Dichters unbelebten Objekten eine Seele verleiht', stellt M. Joly fest, ‚verwandelt die Vorstellungskraft des Verbrechers lebendige Wesen in Dinge, gleicht Menschen Tieren an.' ... So wird alles vulgarisiert. Der Verbrecher zeigt eine instinktive Verachtung für die kostbare Prägung der Sprache.

Die „degradierte" Sprache von Verbrechern, schloss Ellis, sei vergleichbar mit der des „Wilden", Zeichen eines „psychischen Atavismus'", der Verbrecher und Bösewichte mit jenen verbinde, die er als unter dem Menschen stehende Rassen definierte.[3]

Sprache als Zeichen einer Minderwertigkeit zu betrachten war eine Sichtweise, die nicht auf Wissenschaftskreise beschränkt war. In der darstellenden Kunst war Sprache schon seit Langem ein maßgebliches Instrument zur Charakterisierung einer Figur. Diese künstlerische Praxis wurde in den Jahren nach dem amerikanischen Bürgerkrieg ein Grundelement US-amerikanischer Volkskultur, die dem weißen Amerika eine Möglichkeit bot, freien Schwarzen und frisch Eingewanderten ihr Menschsein abzusprechen. Ein offensichtliches Beispiel für diese Vorgehensweise waren die Minstrelshows mit schwarz geschminkten Schauspielern, die zur festen Einrichtung einer aufkommenden Massenkultur wurden.

Die Ursprünge der amerikanischen Minstrelgruppen führen in die 1820er-Jahre zurück, als der Abolitionismus – die Bewegung für die Abschaffung der

Sklaverei – begann, an den Grundfesten der Gesellschaft zu rütteln. Unter den Abolitionisten, zu denen viele weiße Gegner der Sklaverei zählten, wurden auch freie Schwarze als einflussreiche Persönlichkeiten und eloquente Redner bekannt. Die Bedeutung dieser Tatsache ist nicht zu unterschätzen: Die Legenden der Sklavenhalter verleumdeten Schwarze stets als kindlich, dumm, unehrlich und inkohärent.

Solche Vorstellungen wurden von großen Teilen der amerikanischen Presse unterstützt. In seiner Verachtung für die schwarzen Einwohner von New York City verfasste ein Autor des *New York Enquirer* 1826 eine Art Textbaustein-Version der Eigenschaften, mit deren Zuschreibung die Persönlichkeiten von Schwarzen regelmäßig herabgesetzt wurden: „Der 15. Teil der Bevölkerung dieser Stadt besteht aus Schwarzen. Nur 15 Stück sind wahlberechtigt. Die Freiheit ist für sie wahrlich ein großer Segen. Sie lassen unsere Armenliste wachsen, sie sind träge und unzivilisiert."

Als 1827 John Russworm und Samuel Cornish mit dem *Freedom's Journal* die erste afroamerikanische Zeitung gründeten, war es diese Diffamierung, der sie entgegentreten wollten. In einer Grundsatzerklärung auf der Titelseite kündigten sie an:

Wir möchten unsere Sache selbst vertreten. Zu lange haben andere für uns gesprochen. Zu lange wurde die Öffentlichkeit durch Falschdarstellungen getäuscht, die uns zutiefst bekümmern, obwohl ... es viele in dieser Gesellschaft gibt, die uns Wohlwollen entgegenbringen; dennoch (wir bekennen es mit Sorge) gibt es andere, die es sich zur Aufgabe machen, die kleinste Lappalie aufzubauschen, die dazu dienen könnte, eine farbige Person zu diskreditieren, und Verwünschungen ausstoßen und uns en gros für den Fehltritt dieses einen Schuldigen verurteilen ... Es wird immer unsere Aufgabe sein, unsere Brüder zu verteidigen.[4]

Zwei Jahre lang prangerte die Zeitung die Sklaverei, Lynchmorde und anderes systematisch an Schwarzen begangenes Unrecht an. Sie druckte auch Sklavenberichte, bewegende Lebenszeugnisse aus erster Hand von Menschen, die aus der Sklaverei geflohen waren. 1829, in seinem letzten Erscheinungsjahr, veröffentlichte das *Freedom's Journal* den „Walker's Appeal", eine vierteilige Artikelfolge von einem freien schwarzen Schneider und Abonnentenwerber der Zeitung. Darin rief Walker Sklaven zur Rebellion gegen ihre Herren auf.

Das *Freedom's Journal* erschien nur zwei Jahre lang, markierte aber den Beginn einer afroamerikanischen Literaturtradition, die über das gesamte 19. und 20. Jahrhundert wachsen und blühen sollte. Zu Beginn des amerikanischen Bürgerkriegs wurden 24 schwarze Zeitungen gedruckt, darunter der *North Star* und weitere Zeitungen von Frederick Douglass, dem großen Redner der Abolitionisten. Eine schwarze Stimme, die sich Gehör zu verschaffen wusste und aktiv gegen verbreitete Stereotype vorging, erhob sich.

Zeitgleich zu dieser Entwicklung entstand jedoch auch die Minstrelshow: eine sehr beliebte volkstümlich Form der Unterhaltung, die die Eitelkeiten des weißen Rassismus' bestärkte. Ein Jahr nachdem Cornish und Russworm damit angefangen hatten, ihre Zeitung herauszugeben, begann ein weißer Mann namens Thomas „Daddy" Rice seine Karriere als schwarz geschminkter, tanzender Hanswurst namens „Jim Crow". Diese Figur war ein verkrüppelter schwarzer Sklave, der mit den Füßen scharrte, schlurfte und sang, große Clownsschuhe trug, Heu im Haar hatte und ein seltsames Englisch sprach. Jim Crow, eine von einem weißen Mann entworfene Figur eines schwarzen Mannes, war ein per se dummer und unverantwortlicher Sklave, der zur Rechtfertigung einer Fortsetzung der weißen Vorherrschaft diente. Aus dieser 1828 entstandenen Figur sollte sich nach und nach ein ganzes Gewerbe entwickeln.

1843 wurden die Minstrelgruppen in Amerika mit Dan Emmetts „Virginia Minstrels" zu einem Teil der Mainstreamunterhaltung. Als erste Minstrelgruppe, die im berühmten Bowery Amphitheater New Yorks ein abendfüllendes Programm mit schwarz geschminkten Schauspielern bot, verwandelte Emmetts Vierpersonen-Show den von Thomas Rice entworfenen Jim Crow auf wundersame Weise in ein eigenes Genre der volkstümlichen Unterhaltung.

[Aus der Sammlung der Wisconsin State Historical Society]

Der Theatergeschichtler Lee Davis fasste die schauspielerische Leistung der Virginia Minstrels folgendermaßen zusammen:

Die Form war so natürlich, sie schien improvisiert – und ein Großteil des Abends war, weil die vier so talentiert waren, tatsächlich improvisiert. Vor allem aber war es ein ausgelassener und aufregender Abend. Die Minstrels mit den weit aufgerissenen Augen, großen Lippen und zerlumpten Kostümen brausten in all ihrer Absurdität in einem einzigen, kaum abflauenden Energiegewitter auf die Bühne. Sie beschimpften sich gegenseitig, foppten sich gegenseitig, trieben Schindluder mit der Sprache, beteiligten die Zuhörerschaft am Spaß – und über Nacht hatte Amerika, hatte die Welt eine neue Form des Showbusiness.[5]

Bald entstanden in ganz Amerika umherziehende Minstrelgruppen und boten ihrer weißen Zuhörerschaft possenhafte Darstellungen schwarzer Menschen dar, die deren Unzuverlässigkeit, Faulheit und jeder Logik entbehrende Gedankenwelt herausstellten. Gruppen wie die Christy's Minstrels, Dockstader's Minstrels, Buckley's Serenaders, Sweeney's Minstrels und andere präsentierten ein Bild der Sklaverei als angenehmes und fröhliches Heim für Menschen, die im Besitz anderer waren. Die Minstrelshows waren durchweg in einem Pseudodialekt verfasst, der als sprachlicher „Beweis" der Minderwertigkeit von Schwarzen fungierte. Im Süden waren Weiße es gewohnt, Sklaven untereinander reden zu hören, auch Sklavenmusik zu hören und sie nicht zu verstehen.

Leroi Jones (alias Amiri Baraka) bietet in *Blues People*, seinem Klassiker aus dem Jahr 1963, folgende Erklärung für die Unfähigkeit der Sklavenbesitzer, die Sprache ihrer menschlichen Besitztümer zu verstehen:

Was jetzt „Südstaatlerakzent" oder „Negersprache" genannt wird, war einst einfach der Akzent eines Ausländers, der sich in einer neuen, un-

[Aus dem Ewen-Archiv]

gewohnten Sprache versuchte. Die weißen Meister sahen darin die „Unfähigkeit" des Sklaven, perfektes Englisch zu sprechen, seine vermeintliche „Infantilität" und seinen Glauben an übernatürliche Dinge. Die Sklavenhalter, sofern sie sich überhaupt die Mühe machten, den Liedern zuzuhören, erhielten den Einruck, dass sogar die Lieder ihrer in Amerika geborenen Sklaven „unbegreiflich" oder „unverständlich" waren.[6]

Die Unterschiede zwischen dem Englisch der Weißen und dem der Schwarzen waren in gewisser Weise auch im Interesse der Sklaven. Anders als die Musiktradition westlicher Kulturkreise spielte die Musik unter Afroamerikanern laut Jones eine eindeutig „funktionale" Rolle im Plantagenleben. Wie viele Code-Sprachen, ermöglichte sie ihren Benutzern einen Austausch über ihre Lebensbedingungen und den Wunsch, zu fliehen, ohne dass Sklavenhalter sie verstehen konnten. Jones berichtet, dass die Sklavenhalter auf diesen subversiven Gebrauch von Musik aufmerksam wurden und ihn – soweit sie ihn erkennen konnten – unter Androhung schwerer Strafen zu unterbinden versuchten.

Zum anderen wurden Bezugnahmen auf die Götter oder Religionen Afrikas von den weißen Herren sofort unterdrückt – nicht nur, weil sie alle religiösen afrikanischen Bräuche für ‚barbarisch' hielten, sondern auch weil die Weißen schnell herausfanden, dass eine zu regelmäßige Verehrung der afrikanischen Götter die Gefahr in sich barg, dass ihre Afrikaner die Plantage bei der ersten Gelegenheit verlassen würden. Afrikanische Trommeln wurden auch bald verboten, denn der Weiße merkte, dass man Trommeln außer zur Begleitung von Tänzern auch zum Anfachen von Revolten verwenden konnte.[7]

In den Minstrelshows wurde jeglicher Gedanke an die Unzufriedenheit Schwarzer im Keim erstickt. Schwarze Sprache und Musik, so wie sie dort dargestellt wurden, waren auf kindischen Nonsens reduziert oder brachten eine nostalgische Sehnsucht nach der Sklaverei zum Ausdruck, die keinerlei Verbindung mit der Seele der afroamerikanischen Sprechweise oder einer lebendigen Musiktradition hatte, wie sie später die amerikanischen Popstile dominieren sollte: Blues, Jazz, Rock 'n' Roll und Hip-Hop.

Im Spektakel der Minstrelshows entwickelten sich bestimmte wiedererkennbare Charaktere, die zu einer quer durch das ganze Land standardisierten rassistischen Kultur führten. „Brudder Bones" und „Brudder Tambo" (Bruder Knochen und Bruder Tamburin) waren schwarz geschminkte, grinsende Komiker und Musiker, deren üble Streiche und konfuses Gekasper an beiden Enden eines Halbkreises einer verärgerten weißgesichtigen Figur Kummer bereitete, die in der Mitte der Halbkreislinie stand. Diese als „Mr. Interlocutor" bezeichnete Moderatorfigur sprach eine blumige, gestelzte Sprache, die die Sprechweise einer weißen Oberschicht parodierte.[8]

Weitere Standardfiguren eroberten sich ebenfalls die Bühne. Eine davon war der altehrwürdige „Jim Crow", der schlicht gestrickte, unbekümmerte Plantagensklave, eine andere die „Mammy" – eine dickliche und loyale Haushaltssklavin, ihrer „weißen Familie" ergeben. Ihr ununterbrochenes, breitlippiges Lächeln und ihre großen Augen brachten ihre Zufriedenheit mit einem angeblich humanen Sklavensystem zum Ausdruck. Der „Zip Coon" oder auch „Scipio Africanus" war die Karikatur eines städtischen freien Schwarzen – eine unmöglich aufgetakelte, hilflose Zielscheibe des Spotts, die für die „angeborene" Unfähigkeit Schwarzer stand, den mit einem Leben in Freiheit verbundenen Aufgaben gerecht zu werden.

Musik war ein wesentlicher Bestandteil der Vorführungen. Weiße Männer mit schwarz geschminkten Gesichtern spielten Instrumente, die zuvor nur von Sklaven gefertigt und gespielt worden waren, wie zum Beispiel das Banjo. Das Banjo – oder Banjar, Banza oder Banshaw, wie es unter Schwarzen auch hieß – stammte aus Afrika und verbreitete sich mit der Plantagensklaverei in den amerikanischen Kolonien. Minstrelschauspieler eigneten sich auch andere Pseudoversionen einheimischer „schwarzer" Instrumente an: die Trommel, das Tamburin, Knochen und Löffel. „Bruder Tamburin" und „Bruder Knochen" waren nach den Instrumenten benannt, die sie spielten.

Für die amerikanische Mittel- und Oberschicht standen solche Instrumente für das, was eine Bostoner Zeitung als „die Tiefen der Entartung" bezeichnete, die Provinz der „Hüpftänze vollführenden unteren Klassen der Gesellschaft".[9] Später wurde dem Banjo zwar etwas mehr Respekt entgegengebracht, aber zunächst diente es durch seine Aufnahme in die Minstrelshows – zusammen mit anderen „schwarzen" Instrumenten – als Klischeesymbol der niedrigen Kultur derjenigen, die es repräsentierte.

Auch wenn die Kostüme ein wesentlicher Bestandteil der Minstrelshows waren, war es doch in erster Linie der Sprachgebrauch, der Schwarze mehr als jeder andere Showbestandteil vom Ideal der „zivilisierten" weißen Gesellschaft abgrenzte. Lieder, die von Komponisten wie Stephen Foster verfasst wurden – einem Nordstaatler aus Pittsburgh, der keine eigenen Erfahrungen mit dem Leben im Süden hatte –, waren ein nicht wegzudenkender Teil der Minstrelshows. Die Texte verbanden eine verballhornte „Negersprache" mit „weißer" Ideologie, und ein zentraler Aspekt dieser Ideologie war die Vorstellung, Schwarze strebten nach Unterwerfung und sehnten sich nach der vertrauten Sicherheit des Lebens auf den Plantagen. Sie seien, so die Fortsetzung des Propagandamärchens, unfähig, inmitten der „Bürden der Freiheit" zu überleben. Der E. P. Christy zugeschriebene, in Wirklichkeit jedoch 1851 von Stephen Foster verfasste Song „Old Folks at Home", eine „äthiopische Melodie", ist ein klassisches Beispiel dieser Mischung in Form eines „Klagelieds eines ehemaligen Sklaven":

Way down upon de Swanee ribber,
Far, far away,
Dere's wha my heart is turning ebber,
Dere's wha de old folks stay.

All up and down de whole creation,
Sadly I roam,
Still longing for de old plantation,
And for de old folks at home.

All de world am sad and dreary,
Ebry where I roam,
Oh! darkeys how my heart grows weary,
Far from de old folks at home.

All round de little farm I wander'd
When I was young,
Den many happy days I squander'd,
Many de songs I sung.

When I was playing wid my brudder,
Happy was I,
Oh! take me to my kind old mudder,
Dere let me live and die.

All de world am sad and dreary,
Ebry where I roam,
Oh! darkeys how my heart grows weary,
Far from de old folks at home.

One little hut among de bushes,
One dat I love,
Still sadly to my mem'ry rushes,
No matter where I rove.

When will I see de bees a humming,
All round de comb?
When will I hear de banjo tumming,
Down in my good ole home?

All de world am sad and dreary,
Ebry where I roam,
Oh! darkeys how my heart grows weary,
Far from de old folks at home.[10]

(Weit drunten am Swanee-Fluss,
weit, weit weg,
das ist, wo mein Herz ist,
das ist, wo meine Leute sind.
Auf der ganzen weiten Welt,
zieh ich traurig umher,
sehne mich immer noch nach der alten Plantage,
und nach meinen Leuten zu Haus.
Die ganze Welt ist traurig und trübselig,
wo auch immer ich bin,
Oh, Neger, wie ist mein Herz so müde,
weit weg von meinen Leuten zu Haus.
Überall auf der kleinen Farm bin ich gewesen,
als ich jung war,
viele frohe Tage habe ich damals verbracht,
viele Lieder gesungen.

Als ich mit meinem Bruder gespielt habe,
da war ich glücklich,
Oh, bringt mich zu meiner guten alten Mutter,
dort lasst mich leben und sterben.
Die ganze Welt ist traurig und trübselig ...
Eine kleine Hütte unter den Büschen,
eine, die ich liebe,
ist mir immer noch in Erinnerung,
egal, wo ich mich rumtreibe.
Wann werde ich die Bienen summen sehen,
rings um die Honigwabe?
Wann werde ich das Banjo hören,
drunten in meiner guten alten Heimat?
Die ganze Welt ist traurig und trübselig ...)

„Die ganze Welt ist traurig und trübselig", wie in jedem Refrain erneut betont wird, weil der imaginäre ehemalige Sklave nichts mehr herbeisehnt, als die heile Welt des Südens, die heile Welt der Sklaverei.

Auch andere Minstrelsongs käuten dieses Thema wieder. Das von Emmetts Virginia Minstrels erstmals aufgeführte „Oh! Carry Me Back to Ole Virginny" stellte ähnliche nostalgische Gefühle für das Plantagenleben zur Schau. Die Südstaatenhymne „Dixie", von Emmett verfasst und von den Virginia Minstrels am Vorabend des Bürgerkriegs aufgeführt, legte ebenfalls einem traurigen Sklaven Worte in den Mund, die eine Sehnsucht nach der rettenden Knechtschaft zum Ausdruck brachten:

I wish I was in de land ob cotton,
Old times dar am not forgotten,
Look away! Look away!
Look away! Dixie Land.
In Dixie Land whar I was born in
Early on one frosty mornin'.
Look away! Look away!
Look away! Dixie Land.

Den I wish I was in Dixie,
Hooray! Hooray!
In Dixie Land I'll took my stand,
To lib an' die in Dixie,
Away, away,
Away down south in Dixie ...

Dar's buckwheat cakes an' Ingen' batter,
Makes you fat or a little fatter;
Look away! Look away!
Look away! Dixie Land.
Den hoe it down an' scratch your grabble.
To Dixie's land I'm bound to trabble,
Look away! Look away!
Look away! Dixie Land.[11]

(Ich wünscht, ich wär im Baumwollland,
die alten Zeiten dort sind nicht vergessen.
Schau weit weg! Schau weit weg!
Schau weit weg! Dixieland.
In Dixieland, wo ich geboren wurde,
früh an einem kalten Morgen.
Schau weit weg! Schau weit weg!
Schau weit weg! Dixieland.
Dann wünsch ich mir ich wär in Dixie,
Hurra! Hurra!
In Dixieland, ich hab mich entschieden,
in Dixie zu leben und zu sterben,
weit weg, weit weg,
weit unten im Süden in Dixie ...
Dort gibt's Buchweizenfladen und Maisbrot,
das macht einen dick oder ein bisschen dicker.
Schau weit weg! Schau weit weg!
Schau weit weg! Dixieland.
Dann hack' drauf los und kratz' den Kies.
Nach Dixieland muss ich unbedingt.

Schau weit weg! Schau weit weg!
Schau weit weg! Dixieland.)

Ein weiterer Foster-Song, der bei seiner Erstaufführung 1848 Christy zugeschrieben wurde, berichtete über den sterbenden treuen Sklaven Ned, dessen harte Arbeit im Leben ihm seinen Lohn im Himmel bringt: „Er ist dorthin gegangen, wo die guten Nigger hingehen."

Dere was an old Nigga, dey call'd him uncle Ned –
He's dead long ago, long ago!
He had no wool on de top ob his head –
De place whar de wool ought to grow.

Den lay down de shubble and de hoe,
Hang up de fiddle and de bow:
No more hard work for poor Old Ned –
He's gone whar de good Niggas go,
No more hard work for poor Old Ned –
He's gone whar de good Niggas go.

His fingers were long like de cane in de brake,
He had no eyes for to see;
He had no teeth for to eat de corn cake,
So he had to let de corn cake be.

Den lay down de shubble and de hoe,
Hang up de fiddle and de bow:
No more hard work for poor Old Ned –
He's gone whar de good Niggas go,
No more hard work for poor Old Ned –
He's gone whar de good Niggas go.

When Old Ned die Massa take it mighty hard,
De tears run down like de rain;
Old Missus turn pale and she gets berry sad,
Cayse she nebber see Old Ned again.

Den lay down de shubble and de hoe,
Hang up de fiddle and de bow:
No more hard work for poor Old Ned –
He's gone whar de good Niggas go,
No more hard work for poor Old Ned –
He's gone whar de good Niggas go.

(Es war einmal ein alter Nigger, sie nannten ihn Onkel Ned –
er ist schon lange, lange tot!
Er hatte keine Wolle auf seinem Kopf –
dort, wo die Wolle wachsen soll.
Dann leg die Schaufel und die Hacke hin,
häng die Fiedel und den Bogen auf:
Keine harte Arbeit mehr für den armen alten Ned,
er ist dorthin gegangen, wo die guten Nigger hingehen.
Keine harte Arbeit mehr für den armen alten Ned,
er ist dorthin gegangen, wo die guten Nigger hingehen.
Seine Finger waren lang wie das Rohr im Röhricht,
er konnte mit seinen Augen nicht mehr sehen,
er hatte keine Zähne mehr, um das Maisbrot zu essen,
so musste er das Maisbrot Maisbrot sein lassen.
Dann leg die Schaufel und die Hacke hin ...
Als der alte Ned starb, ist es dem Master sehr nah gegangen,
die Tränen liefen runter wie der Regen.
Die alte Missus wurde blass und sehr traurig,
weil sie den alten Ned nie wieder sehen wird.
Dann leg die Schaufel und die Hacke hin ...)

Vor dem Bürgerkrieg handelten Minstrel-Songtexte gelegentlich auch von den Gefahren, denen Schwarze auf der Flucht ausgesetzt sein könnten. Stephen Fosters „Oh! Susannah!" aus dem Jahre 1848 war die Geschichte eines versklavten schwarzen Mannes, der Alabama verlassen hat, um sich mit seiner „wahren Liebe" zu vereinen, die an einen anderen Besitzer in Louisiana verkauft wurde. Der „mit einem Banjo auf dem Knie" aufgebrochene Erzähler berichtet von den Risiken, die solch unerlaubte Reisen mit sich bringen – bis hin zu einem selbstverschuldeten Unfall, der 500 Menschen das Leben kostet:

I jumped aboard de telegraph, and travelled down de ribber,
D 'lectric fluid magnified, and killed five hundred nigger.
De bullgine bust, de horse runs off, I really thought I'd die;
I shut my eyes to hold my breath: Susanna, don't you cry.

(Ich sprang auf den Telegrafen und fuhr den Fluss hinunter,
Der elektrische Strom wurde größer und tötete 500 Neger.
Der Stier ist ausgebrochen, das Pferd rennt weg, ich dachte, ich sterbe;
Ich schließe meine Augen und halte den Atem an: Susanna, weine nicht.)

Seit den 1840ern und den gesamten Bürgerkrieg über legten weiße Unterhaltungskünstler mit schwarz geschminkten Gesichtern Schwarzen realitätsfremde Worte in den Mund und verwandelten so die unterdrückerischen Zustände in eine Volkskunst, die sich großer Beliebtheit erfreute. In gewissem Maße waren diese Pseudo-Sklavenstimmen eine Reaktion auf eine authentische und überzeugende schwarze Stimme mit bemerkenswerter Ausdruckskraft, die sich während desselben Zeitraums zunehmend Gehör verschaffte.

Der bekannteste Erzähler wahrer Erfahrungen aus der Sklaverei war Frederick Douglass. In Maryland als Sklave geboren, entfloh er der Sklaverei im Jahr 1838. Eine bekannte Episode, die Douglass wieder und wieder erzählte, handelt davon, wie er im Gegensatz zu den meisten anderen Sklaven als Kind lesen lernte. Seine weiße Herrin, die vom Verbot, Sklaven Lesen und Schreiben zu lehren, nichts wusste, hatte damit begonnen, ihm das Lesen der Bibel beizubringen. Er war ein schneller und eifriger Schüler. Als Master Hugh, sein Besitzer, sein Können bemerkte, setzte er dem „Fehlverhalten" seiner Gattin schnell ein Ende und erklärte ihr:

> Lesen verdirbt den besten Nigger der Welt. Wenn er die Bibel lesen lernt, wird er nie mehr als Sklave taugen. Er sollte nichts außer dem Willen seines Besitzers kennen ... Wenn du ihm das Lesen beibringst, will er auch schreiben lernen, und sobald er das kann, macht er sich aus dem Staub.[12]

Nichtsdestotrotz war dies der Anfang von Douglass' beeindruckender Gewandtheit mit dem gesprochenen wie dem geschriebenen Wort. Heimlich verschlang er Bücher und erarbeitete sich flüssige Lese- und Schreibkenntnisse. Bald machte er sich in der Tat „aus dem Staub".

Als er sich Anfang der 1840er bei den Abolitionisten engagierte, wurde er zu einem überzeugenden und beredten Augenzeugen der Brutalität der Sklaverei. 1845 veröffentlichte er die erste von mehreren Autobiografien, die noch heute einen zentralen Platz im Kanon der Antisklavereiliteratur einnimmt: *Narrative of the Life of Frederick Douglass, An American Slave: Written By Himself* (deutsch: *Das Leben des Frederick Douglass als Sklave in Amerika von ihm selbst erzählt*). Mithilfe der weißen Abolitionisten Wendell Phillips und William Lloyd Garrison (Herausgeber von *The Liberator*) wurde Douglass zu einem gefragten Redner auf Versammlungen. Seine Sprachgewalt strafte den Minstrelmythos von der „Negersprache" Lügen. Wenn Douglass in seinen Schriften Sklavendialekt benutzte, so tat er dies, um die kritischen Inhalte bekannt zu machen, die darin verborgen waren. So bewahrte er die Erinnerung an ein von Sklaven gesungenes Festtagslied, aus dem ein augenfälliges, klares Bewusstsein der Ungerechtigkeit der Sklaverei spricht:

We raise the wheat,
Dey gib us corn;
We bake de bread,
Dey give us de crust;
We Sift the meal,
Dey gib us de huss;
We peel de meat,
Dey gib us de skin;
And dat's de way
Dey takes us in;
We skim de pot,
Dey gib us de liquor,
And say dat's good enough for nigger.[13]

(Wir bauen den Weizen an,
sie geben uns Mais.
Wir backen das Brot,
sie geben uns die Kruste.
Wir sieben das Mehl,
sie geben uns die Spelzen.
Wir häuten das Fleisch,

sie geben uns die Haut,
und genau so
legen sie uns rein.
Wir fischen das Gemüse für sie aus der Kochbrühe,
sie geben uns die Kochbrühe
und sagen: das gut genug für Nigger.)

Douglass war nicht der Einzige. William Wells Brown, Sohn eines weißen Sklavenbesitzers und einer seiner schwarzen Sklavinnen, wurde ebenfalls als Redner und Schriftsteller berühmt. Der 1834 in Kentucky der Sklaverei entflohene Brown wurde zu einem angesehenen Redner der Abolitionisten in Buffalo, New York, einer wichtigen Station der Underground Railroad. Auf dieser legendären Fluchtroute fungierte er als Führer, während er auf einem Dampfer arbeitete, der Sklaven nach Kanada in die Freiheit trug. 1847 veröffentlichte er *Narrative of William W. Brown, A Fugitive Slave, Written by Himself*, das bis zum Jahr 1850 bereits in mehreren amerikanischen und britischen Auflagen erschienen war und ihm einen Grad an Berühmtheit verschaffte, der nur von Douglass überboten wurde.

Harriet Jacobs veröffentlichte 1861 unter dem Namen Linda Brent *Incidents in the Life of a Slave Girl: Written by Herself* (deutsch: *Sklavenmädchen: die Geschichte meiner Befreiung*) und schuf damit die ersten schriftlichen Sklavereimemoiren aus der Perspektive einer Frau. Als ehemalige Haussklavin eines Arztes in North Carolina beschrieb Harriet Jacobs die Dynamik sexueller Übergriffe in der Sklaverei, die Verfügungsgewalt, die sich weiße Herren über ihre Sklavinnen anmaßten. Ihren Bericht eröffnete sie mit einer Authentitätsversicherung:

> Leserin, sei versichert: Diese Geschichte ist nicht erfunden. Ich bin mir bewusst, dass einige meiner Abenteuer unglaublich erscheinen; dennoch sind sie absolut wahr. Ich habe die Verbrechen der Sklaverei keineswegs übertrieben; vielmehr verzichtet meine Schilderung sogar auf einige Fakten.[14]

Die lebendigen Schilderungen solcher Augenzeugenberichte bildeten glaubhafte Alternativen zu dem Bild der Sklaverei, das durch Minstrelshows verbreitet wurde. Mit dem Zusatz „written by himself/herself" („von ihm/ihr selbst geschrieben") der jeden Titel zierte, zeugten die Autoren auch von der Macht der Alphabetisierung, die den Machtlosen eine Stimme verleihen konnte. Doch solche Berichte erreichten keine Leserzahlen, die auch nur entfernt an die Massen derjenigen heranreichten, die die verächtlichen Späße der Minstrelshows mit ihren schwarz geschminkten Witzfiguren hörten. Selbst viele Sklavereigegner aus den Nordstaaten glaubten, „der Neger" sei minderwertig, von Geburt aus schlecht für die Aufgaben eines Bürgers geeignet. Die auch im Norden weiterhin aufgeführten Minstrelshows bestätigten solche Vorurteile.

Ab den 1870ern transformierte die moderne Maschinerie der Massenproduktion die Beziehung zwischen den Minstrelshows und ihren „Konsumenten". Während im Vorkriegsamerika Komiker und Musiker mit schwarz geschminkten Gesichtern Teil eines erfolgreichen Live-Unterhaltungsgeschäfts waren, blühte in den Jahren nach dem Bürgerkrieg eine Industrie auf, die aus den Hauptzutaten der Minstrelshows landesweit vertriebene Konsumgüter machte.

Live-Minstrelshows wurden auch nach dem Bürgerkrieg aufgeführt, aber ihre Größe und ihr Repertoire hatten sich stark verändert; ebenso die Zusammensetzung der Theatertruppen. Die Vorstellungen wurden größer und extravaganter und eine breitere Auswahl von Objekten wurde zum Ziel des „Minstrelhumors". Die bisher üblichen schwarz geschminkten Figuren gab es weiterhin, aber zusätzlich wurden nun auch Indianer und verschiedene neue Immigrantengruppen parodiert.

Der gegen Frauenrechtlerinnen gerichtete Spott, der auch schon ein Bestandteil früherer Minstrelshows war, wurde mit dem Anwachsen der Frauenwahlrechtsbewegung und des zugehörigen Gleichheitsgedankens schärfer. Männliche Unterhaltungskünstler in Frauenkleidern wurden zur festen Einrichtung – eine Umkehrung der üblichen Definitionen von Maskulinität, die zugleich die eingefleischte Frauenfeindlichkeit zum Ausdruck brachte.[15] Figuren mit geschwärzten Gesichtern blieben jedoch Hauptbestandteil der Minstrelunterhaltung.

Ironischerweise waren, insbesondere nach dem Bürgerkrieg und bis in das 20. Jahrhundert hinein, viele dieser Unterhaltungskünstler selbst Opfer rassistischer Vorurteile. Während die ersten Minstreldarsteller aus „alten" englischen Familien stammten, gesellten sich bald irische Kollegen zu ihnen. Später waren es dann jüdische Unterhaltungskünstler, die in Minstrelshows und später im Vaudeville vorherrschten. Angesichts des Hasses, der diesen beiden Gruppen vom angelsächsischen Amerika entgegengebracht wurde, scheint es verwunderlich, dass gerade sie sich an solch einem Rufmord in Komödienform beteiligten. Der Historiker Michael Rogin ist der Ansicht, diese Immigranten hofften, durch die Teilnahme an den Minstrelshows Teil des amerikanischen Mainstreams zu werden, der sie größtenteils noch immer verachtete; wenn sie durch die Verspottung Schwarzer selbst „weiß" werden könnten, könnten sie – Iren, Juden und andere Immigrantengruppen – nach Jahrzehnten der Erniedrigung als unerwünschte Außenseiter vielleicht endlich am „Märchen der Zugehörigkeit" teilhaben.[16]

Zeitgleich zum Ausbau der Liveshows begannen große Verlage damit, Dialoge und Noten für Minstrelshows zu drucken und zu vertreiben, und verwandelten so „weiße" Haushalte und Communities im ganzen Land in Laienbühnen. Durch die gedruckten Noten kamen Minstrelsongs in jedes Haus, das über ein Klavier verfügte. Die Titelseiten zierten bekannte rassistische Karikaturen schwarzer Erwachsener und Kinder, sogenannter „Coons" und „Pickaninnies", die uralte Gemeinplätze über das Verhalten Schwarzer wiederholten: Sie aßen Wassermelonen, schnitten Leute mit Rasierklingen und gaben ihrem unwiderstehlichen Drang nach, Hühner zu stehlen.

Die als „Ethiopian Farces" (äthiopische Farcen) oder „Darkey Plays" (Negerstücke), „Black Face Plays" (Stücke für schwarz geschminkte Darsteller) und „Ethiopian Dramas" (äthiopische Dramen) einem Massenpublikum verkauften Noten und Texte wurden von zahlreichen, überwiegend in den Nordstaaten, in New York, Chicago, Boston und Franklin, Ohio, angesiedelten Unternehmen produziert: T. S. Denison, Robert M. Dewitt, Samuel French & Sons, Eldridge Entertainment House, Dick & Fitzgerald, W. H. Baker & Co. Jeder Verlag führte eine große Auswahl solcher Werke mit Titeln wie: *The Darkey Breach of Promise Case, A Nigger Mock Trial; The Darkey Phrenologist; Wake Up! A Negro Sketch Known as Psychological Experiments, Psychology, Bumps and Lumps, Bumpology, etc.; Black Ole Bull, An Original Ethiopian Sketch; A Henpecked Coon; The Booster Club of Blackville; One Hambone for Two; De Low-Down on Scientifics; Ghoses Er Not Ghoses: A Negro Debate; Dat Famous Chicken Debate* und *The Coon and The Chink*.

Jedes Stück wurde komplett mit Kostüm- und Schminkanleitung geliefert. In der Einführung zu *The Coon and the Chink* beispielsweise gab der Autor Walter Carter folgende Beschreibung der Rollen:

COON: ein großer, schlaksiger, ignoranter, ungehobelter Neger. Aufmachung: schwarz geschminktes Komödiengesicht. Kostüm: Hochwasserhosen und Jacke mit zu kurzen Ärmeln, verdrückter Zylinder, ausgebeulte Schuhe, lange weiße Stoffhandschuhe, weiße Socken, Frackhemd, extrem hoher Kragen und große, schlampig gebundene Schleife.

CHINK: ein kleiner, dünner Chinese im mittleren Alter. Sehr dumm und unwissend. Aufmachung: Perücke mit typischer Rasur und Zopf. Kostüm: typisch chinesische Jacke, Hosen und Pantoffeln, Jacke aus einfachem Material in grellen Farben, Hosen aus dunklem Satin.[17]

Um Laienproduktionen zu erleichtern, verkauften die Verlage auch die zur Aufführung einer Show erforderliche Ausrüstung. Auf der Innenseite des Rückumschlags der Minstrelhefte machte Samuel French & Sons Werbung für dekorative Ausschneideteile aus Papier, die zur Gestaltung eines authentisch aussehenden Theaterambientes benutzt werden konnten.

Mit dem speziell dafür präparierten Papier lässt sich ein praktisches Proszenium bauen. Benötigt werden lediglich drei entsprechend geformte Holzplatten, die mit dem Papier bedeckt werden; das Proszenium erscheint wie hellblaue, geraffte Satinbahnen in Goldrahmen mit einem Shakespeare-Medaillon in der Mitte.
Satinpapier, 20 Zoll auf 30 Zoll, 25¢ pro Blatt
Goldimitateinfassung, 25¢ pro Blatt, ergibt 14 Fuß
Shakespeare-Medaillon, 18 Zoll Durchmesser, 50¢

Dekorationselemente wie Türen, Fenster und Kamine sowie vollständige Bühnenbilder, ganze Garten-, Wald- und Möbelkulissen waren ebenfalls erhältlich. Zur Abrundung des Programms verkaufte French & Sons schließlich auch Schminke und Perücken – gebrannten Kork für die Gesichter, weiße Schminke für die Lippen und groteske Kreppperücken.[18] Auch „Mongolenschminke" war dabei.
Im Katalog von T. S. Denison wurden „Diamantringimitate, Würfel und Rasierklingen, weiße Handschuhe und Gamaschen, Perücken für Onkel Tom und Topsy, ja sogar große Gummihände und -füße für [Bones und Tambo]" angeboten. Eine Halbmaske wurde mit der Beschreibung „geeignet für den farbigen Hühnerdieb" angepriesen. Denison verkaufte auch zweierlei schwarze Schminke, eine dunkle und eine „extrafeine Kreolenschminke für die gelben

Dienstmagdrollen". Auch Monokel und „Judennasen", wie sie später mit Groucho von den Marx Brothers assoziiert wurden, waren im Katalog enthalten.[19]

Die mit der Theaterkultur der schwarz geschminkten Komiker verbundenen Bilder wurden nicht nur in Form eines blühenden Marktes für Amateur-Minstrelshowzubehör aufgegriffen, sondern auch von einem aufkommenden Massenmarkt für Konsumgüter benutzt. Die meisten der 4000 Ausstellungsobjekte im Jim Crow Museum of Racist Memorabilia an der Ferris State Universität in Michigan zeugen davon, in welchem Ausmaß die Weltsicht der Minstrelshows über die Bühne hinausreichte und zu einem integralen Bestandteil der materiellen Kultur einer eben erst in Entstehung begriffenen Konsumgesellschaft geworden war. Als die Industrialisierung gegen Ende der 1870er in Schwung kam, durchzogen rassistische Bilder die Produktlinien.

1874 produzierten die McLoughlin Brothers aus New York ein Puzzelspiel namens „Zerhackte Nigger". Ab 1878 verkaufte die B. Leidersdory Company aus Milwaukee im Bundesstaat Wisconsin „Niggerhaar-Rauchtabak". ... Die American Tobacco Company veranstaltete 1917 eine Werbekampagne, bei der „Niggerhaar" für Bargeld, Tabak oder Geschenke eingetauscht werden konnte.[20]

Da Angehörige der weißen Mittelschicht die Hauptkonsumenten der frühen Massenwaren waren, gab es einen aufnahmefähigen Markt für solche Produkte, der sich unter anderem auf Spielzeug, Postkarten, Aschenbecher, Waschmittel, Fischköder, verpackte Lebensmittel, Kinderbücher, Puppen, Streichholzbriefchen, Salz- und Pfefferstreuer und eine Vielzahl anderer Haushaltswaren und Krimskrams erstreckte. Jedes einzelne reproduzierte abgedroschene Vorstellungen von geistig zurückgebliebenen, unbeholfenen, manchmal auch bedrohlichen Schwarzen auf unzähligen Einkaufsregalen; jedes einzelne wurde als dekorativer oder nützlicher Bestandteil des Alltagslebens weißer Amerikaner zur Normalität.

Die Massenproduktion der Minstrelbilder im letzten Drittel des 19. Jahrhunderts stellt eine verbreitete Annahme über die Anfänge einer modernen, durch Massenmedien geprägten Kultur in den Vereinigten Staaten infrage. Oft wird der Beginn der Kinokultur als der historische Moment genannt, in dem eine vereinheitlichte Medienkultur Fuß fasste. Davor jedoch versorgte bereits

[Aus dem Ewen-Archiv]

Denison's Black-Face Series

Price, 25 Cents Each, Postpaid

A DARK SECRET

Colored farce of mystery, by Jeff Branen; 4 males, 1 female. Time, 30 minutes. This screaming story of the adventure of a negro detective and his dusky assistant has made thousands roar when presented on the professional stage, and is now available in print for amateurs everywhere. Three characters are white-face.

THE BOOSTER CLUB OF BLACKVILLE

A colored comedy concoction, by Harry L. Newton; 10 minutes. Time, 25 minutes. A political burlesque with the funniest negro cast of characters imaginable. They are all running for some kind of an office; judge, chicken inspector, razor inspector, crap game inspector, etc. Particularly suitable for a minstrel afterpiece.

A HENPECKED COON

Darky monologue, by Arthur LeRoy Kaser; 1 male. Time, 10 minutes. Ephraneous is unpleasantly aware of the fact that he has a wife, and he appeals to all married men for sympathy. The recital of his grievances against his better half is just one laugh after another.

AXIN' HER FATHER

Farce, by O. E. Young; 2 males, 3 females. Time, 25 minutes. Old Peppercorn, very deaf, has three daughters, Priscilla, Pamela and Polly. Augustus, Priscilla's suitor, attempts to ask the old man for permission to marry her. Peppercorn, failing to understand him, and thinking he is insulted, begins the fun. The excitement multiplies with each succeeding incident.

WHAT YOU GOT?

Blackface comedy act, by Wade Stratton; 2 males. Time, 15 minutes. Julius, a "cullud gem'man," is curious about the contents of Billius' jug. His curiosity costs him "fo' bits foh one li'l' measly shot" and the discovery that Billius has been tryin' it on the dog.

ONE HAMBONE FOR TWO

Controversial talking act, by Arthur LeRoy Kaser; 2 females. Time, 10 minutes. Two "cullud" ladies engage in a polite duel for the heart and hand of one Hambone Johnson. Miss Dingleberry, who puts on airs, is sure of her conquest, but it takes Mis. Wringer, the lowly laundress, to bring home the bacon—not to mention the ham!

T. S. DENISON & COMPANY, 623 S. Wabash Ave., Chicago

die Minstrelindustrie örtliche Bevölkerungsgruppen – durch die Veröffentlichung von Texten und Noten für Laienaufführungen in Kirchen, Schulen, Gemeindezentren und zu Hause – mit landesweit vertriebenen, standardisierten Paketen kultureller Symbole. Mit dem Verkauf identischer Bühnenbilder und Schminksets an Laiendarsteller an den unterschiedlichsten Orten, mit der Bereitstellung identischer, detaillierter Anweisungen, wie zu gewährleisten sei, dass die Kostüme einen Eindruck von Ignoranz und Rückständigkeit vermitteln, bauten diese Unternehmen Märkte auf. Die traditionellen gesellschaft-

 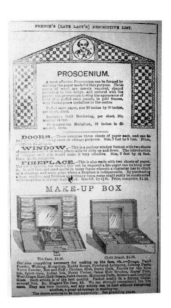

(links) [Mit freundlicher Genehmigung von Steven Heller]; (rechts) Minstrel Skripte enthielten Werbung für massengefertigte Bühnenteile, Kulissen, Requisiten und Schminke. [Fotografie des Autors]

lichen Netzwerke, die sie dafür benutzten, waren die Verbreitungswege für eine gemeinsame Landeskultur. Konsumgüter trugen ebenfalls ihren Teil zur Vereinheitlichung bei.

Thema und Sprache der Theaterstücke sind es jedoch, die die gesellschaftliche und politische Bedeutung dieser Landeskultur am besten veranschaulichen. Mitte der 1870er und vermehrt nach dem Rückzug der Nordstaatentruppen aus dem Süden änderten sich die Minstrelshows hinsichtlich ihres Charakters wie der Reichweite ihrer Botschaften drastisch. Manche Minstrelstücke präsentierten immer noch eine Sehnsucht nach den Zeiten der Sklaverei. *Uncle Eph's Dream: An Original Negro Sketch* brachte 1874 die Geschichte eines älteren schwarzen Mannes auf die Bühne, der durch die Ruinen des alten Südens wandert und sich nach der Plantage sehnt, wie sie früher einmal war. Da er seine Familie nicht finden kann, beklagt er den Schaden, den die Nordstaatenarmee im Bürgerkrieg angerichtet hat. „Seine" alte Plantage und das Leben, das er dort hatte, liegen in Trümmern. „Dar's no use ob talking", setzt er an:

Man kann sagen, was man will, dem alten Eph hat's das Herz gebrochen, und niemand weiß von nichts. Niemand kann dem alten Mann sagen, was aus seiner Frau und seinen Kindern geworden ist. Wie ich vor fünf Jahren weggegangen bin, hat alles wunderbar ausgesehen, aber jetzt, schau dir's an, alles kaputt. Wie oft bin ich diese Straße bei der Plantage entlanggelaufen, und die Feldarbeiter haben gerufen: ‚Wie geht's, Onkel Eph?' Oft bin ich unter einem Baum im Schatten gesessen und hab den süßen Vögelchen zugehört und meine gute Bibel gelesen; wenn die weißen Herrschaften vorbeigekommen sind, hab ich meinen Hut gezogen, und sie haben mir Silbermünzen gegeben, aber das ist jetzt alles vorbei! Kein Vogelgesang, keine Silbermünzen. Nein, nein, alles vorbei – der Krieg hat alle weggescheucht. Jetzt seh'n mich die weißen Herrschaften nicht mal mehr an.[21]

Rührselige Lobeshymnen auf die Sklaverei wurden allerdings mehr und mehr durch erniedrigende Darstellungen freier Schwarzer ersetzt, die stümperhaft durch das Labyrinth der Emanzipation stolpern. Einer der beliebtesten Schauplätze war der Gerichtssaal, in dem Schwarze regelmäßig als Menschen präsentiert wurden, die sich nicht im Rechtssystem bewegen konnten und es zu einer Farce machten. Ein Stück aus dem Jahr 1898 mit dem Titel *The Darkey Breach of Promise Case, A Nigger Mock Trial* über einen „Scheinprozess" um ein gebrochenes Versprechen präsentiert zwei dickliche schwarze Anwälte, die einen Streitfall zwischen einem Mann und einer Frau austragen. Im konfusen Dialog wird die angebliche Unfähigkeit Schwarzer, Rechtsangelegenheiten zu begreifen, mit Fragen der Geschlechtergleichheit vermischt. Die Anwälte „Snowball" und „Brass" wenden sich (in stark verunstaltetem Englisch) an Richter und Geschworene:

SNOWBALL: Herr Richter und Herren Geschworene: Das ist einer der schlimmsten Fälle einer Verletzung der Gesetze der zivilisierten Gesellschaft, an die ich mich mit meiner ganzen langen Erfahrung erinnere – der Fall einer liebenden, vertrauensvollen und mannhaften Person, die durch die Handlung eines Weibs in eine chaotische Masse von Problemen verwandelt wurde, eines Weibs, das, obwohl sie die Form eines menschlichen Wesens ...

BRASS: Einspruch. Ich erhebe Einspruch gegen die Bezeichnung „menschliches Wesen". Meine Klientin ist eine Dame.

SNOWBALL: Dann, Herr Richter und Herren Geschworene: Diese Dame, die *kein* menschliches Wesen ist, hat so mit den Gefühlen meines Klienten, Josef Puddinghirn, gespielt, dass der Platz, wo einst sein Herz war, nun ein absolutes Vakuum ist, gefüllt von nichts als Trauer und Verzweiflung.

Eine Unfähigkeit, moderne wissenschaftliche Fakten zu begreifen, war ebenfalls ein wiederkehrendes Thema. In einem anderen Stück versucht der Interlokutor, Tambo zu einem ernsthaften Gespräch über Astronomie zu bewegen.

INTERLOKUTOR: Tambo, weißt du irgendetwas über Astronomie?

TAMBO: Ich hab die Frau seit Jahren nicht gesehen.

INTERLOKUTOR: Nein, nein. Astronomie ist die Wissenschaft von der Nebularhypothese, die Wissenschaft von den Planeten. Weißt du zum Beispiel, dass die Sonne so weit weg ist, dass ein Funkspruch 2000 Jahre bräuchte, um dort anzukommen?

TAMBO: Vielleicht sollst du lieber eine Ansichtskarte schicken.

INTERLOKUTOR: Du lieber Himmel, Mensch, begreifst du nicht, dass die Sonne 93 Millionen Meilen weit weg ist?

TAMBO: Oh, das muss dort in der Nähe von New Rochelle sein![22]

Als die Phrenologie noch in Mode war, kamen in mehreren Minstrelstücken Phrenologen vor. In Charles Whites *Wake Up! A Negro Sketch Known as Psychological Experiments, Psychology, Bumps and Lumps, Bumpology, etc.* aus dem Jahr 1874 wurde das Kauderwelsch der Minstrelshows mit wissenschaftlichem „Fachchinesisch" kombiniert, um mit einem Schlag den Rassismus und die Wissenschaftsfeindlichkeit der Zuhörerschaft zu bedienen. Hier fragt ein schwarz geschminkter Komiker namens Hemmingway den damals berühmten Professor Fowler um seine Meinung zum Kopf des „jungen Bill".

HEMMINGWAY: Professor, warum ist sein Kopf so viel härter als alle anderen Köpfe in der Familie?

PROF. FOWLER: Schlicht, weil die hypochondrische Hypothese des Stopfs die Zirkulationsfunktionen des Verdauungslappens desorganisiert, was im externen Veloziped eine große Feuchtigkeit und Elastizität verursacht und die Rotationsantilope mit einer Düsenberg-Verbindung kulinarischer Impedimente füllt.

HEMMINGWAY: (erstaunt) Du meine Güte! Ich wusste gar nicht, dass er das hat.[23]

Zwanzig Jahre später in *The Darkey Phrenologist: A Nigger Absurdity* hat Prof. Mephistopheles Faust den echten Fowler ersetzt. Bei einer Vorlesung spricht Professor Faust mit einem seiner Studenten. In diesem Stück bietet die Phrenologie eine Gelegenheit, die „Neger"-Intelligenz zu verspotten und das Vorurteil zu schüren, Schwarze seien von Natur aus kriminell veranlagt. Wir sehen zwei Personen, die ein phrenologisches Diagramm des Kopfes erörtern. Beide Figuren sprechen das in Minstrelshows übliche „Negerenglisch". Der Professor zitiert „rassenkundliche" Theorien, die „Äthiopier" als atavistische Überbleibsel einer primitiven Menschheit definieren.

ORLANDO: (zeigt auf das Diagramm) Das ist nicht *ihr* Bild, oder?

PROFESSOR: Nein, Euer Niggeramus. Es ist ein phrenerologisches Diagramm des menschlichen Kopfes, auf dem alle Organe markiert sind, und überhaupt kein Porträt.

PROFESSOR: (schlägt ihn wieder) Setz dich, und unterbreche nicht die Vorlesung – die schräge Stirn zeigt solch einen absoluten Mangel an Verstand und Respekt, dass gar kein Platz dafür da ist. Es gibt keinen Zweifel daran, meine Freunde, dass die Natur angefangen hat, aus diesem Gegenstand einen Kopf zu machen, aber sie muss dabei unterbrochen worden sein und, da sie Akkord arbeitete, wie ein Maschinenarbeiter, ist sie nie zurückgekommen, um die Arbeit daran zu beenden ... Die auffällige Wölbung auf der Rückseite des Gegenstands ist die Stelle, an dem die Tierhöcker liegen. Von der hintersten Ecke des Raums aus können Sie die beiden Höcker sehen, die hinter den riesigen Ohren hervorragen; die sind zwar viel größer als bei jedem anderen Tier derselben eselartigen Art, aber doch längst nicht groß genug, um die beiden riesigen Höcker zu verdecken, die so groß sind wie Puteneier und noch aus einer Entfernung von ungefähr einer halben Meile sichtbar sind. Dies, meine Freunde, sind die Organe der Zerstörung, und sie beweisen mit ihrer Größe zweifelsfrei, dass das hier untersuchte Subjekt nicht umhin könnte, einen Mord zu begehen, selbst wenn es noch so sehr versuchte, das nicht zu tun.

Stücke wie diese wurden zu einer Zeit veröffentlicht und verkauft, als die „Jim Crow-Gesetze" – die legalisierte Rassentrennung – Landesrecht wurden. Dies war auch eine Zeit häufiger öffentlicher Lynchmorde, tödlicher Proklamationen, was mit Schwarzen geschah, die die ihnen gesetzten Grenzen überschritten. Die Sklaverei war abgeschafft, aber die dominante weiße Kultur setzte alles daran, Schwarze zurück auf ihren Platz zu verweisen. *The Darkey Phrenologist* lieferte der weißen Öffentlichkeit eine lustige, pseudowissenschaftliche Erklärung dafür, warum die weiße Vorherrschaft unbedingt aufrecht erhalten werden musste.

Eines der offensichtlichsten Beispiele dafür, wie Minstreltexte als „witzige" Rechtfertigung für repressive und bei Bedarf gewalttätige Maßnahmen gegen freie Schwarze dienten, ist das Stück *Dat Famous Chicken Debate* von Walter S. Long aus dem Jahr 1915: „Die berühmte Hühnerdebatte" wurde in einem Jahr veröffentlicht, in dem die schwarzenfeindliche und immigrantenfeindliche Propaganda auf Hochtouren lief, und nahm aktuelle Fragestellungen in Bezug auf den angemessenen Platz von Afroamerikanern in der Gesellschaft als Ausgangspunkt. In einer Pseudo-Debatte – ein häufiges Setting in Minstrelshows – stritten Repräsentanten zweier erfundener schwarzer Institutionen miteinander. Der umstrittene Antrag lautete: „Es wurde beschlossen, dass Hühnerdiebstahl kein Verbrechen ist." Die „Afrika-Universität" argumentierte dafür, das „Bookertea-College" dagegen.

In der Anleitung für Laiendarsteller, wurden diese dazu angehalten, das Spektakel so lächerlich wie nur möglich zu gestalten:

> Diese Negerdebatte kann eine sehr spaßige Nummer in Ihrem Programm sein ... Wenn Bühneneinrichtungen zur Verfügung stehen, können all die lustigen Bühnenbildelemente eines Negerklubraums benutzt werden ... Die Kostüme der Debattierenden, Richter und anderer können so komisch oder abgerissen sein wie Sie möchten.

Hinter dem Gelächter jedoch lag ein ernstes Thema verborgen: die Beziehung schwarzer Menschen zum weißen Gesetz. „Rufus Rastus Johnsing" und „Nebuchadneazer Jones" von der „Afrika-Universität" eröffnen die Debatte mit dem Argument, Hühnerdiebstahl sei kein Verbrechen, weil schwarze Menschen kein Mitspracherecht bei der Verfassung der Gesetze haben, die sie regieren. Sie zitieren Lincolns „Emancipation Proclamation", mit der er den Sklaven der Südstaaten 1862 offiziell die Freiheit verlieh, und Präsident Woodrow Wilsons Ausführungen zu den Rechten „unabhängiger Bürger" und halten ein trotz seiner sprachlichen Verballhornung (im englischen Original die „übliche Negersprache") logisch überzeugendes Plädoyer:

> RUFUS: Wer hat je etwas davon gehört, dass Nigger Gesetze gegen das Stehlen von Hühnern gemacht haben? Ich fordere Sie heraus, diesen Herren ein einziges Gesetz gegen das Stehlen von Hühnern zu zeigen, das ein Schwarzer gemacht hat. Nun gebt ihr alle zu, dass Mister Lincoln die Nigger zu einem freien und unabhängigen Volk gemacht hat. In Mister Woodrows neuem Buch über die Regierungskunst heißt es, ein freies und unabhängiges Volk könne nur von Gesetzen regiert werden, die es selbst gemacht hat ... Wenn nun die Nigger ein freies und unabhängiges Volk sind und ein freies und unabhängiges Volk nur von Gesetzen regiert werden kann, die es selbst gemacht hat, dann gelten die Gesetze der weißen Leute nicht für Nigger, und da es kein Verbrechen ohne ein Gesetz gibt, und da die Nigger nie ein Gesetz gegen das Stehlen von Hühnern gemacht haben, behaupte ich, dass es kein Verbrechen ist, Hühner zu stehlen, und ich bitte Sie alle, die beiden obigen Argumente sorgfältig zu betrachten und diesen anderen Niggern kein Gehör zu schenken, weil die ihre Hautfarbe verraten haben.

Das Bookertea-College jedoch vertritt eine Politik der vollständigen Anpassung – eine Position, die mit Booker T. Washington, dem Gründer des Tuskegee-Instituts verbunden wird, dessen Name auch im Text angeführt wird. Bookertea behauptet, unabhängig von der Entrechtung Schwarzer sei es ihre Pflicht, sich mit ihrer Stellung abzufinden und das Gesetz zu achten. Die über die Frechheit ihrer Gegner entrüsteten Bookertea-Vertreter „Hezakiah Gitdar" und „Ephram Pullemdown" reagieren recht vehement:

HEZAKIAH: Ich habe diesem Mann zugehört, bis mein Gesicht so rot wie das Innere einer Wassermelone geworden ist, weil ich vor Scham rot geworden bin. Ich habe gehört, wie er Andeutungen gemacht hat, alle Nigger würden Hühner stehlen, und sich dann für sie eingesetzt hat, weil er selbst Hühner gestohlen hat. Ich glaube nicht, dass alle Nigger Hühner stehlen. Und wenn manche Nigger manchmal Hühner stehlen, sind diese Nigger nicht zivilisiert, sie passen nicht zum Rest, und die zivilisierten farbigen Herren sollten sie als schwarze Schafe in der Herde betrachten. Sehen Sie sich Mister Booker Washington an, hat er Hühner gestohlen? Nein, klar hat er das nicht. Er könnte die ganze Nacht in einem Hühnerstall schlafen, in der Nacht vor einer langen Sitzung, und nicht einmal von einer Geflügelpastete träumen.

Daraufhin bekräftigt die Afrika-Universität ihre Position, die nun zu einem Loblied auf die Wunderbarlichkeiten der Hühner verkommen ist:

NEBUCHADNEAZER: Mister Gladstone sagt, der Zweck könne die Mittel heiligen. Lasst uns nun das Hühnerstehlen als das Mittel nehmen, und einen großen, fetten, saftigen Hahn als den Zweck (Augenblick noch, ihr Nigger, freut euch nicht zu früh). Jetzt stellen wir uns einen Nigger vor, der einem Hahn nachrennt ... Mister Hahn dreht seinen Kopf leicht zur Seite, und im nächsten Moment ist er im Sack gelandet. Nun, meine Freunde, stellt euch vor, wie der Nigger nach Hause geht. Der Hahn scheint schon fast im Topf zu sein. Verbrechen oder nicht, der Nigger ist glücklich, und in der Bibel heißt es, nur gute Menschen können glücklich sein.

Bookerteas in religiöses Brimborium verpackte Entgegnung weist ein solches Denken scharf zurück und verteidigt dabei Lynchmorde an denjenigen Schwarzen, die es wagen, sich über die Macht des weißen Mannes hinwegzusetzen:

EPHRAM: Alle wissen, dass der Nigger von Ham abstammt [bzw. vom Schinken; Wortspiel mit *ham* = Schinken und *Ham*, dem Sohn Noahs und Stammvater der Hamiten]. Aber die nichtsnutzigen Nigger dieser Tage, sie scheren sich nicht im Geringsten um Schinken. Deshalb müssen sie bestraft werden. Lasst die Finger vom Federvieh, sage ich, und lenkt eure Gedanken auf den Schinken. Nur so können die Farbigen die schreckliche Strafe abwenden, die ihre Rasse erwartet, wie der Engel des Herrn auf Balaam gewartet hat. Passt auf, Nigger, das Schwert wird über euch herfallen, und denkt an meine Worte, es wird euch niedermähen wie den Weizen. Da wird sein Heulen und Zahnklappern, und alle Nigger werden jammern. Und über dem Lärm aus Heulen und Zahnklappern kräht dann am Morgen der Hahn. Er sagt: „Brecht dem Nigger das Genick." Ich aber sage euch, meine Freunde, lasst die Finger von dem Federvieh oder es wird sich an euch rächen, so wahr ihr geboren seid.[24]

Selten ist das Potenzial der Kunst, als Instrument zur Verteidigung gesellschaftlicher Unterdrückung zu dienen, so deutlich wahrzunehmen, aber *Dat Famous Chicken Debate* war lediglich *ein* Auswuchs eines amerikanischen Theatergenres, dessen Ursprünge bis in die Zeit der Sklaverei zurückreichen und das bis ins Kinozeitalter fortdauerte.

Minstrelshows waren zunächst eine Erfindung weißer Schauspieler, aber nach dem Bürgerkrieg nahmen auch schwarze Unterhaltungskünstler daran teil. Nach der Freilassung der Sklaven gingen immer mehr schwarze Darsteller einen faustischen Pakt ein. Um in einer von Rassendiskriminierung geprägten Welt Arbeit zu finden, mussten sie oft Rollen spielen, die von der weißen Minstreltradition hervorgebracht worden waren. Einige frühe schwarze Minstreldarsteller konnten ohne Makeup auftreten, ihre dunkle Hautfarbe war Maske genug. In den 1890ern aber wurden natürliche Hautfarbtöne als Angriff auf eine Minstreltradition gewertet, die sich als Kunstform hinter einer Maske aus gebranntem Kork entwickelt hatte und derzufolge „Neger" kohlrabenschwarz sein mussten.

Um überhaupt in einem Land auftreten zu können, das seinen schwarzen Bürgern gegenüber immer feindseliger wurde, waren schwarze Amerikaner gezwungen, sich den Konventionen des Genres zu beugen. W. C. Handy, der „Vater des Blues" begann seine Karriere Mitte der 1890er als Mitglied einer Gruppe namens Mahara's Minstrels, einer reisenden Gruppe schwarzer Künstler, die wie ihre weißen Kollegen schwarz geschminkt waren. In seiner Autobiografie aus dem Jahr 1941 erinnert sich Handy an die dornigen frühen Stadien schwarzer Entertainer in Amerika:

Die Minstrelshow war zu dieser Zeit eine der wichtigsten Auftrittsmöglichkeiten für talentierte Musiker und Künstler. Alle großen Talente dieser Generation mussten diesen Weg nehmen. Komponisten, Sänger, Musiker, Redner, Schauspieler – die Minstrelshow hat sie alle in ihre Fänge bekommen.[25]

In ihren Darbietungen mussten schwarze Minstreldarsteller weißen Erwartungen entsprechen. Viele von ihnen gaben vor, ehemalige Sklaven zu sein, auch wenn sie es nicht waren, und verliehen ihrer Darstellung des Plantagenlebens auf diese Weise eine Art Echtheitszeugnis. Doch unter dieser Aura der Authentizität wurde von schwarzen Minstrels erwartet, dass sie die aus den weißen Minstrelshows entstandenen beleidigenden Karikaturen bestätigten. Die Beteiligung Schwarzer an Minstrelshows verlieh diesen einen zuvor nicht dagewesenen Pseudorealismus. Durch Schwarze, die sich selbst in erniedrigenden Rollen darstellten, erhielten rassistische Karikaturen „angeborener Neigungen" und „Vorlieben" den Stempel schwarzer Zustimmung. Minstrelshows boten schwarzen Unterhaltungskünstlern erstmalig die Gelegenheit, in das amerikanische Showbusiness einzusteigen, aber gleichzeitig dienten sie dazu, die vorherrschende Kultur rassistischer Diskriminierung aufrechtzuerhalten.

Das war das fatale Dilemma schwarzer Minstreldarbietungen: Einerseits boten sie einem breit gefächerten Publikum – schwarz wie weiß – eine Gelegenheit, erstmals die ungeheuren Talente schwarzer Künstler zu erleben. Andererseits hinderte der Kontext, in dem diese Talente vorgestellt wurden, die freie schwarze Bevölkerung am Weiterkommen.

Annehmbare Rollen für schwarze Darsteller waren durch die Zensurfunktion einer Unterhaltungsindustrie im Besitz von Weißen kaum zu finden, und dieser Zustand blieb bis weit über die Minstrel-Ära hinaus bestehen.[26] Die Filmemacher Spike Lee und Robert Townsend sind nicht die einzigen, die überzeugend dargelegt haben, dass die politischen und kulturellen Einflüsse dieser „Vergnügungen" des 19. Jahrhunderts die amerikanische Kultur noch heute beeinflussen.

Dr. Roget, der umgangssprachliche Ausdrücke in seinen Thesaurus aufnahm, wollte durch die Ausstattung von Autoren mit entsprechenden Slang-Termini eine treffendere Darstellung von Menschen aus den unteren Schichten der Gesellschaft ermöglichen. Havelock Ellis meinte, wenn Kriminologen Slang kennen würden, hätten sie eher eine Chance, wirklich zu verstehen, was in den Köpfen von Verbrechern vorgeht.

Bei den Minstrelshows allerdings förderte ein Pseudo-Slang, eine Erfindung weißer Autoren, die Verbreitung eines dehnbaren, instrumentalisierbaren und verleumderischen Begriffs von schwarzer Kultur, der den Vorurteilen weißer Zuhörer entgegen kam. Für diese Autoren waren Schwarze nur dann sich selbst treu, wenn sie untergeordnete Stellungen einnahmen. Die Minstrelshows mit den grotesken Bildern und der verdrehten Sprache versetzten ihre Autoren in die Lage, zu verfestigen, was laut W. E. B. DuBois' Voraussage das bedeutendste Problem des 20. Jahrhunderts werden sollte: die „Rassenschranke".

Andere Kunstformen trugen bald ihren Teil dazu bei, die Flagge der weißen Vorherrschaft hochzuhalten. 1914, nur ein Jahr vor der Veröffentlichung von *Dat Famous Chicken Debate*, trug D. W. Griffiths Kolossalfilm *Birth of a Nation* (deutsch: *Die Geburt einer Nation*) eine ähnliche – weniger spaßige und offener rachgierige – Botschaft in ein stummes und faszinierendes neues Medium namens Film, das die Reichweite der Massenkultur vergrößern sollte. In Griffiths historischem Drama stand die Gefahr, die eine freie schwarze Bevölkerung darstellte, groß und deutlich auf der Leinwand geschrieben. Die „Bürgerwehr" Ku-Klux-Klan wurde als Amerikas Retter porträtiert. In Fortführung der Minstreltradition wurden alle wichtigen afroamerikanischen Rollen von schwarz geschminkten Weißen gespielt.

Die Festschreibung schwarz geschminkter Minstrelcharaktere als Standardbestandteil amerikanischer Kultur blieb jedoch nicht ohne Widerspruch. Anfang des 20. Jahrhunderts brachte eine wachsende Zahl gebildeter Mittelschicht-Afroamerikaner ihren Ärger über Stereotype zum Ausdruck, die der fortdauernden Unterjochung „Farbiger" dienten. Im Angesicht einer ungezügelten und weitgehend ungestraften weißen Gewalt und stets präsenter Verunglimpfungen verwandelten schwarze Intellektuelle verbreitete Stereotype zunehmend in umkämpftes Terrain.

Zum Teil wurden diese Intellektuellen auch von anderen Entwicklungen inspiriert, die auf das Ende des Bürgerkriegs folgten. Das Aufkommen relativ billiger Fotoporträts hatte schon früh die tradierte Verbindung zwischen der gesellschaftlichen Klasse, der man angehörte, und der Möglichkeit, sein Gesicht und seine Familie für die Nachwelt festhalten zu lassen, infrage gestellt. Die in den Vereinigten Staaten ab Anfang der 1850er in jedem Städtchen gegründeten Fotostudios wurden von den unterschiedlichsten Kunden besucht, und nach der Abschaffung der Sklaverei gingen immer mehr schwarze Amerikaner zum Fotografen und brachten Bilder von sich selbst nach Hause, die ihre Persönlichkeit und Würde zum Ausdruck brachten und „bewiesen". Frederick Douglass sah schon in den 1870ern voraus, dass dieser vermehrte Zugang zu Bildern von sich selbst und von der eigenen Welt ein bestimmendes Element der neuen Freiheit werden würde, die Schwarze erlangt hatten.

> Bisher haben farbige Amerikaner kaum einen Gedanken daran verschwendet, ihre Wohnzimmer mit Bildern zu schmücken ... Bilder passen nicht zu Sklaverei und Unterdrückung und Elend, sondern zu Freiheit, Fairness, Zeit und Kultiviertheit. Solche Bedingungen sind nun für farbige amerikanische Bürger möglich, und ich rechne damit, dass die Wände ihrer Häuser bald vom veränderten Verhältnis zu den Menschen um sie herum zeugen werden.[27]

Während die weiße Kultur noch immer die schwarze Bevölkerung verunglimpfte, machten sich in schwarzen Wohngebieten neue Formen kulturellen Ausdrucks breit, schufen Visionen von der Gesellschaft, die die Errungenschaften des „neuen Negers" – ein in den 1890ern von einem schwarzen Journalisten geprägter Begriff – feierte.[28] Ein wichtiger Bereich, in dem der gesellschaftliche Fortschritt zum Ausdruck kam, war die wachsende Zahl von Fotostudios und Unternehmen im Besitz Schwarzer, die seit der Rekonstruktionszeit, der Neuordnung der politischen Verhältnisse in den Südstaaten nach dem Bürgerkrieg, gegründet wurden. Die Fotografiehistorikerin Deborah Willis berichtet, wie eine wachsende Gruppe schwarzer Fotografen neue, respektvolle Bilder vom Leben Schwarzer schuf, pflichtbewusste Familien, aktive Kirchenorganisationen und den wichtigen Beitrag von Bildungseinrichtungen in der Community fotografisch festhielt:

> Die meisten von weißen Amerikanern geschaffenen Bilder zeigten Schwarze als der herrschenden „Rasse" untergeordnet; Fotografen aber hielten immer öfter auch fest, wie Schwarze Bildung, ein neues Leben, eine neue Identität, neue Perspektiven und neue Arbeitsplätze (oft in städtischen Ballungsgebieten) suchten, schufen andere und positive Bilder ihrer Erfahrungswelt ... Bei der schwarzen Bevölkerung, die die amerikanische Öffentlichkeit dazu bringen wollte, ihre Vorstellungen von Rasse und Gleichheit zu verändern, wurde der Fotografie dieselbe Wirkungskraft zugeschrieben wie dem gedruckten Wort.[29]

Im lebensgefährlichen rassistischen Klima, das Anfang des 20. Jahrhunderts herrschte, sahen einige schwarze Intellektuelle die Chance, diese „anderen" fotografischen Aufzeichnungen als Waffe gegen die rassistischen Standarddarstellungen einzusetzen. Als der schwarze Anwalt Thomas Calloway erfuhr, dass für April 1900 in Paris eine Weltausstellung zur Feier des neuen Jahrhunderts geplant war, wandte er sich an seinen alten Freund und College-Mitschüler W. E. B. DuBois. Calloway war überzeugt, die Pariser Ausstellung werde einen idealen Rahmen für die Präsentation dieser anderen Bilder von Schwarzen bilden, die so selten in einem weiß dominierten Umfeld zu sehen waren. DuBois, ein angesehener Soziologe und später einer der Gründer der schwarzen Bürgerrechtsorganisation NAACP (National Association for the Advancement of Colored People), stimmte Calloway zu, und zusammen machten sie sich an die Ausarbeitung eines Plans.

Das Ergebnis war die *American Negro Exhibit* – eine fotografische Würdigung des „neuen Negers". Weltausstellungen wie erst 1893 die *Columbian Exposition* in Chicago beinhalteten üblicherweise Ausstellungen von „Eingeborenendörfern", mit denen die Kultur nichtweißer Völker diskreditiert und

Porträts einer jungen Frau und eines jungen Mannes aus der Negro Exhibit der Pariser Weltausstellung. [Aus der Sammlung der Library of Congress; mit freundlicher Genehmigung von Deborah Willis]

ihnen ihr Menschsein abgesprochen wurde. In Chicago hatten diese diffamierenden Spektakel eine harsche Kritik von zwei der bedeutendsten schwarzen Journalisten Amerikas – Ida B. Wells und Frederick Douglass – provoziert. Für die Pariser Ausstellung war ebenfalls eine Präsentation von Angehörigen „minderwertiger" Völker aus Europas Kolonien in Asien und Afrika vorgesehen, die lebendige Ausstellungsstücke abgeben sollten. Weil Ausstellungen regelmäßig benutzt wurden, um Europas und Amerikas menschliche Beute zu verunglimpfen – so überlegten sich Calloway und DuBois – könnte die Weltausstellung die ideale Plattform zur Bekämpfung dieser Unsitte sein.

Eine europäische Hauptstadt war erst recht ein verlockender Rahmen für die *American Negro Exhibit*. Paris war die Heimat der Naturgeschichte, eines Fachgebiets, das Schwarze am untersten Ende der Kette der menschlichen Entwicklung platzierte, sie oft sogar als „fehlendes Glied" zwischen der zivilisierten Menschheit und dem Tierreich bezeichnete. Die europäische Rassenkunde hatte einst ja auch das amerikanische System der Plantagensklaverei legitimiert, indem sie behauptete, Unterwürfigkeit liege von Natur aus im Wesen von Afrikanern.

In Anbetracht dieser Sachlage beschrieb Calloway die Pariser Ausstellung als ein entscheidendes Umfeld, in das es einzudringen und das es zu verändern gelte. In einem Brief an Booker T. Washington, in dem er um dessen Unterstützung für die geplante Ausstellung bat, unterstrich Calloway die entscheidende Rolle, die diese für das Ansehen Schwarzer spielen könnte:

Jeder, der etwas über die öffentliche Meinung weiß, wird Ihnen sagen, dass die Europäer uns für einen Haufen von Vergewaltigern halten, die nur darauf warten, sich auf jede weiße Frau zu stürzen, derer sie habhaft werden können, für einen Menschenschlag, der in der zivilisierten Gesellschaft unerwünscht ist. Diese Vorstellung haben sie wegen der fürchterlichen Verleumdungen, die jedes Mal im Ausland verbreitet wurden und werden, wenn ein Neger gelyncht wurde, und wegen der ständigen abschreckenden Geschichten über uns in der Presse ...

Wie sollen wir dieser Verleumdungskampagne beggenen? Unsere Zeitungen abonnieren sie nicht; wenn wir Bücher veröffentlichen, kaufen sie sie nicht, wenn wir Vorträge halten, besuchen sie sie nicht.

Zur Pariser Weltausstellung aber werden Abertausende von ihnen gehen, und eine gut ausgewählte und vorbereitete Ausstellung, die die Entwicklung des Negers darstellt, ... wird Aufmerksamkeit erregen ... und viel und anhaltendes Gutes bewirken, indem sie denkende Menschen vom Potenzial des Negers überzeugt.[30]

Das Herzstück der *American Negro Exhibit* bildete schließlich eine Sammlung von 363 Fotografien, ausgewählt als repräsentative Beispiele des gesellschaftlichen und wirtschaftlichen Fortschritts der „kleinen Nation". Dieser Ausdruck – engl. „a small nation of people" – brach mit der herrschenden Definition der Naturgeschichtler und reflektierte den Wunsch der Organisatoren und Unterstützer, schwarze Amerikaner als Nation anzuerkennen statt als biologisch definierte Rasse.

Die Ausstellung, die gängige Stereotype Lügen strafte, war darauf angelegt, ein wahrheitsgetreueres Bild des „typischen Negers" zu zeigen, eines, das die meisten Europäer nie gesehen hatten. Eine Sammlung von Einzel- und Gruppenporträts, Fotografien von Arbeitsstätten, Kirchen und Wohnungen lenkte die Aufmerksamkeit auf Arbeit, Bildung und Fortschritt. Bücher, Zeitungen und andere Schriften erfuhren besondere Beachtung, um zu zeigen, was Calloway „die geistige Entwicklung des Negers" nannte.[31]

Wer die Physiognomie rassistischer Karikaturen gewohnt war, stand nun etwas ganz anderem gegenüber. Mit sichtbaren Beweisen der Würde und Schönheit schwarzer Amerikaner konfrontierte die Ausstellung laut DuBois die Besucher mit Bildern, die „kaum zu herkömmlichen amerikanischen Vorstellungen passen".[32]

Viele der in der Ausstellung gezeigten Fotografien stammten von schwarzen Fotografen in Georgia. Dieser Staat wurde unter anderem deshalb gewählt, weil er über eine recht große schwarze Mittelschicht verfügte. Afroamerikaner aus anderen Staaten unterstützten die Ausstellungen ebenfalls und leisteten ihren Beitrag zu einer als unabdingbar betrachteten Reaktion auf die bildlichen Verleumdungen, mit denen regelmäßig ihre Communities diffamiert wurden. Die Atlanta-Universität, Fisk-Universität, Hampton-Universität, Howard-Universität und das Tuskegee-Institut stellten Fotografien zur Verfügung, um die Qualität der Hochschulbildung zu illustrieren, die sie anboten.[33] Insgesamt widersetzte sich die Ausstellung der verbreiteten Annahme, amerikanische Schwarze seien ein rückständiges Volk. Die Kulturhistorikerin Shawn Michelle Smith fasst das Ziel der Ausstellung so zusammen:

Pharmazeutisches Labor der Howard University, Teil der American Negro Exhibit *auf der Pariser Weltausstellung. [Aus der Sammlung der Library of Congress; mit freundlicher Genehmigung von Deborah Willis]*

Im Gegensatz zur exotisierenden Darbietung afrikanischer Dörfer, die die Einschätzung weißer Europäer bestärkte, sie seien den „Negersklaven" zivilisatorisch überlegen, zeigte die „Negerausstellung" auf der Pariser Weltausstellung Afroamerikaner als durch und durch moderne Mitglieder der westlichen Welt.[34]

Setzerei des Planet, *einer schwarzen Zeitung in Richmond, Virginia; Teil der* American Negro Exhibit *auf der Pariser Weltausstellung. [Aus der Sammlung der Library of Congress; mit freundlicher Genehmigung von Deborah Willis]*

Die Fotografien in der Ausstellung waren dem Historiker David Levering zufolge ein aufrüttelnder visueller Kurzlehrgang über die „Eigenschaften und Tugenden, von denen die meisten Weißen – entweder aus Unwissen oder aus Selbstgerechtigkeit – annahmen, die meisten Schwarzen hätten sie nicht."

Dunkelhäutige Bürger, deren Züge von einer unverwässerten afrikanischen Abstammung zeugen, blicken in hohen Kragen oder Damenhauben würdevoll aus Büros, Kirchenbänken und Besuchszimmern ... Viele von ihnen zeigen sogar Menschen von einem solch idealisierten europäischen Äußeren, dass sie, wie beabsichtigt, die Ästhetik der Weißen, die die Negerabteilung besichtigten, durcheinander gebracht, ihren Eigendünkel beleidigt und ihren Zivilisationsdünkel übertrumpft haben müssen.[35]

Von April bis November 1900 besuchten 50 Millionen Menschen die Pariser Weltausstellung. Die Zahl derer, die die *American Negro Exhibit* besuchten, ist nicht bekannt und ihr Einfluss auf die Einstellungen von Weißen keine messbare Größe; und doch stellte schon allein ihre bloße Existenz einen wichtigen Schritt dar, einen Schritt im Kampf schwarzer Menschen, sich in einer überwiegend von Weißen beherrschten Welt selbst, mit ihren eigenen Worten und Bildern zu definieren.

24. Geschichtsschreibung mit Blitz und Donner

Die modernen Systeme der Stereotypisierung entwickelten sich über Jahrhunderte hinweg; sie ergaben sich aus der Globalisierung der Wirtschaft, aus tief verwurzelten Mustern ungleicher Entwicklung und aus dem Angriff demokratischen, egalitären Denkens auf tradierte Gesellschaftssysteme; sie entstanden in einer Welt, in der das Zusammensein mit Fremden zunehmend zu einer Routineangelegenheit wurde. Innerhalb dieses historischen Rahmens drang die Prämisse einer angeborenen Ungleichheit der Menschen in neue wissenschaftliche, ästhetische und religiöse Sphären ein und transformierte die Kategorisierung der Menschen – von einer altertümlichen, kleinräumig-beschränkten Praxis in die weltumspannende Maschinerie des Massenkulturbetriebs westlicher Prägung.

Querverbindungen zwischen den Taxonomien der Menschenkunde und der Massenkultur sind seit Ende des 18. Jahrhunderts zu beobachten, wuchsen aber im 20. Jahrhundert geradezu exponentiell. Beflügelt durch die Möglichkeiten der Massenfertigung und die daraus erwachsende Notwendigkeit, Massenmärkte zu bedienen und zu manipulieren, beflügelt auch durch das Wachstum einer mediendurchtränkten Konsumkultur, wurden Stereotype zu einem zentralen Bestandteil eines allumfassenden wirtschaftlichen Panoramas; sie durchdrangen die öffentliche wie die private Wahrnehmung.

Mehr als alles andere war es der in den 1890ern aufkommende Film, der ungeahnte Möglichkeiten zur Industrialisierung von Stereotypen bot. Viele verbinden mit Stereotypisierung zuallererst Hollywood. Dort wurde der angesammelte Fundus menschlicher „Typen" zum unentbehrlichen Rohstoff für die Herstellung von Grundformeln, die charakteristisch für die amerikanische Filmindustrie sind.

Natürlich waren Stereotype schon lange vor Hollywood Bestandteil von Theaterproduktionen. In den Dramen mussten die Darsteller wie selbstverständlich genormte Charaktertypen verkörpern, die für verschiedene Sektoren der Menschheit standen. Auch dienten mythische Archetypen von jeher als Gerüst für Bühnenfiguren.

Mitte des 19. Jahrhunderts wurden Gesichtsausdrücke bei der Ausbildung von Schauspielern und Rednern standardisiert und systematisiert. Francois Delsarte, der einen stärkeren Einfluss auf die Schauspielkunst vor Stanislawski hatte als irgendein anderer, entwickelte eine Methode zur Ausbildung der

Schauspieler in den Feinheiten der Gestik und Mimik, damit sie die dargestellten Figuren genau nachbilden könnten. Einer seiner berühmtesten Schüler namens L'Abbé Delaumosne beschrieb die gewissenhaften Beobachtungen, die zum „Delsarte-System" führten:

> Delsartes Untersuchungen des Ausdrucks waren aus seiner Unzufriedenheit mit der Ausbildung am Pariser Konservatorium entstanden, bei der er System vermisste und Widersprüche feststellte ... Einerseits wollte er seine Arbeit auf die Wirklichkeit der ‚Natur' gründen. Zu diesem Zweck beobachtete er, wie Menschen in Alltagssituationen Charakter und Gefühle ausdrücken und wie die Instrumente des Ausdrucks (Körper, Stimme und Atem) eigentlich funktionieren. Er führte Forschungen durch, beobachtete Personen in allen Lebenslagen, sogar im Tod oder beim Sterben. Andererseits suchte Delsarte nach grundlegenden Prinzipien, die er hinter dem Spezifischen und Individuellen verborgen glaubte und von deren Existenz er überzeugt war.[1]

Delsartes Suche nach allgemeingültigen Aussagen war eng mit dem Weltbild der Physiognomie und Phrenologie verknüpft. Genau wie diese populären Disziplinen vorgaben, eine genaue Vermessung des menschlichen Charakters zu ermöglichen, war Delsarte überzeugt, jede Kunst setze Regeln, Verfahrensweisen, Mechanismen, Methoden voraus, die man kennen müsse.[2] Er behauptete, die Grundzüge des Charakters könnten visuell aus Mimik und Gestik genau bestimmt werden. Ein Schauspieler, der diese Grundzüge erlerne, könne jeden Menschentyp mithilfe von Gesichtsausdruck und Körpersprache genau darstellen. Ästhetik sei damit frei von Mutmaßungen, nehme künftig die Form einer auf Tatsachen beruhenden Wissenschaft an.[3]

Die einzelnen Elemente von Delsartes Theaterwissenschaft waren von der damaligen „Wissenschaft" der Physiognomie nicht zu trennen. Seine sogenannte umfassende Semiologie der Ausdrücke wird allen vertraut vorkommen, die sich mit der Geschichte der Stereotypisierung beschäftigt haben.

> Das Gesicht ist der Spiegel der Seele, weil es am leichtesten zu beeinflussen ist, und folglich die Eindrücke der Seele am wahrheitsgetreuesten wiedergibt.
>
> Dem Gesichtsausdruck kann nicht nur die momentane Gefühlslage entnommen werden, durch eine Untersuchung der Gesichtsgestalt können auch

die Fähigkeiten, die Gedanken, der Charakter und das individuelle Temperament einer Person bestimmt werden ... Das Gesicht ist dem Physiognomen als Kriterium unentbehrlich.[4]

Ein kleines Auge ist ein Zeichen von Stärke; ein großes Auge ist ein Zeichen von Trägheit. Ein kleines schiefes Auge (das chinesische Auge) deutet, wenn es mit einer seitlichen Ausprägung des Schädels zusammenfällt, auf eine Neigung zum Mord hin ...

Die heruntergezogene Braue bedeutet Zurückhaltung, Zurückweisung: Sie ist das Zeichen für eine geschlossene Tür.[5]

Die Physiognomie war ein Kernbestandteil des Delsarte-Systems, doch der wissenschaftlich begründete Einsatz von Gesten nicht minder. Überzeugung sei Sache der Gestik. Um eine Zuschauerschaft mitzureißen, insbesondere angesichts ihres großen Abstands zur Bühne, sei ein aufgeklärter und ausdrücklicher Einsatz der Körpersprache unverzichtbar.

1895 schrieb Gustave Le Bon, theatralische Darstellungen, „die das Bild in seiner klarsten Form geben", hätten „stets einen ungeheuren Einfluss auf die Massen"[6]. Diese Überzeugung, die im 20. Jahrhundert die Entwicklung moderner Propagandatechniken prägen sollte, wurde bereits in den 1860ern als Axiom von Delsartes System etabliert. Als Delsarte 1882 erstmals amerikanischen Lesern vorgestellt wurde – mehr als zehn Jahre bevor Le Bon die Irrationalität der Massen analysierte – nahm Delsartes Analyse des Publikums den Kern von Le Bons Sozialpsychologie vorweg.

Diese Abbildung von Delsartes Theaterphysiognomie kategorisiert Augenmimik und ihre Bedeutung. [Nachdruck aus der Sammlung Abbé Delaumosne's Delsarte System of Oratory, 1893; aus dem Ewen-Archiv]

Man darf sich ein Publikum nicht so vorstellen wie ein Individuum. Selbst ein höchst intelligenter Mann ist nicht mehr er selbst, wenn er Teil eines Publikums ist. Ein Publikum ist nie intelligent; es ist ein multiples Wesen, eine Kombination aus Sinneswahrnehmungen und Emotionen. Je größer die Menge, desto weniger Einfluss hat Intelligenz. Ein Individuum mit Gesten beeinflussen zu wollen, wäre absurd. Für ein Publikum gilt das Gegenteil: Es wird nicht durch Argumente überzeugt, sondern durch Gesten ... Nicht Gedanken bewegen die Massen, sondern Gesten.[7]

Auf der Suche nach rhetorischen Mitteln, die dazu dienen könnten, die städtischen Massen in den Bann des Redners zu ziehen und dann zu führen, war Le Bon offensichtlich von Delsartes Schauspieltheorie beeinflusst. In *Psychologie der Massen* machte er sich jedoch an die Übertragung des Delsarte-Systems auf die Bühne der Politik. Nicht die Fakten selbst seien es, die beim Volk Eindruck machten, „sondern die Art und Weise, wie sie sich vollziehen" und wie sie bekannt gemacht werden. Daher müsse man „durch Verdichtung ... ein packendes Bild hervorbringen, das den Geist erfüllt und ergreift."[8]

Im Laufe des folgenden Jahrhunderts waren Politik und Theater immer schwerer voneinander zu unterscheiden. Das wichtigste Versuchslabor für Delsartes Schauspieltheorie jedoch war die aufblühende Filmindustrie. In den Vereinigten Staaten übte sein System seit den 1880ern einen beträchtlichen Einfluss auf Berufs- wie Laienschauspieler aus. Mit dem Entstehen des Kinofilms in Frankreich und den Vereinigten Staaten wurden Delsartes Überzeugungsstrategien auf der Leinwand schablonenmäßig reproduziert und standardisiert. Seine Anleitungen unterstützten die Ausbildung des übertrieben melodramatischen Stils, der für einen Großteil der frühen Stummfilme kennzeichnend war. Auch D. W. Griffith war, wie andere frühe Filmemacher, von Delsartes Methoden beeinflusst.

Doch die Filme stellten auch die Vorstellung infrage, ausgebildete Schauspieler seien unabdingbar. Im Gegensatz zum Theater, wo eine sorgfältig ausgebildete Stimme gefordert war, boten die Stummheit und der optische Zauber des frühen Films den Filmemachern eine neue Möglichkeit, die vielfältigen Menschentypen darzustellen.

1925 beschrieb Béla Balázs, einer der ersten großen Filmtheoretiker, diesen Wandel. Zur Macht der Nahaufnahmen schrieb er, was auf dem Gesicht und im Gesichtsausdruck erscheine, sei eine spirituelle Erfahrung, die auch ohne vermittelnde Worte unmittelbar sichtbar werde. Musste ein Theaterschauspieler nach Delsartes Methode mit seiner Gestik den Balkon erreichen, so brachte die moderne Kameraarbeit das Gesicht selbst mitten auf die Leinwand; mit leinwandfüllenden Großaufnahmen wurde das Innenleben so offenkundig, wie es im Theater nie möglich gewesen war.

Wie ein Echo von Lavaters deterministischer Physiognomie und eindeutig unter dem Einfluss von Delsarte, berief sich Balázs auf die Möglichkeiten des Films, eine „Mikrophysiognomie" einzufangen, die die Wesenszüge einer Person unmittelbar zeige. Die Fotografie hatte dies für einen einzelnen Moment erreicht; das Kino trug dieses mächtige Instrument in den Bereich des Geschichtenerzählens. Die Möglichkeiten, einer Zuschauerschaft Gefühle nahezubringen, hatten sich verändert, was Balázs so erklärte:

> Nun war der Film bemüht, der Kultur eine neue Wendung zu geben oder wenigstens eine neue Schattierung zu verleihen. Viele Millionen Menschen saßen allabendlich im Kino und durchlebten nur sehend Schicksale, Charaktere, Gefühle und Stimmungen, ja auch Gedanken, ohne dabei auf das Wort angewiesen zu sein. Die Menschheit lernte bereits die wunderbare, vielleicht schon dagewesene reiche Sprache des Mienenspiels, der Bewegung und der Gesten. Das war nicht eine die Taubstummensprache ersetzende, Worte anzeigende Zeichensprache, sondern die visuelle Korrespondenz der unmittelbar Gestalt gewordenen Seelen. Der Mensch wurde wieder sichtbar.[9]

Die Charakterzeichnung war allerdings nicht nur ein Ergebnis neuer Filmtechniken, sie war ein Produkt der Moderne an sich. In einer Gesellschaft, in der das Großstadtleben eine endlose Parade der Diversität bot, konnte man als Filme- oder Theatermacher einfach auf die Straße oder in das Geschäft um die Ecke gehen, um den gewünschten Typus zu finden – die Person, deren Gesicht man für geeignet hielt. Die Gestik beherrschte die gesamte Stummfilmzeit, aber Delsartes angewandte Ästhetik, die eine umfassende Schauspielausbildung voraussetzte, wurde nach und nach – insbesondere bei der Auswahl von Komparsen – durch ein neues Castingverfahren ersetzt. Man versuchte lieber, lebendige Exemplare des gewünschten physiognomischen Typs einzustellen, als diesen Typus von einem Schauspieler nachahmen zu lassen. Der Psychologe Hugo Münsterberg beschreibt dieses Verfahren in seiner 1916 erschienenen Studie des amerikanischen Kinos so:

Wenn im Film ein brutaler Boxer in einem Bergbaulager benötigt wird, versucht der Produzent nicht ... einen sauberen, adretten professionellen Schauspieler in einen brutalen Kerl zu verwandeln, sondern er geht durch die Bowery, bis er eine Person gefunden hat, die aussieht, als ob sie aus einem Bergbaucamp kommt, und zumindest das Blumenkohlohr des Preisboxers hat ... Wenn einer den dicken Barkeeper mit dem selbstzufriedenen Grinsen braucht, oder den bescheidenen jüdischen Hausierer, oder den italienischen Drehorgelmann, ist er nicht auf Perücken und Schminke angewiesen; er findet sie alle fertig ausgestattet in der East Side.[10]

In Thomas Inces Drama *The Italian* aus dem Jahr 1915 spielte zwar kein echter Immigrant die Titelrolle, aber der Hauptdarsteller – George Beban – steckte in einer authentischen, auf der Straße akquirierten Garderobe. Ince erzählt:

Eines Tages, sah er ... [Beban] einen Immigranten an Land kommen. George ging neben ihm her und bot ihm in gutem Italienisch an, ihm zu einem fairen Preis alle Kleider abzukaufen, die er am Leib trug. Er ergatterte das gesamte Outfit, einschließlich Kopfbedeckung und Schuhe, für zehn Dollar, und meinte trotz des offenkundigen Alters der Dinge und der Angst vor noch einem harten Winter, er habe ein gutes Geschäft gemacht.[11]

Schöne Mädchen wurden auf ähnlichen Expeditionen beschafft. Die in den Straßen umherstreifenden „Talentsucher" hatten keine Probleme, ihre Beute zu finden, und führten sie in eine wachsende Maschinerie der Berühmtheit ein. Ein Ergebnis davon war das „Glamourgirl" – eine hübsche junge Frau, die aus den profanen Umständen ihres jeweiligen Lebens herausgelockt und systematisch in eine vermarktungsfähige Replik verwandelt wurde. Der Filmpionier Cecil B. De Mille beschrieb den Vorgang mit mehr als nur einem Hauch von Geringschätzung:

Sie sehen alle gleich aus. Als ob sie frisch aus der Münzanstalt kämen, wie Silberdollars. ... Sie kommen immer zu einer Tür herein und gehen durch die andere hinaus ... Sie könnten immer weiter hereinkommen und hinausgehen, in einem endlosen Kreis, und ich könnte sie nicht auseinanderhalten.Die Mädels selbst haben nichts damit zu tun. Viele davon sind besonders und unterschiedlich, wenn sie ankommen. Aber so debütieren sie nicht. Augen,

Lippen, Mund, Haare, alles stereotyp zurechtgemacht. Ihre Gesichter sehen aus wie Betonplatten. Vielleicht sollte man die Durchschnitts-Glamourgirls in Hollywood von vorne an eher nummerieren als beim Namen nennen.[12]

Neben Hollywoods „Kopierzwang" war eine andere Tendenz zu verzeichnen: die Herauslösung Einzelner aus der Gruppe und ihre Verwandlung in Stars. Die treibenden Kräfte dieser Entwicklung waren die Begeisterung der Zuschauer und die Einnahmen an den Kinokassen. Erwies sich ein Schauspieler oder eine Schauspielerin als beliebt – sei es durch ein bestimmtes Aussehen oder eine bestimmte Art – wurde sie untrennbar mit ihrer einträglichen Filmidentität verschweißt. So bekamen die ersten Berühmtheiten Hollywoods ihre Rollen zugewiesen: Lillian Gish, die Jungfrau; Mary Pickford, das mutige Mädchen; Charlie Chaplin, der kleine Vagabund; Theda Bara, der gefährliche, verführerische Vamp; Douglas Fairbanks, der draufgängerische Abenteurer; Rudolph Valentino, der feurige Liebhaber. In einem Film nach dem anderen reproduzierten sie dasselbe Klischee, reagierten auf sorgfältig kultivierte Publikumserwartungen und machten die Studios reich.

Doch während das Starsystem einen wichtigen Beitrag dazu leistete, Hollywood bis zu den 1920ern in ein sagenumwobenes Reich des Ruhms zu verwandeln, reichte die Stereotypisierung weit über die Stars hinaus. Stereotypisierung war in diesem neuen, faszinierenden Medium ein Grundelement des Erzählens. Mit Standardformeln, die kaum Raum für die Entwicklung einer Rolle ließen, setzten Filmemacher immer wieder leicht erkennbare Typen ein, gaben einer leicht zu beeinflussenden Zuschauerschaft eine Handhabe zur Identifizierung der Charaktere, unmittelbare Signale, die eine intuitive Reaktion hervorriefen.

In gewissem Maße trug ein Mittelschichtpublikum, das ab ca. 1915 in die Kinos strömte, ein historisch „gezüchtetes" Stereotypenrepertoire in sich, das später zum Markenzeichen Hollywoods werden sollte. Ab dem frühen 19. Jahrhundert wurden der Besuch von Naturgeschichtemuseen und Weltausstellungen, Massenlehrveranstaltungen zu Physiognomie und Phrenologie und die Kenntnis der Fotoarchive von „Guten" und „Bösen" zu Grundpfeilern der populären Kultur. In den Vereinigten Staaten trugen das Phänomen der Minstrelshows und Anfang des 20. Jahrhunderts die neue Disziplin „Eugenik" zur Verbreitung einer Weltanschauung bei, in der Menschen regelmäßig durch eine einfache, eingängliche kulturelle Kurzschrift charakterisiert wurden. Stereotype bildeten die Lingua franca der Moderne. Zivilisation und Barbarei, moralische Stärke und Schwäche, Intelligenz und Dummheit und eine ganze Reihe anderer Dualitäten waren ein Erbe, das die Zuschauer ins Kino mitbrachten, und das die Filme ihnen in konzentrierter Form zurückgaben.

Das bekannteste Beispiel für dieses Phänomen war D. W. Griffiths Film *The Birth of a Nation* (deutsch: *Die Geburt einer Nation*), der im Februar 1915 zunächst unter dem Titel *The Clansman* (Der Ku-Kluxer) in die Kinos kam. Ein enger Freund und ehemaliger Klassenkamerad von Präsident Woodrow Wilson schrieb das Buch, dem er den Untertitel *A Historical Romance of the Ku Klux Klan* (Ein historischer Roman über den Ku-Klux-Klan) gab.

In Kürze verwandelte *The Birth of a Nation* die Kinos praktisch im Alleingang. Aus einem „billigen Zeitvertreib", der hauptsächlich von einer die Mietskasernen bevölkernden Arbeiterschicht genutzt wurde, wurde eine legitime Unterhaltungsform für weiße Amerikaner der Mittel- und Oberschicht. Der Film kostete zu seiner Zeit mehr Eintritt als jeder andere, womit sichergestellt war, dass nur Zuschauer, die über ein frei verfügbares Einkommen verfügten, Zutritt zu den Vorstellungen hatten.

Zu diesem Nimbus der Seriosität trug auch Präsident Woodrow Wilson bei, indem er dieses dreistündige Epos zum ersten Film machte, der je im Weißen Haus vorgeführt wurde. Vielleicht motivierten ihn dazu unter anderem die darin verwendeten Zitate aus seiner 1902 veröffentlichten, fünfbändigen Geschichte des amerikanischen Volkes (*History of the American People*). Im Abschnitt über die Neuordnung der politischen Verhältnisse der Südstaaten nach dem Bürgerkrieg wurde Wilsons Text wiederholt zitiert und verlieh so der Ansicht Gewicht, die Staatsbürgerschaft Schwarzer sei eine Katastrophe und der Ku-Klux-Klan der Retter der Zivilisation.

Ein im Film zitierter Satz Wilsons beschreibt das Chaos, das angeblich auf die Befreiung der schwarzen Bevölkerung des Südens folgte, so: „In den Dörfern waren die Neger die Amtsinhaber, Männer, die nicht wussten, wozu sie ihre Autorität gebrauchen konnten, außer zu Unverschämtheiten."

Der einzige Weg aus dieser Katastrophe, folgerte Wilson, sei eine rechtmäßige Rebellion der Weißen gegen das Chaos der Sklavenbefreiung: „Die weißen Männer wurden von einem instinktiven Selbsterhaltungstrieb angestachelt ...

bis schließlich der großartige Ku-Klux-Klan geboren war, ein wahrhaftiges Imperium des Südens, um den Süden zu schützen."

Dieser Film war ein Generalangriff auf die freie schwarze Bevölkerung Amerikas – auch wenn Generationen von Filmwissenschaftlern es vorzogen, den durch und durch hasserfüllten Inhalt des Films zu ignorieren und sich stattdessen ausschließlich auf Griffith bemerkenswerte formale Neuerungen zu konzentrieren. Griffiths benutzte für seine Darstellung der Zeit nach der Sklavenbefreiung vorrangig weiße Schauspieler mit schwarzer Schminke, um ein Bild eines schwarzen Amerikas zu vermitteln, das von einer Lust auf weiße Frauen verzehrt wurde, zutiefst unberechenbar und nicht imstande war, seine Bürgerrechte auszuüben. Die Abschaffung der Sklaverei wurde im Film durch eine Mischung simpler visueller Darstellungen und langatmiger historischer Texte als „Sturz der Zivilisation im Süden" dargestellt – eine Formulierung,

Stonemans Plan für eine radikale Neuordnung des Südens wird von den Intrigen seiner Haushälterin und Geliebten geschürt. Die als „Mulattin" geschminkte weiße Schauspielerin Lydia Braun setzt für diese Rolle Delsartes Methode im Übermaß ein.

die ebenfalls Wilsons Geschichtswälzer entnommen war. In einer Zeit der Rassentrennungsgesetze und Lynchmorde verteidigte der Film eine weiße Terrorherrschaft über freie, „von Natur aus widerspenstige" Schwarze als die einzige Hoffnung der Nation.

In die Hetze eingeflochten waren vorherrschende Stereotype der „Rassenlehre", die ihre Wurzeln im 18. Jahrhundert hatten und durch ein Zusammenwirken von Kunst, Wissenschaft und Volkskultur in das 19. und 20. Jahrhundert transportiert wurden. Die Rechtschaffenheit und Tugendhaftigkeit der weißen Zivilisation wird von der Familie Cameron verkörpert – gütigen Sklavenhaltern, deren angloamerikanisches Paradies vom Bürgerkrieg überrannt und nach Lincolns Ermordung von der Demütigung gequält wird, „unter dem Stiefel des schwarzen Südens" zu sein. Die Formulierung „der weiße Süden unter dem Stiefel des schwarzen Südens" stammt übrigens auch von Wilson.

Schuld an diesem fürchterlichen Zustand ist Austin Stoneman (gespielt von Ralph Lewis), eine Karikatur von Thaddeus Stevens, dem pennsylvanischen Kongressabgeordneten für die Republikaner und entschiedenen Befürworter vollständiger Bürgerrechte für ehemalige Sklaven. Der hartnäckige und zielstrebige Stoneman plant eine radikale Erneuerung des Südens. Zusätzlich aufgestachelt wird er dabei von seiner intriganten Haushälterin und Geliebten, einer „Mulattin". An dieser schamlosen Intrigantin, gespielt von einer weißen, hellbraun geschminkten Schauspielerin (Lydia Brown), ist Delsartes Methode in Extremform zu beobachten. Mit wild hin- und herschießenden Augen und theatralischen Gesten spornt sie ihren hörigen weißen Liebhaber dazu an, eine neue Ära schwarzer Herrschaft über den Süden herbeizuführen.

Den Aufstand soll ein größenwahnsinniger „Mulatte" namens Sila Lynch führen, dessen unersättliche Gier nach weißen Frauen von einem weißen Schauspieler (George Siegmann) voll ausgespielt wird. Lynchs Verderben naht schließlich, als sein Machtdurst und seine Gier nach „arischen" Frauen zu einem dämonischen Heiratsantrag an die Tochter des radikalen Republikaners, die blonde schöne Elsie Stoneman (Lillian Gish) führen. Als sie vor seinem lüsternen Blick und anzüglichen Grapschen davonrennt, erklärt Lynch: „Ich werde ein schwarzes Imperium aufbauen, mit dir als Königin an meiner Seite." Elsie ist die perfekte Verkörperung gefährdeter Unschuld.[13] Dieses Märchen von schwarzen Männern (oder auch Affen), die blonde, weiße Frauen entführen, um sie zu ihren Geliebten zu machen, wurde in den Mythen der Rassenkunde vielfach wiederholt.

Das Thema „Rassenmischung und ihre schrecklichen Folgen" zieht sich durch den gesamten Film. In einer herzzerreißenden Episode – der berühmtesten Szene des Films – folgt ein animalischer schwarzer Soldat namens Gus (ein schwarz geschminkter Walter Long) in böser Absicht der unschuldigen „Little Sister" der Cameron-Familie (Mae Marsh) in den Wald. Sie bemerkt ihn und erkennt intuitiv seine sexuelle Raubgier, rennt außer sich bis zur Oberkante einer Felswand, im vergeblichen Versuch, ihm zu entfliehen. Wie Lynch, will auch Gus Little Sister zu seiner Braut machen. Bestrebt, ihre Ehre zu wahren, wählt sie den Tod und springt vom Felsrand in den Abgrund.

Alle wichtigen „Negerrollen" in *The Birth of a Nation* wurden von Weißen gespielt. Griffiths Version der Delsarte-Methode folgend, vermittelten sie der Zuschauerschaft ihre hinterhältigen Beweggründe durch eine stark betonte Mimik – vorzugsweise lüstern schielende Augen und übertriebene Bewegungen der Augenbrauen. Zur Veranschaulichung von Lynchs Grausamkeit wird in einer Szene gezeigt, wie er nach einem Hund tritt. Dieses Verhalten steht in krassem Gegensatz zu den Camerons, deren Liebe und Zuneigung zu Tieren als Zeichen ihrer Anständigkeit im gesamten Film immer wieder zum Ausdruck kommt.

In Birth of a Nation *wird das Heldentum des Ku-Klux-Klans durch die Gefangennahme des abtrünnigen schwarzen Soldaten Gus exemplifiziert (Walter Long mit schwarzer Schminke).*

Die einzigen sympathischen schwarzen Rollen – ebenfalls von Weißen gespielt – sind die eines Kindermädchens (Jenny Lee), das seine Schützlinge abgöttisch liebt, und eine hingebungsvolle Onkel-Tom-Figur (John McGlynn). Beide bleiben den Camerons, ihren ehemaligen Besitzern „treu" und sehnen sich nach den sorgenfreien Tagen der Sklaverei. Immer wieder schimpft das schwarze Kindermädchen auf die „anmaßenden" Schwarzen, die die Macht an sich gerissen haben.

Viel wurde darüber geschrieben, wie die schwarzen Hauptrollen von *The Birth of a Nation* der Minstreltradition folgend von Weißen dargestellt wurden. Es wurden jedoch auch reichlich schwarze Statisten eingesetzt. Sie hatten keine individuellen Rollen, wurden vielmehr zur Abbildung der unbekümmerten, zur Unterhaltung ihrer Herren singenden und tanzenden Sklaven eingesetzt, und an späterer Stelle für jene, die einige der ungeheuerlichsten „Schandtaten" nach dem Bürgerkrieg begingen.

So werden zum Beispiel schwarze Statisten eingesetzt, um bei einer Versammlung frisch befreiter Exsklaven deren kopflosen Begeisterungstaumel darzustellen. Zur Unterstreichung des Zusammenhangs zwischen Freiheit und Rassenmischung tragen sie Schilder, auf denen die Legalisierung gemischter Ehen gefordert wird.

Als „Little Colonel" (Henry Walthal), Held der Konföderierten und ebenfalls Angehöriger der Cameronfamilie, beschreibt, wie eine schwarze Jury einen schwarzen Mann freispricht, der einen Weißen ermordet hat, wird uns eine Jury gezeigt, die aus schwarzen Komparsen besteht, während der freigesprochene Mörder von einem schwarz geschminkten Weißen in der horrenden Aufmachung einer „äthiopischen Farce" dargestellt wird. Implizit wird visuell vermittelt, dass echte schwarze Geschworene Gewalt gegen Weiße sanktionieren würden und unfähige Idioten freisprächen. Die Geschichte weißer Jurys zeigt, dass häufiger das Gegenteil der Fall war.

In einer späteren Szene werden Weiße bei der Stimmabgabe eingeschüchtert, während Schwarze ihr Stimmrecht ausüben und teilweise zweimal wählen. Das Parlament des Bundesstaats fällt in schwarze Hände. Auch hier wurden afroamerikanische Statisten eingesetzt, um eine Versammlung unflätiger Monster darzustellen, die Whisky wie Wasser trinken, Hähnchen aus der Hand essen und ihre nackten Füße auf die Parlamentstische legen. Die Szene – mit Schwarzen und schwarz geschminkten Weißen – vermittelt, Schwarze seien von Natur aus nicht imstande, die in einer Demokratie anfallenden Aufgaben auszuüben. Diese Schlussfolgerung wird am Ende der Szene mit einem Ausrufezeichen versehen, als die Versammlung ein Gesetz zur Legalisierung von Mischehen verabschiedet. Das neue Gesetz löst fröhliche Feiern bei den sexbesessenen Gesetzgebern und spürbare Furcht unter den wenigen Weißen aus, die den Vorgängen im Parlament von der Galerie aus zusehen.

Mobszenen in den Straßen von Piedmont wurden ebenfalls mit schwarzen Statisten bevölkert: vor Freude wahnsinnige Exsklaven, die eine einst stolze Zivilisation an den Rand des Ruins treiben. Durch den Einsatz afroamerikanischer Schauspieler verlieh Griffith weißen Vorstellungen von amoklaufenden freien Schwarzen eine gewisse Authentizität. Dabei wurde von Schwarzen, die sich ihren Lebensunterhalt verdienen wollten, erwartet, dass sie den Angloamerikanern deren schlimmsten Ängste bestätigten.

In *Die öffentliche Meinung* schrieb Walter Lippmann: „Derselbe Mechanismus, der Helden hervorbringt, schafft auch Teufel."[14] In *The Birth of a Nation* bestätigen Helden wie Teufel diese Aussage. Auch Weiße werden den gesamten Film über konsequent stereotyp dargestellt.

Sie sind galant und zivilisiert. Selbst am Vorabend des Krieges zelebrieren sie in aller Form einen Ball, Männer in stattlichen grauen Uniformen, Frauen in Abendkleidern mit Petticoats. Die Töchter Cameron, Margaret und Little Sister, sind beide „Southern Belles", zerbrechliche aber entschlossene Monumente an Schönheit, Ehre und Reinheit. Auch Elsie Stoneman, die weiße Frau aus dem Norden, ist zurückhaltend, nicht an Politik interessiert, eine klassische Nährerin. Im Bürgerkrieg dient sie als freiwillige Krankenschwester, versorgt die Verwundeten unabhängig von ihrer politischen Zugehörigkeit. Dabei begegnet sie auch Little Colonel, und während sie ihn pflegt, verlieben sie sich ineinander.

Unter den weißen Männern wird Dr. Cameron, das Familienoberhaupt, als der „gütige Sklavenhalter" porträtiert, mit dem die Zuschauerschaft Mitleid haben soll, wenn er die Qualen der Erniedrigung erleiden muss. Diesem Ausbund an Güte wird der rachsüchtige Abolitionist Stoneman gegenübergestellt – die einzige Rolle eines Weißen, die negativ besetzt ist. Stoneman ist finster und grüblerisch, arrogant und halsstarrig bei der Verfolgung seines törichten Plans, Schwarze im Süden an die Macht zu bringen. Neben seiner Vorliebe für „Mulattinnen" zeugen auch sein hinkender Gang und sein konstantes Fummeln mit seinem schlecht sitzenden Toupet von seinen Unzulänglichkeiten als weißer Mann. Letztendlich akzeptiert er sein Weißsein erst, als seine Tochter von seinem ehemaligen Schützling Lynch angegriffen wird; in diesem Moment erkennt er die Torheit seiner Handlungen.

Der heldenhafteste Weiße und Stereotyp des Kavaliers aus dem Süden ist Little Colonel. Als ehemaliger Kriegsheld ist er von der Zügellosigkeit der Rekonstruktion am schwersten getroffen. Sanft und feinfühlig wie er ist: Wenn er provoziert wird, ist er zu unermesslichem Heroismus fähig. Da er überzeugt ist, dass die Weißen „ihr arisches Geburtsrecht verteidigen" müssen, organisiert er eine Bürgerwehr, um der „Flut der Barbarei" Einhalt zu gebieten. Als Little Colonel bemerkt, dass Schwarze große Angst vor Geistern haben – ein verbreitetes Thema in Minstrelshows und im frühen Stummfilm – kommt ihm eine geniale Idee: Er kleidet seine Armee in weiße Laken.

Das ist die Geburtsstunde des Ku-Klux-Klans. Im Film sind diese Männer die unbezweifelten Retter der weißen Zivilisation. Wenn sie gegen die „verbrecherischen freien Schwarzen" reiten, erinnern die kühnen Reiter an die Bilder der zu Hilfe eilenden Kavallerie in Hollywood-Western.[15] (Der Westernregisseur John Ford war ein Komparse in Griffiths berühmtem Klan-Ritt. Sein weißes Gewand behinderte seine Sicht, er stieß an einen Baum und fiel vom Pferd. Den Rest des Tages verbrachte er damit, die Reiterszenen zu beobachten, und lernte eine wertvolle Lektion für die Produktion seines Klassikers *Ringo* und anderer Western.) Der Klan-Ritt in *The Birth of a Nation* riss die Zuschauer regelmäßig von den Sitzen, schließlich galt es, die Rettung der Nation zu bejubeln. Hier wurde das Töten von Menschen zu einer „erstklassigen" Unterhaltung.

Selbst wenn Ku-Klux-Klaner zu Pferde drohend vor Wahllokalen stehen, um Schwarze davon abzuhalten, sich in die Wahlliste eintragen zu lassen, werden sie als Schutzengel alles Tugendhaften präsentiert. Diese Schutzfunktion wird durch einen Siegesritt zum Abschluss des Films bestätigt: Den Triumphzug der Klan-Reiter führen Margaret Cameron und Elsie Stoneman an, Symbole weißer Weiblichkeit, die unter dem Schutz ihrer maskierten Retter glücklich vor sich hin strahlen. In einem Epilog schwebt dann noch Jesus über der Szene und gibt seinen Segen. Norden und Süden sind wiedervereinigt im Streben, die arische Vorherrschaft gegen den Angriff der „Untermenschen" zu verteidigen. Die Geburt dieser neuen Nation ist es, von der Griffiths Epos erzählt.

The Birth of a Nation war ein Gebräu aus eindimensionalen Stereotypen und der Vorstellung, Menschen nähmen feststehende und ungleiche Positionen auf der großen Seinskette ein. Der Film nahm die hetzerische Rassenpolitik seiner Zeit auf – von der Rassentrennung bis zur Eugenikbewegung – und produzierte daraus das unvergesslichste Beispiel für die gespenstische Macht eines sorgfältig konstruierten Films, sein Publikum ganz und gar zu fesseln.

Er löste einiges an Protesten aus. Die neu gegründete schwarze Bürgerrechtsorganisation NAACP rief zum Boykott auf. In ihrem Flugblatt „Fighting a Vicious Film: Protest Against *The Birth of a Nation*" bezeichnete sie ihn als „drei Meilen Dreck". Der Herausgeber von *NAACP Crisis*, W. E. B. DuBois, schrieb einen Leitartikel. Jane Addams, angesehene Gründerin des Hull House in Chicago (einem der ersten „Siedlungshäuser" der USA mit Abendschule für Erwachsene, Kindergarten, Schwimmbad usw. für Arme) und Gründungsmitglied der NAACP sagte der *New York Post*: „Mit der Geschichte lässt sich alles beweisen, wenn man sich bestimmte Fakten nimmt, sie unterstreicht und andere weglässt." *The Birth of a Nation* bezeichnete sie als „bösartige Karikatur der Negerrasse ... ungerecht und unwahr".[16] Thorstein Veblen erklärte: „Nie zuvor habe ich solch ein gebündeltes Paket an Fehlinformationen gesehen."[17] Im Bundesstaat Ohio wurde der Film verboten. Dennoch lief er zunächst elf Monate lang und blieb noch jahrelang ein einmaliger Kassenschlager. Noch 1948 wurde geschätzt, *The Birth of a Nation* habe weltweit mehr Geld eingespielt als jeder andere Film.

Sieben Jahre nachdem der Film erstmals in die Kinos gekommen war, zollte Walter Lippmann mit leichtem Unbehagen der beträchtlichen Überzeugungskraft des Films Anerkennung:

> [D]ie verschwommene Kenntnis, etwa vom Ku-Klux-Klan, nimmt dank Mr. Griffith lebhafte Gestalt an, wenn man den Film „Geburt einer Nation" anschaut. Geschichtlich mag es die falsche Gestalt sein, moralisch mag es eine gefährliche Gestalt sein, aber es ist doch immerhin eine Gestalt. Ich möchte bezweifeln, ob jemand, der den Film gesehen hat und selber nicht mehr als Mr. Griffith über den Ku-Klux-Klan weiß, jemals den Namen wieder hört, ohne zugleich die weißen Reiter zu sehen.[18]

25. Typen in Bewegung

Wie in vielen frühen Stummfilmen, verkörperte jede Figur in *The Birth of a Nation* konsequent jeweils einen bestimmten Typ. In Anlehnung an Delsartes Theaterwissenschaft präsentierten zu dieser Zeit die meisten Filmemacher eine Welt, in der alle Mitwirkenden eine feststehende Identität verkörperten, die während der gesamten Geschichte unverändert blieb.

Gleichzeitig wurde jedoch immer offensichtlicher, dass die beweglichen Bilder des Films mehr als jedes andere Medium zuvor wie dazu geschaffen waren, Metamorphosen zu zeigen. Den ersten Beweis für diesen Aspekt des Films erbrachte der französische Magier Georges Méliès, der 1896 mit der Produktion von Kurzfilmen begann. Auf der Bühne wirkten geschickte Hände, kunstfertige Ablenkungen und mechanische Apparate zusammen, um die Fantasie zu nähren, ein Magier könne übernatürliche Kunststücke vollbringen. Gegenstände und Lebewesen erscheinen und verschwinden lassen, sie von einer Form in eine andere verwandeln, die Gesetze der Schwerkraft außer Kraft setzen – das war seit jeher die Sphäre des Zauberkünstlers.

In seinem Théatre Robert-Houdin, wo er seine Vorstellungen gab, hatte Méliès für seine Zauberkunst schon lange die Laterna magica benutzt. Als er die erste, von den Brüdern Auguste und Louis Lumière veranstaltete, Kinematografenausstellung Frankreichs sah, war er überwältigt von den Anwendungsmöglichkeiten dieser neuen Technik. Er adaptierte einen britischen Prototyp, um seine eigene Kamera zu schaffen – den Méliès Kinétograf – und begann zu filmen.[1]

Méliès entdeckte die Zauberkräfte seines Kinematografen durch ein Versehen:

> Eines Nachmittags im Herbst 1896, beim Filmen einer Pariser Straßenszene, klemmte Méliès' Kamera, als er gerade einen Omnibus filmte, der aus einem Tunnel herausfuhr. Als er die Maschine wieder zum Laufen gebracht hatte, fuhr dort, wo zuvor der Bus war, ein Leichenwagen, sodass es bei der Vorführung so aussah, als ob sich der Omnibus in den Leichenwagen verwandelt hätte.[2]

Diese zufällige Begebenheit offenbarte Méliès etwas Wundersames über den Film: Durch sorgfältige Planung der Aufnahmen und strategisches Schneiden ließ sich eine Parallelwelt schaffen, in der die Gesetze von Raum und Zeit nicht galten. In diesem Wissen begann er mit der Produktion der erstaunlichsten Trugbilder für die Leinwand. Viele seiner über 500 Filme folgten der melodramatischen Theatertradition, enthielten aber Intermezzos mit Filmzaubereien, kurzen Abschweifungen ohne klare Verbindung zur Geschichte.

Viele frühe Filmemacher hielten das Medium Film für besonders gut für die Darstellung visueller Wahrheiten geeignet, für treue Nachbildungen der objektiven Realität. Kino könne „Geschichtsschreibung mit Blitz und Donner" sein, wie Woodrow Wilson nach *The Birth of a Nation* sagte.[3] Andererseits demonstrierten Méliès und zahlreiche andere Zauberkünstler, die mit dem neuen Medium experimentierten, dass Filme die Wirklichkeit transzendieren konnten, die Sprache des Traums, der Fantasie und der Einbildungskraft sprechen konnten. Nach dem Ersten Weltkrieg, keine fünf Jahre nach Griffiths Epos, nahmen diese magischen Kräfte des Kinos zunehmend Einfluss auf die in Hollywood erzählten Geschichten – und führten dazu, dass die Stereotypisierung eine neue Richtung einschlug.

Wundergleiche Verwandlungen gehörten immer häufiger zur Handlung. Ein wesentlicher Neuerer in dieser Hinsicht war Cecil B. DeMille, der ab 1913 Filme drehte. Bis in die späten 1950er war DeMille als Regisseur und oder Produzent an der Produktion von Filmen zahlreicher Genres beteiligt und wurde in jedem erfolgreich und berühmt. Er filmte Western, biblische Geschichten, Geschichtsepen, Liebeskomödien und Science-Fiction-Thriller. In seinen letzten Lebensjahren stellte er mit der Regie von *Die Zehn Gebote* (1956), einem Remake des gleichnamigen phänomenalen Erfolgsfilms, den er 1923 produziert hatte, nochmals sein Talent für Kassenschlager unter Beweis.

In seinem umfangreichen Schaffen kehrt ein Thema immer wieder. Seit Ende des Ersten Weltkriegs, in einer Zeit, als Massenware, Werbung und Konsumkultur den Amerikanern die Chance versprachen, aus der Begrenztheit ihrer Lebensumstände auszubrechen, setzte DeMille wiederholt die Leinwand ein, um starre Vorstellungen von Klasse und Geschlecht aufzubrechen.

Ein klassisches Beispiel hierfür war der Film *Male and Female* (deutsch: *Zustände wie im Paradies)* aus dem Jahr 1919. Die Handlung ist im von unverrückbaren Klassenunterschieden geprägten England angesiedelt, doch der Film präsentiert die untätigen, egozentrischen und ziellosen Gestalten, die ihren Luxus als ihr angeborenes Recht betrachten, aus der Perspektive von Bediensteten. Allein dieser Blickwinkel brach mit den tradierten Stereotypen, indem plötzlich eine Geschichte aus der Perspektive jener erzählt wurde, die sonst selten eine Stimme erhielten.

Für die Familie des Grafen haben ihre Bediensteten – Tweeny, die Küchenmagd, ein Junge, der jeden Morgen frisch polierte Schuhe vor die Schlafzimmertüren stellt, und William Crichton, ein ehrerbietiger Butler – nur einen einzigen Lebenszweck: der Familie zu dienen. Doch wiederholt sehen wir diese Familie als ohnmächtige Ansammlung verzogener, launischer und verhätschelter Snobs. Die älteste Tochter, Lady Mary (Gloria Swanson) ist faul und außerordentlich verwöhnt, wird aber auch als Sirene dargestellt, zunächst sich im Bett räkelnd, dann beim Baden in ihrem extravagant ausgestatteten Badezimmer – in einer für damalige Verhältnisse ungewöhnlich erotischen Szene. Trotz ihres Sex-Appeals ist sie eine schwierige Person für die Bediensteten, nörgelt an der Temperatur des Badewassers und am Bräunegrad ihres Toasts herum.

Weniger attraktiv sind die Männer des Haushalts, die als inkompetente Drohnen dargestellt sind. Selbst innerhalb der festgeschriebenen Grenzen seines gesellschaftlichen Status' erscheint der Butler Crichton männlicher und begehrenswerter, gäbe es da nicht die Tabus, die die verschiedenen Klassen voneinander trennen. Der Verehrer von Lady Mary dagegen ist ein typischer Lustmolch – ein Hintergrund, vor dem sich der natürliche Charme des Butlers besonders gut abhebt.

Der einzig sichtbare Riss in der Fassade der Aristokratie ist bis dahin ein ungehöriges Verhältnis zwischen einer Freundin von Lady Mary und ihrem Chauffeur. Sie gesteht Mary die Affäre und fragt: „Kann eine Frau glücklich in einen Mann unter ihrem Stand verliebt sein – in den Chauffeur?" Für Mary ist das eine törichte Vorstellung. „Gleich und gleich gehört zusammen", rät sie ihrer Freundin, „und du wirst es niemals ändern."

Später lässt Lady Mary Crichton gegenüber fallen: „Ihr werdet ja ganz schön demokratisch." Seine Antwort lässt ahnen, was noch kommen wird: „Man weiß nie, was in einem Mann steckt – wenn er zur Natur zurückkehrt."

Der Test, wer „ein Mann" ist, folgt kurze Zeit später. Auf einer Segeltour in die Südsee, bei der Crichton und Tweeny den Grafen und seine Familie begleiten, geht das Schiff an zerklüfteten Felsen zu Bruch, die Schiffbrüchigen finden Zuflucht auf einer einsamen Insel und alle sind auf ihre Natur zurückgeworfen. Während die Familie verzweifelt versucht, das Bedienstetenverhältnis aufrechtzuerhalten, offenbart die Wildnis die Hohlheit ihres aristokratischen Status', der keine Erfindung der Natur, sondern einer diskriminierenden Gesellschaft ist.

War die Untätigkeit in England Zeichen der Überlegenheit, so stellt sie auf der Insel eine Belastung für alle dar. Der Graf und seine Kinder sind den Anforderungen ihres neuen Daseins eindeutig nicht gewachsen. Wie einer der vielen orakelhaften Titel des Films vermerkt: „Ein Adliger in England zu sein, ist eine Sache, ein Adliger im Dschungel zu sein, eine andere." Nur wer mit seinen Händen arbeiten kann und über gewisse praktische Fertigkeiten verfügt, kann die Sache in die Hand nehmen. Mit den Worten „Alle müssen Diener sein. Wer nicht arbeitet, soll auch nicht essen", übernimmt Crichton die Führung.

Gegen die Tradition der Einteilung in Klassen, die lange Zeit das Fundament der Rollenzuschreibungen war, setzt DeMille ein romantisches Porträt „natürlicher" Rechte, in dem die alte Welt Kopf steht und Diener Könige werden. Hier knospen unausgesprochene, im alten Leben von der Etikette verbotene Gefühle. Mary, die „keine hohe Lady mehr" ist, wird für Crichton eine „Frau, eine sehr hilflose, schöne Frau". Tweeny, die von Crichton ebenfalls angetan ist, konkurriert mit Mary um die Liebe des ehemaligen Butlers. Beide stürzen sich auf jede Gelegenheit, ihn zu bedienen.

Kurze Zeit später hat sich die Lage geklärt und Mary und Crichton sind im Begriff zu heiraten. Just in dem Moment erspäht Tweeny ein Schiff, ein Signal wird abgegeben, um auf die Schiffbrüchigen aufmerksam zu machen, und bald darauf kehren sie plötzlich in die Zivilisation zurück.

Zuhause setzen sich „Erblichkeit, Tradition und London" wieder durch. Der Graf heimst die Lorbeeren für Crichtons einfallsreiche Führungsrolle ein, während der Butler die Lüge stillschweigend duldet. Lady Mary schmachtet heimlich nach Crichton, kehrt aber, wenn auch widerwillig, genauso in ihre Welt zurück wie Crichton in die seine. Da er nun aber seinen eigenen, natürlichen Adel entdeckt hat, kann Crichton die Knechtschaft nicht mehr tolerieren. Crichton und Tweeny heiraten und verlassen die Klassengesellschaft Englands in Richtung des verheißungsvollen, demokratischen Amerika. Dort sieht man sie zu Ende des Films als glückliche Bauern, die in der Neuen Welt zurück zur Natur gefunden haben, an einem Ort, wo die Klassenunterschiede der Alten Welt kein Gewicht haben.

Auch in diesem Film gibt es eine Unzahl stereotyper Charaktere, aber ihre Wandelbarkeit ist erstaunlich: Der pompöse Graf und seine Söhne werden, in der Natur auf die Probe gestellt, plötzlich lächerlich und bemitleidenswert; Lady Agatha, die jüngere Schwester Marys, stellt fest, der Zustand ihres Gesichts sei plötzlich von geringerer Bedeutung als die Fähigkeit, den Zuständen die Stirn zu bieten; Lady Mary selbst wird von der verhätschelten Prinzessin, deren Hände unbedingt eine Maniküre brauchen, zu einer, die mit ihren Händen arbeiten muss.

Vor allem aber erweist sich Crichton, die pflichtbewusste Stütze einer aristokratischen Welt, als natürliche Führungspersönlichkeit – ein Mann, dessen Würde aufgeht wie die Sonne, wenn er von den Fesseln der Förmlichkeiten befreit ist. Am Ende wird er zum Sprachrohr eines Amerikas, in dem jeder zu der Person werden kann, die er sein will.

In gewisser Weise ist diese Geschichte nicht neu. Horatio Alger verunglimpfte die Oberschicht in seinen Romanen zwar nicht, aber er ist berühmt für seine Geschichten über Arme, die in den Städten Amerikas zu Reichen wurden. DeMilles Film *Male and Female* selbst basierte auf dem Theaterstück *The Admirable Crichton* (deutsch: *Zurück zur Natur*) von J. M. Barrie, dessen Interesse an der Rollenumkehrung in seinem berühmteren *Peter Pan* deutlich wird. Doch durch die Übertragung dieser und anderer Geschichten auf die Leinwand veränderte sich der Film. Eine Branche, die sich zunächst auf feststehende und bekannte Typen verlassen hatte, entwickelte sich zu einer „Traumfabrik" – ein von der Anthropologin Hortense Powdermaker geprägter Begriff.

In *Male and Female* wird in die „reale Welt", in der die Geschichte spielt, unerwartet eine bizarre Szenenfolge eingeblendet. Sie erfüllt innerhalb des Erzählstrangs keinen Zweck außer dem, ein üppiges Fest für die Augen zu bieten: In dieser Fantasiewelt ist Crichton ein antiker babylonischer König, der gelangweilt auf seinem Thron sitzt. Lady Mary kommt als schöne Christensklavin herein, zunächst noch mit zerlumpter Kleidung, bald mit exotischem Kleid und reich befedertem Kopfschmuck. Sofort zieht sie das Interesse des Königs auf sich. Da sie sich seinen sexuellen Forderungen nicht beugen will, wird sie in einen Käfig mit hungrigen Löwen gesperrt. Während sie bewegungslos neben einem der Tiere liegt, springt die Kamera zurück zur Insel, wo sie Crichton verliebt auf dem Schoß liegt.

Die Babylonienepisode scheint zwar seltsam deplatziert im Rahmen des restlichen Films, bietet aber einen flüchtigen Blick auf das, was in den Köpfen der Hauptfiguren des Films vorgegangen sein mochte. Außerdem setzt sie gewissermaßen Méliès' frühere magische Intermezzos fort. Über Jahrhunderte und Zivilisationen mühelos hinweggreifend, ist sie eine Achtungsbezeigung an den Film selbst als Medium der Träume, das die Grenzen von Raum und Zeit hinwegfegt. Wichtiger als die Möglichkeit, eine Nachbildung der Realität zu schaffen, schrieb DeMille, sei es, dass man in Filmen „Gedanken fotografieren" könne.[4] Diese Abschweifungen von scheinbar objektiven Geschehnissen in die Fantasiewelt der Charaktere wurden zu einem wiederkehrenden Merkmal in einigen seiner Filme.

Bot *Male and Female* den Zaubertrank „Natur" als Kontext der Verwandlung, so platzierten viele andere Filme DeMilles die Wandlungen mitten in eine moderne Konsumkultur hinein. In manchen, wie *Old Wives for New, Why Change Your Wife, Don't Change Your Husband*, schaffen es Mittelschichtfrauen, die Gefahr laufen, ihre Gatten zu verlieren, ihre Ehen zu retten und wiederzubeleben, indem sie ihre unelegante, altmodische Kleidung ausrangieren und sie durch eine modische, sexuell ansprechende Aufmachung ersetzen, die sie in modernen Kaufhäusern erworben haben. Für lebensfrohe, junge Zuschauer, darunter Frauen, die hinsichtlich der viktorianischen Doppelmoral ernüchtert waren, dienten solche Filme als Anleitung dafür, wie frau in der Welt nach oben kommen, Sexappeal ausstrahlen und ihren Mann „halten" kann. Diesen Filmen zufolge sind alle diese Ziele nur so weit entfernt, wie der nächste Ladentisch. Eifriges Einkaufen und nicht angeborener Adel war in diesen „Konsumdramen" der Schlüssel zum Erfolg. In einer Gesellschaft, in der Gebrauchsgegenstände mehr und mehr zum Aushängeschild des Besitzers wurden, ließ sich scheinbar die Last einer unerwünschten Identität abschütteln, ließen sich die Fesseln des eigenen „Typus" durch die richtigen Einkäufe sprengen.[5]

Lloyd Lewis schrieb 1929 in *The New Republic*, ins Kino zu gehen befreie von der Last traditioneller Werte – insbesondere die Kinogängerinnen. Mittelschichtfrauen konnten ihre einengenden Lebensumstände verlassen und in eine verzauberte erogene Zone eintreten, in der abenteuerliche Fantasien nicht nur erlaubt, sondern sogar erwünscht waren.

Im abgedunkelten Kinosaal, der in einer Welt der Träume zu schweben scheint, wo die Menschen rechts und links mit den Ellbogen aneinander anstoßen und sich doch in sicherer Entfernung voneinander befinden, kann eine amerikanische Frau ihren Nachmittag alleine verbringen. Romantische

Musik, in der Regel in guter Tonqualität, erfüllt sie mit einem genüsslichen Kribbeln. Ihr Gatte ist anderweitig beschäftigt, und mit dieser Musik kann sie, wie über eine leicht erotische Brücke, ihre Fantasien durch den abgedunkelten Raum zur Leinwand schlüpfen lassen, wo sie sich in ekstatischen Liebesgeschichten mit gut aussehenden Stars ergeht. In der Isolation des Halbdunkels gibt sie sich diesen Abenteuern mit einer Ungehemmtheit hin, die im ernsten Theater, wo die Lichter heller und die Menschen auf den Nachbarsitzen immer am Rande des Gesichtsfelds sichtbar sind, nie möglich wäre. Die blaue Dämmerung des „De-Luxe-Palasts" hat die puritanische Selbstzensur, die ihr als Kind eingeimpft wurde, aufgelöst.[6]

In *Forbidden Fruit* (1921) ging DeMille mit der Verwandlung weiblicher Hauptfiguren noch einen Schritt weiter: Die ärmliche, aber fleißige Näherin Mary Maddock, Frau eines Proletariers, der es nie zu etwas bringen wird, arbeitet zu Beginn des Films für einen reichen Ölbaron und seine Frau. Als der Ölmagnat erfährt, dass ein Mann, mit dem er ins Geschäft kommen möchte, ohne Begleitung zu einer Abendgesellschaft erscheinen wird, bietet er Mary 20 Dollar an, wenn sie sich herausputzt und ihren reichen Gast an diesem Abend umgarnt. In Vorbereitung auf den „Flirt-Job" der jungen Näherin bestellt die Dame des Hauses eine vollständige neue Garderobe für ihre in Fetzen gekleidete aber hübsche Angestellte. Die freut sich so über diese aufregende Gelegenheit zum Schauspielern, dass sie sich ihres Eherings ohne Zögern entledigt.

So legt Mary alle ihre eigenen Sachen ab und wird zu einer bezaubernden Verführerin „umgebaut". Ganze Kisten mit „Damenunterwäsche, Tanzschuhen, Strümpfen, Handschuhen und Fächern" werden von livrierten Boys hereingetragen. „Mit Juwelen von Tiffany behängt, eingekleidet von Poirot, parfümiert von Coty", wird die einst unscheinbare Mary zu einer umwerfenden Schönheit. „Kleider machen Leute" – und insbesondere Frauen – scheint der Film zu versichern, doch zu ihrer Verwandlung gehören auch andere „Ausstattungsmerkmale", wie damenhafte Manieren und das Wissen, welche Gabel beim Essen für welches Gericht benutzt wird. Dieses Thema wurde in der amerikanischen Kultur immer beliebter und wurde zur Vorlage für Ausreißerfilme wie *My Fair Lady* (im Theater wie im Kino), *Working Girl* (deutsch: *Die Waffen der Frauen*) und *Pretty Woman* – der Geschichte einer Prostituierten, die nach diversen Einkäufen und Benimmunterricht in einer mit Topverdienern durchsetzten Umgebung als „erstklassiger Fang" verkauft wird.

In *Forbidden Fruit* jedoch untermalte DeMille seine äußere Handlung erneut mit fantastischen Ausflügen in die Welt Aschenputtels, in der Mary die Rolle des zerlumpten Mädchens einnimmt, das zu einer Prinzessin wird. Während die Geschichte der Verwandlung der Näherin in einem vom Konsum bestimmten Milieu spielt, versetzen die Fantasieszenen die Zuschauerschaft an einen „prachtvollen Fürstenhof des 18. Jahrhunderts, einen wahren Augenschmaus".[7] Hier wird eine übersinnliche Verbindung zwischen den übertriebenen Versprechungen einer Konsumgesellschaft und den Luxusvisionen des europäischen Adels mit visuellen Mitteln dargestellt. Aschenputtel aus der Arbeiterklasse erobern sich nicht nur ihre Prinzen, sie werden auch Teil einer Welt materiellen Überflusses. Am Ende hat sich Mary ihres zwielichtigen Ehemanns entledigt und den charmanten Sohn des Ölbarons geheiratet, ist dem vormals ehernen Käfig der Klassenzugehörigkeit entflohen. Der unveränderliche Typus ist der Hoffnung auf Verwandlung gewichen.

Die prachtvoll ausgeschmückten Kinosäle simulierten ein fürstliches Ambiente, versetzten die Zuschauer in eine zu den Fantasiewelten auf dem Bildschirm passende Umgebung. Implizit wurde mit solchen Kulturstätten eine seltsame Mischung aus Egalitarismus und Monarchie geschaffen, deren Ironie Lloyd Lewis nicht entging:

> Es ist der königliche Duft der Demokratie: Im „De-Luxe-Palast" ist jeder Mann ein König und jede Frau eine Königin. Die meisten dieser Kinopaläste verkaufen alle Plätze zum selben Preis und – man stelle sich vor! – der Reiche steht in der gleichen Schlange wie die Armen, und in der Regel sind Trinkgelder verboten. In diesem verbindlichen Rahmen sind die Unterschiede an Gerissenheit, Charme und Reichtum vergessen, die unser Leben außerhalb der Kinosäle bestimmen. Durch diese Pforten kommen alle gleich, und so sind die Kinos gewissermaßen ein Symbol der Demokratie. Daraus sollten wir Mut schöpfen, und nicht deprimiert sein, weil unsere Nation ihre Demokratie sorgsam für die Tempel der Tagträume reserviert.[8]

DeMilles Erfolg fußte auf seiner legendären Fähigkeit, die Träume seiner Zuschauer zu erraten. Er gab ihnen, wenn auch nur im schnell verblassenden Glanz der Filme, das Gefühl, ihre ungeheuerlichsten Wünsche könnten erfüllt werden. Im unaufhörlichen Wetteifern um Kassenschlager sahen die Studios

DeMilles Filme als erfolgversprechende Modelle, und sie wurden vielfach kopiert, auch wenn die Kopien den Originalen nicht immer das Wasser reichen konnten.

Von Anfang an gab es in Amerika eine starke Verbindung zwischen der Handlung der Filme und dem Leben der Zuschauerschaft. In frühen Nickelodeon-Filmen, die vor allem für ein Immigranten- und Arbeiterpublikum produziert wurden, hatte die Handlung oft einen direkten Bezug zu deren Lebensbedingungen. Viele dieser kurzen Produktionen beschäftigten sich mit Armut, sozialer Gerechtigkeit und korruptem Missbrauch von Reichtum. Diese Filme bestanden aus kinotauglich gemachten Fakten, die zusammengestellt wurden, um klare Argumente zu liefern.

Die von den Bewohnern der Mietskasernen frequentierten Nickelodeons wurden durch Kinopaläste ersetzt, die zunehmend von Mittelschicht-Zuschauern besucht wurden. In diesem Kontext entstand *The Birth of a Nation*, aber auch hier wurden zur „Geschichtsschreibung" vorgeblich objektive Beweise verwandt, die den Zuschauern Realität zu sein schienen. Die Geschichte auf der Leinwand hinterließ Spuren im Leben aufgewühlter, weißer Zuschauer. Sie trug zur Wiederbelebung eines in den letzten Zügen liegenden Ku-Klux-Klans bei, zu einem starken Anstieg der Mitgliederzahlen im Norden wie im Süden, der bis in den Zweiten Weltkrieg hinein anhielt.

Mit DeMille jedoch änderte sich die Beziehung von Bild und Zuschauerschaft entscheidend: Hatten frühere Genres auf Realismus gebaut, überzeugende Darstellungen visualisierter Wahrheiten angeboten, so visualisierten DeMilles Wahrheiten die Sehnsüchte der Menschen, beschrieben ihnen Wege zum Glück durch eine erstarkende Konsumkultur. Die neue Realität war die Fantasie, und der Film konnte die Grenzen zwischen der erlebten Welt und imaginären Wünschen stärker verwischen als je ein Medium zuvor.

Zu Beginn der 1920er war dieses Phänomen als Markenzeichen amerikanischer Volkskultur etabliert. Der große Surrealist Buster Keaton schließlich nahm das emotionale Band zwischen den Filmen und ihrer Zuschauerschaft und machte es zum Thema eines Films. Sein Klassiker *Sherlock, Jr.* aus dem Jahr 1924 bleibt einer der vielsagendsten und unterhaltsamsten Kommentare zu den immer zwiespältigeren Grenzen zwischen dem Alltagsleben und der grenzenlosen Mobilität der Träume.

Joseph Frank Keaton war ein Kind reisender Schauspieler. Als einer, der schon im zarten Alter von drei Jahren auf der Varietébühne stand, waren ihm Tricks und Schwindeleien nicht fremd. Seine Eltern waren gute Freunde von Harry Houdini, der ihm den Spitznamen „Buster" gab – auf deutsch hätte er ihn vielleicht „Mordskerl" oder „Meister Keaton" genannt. Die Magie und die Wunder, die sie vollbrachten, waren ein wichtiger Teil seiner Kindheit und beeinflussten die Art und Weise, wie er später als Filmmacher seine Geschichten erzählte.

Sherlock, Jr. beginnt damit, dass Keaton einen armen und ungeschickten jungen Mann namens „The Boy" spielt. Mit seinen Fantasien vom Leben eines großen Detektivs stolpert er durchs Leben, fegt als Filmvorführer in einem kleinen Kino den Kehricht zusammen und bedient den Projektor. Keine ausgefallenen Kostüme, kein aufwändiger Szenenaufbau, nur ein Alltagsleben, das von seinem offensichtlichen Geldmangel geprägt ist.

Doch dieser bedauernswerte und nicht besonders schlaue Kerl ist auch sympathisch und – in einer Reihe kleiner Gags – sehr lustig. Abgesehen von seinen Fantasien vom Detektivdasein möchte er im echten Leben vor allem das Herz von „The Girl" gewinnen. Da er eine große Pralinenschachtel nicht bezahlen kann, entscheidet er sich für eine Eindollar-Schachtel. Auf dem Weg zu dem Mädchen, dem er den Hof machen will, zieht er einen Bleistift heraus und macht aus dem Eindollar-Preisschild ein Vierdollar-Preisschild.

„The Girl" nimmt sein Geschenk entgegen ohne sich um den Preis zu kümmern, und dann sitzen die beiden in der wohl zaghaftesten Händchenhalteszene, die je gefilmt wurden, auf einem kleinen Sofa für zwei in gebührendem Abstand nebeneinander. Daraufhin gibt er ihr einen Verlobungsring – zusammen mit seinem Vergrößerungsglas für Detektive, damit sie den winzigen Stein besser sehen kann.

Während dieser unbeholfenen Bemühungen betritt ein anderer Mann, ein feiner Großstadtpinkel namens „The Sheik" das Haus, der ebenfalls „The Girl" besuchen will. Er erblickt die stümperhafte Liebesszene und will gerade gehen, als er eine Taschenuhr im Jackett des Vaters von „The Girl" entdeckt, das im Flur hängt. Er stiehlt die Uhr, verpfändet sie für vier Dollar und benutzt seinen Erlös, um die große Pralinenschachtel zu kaufen, die „The Boy" sich nicht leisten konnte.

Mit der Schachtel in der Hand kehrt „The Sheik" zurück und schnappt seinem armen Konkurrenten „The Girl" unter der Nase weg. Während er sie begrapscht und damit „The Boy" in Rage bringt, entdeckt der Vater, dass seine Uhr fehlt.

Der Möchtegerndetektiv bietet seine Dienste an und stürzt sich eifrig in die Arbeit. Doch während er, getreu seinem Detektivhandbuch, die Anwesenden durchsucht, steckt ihm „The Sheik" die Quittung aus dem Pfandhaus in die Tasche, um anschließend wie nebenbei zu bemerken, „The Boy" solle doch auch durchsucht werden. Die Quittung wird gefunden und passt zum gefälschten Preisschild auf der kleinen Pralinenschachtel, die er „The Girl" geschenkt hat. Angesichts dieser Beweislage wird „The Boy" für immer aus dem Haus verbannt und kehrt völlig niedergeschlagen zum Kino zurück, um dort den Film vorzuführen.

Seiner Angebeteten gefällt diese Wendung der Dinge gar nicht, und so bringt sie die Quittung zum Pfandhaus zurück und fragt den Pfandleiher, wie der Mann aussah, der die Uhr versetzte. In diesem Moment geht „The Sheik" draußen am Fenster vorbei und der Pfandleiher zeigt auf ihn. Nach der Hälfte der Spielzeit des Films ist das Verbrechen gelöst, zumindest was die Fakten betrifft.

An diesem Punkt der Filmgeschichte jedoch sind solch einfache Lösungen im wirklichen Leben nicht mehr von allzu großer Bedeutung; die Charaktere sind noch immer in der glanzlosen Alltagswelt gefangen, in der der Film begann. Hier fügt Keaton eine fantastische Szenenfolge ein, die DeMilles Fantasieszenen noch eins draufsetzt: DeMilles Fantasie holt die Zuschauer aus der eigentlichen Handlung heraus, Keatons Fantasiewelt jedoch entspringt nahtlos aus dem wirklichen Leben.

Während „The Girl" das Verbrechen aufklärt, dämmert „The Boy" weg, nachdem er mit der Vorführung eines elegant ausgestatteten Spielfilms namens *Hearts and Pearls* begonnen hat, der an eines der Konsumdramen DeMilles erinnert. Plötzlich verlässt „The Boy", der gegen den Projektor gelehnt eingeschlafen ist, seinen Körper, lässt sein reales Selbst hinter sich und bringt ein neues Selbst in die Welt der Träume mit. Er blickt aus dem Fenster des Vorführraums auf die Leinwand und stellt etwas sehr Wundersames fest. Alle Schauspieler werden plötzlich zu Menschen aus seinem realen Leben. Die äußere Geschichte ist einer inneren Geschichte gewichen, in der seine Welt in die Eleganz eines Hollywoodfilms à la DeMille versetzt wird. Aus dem Vorführraum herunter, den Gang entlang nach vorn, auf die Bühne – und mit einem Sprung in den Film lässt er die wirkliche Welt hinter sich.

Was keine einfache Aufgabe ist: Zunächst wird er von „The Sheik", einem Mann im Smoking, der mitten in einer anderen Geschichte steckt, ohne viel Aufhebens zurückgeschubst. „The Boy" bleibt hartnäckig und begibt sich wieder in das Leinwandgeschehen. Diesmal ist er sichtlich verwirrt durch die plötzlichen Szenenwechsel, buchstäblich durchgeschüttelt von einem Hagel von Schnitten und völlig unterschiedlichen Kulissen. In dieser Szenenfolge werden die Unterschiede zwischen dem gelebten Leben und dem Leben in den Filmen erkundet. Trotz dieser Spannung wird der Träumende bald in die Handlung des Films hineingezogen. Die Außenwelt löst sich auf und *Hearts and Pearls* wird zu seiner Realität – und der des Publikums.

In dieser Realität hat sich ebenfalls ein Diebstahl ereignet. „The Sheik" hat eine Perlenkette entwendet. Diesmal ist „The Girl" das Opfer des Verbrechens, und im Bestreben, den gestohlenen Schmuck zurückzubekommen, wendet sie sich an den besten Detektiv der Welt, Sherlock junior. Natürlich spielt „The Boy" diese Rolle, aber statt eines unfähigen Trottels ist er gewandt und brillant, lebt in luxuriös ausgestatteten Räumen, trägt Zylinder und Frack samt Spazierstock.

Im Gegensatz zu „The Boy" ist Sherlock junior allwissend und lebt ein verzaubertes Leben. Was immer ihm im Wege steht, am Ende gewinnt er. Als er am Tatort eintrifft, eilt ihm ein großer Ruf voraus, der den Dieb und seinen Komplizen in Angst und Schrecken versetzt. Mithilfe einer Vielzahl lustiger, aber tödlicher Erfindungen trachten sie ihm nach dem Leben, um seiner Arbeit ein Ende zu setzen. Ein Mal ums andere trickst Sherlock seine Gegner aus.

Schließlich sind die Perlen immer noch verschwunden, „The Girl" entführt, und Sherlock und sein Assistent Gillette (der Vater von „The

Girl" aus der Außenhandlung, hier zu einem zuverlässigen Helfer mutiert) versuchen, die Sache in Ordnung zu bringen und die Übeltäter ihrer gerechten Strafe zuzuführen. Schritt für Schritt kommen sie mit komplizierten Zaubertricks aller Arten voran und verwandeln die Magie des Varietés in ausgefeilte Spezialeffekte des Kinos. Die Verfolgungsjagd, mit einer unglaublichen Szene, in der Sherlock auf dem Lenker von Gillettes Motorrad sitzt – lange nachdem Gillette heruntergefallen ist – trägt die Zuschauer weit über die fantastischen Abschweifungen von DeMilles Filmen hinaus. In *Sherlock, Jr.* wird Filmfantasie zu einem untrennbaren und wesentlichen Bestandteil der Handlung.

Als der smarte Detektiv schließlich bemerkt, dass Gillette nicht mehr hinter ihm sitzt, und zu wackeln beginnt, wird er vom Motorrad in das Haus geschleudert, in dem „The Girl" gefangen gehalten wird. Sein Flug durch das Fenster schlägt den Bewacher des Mädchens bewusstlos, und nach einer kurzen Verfolgungsjagd, die für die Diebe kein gutes Ende hat, bringt Sherlock „The Girl" und ihre Perlen nach Hause.

In diesem Moment wacht „The Boy" auf und findet sich im Vorführraum wieder. „The Girl" erscheint und erzählt ihm, dass sie das Verbrechen gelöst hat und alles vergeben ist. Als der unbeholfene Flirt erneut beginnt, schielt „The Boy", inspiriert von seiner Traumwelt, ständig zur Leinwand, um elegante Flirttechniken abzuschauen.

In *Hearts and Pearls*, wo inzwischen die ursprünglichen Schauspieler auf die Leinwand zurückgekehrt sind, steckt der Held der Heldin elegant einen Ring an den Finger. „The Boy" gräbt in seinen Taschen nach dem Ring mit dem winzigen Edelstein und steckt ihn „The Girl" an den Finger. Als der Held auf der Leinwand die Heldin umarmt und auf die Lippen küsst, versucht „The Boy" verzweifelt die

Szene nachzuspielen; ihm gelingt aber nur eine kurze, unsichere Umarmung. In den letzten Sekunden des Films blickt „The Boy" auf die Leinwand, wo eine „Ein-Jahr-später"-Szene mit einem glücklichen Paar mit Zwillingen auf dem Schoß erscheint. Mit unzureichenden Anweisungen, wie er von der einen Szene zur anderen gelangen soll, kratzt sich „The Boy" am Kopf, als ob er vor einem großen Rätsel steht. Mit diesem ernüchternden „kalten Waschlappen" endet der Film.

DeMilles Filme ziehen die Zuschauer durch Verwandlungsgeschichten mit Happy End in ihren Bann; in Keatons Meisterwerk jedoch wird die Macht des Kinos selbst zu einem wichtigen Teil der Geschichte. Keaton verfasste mit *Sherlock, Jr.* einen eindringlichen Kommentar zu dem Ausmaß, in dem sich die Menschen bereits in den frühen 1920ern ihre eigenen persönlichen Erfolge und Verwandlungen mit Kinogängeraugen ausmalten, und schuf eine Verbindung und einen Wettbewerb zwischen dem Leben und der Kinofantasie.

Den gesamten Film über kann ein ungeschickter Kleinstadtjunge seine Wünsche in die Filmhandlung hineinprojizieren und sich mit einem eleganten weltgewandten Helden, einer früheren Inkarnation von James Bond, identifizieren. Nach der Hälfte der Spielzeit von *Sherlock, Jr.* wurde die Frage, wer die Taschenuhr gestohlen hat, bereits beantwortet. In diesem Film aber reichen Tatsachen alleine nicht aus, um den Fantasiedurst zu stillen. Wie Le Bon schon fast 30 Jahre früher geschrieben hatte, benötigt man zur Indoktrinierung der Massen „ein packendes Bild ... das den Geist erfüllt und ergreift".

In Keatons Geschichte dominieren solche packenden Bilder die kulturellen Erfahrungen der Protagonisten, bieten verführerische, wenn auch unwahrscheinliche Modelle für die Veränderung ihres Lebens. „The Boy" wird nur dann selbstbewusster, wenn er sich vorstellt, er sei der weltberühmte Detektiv seiner Träume. *Hearts and Pearls* bietet ihm diese Möglichkeit. Seine Jugendfantasien und die Zaubereien des Films werden kunstvoll miteinander verwoben. Man kann die objektiven Beschränkungen im eigenen Leben ignorieren, suggeriert Keaton, aber nur, wenn man sich damit abfindet, dass das Leben selbst zum Film wird.

Die Endszene, in der „The Boy" und „The Girl" wieder zusammen sind, dient zur kritischen Reflexion darüber, was bei solch einem Handel gewonnen wird und was verloren geht. „The Boy" versucht wiederholt, zum perfekten Liebhaber zu werden, blickt vom Vorführraum zur Leinwand, um den Filmhelden zu kopieren. Am Ende der Szene jedoch macht sich der Abstand zwischen der Filmwelt und dem wirklichen Leben auf unangenehme Weise wieder bemerkbar: Wenn „The Boy" und „The Girl" echte Liebe finden wollen, werden sie auf das zurückgreifen müssen, was ihnen im eigenen Leben zur Verfügung steht.

Sherlock, Jr. ist eine einfallsreiche Hommage an den großen Stellenwert, den Filme bis zum Jahr 1924 in der Fantasie der Amerikaner bereits innehatten. Die gesamte Handlung dreht sich gleichsam um diesen Angelpunkt. Der Film erkundet, wie eine Warenkultur Zuschauer und Verbraucher mit Transformationsversprechen lockt – Versprechen, die mit der Vorstellung brechen, ein Mensch sei ein unveränderliches Individuum. Keaton schließt den Film mit einer plastischen Darstellung der Diskrepanz zwischen Filmfantasie und gelebter Erfahrung und beteuert damit, dass wahres Glück nur in der Welt des eigenen Alltags erreicht werden kann.

Nicht alle waren mit dieser Aussage einverstanden. Das moderne Phänomen der Celebrities, das in den 1920ern aufkam, bot eine alternative Interpretationsmöglichkeit. Eng verbunden mit dem wachsenden Starkult waren eine Werbemaschinerie und Fan-Zeitschriften mit Geschichten aus dem Leben derer, die der Anonymität entrissen worden waren, deren Gesichter Millionen von Menschen kannten. Die Möglichkeit, den eigenen Typus zu transzendieren und zu jemand Neuem, Beneidenswertem zu werden, wurde zum vertrauten Bestandteil des amerikanischen Mythos'.

Robert Sklars Beschreibung eines typischen Kinostars hilft zu verstehen, warum die Vorgeschichte und das weitere Leben der Stars für so viele Menschen interessant war: „Schauspielerische Fähigkeiten – wie sie traditionell definiert wurden – waren nicht mit Starpotenzial gleichzusetzen. Erfahrung oder Ausbildung spielten nicht unbedingt eine Rolle" beim Aufstieg zum Star.[9] Die Formel für den Kinoerfolg entzog sich jeglicher Berechenbarkeit, und so verbreiteten sich Starambitionen wie der Wind – in einer Massengesellschaft, in der der Bekanntheitsgrad bald zu den wichtigsten Erfolgsmaßstäben zählte.

1924, im dem Jahr, als *Sherlock, Jr.* in die Kinos kam, enthüllte eine Umfrage unter Mädchen und jungen Frauen, in welchem Ausmaß das Phantom des Hollywoodruhms bereits ihr Leben und ihre Träume durchdrungen hatte. „Oft habe ich davon geträumt, die Welt zu meinen Füßen liegen zu haben", berichtete eines der Mädchen. „Ich habe davon geträumt, ... Millionen von Menschen zu begeistern, Ruhm und Reichtum zu gewinnen", gab eine andere zu Protokoll. Eine stellte sich vor: „Ich stand vor einer großen Zuschauerschaft ... Es war ein Riesenerfolg." Eine verwandte Seele gab eine ähnliche Fantasie zum Besten: „Die ganze Welt applaudierte mir."[10]

Es handelte sich aber nicht nur um Träume. Nach dem Ersten Weltkrieg zogen Tausende junger Menschen in der Hoffnung, berühmt zu werden, nach Hollywood – die meisten davon ohne schauspielerische Erfahrung. Insbesondere junge Frauen machten sich auf den Weg, teils um ihre neu gewonnene Unabhängigkeit unter Beweis zu stellen, vor allem aber, um „entdeckt" zu werden. Wie Sklar schreibt: „Was die Frauen wollten, war, Schauspielerinnen zu sein. Sie konnten sehen, dass andere Mädchen, viele noch Teenager und ohne Schauspielerfahrung, es geschafft hatten. Warum dann nicht sie?"[11]

Clara Gordon Bow war eines dieser Mädchen. 1905 wurde sie als Kind einer armen Familie geboren, war ein schüchternes und unsicheres Kind einer Familie, die sie nicht wollte. Clara flüchtete sich ins Kino und verbrachte Stunden damit, ihre Lieblingsschauspielerinnen vor dem Spiegel nachzuahmen, sich selbst zu einer Figur zu modellieren. Mit sorgfältig einstudierten Posen nahm sie, wie viele andere junge Frauen, an den Schönheits- und Filmwettbewerben der Fanmagazine teil – in der Hoffnung, den großen Sprung zu schaffen. 1921, im Alter von 16 Jahren, gewann sie einen dieser Wettbewerbe und wurde bald darauf von einem von Selbstzweifeln geplagten Straßenkind zu einem der unvergesslichsten Sexsymbole Hollywoods.[12] Für jede Clara Bow gab es natürlich unzählige andere, die sich erfolglos an diesem Wunschtraum festklammerten. Doch der Wunschtraum lebte fort und lebt noch immer fort – als eine der typischsten Visionen einer drastischen Veränderung des eigenen Lebens.

Fantastische Metamorphosen, wie die von DeMille und Keaton präsentierten, ereigneten sich in einer Zauberwelt. Ganz wie die Werbung versprach, eine Flasche Mundwasser könne das Leben für immer verändern, oder man könne mit einem Kaugummistreifen seine „kleinen Probleme wegkauen", glichen „traumhafte" Filmhandlungen einem Zaubertrank: Ihre Versprechen konnten im Leben der Kinobesucher nicht eingelöst werden.

Hin und wieder allerdings hörte sich eine der Erfolgsgeschichten für einen beträchtlichen Teil der Zuschauerschaft wahr an: für Einwanderer und die in Amerika geborenen Kinder von Einwanderern. Sobald diese „Grünschnäbel" ihren Fuß auf amerikanischen Boden setzten, wurden sie vom „arischen Zorn" der Eugenikbewegung unter Beschuss genommen. Sie würden Amerikas nordisches Erbe verunreinigen, wurde ihnen vorgeworfen. Doch in den Jahren der höchsten Einwanderungsquoten entstand auch das Kino, und genau diese Neulinge gehörten zu den ersten Kinogängern. Scharenweise strömten sie in die Kinos, in einen der wenigen Teile der Neuen Welt, der ihnen zugänglich war. In den abgedunkelten Kinosälen wurden sie von den Bildern auf der Leinwand bewegt und von der Aussicht, „Amerikaner" zu werden, verlockt.

Zum Ärger der „alteingesessenen" Angloamerikaner wurden Kinofilme und andere Formen der Massenunterhaltung zu einem hervorragenden „Schmiermittel" für die Amerikanisierung von Immigranten. Angezogen vom Glanz der Unterhaltungsindustrie versuchten viele neu Angekommene und insbesondere die Jungen unter ihnen, mit aller Kraft amerikanischen Stil und amerikanische Lebensweisen zu imitieren. Zugleich war die extravagante neue Branche eine der wenigen, die Einwanderer in ihre Reihen aufnahm und ihnen die Chance gab, der modernen amerikanischen Volkskultur Form zu verleihen. Eines der berühmtesten Beispiele für diesen Vorgang war Al Jolson.

Der 1886 in Litauen als Asa Yoelson geborene Al Jolson kam mit seiner Familie noch bevor er zehn Jahre alt war nach Amerika. Sein Vater war ein Kantor, ein angesehener Sänger der Gebete und Gesänge in den Synagogen. Als Teenager stand Asa jedoch nicht in Synagogen, sondern in Varietés auf der Bühne. Hier wurde er zu Al Jolson und zum beliebten Unterhaltungskünstler, bekannt für seine schwungvollen Balladen und Ragtime-Songs. 1909 schloss er sich den Lew Dockstader's Minstrels an, einer seit den 1880ern bestehenden Gruppe, die Anfang des 20. Jahrhunderts eine der wenigen verbleibenden großen Minstrelgruppen Amerikas war. Hier trat Jolson zum ersten Mal in schwarzer Schminke auf – eine Aufmachung, die zu seinem Markenzeichen werden sollte.

Bei Dockstader war Jolson ein Solist, weniger Possenreißer als moderner Schnulzensänger, dessen Draht zur Zuhörerschaft Legende wurde. Von hier aus ging es weiter zum Broadway, wo er zu einem der beliebtesten Sänger Amerikas wurde.

1918 trat er gemeinsam mit dem berühmtesten Operntenor seiner Zeit, Enrico Caruso auf. Da seine Karriere geradezu explosionsartig verlief, war sein Selbstbewusstsein enorm. Direkt nach Carusos Auftritt trat er mit den Worten „Sie haben ja bis jetzt noch *nichts* gehört" auf die Bühne – ein Satz, der bald darauf mit einem Film namens *The Jazz Singer* (deutsch: *Der Jazzsänger*) unsterblich werden sollte. Als Sohn von Eltern, die ihre Identität noch immer im

Herkunftsland und in einer isolierten jüdischen Gemeinde verorteten, ließ Al Jolson seine Wurzeln zurück, um – in seinen eigenen Worten – zum „größten Entertainer der Welt" zu werden.

Dieser Status wurde 1927 bekräftigt, als er in *The Jazz Singer* spielte. Das von vielen als „erster Tonfilm" bezeichnete Werk ist über weite Strecken noch ein stummes Melodrama, bei dem Titel statt gesprochener Worte eingesetzt werden. Heute wird der Film oft aufgrund seines kritikwürdigen Einsatzes schwarz geschminkter weißer Schauspieler verurteilt, aber die Geschichte war auch eine Chronik der Verwandlung eines Einwanderers in einen Amerikaner. In vieler Hinsicht war es Jolsons eigene Geschichte.

The Jazz Singer basiert auf einer Kurzgeschichte (und dem späteren Theaterstück) aus dem Jahr 1921 namens *The Day of Atonement*. Jolson spielt einen jungen Sänger, der entgegen den Wünschen seines Vaters, Kantor Rabinowitz (gespielt vom in Schweden geborenen Warner Oland), die über mehrere Generationen zurückreichende musikalische Familientradition des Singens im jüdischen Gottesdienst hinter sich lässt, um ein Ragtime-Entertainer zu werden.

Der Film beginnt im Getto New Yorks, das „zum Rhythmus einer Musik pocht, die älter ist als die Zivilisation". In einer Szenenfolge wird der Zuschauerschaft die Welt der Immigranten in der Lower East Side vorgestellt: Männer in der Synagoge, Handkarren auf den Straßen, Kinder auf einem transportablen Karussell. Vor allem aber eine Welt dichter Menschenansammlungen, in der der Einzelne in der Masse verschwindet.

Als Nächstes wird das altmodische Heim des Kantors und seiner Frau Sara gezeigt. Zusätzlich zu den optischen „Beweisen" – dem langen Bart und der Kippa, die er trägt – verrät ein Titel, der Kantor sei ein Mann, der „stur an den uralten Traditionen seiner Rasse festhielt". Ohne den Hauch eines Zweifels geht er davon aus, sein Sohn werde der Nächste in einer über fünf Generationen hinweg ununterbrochenen Reihe von Kantoren aus der Familie Rabinowitz sein. Sara, die mehr von den Versuchungen der Welt, die sie umgibt, weiß, antwortet schlicht: „Vielleicht will unser Junge kein Kantor sein, Papa." Während der Vater sich absolut nichts anderes vorstellen kann, scheint Jakies Mutter bereits um die rebellischen Ambitionen ihres Sohnes zu wissen.

Daraufhin werden die Zuschauer in eine Bar voller alkoholisierter Männer und geschminkter Damen versetzt, in der – im ersten Tonabschnitt – die

Träume eines heranwachsenden „Ragtime-Jakie" verwirklicht werden, als er eine jazzige Version von „My Girl Sal" singt. Der Junge wirkt wie im siebten Himmel, wie er einem begeisterten Publikum Schlager vorsingt. Leider wird seine Missetat jedoch von einem Mitglied der Synagoge von Kantor Rabinowitz entdeckt. Voller Entsetzen rennt Moishe Yudleson davon, um den Jungen zu verpetzen.

Kantor Rabinowitz ist furchtbar wütend auf seinen Sohn, zieht ihn am Kragen aus der Bar und nach Hause, wo es Schläge gibt. Für Jake ist das der Tropfen, der das Fass zum Überlaufen bringt. Seine Mutter, außer sich angesichts der unnachgiebigen Tyrannei ihres Ehemanns, fürchtet, ihren Sohn zu verlieren. In dieser Nacht, während sein Vater im Jom Kippur Gottesdienst das Kol Nidre singt und seine Mutter weinend unter den Frauen sitzt, rennt Jakie von zu Hause weg. Auf dem Weg ins Freie steckt er nur noch schnell ein Foto seiner geliebten Mutter ein.

In der nächsten Szene, Jahre später, ist aus Jakie Rabinowitz Jack Robin geworden, der in San Francisco eine Probevorstellung gibt. Zur Begleitung einer mit weißen und schwarzen Musikern besetzten Combo singt er die sentimentale Ballade „Dirty Hands, Dirty Face". In dieser Nummer dominieren die weißen Musiker – ein Geiger und ein Klavierspieler. In den Applaus der Zuschauer hinein, in der Mitte dieser Tonsequenz sagt er: „Warten Sie. Warten Sie. Sie haben ja bis jetzt noch *nichts* gehört", Jolsons alten Ausspruch wiederaufnehmend, der so für die Nachwelt bewahrt wird.

Nun wechselt er von der viktorianischen Ballade zur schwungvollen Jazznummer „Toot, Toot, Tootsie". Seine Identität als Jazzsänger wird dadurch bestärkt, dass für diese freche, synkopische Melodie nun die schwarzen Musiker aktiver dargestellt werden. Jack Robin ist angekommen.

Seine Ankunft findet auf zwei Ebenen statt, der künstlerischen wie der gesellschaftlichen. Er erfährt Anerkennung als Musiktalent, und er hat sich in den Augen eines weißen Mainstream-Publikums bewiesen. Diesen Erfolg bestätigt die Bewunderung einer nichtjüdischen Frau, der schönen Tänzerin Mary Dale. Jack hat Mary schon früher auf der Bühne gesehen und macht ihr ein Kompliment, woraufhin Mary ihm anbietet, seiner Karriere auf die Sprünge zu helfen. Es bahnt sich eine Beziehung zwischen dem verlorenen Sohn des Kantors und einem umwerfend schönen Symbol des amerikanischen Showbusiness' an.

Im Weiteren springt der Film zwischen Jacks wachsendem Erfolg und der strikten Einhaltung eines weitgehend als archaisch präsentierten Lebensstils seiner Eltern hin und her. Während Sara um ihren Sohn trauert und beklagt, dass er sich auf eine „Schickse" eingelassen hat, beharrt Kantor Rabinowitz stur darauf, er habe keinen Sohn. Mit einem Titel wird die Zuschauerschaft darüber informiert, dass diese Menschen keine Verbindung zur modernen, sich rasch verändernden Gesellschaft haben, in die ihr Sohn voller Begeisterung eingetaucht ist: „Für die, die der Vergangenheit zugewandt sind, verfließen die Jahre unbeachtet – ihr Leben unverändert."

Jacks Karriere hebt ab, und nach einer Zwischenstation in Chicago bekommt er eine Rolle in einer Broadway-Revue namens *April Follies* im berühmten Winter Garden Theater. Sein größter Traum ist in Erfüllung gegangen. In einer Folge von Titeln in immer größerer Schrift ruft er „NEW YORK!", „BROADWAY!", „NACH HAUSE!" und, als braver Sohn, der er ist: „MUTTER!". Als er zur Probe erscheint, erfährt er, dass es Mary war, die sein Engagement eingefädelt hat, und aus einer herzlichen Freundschaft wird eine Liebesbeziehung.

Zuhause aber ist die Sachlage nach wie vor problematisch. Zuerst besucht er seine geliebte Mutter, die vor Stolz strahlt, als ihr Jack „Blue Skies" von Irving Berlin vorsingt – zunächst als langsame Ballade und dann, nachdem er der Mutter versprochen hat, sie in die Bronx zu bringen, ihr Coney Island zu zeigen und ein rosarotes Kleid zu kaufen, als jazzige Ragtime-Version. Sie lässt sich nicht davon stören, dass er mit der Vergangenheit gebrochen hat, selbst als er ihr von seiner Namensänderung erzählt.

Dieses Glück zerplatzt, sobald Kantor Rabinowitz nach Hause kommt. Als er hört, dass Jacks gotteslästerliche Musik auf seinem heiligen Klavier gespielt wird, sprüht er vor Zorn. „Aufhören!", schreit er, in einem der wenigen Dialogabschnitte mit Ton. In Form von Titeln fährt er fort: „Du wagst es, Jazz-Songs in mein Haus zu bringen. Ich habe dich die Lieder Israels gelehrt, damit du meinen Platz in der Synagoge einnehmen kannst." Jacks Antwort ist die eines Abtrünnigen: „Du stammst aus der Alten Welt. Wärst du hier geboren, würdest du empfinden wie ich. Tradition recht und gut, aber wir leben in einer anderen Zeit! Ich lebe mein Leben so, wie ich es für richtig halte." Der Vater fühlt sich erneut im Stich gelassen und verstößt seinen Sohn mit den Worten: „Verlasse mein Haus! Ich will dich nie wieder sehen – du Jazzsänger!"

Jack kehrt an den Broadway und zu den Proben zurück, wo er glücklich ist. Doch seine Befreiung von den Zwängen und Qualen des Familienlebens ist von kurzer Dauer. „Kummer streift durch die Welt und hat im Hause von Rabinowitz Halt gemacht."

Kurz vor Jom Kippur ist der Kantor schwer erkrankt. Yudleson kommt zum Theater, kämpft sich seinen Weg durch den Garderobeneingang und bittet Jack flehentlich, an das Sterbebett seines Vaters zu kommen. Außerdem soll er doch bitte für seinen Vater einspringen und an Jom Kippur, am Versöhnungstag das Kol Nidre singen. Als Jack ihm die mit Missbilligung gespickte Bitte abschlägt, fragt Yudleson: „Willst du der erste Rabinowitz in fünf Generationen sein, der seinen Gott im Stich lässt?", worauf Jack erwidert: „Wir im Showbusiness haben auch unsere Religion: Die Show muss laufen, und das jeden Tag!"

Kantor Rabinowitz' Zustand verschlechtert sich und im Fieber träumt er davon, wie Jakie das Kol Nidre singt. Als Sara das hört, macht sie sich selbst zu ihrem Sohn auf, Yudleson im Schlepptau. Kurz vor ihrer Ankunft sehen wir einen hin und her gerissenen Jack, der vor der Generalprobe in seiner Garderobe sitzt und Mary versichert, er sei entschlossen, aufzutreten. Sie aber spürt seine Qual und sagt, sie könne ihm die Sorge um seinen Vater am Gesicht ablesen. Während er mit der größten Selbstverständlichkeit schwarze Schminke aufträgt und eine Perücke aufsetzt, antwortet er (in Form eines Titels): „Ich würde liebend gerne für mein Volk singen – aber ich gehöre hierher – aber da ist doch irgendetwas in meinem Herzen – vielleicht ist es der Ruf vergangener Zeitalter – der Ruf meines Volkes." Wie er so schmerzerfüllt mit der schwarzen Schminke im Gesicht in den Spiegel blickt, erscheint statt seinem Spiegelbild auf einmal ein Bild seines Vaters, wie er in der Synagoge singt. Das könnte eventuell als unbewusstes Eingeständnis interpretiert werden, dass sein altmodischer jüdischer Vater und der von Jack unbekümmert nachgeahmte schwarze Mann eine ähnliche Position am äußeren Rand eines weißen Amerikas einnehmen.

Beim Betreten der Garderobe erkennen Sara und Yudleson Jack zunächst nicht. „Er spricht wie Jakie", sagt Yudleson, „aber er sieht aus wie sein Schatten." (Im Originaldrehbuch steht: „Es redet wie Jake, aber es sieht aus wie ein Nigger.") Sobald seine Mutter erkennt, dass sie Jack vor sich hat und nicht einen Schwarzen, bearbeitet sie ihren ohnehin von Schuldgefühlen geplagten Sohn. Der zwischen zwei Welten zerrissene Jack kommt widerstrebend zu einer Entscheidung, geht auf die Bühne und singt ein schmalztriefendes viktorianisches Lied mit dem Titel „Mother of Mine".

In den Seitenkulissen steht seine Mutter, weinend, aber voller Verständnis für ihren Sohn und überwältigt von der Schönheit seines Gesangs. Zur Einsicht gelangt, gibt sie seiner Verwandlung vom Juden zum Amerikaner, von Jakie Rabinowitz zu Jack Robin, ihren Segen. „Hier gehört er hin", sagt sie. „Hätte Gott ihn in Seinem Haus gewollt, hätte er ihn dort behalten. Er ist nicht mehr mein Junge – jetzt gehört er der ganzen Welt."

Aber Jacks Amerikanisierung ist moralisch nicht zu rechtfertigen, ohne dass er mit seinem sterbenden Vater Frieden geschlossen und sich respektvoll von ihm verabschiedet hätte. Nach der Generalprobe eilt er nach Hause, wo er sich mit seinem bettlägerigen Vater liebevoll versöhnt. Mary und der Regisseur von *April Follies* kommen zu Jacks Familie nach Hause, um den nun unschlüssigen Jack davon zu überzeugen, dass er für die Eröffnungsvorstellung zum Theater zurückkehren muss. Mary erinnert ihn in seinen eigenen Worten daran, dass seine Karriere vor allem anderen komme.

Jack quält sich mit der unerträglichen Entscheidung, die er treffen muss: Die größte Chance seines Lebens aufzugeben und seine Zukunft am Broadway zu verpfuschen, oder seiner Mutter das Herz zu brechen. In guter Hollywoodmanier löst sich das Dilemma von selbst: Der erstaunlich sympathische Regisseur sagt die Eröffnungsvorstellung ab, und während sein Vater im Todeskampf liegt, singt Jack in der Kantorkleidung seines Vaters mit Tränen in der Stimme das Kol Nidre. Der alte Kantor, der in der über dem Tempel gelegenen Wohnung zuhört, spricht seine letzten Worte: „Mutter, wir haben unseren Sohn wieder."

Im Raum nebenan sitzen Mary und der Regisseur und hören ebenfalls zu. Mary wächst für einen Moment über das Showbusiness-Dogma hinaus und versteht endlich die Ambiguität ihres Liebhabers, des amerikanisierten Einwanderers. „Ein Jazzsänger, der zu seinem Gott singt", sagt sie zum Regisseur. Der Regisseur nickt zustimmend.

In der Schlussszene singt Jack in *April Follies* das berühmteste – für viele das berüchtigste – Lied des Films. In Minstrelaufmachung, mit schwarz geschminktem Gesicht, betonten Lippen, Perücke und weißen Handschuhen schmettert er eine traditionelle Plantagensehnsuchtsnummer. Seine Mutter sitzt in der ersten Reihe und hört mit Freudentränen im Gesicht zu, als Jack auf die Knie fällt und schmachtet:

My little Mammy!
My heart strings are tangled around, Alabamy.
Mammy! I'm comin'
I hope I didn't make you wait!
Mammy! I'm comin'!
Oh God, I hope I'm not late.
Mammy! Don't ya know me?
It's your little baby!
I'd walk a million miles for one of your smiles!
My Mammy!

(Meine kleine Mami!
Mein Innerstes dreht sich nur noch um Alabami.
Mami! Ich komme,
ich hoffe, ich habe dich nicht warten lassen!
Mami! Ich komme!
Oh Gott, hoffentlich komme ich nicht zu spät.
Mami! Kennst du mich?
Es ist dein kleines Baby!
Ich würde Millionen von Meilen gehen, um dich ein Mal lächeln zu sehen!
Meine Mami!)

Mit diesem aufwühlenden Finale endet der Film. Diese Nummer, die Jolson schon jahrelang im Varieté aufgeführt hatte, blieb seine Erkennungsmelodie für den Rest seines Lebens.

In der langen Geschichte der Stereotypisierung spannt *The Jazz Singer* einen weiten Bogen. Die Schlussszene und die Selbstverständlichkeit, mit der sich Jack Robin in Vorbereitung auf seinen Auftritt gebrannten Kork ins Gesicht schmiert, waren Teil einer hundertjährigen Minstreltradition, die angesichts der wachsenden Proteste gegen Sklaverei und Rassentrennung das Prinzip der weißen Vorherrschaft mithilfe einer populären Unterhaltungsform aufrechterhalten sollte. Schon früh hatte Al Jolsons Karriere von seiner engen Verbindung zur Minstreltradition profitiert und sein Zurückgreifen auf ein abgedroschenes Stereotyp schwarzgeschminkter Figuren war untrennbar mit seinem Ruhm verbunden. In einer Welt, die in Veränderung begriffen war und in der viele andere Unterhaltungskünstler sich dieses Mittels entledigt hatten, hielt er weiterhin hartnäckig an der schwarzen Schminke fest, als ob ihm der Schaden, den diese Verkleidung im Laufe der Jahre angerichtet hatte, nicht bewusst gewesen wäre.

Ironischerweise allerdings war die schwarze Schminke auch für Jolson das Ticket aus dem Getto heraus und in die amerikanische Mainstreamkultur hinein. In einem Universum festgeschriebener Typen eröffnete seine Geschichte – und die Geschichte des Films – neue Möglichkeiten der Befreiung aus dem eisernen Griff der Stereotype, vermittelte die Chance, der Stigmatisierung einer verachteten „Rasse" zu entkommen und zu einem akzeptierten und bewunderten Mitglied der dominanten Kultur zu werden.

In diesem zentralen Aspekt griff *The Jazz Singer* Entwicklungen auf, die sich in den 1920ern auch jenseits der Kinosäle abspielten. Zu Beginn des Jahrzehnts bestand über die Hälfte der Bevölkerung der Vereinigten Staaten aus Einwanderern und Kindern von Einwanderern. Trotz des immigrationsfeindlichen Gesetzes aus dem Jahr 1923 und der Eugeniker, die es auf den Weg gebracht hatten, hatte sich das Gesicht Amerikas unwiderruflich verändert. Bei diesen Umschichtungen der Bevölkerungsstruktur suchten selbst viele „alte" Amerikaner nach Strategien zur Amerikanisierung der im Ausland geborenen Mitbürger und ihrer Kinder. Die aufblühende Konsumkultur, immer auf der Suche nach neuen Märkten, unterstützte diese Transformation ebenfalls. Für junge Einwanderer und Amerikaner mit eingewanderten Eltern machten viele Aspekte der schönen neuen Welt, in der sie lebten, die Aussicht, die Bürde der Ethnizität abzuwerfen, zu etwas Verlockendem. Den in *The Jazz Singer* porträtierten Generationskonflikt zwischen Jakie Rabinowitz und seinem Vater kannten viele.

Nur wenige Jahre bevor der Film herauskam, hatte das angelsächsische Amerika Juden – und viele andere in jüngerer Zeit zugewanderte Bevölkerungsgruppen – als Angehörige einer „untüchtigen" und ausgesprochen fremden „Menschenrasse" verunglimpft. Zur Betonung dieser Andersartigkeit wurden Juden in der Regel als „Orientalen" klassifiziert, wodurch sie vom kaukasischen Normalitätsstandard abgesetzt wurden.

Hier ist aufschlussreich, dass für die Rolle von Kantor Rabinowitz, für den „sturen" Verfechter der „antiquierten Traditionen seiner Rasse" ausgerechnet der in Schweden geborene Schauspieler Warner Oland gewählt wurde. Oland war kein Jude, wurde aber schon seit Beginn seiner Filmkarriere wiederholt

Jack Robin geht den letzten Schritt vom Juden zum weißen Amerikaner, indem er schwarze Schminke aufträgt – ein Privileg, das historisch für weiße Minstreldarsteller reserviert war. Gezwungen, sich zwischen zwei Kulturen zu entscheiden, vertraut er seine Sorgen seiner schönen Schickse-Freundin Mary an. [Aus der Billy Rose Sammlung, der New York Public Library for the Performing Arts, Astor-, Lenox- und Tilden-Stiftungen]

für „orientalische" Rollen eingesetzt, vor allem für Chinesen. Manche Aspekte seiner Physiognomie, vor allem seine Augen, schienen dazu zu passen. Trotz seiner Ausbildung als Shakespeare-Schauspieler wurde er in der Regel für „ethnische Rollen" eingesetzt. Berühmt wurde er in der Rolle des bösen Dr. Fu Manchu und mit einer beliebten Filmreihe, in der er den liebenswürdigen, wenn auch undurchschaubaren chinesischen Detektiv Charlie Chan spielt.

Mit Oland als Kantor Rabinowitz verortete *The Jazz Singer* diese Rolle in einer für ein weißes Amerika fremden und unbekannten „Rasse". Der Kantor, wie auch Yudleson und andere Angehörige der Synagoge waren stereotypische Juden, nicht unähnlich jenen, die sich die damaligen Antisemiten vorstellten. Ihre Mienen standen für Fremdheit.

Sara Rabinowitz jedoch war ein anderer Prototyp: eine innig liebende Mutter, deren Liebe für ihren Sohn die Grenzen des „üblichen" jüdischen Typus' sprengte. Die von Eugenie Besserer – einer sonst nicht bevorzugt für die Darstellung ethnischer Rollen eingesetzten Schauspielerin – dargestellte Sara verkörperte das Stereotyp hingebungsvoller Mütterlichkeit. Ihr Verständnis für die Assimilationswünsche ihres Sohnes und ihre Bereitschaft, seine Transformation vom Juden zum Amerikaner zu unterstützen, kennzeichnet sie als eine Vermittlerin zwischen zwei Identitäten.

Diese Geschichte handelt von Juden, die weiß oder fast weiß werden – in einer Gesellschaft, die diese Vorstellung zuvor vehement zurückgewiesen hatte. Querverbindungen bestehen zu anderen Immigrantengruppen, Iren, Italienern, Slawen etc., die langsam die Schwelle der Andersartigkeit überschritten und Zutritt zum Glück verheißenden Heiligtum „weißes Amerika" erhielten. Wenige hatten einen solch spektakulären Erfolg wie Jolson, aber immer mehr Außenseiter versammelten sich unter dem Schirm einer etwas breiteren Definition von Amerika.

Die Aufnahmebereitschaft hatte allerdings noch immer strikte rassistische Grenzen. In vielerlei Hinsicht wurde diese Situation zu Beginn der Garderobenszene auf die Leinwand gebracht, als Jack sich, ohne einen Gedanken daran zu verschwenden, was er damit tut, als schwarze Minstrelfigur schminkt. Dieser Moment ist es, als Jack zum ersten Mal schwarze Schminke aufträgt – eine der unangenehmsten Szenen des Films –, in dem er eine weiße Identität statt einer jüdischen annimmt. Historisch war die Minstrelunterhaltung dem weißen Amerika vorbehalten. Hinter dem oberflächlichen Humor lag oft die gewaltbereite Einforderung einer weißen Vorherrschaft. Indem Jack – oder Jolson – sich dieses Vorrecht aneignete, brach er aus der durch seine hebräische Abstammung diktierten Randexistenz aus und nahm den Status eines amerikanischen weißen Mannes ein, wenn auch nur eines assimilierten. Dies war der Faust'sche Pakt, der vielen Immigrantenkindern, die zuvor als inakzeptabel galten, angeboten wurde. Um ein richtiger Amerikaner zu werden, musste man die Wahnvorstellungen von der Verschiedenheit der „Menschenrassen" internalisieren, die schon so lange unausgesprochen zum amerikanischen Erbe gehört hatten.

Wenn Jack gegen Ende des Films für seinen sterbenden Vater einspringt und das Kol Nidre singt, wirft Marys Bewunderung ein zusätzliches Licht auf Jacks ontologische Verwandlung. Vom ersten Augenblick an war Mary die Quintessenz altamerikanischen Selbstbewusstseins. Sie wusste, wo sie hingehörte. Als etablierte Schauspielerin und „Schickse" verkörperte sie alles, was Jack erreichen wollte. Ihre wachsende und bedingungslose Zuneigung zu ihm bezeichnete einen historischen Umschwung: Was zuvor als Verunreinigung der einheimischen Erbmasse gegolten hätte, war weniger bedrohlich geworden. In einer zunehmend heterogenen Gesellschaft gehörte ein amerikanisierter Jude nicht mehr einer anderen Rasse an. Er hatte vielleicht einen anderen Hintergrund, aber was am meisten zählte, war die Gegenwart und die Liebe. Es mochte ein letztes Kol Nidre geben, eine emotionsgeladene Geste, aber „Mammy!" blieb ein Grundbaustein von Jacks – und Jolsons – Repertoire. Schließlich waren sie Jazzsänger in einem „Jazz-Zeitalter".

26. Hartnäckige Typen

The Jazz Singer war ein zutiefst zwiespältiger Film. Ohne viel Federlesens wurden rassistische Stereotype aufrechterhalten, gleichzeitig aber Hoffnungen auf eine Ausbruchsmöglichkeit aus dem eisernen Käfig unveränderlich festgeschriebener Typen geweckt. Aber auch wenn Hollywood in den 1920ern und 1930ern gelegentlich den Essenzialismus negierte, der die Vorstellungen von den Unterschieden zwischen den Menschen seit dem 18. Jahrhundert geprägt hatte, blieben alte Sichtweisen tief verwurzelt. Festgeschriebene Rollenzuweisungen und der Einsatz tradierter Taxonomien hielten sich als vorherrschende Elemente in den formelhaften Filmgattungen, die nach und nach die Branche dominierten und definierten.

Als ob sie sich vom Geist eines Cesare Lombroso leiten ließen, bastelten und basteln Filmemacher gewohnheitsmäßig ständig Geschichten um leicht zu erkennende Verbrechertypen oder geniale Bösewichte. Samuel Mortons *Crania Americana* (siehe Kapitel 12) wurde von der Filmgattung „Western" wiederaufgenommen, wo stumme und gewalttätige Indianer, nichts Gutes ahnen lassend, an den Rändern der zivilisierten Welt lauerten. Um diese Bedrohung auszulöschen, wurde Griffiths nachtaktiver Klan als Kavallerie der Vereinigten Staaten wiedergeboren, die sich heroisch am Massenmord derer beteiligte, die angeblich – wie schon der Phrenologe George Combe behauptete – „von Natur aus" die Vernichtung der Unterwerfung unter die Herrschaft der Europäer vorzogen.

Die Perfektion der angloamerikanischen Eliten wurde ebenfalls zu einem Grundbestandteil von Hollywoodfilmen, in denen elegante Kleidung, eine luxuriöse Umgebung und die Redegewandtheit von Protagonisten, die selten für ihren Lebensunterhalt arbeiten mussten, zum Markenzeichen von Liebeskomödien wurden. Als Dekoration und Alibi-Schwarze erschienen in diesem Genre oft schwarze Schauspieler, ihre Rollen blieben jedoch strikt auf Bedienstete beschränkt und bestätigten somit das, was Rassenkundler schon lange als natürliche Veranlagung der „äthiopischen Rasse" bezeichnet hatten.

Die Hartnäckigkeit von Stereotypen ist noch heute in fast allen amerikanischen Filmen, in der Belletristik und in der Sachliteratur sowie in allen anderen Medien zu beobachten. Althergebrachte Falschdarstellungen sind nicht leicht zu korrigieren. Schon Walter Lippmann hatte, festgestellt, dass jegliche Störung tief verwurzelter Stereotype für die meisten Menschen einen Angriff auf die Grundfesten ihres Universums darstellt. Bestehen Stereotype über einen längeren Zeitraum fort, so ist allerdings die Weltanschauung, aus der diese mentalen Kategorien entstanden, auf den ersten Blick kaum noch zu erkennen.

Diese Unsichtbarkeit ist typisch für die häufigste Erscheinungsweise von Stereotypen. War ihre Entstehung noch untrennbar mit gesellschaftlichen und historischen Entwicklungen verknüpft, erhielten sie mit dem Aufkommen einer modernen Massenkultur ein Eigenleben. Sie waren nützliche Zutaten für Pauschalrezepte verschiedener Medien, mit denen sich umständliche, komplexe Charakterentwicklungen durch problemlose Indikatoren für Gut und Böse vermeiden ließen. In diesem Zusammenhang wurden und werden Stereotype regelmäßig von ihren Verankerungen in der Geschichte losgelöst und werden zu frei schwebenden Markierungen, die leicht für ein beliebiges Ziel eingesetzt werden können. Eines der hartnäckigsten Beispiele für solche äußerst anpassungsfähigen Symbole ist das eines animalischen und fremdartigen Feindes, der sich an einer hilflosen weißen Frau vergeht, sie entführt und/oder vergewaltigt.

Rasse als Konzept kann ohne strikt durchgesetzte sexuelle Tabus nicht existieren; dabei handelt es sich oft um unausgesprochene Regeln, welche potenziellen Sexualpartner infrage kommen und von welchen befürchtet wird, sie könnten der „Reinheit" der Gruppe Abbruch tun. Welch große Rolle dieses Tabu, das psychologische Herzstück der Stereotypisierungen spielt, kommt am deutlichsten an den Bildern zum Vorschein, die aus der Kriegspropaganda oder aus Gesellschaften stammen, denen die Angst im Nacken sitzt: Bildern von der „Schändung" einer „reinen" Frau durch einen monsterähnlichen Fremden, der sie davonträgt, um sie zu vergewaltigen. Die Wurzeln solcher Bilder liegen wahrscheinlich im frühen patriarchalen Stammessystem, doch die Bilder begleiten uns noch immer, warten in greifbarer Nähe darauf, als unersetzliche Symbole zu dienen, zur Verteidigung der „reinen Blutlinie" gegen mutmaßliche Bedrohungen anzuspornen.

Manchmal werden diese entkörperten Symbole allerdings auch wieder mit ihrer Geschichte vereint. Eine der berühmtesten Produktionen aus dem goldenen Zeitalter Hollywoods bietet ein fesselndes Beispiel für solch eine Wiedervereinigung. In Merian C. Coopers und Ernest B. Schoedsacks Kinoschlager *King Kong* (deutsch: *King Kong und die weiße Frau*) aus dem Jahr 1933 wurden die

Links: Ein italienisches Propagandaplakat zeigt ein vertrautes Bild, das in diesem Fall den drohenden Sieg der Alliierten darstellen soll: „Verteidige Sie! Das könnte deine Mutter, deine Frau, deine Schwester, deine Tochter sein." Mitte: Die Bedrohung der „Rasse" im Zweiten Weltkrieg aus amerikanischer Sicht: „Das ist der Feind". [Aus der Sammlung der Hoover Institution] Rechts: Abbildung einer Zeichnung von „Fips" (Philipp Rupprecht) aus dem Buch Der Jude als Rasseschänder, *1935.*

rassistischen und sexistischen Mythen des westlichen Kulturkreises nahtlos mit der systematischen Klassifizierung menschlicher Typen verschweißt.

Cooper und Schoedsack waren gut auf ihre Aufgabe vorbereitet. Cooper war ein weltreisender Abenteurer gewesen, den Gefahr magisch anzog. 1916 ging er als Mitglied der Nationalgarde Georgias nach Mexiko, um gegen die revolutionäre Armee von Pancho Villa zu kämpfen. Nach der russischen Revolution war er 1919 Teil einer amerikanischen Brigade für den Kampf gegen die Bolschewiken, wurde angeschossen und verbrachte neun Monate in einem sowjetischen Gefängnis. Schoedsack, ein ehemaliger Kameramann Mack Sennetts, wurde im Ersten Weltkrieg Kriegsfotograf und ging dann ebenfalls nach Osteuropa, um gegen den Bolschewismus zu kämpfen. 1920 trafen sich die beiden in der Ukraine, was der Beginn einer langen Freundschaft und Zusammenarbeit war. Sie arbeiteten zunächst als Dokumentarfilmer zusammen, spezialisiert auf Filme über exotische Völker. Ihr erster Film *Grass* (1925) wurde in Persien gedreht und erzählte die Geschichte eines primitiven Volkes und seiner gefährlichen halbjährlichen Wanderung, bei der die Herden auf das Weideland bzw. zurück gebracht wurden. Ihr zweiter Film war eine fiktive Erzählung, die sich als Dokumentarfilm ausgab. *Chang: A Drama of the Wilderness*

Als kleiner Junge wurde Merian Cooper stark von Paul B. Chaillus 1861 veröffentlichten Buch Explorations & Adventures in Equatorial Africa beeinflusst, das einen bleibenden Eindruck bei ihm hinterließ. Du Chaillus Buch war ein typischer Bericht eines „großen weißen Jägers", in dem die Herrschaft von menschlichen wie tierischen „Bestien" mit viel Pathos geschildert wird. Auf einer Abbildung nimmt Du Chaillu sogar eine entspannte Pose ein, während er „eben mal" einen Exorzismus beobachtet (siehe unten). Seine Abenteuer inspirierten Cooper zu seinen eigenen Reisen als selbsternannter Abenteurer und Filmemacher. Du Chaillus Buch war voll von märchenhaften und leuchtend ausgemalten Fehlinformationen – darunter die Sichtung von Troglodyten und andere europäische „Beobachtungen", wie sie seit Jahrhunderten immer wieder überliefert wurden.

Besonders interessiert war Du Chaillu an Gorillas (unten, Abb. aus seinem Buch), die er für die wahren Könige des Dschungels hielt. Manche Eingeborenen, berichtete er, glaubten, in Gorillas wohnten die „Geister verstorbener Neger".

Eine von den Eingeborenen erzählte Geschichte handle von einem Gorilla, der zwei Mbondemo-Frauen entführt habe: „Während eine von den beiden geflohen sei, habe der Gorilla sich an der anderen vergangen, bevor auch sie fliehen konnte."

Das Buch enthielt auch Geschichten von Gorillas, die einheimische Krieger jagten und töteten und andere gefangen hielten. Als die Gorillas ihre Gefangenen schließlich freiließen, seien ihre Finger- und Zehennägel herausgezogen gewesen.

Geschichten wie diese wurden zum festen Bestandteil des öffentlichen Bewusstseins, und zwar vor allem durch die filmische Bearbeitung im 1933 angelaufenen Kassenschlager King Kong von Cooper und Schoedsack. [Archie Bishop]

rankte sich um einen primitiven, aber mutigen laotischen Stammesangehörigen namens Kru und seine Familie. Die in einem siamesischen Dschungel mit Leoparden, Tigern und einer Furcht einflößenden legendären Elefantenherde namens Chang verfilmte Geschichte von Kru verlief von A bis Z nach Drehbuch: die Bezwingung der wilden Tiere des Dschungels durch einen mutigen, wenn auch eher einfach gestrickten Mann. Krus Kinder im Film waren seine eigenen, aber seine Frau wurde von der Frau eines Freundes gespielt, die Cooper und Schoedsack für attraktiver hielten als Krus wirkliche Frau. Leoparden und Tiger für den Film wurden in Fallen gefangen und gezwungen, die im Drehbuch für sie vorgesehenen Rollen der Bösen zu übernehmen. Mehrere wurden für den Film getötet. Kru und seinen Stammesbrüdern wurden Gewehre in die Hand gedrückt mit der Anweisung, die angeblich Amok laufenden Großkatzen zu erlegen, doch weil in Laos das Töten von Tigern tabu war, wurden sie von Merian Cooper hingerichtet und ihre Ermordung dann im Film den Stammesangehörigen zugeschrieben. Die legendären Elefanten wurden für 30.000 Dollar aus der Privatherde des Königs von Siam geliehen.

Als selbsternannte Abenteurer hatten Cooper und Schoedsack die eurozentrische Ethnografie gründlich verinnerlicht. In *Chang* bot der Dschungel einen reichhaltigen Nährboden für künstliche Dramen. Der finanzielle Erfolg dieser beiden „Dokumentarfilme" und ihres offen als Spielfilm bezeichneten Werks *The Most Dangerous Game* (1932) bestätigten diese Annahme.

King Kong schließlich war der Prototyp eines Dschungelabenteuerfilms. Seine Geschichte reicht zurück bis zu den ersten schriftlichen Berichten reisender Europäer, die eine pseudowissenschaftliche Basis für die Disziplin „Naturgeschichte" lieferten. Einer dieser Berichte war *Explorations and Adventures in Equatorial Africa,* verfasst vom französisch-amerikanischen Abenteurer Paul Belloni Du Chaillu. Unter anderem befasste sich das 1861 erschienene Buch ausführlich mit dem „König des afrikanischen Waldes", einem großen männlichen Gorilla, den Du Chaillu in den Bergen der Sierra del Crystal in Gabun, an der Westküste Afrikas tötete. Man vermutet, dass Du Chaillu der erste Weiße war, der einen afrikanischen Gorilla gesehen hat. Als er von der Expedition, aus der das Buch hervorging, in die Vereinigten Staaten zurückkehrte, brachte er auch zahlreiche ausgestopfte Vögel und Vierfüßler mit, die er auf seiner Reise „entdeckt" und getötet hatte. Die Gorillas, die er mitbrachte, waren die ersten, die in den Vereinigten Staaten und England ausgestellt wurden.

Zu den Berichten über seine Beobachtungen gesellten sich in seinem Buch auch afrikanische Gorillalegenden. Er beschrieb den großen Affen als „höllische Traumkreatur ... halb Mensch, halb Tier" und berichtete über seinen angeblichen Hang dazu, Menschenfrauen zu rauben und zu vergewaltigen.[1]

Gegen Ende des 19. Jahrhunderts machten britische Schriftsteller die Annahmen der Naturgeschichte zu dem Stoff, aus dem eine neue imperialistische Literatur fabriziert wurde, Romane wie Gedichte. Einer der ersten, die damit berühmt wurden, war H. Rider Haggard, dessen Romane wie *King Solomon's Mines* (1885; deutsch: *König Salomons Schatzkammer*) und *She* (1887; deutsch: *Sie*) von unerschrockenen europäischen Reisenden handelten, die nach Afrika oder in andere „primitive" Regionen vordrangen und wilden, aber letztendlich unterwürfigen Eingeborenen begegneten, deren „naturbedingte Minderwertigkeit" im Vergleich mit Weißen ein stets wiederkehrendes Thema war. In *She* ist ein primitiver afrikanischer Stamm, die Amahagger, der großen „Sie" ehrfurchtsvoll ergeben. „Sie" ist die unsterbliche, mächtige, goldhaarige Königin Ayesha, eine große und schöne weiße Frau, „ganz Instinkt und Schönheit, und mit einer gewissen schlangenhaften Grazie".

Haggards enger Freund Rudyard Kipling gehörte ebenfalls zu diesen Schriftstellern, übernahm ähnliche Annahmen in Geschichten über Indien – ein Land mit edlen und niederträchtigen Wilden, das angeblich nach britischer Herrschaft verlangte. In einem Gedicht aus dem Jahr 1899, in dem er die Vereinigten Staaten dazu ermunterte, ihre „Aufgabe" als Kolonialmacht zu erfüllen, prägte Kipling den Ausdruck „die Bürde des weißen Mannes". Es sei die unausweichliche Pflicht weißer Eroberer, über die von ihnen eingenommenen widerspenstigen Völker, „halb Teufel noch, halb Kind", zu herrschen, um diesen einen Dienst zu erweisen.[2]

Der spektakuläre Erfolgsfilm *King Kong* nahm dieses oft wiederholte Thema auf, in dem Vertreter einer weißen Zivilisation mit überlegenen

In diesem Werbefoto erträumt Merian C. Cooper seinen King Kong.

Technologien ausgerüstet durch Zeit und Raum reisen, um Überreste eines primitiven Lebens zunächst zu entdecken und anschließend zu beherrschen. Interessanterweise akzentuiert Peter Jacksons Remake aus dem Jahr 2005 diesen Mythos durch „Eingeborene", die viel urtümlicher, bedrohlicher und atavistischer wirken als die des Originals. In einer Welt, in der rassistische Stereotype immer deutlicher kritisiert werden, ist Jacksons fürchterliche Darstellung dunkelhäutiger „Eingeborener" gelinde gesagt erstaunlich.

Diese Skulptur war Teil einer Bronzegruppe am Eingang der „Hall of Man" des American Museum of Natural History. Als die Eugeniker sich zum zweiten internationalen Eugenikkongress trafen, wurden sie von dieser als Dokument wissenschaftlicher Fakten präsentierten Figur begrüßt. [Aus der Sammlung des American Museum of Natural History]

Die der Originalversion zugrunde liegenden Standpunkte waren von Coopers persönlicher Geschichte und literarischen Einflüssen geprägt. Als Sohn einer Familie von Baumwollplantagenbesitzern wurde er mit den Geschichten seines Vaters über die Konföderation der Südstaaten groß und akzeptierte die Vorurteile weißer Südstaatler über die angebliche angeborene Minderwertigkeit Schwarzer fraglos. Als Jugendlicher übten auch die Werke von Du Chaillu, Haggard und Kipling einen starken Einfluss auf ihn aus.[3] Die Lektüre von Du Chaillu, sagte er bei einem Interview, habe ihn auf seinen Lebensweg gebracht. „Damals habe ich beschlossen, Forschungsreisender zu werden", gab er an.[4]

Der Film erzählt, an den zu diesem Zeitpunkt bereits himmelstürmenden Einfluss Hollywoods auf die Fantasien der Bevölkerung anknüpfend, die Geschichte eines verwegenen, um nicht zu sagen waghalsigen Dokumentarfilmers namens Carl Denham. Denham ist berühmt für seine Filme über vielerlei exotische Gefahren in der Wildnis. Die Rolle scheint im Wesentlichen auf Merian Cooper zu basieren.

Von links nach rechts: King Kong Filmplakat (Italien); Scheusalplakat aus dem Ersten Weltkrieg: „Zerstöre dieses wahnsinnige Scheusal. Melde dich zur Armee"; Filmplakat für The Day the Earth Stood Still *(deutsch:* Der Tag, an dem die Erde stillstand)*: „Aus den Tiefen des Weltalls … eine Warnung und ein Ultimatum!" Im 20. Jahrhundert wird nun der Weltraum mit seinen unendlichen Weiten zum Hort primitiver Lebensformen.*

In den Anfangsszenen plant Denham seine letzte Reise, den Besuch eines mysteriösen Ortes jenseits der kartierten Welt, der von etwas so Fremdartigem und Fürchterlichem bewohnt wird, dass Denham sein Geheimnis selbst vor seiner Besatzung hütet. Damit sein neuer Film auch sicher ein Kassenerfolg wird, beschließt er wider besseres Wissen dem Publikumsgeschmack entgegenzukommen und ein „hübsches Gesicht" mit auf die Reise zu nehmen, um die Geschichte mit einer Romanze zu verknüpfen. Da ihm aber sein Ruf vorauseilt, konnte er keinen Agenten finden, der bereit gewesen wäre, eine Schauspielerin einer solchen Gefahr auszusetzen.

In seiner Verzweiflung macht er es wie andere Filmemacher auch und streift mitten in der Weltwirtschaftskrise durch die Straßen New Yorks auf der Suche nach der Richtigen. An einem Obststand erblickt er ein zerlumptes und hungriges Mädchen – Ann Darrow, gespielt von der berühmten Fay Wray –, das ein Stück Obst stiehlt. Als der wütende Verkäufer droht, die Polizei zu rufen, schreitet Denham ein, bezahlt für sie und stellt bei genauerer Betrachtung seiner Beute fest, dass diese hinreißende Blondine trotz ihres heruntergekommenen Zustands genau die Frau ist, die er braucht.

Er lädt sie zum Essen ein, versichert ihr, dass er keine unehrenhaften Absichten hat, und bietet ihr einen Job an, der ihr Geld, Abenteuer und Ruhm bringen soll. Ein Wahnsinnserlebnis soll es geben, und eine lange Seereise – die um 6 Uhr früh am nächsten Tag beginnt. Passend zu dem Typus, den sie verkörpert, und völlig ergeben, willigt Ann ein und legt ihre Zukunft in Denhams Hände. Dieses jahrhundertealte Klischee der hilflosen, gutherzigen Schönheit, die ohne männlichen Schutz nicht überlebensfähig ist, charakterisiert Ann Darrow den gesamten Film über.

Kurze Zeit später verlagert sich der Ort der Handlung auf hohe See, an den Rand unerforschter Gebiete. Dort klärt Denham seine Besatzung über das Ziel der Expedition auf. Er schlägt eine alte Karte auf, die er in Singapur von einem Norweger erhalten hat, und zeigt sie dem Kapitän und dem Steuermann des Schiffs. Es handelt sich um eine handgezeichnete Karte von einem sagenumwobenen Ort, an dem einer Legende zufolge eine entsetzliche Urzeitkreatur lebt, die noch kein Weißer je gesehen hat. Dieses Monster herrscht über die beiden Teile der Insel. Ein Teil ist eine prähistorische Wildnis, in der das Monster lebt und keine Menschenseele zu finden ist. Der andere Teil befindet sich hinter einer riesigen Mauer, die quer über die Insel verläuft. Hier lebt ein primitiver, dunkelhäutiger Volksstamm, der das furchteinflößende Monster „Kong" verehrt.

Denhams Beschreibung der Mauer als technisches Wunderwerk erinnert an die Argumentation, die von Blumenbach, Cuvier, Morton und anderen zur Erklärung der Hochkulturen des alten Ägypten, des Nahen Ostens und Indiens benutzt wurde. Rassenkundler versicherten, nur weiße Menschen seien imstande, solche Wunderwerke zu bauen, und daher rechneten sie die Völker Nordafrikas, des fruchtbaren Halbmonds und Westindiens zur kaukasischen Rasse. Im Film *King Kong* erklärt Denham die Existenz der Mauer auf ähnliche Weise. Die Eingeborenen, die heute in ihrem Schatten leben, meint er, verfügten nicht über die hochentwickelte Intelligenz, die zu ihrem Bau erforderlich gewesen sein müsse. Er behilft sich mit der Theorie der „Entartung der Rasse": Die Mauer sei vor so langer Zeit gebaut worden, dass die dort lebenden Menschen in der Zwischenzeit auf ein niedrigeres Niveau zurückgefallen seien und die höherrangige Zivilisation, die sie gebaut hat, vergessen hätten.

Als die Reise sich ihrem düsteren Ziel nähert und alle an Bord nervös auf das Unbekannte warten, wird das Schiff zu einem Universum der Klischees. Denham behauptet als Regisseur seine männliche Führungsrolle und macht mit Ann Darrow, dem fügsamen, naiven Mädchen Probeaufnahmen. Ann soll –

in einem durchsichtigen, freizügigen Kostüm – die panische Angst und die Hilflosigkeit darstellen, die sie beim Anblick des schrecklichen Herrschers der Insel empfinden wird. Hinter der Kamera stehend kläfft Denham seine Regieanweisungen:

> Jetzt langsam aufsehen. Gut so. Sie sehen nichts. Höher die Augen. Noch höher. Jetzt sehen Sie etwas. Sie sind entsetzt, Sie können es nicht glauben. Sie reißen die Augen weit auf, es ist furchtbar, aber Sie können den Blick nicht abwenden. Es gibt kein Entrinnen, Sie sind wie gelähmt. Sie sind hilflos, Ann, hilflos. Es gibt nur eins: schreien. Aber die Kehle ist Ihnen zugeschnürt, aber Sie müssen schreien, Ann, Sie müssen! Vielleicht geht's, wenn Sie das Furchtbare nicht mehr sehen. Schlagen Sie die Hände vor die Augen, Ann, und schreien Sie, Ann, schreien Sie um Ihr Leben!

Als Kontrast zu dieser Standardversion weiblicher Verwundbarkeit dienen Stereotype kräftiger und entschlossener weißer Männer, die wütend sind, weil eine Frau in ihre Männerdomäne eingedrungen ist. Am unverhohlensten bringt dies der Steuermann Jack Driscoll, der „harte Junge", zum Ausdruck. Er ist besorgt um Anns Sicherheit, bringt aber Frauen grundsätzlich mit Stress in Verbindung, meint: „Sie haben hier nichts zu suchen ... Frauen sind nun mal ewig im Weg. Das ist eben so."

Unter diesem lautstarken Chauvinismus teilt Driscoll allerdings Adams fatale Schwäche für das weibliche Geschlecht und beginnt, sich in Ann zu verlieben. Für den aufmerksamen Denham, der offensichtlich seine Schöpfungsgeschichte gelesen hat, führt eine Schwäche für Frauen unweigerlich zum Ruin eines Mannes. Als er Zeuge von Driscolls wachsender Ambivalenz wird, verunglimpft er dessen Männlichkeit: „Ihretwegen klopft Ihnen das Herz? Kommen Sie mir nicht mit einer Liebesaffäre", spottet er. „Alles schon da gewesen. Kommt so ein Seebär daher, sieht eine hübsche Fratze, und peng, schon ist's um ihn geschehn!" – „Um wen ist es geschehn? Halten Sie mich für einen Schürzenjäger?", verteidigt sich Driscoll. Die Supermännlichkeit der kaukasischen Schiffsmannschaft wird zudem durch die Anwesenheit eines geschlechtslosen und lächerlichen chinesischen Kochs unterstrichen: Charlie. Der schwatzt in gebrochenem Englisch vor sich hin, während er Kartoffeln schält und seine Küchenarbeit verrichtet. Er trägt das bekannte Kuli-Kostüm, und sein verspielt umherhopsendes Äffchen ebenso.

Die Topografien von Rasse und Geschlecht gewinnen an Stoßkraft, als die beherzten Reisenden mit Ann Darrow im Schlepptau vor der Insel von Bord gehen. Mit Blick auf die riesige Mauer wiederholt der Kapitän Denhams Gedanken über ihre Ursprünge und bemerkt, sie könne fast ägyptisch sein. Heimlich beobachten sie, wie die dunkelhäutigen Einwohner ein rasendes Fest zu Ehren ihres Gottes Kong veranstalten. Die Insel liegt zwar angeblich im Indischen Ozean, westlich von Sumatra, die Eingeborenen jedoch entsprechen eindeutig platten Vorstellungen von Afrika, dem „dunklen Kontinent" und werden überwiegend von afroamerikanischen Komparsen gespielt.

Amerikas erster schwarzer Filmschauspieler Noble Johnson übernahm die Rolle des Stammeschefs. Johnson, der im Film zu einem grunzenden, animalischen Wilden reduziert wird, war in Wirklichkeit der Gründer des ersten schwarzen Filmstudios. Mit seiner 1916 gegründeten Lincoln Motion Picture Company produzierte er Geschichten über das Leben der Schwarzen, in denen die Würde der Charaktere zum Ausdruck gebracht und gängigen Stereotypen entgegengewirkt werden sollte. Ironischerweise spielte Johnson, um diese Produktionen finanzieren zu können, in vielen Hollywoodfilmen, wo er immer wieder rassistische Karikaturen von schwarzen Bediensteten, afrikanischen Eingeborenen, wilden Indianern und barbarischen Arabern und Hindus darstellen musste. Auch nach der Schließung seines Filmstudios im Jahr 1921 übernahm er solche Rollen – die einzigen Rollen, die ihm wie anderen schwarzen Schauspielern offen standen. So spielte er auch, in einer Verfilmung von Dantes *Inferno* von 1924, einen schwarzen Teufel, der eine gefesselte, nackte weiße Frau auspeitscht.

Der einzige andere namentlich erwähnte Eingeborenendarsteller war der in Mexiko geborene Esteban „Steve" Clemente (oder Steve Clemento), der „Hexenmeister". In Clementes Berufsweg folgte, ähnlich wie bei Johnson, ein rassistisches Stereotyp auf das nächste. Der Indianer Jim Thorpe, der für seine sagenhaften athletischen Leistungen berühmt wurde, wirkte als nicht genannter eingeborener Tänzer in dem Film mit.

Neben Johnson, Clemente und Thorpe, deren relativ helle Gesichtsfarbe für ihre Rollen geschwärzt wurde, standen andere Kongverehrer, die als Gorillas verkleidet wurden. Mit diesem Bild wird die uralte europäische Mutmaßung wiedergekäut, Afrikaner seien das fehlende Glied in der Kette, bildeten eine Zwischenstufe zwischen Affe und Mensch. Wieder anderen wurden knochenähnliche Motive auf ihre Gesichter gemalt – ein zentraler Bestandteil des

Kannibalenstereotyps. Die Mischung aus Teufel und Kind wird dadurch zum Ausdruck gebracht, dass alle lächerliche vogelscheuchenartige Perücken tragen, die der Minstrelgarderobe entliehen zu sein scheinen. Der Stamm steht kurz davor, Kong eine Jungfrau als seine „Braut" zu opfern – und beweist damit endgültig seine Primitivität. Ein jedem Kinogänger vertrauter „Dschungelrhythmus" von Max Steiner erfüllt die Luft.

Als Denham aus seinem Versteck springt, um das Schauspiel, das sich ihm bietet, zu filmen, sieht der Häuptling den weißen Mann und stoppt augenblicklich die Zeremonie. Bedrohlich nähert er sich mit seinen Medizinmännern den Eindringlingen. Doch plötzlich sieht er Ann und ist hin und weg von der Schönheit der „goldenen Frau". In einem Kauderwelsch verständigt er sich mit dem Kapitän – der sich als erstaunlicher Sprachkenner erweist –, und verlangt, dass man ihm Ann im Austausch für sechs Frauen seines Stammes verkaufe.

Diese Episode ist die zum x-ten Mal wiederaufgewärmte Geschichte eines schwarzen „Untermenschen", der eine blonde weiße Frau begehrt; mit derselben Legende wurde die Lynchjustiz gerechtfertigt. Der Macho Denham jedoch lässt sich durch nichts beirren und bemerkt lediglich beiläufig: „Ja ja, Blondinen sind selten hierzuland." Denham und seine Truppe halten sich die Eingeborenen mit Gewehren vom Leib und kehren zum Schiff zurück, um auf den Moment zu warten, in dem sie wieder an Land gehen und ihren Film machen können.

Zurück an Bord und ohne männlichen Schutz in der Nähe steht Ann an Deck und träumt von Jack, der ihr soeben seine Gefühle offenbart hat. Doch im dunklen Wasser ist ein Eingeborenenkanu heimlich neben das Schiff gerudert. Mit dem Rücken an die Reling gelehnt, wird Ann geschnappt und von zwei Eingeborenen entführt.

Als wir sie das nächste Mal sehen, ist sie, mit gespreizten Armen, Mittelpunkt einer Zeremonie im Fackelschein. Ihre Augen sind von panischer Angst gezeichnet. Der Trommelrhythmus wird lauter, während sie auf ihre Rolle als höchstes Opfer an Kong vorbereitet wird. Nach einem überlieferten Ritual öffnen die Eingeborenen ein riesiges Tor in der alten Mauer, die sie von Kongs Königreich trennt und vor Kong schützt. Männer schleppen die hilflos strampelnde Ann zu einem Opferaltar und binden ihre Arme an geschnitzten Pfosten fest, die von Totenköpfen gekrönt werden. Eine blonde Gefangene in den wollüstigen Händen eines dunkelhäutigen und barbarischen Volkes erwartet ein furchtbares Schicksal, das die Tiefen des Unterbewusstseins der westlichen Zivilisation beschäftigt: die Entführung und Vergewaltigung einer weißen Frau durch ein riesenhaftes schwarzes Monster.

Die Eingeborenen ziehen sich hinter ihre Seite der Mauer zurück und schließen das Tor hinter sich. Bald rufen sie ihren Gott mit einem großen Gong und warten auf der Mauer, um zuzusehen, wie ihre Opfergabe geholt wird. Mit donnergleichem Gebrüll nähert sich Kong dem Opferaltar. Dieser riesige schwarze Affe ist offensichtlich der König des Urwalds. Beim Anblick seiner goldenen Beute schlägt er sich seine breite Brust. Während Ann wieder einmal erfolglos versucht, sich loszureißen, nimmt Kong sie mühelos hoch. Völlig hingerissen von ihrer reinen, weißen Schönheit hält er sie vorsichtig in seiner riesigen Hand. In dieser Szene und in einem Großteil dessen, was folgt, wird einer der grundlegenden Mythen des Rassismus' aufbereitet, der sich über Jahrhunderte hinweg als unverzichtbarer Bestandteil kolonialen Herrschaftsstrebens erwies.

Als weiße Europäer erstmals Afrika erforschten, kamen sie mit fantastischen Erzählungen über die unersättliche sexuelle Gier der Affenmännchen nach Menschenfrauen zurück. Unter den europäischen Reisenden kursierten unzählige Berichte über afrikanische Frauen, die von sexbesessenen Affen fortgetragen wurden, doch neben diesen Geschichten verbreitete sich auch die weit schlimmere Mär von der besonderen Vorliebe der Affen für blonde, weiße Frauen. Da die Erfinder der Naturgeschichte von der These, Afrikaner und Affen seien miteinander verwandt, geradezu besessen waren, ist King Kong ein langlebiges, spektakuläres Monument der Lehrsätze der Rassenkunde aus dem 20. Jahrhundert. Neue Filmtechniken – Stop Motion-Technik und Hintergrundprojektion von Willis H. O'Brien, und die bahnbrechende Soundkonzeption von Murray Spivak – verliehen den tiefsitzenden europäischen Vorurteilen zusätzlich Plastizität.

Als Anns Entführung entdeckt wird, stellen Denham, Driscoll und der Kapitän ein schwerbewaffnetes Landungskommando zusammen und brechen zur Insel auf, um Ann zu retten. Nachdem sie die Eingeborenen mühelos mit wenigen Schüssen gebändigt haben, öffnen sie das Tor und begeben sich in Kongs Welt. Der Kapitän bleibt mit ein paar Matrosen zurück, um den Fluchtweg zu sichern.

Während die Rettungsmannschaft den Fußspuren des Riesenaffen folgt, trägt Kong Ann tiefer und tiefer in sein urzeitliches Reich. Hier ist die Zeit stehen geblieben, die Moderne trifft auf ihre Vergangenheit. Kong kämpft gegen eine Reihe prähistorischer Monster (überwiegend Dinosaurier) und zeigt damit auch den Zuschauern, wer hier Chef ist. Doch Ann gegenüber verhält er sich als – besitzergreifender – Beschützer; „halb Teufel noch, halb Kind", würde Kipling sagen. Wie eine kostbare Puppe hält er sie in seiner Hand, reißt spielerisch ihr Kleid auf, um ihre bezaubernde Gestalt besser sehen zu können, riecht an seinen Fingern, um sich an ihrem Geruch zu erfreuen. Doch trotz seiner Schwäche für sie bleibt sie eine von Todesangst geplagte Gefangene.

Die Rettungsmannschaft begibt sich auf der Suche nach Ann in das „Herz der Finsternis", in eine Welt, über die diese weißen Männer keine Kontrolle haben. Erfolgreich setzen sie eine Gasbombe und Feuerwaffen ein, um einen Stegosaurus zu töten, aber das Schlimmste steht ihnen erst noch bevor. Einer nach dem anderen fällt den urzeitlichen Bedrohungen dieses riesigen Dschungels zum Opfer. Die ersten werden von Riesenechsen gefressen, der letzte Matrose schließlich wird von einem wütenden Kong mit Leichtigkeit von einem Baumstamm in eine darunterliegende Schlucht geschüttelt.

Nur Denham und Driscoll überleben das Blutbad. Denham geht zurück zum Schiff, um mehr Gasbomben und Verstärkung zu holen, während Jack Driscoll, der Archetyp „arischer Männlichkeit", allein im Dschungel zurückbleibt. Mit der Intelligenz und Kühnheit seiner „Rasse" tritt er gegen die rohe Gewalt eines furchteinflößenden Gegners an. Er versteckt sich hinter einem Felsen, wartet auf eine gute Gelegenheit und bald siegt Verstand über Muskelmasse.

Die Eingeborenen von King Kongs Insel bestätigen eine Zwangsvorstellung westlicher Kulturen, indem sie ihren goldhaarigen Schatz auf seine Opferung vorbereiten.

Als Kong Ann „ablegt", um mit einem Flugsaurier zu kämpfen, schleicht sich Jack heran und will die hilflose Ann retten. Heldenhaft entrinnt er dem Griff des Raubtiers, während Ann sich an seinen Rücken klammert.

Kong auf den Fersen, erreichen Jack und Ann schließlich das Tor, Jack trägt die schlaff in seinen Armen hängende Ann auf die andere Seite der Mauer. Hinter ihnen wird das Tor geschlossen. Zu diesem Zeitpunkt haben die einst wilden Eingeborenen ihre angeborene Unterwürfigkeit entdeckt und helfen den Reisenden bereitwillig bei der Befestigung der Mauer. Doch als Kong am verschlossenen Tor ankommt und sich dagegenstemmt, versuchen die Stammesangehörigen vergeblich, es geschlossen zu halten.

Ann und Jack wollen nur noch zum Schiff zurück. Denham jedoch bleibt seinem Ruf treu und denkt nur ans Geld. Er will Kong fangen und ignoriert Driscolls Proteste. Als Kong durch die Mauer bricht und dabei auf ein paar Eingeborene tritt, die unter seinen riesigen Füßen zerquetscht werden, kreischen andere Stammesangehörige in wilder Furcht. Als er sich aber weiterbewegt, erwartet ihn am Strand die überlegene Technologie des Westens. Eine einzige Gasbombe bringt das Ungeheuer zu Fall, und im nächsten Moment befindet es sich auch schon auf dem Schiff in Richtung Broadway.

Nun wechselt die Handlung nach New York City, in die Zivilisation, wo King Kong als das achte Weltwunder angekündigt wird. Im Inneren eines Theaters spekuliert eine aufgeregte Zuschauerschaft über das Unbekannte, das sie in Kürze zu sehen bekommen wird. Kurz darauf tritt Denham vor einen geschlossenen Vorhang und bereitet das Publikum voller Euphorie auf eine Überraschung vor:

Und nun, meine Damen und Herren, ... führe ich Ihnen das größte Lebewesen vor, das es auf der Welt gibt. Es war König und Gott auf einer fernen Insel, aber jetzt kommt es zu uns in die Großstadt, der Freiheit beraubt, ein Schaustück zur Befriedigung Ihrer Neugier. Meine Damen und Herren, Sie sehen Kong – das achte Wunder der Welt!

Als sich der Vorhang öffnet, kommt der furchterregende Kong zum Vorschein, der auf einer Plattform an ein Kreuz angekettet ist. Er ist eine ausgestellte Monstrosität, in der Tradition Saartjie Baartmans, Ota Bengas und vieler anderer, die über ein Jahrhundert lang ausgebeutet worden waren, um die rassistischen Einbildungen westlicher Gesellschaften zu rechtfertigen.

Stereotype sind äußerst hartnäckig und tauchen manchmal an den überraschendsten Orten auf. 1975 bot Muhammad Ali, eines der stärksten Symbole gegen das Fortbestehen von Rassenschranken im 20. Jahrhundert, ein gutes Beispiel dafür. Obwohl er sein Leben lang gegen rassistische Stereotype kämpfte, machte Ali im Medienrummel um den „Thrilla in Manila", seinen dritten und grausamsten Kampf gegen Joe Frazier, ständig klischeehafte, rassistische Bemerkungen. Frazier sei „so hässlich", dass er „sein Gesicht dem Wildlife Fund zur Verfügung stellen" solle. „Was werden die Leute in Manila denken? Wir können keinen Gorilla als Champion haben. Wenn sie ihn ansehen, werden sie denken, alle schwarzen Brüder seien Tiere. Unwissend. Dumm. Hässlich. Wenn er wieder Champion wird, werden uns andere Nationen auslachen." [Zitiert aus Mark Kram, Ghosts of Manila*]*

Alles geht gut, bis Ann auf die Bühne kommt. Vom Anblick des Objekts seiner Begierde provoziert und von den Blitzen der Fotografen in Rage gebracht, sprengt ein wiedererstarkter Kong mühelos seine Stahlfesseln. Während Ann unter dem Schutz Driscolls entwischt, wütet der befreite Gorilla in den Straßen New Yorks, bringt Züge zum Entgleisen, zerquetscht Autos und zertritt Menschen wie Ameisen. Wie Le Bons Massen, wird auch Kong von seinem Rückenmark und seinen Emotionen getrieben. Sein Instinkt führt ihn zum Fenster des Hotelzimmers, in das sich Ann und Driscoll geflüchtet haben. Driscoll schlägt er bewusstlos, und wieder hält er Ann in seinen riesigen Händen.

Doch der Großstadtdschungel ist Kong unbekannt. Auf der Suche nach einem Berg, auf den er flüchten kann, klettert er am neu errichteten Empire State Building hoch, das 1933 das herausragendste Zeugnis der Errungenschaften der modernen Technik war. Hier auf diesem Dach ereilt Kong sein Schicksal. Sein Verlangen nach der goldenen Schönheit und einem sicheren Fleckchen, an dem er sie „besitzen" kann, führt ihn zu einem himmelhohen Untergang. Auf dem Dach des höchsten Gebäudes der Welt ist der einst mächtige Kong zur leichten Beute geworden. Umschwirrt von Flugzeugen mit Maschinenpistolen (Cooper und Schoedsack spielen selbst die Piloten) schlägt er verzweifelt nach seinen Gegnern, kann es aber mit diesen modernen Maschinen nicht aufnehmen. So legt er Ann ein letztes Mal ab, bevor die Kugeln schließlich ihre Wirkung zeigen und er an 102 Stockwerken vorbei in die Tiefe fällt. Zum Schluss drückt Denham nochmals den Ereignissen seinen Stempel auf. Über dem toten Kong stehend erklärt er, nicht „die Flieger" hätten Kong getötet, sondern die Schönheit.[5] Dabei waren es in Wirklichkeit Cooper und Schoedsack. In 105 Filmminuten wurde eine Geschichte, die sich über Jahrhunderte hinweg entwickelt hatte, einem modernen Publikum mit spektakulären Mitteln vorgetragen. In *King Kong* wurde die Stereotypisierung wieder mit der Geschichte vereint, aus der sie hervorgegangen war. Die Überlegenheit der westlichen Zivilisation, die Notwendigkeit, das wilde Ungeheuer zu besiegen, das Verlangen dunkler Monster nach blonden Frauen und das Heldenepos von der Bürde des weißen Mannes wurden mit uralten Theorien über den richtigen Platz von Frauen und Männern kombiniert, um ein umfassendes Weltbild zu präsentieren.

King Kong ist mehr als ein Film. *King Kong* ist ein Konglomerat von Wahnvorstellungen, eine Reihe systematisch angeordneter Bilder, die Kunst, Wissenschaft, Religion und populäre Kultur westlicher Gesellschaften jahrhundertelang beeinflusst haben. Diese Wahnvorstellungen waren zentral für die Eugenikbewegung; und noch im selben Jahr, in dem der Film anlief, 1933, erreichten sie auf der internationalen Bühne eine gemeingefährliche Konzentration. Es sollte nicht überraschen, dass *King Kong* Adolf Hitlers Lieblingsfilm war: Die Ansichten und Grundannahmen dieses Films bildeten einen wesentlichen Bestandteil der Weltanschauung, auf die sich der deutsche Faschismus stützte.

Auch wenn die Nationalsozialisten 1945 besiegt wurden: Die in *King Kong* konzentrierten Stereotype hatten Bestand, und es sollte noch Jahrzehnte dauern, bis sie ernstlich infrage gestellt wurden. In den Vereinigten Staaten begann diese Debatte erst in den 1960ern und 1970ern, aber selbst dann verschwand „die Welt, wie sie Denham sah", nie ganz von der Bildfläche. In Politik wie Kultur lässt sie sich noch immer gut verkaufen.

27. Vorher – Nachher

Die Panik, von der die Geschichte über *King Kong* durchzogen wird, ist nicht von der Entstehungszeit des Films zu trennen. 1933 war der Höhepunkt der Weltwirtschaftskrise, und die Fantasien der Amerikaner kreisen um die damit verbundenen Gefahren. Im März 1933, als der Film in die Kinos kam, befand sich das Land in einem gesellschaftlichen wie wirtschaftlichen Pandämonium. Das Pro-Kopf-Einkommen betrug in etwa die Hälfte dessen, was es vor dem Börsenkrach gewesen war, und eine Erholung war nicht in Sicht.

Der erste Einbruch war in einem ungeheuren Tempo erfolgt. Innerhalb von weniger als einer Woche wurde aus einer lebhaften Konjunktur eine Wirtschaft im freien Fall. Das massive Abstoßen von Aktien am 24. Oktober 1929, dem „Schwarzen Donnerstag", wurde von der Wall Street zunächst als unglückliche „technische Reaktion" des Marktes abgetan. Bankiers und Brokerfirmen versicherten den Investoren, die Wirtschaft sei gesund.

In der darauffolgenden Woche verschwand dieser Optimismus jedoch. Innerhalb von zwei Tagen, am 28. und 29. Oktober, am „Schwarzen Montag" und „Schwarzen Dienstag", verloren die Aktien durchschnittlich 25 Prozent ihres Werts. Ende Oktober waren es 40 Prozent weniger als Anfang September desselben Jahres, und 1932 waren es fast 90 Prozent weniger. Welche Auswirkungen diese Ereignisse auf das Leben der Einzelnen hatten, lässt sich nicht in Zahlen fassen, und erst Mitte der 1940er-Jahre hatte sich der Markt vollständig erholt.

Nach diesem Börsenkrach machte Präsident Herbert Hoover einen Vorstoß zur Ermittlung der Ursachen des Zusammenbruchs. Im Dezember 1929 stellte er einen Untersuchungsausschuss zu gesellschaftlichen Entwicklungen zusammen, eine Gruppe prominenter Sozialwissenschaftler, die erklären sollten, welche Umstände die Nation in diese Katastrophe geführt hatten.

Den Vorsitz hatte der damalige Professor für Wirtschaftswissenschaften an der Universität Columbia Wesley C. Mitchell, ein angesehener Experte für Konjunkturzyklen und ehemaliger Schüler Thorstein Veblens und John Deweys. Untersuchungsleiter war Professor William F. Ogburn von der Universität Chicago. Als einer der einflussreichsten Sozialwissenschaftler des 20. Jahrhunderts prägte Ogburn den Begriff der „gesellschaftlichen Trends" und entwarf das noch immer relevante Konzept des „Cultural lag". Diese „kulturelle Phasenverschiebung" bezeichnet einen Anpassungsrückstand der immateriellen Kultur, wie Organisationen, Recht, Ethik, gegenüber der materiellen Kultur in Form des naturwissenschaftlichen, technischen und wirtschaftlichen Fortschritts. Die Ursache der meisten gesellschaftlichen Veränderungen liegt laut Ogburn in der materiellen Kultur, die Veränderungen in anderen Teilen der Kultur erzwingt. Da sich die immaterielle Kultur aber nicht im gleichen Tempo verändert, hinkt sie hinter den Veränderungen der materiellen Kultur her.[1]

Mitchell, Ogburn und vier weitere Ausschussmitglieder, darunter die Feministin und einzige Frau im Ausschuss Alice Hamilton, waren alle Progressisten und befassten sich damit, wie gesellschaftliche Probleme und sozialer Wandel positiv beeinflusst werden könnten.

Am 11. Oktober 1932 erklärte Herbert Hoover in seinem Vorwort zum Bericht des Untersuchungsausschusses dessen Ziele: „Da dem Ausschuss die Aufgabe zugewiesen wurde, in Veränderung begriffene Trends zu untersuchen, konzentriert sich das Ergebnis mehr auf Elemente der Instabilität als auf Elemente der Stabilität gesellschaftlicher Strukturen."[2]

Als der zweibändige Untersuchungsbericht *Recent Social Trends in the United States* veröffentlicht wurde, stand Hoovers Regierung, die wenig zur Verbesserung der Zustände getan hatte, kurz vor ihrer Ablösung. Doch der Bericht – eine plastische Momentaufnahme der Vereinigten Staaten in den 1920ern – bietet einen faszinierenden Blick auf eine Gesellschaft, die auch schon vor 1929 von Transformationen und Umbrüchen gebeutelt wurde. Liest man diesen Bericht heute wieder, so lässt sich schwer darüber hinwegsehen, in welchem Ausmaß er für ein Verständnis der Konturen und Konflikte der amerikanischen Gesellschaft Anfang des 21. Jahrhunderts noch immer relevant ist.

Die beiden Bände decken einen weitgefächerten Themenbereich ab. Auf eine Zusammenfassung der Ergebnisse folgen – unter anderem – Kapitel zur wechselnden Zusammensetzung der amerikanischen Bevölkerung, zum Aufstieg neuer Technologien und Kommunikationsmittel und zur allmählichen Verwandlung der Amerikaner von Produzenten in Konsumenten. Der Siegeszug einer jugendorientierten Kultur, das Aufkommen neuer Freizeitbeschäftigungen und die Veränderung der Familie und ihrer Funktionen werden ebenfalls unter die Lupe genommen. Ziel des Berichts war die Zusammenstellung einschlägiger Daten, aber viele dieser Daten beschreiben ein im Wandel begriffenes gesellschaftliches Milieu, das die Dynamik der Stereotypisierung im 20. Jahrhundert prägte.

Im von Ogburn verfassten Anfangsteil des Berichts interpretierte der Ausschuss einige seiner Ergebnisse. Hier wurden unter anderem „Probleme der biologischen Vererbung" besprochen – in einer Sprache, die 40 Jahre zuvor in Diskussionen zum „Rassenselbstmord" um sich gegriffen hatte. Wenn auch viel vorsichtiger als in Schriften hartgesottener Eugeniker, wurden hier Fragen zu „tüchtigen" und „weniger tüchtigen" Elementen in der Bevölkerung dokumentiert. Die Zuchtauswahl im Hinblick auf wünschenswerte Eigenschaften biete durchaus Möglichkeiten, äußerten die Autoren, aber es gebe da gewisse Hindernisse. Während Viehzüchter trotz ihres begrenzten Wissens über Chromosomen und Erblichkeit erfolgreich die Qualität der Herde verbessert hätten, sei die Fortpflanzungskontrolle bei Menschen problematischer. Es bleibe die Schwierigkeit, bei der Paarung gefühlsmäßige und geistige Werte mit biologischen Werten zu kombinieren, und daher sei mehr Forschung erforderlich, bevor „höhere eugenische Ideale" entstehen könnten.

Die Vorstellung, die Gesellschaft ließe sich aufteilen in Menschen, deren Fortpflanzung gefördert werden sollte, und andere, deren Erbanlagen eine Einschränkung ihrer Fortpflanzungsmöglichkeiten nahelegten, griff eine Selbstwahrnehmung weißer Amerikaner auf, die Rassentheorien, Politik und Institutionen von Anfang an durchdrungen hatte. Am deutlichsten kam das hartnäckige Postulat menschlicher Hierarchien in den Empfehlungen des Ausschusses hinsichtlich der Fortführung der Sterilisationspraxis in Institutionen zum Vorschein. Dabei wurde allerdings eingestanden, dass diese Maßnahme sich kaum auf die Gesamtzahl „minderwertiger" Individuen auswirken werde.

Sofort geboten ist die Verhinderung der Fortpflanzung von Individuen mit unerwünschten erblichen Eigenschaften. Solch eine Verfahrensweise könnte in den offensichtlicheren Fällen von Schwachsinn durchgesetzt werden, von denen es in den Institutionen weniger als 100.000 gibt, aber wer soll für die große – mehrfach auf Millionen geschätzte – Anzahl derjenigen entscheiden, die sich außerhalb der Institutionen aufhalten?

Der Ausschuss übernahm eugenische Theorien nicht unhinterfragt. Bezüglich „anderer unerwünschter Typen, den Geisteskranken und Verbrechern", wird festgestellt, es sei nicht bekannt, ob die Faktoren, die zu ihrer Entstehung führen, erblich sind. Hier kam die Frage nach schädlichen gesellschaftlichen

Einflüssen ins Spiel. „Männer begehen kriminelle Taten oft aufgrund der sozialen Umstände. Die Kriminalitätsrate schwankt parallel zu den Konjunkturzyklen. Auf ähnliche Weise fördern bestimmte soziale Erfahrungen Geisteskrankheiten."[3]

In einem Kapitel zu typischen Metropolen-Communities betrachtete R. D. McKenzie die Frage, in welchem Ausmaß moderne Großstädte zur Differenzierung zwischen Angehörigen der einen oder der anderen „Rasse" und zu Vorurteilen beitrugen. In Europa hatte das Wachstum der Städte ab dem 13. Jahrhundert zu nie dagewesenen Interaktionen zwischen Fremden geführt und Material für moderne Stereotypisierungen geliefert. In Amerika wurden viele dieser Spannungen verschärft, als im 20. Jahrhundert die Metropolen das ländliche und kleinstädtische Leben als Ort nationaler Identität verdrängten.

Manche meinten, die Großstädte förderten ein Weltbürgertum und eine Weltoffenheit, böten die Möglichkeit, mit eingefahrenen Vorstellungen vom anderen zu brechen. „Jetzt, wo die Einwanderung fast den Nullpunkt erreicht hat", mutmaßte McKenzie, verschwänden die Empfindlichkeiten früherer Einwanderer höchstwahrscheinlich. So würde die ethnische Identität einem assimilierten amerikanischen Nationalgefühl weichen. Von diesem Wandel handelte die Geschichte von *The Jazz Singer* und ein wachsendes Genre von Amerikanisierungsgeschichten wie zum Beispiel *The Rise of the Goldbergs* (Der Aufstieg der Goldbergs). Diese ab 1929 täglich gesendete Hörspielreihe gehörte zu den beliebtesten Radiosendungen und handelte von der Assimilation einer Einwandererfamilie. Die Serie reflektierte auf humorvolle Weise die Biografie ihrer Schöpferin, Autorin und Starfigur Gertrude Berg und wurde bis 1955 gesendet; bis dahin war die Assimilation osteuropäischer Juden weitgehend abgeschlossen und Hinweise auf eine außeramerikanische Herkunft galten als stillos.

Während manche in den Metropolen der 1930er die Möglichkeit hatten, aus althergebrachten Klischees auszubrechen, verstärkte sich allerdings die Isolation anderer. In den modernen Großstädten nahmen aufgezwungene Modelle der Rassentrennung neue Formen an. Da ihnen eine Chance, Teil der dominanten amerikanischen Kultur zu werden, verweigert wurde, mussten viele für sich selbst sorgen. „Neger und Asiaten", stellte McKenzie fest, „tendieren dazu, eine Stadt innerhalb der Stadt aufzubauen. Sie schaffen sich ihre eigenen Einrichtungen wie Theater, Kirchen, Läden, Klubs und Tanzsäle." Bei der starken Zuwanderung Schwarzer aus dem ländlichen Süden in den städtischen Norden, die im Ersten Weltkrieg begann und sich in den 1920ern verstärkte, wuchsen schwarze „Städte innerhalb der Stadt" exponentiell, wobei sie in der Regel in, wie McKenzie es ausdrückte, „verfallende Gebiete" vordrangen.

Für weiße und amerikanisierte Einwanderer verstärkte diese räumliche Trennung ein Gefühl der Distanz. Viele begegneten Schwarzen und Asiaten vor allem als Arbeitern, denen untergeordnete Aufgaben zugewiesen wurden. Diese Ungleichheit wurde durch herabsetzende Darstellungen in Film, Radio, Presse und anderen Medien einer sich ausbreitenden Medienkultur untermauert. Einige weiße Einwanderergruppen wurden in den Medien zwar auch stereotypisiert, viele konservative Institutionen bezeichneten sie sogar noch immer als Brutstätte des Verbrechens, des Bolschewismus' und anderer Bedrohungen des Gemeinwesens, die Diffamierung Nichtweißer jedoch wurde völlig unvermindert fortgesetzt.

Innerhalb der wachsenden Enklaven „Andersfarbiger" jedoch fanden wichtige Entwicklungen statt. Die von Jahrhunderten der Unterdrückung und erniedrigenden Stereotype geplagten schwarzen Communities in den Städten wurden zum Treibhaus für neue kulturelle Perspektiven. Unter der Rubrik „Harlemer Renaissance" veränderte von schwarzen Amerikanern geschaffene Kunst, Literatur und Musik die Kulturlandschaft und hatte einen gewissen Einfluss auf eine weiße Kultur, die Schwarze immer noch aus ihren Reihen verbannte. Die Tatsache, dass viele Weiße die Zwanziger als das „Jazz-Zeitalter" bezeichneten, ist nur eine von vielen deutlich sichtbaren Spuren dieses Einflusses.

Unter schwarzen Künstlern, Musikern, Schriftstellern und Intellektuellen fand in diesem Jahrzehnt eine lebhafte Debatte über die Rolle von „aframericans" innerhalb der Kultur der Vereinigten Staaten statt. Der schwarze Journalist George Schuyler, der den Begriff „aframerican" prägte, widersprach der Annahme, es gebe eine klar umgrenzte afroamerikanische Kunst. In einem Artikel, der im Juni 1926 in *The Nation* erschien, schrieb er, schwarze Kreativität solle der Ansicht, unterschiedliche Hautfarben kennzeichneten unterschiedliche Menschentypen, keinen Vorschub leisten. Für ihn war das nicht nur eine ideologische Position, sondern die Weigerung, an die Existenz eines archetypischen Schwarzen zu glauben – trotz der negativen Stereotype, die das weiße Amerika weiterhin von Schwarzen pflegte, und derer er sich durchaus bewusst war.

Zunächst gebe es da die enormen Unterschiede zwischen verschiedenen schwarzen Communities. Die Kunstformen schwarzer Menschen aus „Charleston, S. C., schwarzer Nordstaatler, schwarzer Westindier und schwarzer Afrikaner" seien nicht „charakteristischer für die Negerrasse als die Musik und die Tänze der Hochlandbewohner in den Appalachen oder der dalmatinischen Bauern für die kaukasische Rasse."

Vor allem aber weigerte er sich, die Behauptung zu akzeptieren, es gebe wesentliche Unterschiede zwischen schwarzen und weißen Amerikanern. „Es ist barer Unsinn", erklärte er, „von ‚Rassenunterschieden zwischen dem amerikanischen schwarzen Mann und dem amerikanischen weißen Mann' zu sprechen."

Abgesehen von seiner Hautfarbe, die von einem sehr dunklem Braun bis zum Rosa reicht, ist der amerikanische Neger schlicht und einfach amerikanisch. Neger und Weiße aus denselben Gegenden dieses Landes sprechen, denken und handeln in etwa gleich. Weil ein paar Schriftsteller, denen die Themen ausgegangen sind, sich auf die idiotischen Geschichten von schwarzen Spaßvögeln und Einfaltspinseln gestürzt und sie als authentisches und typisch aframerikanisches Verhalten verkauft haben, hat die verrückte Idee, schwarze Amerikaner seien „so anders" als ihre weißen Nachbarn, große Verbreitung gefunden, und schon die bloße Erwähnung des Wortes „Neger" ruft im durchschnittlichen Weißen das Stereotyp einer Mischung aus Bert Williams, Aunt Jemima, Jack Johnson, Florian Slappey und den diversen Monstrositäten der Karikaturisten auf den Plan. Der durchschnittliche Afroamerikaner entspricht diesem Stereotyp nicht mehr als der durchschnittliche Amerikaner einer Mischung aus Andy Gump, Jim Jeffries und einer Karikatur von Rube Goldberg entspricht.[4]

Schuyler reagierte mit seinem Artikel auf schwarze Intellektuelle, die speziell afroamerikanische Kunstformen – getrennt von denen des weißen Amerika – praktizieren und feiern wollten. Angesichts der unter Weißen weit verbreiteten Ablehnung von Schwarzen als gleichberechtigte Teilhaber der amerikanischen Gesellschaft und der großen künstlerischen Vitalität in den Städten fand diese neue nationalistische Perspektive zahlreiche Anhänger. Dabei handelte es sich nicht um eine separatistische Perspektive wie die der von Marcus Garvey angeführten Bewegung „Back to Africa"; sie enthielt vielmehr ein klares Bekenntnis zu einer Zukunft Amerikas, in der Schwarz und Weiß gleichberechtigt sind. Der Weg dorthin jedoch, sagten viele, führe über die Entdeckung und Ausbildung einer eigenen, schwarzen Stimme.

Zu den Vertretern dieser Position gehörte auch der große Dichter Langston Hughes, der in der nächsten Ausgabe von *The Nation* eine bissige Erwiderung an Schuyler veröffentlichte. Hughes bezeichnete Leute wie Schuyler als „nordisierte Neger" und stellte fest, der „Negerkünstler" in Amerika stehe am Fuß eines gefährlichen „Rassenberges". Dieser Berg verlocke schwarze Künstler zu seiner Besteigung, sei aber „ein Berg, der jeder wirklichen Negerkunst in Amerika im Wege steht – der Drang der Rasse zum Weißsein, das Bestreben, rassische Eigenarten in den Schmelztiegel amerikanischer Standardisierung zu gießen und so wenig Neger und so viel Amerikaner wie nur möglich zu sein." Sich von diesem verführerischen Schmelztiegel zu verabschieden, war laut Hughes die unabdingliche Voraussetzung für den Erfolg schwarzer Kunst und schwarzen Denkens.

Hughes sah sich von einer wachsenden schwarzen Mittelklasse umgeben, die er als Unterstützer betrachtete der Assimilationslüge, die auf seinem unerreichbaren Gipfel geschrieben stehe.

Im Norden gehen sie [Angehörige der schwarzen Mittelschicht] in die Theater und Kinos der Weißen. Und im Süden besitzen sie mindestens zwei Autos und ein Haus „wie die Weißen". Nordisches Benehmen, nordische Gesichter, nordische Haare, nordische Kunst (wenn überhaupt Kunst) und der Himmel der Episkopalkirche. In der Tat ein sehr hoher Berg, den der angehende Rassenkünstler besteigen soll, um sich selbst und sein Volk zu entdecken.

Um sich selbst und ihr Volk zu finden, riet Hughes, müssten schwarze Künstler sich von diesen Mittelschichtmodellen abwenden. Von ganz gewöhnlichen Menschen müssten sie sich ihre Anregungen holen, von „hundsgemeinen Leuten", die die „Mehrheit" der Schwarzen ausmachten.

Diese gewöhnlichen Menschen haben keine Angst vor Spirituals ... und Jazz ist ihre Erfindung. Sie liefern einen großen Reichtum abwechslungsreichen, unverwechselbaren Stoffes für jeden Künstler, weil sie im Angesicht der amerikanischen Standardisierung ihre eigene Individualität bewahren ... und ihre eigene Schönheit ohne Frage akzeptieren.[5]

Im Zentrum dieser Debatte stand die Assimilationsfrage, die auch heute noch viele Communities entzweit. Eine ähnliche Auseinandersetzung fand zur selben Zeit in vielen Immigranten-Communities statt. So war beispielsweise Abraham Cahans *Jewish Daily Forward*, eine der bedeutendsten jiddischen Zeitungen, ein permanentes Forum für eine leidenschaftlich geführte Assimilationsdebatte in Form von Leserbriefen. Ein wichtiger Unterschied allerdings ist zu verzeichnen: Wurden „weiße" Einwanderer langsam, oft auch widerstrebend, aber immerhin überhaupt als Amerikaner „zugelassen", so blieb die Tür für die meisten Schwarzen fest verschlossen. Diese Schranke war ein zusätzlicher Beweggrund für die Artikulation einer autonomen kulturellen Identität.

In einem anderen Kapitel des Untersuchungsberichts, das sich dem „Status rassischer und ethnischer Gruppen" widmete, argumentierte der Soziologe T. J. Woofter jr., das Fehlen neuer europäischer Einwanderer führe zur Vermehrung der Anzahl getrennter Enklaven in der amerikanischen Gesellschaft. Da es zu wenig weiße Immigranten gebe, die bereit wären, für einen Hungerlohn zu arbeiten, und die Geburtenrate der Weißen sinke, verändere ein Zustrom „farbiger" Menschen aus Mexiko und den Kolonialgebieten Amerikas (Puerto Rico, Hawaii und die Philippinen) das Aussehen, wenn nicht gar die verbreiteten Vorurteile der Mainstream-Gesellschaft. Diese Gruppen, behauptete er, schafften neue Städte innerhalb der Städte und würden – neben Schwarzen und Chinesen – leichte Beute für Stereotypisierungen vonseiten der Polizei, des Bildungssystems, des medizinischen Establishments und, selbstverständlich, der Medien. Für eine Gesellschaft, die auf das wirtschaftliche Elend dieser Communities angewiesen war, waren Stereotype eine Notwendigkeit.

Während Jakie Rabinowitz sich selbst als Jack Robin neu erfinden konnte, benutzten die Medien, wie auch andere Institutionen, weiterhin rassistische Stereotype von schwarzen Amerikanern, Asiaten, Latinos und Polynesiern – in den 1930ern, 1940ern, 1950ern und 1960ern. Den Konventionen einer weißen Kultur gemäß waren gebrochenes Englisch, untergeordnete Tätigkeiten und eine generelle Unzuverlässigkeit angeborene Charakterzüge dieser „anderen", durch die sie sich von „wahren" Amerikanern unterschieden. Die segregierten Gesellschaftsstrukturen, die tief verwurzelten Ungleichheiten und die rassistische Dynamik der Unterhaltungs- und Medienbranche bildeten die gesellschaftliche und ökonomische Grundlage für diese hartnäckigen Diffamierungspraktiken.[6]

Im Rahmen der Erörterung von „Rasse" und Ethnizität schnitt Woofter ein provozierendes Thema an. Seine Feststellung beleuchtet auch heute noch einen aufschlussreichen Aspekt der gesellschaftlichen Schranken, die eine strikte Unterscheidung der „Rassen" unterminieren oder aufrechterhalten. Zur Aufnahme weißer Immigrantengruppen in die Liste derer, die als Amerikaner zählten, schrieb er:

Die Anpassung von Gruppen im Ausland geborener Weißer an das amerikanische Leben ist nicht so ein schwieriger Prozess wie bei den farbigen Rassen. Ein Großteil der Assimilation erfolgt durch die gewöhnlichen Tätigkeiten bei der Arbeit und in der Schule; in Gemeinschaftsangelegenheiten sind weitere Anpassungen erforderlich, die durch die Kirchen, spezialisierte Organisationen und die Presse erfolgen. Die gründlichste Assimilation schließlich findet in Form von Mischehen mit Einheimischen statt.[7]

Zur wachsenden Zahl an Mischehen zwischen Einwanderern und „Einheimischen" kamen Mischehen zwischen einer Einwanderergruppe und einer anderen. 1930 waren bereits über die Hälfte der Kinder weißer Einwanderer im Staat New York – einer der wenigen Bundesstaaten, die eine solche Statistik führten – „gemischter Abstammung".

Hier ist zu beobachten, in welchem Ausmaß eine Lockerung sexueller Tabus im Hinblick darauf, wer als annehmbarer Partner gilt, die Topografie der Stereotypisierung verändert, ein offeneres und toleranteres Milieu schafft. Die Aufweichung der Verbote bleibt nicht auf Fragen der Ethnizität und „Rasse" beschränkt. In den 1920ern wurden überlieferte Regeln rund um das Sexualleben von Frauen massiv infrage gestellt, und Mischehen werden wahrscheinlicher, wenn Frauen ihren Ehepartner frei wählen können, ohne auf das Einverständnis der Elterngeneration angewiesen zu sein. Andersherum verstärken strikte Sanktionen gegen Mischehen eine Tendenz zur Stereotypisierung und Entmenschlichung von Außenstehenden und neigen dazu, tradierte Ansichten zum „rechten Platz einer Frau" zu bestärken.

In den ersten Jahrzehnten des 20. Jahrhunderts war der strikte Ausschluss „neuer" Einwanderer von der Teilhabe an der „weißen Rasse" ein angloamerikanischer Glaubensgrundsatz. Als Nationalist nordeuropäischer Abstammung behauptete Madison Grant wie viele andere im Brustton der Überzeugung, Mischehen führten zur Verunreinigung und zum Niedergang der „alten kaukasischen Rasse". Rassismus, Nationalismus und die Verbreitung von Stereotypen waren hier, wie so häufig, unzertrennlich miteinander verwoben. Ansichten wie die Grants führten zur Verabschiedung des *Johnson-Reed Immigration Act* von 1924.

Mit diesem Gesetz wurde die Zuwanderung weitgehend unterbunden; die Millionen von Menschen jedoch, die noch rechtzeitig gekommen waren, waren von gesellschaftlichen Umbrüchen betroffen, die die Frage der Abstammung zunehmend in den Hintergrund rücken ließen. Während einige noch an einer engen Definition einer angloamerikanisch-weißen Nation festhielten, veränderte sich die Definition dessen, was als „weiß" galt, und damit die Konturen der amerikanischen Kultur.

Woofter stellte fest, sexuelle Beziehungen zwischen Schwarzen und Weißen habe es seit den Tagen der Sklaverei gegeben. Aber aus diesen oft unfreiwilligen Beziehungen – fast immer zwischen weißen Männern und schwarzen Frauen – seien Kinder hervorgegangen, die in der Regel von ihren Vätern im Stich gelassen wurden, in der afroamerikanischen Community verblieben und dort den Anfang einer „neuen braunen Rasse" bildeten, wie manche Demografen es ausdrückten. Im Süden wurden die Gesetze gegen die „Rassenmischung" noch immer unter Gewaltanwendung durchgesetzt, und im gettoisierten Norden blieben diese Kinder Außenseiter.[8]

In einem Kapitel von Malcolm Willey und Stuart Rice wird dem Einfluss neuer Kommunikationsmittel nachgegangen, die dem Untersuchungsbericht zufolge ebenfalls Instabilität und Veränderung förderten. Willey und Rice fassten, wie damals durchaus üblich, Verkehr und Medien unter der Rubrik „Kommunikation" zusammen und sahen in diesem Bereich zwei gegenläufige Tendenzen, die beide die Wahrnehmung des Einzelnen von der ihn umgebenden Welt veränderten: Einerseits führte die explosionsartige Entstehung neuer technischer Errungenschaften und das Wachstum der relativ neuen Medien- und Verkehrsbranche zu einem Gefühl der Unordnung.

> An der Oberfläche sieht es nach Chaos und Konflikt aus: Eisenbahnen stehen im Wettbewerb mit Buslinien, Busse wetteifern mit Straßenbahnen, Zeitungen fürchten die Rundfunkübertragung von Werbung, der Film konkurriert mit dem Radio und die Angst vor dem Fernsehen geht auch schon um.

Zugleich sahen sie diese neuen Entwicklungen als Ursachen einer nie dagewesenen Verschmelzung der Gesellschaft, die die Abstände zwischen Menschen wie Orten verringerte und zu einer gemeinsamen und immer vielfältigeren nationalen Kultur führte.

1922 stellte Walter Lippmann fest, die neuen Kommunikationssysteme könnten dazu benutzt werden, das „leicht Fremde" als „völlig fremdartig" zu präsentieren, und so die Macht der Stereotype zu erhöhen. Gleichzeitig konnten sie, wie Willey und Rice beschrieben, das zuvor Fremde zu etwas Vertrauterem machen, den Abstand verringern und eine Nähe zu einer Vielzahl kultureller Einflüsse schaffen.

Das Automobil, das Flugzeug, der Film und das Radio: Alle haben sich seit Beginn des 20. Jahrhunderts entwickelt. Jedes neue Kommunikationsmittel wirbt um die Gunst der Öffentlichkeit und seine letztendliche Akzeptanz erhöht die Komplexität unserer Zivilisation.[9]

Ein entscheidendes Element dieser neuen Kommunikationsnetze war das Wachstum einer Verbraucherwirtschaft, die den Alltag und das Lebensgefühl von immer mehr Amerikanern veränderte. Das Automobil war nicht nur ein neues Verkehrsmittel, sondern auch ein langlebiges Konsumgut, das tiefe Spuren im Identitätsempfinden der Menschen hinterließ.

Während traditionelle Gemeinschaften – von Einheimischen oder Zugewanderten – eine Verbindung mit der Gruppe förderten, legte man in der Autogesellschaft besonderen Wert auf Individualität und Unabhängigkeit. In der Vergangenheit war dies ein Luxus der Reichen gewesen. Durch die Massenfertigung und eine Handelskultur hatte sich die Situation verändert. In den 1920ern wurden viele zu Autobesitzern, die zuvor auf den öffentlichen Verkehr angewiesen waren.

Mit der Verbreitung des Automobils hat der einzelne Bürger in praktisch allen Bevölkerungsklassen ein Fahrzeug erworben, das ihm eine Freiheit und Kontrolle über seine Fortbewegung gibt, wie sie nie zuvor existiert hat. Die potenzielle Mobilität wird enorm und ohne großen Aufwand vergrößert, eine schnelle Zurücklegung von Entfernungen ermöglicht, die früher nur selten überwunden wurden. Dies hat eine Veränderung der Lebensgewohnheiten bewirkt.[10]

Quasi nebenbei wurden alte gesellschaftliche und geografische Unterschiede verwischt und viele Traditionen aufgegeben. Durch die Automobile wurde das Reisen zu einer Freizeitbeschäftigung, die sich immer mehr Menschen leisten konnten. Autos schufen Orte mit Privatsphäre, an denen junge Liebende sich aufhalten konnten, außer Reichweite der üblichen Querelen von Familie und Community. Der Besitz eines Autos hatte tiefgreifende soziale und psychologische Auswirkungen: Er trug zur Befreiung von der Gruppe bei, versah den Besitzer mit einem neuen Status und verlieh ihm die gerade erst im Entstehen begriffene Identität eines „Konsumenten".

Dieser Ritus der „Konsumentenwerdung" war zwar immer noch für Millionen von armen Menschen und Menschen aus der Arbeiterklasse, insbesondere im Agrarsektor, unerreichbar, bot sich aber in den 1920ern dennoch einer wachsenden Zahl von Bürgern an. Die Definition der „Mittelschicht" veränderte sich. Zwischen 1919 und 1928 wuchs das durchschnittliche Jahreseinkommen von Lohnempfängern laut Untersuchungsbericht um fast 30 Prozent.[11] Parallel zu diesem Anstieg sank die Normalarbeitszeit in der Fertigungsindustrie und die Lohnempfänger hatten mehr Freizeit.[12] Für viele Industriearbeiter und Industriearbeiterinnen bedeutete das, dass der Lohn den Betrag überstieg, der für das bloße Überleben erforderlich war, und die gewonnene Freizeit dazu benutzt werden konnte, den frei verfügbaren Teil des Einkommens auszugeben. Für diejenigen, die es sich leisten konnten, beim Kauf immer billiger Waren mitzuhalten, schien der Konsum als Mittel des sozialen Ausgleichs zu dienen. Konsum bot sich als neue Definition des „Amerikanerseins" an – unabhängig von sonstigen Gruppenzugehörigkeiten.

Das Wachstum der neuen Medienbranchen, der „Mittel zur Massenbeeinflussung", wirkte in den 1920ern durchgängig als Katalysator für diese Transformation nationaler Identität. Über ihre Funktion als Volksunterhalter hinaus übermittelten und schufen Kinofilme – so Willey und Rice – neue Einstellungen und Werte. „Herausgeber beliebter Filmzeitschriften", berichteten sie, „werden mit Briefen von Kino-Stammgästen überschüttet, die sich eine Vielzahl ganz persönlicher Standpunkte und Gefühle über Personen und Handlungen auf der Leinwand vom Leib schreiben."

> Ein Herausgeber erhält über 80.000 solcher Briefe im Jahr, voller Selbstenthüllungen, die manchmal absichtlich, häufiger jedoch unbewusst den Ein-

fluss zeigen, den die Leinwand auf Umgangsformen, Kleiderordnung und Liebesangelegenheiten hat. Sie enthüllen das Ausmaß, in dem Ego-Stereotype von den Leinwandstars geprägt sein können.

In der Konsumgüterindustrie, insbesondere bei der Produktion von Konfektionskleidung, wurde versucht, aus den „Ego-Stereotypen" potenzieller Käufer Profit zu ziehen. Regelmäßig wurden Kleidungsstücke gefertigt, die eine auf der Leinwand vorgeführte Mode nachahmten. „Geschäftsinteressen", schlossen Willey und Rice, „haben die Rolle des Kinofilms als geschmacksprägendes Element mit Freude zur Kenntnis genommen."

Die aufblühende Werbeindustrie und andere Propagandamacher sprangen auf den Zug auf, dessen Lokomotive von Filmen und Filmstars angetrieben wurde. Waren in der Werbung zuvor oft Aussagen europäischer Aristokraten zitiert und auf den Nimbus ihrer Klasse vertraut worden, so wurden diese altmodischen und undemokratischen Figuren in den 1920ern von Kinostars, den Königen der kleinen Leute ersetzt. „Namen und Porträts von Filmschauspielern und -schauspielerinnen werden ... in großem Umfang in der Werbung für verschiedene Erzeugnisse eingesetzt, um deren Prestige zu erhöhen."[13]

Die Auswirkungen dieser Entwicklung auf die Geschichte der Stereotypisierung waren enorm. Die Filmindustrie, der Rundfunk und die Konsumkultur verließen sich zwar in aller Regel auf bereits festgeschriebene Typen, um ihre Waren zu verkaufen und ihre Geschichten zu erzählen, zugleich aber machten sie ihre Konsumenten zu Kinobesuchern, Radiohörern und Käufern, die immer mehr kulturelle Symbole und Ziele miteinander teilten.

Während die Konsumgesellschaft in vieler Hinsicht die Bedeutung der Individualität hochjubelte, warnten Willey und Rice, die zunehmende Konzernbildung in allen Branchen der Massenbeeinflussung bedrohe das Individuum durch die Förderung von Ego-Stereotypen, die auf eine vorhersehbare psychische Normierung ausgelegt seien.

Welchen Weitblick ihr Bericht zeigt, ist erstaunlich. Sie beobachteten, dass alte Unterscheidungen in gewissem Maße nicht mehr galten und die tief verwurzelten Taxonomien menschlicher „Typen" infrage gestellt wurden. Zugleich nahmen sie wahr, wie nach diesen Veränderungen ein neues Amerika auf den Plan trat, das leicht zu manipulieren und psychologisch uniform war, und dem sie einen schmerzlichen Mangel an Persönlichkeit bescheinigten.

Nie zuvor war eine Massenbeeinflussung in solch einem Umfang möglich ... Wie die Zahlen zeigen, benutzen die Einzelnen diese Medien mehr und mehr, und die Medien verändern unweigerlich die Einstellungen und das Verhalten dieser Menschen. Um welche Veränderungen es sich dabei handelt, hängt völlig von denjenigen ab, die diese Einrichtungen kontrollieren. Bessere Möglichkeiten für eine Manipulation der Gesellschaft ... hat es nie gegeben.

Instrumente der Massenbeeinflussung setzen das Individuum visuellen und akustischen Reizen aus, die es dazu veranlassen können, in gewisser Weise das Gleiche zu denken wie Millionen anderer ... Durch die Konzentration dieser Instrumente verstärkt sich die Kontrolle über sein Verhalten.[14]

Diese Besorgnis angesichts der Gefahren der psychologischen Manipulation hatte ihren Grund. Im Ersten Weltkrieg und während der 1920er-Jahre hatte sich die Gedankenwelt Amerikas deutlich verändert. Zunächst wurde ein riesiges staatliches Propagandabüro eingerichtet, um zweifelnde Amerikaner von der Notwendigkeit des Krieges zu überzeugen. Daraus entstanden verschiedene neue Berufsbilder, die mit der Beeinflussung der Massen befasst waren, und viele der professionellen Kriegsmoralanheizer wechselten nach dem Krieg in die Privatwirtschaft, förderten den Massenkonsum und arbeiteten an der Steigerung der Nachfrage nach Waren, die schneller vom Fließband rollten, als die Leute sie kaufen konnten. Eine beispiellose Werbekultur griff um sich und richtete sich in erster Linie an bestehende und potenzielle Konsumenten.

Mit dem Eintritt der Vereinigten Staaten in den Ersten Weltkrieg wurden die Stimmen von Kriegsgegnern und Kritikern des kapitalistischen Systems von einer staatlich finanzierten Kampagne zur „Säuberung" des Landes von den „Roten" (angeführt vom Justizminister A. Mitchell Palmer) erfolgreich zum Verstummen gebracht. Diese radikalenfeindliche Atmosphäre blieb in den gesamten 1920ern unvermindert bestehen und die freie Marktwirtschaft wurde – ähnlich wie heute – in den Status einer unanfechtbaren weltlichen Religion erhoben. Ein frommes Leben bestand in diesem Fall aus inbrünstigem Konsum.

In Band zwei des Untersuchungsberichts beschrieben Robert Lynd und Alice Hanson diese Entwicklung in einer heute noch äußerst treffenden Abhandlung mit dem Titel „The People as Consumers". Lynd hatte 1929 zusammen mit seiner Frau und Koautorin Helen Merrill Lynd das soziologische Meisterwerk

Middletown: A Study in Modern American Culture geschrieben. In diesem Buch diente die Stadt Muncie im Bundesstaat Indiana dem Studium der enormen gesellschaftlichen Veränderungen, die sich in den Vereinigten Staaten von den 1890ern bis zu den 1920ern abgespielt hatten. Eine dieser Veränderungen war das Aufkommen einer Massenkonsumkultur, und im Untersuchungsbericht wurden einige der Feststellungen aus *Middletown* aktualisiert.

Eine Hauptaussage Lynds war, das 20. Jahrhundert habe für viele Amerikaner ihre gesamte Existenzweise verändert. „Der überwiegende Teil der Dinge, die amerikanische Familien verbrauchen", schrieb er, „wird nicht mehr zu Hause hergestellt, und die Bemühungen der Familienmitglieder sind stattdessen darauf ausgerichtet, sich das Lebensnotwendige einzukaufen."

Diese Veränderung reflektierte die zunehmende Massenfertigung und damit einhergehende Abnahme der Zahl kleiner Betriebe, die geringere Mengen für einen örtlich begrenzten Markt produzierten. Bei der dramatischen Steigerung der Produktionskapazitäten stellte eine Bevölkerung, die in vorindustriellen Konsumgewohnheiten verwurzelt war, ein Hindernis für den Warenstrom der amerikanischen Industrie dar. Ein Ungleichgewicht zwischen dem Bevölkerungswachstum von 1900 bis 1930 und dem Produktionsvolumen, das wesentlich schneller wuchs, verschärfte das Problem.[15]

Um die Menschen dazu zu bewegen, diese überschüssigen Waren zu konsumieren, führte die Wirtschaft eine Reihe strategischer Innovationen ein. Um die Waren „erschwinglicher" zu machen, führten sie Verbraucherkredite für einen immer weiteren Kreis von Konsumenten ein. Als der Börsenkrach kam, beschleunigte der Verlust dieser Forderungen den Zusammenbruch, kurzfristig aber schien „Kredit" ein Synonym für einen „steigenden", wenn auch insgeheim labilen Lebensstandard zu sein.

Über die Vergabe von Verbraucherkrediten hinaus jedoch war der wachsende Apparat der „Verführung zum Kauf" eine der kennzeichnendsten Entwicklungen der 1920er. Lynd beschrieb diese Entwicklung in zweierlei Hinsicht: wie sie neue Geschäftspraktiken förderte und wie sie die Psyche der potenziellen Käufer beeinflusste. Die beiden Aspekte waren eng miteinander verknüpft.

In der Wirtschaft wurde die Beeinflussung der Öffentlichkeit, der vorherrschenden Überzeugungen und Verhaltensmuster, zur Obsession. Parallel dazu wurde ein neues Stereotyp eingeführt: das des Verbrauchers. In der Geschichte der Stereotypisierung signalisierte dieser neue Typus einen Wechsel von den auf biologischen oder körperlichen Merkmalen basierenden Kategorien zu einer auf psychischen Anfälligkeiten basierenden Kategorie. Mit der Erfindung des „typischen Verbrauchers" sollte eine leicht formbare Persönlichkeit definiert werden, deren instinktive Veranlagung erkennbar war und leicht von sozialpsychologisch gebildeten Marketingexperten manipuliert werden konnte.

Mit der Konstruktion dieses durch und durch modernen Stereotyps verließen sich viele Geschäftsleute auf die von Gustave Le Bon entworfene Theorie. Der ideale Verbraucher war keines kritischen Gedankens fähig, kein gebildeter Mensch und glich von seinen geistigen Fähigkeiten her der breiten Masse. Sein Handeln war reflexhaft und leidenschaftlich, und für Bilder und theatralische Spektakel war er besonders empfänglich. In Le Bons Schema kennzeichneten diese Eigenschaften das Verhalten der Masse, waren aber auch bei „Wilden", Kindern und Frauen anzutreffen.

Obwohl es in den Familien oft die Männer waren, die über größere Anschaffungen entschieden, war der „ideale Verbraucher" in den 1920ern eine Frau, oft als „Mrs. Consumer" bezeichnet.[16] Viele an „Mrs. Consumer" gerichtete Botschaften verherrlichten die patriarchale Angewohnheit, Frauen wie Kinder zu behandeln (die ständig beaufsichtigt werden müssen), und versprachen ihr, sie könne auf ewig ein kleines Mädchen bleiben. Diesem Rezept gemäß war für Frauen „Erfolg" als ein Zustand definiert, in dem sie unter unaufhörlicher – wenn auch angeblich von Bewunderung geprägter – Überwachung standen.[17]

Dem ist hinzuzufügen, dass der stereotype Verbraucher, wie er von Amerikas Unternehmertum gezeichnet wurde, extrem weiß war. Selbst als sich Einwanderer unter die Verbraucher mischten, war das Model, das ihnen zur Nachahmung empfohlen wurde und bis in die 1970er hinein Vermarktungsstrategien prägte, eine angloamerikanische Weiße.

In Wirtschaftskreisen war man sich der „subtilen" Faktoren „unsichere Arbeitsplätze, unsicherer Platz in der Gesellschaft, Monotonie, Einsamkeit, Ledigkeit und anderer angespannter Situationen", die das Innenleben potenzieller Konsumenten beeinflussten, deutlich bewusst und war bestrebt, sie für sich zu nutzen. Diese Situation fiel mit Alfred Adlers neuer Diagnose „Minderwertigkeitskomplex" zusammen: ein psychischer Zustand, der oft mit der äußeren Erscheinung einer Person verknüpft war und dazu führte, dass sich die Menschen in ihrer eigenen Haut nicht wohl fühlten und nach Ablenkung suchten.[18]

Sich dieser Phänomene bewusst, suchten Medien wie Manipulationsstrategen nach Unzufriedenheiten, um diese dann in Umsätze zu verwandeln. Die psychische Verfassung der Allgemeinheit wurde von nun an systematisch vermessen – ein Vorgang, den Lynd eindrücklich beschreibt:

> In den vergangenen 20 Jahren hat sich der Verkauf gewerblicher Produkte ... zu einer ausgefeilten Kunst entwickelt. Die gegenwärtige Werbestrategie tendiert dazu, immer mehr Produkte in die Klasse der „Persönlichkeitspolituren", der Produkte zur Verbesserung der persönlichen Ausstrahlung zu erheben. Für jeden kritischen Punkt steht ein aufmerksamer Werbefachmann mit einem Allheilmittel bereit.[19]

Durch das Bestreben, die Verwandlung der Menschen in Verbraucher zu beschleunigen, wurde eine psychologisch ausgerichtete Werbung zu einem immer auffälligeren Bestandteil der Kultur. „Die Werbung geht Hand in Hand mit Produktionsvolumen und Vertrieb", schrieb Lynd. „Sie dient einer erhöhten Verfügbarkeit von Waren und der Schaffung einer im Schnellverfahren hergestellten Aufnahmebereitschaft der Verbraucher."[20]

Die Nahtstelle zwischen Unternehmenszielen und Verbraucherverhalten wurde vom „Stil" verstärkt. Mitte der 1920er schufen die kontinuierliche Umgestaltung aller möglichen Produkte und das Aufkommen eines Phänomens, das als „aus der Mode kommen" bezeichnet wurde, eine sich unaufhörlich fortsetzende Bilderfolge von „damals" und „heute". Der Wunsch, mit der Mode zu gehen, verband ein Individuum mit der sich stets fortentwickelnden Gegenwart – und mit den Anforderungen des Marktes. Altmodisch zu sein verband ein Individuum mit einer Vergangenheit, die in einer sich rasant verändernden Gesellschaft immer unzeitgemäßer wurde.

Diese Wahl, vor die sich unzählige Amerikaner in den 1920ern gestellt sahen, hing mit einem Wandel im Geschäftsdenken zusammen. Lynd beschreibt ihn als einen Wechsel vom „Preis" zum „Stil" als Hauptanreiz zum Kauf.

> Für Händler boten Stil und Mode eine Möglichkeit, Verkaufsförderung zu betreiben, ohne allein auf die bisherige Gewinn mindernde Praxis einer wettbewerbsorientierten Preisgestaltung angewiesen zu sein, und zu diesem Zweck arbeiteten ganze Branchen daran, den Kunden ein „Stilbewusstsein" einzuimpfen.[21]

Für die Umformung der Verbraucherpsyche war mehr erforderlich, als nur die Kenntnis der Gedanken- und Gefühlswelt potenzieller Kunden. Ein auf kontinuierlichen Stilwechsel aufbauendes System erforderte Mittel zur Beeinflussung künftiger Verbraucherwünsche. So entstand in diesen Jahren auch eine „Stil-Vorhersage"-Branche, die analysierte, welche Produkte künftige Verbraucher bereitwillig annehmen würden.

Einen Teil dessen, was Verbraucher mit einem gewissen frei verfügbaren Einkommen für Kaufzwänge empfänglich machte, bildeten die den Produkten anhaftenden „Persönlichkeitspolituren" – das Versprechen, Besitzer bzw. Konsumenten könnten sich durch dieses Produkt verwandeln. Mit dem richtigen Einkauf, hieß es, könne man die Fesseln sprengen, die einem durch die Zugehörigkeit zu einer weniger vorteilhaften Gruppe angelegt waren, und ein Aussehen erlangen, das einem höheren Status entspricht.

Im 18. Jahrhundert behauptete der Physiognomiker Johann Kaspar Lavater, es gebe einen unwiderruflichen Zusammenhang zwischen dem Äußeren und dem Inneren eines Menschen. Diese Theorie hatte auch in der Wissenschaft und Volkskultur des 19. Jahrhunderts Bestand. Noch weit bis in das 20. Jahrhundert hinein hielt sich die Vorstellung, die physiognomischen Merkmale einer Person oder einer Gruppe seien zuverlässige Indikatoren für deren Charakter. Die stereotypen Rollenzuweisungen in den Medien schienen diese Annahme noch zu bestärken.

Werbung und Konsumkultur jedoch versprachen eine Möglichkeit, diesen Rollenzuschreibungen zu entkommen. So warb beispielsweise die Kosmetikindustrie in den 1920ern gerne in Filmmagazinen für Produkte, die einer gewöhnlichen Frau das glanzvolle Aussehen eines Kinostars verleihen sollten. Ab dem 20. Jahrhundert sorgte die Verfügbarkeit billiger Spiegel – einst Luxusgut der Reichen – dafür, dass mehr Menschen auf ihr Äußeres achteten, und lieferte ein „Taschenwerkzeug", das dazu benutzt werden konnte, sich auch außer Haus zurechtzumachen. Während Kinofilme für die Verbreitung von Schönheitsidealen unter den Massen sorgten, diente der Spiegel als stets verfügbare persönliche „Leinwand", mithilfe derer Vergleiche angestellt und Nachahmungen geschaffen werden konnten. Die ab 1900 in größeren Mengen verfügbaren billigen Boxkameras verstärkten diesen Trend.[22]

Unter den ersten, die die Verbindung zwischen Berühmtheiten und persönlichen Ambitionen Einzelner erfolgreich zu Geld machten, war Max Factor, ein 1877 geborener russischer jüdischer Einwanderer, der 1904 in die Vereinigten Staaten kam. 1908 eröffnete er ein Studio in Los Angeles, wo er Perücken und Make-up für Theater- und Filmschauspieler verkaufte. Bis 1920 war die Verbindung zwischen Hollywoodfilmen und persönlichen Wünschen und Sehnsüchten bereits recht gut ausgebaut, und so begann er, einen Teil seines Geschäfts auf Kinogänger auszurichten.

Kathy Peiss schreibt in ihrer Geschichte der Schönheitsindustrie *Hope in a Jar* (Hoffnung im Döschen): „Factor, selbst ein Einwanderer und dem Theaterzubehör verschriebener Handwerker, überließ die eigentliche Erschließung des Massenmarkts seinen amerikanisierten Kindern und einem Unternehmen, das sich auf das Marketing neuer Produkte spezialisierte." Gegen Ende der 1920er erfreuten sich die nicht für die Bühne bestimmten Produkte von Max Factor landesweit großer Beliebtheit, und seine Anzeigen waren in großer Zahl in auflagenstarken Filmmagazinen und Frauenzeitschriften zu finden.²³

Doch während es einerseits für möglich erachtet wurde, mithilfe von Make-up „über sich hinauszuwachsen", war die Festlegung auf einen bestimmten „Typ" ein ausdrücklicher Bestandteil von Factors Werbestrategien, die auch von anderen Unternehmen übernommen wurde. Frauen wurden dazu angehalten, im Vergleich mit verschiedenen „Schönheitstypen" ihren Typ zu ermitteln, beispielsweise „dunkel und hell, fremd und exotisch, ätherisch und handfest", um so Produkte und Märkte voneinander abzugrenzen. „Max Factor und andere Kosmetikfirmen produzierten Tabellen zur Ermittlung des Hauttons, die den Frauen dabei helfen sollten, ihren ‚Schönheitstyp' und das am besten dazu passende Produktsortiment zu finden." Daneben entwickelte sich eine separate Branche mit Kosmetikprodukten für schwarze Frauen, die kaum Berührungspunkte mit der weiß dominierten Unternehmenswelt hatte, aber von dem profitierte, was Langston Hughes als „fehlgeleitete Suche nach Weißheit" bezeichnete. Produkte zur Aufhellung der Haut

Mit dieser Mascara können Sie die Augen von Clara Bow Ihr eigen nennen. [Aus dem Ewen-Archiv]

und Glättung der Haare waren für einen beträchtlichen Teil des Umsatzes verantwortlich.²⁵

Die Kosmetikindustrie sprach genauso wie die Modeindustrie eine breite Zielgruppe weißer amerikanischer Frauen an, die darauf hofften, es den Stars gleichzutun; aber Max Factors amerikanisierte Kinder waren nicht nur Unternehmer, sondern standen auch symbolhaft für eine Wahl, vor die sich viele ihrer potenziellen Kundinnen gestellt sahen: In einer immigrantenfeindlichen Atmosphäre kauften insbesondere Kinder von Immigranten Lippenstifte, andere Schminkutensilien und modische Kleidung, um wie moderne Amerikaner auszusehen und sich vom „veralteten" und unbeliebten Erscheinungsbild ihrer Herkunftskultur aus der alten Welt abzugrenzen.

Sogar noch vor den 1920ern sahen Werbefachleute einen gesteigerten Warenkonsum als wesentlichen Bestandteil der Amerikanisierung von Einwanderern. Frances Alice Kellor, die eine Werbeagentur für Anzeigen in fremdsprachigen Zeitungen leitete, stellte 1919 fest: „Amerikanische Produkte und Lebensstandards wurden von den in Amerika lebenden Ausländern bis jetzt kaum gekauft." „Landesweite Werbekampagnen" und der dadurch gesteigerte Konsum seien „die großen Amerikanisierer", schrieb sie, integrierten Einwanderer in die Gesellschaft und seien gleichzeitig auch noch gut fürs Geschäft.

Die Möglichkeiten, Lavaters Gesetze zu umgehen und die eigene Physiognomie zu verändern, wurden durch die in den 1920ern aufkommende kosmetische Chirurgie deutlich erweitert. „Schönheit" wandelte sich in der Vorstellung der Menschen von etwas Angeborenem zu etwas Erwerbbaren. Die Hersteller von Make-up- und Haarpflegeprodukten nutzten und förderten diese veränderte Sichtweise. Die kosmetische Chirurgie hatte im Ersten Weltkrieg als wiederherstellende Chirurgie für Soldaten mit kriegsbedingt entstellten Gesichtern begonnen. Nach dem Krieg boten die Ärzte und Zahnärzte, die sie entwickelt hatten, ihre Dienste Männern und Frauen an, die ihr Äußeres gründlicher verändern wollten als dies mit Kosmetika möglich war. Kosmetische Chirurgie wurde zur marktfähigen Dienstleistung. „Ihr Gesicht ist Ihr Kapital", behauptete ein Chirurg. „Die Bedeutung des ersten Eindrucks kann gar nicht überschätzt werden", meinte ein anderer.²⁶ Häufig veröffentlichten Chirurgen ihre Arbeit mit Fotografien ihrer Klienten vor und nach der Operation, um ihre Wunderkräfte unter Beweis zu stellen.

Die Nasenkorrektur der beliebten jüdischen Entertainerin Fanny Brice, über die viel geschrieben wurde, wirft ein Licht auf die Fähigkeit der Chirurgen, eine neue Identität herzustellen. Die dem Eingriff skeptisch gegenüberstehende Dorothy Parker ließ verlauten, Brice habe „ihre Nase abgeschnitten, um ihre Herkunft zu verleugnen" – und sich dabei „ins eigene Fleisch geschnitten". Brice verteidigte sich, indem sie offen über ihren karrierebedingten Wunsch sprach, sich über die Grenzen ethnischer Rollenzuschreibungen hinwegzusetzen.[27]

In *Physiognomische Fragmente zur Beförderung der Menschenkenntnis und Menschenliebe* hatte Lavater behauptet, die Wissenschaft der ersten Eindrücke basiere auf der Tatsache, dass bestimmte grundlegende physiognomische Fakten nicht verfälscht werden könnten:

> Wer wird sich seine Nase anbilden können, wenn er eine aufgedrückte, stumpfe hat?
> Wer wird sich große Lippen machen können, wenn er kleine, und kleine, wenn er große hat?
> Wer sich ein spitziges Kinn aus einem runden, ein rundes aus einem spitzigen drehen können?
> Wer wird die Farbe seiner Augen verändern, oder, wie es ihm vorteilhaft scheint, heller oder dunkler machen können? Welche Verstellungskunst kann ein blaues Auge in ein braunes, ein grünliches in ein schwarzes, ein plattes in ein gewölbtes verwandeln?[28]

Kosmetische Chirurgie – und in den 1980ern farbige Kontaktlinsen – widerlegten ihn gründlich. Alle oben aufgezählten Merkmale konnten nun „verbessert" werden. Jeder, der über das nötige Kleingeld verfügte, konnte „körperliche Missbildungen" in „körperliche Schönheit" verwandeln. Der Gesichtsausdruck, Lavaters Fenster zu Seele, war veränderbar.

Ende der 1920er waren die ersten Auswirkungen der neuen Situation zu spüren. Die Versprechen der Kosmetikindustrie, mit denen sie ihre Waren den „Einheimischen", Einwanderern und Kindern aus „Mischehen" anpriesen, färbten auf die Werbung für verschiedenste andere Produkte ab. Mit „VORHER–NACHHER"-Versprechen wurden Zahnbürsten, Autos, Seifen, Haushaltsgeräte und sogar Kaugummis verkauft.[29]

Im Zusammenhang mit diesen imaginären Veränderungen wurden Klassengrenzen für viele von einer Angelegenheit der Wirtschaftskraft zum Unterschied zwischen Konsumenten und solchen, die zu arm dazu waren, sich mit dieser Bezeichnung zu schmücken. In Bezug auf die Mode fasste der Ökonom Stuart Chase 1929 die veränderte Wahrnehmung so zusammen:

> Die Funktion von Kleidung als Abzeichen der gesellschaftlichen Stellung steigt in Amerika in allen Klassen und für beide Geschlechter enorm, ganz besonders aber für Frauen. Nur ein Kenner kann Miss Astorbilt aus der Fifth Avenue von der Stenografin oder Sekretärin ihres Vaters unterscheiden. Ein Einwanderer, der aus dem polnischen Flachland hierher in die Stadt kam, beschrieb alle amerikanischen Frauen als Komtessen. Die Angehörigen der unteren Einkommensgruppen sind so darauf erpicht, dass ihre Kleidung der Kleidung der Reicheren zumindest modisch, wenn auch nicht qualitativ ebenbürtig ist, dass die Klassenunterschiede fast verschwunden sind. Für einen ungeübten Beobachter sind alle amerikanischen Frauen gleich angezogen. Die Bewegung zur Abschaffung der Klassengrenzen ... hat [seit dem Ersten Weltkrieg] große Fortschritte gemacht.[30]

Obwohl in den 1920ern – wie heute wieder – die Kluft zwischen den sehr Reichen und allen anderen extrem breit war, setzte sich der Glaube, Konsum verwische Klassengrenzen, als zentraler Bestandteil einer weltlichen Religion durch. Damals wie heute lautet das Kredo: „Konsum und Zugehörigkeit gehen Hand in Hand."

Schlussbemerkung

Das Gedicht beginnt mit den Worten „America I've given you all and now I'm nothing" – „Amerika ich hab dir alles gegeben und jetzt bin ich nichts" –, und wurde am 17. Januar 1956 geschrieben. Es sind die Worte Allen Ginsbergs, eines schwulen, jüdischen Kosmopoliten, notiert hat er sie in der kalifornischen Stadt Berkeley, die sich kurze Zeit später rasant radikalisierte. Knapp einen Monat zuvor hatte sich Rosa Parks in Montgomery, Alabama, in einem aus Müdigkeit geborenen Anflug von Trotz geweigert, ihren Sitzplatz im Bus für einen weißen Mann zu räumen, und wurde zum Symbol der wachsenden Bewegung zur Abschaffung der damals seit 80 Jahren herrschenden Rassentrennung.

Ginsbergs Gedicht war, ähnlich wie die Anfänge der Bürgerrechtsbewegung, eine mit heiserer Stimme vorgetragene Erklärung der Unabhängigkeit vom amerikanischen Nachkriegsspektakel, vom neuen Konsumparadies, in dem das Fernsehen ein zensiertes, tunnelförmiges Fenster zur Welt darstellt und in dem gilt: „Geschäftsleute nehmen es ernst. Filmproduzenten nehmen es ernst. Alle nehmen es ernst, bloß ich nicht."

„Amerika", so der Titel des Gedichts, war eine Antwort auf die Geschichte; mit den Worten „ich hab dir alles gegeben und jetzt bin ich nichts" hätten sich auch die Kinder und Enkel der Sklaven beschweren können, auf deren Rücken das Land aufgebaut wurde und die als Lohn dafür noch immer rassistisch diffamiert wurden.

„Amerika" hätte von den Müttern, Töchtern und Schwestern verfasst sein können, die bis 1920 kein Stimmrecht hatten und 1956 noch immer nicht gesetzlich gleichgestellt und häufig sexueller Gewalt ausgesetzt waren.

Es war eine Anklage gegen alle, die hart arbeitende, unterbezahlte Immigranten „Rassenschänder", „Schwachköpfe" und „geistig zurückgebliebene Parasiten" nannten. „Amerika, ich hab dir immer noch nicht gesagt, was du Onkel Max angetan hast, als er aus Russland rüberkam."

Dieses Gedicht sprach für diejenigen in Amerika und anderswo, die in den Medien, in wissenschaftlichen Abhandlungen, ästhetischen Werturteilen, Enzyklopädien und Thesauri verleumdet wurden, während in ihren Wohnvierteln Polizisten oder Soldaten Jagd auf sie machten.

„Amerika" war eine Kampfansage im Namen all derer, denen ein fairer Anteil am Reichtum der Nation verwehrt wurde: „Ich hab mir's gut überlegt. Jetzt gibt's Ärger."[1]

„Amerika" war eine hellsichtige Vorwegnahme der Themen, die in den folgenden Jahrzehnten zu Brandherden werden sollten, aber auch ein feierlicher Totengesang für jene, die in der Geschichte der Stereotypisierungen die Leidtragenden waren.

„Ich hab dir alles gegeben und jetzt bin ich nichts", diese Worte sprachen auch für eine nichts ahnende Tscherkessin, deren Schädel Teil der Knochensammlung von Johann Friedrich Blumenbach war und zur Erfindung der „kaukasischen Rasse" herangezogen wurde. Ohne dass man sie gefragt hätte, wurden ihre Maße zu einem Standardmaß für bösartige Vergleiche mit Schädeln von Asiaten und Afrikanern und Malaien und Indianern gemacht, denen die Rassenkunde „Minderwertigkeit" bescheinigte.

„Ich hab dir alles gegeben und jetzt bin ich nichts" sprach für die toten Afrikaner, deren Körper von Petrus Camper zur öffentlichen Erbauung aufgeschnitten wurden. Für Saartjie Baartman, die zu Lebzeiten betatscht und verspottet wurde und deren Genitalien nach ihrem Tod im Pariser Museum für Naturgeschichte ausgestellt wurden. Für Ota Benga und zahllose „Buschmänner", Lappländer und „Wildindianer", die in Zirkussen, Museen und Ausstellungen den industriellen Fortschritt und die „Überlegenheit" der Europäer beweisen sollten. Für die Inuit-Familie, die die Erniedrigung nicht überleben konnte, die es bedeutete, im Naturkundemuseum ausgestellt zu werden. Für Renty, einen in Afrika geborenen Sklaven und seine in Amerika geborene Tochter Delia, die halbnackt vor der Kamera J. T. Zealys auf und ab gehen mussten, um Louis Agassiz, dem berühmten Zoologen aus Harvard, visuelle „Beweise" für die Annahme zu liefern, Schwarze und Europäer seien Nachfahren von zwei verschiedenen Arten. „Ich hab dir alles gegeben und jetzt bin ich nichts", sagen die toten Indianer, deren Schädel von Combe und Morton dazu benutzt wurden, Völkermord zu rechtfertigen.

Es sind die Worte der jüdischen Schulkinder und Gefängnisinsassen, deren Gesichter fotografisch miteinander verschmolzen wurden, um den Typus im Individuum zu finden – ein Unterfangen, das zur Kriminalisierung der Menschen mit den „falschen" Gesichtszügen und zur Eugenik führte, mit der die Fortpflanzung „untüchtiger" Menschen verhindert werden sollte. Es sind die Worte von Giuseppe Vilella, dessen Leiche von Cesare Lombroso seziert wurde, um zu „beweisen", dass die niedrigeren Klassen der europäischen Gesellschaft die „biologische Entartung" der „farbigen oder minderwertigen Rassen" teilten; dass sie „Wilde mitten in einer blühenden europäischen Zivilisation" seien.

Sie sprechen für Carrie Buck, ihre Mutter Emma und ihre acht Monate alte Tochter Vivian, die für „schwachsinnig" erklärt wurden, weil ein paar mächtige Männer die „Reinheit der nordischen Blutlinie" sichern wollten.

„Ich hab dir alles gegeben und jetzt bin ich nichts", sagen Oscar Wilde, „Brudder Tambo" und „Brudder Bones" und Edna Pontellier, die Heldin aus Kate Chopins *Das Erwachen*, die ins Wasser geht in Anbetracht einer Welt, die den Gedanken an eine unabhängige Frau nicht ertragen kann. „Ich hab dir alles gegeben und jetzt bin ich nichts", sagen Amadou Diallo und Matthew Shepard, zwei unschuldige Männer, die zur falschen Zeit am falschen Ort waren. „Ich hab dir alles gegeben und jetzt bin ich nichts", sagen die Forschungsobjekte von Pseudowissenschaftlern, die mit eiskalter Berechnung noch immer behaupten, soziale Ungleichheit sei genetisch bedingt oder unwiderruflich im Gehirn festgeschrieben; von „Gelehrten", die – ganz wie ihre Glaubensgenossen ein oder zwei Jahrhunderte zuvor – versichern, kein altruistisches soziales Engagement, keine gesellschaftspolitische Intervention, keine Form wirtschaftlicher Gleichberechtigung könne je zu einer dauerhaften Verbesserung der Lage der Menschheit führen.

Seit dem 11. September 2001 herrscht in großen Teilen des westlichen Kulturkreises eine regelrechte Stereotypisierungswut. In den Vereinigten Staaten ist diese Wut besonders ansteckend. Es ist eine schwierige Zeit für Menschen, die „muslimisch" oder schlicht „nicht amerikanisch" aussehen – unabhängig von ihrer Weltanschauung, ihren Zielen oder ihrem Verhalten; eine schwierige Zeit auch für Menschen, die zu fragen wagen, wohin uns diese Stereotypisierung führt, wohin der Abbau von Bürgerrechten, der auf den 11. September 2001 folgte, die fragen, was es mit dem wiedererwachten Weltmachtstraum auf sich hat, der einen Großteil der neueren Geschichte geprägt hat.

In der Kosmologie der Stereotype nimmt das Bild des Bösen vor dem inneren Auge nur eine vage Form an. Innerhalb der gesellschaftlich verstärkten Vertrautheit der eigenen Gruppe wird die Bedeutung der Individualität, individueller Gedanken und Handlungen bereitwillig eingeräumt. In den Konstruktionen des Fremden oder Unbekannten jedoch verschwimmen die Bilder. Sie vermischen sich zu einem gestaltlosen Gifthauch der Andersartigkeit. Was unbekannt oder nicht vertraut ist, kann zwar – wenn pragmatische machtpolitische Erwägungen dies verlangen – in Kategorien eingeteilt werden, es kann aber genauso jeder Besonderheit, jeder Spezifität beraubt werden. Dem Fremden kann jegliche Geschichte, Geografie, Ernsthaftigkeit oder Kultur, kann Zeit, Raum und Begründung abgesprochen werden.

Wenn dies geschieht, wird das Fremde zu einem Konglomerat bedrohlicher Symbole, deren Zusammenhang vorrangig im Auge des Betrachters oder in der zynischen Manipulation des Demagogen existiert. Wenn ein historisches Verständnis und eine informierte Debatte einem simplifizierenden Theater der Symbole weichen, werden sämtliche Gedanken, Informationen, Wissensbrocken und Erfahrungen auf leicht wachzurufende Gefühle reduziert, die nichts mehr mit der eigentlichen Bedeutung der einzelnen Symbole zu tun haben. Denken ist kontemplativ. Symbole hingegen reizen zu Reaktionen. Wenn ein Feind unsichtbar ist, in Höhlen auf der anderen Seite des Erdballs oder in den Schlupfwinkeln unserer finstersten Fantasien lebt, wird er leicht zu einem Phantom, zum gestaltlosen Bösewicht der Märchen und Kindheitsträume.

Solche Zeiten, in denen die Unterschiede zwischen der Vorstellung, die wir uns von zivilisierten Menschen bzw. von atavistischen Scheusalen machen, unüberbrückbar scheinen, sind besonders gefährlich. Die Möglichkeit, zu einem Verständnis zu gelangen, verschwindet von der Bildfläche, wird als Zeichen der Schwäche verunglimpft, und Urängste haben bei allzu vielen die Oberhand gewonnen. Eine Entscheidung wird verlangt: Sie oder wir? Patriot oder Kollaborateur? Mensch oder Bestie?

Die spontane Reaktion auf solche ultimativen Entscheidungsaufforderungen kann recht unterschiedlich ausfallen. Wir können vor dem Fernseher festsitzen, wo die kontinuierlich ausgestrahlte Sicherheit die inneren Zweifel und die existenzielle Einsamkeit verdrängen soll, die oft mit „abweichlerischen" Gedanken einhergehen. Wir können uns auf Actionfilme stürzen, wo die Welt klar in Gut und Böse aufgeteilt ist, Weltpolitik zur Filmhandlung wird und Rechtschaffenheit, Wahrheit und Gerechtigkeit stets gewinnen. Wir können ins Einkaufszentrum gehen, wo wir uns dem Konsumentenheer anschließen und ein Zugehörigkeitsgefühl von der Stange genießen dürfen. Oder wir ziehen es vor, uns ins Internet zu begeben, auf eine verzweifelte Suche nach alternativen Sichtweisen, um unter dem Mantel der Anonymität mit anderen Kontakt aufzunehmen oder in eine immaterielle Welt zu verschwinden. Vielleicht konsultieren wir auch einen Schönheitschirurgen, der alle Zeichen ästhetischer Unterschiede ausmerzen und uns eine Fassade der Normalität verleihen wird. Auch wenn sie Lavaters Gesetz über die ersten Eindrücke nicht kennen, werden einige von uns durch die Straßen laufen, U-Bahn fahren oder durch Flughafenkontrollen gehen und bei anderen nach den physiognomischen Zeichen der „moralischen Verderbtheit" suchen. Wir könnten auch in ein Gotteshaus gehen, um uns versichern zu lassen, dass die Entscheidungen, die wir treffen, gottgefällig sind. Wir können für einen blinden Autoritätsglauben anfällig werden und autoritäre Maßnahmen akzeptieren, selbst wenn die Fakten in eine andere Richtung weisen. Oder wir ziehen in den Krieg, um die Bestie zu vernichten und, vielleicht, selbst zur Bestie zu werden, umgepolt im Namen patriotischer Pflichterfüllung.

Denen aber, die noch immer der Vorstellung anhängen, unabhängige Gedanken und Handlungen seien nötig und möglich, können eben diese ultimativen Entscheidungsaufforderungen auch als Alarmsignal dienen. Die Politik der Angst ist etwas Furchterregendes und ihre große Verbreitung deutet darauf hin, dass etwas fürchterlich schiefgelaufen ist, dass die Demokratie selbst in Gefahr ist. Zu viele Jahre schon hat uns eine zynisch inszenierte Kultur der Angst umgeben, der wir ein gewaltiges und aktives Nein entgegensetzen müssen. Ein Nein zum Wahnsinn ist ein Ja zu einer lebbaren Zukunft.

In einer komplexen und gefährlichen Welt ist die Verlockung der einfachen Erklärungen groß. Entscheidungen sind in der Tat zu treffen, aber gewohnheitsmäßige Stereotypisierungen bringen uns – wie eingängig sie auch sein mögen – nicht weiter. Wir müssen uns informieren, um diese Gewohnheiten zu durchschauen, zu verstehen, woher sie kommen, und eine offene Diskussion einzufordern, die auf Wissen, Verständnis und der Überzeugung aufbaut, dass eine gleichberechtigte Gesellschaft möglich ist. Wer sein Leben „in gutem Glauben" leben will, muss lernen, die Welt durch die Augen anderer zu sehen. Anders kann keine Demokratie überleben.

Anmerkungen

Vorwort
1 Nicholas Wade: „Pas de Deux Of Sexuality Is Written In the Genes", in: *New York Times*, 10. April 2007, S. F1.
2 Jeffrey Rosen: „The Brain on the Stand. How Neuroscience is Transforming the Legal System", in: *New York Times Magazine*, 11. März 2007.
3 Ebd.
4 *New York Times Magazine*, Leserbrief, 25. März 2007.
5 Julia Moskin: „Test Kitchen. Built for Speed but Looking for Love", in: *New York Times*, 7. März 2007.

Kapitel 1: Und schuf sie als Mann und Weib
1 Harvard University, „Lawrence H. Summers", http://www.president.harvard.edu/biography.
2 Rimer/Healy: „Furor Lingers as Harvard Chief Gives Details of Talk on Women", in: *New York Times*, 18. Februar 2005.
3 *Die Bibel. Oder Die ganze heilige Schrift des Alten und Neuen Testaments*, nach der Übersetzung Martin Luthers, revidierter Text 1975, Deutsche Bibelstiftung Stuttgart 1978.
4 Robert Graves/Raphael Patai: *Hebrew Myths. The Book of Genesis*, New York 1964, S. 65.
5 Elaine Pagels: *The Gnostic Gospels*, New York 1979, S. 49f.
6 Ebd., S. 64. Vgl. auch *The Nag Hammadi Library. The Definitive Translation of the Gnostic Scriptures*.
7 Jean-Yves Leloup: *The Gospel of Mary Magdalene*, Vermont 2002, S. 37ff.
8 Elaine Pagels: *The Gnostic Gospels*, S. 57.
9 *Die Bibel. Oder Die ganze heilige Schrift des Alten und Neuen Testaments*.
10 *Holy Bible. From the Ancient Eastern Text*, S. 9.
11 *Die Bibel. Oder Die ganze heilige Schrift des Alten und Neuen Testaments*.
12 Jean-Jacques Rousseau: *Emile oder Über die Erziehung*, Stuttgart 1963, S. 721.
13 Ebd., S. 731.
14 Ebd., S. 745 u. 758.
15 Ebd., S. 775.
16 Laura Favero Carraro: *The Literary Encyclopedia*, s. v. „Education of Women: 1650–1750".
17 Sheila Rowbotham: *Hidden From History. Three Hundred Years of Women's Oppression and Fight Against It*, London 1973, S. 31.
18 Daniel Defoe: „The Education of Women".
19 Mary Wollstonecraft: *Ein Plädoyer für die Rechte der Frau*, Weimar 1999, S. 25.
20 Ebd., S. 49.

21 Aileen S. Kraditor: *Up From the Pedestal. Selected Writings in the History of American Feminism,* Chicago 1968, S. 184.
22 Stephen J. Gould: *The Mismeasure of Man*, New York 1996, S. 137.
23 Frederick Engels: *The Origin of the Family, Private Property and the State. In the Light of the Researches of Lewis H. Morgan,* New York 1975, S. 119ff.
24 V. F. Calverton/S. D. Schmalhausen: *Sex in Civilization,* New York 1929, S. 11.
25 Amanda Frisken: *Victoria Woodhull, Sexual Revolutionary. Political Theater and the Popular Press in Nineteenth-Century America,* Philadelphia 2004, S. 31.
26 Ebd., S. 38ff.
27 Charlotte Perkins Gilman: *Women and Economics. A Study of the Economic Relation Between Men and Women as a Factor in Social Evolution*, New York 1966, 1898, S. 241.
28 Ebd., S. 5.
29 Ebd., S. 145.

Kapitel 2: Das Comeback der Zurückgedrängten
1 Hermann Swoboda: *Otto Weiningers Tod*, Wien und Leipzig 1923, S. 6.
2 Francis Galton: „Africa for the Chinese", Brief an den Herausgeber, *Times* (London), 5. Juni 1873.
3 Zit. n. Otto Weininger: Geschlecht und Charakter. www.archive.org/stream/geschlechtundcha00weinuoft/geschlechtundcha00weinuoft_djvu.txt
4 Ebd.
5 Ebd.
6 Ebd.
7 Ebd.
8 Chandak Sengoopta: *Otto Weininger. Sex, Science and Self in Imperial Vienna*, Chicago 2000, S. 10.
9 Ernest Jones: *The Life and Work of Sigmund Freud,* Vol. 1, New York 1951, S. 314ff.
10 Zit. n. Otto Weininger: Geschlecht und Charakter. www.archive.org/stream/geschlechtundcha00weinuoft/geschlechtundcha00weinuoft_djvu.txt
11 Ebd.
12 Ebd.
13 Ebd.
14 Ebd.
15 Ebd.
16 Chandak Sengoopta: *Otto Weininger. Sex, Science and Self in Imperial Vienna*, S.16f.
17 Ebd., S. 130.
18 Sigmund Freud: *Drei Abhandlungen zur Sexualtheorie*, Frankfurt am Main 1991, S. 44.

19 Ebd., S. 97.
20 Sigmund Freud: *Das Unbehagen in der Kultur*, Frankfurt am Main 1997, S. 69f.
21 Sigmund Freud: *Drei Abhandlungen zur Sexualtheorie*, S. 63.
22 Ebd., S. 63
23 Ebd., S. 48, Anm.1.
24 Ebd., S. 48, Anm.1.
25 Sigmund Freud: *Selbstdarstellung*, Frankfurt am Main 1989, S. 67.
26 Ebd., S. 68.
27 Douglas Linder, „The Trials of Oscar Wilde. An Account", http://www.law.umkc.edu/faculty/projects/ftrials/wilde/wilde.htm.
28 Ebd.
29 Ebd.
30 Oscar Wilde: *De profundis*, Zürich 1987, S. 177.
31 Edward Carpenter: *Love's Coming-Of-Age. A Series of Papers on The Relations of the Sexes*, 5. Auflage, London 1906, S. 142f.
32 Edward Carpenter: *Intermediate Sex. A Study of Some Transitional Types of Men and Women*, London 1912, S. 23.
33 Ebd., S. 32.
34 Ebd., S. 35f.
35 Ebd., S. 116f.
36 Ebd., S. 16f.
37 Beatrice M. Hinkle: „New Morals for Old. Women and the New Morality", in: *The Nation*, 19. November 1924, S. 541ff.
38 George E. Mowry: *The Twenties. Fords, Flappers & Fanatics*, New Jersey 1963, S. 182ff.
39 Mary Louise Roberts: *Civilization Without Sexes. Reconstructing Gender in Postwar France, 1917–1927*, Chicago 1994, S. 67f.
40 Ebd., S. 19.
41 Mary Garden: „Why I Bobbed My Hair", in: *Pictorial Review*, April 1927, S. 8.
42 Mary Pickford: „Why I Have Not Bobbed Mine", in: *Pictorial Review*, April 1927, S.9.
43 Mary Louise Roberts, *Civilization Without Sexes. Reconstructing Gender in Postwar France, 1917–1927*, S. 2 u. 20.
44 Joan M. Jensen: „All Pink Sisters. The War Department and the Feminist Movement in the 1920s", in: *Decades of Discontent. The Women's Movement, 1920–1940*, Lois Scharf und Joan M. Jensen (Hg.), Westport, CT 1983. Online unter http://www.jofreeman.com/polhistory/spiderman.htm.
45 Angela Howard/Sasha Ranaé Adams Tarrant (Hg.): *Antifeminism in America. A Collection of Readings from the Literature of the Opponents to U. S. Feminism, 1848 to the Present*, New York 2000, S. 145.
46 Jill Fields: „Fighting 'The Corsetless Evil'. Shaping Corsets and Culture, 1900–1930", in: *Journal of Social History* 33, Nr. 2 (1999), S. 355.

47 John R. McMahon: „Unspeakable Jazz Must Go", in: *Ladies Home Journal*, Dezember 1921, S. 122. Zit. n. Carolyn Johnston: *Sexual Power. Feminism and the Family in America*.
48 Angela Howard/Sasha Ranaé Adams Tarrant (Hg.): *Antifeminism in America*, S. 157.
49 Alfred C. Kinsey: *Das sexuelle Verhalten des Mannes*, Berlin, Frankfurt am Main 1955, S. 594.

Kapitel 3: Didots Erfindung

1 *Encyclopedia Britannica*, 15. Auflage, s. v. „Chappell, Warren"; Chappell: *A Short History of the Printed Word*, S. 84.
2 John Man: *Gutenberg. How One Man Remade the World with Words*, New York 2002, S. 125f.
3 Rosemary Gordon: *Stereotypy of Imagery and Belief as an Ego Defence*, Cambridge 1962, S. 3.
4 Walter Lippmann: *Die öffentliche Meinung*, Bochum 1990, S. 18.
5 Ebd., S. 63.
6 Hugo Münsterberg: *The Photoplay. A Psychological Study*, New York 1904, S. 37 u. 41.
7 Cecil B. DeMille, *The Autobiography of Cecil B. DeMille*, Donald Hayne (Hg.), New Jersey 1959, S. 144.
8 Walter Lippmann, *Die öffentliche Meinung*, S. 69ff.
9 Hugo Münsterberg, *The Photoplay: A Psychological Study*, S. 50.
10 Walter Lippmann, *Die öffentliche Meinung*, S. 118.
11 Ebd., S. 74.
12 Ebd., S. 68.
13 Ebd., S. 72.
14 Ebd., S. 72.

Kapitel 4: Gleich geschaffen

1 John Man: *Gutenberg. How One Man Remade the World with Words*, New York 2002, S. 164–190.
2 Warren Chappell: A *Short History of the Printed Word*, Boston 1970, S. 84.
3 Thomas Jefferson: *Betrachtungen über den Staat Virginia*, Zürich 1989, S. 301f.
4 Ebd., S. 302.
5 Ebd., S. 302.

Kapitel 5: Visuelle Wahrheit

1 John Berger: *Ways of Seeing*, London 1972.
2 Philip Steadman: *Vermeer's Camera. Uncovering the Truth Behind the Masterpieces*, Oxford 2001, S. 4; David Hockney: *Secret Knowledge. Rediscovering the Lost Techniques of the Old Masters*, New York, S. 205; *Encyclopedia Britannica*, 15. Auflage, s. v. „Al Hazen".

3 „Great Theosophists", in: *Theosophy* 26, Nr. 2 (Dezember 1937), S. 50ff.
4 *Encyclopedia Britannica*, 15. Auflage, s. v. „Roger Bacon".
5 David Hockney: *Secret Knowledge*, S. 206; Philip Steadman: *Vermeer's Camera*, S. 178.
6 Leonardo da Vinci: *Tagebücher und Aufzeichnungen*, Leipzig 1952, S. 143.
7 Philip Steadman: *Vermeer's Camera*, S. 6.
8 Ebd., S. 9f.
9 David Hockney: *Secret Knowledge*, S. 210; Philip Steadman: *Vermeer's Camera*, S. 8.
10 Philip Steadman: *Vermeer's Camera*, S. 10f.
11 David Hockney: *Secret Knowledge*, S. 210.
12 Philip Steadman: *Vermeer's Camera*, S. 44ff.

Kapitel 6: Kuriositätenkabinette
1 E. A. Ross: „The Suppression of Important News", *Atlantic Monthly*, 10. März 1910, S. 363.
2 Richard D. Altick: *The Shows of London*, Cambridge 1978, S. 5f.
3 Ebd.
4 John Man: *Gutenberg. How One Man Remade the World with Words*, S. 59ff.
5 Paul Lawrence Farber: *Finding Order in Nature. The Naturalist Tradition from Linnaeus to E. O. Wilson*, Baltimore 2000, S. 22.
6 Richard D. Altick: *The Shows of London*, S. 12.
7 Paul Lawrence Farber: *Finding Order in Nature*, S. 23; Altick: *The Shows of London*, S. 14.
8 Paul Lawrence Farber: *Finding Order in Nature*, S. 24.
9 Ebd., S. 23.
10 Londa Schiebinger: *Nature's Body. Gender in the Making of Modern Science*, Boston 1993, S. 3; Richard D. Altick: *The Shows of London*, S. 14; Ruth Richardson: *Death, Dissection and the Destitute*, Chicago 1987, S. 35.
11 Jakob Staehlin: *Original Anecdotes of Peter the Great*, New York 1970, S. 92ff. u. 234f.
12 Richard D. Altick: *The Shows of London*, S. 17ff.
13 Miriam Claude Meijer: *Race and Aesthetics in the Anthropology of Petrus Camper 1722–1789*, Amsterdam 1999, S. 164.
14 Richard D. Altick: *The Shows of London*, S. 15–26.
15 Paul Lawrence Farber: *Finding Order in Nature*, S. 13 u. 29.
16 Ruth Richardson: *Death, Dissection and the Destitute*, Chicago 1987, S. 35.
17 Robert Bogdan: *Freak Show. Presenting Human Oddities for Amusement and Profit*, Chicago 1988, S. 29.
18 Ebd., S. 29, 32f., 35 u. 127.
19 Londa Schiebinger: *Nature's Body*, S. 115f.
20 Paul Lawrence Farber: *Finding Order in Nature*, S. 91.

Kapitel 7: Physiognomik: Die Wissenschaft des ersten Eindrucks
1 Aristoteles: *The History of Animals and Treatise on Physiognomy*, Vol. VIII of *The Works of Aristotle*. Vgl. auch Aristoteles: „Physiognomica"; Aristoteles: *Prior Analytics*. In *Prior Analytics* behauptet Aristoteles, es sei möglich, den Charakter anhand der Gesichtszüge zu ermessen, vorausgesetzt Körper und Seele werden gemeinsam durch die natürlichen Affekte verändert: „Ich sage ‚natürlich', denn auch wenn ein Mensch vielleicht durch das Erlernen der Musik eine Veränderung seiner Seele bewirkt hat, ist dies keiner jener Affekte, die für uns natürlich sind; ich beziehe mich eher auf Leidenschaft und Verlangen, wenn ich von natürlichen Gefühlen spreche. Wenn es nun so wäre, dass es für jede einzelne Veränderung ein entsprechendes Anzeichen gibt, und wir den Affekt und das Anzeichen jeder Art von Tier richtig zuordnen könnten, wären wir in der Lage, den Charakter anhand der Gesichtszüge zu ermessen".
2 J. Simms: *A New Physiognomical Chart of Character*, Glasgow 1873, S. 3.
3 Johann Caspar Lavater: *Essays on Physiognomy, One Hundred Physiognomical Rules, and A Memoir of the Author*, New York o. J., S. 47.
4 Ebd., S. 47.
5 Ebd., S. 11.
6 Ebd., S. 95 u. 171.
7 Johann Caspar Lavater: *Physiognomische Fragmente. Zur Beförderung der Menschenkenntnis und Menschenliebe*, Faksimile-Ausgabe, Leipzig 1968, Bd. I, S. 55.
8 Ebd., Bd. I, S. 56.
9 Ebd., Bd. IV, S. 257.
10 Ebd., Bd. IV, S. 262f.
11 Ebd., Bd. IV, S. 263.
12 Johann Caspar Lavater: *Essays on Physiognomy*, S. 34.
13 Ebd., S. 35.
14 Ebd., S. 36.
15 Ebd., S. 186.
16 Ebd., S. 140f.
17 Johann Caspar Lavater: *Physiognomische Fragmente*, Bd. IV, S. 465.
18 Ebd., Bd. I, S. 171.
19 Ebd., Bd. I, S. 173.
20 Ebd., Bd. III, S. 267.
21 Thomas Jefferson: *Betrachtungen über den Staat Virginia*, Zürich 1989, S. 292f.
22 Johann Caspar Lavater: *Essays on Physiognomy*, S. 273.
23 Johann Caspar Lavater: *Physiognomische Fragmente,* Bd. III, S. 269.

Kapitel 8: Hierarchien des Menschengeschlechts
1 David E. Lieberman: „Upending the Expectations of Science", in: *New York Times*, 14. Juli 2002.

2 John Noble Wilford: „A Fossil Unearthed in Africa Pushes Back Human Origins", in: *New York Times*, 11. Juli 2002.
3 „An Unexpected Face", in: *New York Times*, 12. Juli 2002.
4 Stephen J. Gould: *Das Lächeln des Flamingos*, S. 76 u. 131.
5 Stephen J. Gould: *Der falsch vermessene Mensch*, Basel 1983, S. 132.
6 Carolus Linnaeus: *Systema Naturæ Per Regna Tria Naturæ*, Bd. I, Upsala 1758, S. 9–33.
7 Londa Schiebinger: *Nature's Body. Gender in the Making of Modern Science*, S. 11.
8 Ebd., S. 21ff.
9 Carolus Linnaeus: *Systema Naturæ Per Regna Tria Naturæ*, Bd. I, Upsala 1758, S. 20–23; Stephen J. Gould: *The Mismeasure of Man*, S. 404.
10 Carolus Linnaeus: *Systema Naturæ*, S. 20–22.
11 Stephen J. Gould: *Der falsch vermessene Mensch*, S. 36.
12 Miriam Claude Meijer: *Race and Aesthetics in the Anthropology of Petrus Camper 1722–1789*, S. 169.
13 Londa Schiebinger: *Nature's Body. Gender in the Making of Modern Science*, S. 153.
14 Johann Blumenbach: *Über die natürlichen Verschiedenheiten im Menschengeschlechte*, Leipzig 1798, S. 213.
15 Ebd., S. 203.
16 Ebd., S. 204f.
17 Carolus Linnaeus: *Systema Naturæ*, S. 211; Stephen J. Gould: *The Mismeasure of Man*, S. 402.
18 Johann Blumenbach: *Über die natürlichen Verschiedenheiten im Menschengeschlechte*, S. 214.

Kapitel 9: Campers Blickwinkel

1 Jacob Burckhardt: *The Civilization of the Renaissance in Italy*, London 1990, S. 123 u. 128.
2 Arnold Hauser: *The Social History of Art*, Bd. 2, *Renaissance, Mannerism, Baroque*, New York 1951, S. 93f.
3 George L. Mosse: *The Image of Man. The Creation of Modern Masculinity*, New York 1996, S. 29.
4 Arnold Hauser: *The Social History of Art*, Vol. 3, *Rococo, Classicism, Romanticism*, S. 142f.
5 George L. Mosse: *The Image of Man. The Creation of Modern Masculinity*, S. 28.
6 Arnold Hauser: *The Social History of Art*, Bd. 3, S. 141.
7 George L. Mosse: *The Image of Man. The Creation of Modern Masculinity*, S. 29.
8 Johann Joachim Winckelmann: *Geschichte der Kunst des Altertums*, Darmstadt 1993, S. 149.
9 Johann Joachim Winckelmann: *The History of Ancient Art*, Bd. 11, Boston 1849, S. 48f.

10 Johann Joachim Winckelmann: *Geschichte der Kunst des Altertums*, S. 158.
11 Ebd., S. 162.
12 Ebd., S. 151
13 Ebd., S. 148.
14 Ebd., S. 147.
15 Ebd., S. 147.
16 Petrus Camper: *The Works of the Late Professor Camper, on the Connexion Between The Science of Anatomy and The Arts of Drawing, Painting, Statuary, etc. etc. in Two Books. Containing A Treatise on the Natural Difference of Features in Persons of Different Countries and Periods of Life; and on Beauty, as Exhibited in Ancient Sculpture; With a New Method of Sketching Heads, National Features, and Portraits of Individuals with Accuracy, etc. etc.*, iii.
17 Miriam Claude Meijer: *Race and Aesthetics in the Anthropology of Petrus Camper (1722–1789)*, London 1821, S. 7.
18 Ebd., S. 8.
19 Ebd., S. 9.
20 Ebd., S. 18.
21 Ruth Richardson, *Death, Dissection and the Destitute*, xv.
22 Ebd., S. 143.
23 Ebd., xv.
24 Miriam Claude Meijer, *Race and Aesthetics*, S. 19.
25 Petrus Camper, *The Works of the Late Professor Camper*, S. 18.
26 Ebd., S. 9.
27 Ebd., S. 42.
28 Ebd., S. 99f.
29 Ebd., S. 50.
30 Miriam Claude Meijer, *Race and Aesthetics*, S. 21.
31 Ebd., S. 120f.
32 Johann Blumenbach: *The Anthropological Treatises*, S. 235f.
33 Londa Schiebinger: *Nature's Body. Gender in the Making of Modern Science*, S. 149f.

Kapitel 10: Tablier Rasa
1 Londa Schiebinger: *Nature's Body. Gender in the Making of Modern Science*, S. 168.
2 Johann Joachim Winckelmann: *Geschichte der Kunst des Altertums*, S. 162.
3 Richard D. Altick: *The Shows of London*, S. 269.
4 Stephen J. Gould: *The Flamingo's Smile. Reflections in Natural History*, New York 1985, S. 294.
5 Ebd., S. 297.
6 Rachel L. Swarns: „Bones in Museum Cases May Get Decent Burial", in: *New York Times*, 4. November 2000.

7 William Lawrence: „Physiology, Zoology, and the Natural History of Man", Vorlesung am Royal College of Surgeons, London 1821, S. 367f.
8 Londa Schiebinger: *Nature's Body*, S. 64.
9 William Lawrence: „Physiology, Zoology, and the Natural History of Man", S. 358ff.
10 Richard D. Altick: *The Shows of London*, S. 270.
11 Ebd.; Londa Schiebinger: *Nature's Body*, S. 169.
12 Londa Schiebinger: *Nature's Body*, S. 169f.
13 Georges Cuvier: *Discourse on the Revolutionary Upheavals on the Surface of the Earth*, Paris 1825, Nanaimo, British Columbia, Mai 1998, S. 173.
14 Londa Schiebinger: *Nature's Body*, S. 188.
15 Stephen J. Gould: *The Flamingo's Smile*, S. 298.
16 Ebd., S. 296.
17 Madison Grant: *The Passing of a Great Race or The Racial Basis of European History*, 4. Auflage, New York 1923, 1916, S. 171.
18 Stephen J. Gould: *The Flamingo's Smile*, S. 296.
19 Ebd., S. 298f.
20 Londa Schiebinger: *Nature's Body*, S. 171f.
21 Stephen J. Gould, *The Flamingo's Smile*, 291–292.
22 Sigmund Freud: *Das Unbehagen in der Kultur*, Frankfurt am Main 1997, S. 69.
23 Richard D. Altick: *The Shows of London*, S. 279ff.
24 Robert Bogdan: *Freak Show*, S. 47f.
25 John Kasson: *Amusing the Millions. Coney Island at The Turn of the Century*, New York 1978, S. 23ff.
26 Robert Bogdan: *Freak Show*, S. 49ff.; Kenn Harper: *Give Me My Father's Body. The Life of Minik, the New York Eskimo*, S. 94.
27 Kenn Harper: *Give Me My Father's Body. The Life of Minik, the New York Eskimo*, Vermont 2000, S. 7ff.
28 Ebd., S. 19.
29 Ebd., S. 22, 25f. u. 87f.
30 Patricia Nelson Limerick: „Why Am I an Experiment?", in: *New York Times Book Review*, 25. Juni 2000.
31 Phillips Verner Bradford/Harvey Blume: *Ota Benga, the Pygmy in the Zoo. One Man's Degradation in Turn-Of-The-Century America*, New York 1992, S. 114.
32 Ebd., S. 16, 164f., 178 u. 179–190.
33 Robert Bogdan: *Freak Show*, S. 238ff.
34 Robert Bogdan: *Freak Show*, S. 56; Jeffrey Stanton: „Coney Island Freaks"
35 Jeffrey Stanton: „Coney Island Freaks".
36 Robert Bogdan: *Freak Show*, S. 195ff.
37 Kenn Harper: *Give Me My Father's Body*, S. 225ff.
38 Rachel L. Swarns: „Gaborone Journal. Africa Rejoices as a Wandering Soul Finds Rest", in: *New York Times*, 6. Oktober 2000.

Kapitel 11: Spurzheims Begräbnis
1 „Death of Spurzheim", Nachruf aus dem *Boston Medical and Surgical Journal*, 14. November 1832.
2 Madeleine B. Stern: *Heads and Headlines. The Phrenological Fowlers*, Norman, Oklahoma 1971, xii.
3 John A. Davies: *Phrenology. Fad and Science, A 19th Century Crusade*, New Haven 1955, S. 18.
4 Madeleine B. Stern: *Heads and Headlines*, xiv.
5 George Combe: *Notes on the United States of America During a Phrenolological Visit in 1838-9-40*, Bd. 1, Philadelphia 1841, S. 16.
6 John van Wyhe: „Johann Caspar Spurzheim (1776–1832), Gall's disciple and the man most responsible for popularizing phrenology", http://pages.britishlibrary.net/phrenology.
7 Franz Joseph Gall an Joseph von Retzer: „On the functions of the brain, in man and animals", 1.10.1798 zit. n. „Biography: Franz Joseph Gall", http://www.whonamedit.com.
8 Madeleine B. Stern: *Heads and Headlines*, x-xi.
9 J. C. Spurzheim: *Phrenology in Connexion With The Study of Physiognomy*, Boston 1833, S. 156f.
10 Ebd., S. 16f.
11 Ebd., S. 31.
12 Franz Joseph Gall an Joseph von Retzer, „On the functions of the brain, in man and animals".
13 Ebd.; Renato M. E. Sabbatini: „Phrenology. The History of Brain Localization", Center for Biomedical Informatics, State University of Campinas, Brazil, http://www.epub.org.br/cm/n01-frenlog/frenlogia.htm.
14 Franz Joseph Gall an Joseph von Retzer, „On the functions of the brain, in man and animals".
15 John van Wyhe: „Johann Caspar Spurzheim (1776–1832), Gall's disciple and the man most responsible for popularizing phrenology", http://pages.britishlibrary.net/phrenology.
16 John van Wyhe: „Ridiculing Phrenology. 'This persecuted science'", http://pages.britishlibrary.net/phrenology.
17 Madeleine B. Stern: *Heads and Headlines*, xiv.

Kapitel 12: Crania Americana
1 John van Wyhe: „George Combe (1788–1858). The Most Prolific British Phrenologist of the Nineteenth Century", The History of Phrenology on the Web, http://pages.britishlibrary.net/phrenology.
2 David De Guistino: *Conquest of Mind. Phrenology and Victorian Social Thought*, London 1975, S. 5f.
3 John van Wyhe: „George Combe (1788–1858). The Most Prolific British Phrenologist of the Nineteenth Century", The History of Phrenology on the Web, http://pages.britishlibrary.net/phrenology.

4 Ebd.

5 J. C. Spurzheim: *Phrenology in Connexion With The Study of Physiognomy*, S. 52f.

6 George Combe: Appendix to Samuel George Morton: *Crania Americana or A Comparative View of the Skulls of Various Aboriginal Nations to which is prefixed An Essay on the Varieties of the Human Species,* Philadelphia 1844, S. 271f.

7 Ebd., S. 283.

8 Samuel George Morton: *Crania Americana*, S. 271f.

9 Christine McGaffey Fredrickson: *The Black Image in the American Mind. The Debate on Afro-American Character and Destiny 1817–1914*, New York 1929, S. 14.

10 George Combe: *A System of Phrenology*, 5. Auflage, S. 355.

11 Dee Brown: *Bury My Heart At Wounded Knee*, S. 5; John Ehle: *Trail of Tears. The Rise and Fall of the Cherokee Nation*, New York 1970, S. 106.

12 James P. Shenton: *History of the United States to 1865*, New York 1963, S. 232.

13 Stephen J. Gould: *The Mismeasure of Man*, S. 82.

14 Samuel George Morton: *Crania Americana*, 31, S. 97f., 148; Samuel George Morton, *Crania Aegyptiaca, or Observations on Egyptian Ethnography, Derived from Anatomy, History, and the Monument*, Philadelphia 1844.

15 Stephen J. Gould: *The Mismeasure of Man*, S. 88.

16 Samuel George Morton: *Crania Americana*, S. 78.

17 Ebd., S. 5.

18 Ebd., S. 272 u. 282.

19 Samuel George Morton: *Crania Americana*, S. 282f.; Stephen J. Gould: *The Mismeasure of Man*, S. 83f.

20 Andrew Bank: „Of 'Native Skulls' and 'Noble Caucasians'. Phrenology in Colonial South Africa", in: *The Journal of Southern African Studies* 22, 1996, S. 387–403.

21 George Combe: *Notes on the United States of America During a Phrenolological Visit in 1838-9-40*, Bd. 2, Philadelphia 1841, S. 335.

22 Christine McGaffey Fredrickson: *The Black Image in the American Mind*, S. 74.

23 Stephen J. Gould: *The Mismeasure of Man*, S. 83.

24 Josiah Clark Nott/George Gliddon: *Types of Mankind. Or Ethnological Researches Based Upon the Ancient Monuments, Paintings, Sculptures and Crania of Races and upon Their Natural, Geographical, Philological, and Biblical History*, Philadelphia 1854, 1855; Stephen J. Gould: *The Mismeasure of Man*, S. 62–104.

25 Francis Schiller: *Paul Broca. Founder of French Anthropology, Explorer of the Brain*, Oxford 1992, S. 144; Stephen J. Gould: *The Panda's Thumb. More Reflections on Natural History*, S. 145.

26 Stephen J. Gould: *The Mismeasure of Man*, S. 115.

27 Stephen J. Gould: *The Panda's Thumb. More Reflections on Natural History,* New York 1980, 1992, S. 145f.

28 Stephen J. Gould: *The Mismeasure of Man*, S. 119.

29 Stephen J. Gould: *The Panda's Thumb*, S. 145ff.

Kapitel 13: Eine amerikanische Geschichte

1 Madeleine B. Stern: *Heads and Headlines. The Phrenological Fowlers*, S. 20.
2 John D. Davies: *Phrenology. Fad and Science, A 19th Century Crusade*, S. 32.
3 Madeleine B. Stern: He*ads and Headlines*, S. 58 u. 61.
4 Ebd., S. 31.
5 Shirley Teresa Wajda: „'This Museum of the Human Race'. Fowler and Wells' Phrenological Cabinet and American National Character", http://www.personal.kent.edu/~swajda-phrenology.htm, S. 4.
6 Samuel Robert Wells: *How To Read Character. A New Illustrated Handbook of Phrenology and Physignomy for Students and Examiners*, New York 1869, S. 192.
7 Madeleine B. Stern: *Heads and Headlines*, S. 84.
8 L. N. Fowler: *Familiar Lessons on Physiology Designed for the Use of Children and Youth,* Bd. 1 und 2, New York 1848, S. 2 u. 3f.
9 Madeleine B. Stern: *Heads and Headlines*, S. 140f.
10 George Combe: *Notes on the United States of America During a Phrenolological Visit in 1838-9-40,* Vol. 2, S. 189.
11 Madeleine B. Stern: *Heads and Headlines*, S. 31f., 81ff., 106, 114 u. 136f.
12 Ebd., S. 35.
13 Madeleine B. Stern: *Heads and Headlines*, S. 19 u. 22; Davies: *Phrenology. Fad and Science, A 19th Century Crusade*, S. 38.
14 Fowler/Fowler: *Phrenology. A Practical Guide To Your Head*, x.
15 Charles Colbert: *A Measure of Perfection. Phrenology and the Fine Arts in America*, S. 279.
16 Madeleine B. Stern: *Heads and Headlines*, S. 82.
17 Madeleine B. Stern: *Heads and Headlines*, S. 76; Charles Colbert: *AMeasure of Perfection. Phrenology and the Fine Arts in America*, S. 365; Charlotte Brontë: *Jane Eyre*, München 2000, S. 187; John D. Davies: *Phrenology*, S. 38.
18 Walt Whitman: *Leaves of Grass*, S. 293.
19 O. S. Fowler/L. N. Fowler: *The Illustrated Self-Instructor in Phrenology and Physiology with One Hundred Engravings and a Chart of the Character*, New York 1855, S. 11.
20 O. S. Fowler/L. N. Fowler: *New Illustrated Self-Instructor in Phrenology and Physiology,* New York 1868, vii–viii.
21 Fowler/Fowler: *The Illustrated Self-Instructor*, S. 46f.
22 Samuel Wells: *The New Physiognomy or Signs of Character*, S. 553ff.
23 Madeleine B. Stern: *Heads and Headlines*, S. 202.
24 Samuel Wells: *How To Read Character*, S. 18.
25 Fowler/Fowler: *The Illustrated Self-Instructor*, S. 17ff.
26 Fowler/Fowler: *New Illustrated Self-Instructor*, S. 176.
27 O. S. Fowler/L. N. Fowler: *Practical Phrenology*, New York 1856, S. 32f.
28 Fowler/Fowler: *New Illustrated Self-Instructor*, S. 81.
29 Ebd., S. 124.

30 Samuel Wells: *The New Physiognomy or Signs of Character*, S. 222.
31 Ebd., S. 10.
32 Fowler/Fowler: *The Illustrated Self-Instructor in Phrenology*, S. 51f.
33 Fowler/Fowler: *New Illustrated Self-Instructor*, S. 100ff.
34 Fowler/Fowler: *Phrenology*, S. 56.
35 Fowler/Fowler: *The Illustrated Self-Instructor*, S. 12f. u. 31.
36 Samuel Wells: *The New Physiognomy or Signs of Character*, S. 188f.
37 Ebd., S. 211f.
38 Ebd., S. 195.
39 Fowler/Fowler: *Phrenology*, S. 56.
40 Samuel Wells: *The New Physiognomy*, S. 330f. u. 533.
41 Samuel Wells: *How To Read Character*, S. 10.
42 Madeleine B. Stern: *Heads and Headlines*, S. 204.
43 Fowler/Fowler: *Practical Phrenology*, S. 31f.
44 Samuel Wells: *The New Physiognomy*, S. 390f.
45 Fowler/Fowler: *Practical Phrenology*, S. 29.
46 James W. Redfield: *The Twelve Qualities of Mind or Outlines of a New System of Physiognomy*, New York 1852, S. 10.
47 Samuel Wells: *The New Physiognomy*, S. 383.
48 Nelson Sizer/H. S. Drayton: *Heads and Faces and How to Study Them. A Manual of Phrenology and Physiognomy for the People*, New York 1885, S. 49.
49 William Lawrence: „Physiology, Zoology, and the Natural History of Man", S. 291.
50 Charles Colbert: *A Measure of Perfection: Phrenology and the Fine Arts in America*, South Carolina 1997, S. 297.
51 George Combe: *Notes on the United States of America During a Phrenological Visit in 1838-9-40*, Bd. II, S. 335.
52 Charles Colbert: *A Measure of Perfection*, S. 88.
53 Ebd., S. 170 u. 182f.
54 Ebd., S. 170 u. 182.
55 Ebd., S. 167.
56 Ebd., S. 81–100.
57 Fowler/Fowler: *Phrenology, Proved, Illustrated and Applied*, S. 23–24.
58 Charles Colbert: *A Measure of Perfection*, S. 135.

Kapitel 14: Der Zeichenstift der Natur
1 Naomi Rosenblum: *A World History of Photography*, New York 1984, S. 40f.
2 Johann Caspar Lavater: *Physiognomische Fragmente*, Bd. II, S. 90.
3 Ebd., Bd. I, S. 91.
4 Johann Caspar Lavater: *Essays on Physiognomy*, S. 193.
5 Edward Carpenter: „Silhouette Art History", http://www.artist-doug-carpenter.i12.com.
6 Artlex Art Dictionary's official Web site, s. v. „Silhouette",

http://www.artlex.com/ArtLex/s/silhouette.html.
7 Edward W. Earle (Hg.): *Points of View. The Stereograph in America—A Cultural History,* Rochester 1979, S. 10.
8 Ebd., S. 9f.
9 Susan Sontag: *Über Fotografie,* Frankfurt 1980, S. 72.
10 Alan Trachtenberg (Hg.): *Classic Essays on Photography,* New Haven 1980, S. 11ff.
11 Ebd., S. 16 u. 18.
12 Naomi Rosenblum: *A World History of Photography,* S. 18.
13 Alan Trachtenberg (Hg.): *Classic Essays on Photography,* S. 38.
14 John Wood: *America and the Daguerreotype,* Iowa City 1991, S. 150.
15 W. H. Fox Talbot: *The Pencil of Nature,* mit einer Einleitung von Beaumont Newhall, London 1844.
16 Naomi Rosenblum: *A World History of Photography,* S. 27.
17 W. H. Fox Talbot: *The Pencil of Nature.*
18 Ebd.
19 Paul Wing: *Stereoscopes. The First One Hundred Years,* Nashua, NH 1996, S. 5f.
20 Ebd., S. 5.
21 Naomi Rosenblum, *A World History of Photography,* S. 35, 198–199.
22 Ebd., 34.
23 Alan Trachtenberg (Hg.): *Classic Essays on Photography,* S. 87.
24 Edward W. Earle (Hg.): *Points of View,* S. 12 u. 18.
25 John D. Davies: *Phrenology. Fad and Science, A 19th Century Crusade,* S. 130f.
26 Frank Preston Sterns: *Cambridge Sketches,* Digital edition,Whitefish, MT 2004, S. 75.

Kapitel 15: Gesichtspolitik
1 Beaumont Newhall (Hg.): *Photography. Essays & Images, Illustrated Readings in the History of Photography,* New York 1980, S. 57f.
2 Ebd., S. 54, 57f. u. 60f.
3 Quentin Bajac/Dominique Planchon-de Font-Réaulx: *Le daguerréotype français. Un object photographique,* Paris 2003, S. 77.
4 Pierre-Jérôme Jehel: „Photographie et anthropologie en France au XIXe siècle", Diss., Universität von Paris VIII, St. Denis, 1994–1995, S. 13f.; Bajac/Planchonde Font-Réaulx: *Le daguerréotype français,* S. 369–381.
5 Elizabeth Edwards (Hg.): *Anthropology and Photography. 1860–1920,* New Haven 1992, S. 42–73.
6 Stephen John Hartnett: *Democratic Dissent and Cultural Fictions of Antebellum America,* Urbana-Champaign 2002, S. 151.
7 Beaumont Newhall (Hg.): *Photography,* S. 46.
8 Smithsonian Institute, National Portrait Gallery's official Website, „Mathew Brady's World", http://www.npg.si.edu/exh/brady; Susan Kismaric: *American Politicians. Photographs from 1843 to 1993,* New York 1994; Beaumont Newhall (Hg.): *Photography,* S. 48.

9 Madeleine B. Stern: *Heads and Headlines*, S. 202; Stephen John Hartnett: *Democratic Dissent*, S. 156.
10 Sandra S. Phillips/Mark Haworth-Booth/Carol Squiers (Hg.): *Police Pictures. The Photograph as Evidence,* San Francisco 1997, S. 18.
11 Madeleine B. Stern: *Heads and Headlines*, S. 133.
12 Stephen John Hartnett: *Democratic Dissent*, S. 167.
13 Edward W. Earle (Hg.), *Points of View: The Stereograph in America—A Cultural History*, S. 12.
14 Beaumont Newhall (Hg.): *Photography*, S. 64.
15 Robert Bogdan: *Freak Show*, S. 12ff.
16 Madeleine B. Stern: *Heads and Headlines*, S. 136f.
17 Samuel Wells: *How To Read Character. A New Illustrated Handbook of Phrenology and Physignomy for Students and Examiners* [Annonce auf der Rückseite des Buches].
18 Stephen John Hartnett: *Democratic Dissent*, S. 157; Phillips/Haworth-Booth/Carol Squiers (Hg.): *Police Pictures. The Photograph as Evidence*, S. 17f.
19 Stephen J. Gould: *The Mismeasure of Man*, S. 83.
20 Beaumont Newhall (Hg.): *Photography*, S. 70f.

Kapitel 16: Die Sprache der Viktualienhändler und *Roget's Thesaurus*
1 Henry Mayhew: *London Labor and The London Poor, Bd. I, The London Street-Folk*, New York 1968, xiv.
2 Ebd., S. 1ff.
3 Ebd., S. 23.
4 Ebd.
5 Craig Thornber: „Peter Mark Roget, 1779–1869", http://www.home.clara.net/craigthornber/Cheshire/ideasmen/roget.html.
6 D. L. Emblen: *Peter Mark Roget. The Word and the Man*, New York 1970, S. 118.
7 Ebd., S. 184ff.
8 Arthur Knight: *The Liveliest Art. A Panoramic History of the Movies*, New York 1959, S. 14.
9 William Lawrence: „Physiology, Zoology, and the Natural History of Man", Vorlesung am Royal College of Surgeons, London 1821, S. 211f.
10 Peter Mark Roget: *Roget's International Thesaurus*, xv, Anm. 1.
11 Ebd., x.
12 Ebd.
13 Peter Mark Roget: *Thesaurus of English Words and Phrases Classified and Arranged so as To Facilitate the Expression of Ideas And Assist In Literary Composition*, C. O. Sylvester Mawson (Hg.), London 1871.
14 Ebd.
15 D. L. Emblen: *Peter Mark Roget*, S. 272.
16 Peter Mark Roget: *Thesaurus of English Words*, xv.

Kapitel 17: Die Identifikation der Gruppe im Individuum

1 Nicholas Wright Gillham: *A Life of Sir Francis Galton. From African Exploration to the Birth of Eugenics,* New York 2001, S. 57f.
2 Francis Galton: *Memories of My Life*, London 1908, S. 259; Nicholas Wright Gillham, *A Life of Sir Francis Galton*, S. 216f.; Francis Galton: „Composite Portraiture", in: *The Photographic News*, 8. Juli 1881–15. Juli 1881.
3 Nicholas Wright Gillham: *A Life of Sir Francis Galton*, S. 158.
4 Francis Galton: „Composite Portraiture", S. 316.
5 Francis Galton: *Inquiries into Human Faculty and Its Development*, London 1883, S. 15.
6 Francis Galton: „Composite Portraiture", S. 333.
7 Francis Galton: *Inquiries into Human Faculty and Its Development*, S. 14.
8 *The Photographic News*, „Notes", 17. April 1885.
9 Francis Galton: „Composite Portraiture", S. 333.
10 Nicholas Wright Gillham: *A Life of Sir Francis Galton*, S. 216f..
11 Francis Galton: „Photographic Composites", in: *The Photographic News*, 17. April 1885, S. 243.
12 Joseph Jacobs: „The Jewish Type and Galton's Composite Photographs", in: *The Photographic News*, 24. April 1885, S. 268.
13 Francis Galton: „Photographic Composites", S. 243.
14 Joseph Jacobs: *Jewish Encyclopedia*, s. v. „Anthropology". Online unter http://www.jewishencyclopedia.com.
15 Nicholas Wright Gillham: *A Life of Sir Francis Galton*, S. 207.

Kapitel 18: Die Identifikation des Individuums in der Gruppe

1 Henry T. F. Rhodes: *Alphonse Bertillon. Father of Scientific Detection*, London 1956, S. 191f.
2 Phillips/Haworth-Booth/Squiers (Hg.): *Police Pictures. The Photograph as Evidence*, S. 19.
3 Walter Benjamin: *Das Kunstwerk im Zeitalter seiner technischen Reproduzierbarkeit. 3 Studien zur Kunstsoziologie*, Frankfurt 1966, S. 15f.
4 Alphonse Bertillon: *Les Races Sauvage*, Paris 1882, S. 3ff.
5 Ebd., S. 63.
6 Alphonse Bertillon: *Instructions for Taking Descriptions for the Identification of Criminals and Others By Means of Anthropometric Indications,* Übers. Gallus Muller, Chicago 1889, S. 17 u. 49ff.; Mary Blume: „A Rogues' Gallery in the Home of the Mug Shot", in: *International Herald Tribune*, 26. Februar 2000.
7 Pierre-Jérôme Jehel: „Photographie et anthropologie en France au XIXe siècle", S. 13ff.
8 Alphonse Bertillon: *Legal Photography*, New York 1897, S. 1ff.
9 Mary Blume: „A Rogues' Gallery in the Home of the Mug Shot".

10 Pierre-Jérôme Jehel: „Photographie et anthropologie en France au XIXe siècle", S. 13f.
11 Henry T. F. Rhodes: *Alphonse Bertillon*, S. 97.

Kapitel 19: Verbrechertypen
1 Michel Foucault: *Discipline and Punish. The Birth of the Prison*, New York 1977, S. 139.
2 Havelock Ellis: *The Criminal*, 2. Auflage, London 1900, S. 276f.
3 Arthur MacDonald: *Abnormal Man, Being Essays on Education and Crime and Related Subjects, with Digests of Literature and a Bibliography. Bureau of Education. Circular of Information Nr. 4, 1893*, Washington 1893, S. 5.
4 C. Loring Brace: *The Dangerous Classes of New York, and Twenty Years' Work Among Them*, New York 1872, ii.
5 Ebd., S. 30.
6 Gustav Le Bon: *Psychologie der Massen*, Übers. Rolf Eisler, Neuenkirchen 2007, S. 221 u. 17f.
7 Ebd., S. 39 u. 42. In der deutschen Übersetzung aus dem Jahre 1911 wurden die in der englischen Fassung an dieser Stelle ebenfalls als „Wesen einer niedrigeren Entwicklungsstufe" aufgeführten Frauen bereits getilgt.
8 Mary Gibson: *Born To Crime. Cesare Lombroso and the Origins of Biological Criminology*, Westport 2002, S. 14.
9 Ebd., S. 20f.
10 Cesare Lombroso: *Introd. to Criminal Man. According to the Classification of Cesare Lombroso, by Gina Lombroso Ferrero,* New York 1911, xiv.
11 Mary Gibson: *Born To Crime*, S. 20.
12 Cesare Lombroso: Introduction to *Criminal Man*, xvi-xvii.
13 Mary Gibson: *Born To Crime*, S. 21 u. 24f.
14 Henry T. F. Rhodes: *Alphonse Bertillon*, S. 192f.
15 Arthur MacDonald: *Abnormal Man, Being Essays on Education and Crime and Related Subjects, with Digests of Literature and a Bibliography. Bureau of Education. Circular of Information Nr. 4, 1893*, S. 44.
16 Gina Lombroso Ferrero: *Criminal Man. According to the Classification of Cesare Lombroso*, New York 1911, S. 7f.
17 Arthur MacDonald: *Abnormal Man*, S. 44.
18 Gina Lombroso Ferrero: *Criminal Man*, S. 43f.
19 Ebd., S. 45ff.
20 Adolf Loos: „Ornament und Verbrechen", in: *Ausgewählte Schriften. Die Originaltexte*, Adolf Opel (Hg.), Wien 2000.
21 Gina Lombroso Ferrero: *Criminal Man*, S. 92.
22 Ebd., S. 97.
23 Mary Gibson: *Born To Crime*, S. 64f.

24 Cesare Lombroso/William Ferrero: *The Female Offender*, New York 1898, S. 110f.
25 Ebd., S. 102.
26 Ebd., S. 111
27 Ebd., S. 112f.
28 Ebd., S. 21 u. 113f.
29 Max Nordau: *Degeneration*, New York 1895, vii.
30 Mary Gibson: *Born To Crime*, S. 21, 28 u. 30.
31 Nicole Hahn Rafter: *Creating Born Criminals*, Urbana/Chicago 1997, S. 94ff. u. 101f.
32 Arthur MacDonald: *Criminology*.
33 Arthur E. Fink: *Causes of Crime. Biological Theories in the United States, 1800–1915*, Philadelphia 1938, S. 100f.
34 Nicole Hahn Rafter: *Creating Born Criminals*, S. 116ff. Vgl. auch G. Frank Lydston: *The Diseases of Society*.
35 Cesare Lombroso: *The Man of Genius*, London 1891, vii u. S. 6.
36 Ebd., v.
37 Ebd., S. 6f. u. 10f.
38 Ebd., S. 38–65.
39 Ebd., S. 81, 97 u. 99.
40 Ebd., S. 59.
41 Ebd., S. 70f.
42 Ebd., S. 209 u. 242.
43 Ebd., S. 360f.
44 Daniel Pick: *Faces of Degeneration. A European Disorder, c. 1848–c. 1918,* Cambridge, UK 1989, S. 121.

Kapitel 20: Die geniale Rasse
1 Havelock Ellis: *The Criminal*, vii-viii.
2 Nicole Hahn Rafter: *Creating Born Criminals*, S. 115.
3 Havelock Ellis: *The Criminal*, S. 24f.
4 Charles Darwin: *Die Entstehung der Arten durch natürliche Zuchtwahl*, 1884, S. 82.
5 Ebd., S. 554.
6 Stephen J. Gould, „Darwinian Fundamentalism", in: *New York Review of Books*, Bd. 44, Nr. 10, 12. Juni 1997.
7 Richard Hofstadter: *Social Darwinism in American Thought*, Boston 1944, S. 51.
8 Ebd., S. 28–40.
9 Ebd., S. 80.
10 Ebd., S. 112 u. 121.
11 Ebd., viii.
12 Havelock Ellis: *The Task of Social Hygiene*, Boston 1912, S. 42f.
13 „Erasmus Darwin: 1731–1802", a biography, http://www.ucmp.berkeley.edu/history/Edarwin.html; *BBC.* „Historical Figures: Erasmus Darwin, 1731-1802", http://www.bbc.

co.uk/history/historic_figures/darwin_erasmus.shtml; Nicholas Wright Gillham: *A Life of Sir Francis Galton. From African Exploration to the Birth of Eugenics*, S. 13ff.
14 C. P. Blacker: *Eugenics. Galton and After*, London 1952, S. 20f.
15 Nicholas Wright Gillham: *A Life of Sir Francis Galton*, S. 35.
16 C. P. Blacker: *Eugenics*, S. 26.
17 Ebd., S. 73.
18 Francis Galton: *Hereditary Genius. An Inquiry Into Its Laws and Consequences*, S. 338ff.
19 Francis Galton: *Memories of My Life*, S. 287f.
20 Stephen J. Gould: *Der falsch vermessene Mensch*, Übers. Günter Seib, Basel 1983, S. 75f.
21 C. P. Blacker: *Eugenics*, S. 37.
22 Francis Galton: *Hereditary Genius. An Inquiry Into Its Laws and Consequences*, London 1869, S. 68ff.
23 Ebd., S. 394f.
24 Ebd., S. 406 u. 414f.
25 Francis Galton: *Hereditary Genius*, S. 14.
26 Stephen J. Gould: *Der falsch vermessene Mensch*, S. 77.
27 Francis Galton: „Eugenics. Its definition, scope and aims", in: *American Journal of Sociology* X, Nr. 1 (Juli 1904). Online unter http://www.galton.org.
28 Francis Galton: „Hereditary Talent and Character", in: *Macmillan's Magazine*, 1865, S. 326.
29 Nicholas Wright Gillham: *A Life of Sir Francis Galton*, S. 157.
30 Francis Galton: „Africa for the Chinese".
31 Francis Galton: *Inquiries into Human Faculty and Its Development*, London 1883, S. 24.
32 Francis Galton: *Memories of My Life*, S. 244.
33 Nicholas Wright Gillham: *A Life of Sir Francis Galton*, S. 11.
34 Francis Galton: „Record of Family Faculties", in: *Journal of the Royal Statistical Society* 47 (März 1884). Online unter http://www.galton.org.
35 Francis Galton: „Retrospective of Work Done at My Anthropometric Laboratory at South Kensington", in: *Journal of the Anthropological Institute* 21, 1895, S. 32.
36 Francis Galton: *Memories of My Life*, S. 245.
37 Francis Galton: „Retrospective of Work Done at My Anthropometric Laboratory at South Kensington", in: *Journal of the Anthropological Institute* 21 (1891), S. 32.
38 Nicholas Wright Gillham: *A Life of Sir Francis Galton*, S. 211ff.; Blacker: *Eugenics*, S. 38f.
39 Francis Galton: *Memories of My Life*, S. 311–323.
40 Nicholas Wright Gillham: *A Life of Sir Francis Galton*, S. 338f.
41 Francis Galton: *Memories of My Life*, S. 322.
42 Karl Pearson: *The Life, Letters and Labour of Francis Galton*, Bd. 3a, Cambridge 1930, S. 403.

43 George L. Mosse: *Toward the Final Solution. A History of European Racism*, New York 1978, 1985, S. 58ff.
44 Nicholas Wright Gillham: *A Life of Sir Francis Galton*, S. 337.
45 Ebd., S. 336.
46 Nicholas Wright Gillham: *A Life of Sir Francis Galton. From African Exploration to the Birth of Eugenics*, S. 345f.; Barry Mehler: „A Brief History of European and American Eugenics Movements", entnommen aus „A History of the American Eugenics Movement", Diss., University of Illinois, 1988. Online auf der Internetseite des Institute for the Study of Academic Racism, www.ferris.edu/isar/arcade/eugenics/movement.htm.

Kapitel 21: „Debile" in unserer Mitte
1 Claudia Roth Pierpont: „The Measure of America: How a Rebel Anthropologist Waged War on Racism", in: *New Yorker*, 8. März 2004.
2 Elof Axel Carlson: *The Unfit. A History of a Bad Idea*, Cold Spring Harbor, NY 2001, S. 163ff.
3 R. L. Dugdale: *„The Jukes". A Study in Crime, Pauperism, Disease and Heredity, Also Further Studies of Criminals*, New York 1877, vi.
4 Nicole Hahn Rafter: *Creating Born Criminals*, S. 38.
5 R. L. Dugdale: *„The Jukes"*, S. 38 u. 60.
6 *Columbia Encyclopedia*, 6. Auflage, s. v. „Richard Louis Dugdale".
7 Lothrop Stoddard: *The Rising Tide of Color Against White World-Supremacy*, New York 1920, Titelseite.
8 Richard Hofstadter: *Social Darwinism in American Thought*, S. 180.
9 Ebd.; *Congressional Record*, 56th Cong., 1st sess., S. 704ff. Zit. n. Richard Hofstadter: *Social Darwinism in American Thought*.
10 Richard Hofstadter: *Social Darwinism in American Thought*, S. 180.
11 Elof Axel Carlson: *The Unfit*, S. 194.
12 Edwin Black: *War Against The Weak. Eugenics and America's Campaign to Create a Master Race*, New York 2003, S. 36f. u. 93f.
13 Ebd., S. 313f.
14 Gründungsstatut des Eugenics Record Office, 1. Oktober 1910. Zit. n. Carlson: *The Unfit*.
15 Elof Axel Carlson: *The Unfit*, S. 195.
16 Stephen J. Gould: *The Mismeasure of Man*, S. 188.
17 Karl Wilker, der 1914 *Die Familie Kallikak* ins Deutsche übertrug, gab „moron" als „Morone" bzw. „Moronin" wieder und erläuterte in einer Anmerkung auf S. 19–20: „[Moronen] sind vor allem die Kinder, die eine einem acht- bis zwölfjährigen Kinde gleichwertige Mentalität haben, während der Imbezille die Mentalität eines normalen Kindes von ungefähr drei bis sieben Jahren zeigt und der Idiot um weitere zwei Jahre oder mehr dahinter zurückbleibt." Fast 70 Jahre später sah sich Günter Seib, der Übersetzer von Goulds *Der falsch vermessene Mensch*, ebenfalls zu einer Anmerkung zu Goddards Wortschöpfung

veranlasst: „Der Beigeschmack, den die Bezeichnung ‚moron' im englischen Sprachraum inzwischen erhalten hat, dürfte ungefähr dem bayrischen ‚Deppen' entsprechen. Sie wird im folgenden mit ‚Debiler' übersetzt, da im Deutschen ein durch ‚Idiotenwitze' popularisierter Begriff für diese dritte Kategorie geistig Behinderter erfreulicherweise noch nicht entstanden ist." (Gould: *Der falsch vermessene Mensch*, S. 172).

18 Henry Herbert Goddard: *Die Familie Kallikak. Eine Studie über die Vererbung des Schwachsinns*, Übers. Karl Wilker, Langensalza 1914, S. 22.
19 Ebd., S. 24.
20 Ebd., S. 19f.
21 Ebd., S. 45.
22 Ebd., S. 66–77.
23 Stephen J. Gould: *Der falsch vermessene Mensch*, S. 179f.
24 Ebd., S. 182.
25 Madison Grant: *The Passing of a Great Race or The Racial Basis of European History*, xxiv.
26 William Z. Ripley: *The Races of Europe,* New York 1899, S. 103-130.
27 Madison Grant: *The Passing of a Great Race*, S. 29.
28 Ebd., S. 89.
29 Ebd., S. 86ff.
30 Ebd., S. 86.
31 Ebd., S. 5 u. 7.
32 Ebd., S. 11f.
33 Ebd., S. 12 u. 79.
34 Ebd., S. 18.
35 Ebd., S. 16.
36 Ebd., S. 60.
37 Ebd., S. 46, 51 u. 53.
38 Phillip R. Reilly: *The Surgical Solution. A History of Involuntary Sterilization in the United States*, Baltimore 1991, S. 33.
39 Paul Lombardo: „Eugenic Sterilization Laws".
40 Edwin Black: *War Against The Weak*, S. 122; Elof Axel Carlson: *The Unfit. A History of a Bad Idea*, S. 248.
41 State of Virginia. Acts of Assembly. *Ch. 394—An ACT to provide for the sexual sterilization of inmates of State institutions in certain cases*, S. 569ff.
42 Edwin Black: *War Against The Weak*, S. 108; Elof Axel Carlson: *The Unfit*, S. 251.
43 Paul Lombardo: „Eugenic Sterilization Laws", S. 110.
44 Edwin Black: *War Against The Weak*, S. 109; Elof Axel Carlson: *The Unfit*, S. 256; Paul Lombardo: „Eugenic Sterilization Laws".
45 Elof Axel Carlson: *The Unfit*, S. 250.
46 Edwin Black: *War Against The Weak*, S. 113f.
47 Ebd., S. 114f.

48 *Buck v. Bell,* 274 U. S. 200 (1927); Stephen J. Gould: *Der falsch vermessene Mensch,* S. 372.
49 http://de.wikipedia.org/wiki/Eugenik#Zwangssterilisationen (Stand 13. November 2008). Siehe auch: Bundesministerium für Familie, Senioren, Frauen und Jugend (Hg.): Einmischen, Mitmischen. Informationsbroschüre für behinderte Mädchen und Frauen. Eine ausgezeichnete Bibliografie zu Zwangssterilisationen in Puerto Rico findet sich unter http://www.library.wisc.edu/libraries/WomensStudies/bibliogs/puerwom.htm.
50 Paul Lombardo: „Eugenic Sterilization Laws".
51 Edwin Black: *War Against The Weak,* S. 264f. u. 317f.
52 Stephen J. Gould: *Der falsch vermessene Mensch,* S. 213ff. u. 248.
53 C. C. Brigham: *A Study of American Intelligence,* Princeton 1923, S. 29f.
54 Stephen J. Gould: *Der falsch vermessene Mensch,* S. 255.
55 Steve Selden: *Inheriting Shame. The Story of Eugenics and Racism in America,* New York 1999, S. 19.
56 Ebd., S. 13.
57 Claudia Roth Pierpont: „The Measure of America. How a Rebel Anthropologist Waged War on Racism"; Edwin Black: *War Against The Weak,* S. 237.
58 Donna Haraway: *Primate Visions. Gender, Race and Nature in the World of Natural Science,* New York 1999, S. 57.
59 Calvin Coolidge: „Whose Country Is This?", in: *Good Housekeeping,* Februar 1921, S. 13f. u. 106f.
60 Matthew Frye Jacobson: *Whiteness of a Different Color. European Immigrants and the Alchemy of Race,* Cambridge 1998, S. 86.
61 Claudia Roth Pierpont: „The Measure of America. How a Rebel Anthropologist Waged War on Racism", S. **58.**
62 Margaret Sanger: *The Pivot of Civilization,* New York 1922; wieder veröffentlicht Elmsford, NY 1969, S. 9.
63 Ebd., S. 23.
64 Margaret Sanger: „Is Race Suicide Probable?", in: *Collier's. The National Weekly,* 15. August 1925, S. 25.
65 Franz Boas: „Remarks on the Theory of Anthropometry", in: *Journal of American Statistical Association,* 1893, S. 147.
66 Franz Boas: „Changes in Bodily Form of Descendants of Immigrants", Washington, DC 1910.
67 George McDaniel: „Madison Grant and the Racialist Movement. The Distinguished Origins of Racial Activism", in: *American Renaissance,* Dezember 1997, S. 56.
68 Michael Rogin: *Blackface, White Noise. Jewish Immigrants in the Hollywood Melting Pot,* Berkeley 1998, S. 89.

Kapitel 22: Eugenik als Freizeitveranstaltung
1 Steve Selden: *Inheriting Shame: The Story of Eugenics and Racism in America,* S. 9.

2 University of Virginia. Department of American Studies official Website, „Eugenics and the Race Betterment Movement", http://xroads.virginia.edu/~MA03/holmgren/ppie/eug.html.
3 Wendy Kline: *Building a Better Race. Gender, Sexuality, and Eugenics from the Turn of the Century to the Baby Boom*, Berkeley 2001, S. 14f.
4 *San Francisco Chronicle*, 8. August 1915.
5 Carol Squiers: *Perfecting Mankind. Eugenics and Photography*, New York 2001, S. 10.
6 Kansas Bureau of Child Research: „Fitter Families for Future Firesides: A Report of the Eugenics Department of the Kansas Free Fair, 1920–1924", S. 2.
7 Ebd., S. 3.
8 Ebd.
9 Steve Selden: Eugenics Archive, Dolan DNA Learning Center, Cold Spring Harbor Laboratory. Online unter http://www.eugenicsarchive.org/eugenics, S. 6.
10 Clarence Darrow: „The Eugenics Cult", in: *The American Mercury*, Nr. 8, 1926, S. 129ff.
11 George William Hunter: *New Civic Biology – Presented in Problems*, New York 1914, S. 195f.
12 Ebd., 261ff.
13 Ebd., 261ff.
14 Charles Darwin: *Die Abstammung des Menschen,* Paderborn 2005 (Nachdruck der Ausgabe von 1874), S. 148.
15 William Jennings Bryan: *Bryan's Undelivered Speech, A Call to Christianity*, Kansas City 1925, S. 22 u. 28.
16 „School Principal and Family Take Fair Top Honors", in: *The Savannah Press*, 6. November 1924.
17 „Fitter Family Contests", Eugenics Archive, Dolan DNA Learning Center, Cold Spring Harbor Laboratory.
18 Edwin Black: *War Against The Weak*, S. 84; Stephen J. Gould: *Der falsch vermessene Mensch,* S. 196f.
19 Ebd., S. 190.
20 Walter Lippmann: *Die öffentliche Meinung*, S. 68.
21 Ebd. S. 72.
22 Ebd. S. 72.

Kapitel 23: Vom unwiderstehlichen Drang, Hühner zu stehlen
1 Peter Mark Roget: *Roget's International Thesaurus*, xv.
2 Ebd., xiii–xiv.
3 Havelock Ellis: *The Criminal*, 5. Auflage, London 1914, S. 201ff.
4 „To Our Patrons", *Freedom's Journal* 1, Nr. 1 (16. März 1827), S. 1.
5 Lee Davis: *Scandals and Follies. The Rise and Fall of the Great Broadway Reviews*, New York 2000, S. 31.

6 Amiri Baraka: *Blues People*, Freiburg 2003, S. 36f.
7 Ebd., S. 34.
8 John Kenrick: „That Shufflin' Throng", *A History of the Musical Minstrel Shows*, Teil 1 und 2, 1996, 2003. Online unter http://www.musicals101.com/minstrel.htm#Throng.
9 Bill Reese: „Thumbnail History of the Banjo", http://bluegrassbanjo.org/banhist.html.
10 E. P. Christy: *Old Folks at Home, Ethiopian Melody*. Wie von den Christy's Minstrels gesungen. New York 1851.
11 Dan Emmett: „Dixie", http://ingeb.org/index.html.
12 Frederick Douglass: *My Bondage and My Freedom*, New York 1855. Reprint, Urbana 1987, S. 92.
13 Page Smith: „The Nation Comes of Age", vol. 4 of *A People's History of the Ante-Bellum Years,* New York 1981, S. 578ff.
14 Harriet A. Jacobs: *Sklavenmädchen. Die Geschichte meiner Befreiung*, Berlin 1989, S. 47.
15 Robert C. Toll: *Blacking Up. The Minstrel Show in Nineteenth-Century America*, New York 1974, S. 162–180; Michael Rogin, *Blackface, White Noise. Jewish Immigrants in the Hollywood Melting Pot*, S. 30f.
16 Michael Rogin: *Blackface,White Noise*, S. 56ff. u. 45.
17 Walter Carter: *The Coon and the Chink. A Vaudeville Sketch*, New York 1912, S. 2.
18 Andrew J. Leavitt/H. W. Eagan: *Black Ole Bull, An Original Ethiopian Sketch*, New York 1868, Rückumschlag, Innenseite.
19 Jim Comer: „Every Time I Turn Around. Rite, Reversal and the End of Blackface Minstrelsy", http://www.angelfire.com/oh/hydriotaphia/crow.html.
20 David Pilgrim/Phillip Middleton: „Niggers and Caricatures", Jim Crow Museum of Racist Memorabilia's official Website, http://www.ferris.edu/news/jim crow.
21 Charles White: *Uncle Eph's Dream. An Original Negro Sketch, In Two Scenes and Two Tableaux*, New York 1874, S. 3.
22 Dailey Paskman: „Gentlemen, Be Seated!", New York 1928, 1976, S. 124.
23 Charles White: *Wake Up! A Negro Sketch Known as Psychological Experiments, Psychology, Bumps and Lumps, Bumpology, etc.*, New York 1874, S. 5.
24 Walter S. Long: *Dat Famous Chicken Debate: The University of Africa (Aff.) vs. Bookertea College (neg.)*, Franklin, Ohio 1915, S. 2ff.
25 Robert C. Toll: *Blacking Up. The Minstrel Show in Nineteenth-Century America*, S. 195.
26 Ebd., S. 200ff. u. 228f.
27 Peter Marzio: *The Democratic Art. Pictures for a 19th-century America: Chromolithography, 1840–1900*, Boston 1979, S. 104.
28 Library of Congress. Mit Essays von David Levering Lewis und Deborah Willis. *A Small Nation of People. W. E. B. DuBois and African American Portraits of Progress*, S. 52.
29 Ebd., S. 53.

30 Thomas Calloway an Booker T. Washington, in: *The Booker T. Washington Papers*, Bd. 5, S. 227. Vgl. auch: „Mixed Messages. Thomas Calloway and 'The American Negro Exhibit'", Milers Everett Travis.
31 Library of Congress. Mit Essays von David Levering Lewis und Deborah Willis. *A Small Nation of People. W. E. B. DuBois and African American Portraits of Progress*, S. 17.
32 Ebd., S. 19.
33 Ebd., S. 33.
34 Ebd., S. 58f.
35 Ebd., S. 30f.

Kapitel 24: Geschichtsschreibung mit Blitz und Donner
1 L'Abbé Delaumosne et al: *The Delsarte System of Oratory*. 4. Auflage, New York 1893. Online unter http://www.fullbooks.com/Delsarte-System-of-Oratory1.html., S. 76.
2 L'Abbé Delaumosne: *The Art of Oratory, Systems of Delsarte*, Albany 1882, xi.
3 L'Abbé Delaumosne et al.: *The Delsarte System of Oratory*.
4 L'Abbé Delaumosne: *The Art of Oratory*, S. 79f.
5 Ebd., S. 76f.
6 Gustave Le Bon: *Psychologie der Massen*, S. 72.
7 L'Abbé Delaumosne: *The Art of Oratory*, S. 48f.
8 Gustave Le Bon: *Psychologie der Massen*, S. 75.
9 Béla Balázs: *Der Film. Werden und Wesen einer neuen Kunst,* Übers. Alexander Sacher-Masoch, Wien 1961, S. 33.
10 Hugo Münsterberg: *The Photoplay. A Psychological Study*, S. 50.
11 Anthony Slide/Edward Wagenknecht: *Fifty Great American Silent Films, 1912–1920. A Pictorial Survey,* New York 1980, S. 25.
12 Marshall McLuhan: *The Mechanical Bride. Folklore of Industrial Man,* Boston 1951, S. 96.
13 Richard Schickel: *D. W. Griffith. An American Life*, New York 1984, S. 217.
14 Walter Lippmann: *Die öffentliche Meinung*, S. 14.
15 Richard Schickel: *D. W. Griffith*, S. 231.
16 Ebd., S. 283.
17 David A. Cook: *A History of Narrative Film*, New York 1981, S. 79.
18 Walter Lippmann: *Die öffentliche Meinung*, S. 70.

Kapitel 25: Typen in Bewegung
1 Eric Barnouw: *The Magician and the Cinema*, New York 1981, S. 45ff.
2 David A. Cook: *A History of Narrative Film*, S. 14.
3 Ebd., S. 92.
4 Cecil B. DeMille: *The Autobiography of Cecil B. DeMille*, Donald Hayne (Hg.), S. 144.
5 Guy Debord: *Society of the Spectacle*, London 1995.
6 Lloyd Lewis: „The Deluxe Picture Palace", in: *The New Republic*, 27.3.1929, S. 58.

7 Sumiko Higashi: *Cecil B. DeMille and American Culture. The Silent Era*, Berkeley 1994, S. 100.
8 Lloyd Lewis: „The Deluxe Picture Palace", S. 59.
9 Robert Sklar: *Movie-Made America: A Cultural History of American Movies*, New York 1976, S. 74.
10 Lorine Pruette Fryer: *Women and Leisure*, New York 1924, S. 173f.
11 Robert Sklar: *Movie-Made America*, S. 75.
12 David Robinson: *Hollywood in the Twenties*, New York 1968, S. 157f. Vgl. auch David Stenn: *Clara Bow. Runnin' Wild*, New York 2000.

Kapitel 26: Hartnäckige Typen
1 Mark Cotta Vaz: *Living Dangerously. The Adventures of Merian C. Cooper, Creator of King Kong*, New York 2005, S. 14ff.
2 H. Rider Haggard: *She. A History of Adventure*, New York 2002, S. 108; Rudyard Kipling: „The White Man's Burden. The United States and the Philippine Islands (1899)", in: *McClure's Magazine*, Februar 1899.
3 John Wakeman (Hg.): *World Film Directors,* Bd. 1, *1890–1945*, New York 1987, S. 147ff.
4 Mark Cotta Vaz: *Living Dangerously. The Adventures of Merian C. Cooper, Creator of King Kong*, S. 14.
5 „It wasn't the airplanes, it was beauty killed the beast", sagt Denham im englischsprachigen Original. In der deutschen Fassung erwidert er auf die Bemerkung „die Flieger haben ihn geschafft" weniger abstrakt: „Nein, nein, das waren nicht die Flieger. Er hat das Mädel zu sehr geliebt."

Kapitel 27: Vorher – Nachher
1 William F. Ogburn: *Social Change With Respect to Culture and Original Nature*, 1922, Nachdruck, New York 1938, S. 196.
2 President's Research Committee on Social Trends: *Recent Social Trends in the United States: Report of the President's Research Committee on Social Trends,* Bd. I, v.
3 Ebd., xxiii.
4 George A. Schuyler: „The Negro-Art Hokum", in: *The Nation*, 16. Juni 1926, S. 662f.
5 Langston Hughes: „The Negro Artist and the Racial Mountain", in: *The Nation*, 23. Juni 1926, S. 692f.
6 R. D. McKenzie: „The Rise of Metropolitan Communities", Chapter IX in *Recent Social Trends in the United States. Report of the President's Research Committee on Social Trends Vol. I*, New York 1933, S. 443–496; T. J. Woofter, Jr.: „The Status of Racial and Ethnic Groups", Kapitel XI, in: *Recent Social Trends in the United States. Report of the President's Research Committee on Social Trends*, Bd. I, New York 1933, S. 553–601.
7 Woofter, Jr.: „The Status of Racial and Ethnic Groups", S. 593.

8 Ebd., S. 598f.
9 Malcolm M. Willey/Stuart A. Rice: „The Agencies of Communication", Kapitel IV, in: *Recent Social Trends in the United States. Report of the President's Research Committee on Social Trends*, Bd. I, New York 1933, S. 167.
10 Ebd., S. 174.
11 Leo Wolman/Gustave Peck: „Labor Groups in the Social Structure", Kapitel XVI, in: *Recent Social Trends in the United States. Report of the President's Research Committee on Social Trends*, Bd. II, New York 1933, S. 801–856.
12 J. F. Steiner: „Recreation and Leisure Time Activities", Kapitel XVIII, in: *Recent Social Trends in the United States. Report of the President's Research Committee on Social Trends*, Bd. II, New York 1933, S. 828f.
13 Malcolm M. Willey/Stuart A. Rice: „The Agencies of Communication", S. 200f.
14 Ebd., S. 215f.
15 Robert Lynd: „The People As Consumers", Kapitel XVII, in *Recent Social Trends in the United States. Report of the President's Research Committee on Social Trends*, Bd. II, New York 1933, S. 857.
16 Christine McGaffey Frederick: *Selling Mrs. Consumer*, New York 1929, S. 391f.
17 Stuart Ewen: *Captains of Consciousness. Advertising and the Social Roots of the Consumer Culture*, New York 1976, S. 180.
18 Elizabeth Haiken: *Venus Envy. A History of Cosmetic Surgery*, Baltimore 1997, S. 111–123.
19 Robert Lynd: „The People As Consumers", S. 867f.
20 Ebd., S. 871.
21 Ebd., S. 878.
22 Teresa Riordan: *Inventing Beauty. A History of the Innovations that Have Made Us Beautiful*, New York 2004, S. 15.
23 Kathy Peiss: *Hope in a Jar. The Making of America's Beauty Culture*, New York 1998, S. 101.
24 Philip Scranton (Hg.): *Beauty and Business. Commerce, Gender and Culture in Modern America*, New York 2001, S. 15f.
25 Kathy Peiss: *Hope in a Jar*, S. 205.
26 Elizabeth Haiken: *Venus Envy. A History of Cosmetic Surgery*, S. 104f.
27 Ebd., S. 96. Parker adaptierte die englische Redewendung „to cut off one's nose to spite one's face" – sich ins eigene Fleisch schneiden – zu „cut off her nose to spite her race".
28 Johann Kaspar Lavater: *Physiognomische Fragmente zur Beförderung der Menschenkenntnis und Menschenliebe,* Leipzig und Winterthur 1775, Zweiter Versuch, S. 56.
29 Stuart Ewen: *Captains of Consciousness. Advertising and the Social Roots of the Consumer Culture*, S. 15.
30 Stuart Ewen/Elizabeth Ewen: *Channels of Desire. Mass Images and the Shaping of American Consciousness*, New York 1982, S. 177.

Schlussbemerkung

1 Ginsberg, Allen: *Das Geheul und andere Gedichte,* Übers. Carl Weissner, München 1979, S. 58–65 (zweisprachige Ausgabe, letztes Zitat in eigener Übersetzung).

Personenverzeichnis

Addams, Jane 474
Adler, Alfred 533
Agassiz, Louis 192, 195f., 266, 541
Al-Sammán, Alí 23
Alexander der Große 332
Alexander VI. (Papst) 137
Alger, Horatio 207, 479
Alhazen 88f.
Ali, Muhammad 23
Altick, Richard 98, 161
Anthony, Susan B. 208
Arago, François 239, 287
Aristoteles 109, 332
Astell, Mary 31
Audubon, John James 175, 259

Baartman, Saartjie 153ff., 173, 180, 278, 515, 541
Bachofen, Johann 35
Bacon, Roger 88, 137, 237
Balázs, Béla 463f.
Balzac, Honoré de 332
Bara, Theda 466
Baraka, Amiri. Vgl. Jones, Leroi 427
Barbaro, Daniele 92
Barnum, P. T. 104, 170f.
Barrie, J. M. 479
Bartholdi, Auguste 225
Bartmann, Sarah. Vgl. Baartman, Saartjie 157
Barton, Clara 208, 259
Bates, Joseph L. 251f.
Baudelaire, Charles 248f., 333
Beard, Richard 271
Beban, George 465
Beecher, Henry Ward 199
Beethoven, Ludwig van 332
Bell, Alexander Graham 362, 369, 396
Bellamy, Edward 13

Benedict, Ruth 403
Benga, Ota 168ff., 377, 515, 541
Benjamin, Walter 303
Berg, Gertrude 521
Bernays, Edward 410
Bertillon, Alphonse 299f., 302ff., 316, 320
Bertillon, Louis Adolphe 302
Besserer, Eugenie 499
Beveridge, Albert 367
Binet, Alfred 370
Bisson, Louis-Auguste 256
Bizzi, Dr. Emilio 15
Black, Edwin 385
Blake, William 110
Blavatsky, Helene Petrowna 46
Blume, Mary 311
Blumenbach, Johann Friedrich 132ff., 180, 188f., 196, 224, 277, 316, 509, 541
Boas, Franz 163, 167, 402f.
Bogdan, Robert 163
Bonaparte, Napoleon 180
Bonaparte, Roland 256
Booth, Edwin 259
Booth, John Wilkes 259
Boulenger, Jacques 63
Bow, Clara Gordon 490
Brace, Charles Loring 314ff., 364
Brady, Matthew 257ff., 264ff.
Brent, Linda. Vgl. Jacobs, Harriet 438
Brewster, Daniel 247f.
Brice, Fanny 537f.
Broca, Paul 196f., 302ff., 340
Brockway, Zebulon Reed 331
Brontë, Charlotte 209
Brown, Dee 187
Brown, John 208
Brown, Lydia 469
Brown, William Wells 438

Bryan, William Jennings 411ff.
Bryant, William Cullen 208f.
Buck, Carrie 384ff., 418, 542
Buck, Emma 384f.
Buffalo Bill 164
Buffon, Georges-Louis Leclerc de 130ff.
Bullock, William 161
Burbank, Luther 401, 405
Burke, William 144
Bush, George W. 13

Cahan, Abraham 525
Calhoun, John C. 259
Calloway, Thomas 455
Calvin, John 112
Camper, Petrus 142ff., 224, 294, 319, 541
Caracalla 184
Carnegie, Dale 207
Carpenter, Edward 55ff., 68, 337
Carson, Edward 53f.
Carter, Walter 440
Caruso, Enrico 491
Cezar, Hendrick 153
Cezar, Peter 153
Chanel, Coco 63
Chang und Eng 264
Chaplin, Charlie 466
Chase, Stuart 539
Cheney, Dick 13
Chrétien, Gilles-Louis 231
Christy, E. P. 430
Churchill, Winston 362
Clemente, Esteban "Steve" 511
Combe, George 183ff., 203ff., 224ff., 246, 260, 277, 304, 345, 501
Coolidge, Calvin 398ff.
Cooper, Merian C. 502ff., 517
Cornish, Samuel 425
Cuvier, Georges 151ff., 180, 195ff., 278, 304, 332, 509

D'Argenville, A. J. Desallier 99
Da Vinci, Leonardo 237
Daguerre, Louis 238ff., 247ff., 271, 287ff.
Darrow, Clarence 410ff.
Darwin, Charles 286f., 332ff., 350f.
Darwin, Erasmus 286, 342
Darwin, Leonard 362, 396
Darwin, Robert 343
Darwin, Violetta 343
Davenport, Charles 369, 382, 411
Davies, John 202
Davis, Jefferson 259
Davis, Lee 427
De Guistino, David 186
De Lapouge, Georges Vacher 361ff.
De Saint-Memin, Charles Fevret 231
De Silhouette, Etienne 232
De Staël, Madame 326
Defoe, Daniel 32
Delaumosne, L'Abbé 461
Della Porta, Giambattista 91f., 109, 340
Delsarte, Francois 460ff.
DeMille, Cecil B. 77, 465, 476ff., 487f.
Denton, Denice D. 22
Deramond, Emile 256
Descartes, René 332
Dewey, John 518
Dickstein, Samuel 400
Didot, Firmin 72f.
Disdéri, André 263
Dobb, J. T. 385
Dostojewski, Fjodor 332
Douglas, Lord Alfred 52
Douglas, Stephan 259
Douglass, Frederick 426, 436f., 454ff.
Drahms, August 331
Du Chaillu, Paul Belloni 505ff.
Du Bois, W. E. B. 453ff., 474
Duboscq, Jules 247f.
Ducane, Edmund 287f.
Dugdale, Richard Louis 363ff., 411

Dunlop, Alexander 153

Eliot, George 326
Elliott, Charles 362
Ellis, Havelock 44, 337ff., 423f., 452
Emblen, D. L. 275ff.
Emerson, Ralph Waldo 174
Emmett, Dan 426ff.
Engels, Friedrich 35ff., 300
Erasmus 286, 332, 342f.
Everett, Alexander 187

Factor, Max 535ff.
Fairbanks, Douglas 466
Farber, Paul 98, 106
Farnham, Eliza 259f.
Farragut, David 259
Ferrero, Gina Lombroso 67
Ferrero, Giuglielmo 327
Ferri, Enrico 321
Fillmore, Millard 259
Fliess,Wilhelm 44
Ford, Henry 66
Ford, John 473
Forrest, Edwin 259
Foster, Stephen 430ff.
Foucault, Michel 313
Fowler, Charlotte 202f., 208, 222
Fowler, Lorenzo 206, 209, 25ff., 250, 259f.
Fowler, Lydia 207
Fowler, Orson Squire 199ff., 224, 229
Franklin, Benjamin 210
Freud, Sigmund 160
Friedrich der Große 145
Fuller, Margaret 208

Galileo, Galilei 89
Gall, Franz Joseph 175ff., 198ff., 224ff., 246, 346
Galton, Francis 286ff., 299, 342ff., 360, 378

Galton, Samuel Tertius 343
Garden, Mary 64
Gardener, Alexander 264
Garrison, William Lloyd 437
Garvey, Marcus 523
Gazzaniga, Michael S. 15
George III. 132, 145, 234
Geronimo 168
Gibson, Mary 317
Gill, Charles 53
Gilman, Charlotte Perkins 39f., 60
Ginsberg, Allen 540
Gish, Lillian 466
Gliddon, George 195f.
Goddard, Henry 370ff.
Goebbels, Joseph 391
Goethe, Johann Wolfgang von 110, 234
Gogol, Nikolai 333
Goodrich, Charles A. 236
Gordon, John 182f.
Gould, Stephen Jay 126f., 135, 160, 195, 391
Graham, Sylvester 230
Grant, Madison 377ff., 387ff., 526
Grant, Ulysses S. 208, 259
Graves, Robert 23
Greeley, Horace 208, 259f.
Griffith, D. W. 453, 463, 468ff., 501
Guillain, Charles 256
Guillard, Achille 302
Guillard, Zoé 302
Gumpertz, Samuel 170f.
Gutenberg, Johannes 72, 82, 97

Haggard, H. Rider 506f.
Hamilton, Alice 519
Handy, W. C. 451
Hanson, Alice 531
Hare, William 144
Harris, Elisha 363
Harris, W. T. 313ff.

Hauser, Arnold 138
Hemings, Sally 84
Herodot 187
Herschel, John 241f., 277
Hinkle, Beatrice M. 60
Hirschfeld, Magnus 44
Hitler, Adolf 390f., 517
Holmes, Oliver Wendell, Jr. 387
Holmes, Oliver Wendell, Sr. 250ff., 263ff., 364
Hoover, Herbert 396, 518ff.
Houdini, Harry 484
Howard, Mary 343
Hughes, Langston 524, 536
Hunter, George William 411
Hurst, Fanny 61
Hurston, Zora Neal 403

Ilyan, Wladimir 8, 133
Ince, Thomas 465

Jackson, Andrew 187ff.
Jackson, Peter 507
Jacobs, Harriet 438
Jacobs, Joseph 292ff.
Jacquart, Henri 256
Jefferson, Thomas 83, 122, 187, 226ff., 231
Johnson, Albert 398
Johnson, Henry 264
Johnson, Noble 511
Jolson, Al 491f.
Jones, Annie 264
Jones, Leroi 427f.
Jordan, David Starr 362, 369f., 406

Kant, Immanuel 332
Kasson, John 163
Katharina die Große 234
Keaton, Buster 483ff., 488ff.
Kelley, James E. 414

Kellogg, John Harvey 405
Kepler, Johannes 83, 89, 92
Kinsey, Alfred 68
Kipling, Rudyard 352, 506f.
Knight, Arthur 277
Knight, Charles, R. 363
Knox, Robert 144
Konstantin, Kaiser 23
Krafft-Ebing, Richard von 44, 48
Kramer, Stanley 411

La Rochelle, Pierre Drieu 65
LaGuardia, Fiorello 400
Laughlin, Harry 369, 382ff., 386, 389f., 395f., 398, 402
Lavater, Johann Casper 46, 109ff., 138f., 150f., 176, 224, 232ff., 265, 295, 318, 340, 371, 464, 535ff., 543
Lawrence, Jerome 411
Lawrence, William 154f., 224, 277
Le Bon, Gustav 34f., 315f., 325, 332, 462f., 488, 516, 533
Lee, Jenny 471
Lee, Robert E. 259, 411
Lee, Spike 452
Lewis, David Levering 459
Lewis, Lloyd 480ff.
Lewis, Ralph 469
Lincoln, Abraham 258f.
Lincoln, Mary Todd 259
Lincoln, Tad 259
Lind, Jenny 259
Linder, Douglas 53
Linnaeus, Carolus 28, 125, 299, 342
Linné, Carl von. Vgl. Linnaeus, Carolus 28, 125ff., 154, 228, 279ff
Lippmann, Walter 73ff., 297, 417f., 472, 501, 528
Lloyd, Constance 52
Lomax, Leila 217

Lombroso, Cesare 35, 67, 317f., 324ff., 341, 501, 541
Long, Walter S. 448, 470
Loos, Adolf 325
Ludwig XV. 232
Ludwig XVI. 145
Lowell, James Russell 252
Lumière, Auguste 475
Lumière, Louis 475
Luther, Martin 334
Lydston, G. Frank 331
Lynd, Helen Merrill 531f.
Lynd, Robert 531ff.

MacDonald, Arthur 331
Makin, Bathsau 31
Malthus, Thomas 359f.
Man, John 97
Mann, Horace 208
Marsh, Mae 470
Martineau, Harriet 182
Marx, Karl 38, 209, 300, 341
Mayhew, Henry 268ff., 278, 283, 321ff., 335, 422f.
McGlynn, John 471
McKenzie, R. D. 521f.
McMahon, John R. 67
Mead, Margaret 403
Meijer, Miriam Claude 131
Méliès, Georges 475f., 480
Mendel, Gregor 371
Merrill, George 55
Michels, Robert 329
Mitchell, Wesley C. 518f.
Montagu, Ashley 403
Morgan, J. P. 378
Morgan, Lewis Henry 35
Morse, Samuel F. B. 239, 258
Morton, Samuel George 152, 188ff., 195ff., 266, 304, 345, 501, 509, 541
Mosca, Gaetano 329

Mozart, Wolfgang Amadeus 332
Münsterberg, Hugo 75ff., 464
Muybridge, Eadweard 277

Newhall, Beaumont 242
Newton, Isaac 97, 143
Niépce, Joseph Nicephore 237f., 245
Nordau, Max 329
Norton, Charles Eliot 262
Nott, Joshua C. 188, 193, 195f.

O'Brien, Willis H. 513
Ogburn, William F. 518ff.
Oland, Warner 492, 498f.
Osborne, Henry F. 378, 393, 395ff., 401f.

Pagels, Elaine 24f.
Palmer, A. Mitchell 394, 531
Parker, Dorothy 538
Parks, Rosa 540
Pascal, Blaise 332
Patai, Raphael 23
Peale, Charles Wilson 103f.,
Peale, Rembrandt 226f., 259
Pearson, Karl
Peary, Robert 164f., 167
Peiss, Kathy 536
Pepys, Samuel 97
Perlman, Nathan 400
Peter der Große 100f.
Phillips, Wendell 437
Pickford, Mary 64, 466
Pinchot, Gifford 396
Platon 53, 332
Ploetz, Alfred 362
Poe, Edgar Allen 209, 240
Poiret, Paul 63
Pole, Elizabeth 343
Powdermaker, Hortense 479
Powers, Hiram 208, 226
Prichard, James 196, 269f.

Priddy, Albert 385ff.

Queensberry, Marquess of 52
Quetelet, Adolphe 287f., 290, 301ff., 305, 348
Quincy, Josiah 174

Rafter, Nicole 364
Reagan, Ronald 13
Redfield, James W. 222
Rembrandt, Harmenszoon van Rijn 332
Rhodes, Henry T. F. 318
Rice, Stuart 527ff.
Rice, Thomas "Daddy" 426
Richardson, Ruth 145
Rimmer, William 227
Ripley, William Z. 378, 403
Roberts, Mary Louise 65
Rockefeller, John D. 369, 391
Roget, John L. 274
Roget, Peter Mark 274ff., 284, 421f., 452
Roget, Samuel Romilly 274, 282
Rogin, Michael 440
Roosevelt, Theodore 366ff.
Rosenblum, Naomi 241
Ross, Edward A. 94, 367
Rousseau, Jean Jacques 28ff., 332
Rousseau, Louis 256
Russworm, John 425f.
Ruysch, Frederick 100

Saltero, Don 102
Sampson, Marmeduke 260
Sand, George 326
Sanger, Margaret 400ff., 405
Sapolsky, Robert 14
Schallmeyer, Wilhelm 361f.
Schiebinger, Londa 128f., 152, 154, 160
Schoedsack, Ernest B. 502ff., 516f.
Schopenhauer, Arthur 332
Schreiner, Olive 337

Schuyler, George 522ff.
Scopes, John Thomas 410ff.
Scudder, John 104
Selden, Steven 410
Sennett, Mack 503
Serres, Etienne 256, 303
Seward, William 259
Shakespeare, William 118, 282
Shaw, George Bernard 337, 361
Shelley, Percy Bysshe 332
Sherborn, Florence Brown 406f.
Siegmann, George 469
Sizer, Nelson 223
Sklar, Robert 489f.
Sloane, Hans 102
Smellie, William 143
Smith, Shawn Michelle 457
Sokrates 332
Sontag, Susan 237
Spencer, Herbert 339
Spinoza 295, 332
Spivak, Murray 513
Spurzheim, Johann Caspar 174ff., 194, 197, 199, 209, 211, 215, 224, 226
Stanford, Leland 406
Stanton, Elizabeth Cady 208
Steadman, Philip 91f.
Steiner, Max 512
Steven, Megan S. 15
Stevens, Thaddeus 469
Stoddard, Lothrop 366, 382, 390, 395f., 402, 404
Stout, James 208
Stowe, Harriet Beecher 208
Strindberg, August 42
Summers, Lawrence H. 20ff., 30
Sumner, Charles 259
Sumner, William Graham 339
Swanson, Gloria 477
Swoboda, Hermann 41, 44

Talbot, William Henry Fox 240ff., 247, 253ff.
Taney, Roger 259
Tappan, Arthur 208
Taylor, Zachary 259
Thiers, Adolphe 300
Thumb, Tom 264
Townsend, Robert 452
Trumball, Rose 407
Tuckerman, Henry 226
Tyler, John 208

Ulrichs, Karl Heinrich 44, 57

Valentino, Rudolph 466
Van Buren, Martin 188, 259
Van Leeuwenhoek, Antoni 92
Vance, Robert H. 240
Van Wyhe, John 183
Veblen, Thorstein 474, 518
Vermeer, Johannes 92
Verner, Samuel Phillips 168
Victoria, Queen 248
Vilella, Giuseppe 319, 541
Villa, Pancho 503

Wade, Nicholas 13f.
Walker, David 425
Walker, Francis Amasa 366
Walthal, Henry 471
Warren, Lavinia 264
Washington, Booker T. 449f., 456
Washington, George 226, 234
Watts, Mary T. 406f.
Webb, Beatrice 361
Webb, Sidney 361
Weber, Max 329
Webster, Daniel 226, 259
Wedgwood, Josiah 343
Wedgwood, Susanna 343
Weininger, Otto 41ff., 52, 57, 59

Weld, Theodore 208
Wells, H. G. 361, 401
Wells, Ida B. 456
Wells, Samuel 201f., 206, 209, 211, 215ff., 230, 265
Wey, Hamilton D. 331
Wheatstone, Charles 246f.
White, Charles 154, 446
Whitman, Walt 55, 198, 208f., 259, 261f.
Whittier, John Greenleaf 208
Wilde, Oscar 52ff., 56, 542
Willey, Malcolm 527ff.
Willis, Deborah 454
Wilson, Woodrow 449, 467, 469, 476
Winckelmann, Johann Joachim 138ff., 149f., 151, 153, 224, 291
Wing, Paul 248
Wise, Stephen 400
Wollstonecraft, Mary 28, 32f., 326
Woodhull, Victoria 38ff.
Woofter, T. J., Jr. 525ff.
Wray, Fay 508

Yerkes, Robert M. 391

Zealy, J. T. 266, 541
Zwingli, Ulrich 111f.

Über die Autoren

Elizabeth Ewen ist Distinguished Teaching Professor für Amerikastudien am SUNY College in Old Westbury. Zu ihren Veröffentlichungen zählen u.a. *Channels of Desire. Mass Images and the Shaping of American Consciousness* (mit Stuart Ewen) und *Picture Windows. How the Suburbs Happened* (mit Rosalyn Baxandall).

Stuart Ewen ist Distinguished Professor am Department of Film & Media Studies am Hunter College der City University of New York und führt Postgraduierten-Programme in Geschichte, Soziologie und Amerikastudien am CUNY Graduate Center derselben Universität durch. Zu seinen Veröffentlichungen zählen u.a. *Captains of Consciousness* und *PR! A Social History of Spin*.